2018 北京通州年鉴

Beijing TongZhou NianJian

中共北京市通州区委党史工作办公室 编
北京市通州区地方志办公室

方志出版社
Publishing House of Local Records

图书在版编目（CIP）数据

北京通州年鉴. 2018 / 中共北京市通州区委党史工作办公室， 北京市通州区地方志办公室编. — 北京：方志出版社，2018.11

ISBN 978-7-5144-3441-5

Ⅰ. ①北… Ⅱ. ①中… ②北… Ⅲ. ①通州区－2018－年鉴 Ⅳ. ①Z521.3

中国版本图书馆CIP数据核字(2018)第266930号

北京通州年鉴2018

编　　者：中共北京市通州区委党史工作办公室
　　　　　北京市通州区地方志办公室
责任编辑：陈　效
出 版 人：冀祥德
出 版 者：方志出版社
　　　　　地址　北京市朝阳区潘家园东里9号（国家方志馆4层）
　　　　　邮编　100021
　　　　　网址　http://www.fzph.org
发　　行：方志出版社图书经销中心
　　　　　电话（010）67110500
经　　销：各地新华书店
印　　刷：廊坊市佳艺印务有限公司
开　　本：889×1194　1/16
印　　张：37
字　　数：1056千字
版　　次：2018年11月第1版　2018年11月第1次印刷
印　　数：0001～2500册

ISBN 978-7-5144-3441-5　定价：150.00元

中共北京市通州区委党史工作办公室
北京市通州区地方志办公室

主　　任	王葆刚
副 主 任	翟荣华
工作人员	郭宝祥　马雪梅　艾玉勃　张亚昆
	刘晓林　肖姗姗　郭卫民　吴兴保
	王　妍　史圣洁　赵龙刚　孙连庆
	崔洪生　杨世乾　王　英　宋春山
	王梓义　赵　超　刘　尧

《北京通州年鉴》编辑部

主　　编	王葆刚
执行副主编	张亚昆
编　　辑	张亚昆　肖姗姗

编 辑 说 明

一、本年鉴以马克思列宁主义、毛泽东思想、邓小平理论、“三个代表”重要思想、科学发展观、习近平新时代中国特色社会主义思想为指导，坚持辩证唯物主义和历史唯物主义的立场、观点和方法，以经济建设为中心，坚持四项基本原则，科学地反映客观情况。

二、本年鉴采用文(文献或专文)、鉴(条目)、记(大事记)、图(图片、照片)、表(统计表)、录(附录)六种体裁，以鉴为主体，用规范的语体文、记述体直陈其事，文字力求言简意赅。

三、本年鉴从1999年开始逐年编辑。当年出版的年鉴全面汇集上一年度北京市通州区政治、经济、文化、社会发展等诸方面的重大事件和新的情况，为各级领导决策提供参考依据，为各行各业提供有价值的信息资料，为各方面人士了解通州提供全面情况和最新信息。本年鉴为连续出版的第20部，反映2017年1月1日至12月31日期间情况(部分内容依据实际情况时限略有上溯或下延)，文中一般直书月、日，不再写年份。本年鉴农用面积采用亩为计量单位。

四、本卷年鉴由特载、专文、大事记、正文、附录及彩页等部分组成。正文部分设有区情概览，中共北京市通州区委，北京市通州区人大，北京市通州区政府，北京市通州区政协，民主党派，社会团体，法治，军事，经济管理，金融，农业，工业·信息化·建筑业，商贸·旅游·运输·房地产开发，城乡建设，市政管理，科技教育文化卫生体育，社会生活，街道，乡镇，组织机构及负责人，先进单位、先进个人，统计表共23个类目，149个分目，64个子目，1718个条目。

五、本卷年鉴收有通州区副处级以上机构及副处级以上党政实职领导干部名录，并收录2017年内获得市以上各类先进人物、先进单位名单。

六、选入年鉴的文章和条目，均由各部门各单位确定专人撰写，经本部门、单位主管领导审阅，并经由区地方志编纂委员会审编。一人提供多个条目的，只在最后一个条目后署名，不再一一署名。统计资料由统计局提供。照片由通州区各供稿单位提供。

目录 CONTENTS

特载

专文

大事记

区情概览

中共北京市通州区委

北京市通州区人大

北京市通州区政府

北京市通州区政协

民主党派

社会团体

法　治

军　事

经济管理

金　融

农　业

工业·信息化·建筑业

城乡建设

市政管理

科技教育文化卫生体育

社会生活

组织机构及负责人

先进单位、先进个人

统计表

附　录

调研与视察

5月18日，民政部基层政权和社区建设司副司长汤晋苏（前排右二）到仇庄村调研社区建设工作

（于家务回族乡提供）

8月23日，北京市政协主席吉林（右二）、副主席阎仲秋（右四）等领导一行到种业园区视察指导工作

（于家务回族乡提供）

3月21日，市委组织部部长姜志刚（左二）到八里桥棚改项目一期拆迁现场调研

（永顺镇提供）

10月19日，副市长卢彦（左二）到潞城镇调研基层社保所工作情况

（潞城镇提供）

7月20日，区委书记杨斌（左五）视察土桥路口疏堵工程

（通州公路分局提供）

12月4日，区委书记曾赞荣（右一）带队检查安全工作　　（安监局提供）

8月17日，区长张力兵（右一）考察水务工程情况　　（水务局提供）

5月25日，区人大常委会主任李玉君（右二）慰问少年儿童
（共青团北京市通州区委员会提供）

9月13日，区政协主席赵玉影（左三）视察城市副中心建设工地 （潞城镇提供）

工程

11月9日，完成全区26条区级重点河道的河长信息公示牌安装工作，共设立270块

（水务局提供）

11月21日，京塘路综合治理工程完工，提高了路网通行能力

（通州公路分局提供）

4月12日，北京市通州区汉代路县故城遗址被评为2016年度全国十大考古新发现。图为考古现场

（通州区文化委员会提供）

8月9日，乡公路大修工程——于家务乡中心路
（通州公路分局提供）

中仓小区综合整治
（住房和城乡建设委员会提供）

长安街东延区域环境提升
（市政市容委提供）

演练

12月1日，区交通局联合通州交通支队组织全区危险品运输企业在富华燃气物流公司开展危险品运输企业应急演练
（交通局提供）

三乐老年公寓消防演练现场
（消防协会提供）

有限空间作业演练现场
（北京歌华有线电视网络股份有限公司通州分公司提供）

执法

3月9日，农机农膜执法检查
（质量技术监督局提供）

3月14日，企业标准化商品条码检查
（质量技术监督局提供）

8月28日，执法人员开展学生装抽样检查
（质量技术监督局提供）

8月30日，永乐店镇食药所联合药店稽查分队查处一违法药店。执法人员依法对非法经营的药品进行查封扣押，并责令其立即停止营业
（永乐店镇提供）

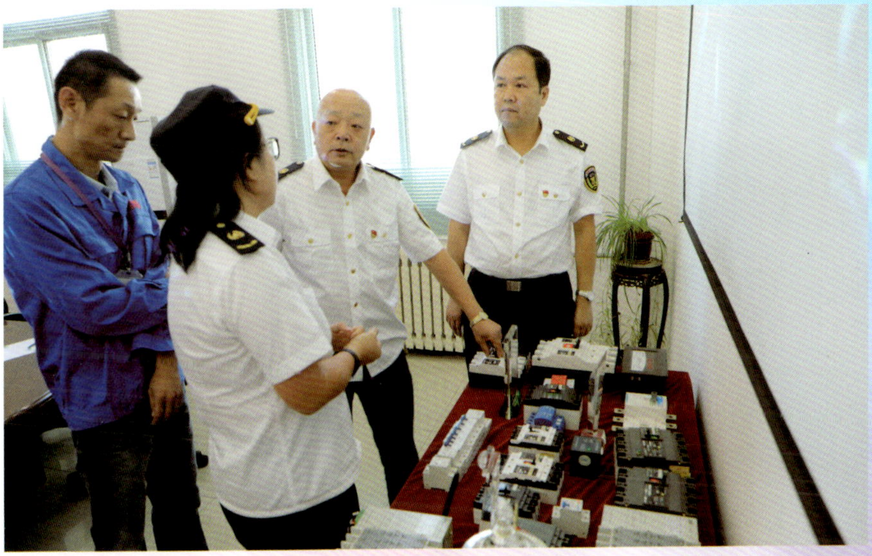

9月28日，区质量技术监督局执法人员开展电气产品质量检查
（质量技术监督局提供）

10月30日，污水处理设施建设中期检查
（农业局提供）

11月1日，全国中小学责任督学挂牌督导创新区通州区实地核查工作会召开　　（教委提供）

12月11日，区交通局开展省际客运执法检查　　（交通局提供）

12月12日，区农业局接受市农业局动物防疫工作考核　　（农业局提供）

12月15日，区交通局开展机动车维修消防安全隐患集中夜查行动　　（交通局提供）

“北京通州发布”微博获评2017年度十佳政务服务案例和“金纽带”节庆传播创新奖、“北京通州发布”微信获评2017年度“京津冀”政务新媒体卓越运营奖和“京津冀”民生飞跃奖、“通州发布”头条号获评全国市域最具影响力头条号、“通州发布”网易客户端获评全国政能量指数十大北京新闻机构 （区委宣传部提供）

3月15日，质量技术监督局在永乐店镇开展“提升区域产品质量，助力城市副中心建设”宣传活动 （质量技术监督局提供）

3月28日，电梯安全知识进社区现场咨询及宣传活动　　　　（质量技术监督局提供）

5月27日，通州区文联、通州区民协、西集镇党委政府联合举办2017通州区情浓端午文化活动。此为民间工艺品展示　　　　（唐建/摄）

5月27日，在通州区文化馆举行“唱响文明城 筑梦副中心”北苑街道“五月的鲜花”群众歌咏比赛总决赛

（北苑街道提供）

10月12日，通州区质监局承办消费品质量安全“进社区、进校园、进乡镇”消费者教育活动启动仪式

（质量技术监督局提供）

10月13日，质量技术监督局开展标准化日宣传　　（质量技术监督局提供）

12月4日，农业局等7家执法单位组织开展全国宪法日农业法制宣传活动　　（农业局提供）

其他活动

建筑工地使用雾霾炮降尘抑霾
（住房和城乡建设委员会提供）

4月7日，组织家长心理健康培训
（教委提供）

机房现场保障中共十九大开幕式安全传输
（北京歌华有线电视网络股份有限公司通州分公司提供）

4月28至5月1日，北京小学通州分校“艺格”管乐团71名团员参加国际音乐节

（教委提供）

11月4日，在万达广场举行宝贝计划——京通国医堂活动

（北苑街道提供）

12月11至15日，举办社区教育专题研修活动　　（教委提供）

6月9日，“档案馆日”活动期间，通州区档案局（馆）举办面塑教学活动（档案局提供）

5月27日，北京新城职业学院举办校园文化艺术节（王怡然/摄）

9月28日，通州区教委举行社区群体舞蹈大赛　（侯洋/摄）

12月1日，北苑街道残联庆祝国际残疾人日文艺会演暨爱心回馈汇报演出　（北苑街道提供）

9月8日，北京万生人和科技有限公司自主研发、生产的尿动力监控仪产品揭牌仪式在“2017年华南重症医学会议”上举行，该产品的成功上市，标志着公司在腹内压监测技术领域处于国内领先水平　（万生药业提供）

5月20日，“2017年通州运河绿道骑游周”活动开幕　（体育局提供）

5月20日，夺取全国花式篮球赛冠军

（靳朝霞/摄）

6月2—3日，永乐店镇举办第八届“安康杯”乒乓球比赛

（永乐店镇提供）

9月23日，永乐店镇开展第三届绿色骑行友谊赛

（永乐店镇提供）

5月17日至5月31日，在北苑办事处一楼大厅进行“五证”审核，为非京籍儿童接受教育提供服务

（北苑街道提供）

11月17日，北苑街道社区服务中心携手辖区志愿服务商，在后南仓小广场开展以“不忘初心在行动，助力城市副中心，志愿服务在北苑”为主题的志愿服务活动

（北苑街道提供）

12月6日，北京城市副中心绿心棚改区改造项目永顺片区住宅区域（小圣庙村）正式启动签约

（永顺镇提供）

12月29日，区域电动出租车爱心支援服务车队，车辆整装待发，义务接送考生　（交通局提供）

10月17日，通州城管执法局在九棵树地铁站天桥开展十九大保障活动
（城管执法局提供）

3月22日，节水志愿服务行动启动仪式
（水务局提供）

4月，通州区政府与国网北京市电力公司签订《北京城市副中心“十三五”电力建设战略合作协议》

（曹成章/摄）

8月29日，北京市南水北调配套通州支线、通州水厂投入运行

（水务局提供）

5月19日，举办多肉植物盆栽培训

（高雪梅/摄）

特载

牢记嘱托　不忘初心　不辱使命
为建设城市副中心的伟大事业而努力奋斗

——在中共北京市通州区第六届委员会第四次全体会议上的报告

中共北京市通州区委书记　杨　斌

2017年11月9日

一、2017年的主要工作

2017年是通州发展历史上具有极其特殊意义的重要一年。今年2月24日，习近平总书记亲自到我区视察，对城市副中心建设作出重要指示，极大地鼓舞和激发了全区人民建设城市副中心的干劲和热情。面对创建全国文明城区、生态环境治理、服务保障搬迁入驻等"大考"，全区广大干部群众以只争朝夕的紧迫感、奋发有为的责任感、"不用扬鞭自奋蹄"的使命感投身到副中心建设的伟大事业中，各方面工作取得了突破性进展。

（一）深入学习宣传贯彻党的十九大精神、习近平总书记视察北京重要讲话精神和市委重大决策部署，扎实主动做好谋划

我们把学习宣传贯彻党的十九大精神作为首要政治任务。提前谋划，周密部署，深入做好迎接党的十九大各项准备工作。党的十九大刚刚胜利闭幕，我们迅速在全区兴起学习宣传贯彻高潮，深入、全面、系统地学习党的十九大提出的新思想、新论断、新要求，把思想迅速统一到党的十九大精神上来。深入学习总书记视察北京重要讲话精神，认真贯彻落实中央和市委的决策部署，持之以恒对标对表，态度坚决、行动有力。我们把规划工作放在突出位置精心组织谋划。抽调精干力量，积极主动参与，基本完成了通州区总体规划、城市副中心总体城市设计、控制性详细规划和各专项规划的编制，镇域规划正在加快修编。加强对重大问题的研究谋划，邀请国内知名专家学者，完成了城市副中心15项发展专题的研究，针对性地开展了"四个城市"、产业协同发展等一批重大课题的研究，主动加强与市级专班的对接，市区联动，形成了一批城市副中心建设管理的新标准和新技术规范。

（二）全力以赴做好服务保障市级机关搬迁入驻工作，努力营造和谐有序的良好氛围

我们主动对接，未雨绸缪，努力把工作做深做细做实。一是下大力气治理交通秩序。完成了一批关键交通节点的集中整治，在全市率先实施了大货车限行政策，加大了路面交通的组织和管理，配合制定了搬迁入驻后交通导行和通勤方案。二是确保社会安全稳定。全面完成了潜在安全生产风险点的摸排，及时消除了一批安全生产隐患。全面启动实施历史积案化解、矛盾隐患排查防控化解、"地网"和"天网"工程等九大专项行动，解决了一批影响社会稳定的突出问题。圆满完成"一带一路"国际合作高峰论坛、党的十九大等重大活动安全服务保障工作，火灾、安全

事故零发生，各项指标达到历史最好水平。紧盯社会舆论热点，认真研判，主动发声，加强引导，确保了舆情平稳有序。荣获“2013年—2016年度全国平安建设先进区”称号。三是全力营造良好的办公和生活环境。针对搬迁入驻后的办公和生活需求，我们分门别类，逐项梳理，一类一策，最大限度为市级机关入驻提供服务保障。下大力气解决了行政办公区周边地区环境卫生、绿化美化、物业管理等一批问题，以人居和生活环境的大幅改善，赢得人民群众真心拥护，营造了喜迎搬迁入驻的和谐氛围。

（三）以更有力的措施推进基础设施和生态环境建设，城市综合承载能力不断增强

我们全力以赴补短板、强功能、优环境，努力增强城市副中心的吸引力。一是努力提升基础设施、公共服务设施水平。主动争取市领导及有关部门支持，针对255项城市副中心建设重大工程项目，加强统筹调度，强化督察考核，抓进度、保工期，一批基础设施和公共服务设施陆续开工或建成投入使用。二是以最高的标准、最严格的措施推进大气和水环境治理。重拳出击整治工地扬尘，在全市率先制定了最严格的施工项目扬尘治理“双十条”措施。大力加强机动车尾气排放治理，在全市率先建立了非道路施工机械低排区，全面把守进京路口，坚决劝返超标车辆。全面完成煤改清洁能源任务，实现了全区“无煤化”目标。重点河道河长制全面落实，海绵城市试点项目全面开工，一批黑臭水体治理工程相继完工，部分河道水质明显好转，全区水环境明显改善。三是大规模开展森林湿地、公园绿地和绿廊绿带建设。高标准编制完成城市副中心园林绿化生态空间规划，启动了一批湿地公园、环行政办公区和环城生态景观带工程建设，全区森林覆盖率和林木绿化率进一步提升，建成了一批高品质的社区公园、小微绿地和健康绿道，老百姓切切实实享受到了城市副中心建设带来的绿色福利。

（四）全面落实功能疏解和推动发展双重责任，经济保持平稳健康发展

我们克服“舍不得”的纠结，主动加压，深入探索，努力在疏解中谋求更好更大发展。一是坚定不移推进疏解整治促提升。以高于市级的标准制定疏解整治促提升行动方案，聚焦重点领域啃硬骨头，工业大院有序疏解，完成一大批一般性制造业企业和区域性专业市场的调整退出，全面超额完成拆违、“开墙打洞”整治等各项指标任务，推动了一大批流动人口向外转移。二是大力推动产业转型发展。委托国际顶级研究机构，深化细化产业发展方向和空间布局研究，推动实现产城融合、职住平衡。严控项目准入，制定了园区和功能区项目准入标准评价体系。运河商务区一批高端城市综合体全面建成，一批金融机构相继落户。园区向总部商务办公和科技研发转型的步伐不断加快。三是狠抓改革落地见成效。加强对改革工作的统筹谋划，实施改革要点ABC分类推进机制，狠抓督察督办，国家新型城镇化改革试点、“一会三函”审批制度改革走在了全市前列。全区经济继续保持平稳健康发展势头，地区生产总值、固定资产投资额、社会消费品零售额、一般公共预算收入等主要经济指标增速均高于全市平均水平。

（五）以创建全国文明城区为抓手，全面提升城市治理水平，人民群众在共建共享中拥有更多获得感

我们坚持以人民为中心，以群众满意作为最高标准，以“创城”推动城市治理水平大提升和民生大改善。一是下最大的决心打响创建全国文明城区攻坚战。坚持领导带头率先垂范，形成了全民参与、同建共创的强大合力；深入开展拉网式排查，一大批城市管理的痼疾顽症得到彻底根治；全面启动背街小巷整治提升专项行动，下大力气抓好环境改善提升。一年来，通州的城乡人居环境和居民文明素养发生了翻天覆地的变化，成效有目共睹。二是持续加大民生投入，使发展成果更多惠及人民群众。城镇登记失业率持续控制在较低水平，社会保险覆盖面进一步扩大。顺利完成潞城棚改二期转非参保工作，八里桥片区、城市绿心片区等棚户区改造全面启动，超额完成保障性住房建设和老旧小区改造任务，房地产市场稳控取得明显成效，社会救助标准进一步提高，城乡居民收入水平持续提高。群众文体生活日益丰富，成功举办了通州半程马拉

松赛等一批特色群众文化活动。建成核心价值观主题公园和主题街道，精心组织开展了一批弘扬社会正能量的精神文明建设活动，社会主义核心价值观更加深入人心。大运河文化带建设工作全面启动。

（六）切实担负起管党治党政治责任，推动全面从严治党向纵深发展

我们牢固树立抓好党建是最大政绩的理念，以落实《通州区党建引领城市副中心建设行动方案》为抓手，坚持不懈抓班子、带队伍、强基础，切实扛起全面从严治党的政治责任。一是党对各个领域的领导不断加强。积极支持人大履行监督职能，依法决定重大事项，为加快城市副中心建设奠定了坚实的政治基础。积极支持政协履行职能，广泛调研、献计献策，不断凝聚推动城市副中心建设的强大合力。人大、政协聚焦全区中心工作，齐心协力推进创城、环保等攻坚克难的工作，发挥了十分重要的作用。二是思想理论武装更加深入。深入学习习近平新时代中国特色社会主义思想，特别是总书记两次视察北京重要讲话精神，扎实推进“两学一做”学习教育常态化制度化，“建设副中心，向前站一步”主题教育实践活动向纵深发展，党员干部理想信念更加坚定。加强对意识形态工作的领导，大力唱响城市副中心建设主旋律，社会正能量更加强劲。三是领导班子、干部人才队伍建设不断增强。我们坚持结合全区重点工作抓党建，以党建工作促进棚户区改造、全国文明城区创建，把群众工作做到家里去，锻炼了一支有凝聚力和战斗力的党员干部队伍。把从严管理贯穿干部队伍建设全过程，健全完善了干部选拔任用、挂职交流、教育培训、考核评价等制度，下大力气开展了超职数配备和“庸懒散”专项整治，营造了风清气正、干事创业的良好氛围。突出引才兴才聚才，推进通武廊人才发展示范区、中国北京人力资源服务产业园区通州园建设，启动实施了“灯塔计划”和“运河计划”，为城市副中心建设提供了有效的人才支撑。四是党的基层组织活力持续提升。深入落实基层党建三年规划，突出抓好党支部规范化建设，研究制定了基层党建工作考核评价指标体系，全面开展党组织书记述职评议，实现了对基层党组织监督和考核全覆盖。形成了“五微工作法”等一批党建工作新模式，基层党组织在城市副中心建设过程中的作用更加突出。五是党风廉政建设和反腐败工作不断深入。坚决贯彻全面从严治党要求，层层传导压力，党委主体责任和纪委监督责任得到有力落实。积极稳妥推进国家监察体制改革试点工作，在全市第一批成立监察委员会，第一家实现合署办公，第一例使用留置措施，完成全国首例留置案件审结工作。全面完成派驻机构改革，实现了对全区各级党和国家机关监督工作的全覆盖。成立了区委巡察机构，正式启动对漷县镇等4家单位的巡察。驰而不息正风肃纪，紧盯隐形变异，严防“四风”反弹。充分运用监督执纪“四种形态”加强对党员干部的纪律约束，查处了一批“为官不为”、“为官乱为”、群众身边的不正之风和腐败问题，集中向社会曝光了一批典型案件，彰显了区委以“零容忍”态度惩治腐败的决心。

在推进其他工作方面，高度重视城乡一体化建设，农村发展和农民生活水平进一步提升。高度重视新形势下统战工作，民主党派、工商联、无党派人士作用得到充分发挥，民族、宗教、对台工作取得新进展，工会、共青团、妇联、科协等人民团体桥梁纽带作用更加突出，军政、军民团结的局面更加巩固。

以上报告的是一年来常委会的主要工作。这些工作的开展和成绩的取得，是市委正确领导的结果，是全区各级党组织、广大党员干部和人民群众奋力拼搏、真抓实干的结果。在迎接“大考”、攻坚克难过程中，全区上下凝聚起了一种精神，这种精神在各项“大考”中都有体现，尤其在创建全国文明城区工作中体现得更为充分，那就是坚定信心、敢于胜利，紧密团结、凝心聚力，迎难而上、顽强拼搏，勇于担当、无私奉献的“创城精神”。这是一种巨大的精神力量，是我们各项工作取得重大突破的根本原因，也是我们伟大事业进一步发展的根本动力。在这里，我代表常委会，向所有辛勤工作的同志们，向所有参与、关心和支持城市副中心建设的朋友们，表示衷心的感谢！

中共十九大报告提出，我国社会主要矛盾已经转化为人民日益增长的美好生活需要和不平衡不充分的发展之间的矛盾。以这一理论来分析城市副中心建设，我们清醒认识到，城市副中心面临着许多发展不平衡、不充分问题。在发展不平衡方面，主要表现为供需不匹配、城乡不协调、南北不均衡、职住不平衡等问题。在发展不充分方面，主要表现为基础设施、公共服务配套等的短板还很多，生态环境治理还面临着巨大压力和挑战，构建与城市副中心相适应的城市治理体系方面差距还很大，用改革创新来破解发展难题的招数还不多，党员干部思想观念、能力水平与新形势新要求相比还有较大差距，我们必须直面挑战、勇于担当，切实解决好这些问题。

二、新阶段、新机遇、新要求

当前，我们正处于一个伟大的时代。刚刚胜利闭幕的党的十九大,作出了中国特色社会主义进入新时代的重大判断。在这一时代背景下，以市级机关入驻为标志，通州即将进入一个新的发展阶段。这是一个更直接、更全面、更广泛地服务全市工作大局的阶段；是一个完善落实规划、大规模建设、加强管理各项任务叠加交叉进行的阶段；是一个在更大范围、更广领域、更高层次，更好承接非首都功能疏解、参与京津冀协同发展的阶段。中国特色社会主义进入新时代、通州发展进入新阶段必然使我们的规划建设和管理工作发生深刻变化，我们一定要充分认识和深刻把握新时代、新阶段的特征，适应新变化，采取新举措，作出新贡献。

建设城市副中心对于通州来说，是千载难逢的重大历史机遇。这一重大历史机遇在不同发展阶段有着不同的意义和作用。从现在开始到2020年，是城市副中心确立格局，打牢进一步全面发展根基的机遇期。这意味着美好发展的前景已经为我们展开，经过这几年的不懈努力，我区的基础设施公共服务设施大幅改善、城市环境形象焕然一新、综合承载能力持续提升，已经具备了进一步发展的良好基础。在这种情况下，如果不紧抓机遇加快发展，更加充分地蓄势积能，就会丧失优势和先机。我们一定要牢牢抓住这珍贵的三年，乘势而上，主动作为，按照国际一流标准补短板，强基础，优环境，城市副中心规划区主要基础设施建设框架基本形成，主要功能节点初具规模，形成与功能定位相适应的城乡空间格局，生态环境显著改善，承接中心城区功能疏解取得明显成效，初步构建以行政办公、商务服务、文化旅游、科技创新为新增长点的“高精尖”产业体系。在此基础上，从2020年到2035年，再奋斗十五年的时间，基本建成基础设施发达、公共服务配套齐全、高精尖功能聚集、文化繁荣兴盛、生态环境优美、社会文明有序、职住平衡宜居宜业的国际一流和谐宜居现代化城区，与雄安新区共同形成北京的新“两翼”。

新阶段、新机遇对我们的工作提出了全方位的新要求。

（一）必须进一步认清形势，全面做好进入新阶段的思想准备

新阶段、新机遇必将迎来新的更大发展，我们一定要有必胜的坚定信心。但机遇只是提供了事业发展进步的条件，宏伟目标的实现，正如习近平总书记深刻指出的那样，绝不是轻轻松松、敲锣打鼓就能实现的，特别是随着市级机关的搬迁入驻、城市副中心建设工程的全面展开，我们工作的任务会更重，要求会更高，难度会更大。我们一定要在思想上做好充分准备。要准备下更大功夫努力学习，进一步提高适应新时代新阶段要求的真本领；要准备下更大力气，破解更多更复杂的难题；要进一步提升精气神，提高执行力，准备以更加奋发有为的精神状态投身到城市副中心建设的伟大实践中去。我们这一代人赶上了城市副中心建设这一伟大实践，是我们的荣幸。一定要以更加努力的工作、更加优异的实绩在城市副中心建设史上写下浓墨重彩的一笔。我们将在辛勤汗水中收获为城市副中心建设贡献力量的幸福感和成就感。

（二）必须坚持以人民为中心，坚持最高标准，把中央市委的要求坚决落实到工作中去

以人民为中心是习近平新时代中国特色社会主

义思想的核心要义，中央明确提出建设城市副中心必须坚持以人民为中心的发展思想。习总书记视察城市副中心时明确指示，要用21世纪的眼光，高起点、高标准、高水平规划、建设、管理好城市副中心；蔡奇书记强调，未来的城市副中心要成为没有城市病的城区，成为一个令人向往的地方。我们一定要把以人民为中心的发展思想不折不扣地贯彻到城市副中心规划、建设、管理的各个方面，从满足人民对美好生活的向往出发来深入谋划和推进城市副中心建设。我们必须坚持最高标准，发扬工匠精神，时时处处争一流、当标杆、做示范。每一项工程都成为集成最先进理念的实践平台，每一项指标都达到千年城市、遗产工程的最高标准，每一座建筑都精雕细刻，精益求精，成为精品力作。

（三）必须进一步抓具体，重细节，像绣花一样做好各项工作

一分部署，九分落实。各项工作都必须狠抓落实。一定要抓具体，不能只会泛泛一般地谈思路，只有原则性要求，没有可操作性的具体措施。一定要扑下身子，把问题想清楚、弄明白，知道怎么干，拿出实实在在的招数，切实解决问题。每一项工作都要有具体标准，都要有时间要求，都要有阶段性目标，都要有可操作的路径。一定要落细落小，注重细节，不能笼而统之。一定要把可能出现的问题梳理清楚，从细微处着手，从细节抓起，有的放矢，一项一项地解决。要加强巡查，加强督察考核，以强有力的督察考核，确保各项决策部署快推进、快落实、见成效。

三、2018年工作的主要目标和任务

2018年工作的指导思想是：深入学习贯彻党的十九大精神和市委十二届三次全会精神，以习近平新时代中国特色社会主义思想为指引，深入领会习近平总书记视察北京重要讲话精神和中央、市委对城市副中心建设的一系列重要指示精神，坚持以人民为中心的发展思想，严格落实北京城市总体规划、通州区总体规划和城市副中心控制性详细规划，更加主动地把通州发展放在京津冀协同发展大战略中，放在疏解非首都功能的大格局中，全面深化改革，统筹谋划，加快推进，努力在关键领域和重点环节取得突破性进展，以一流的工作实绩迎接市级机关搬迁入驻，在新的起点上实现城市副中心建设新跨越。

2018年经济社会发展的主要目标建议是：地区生产总值增长7%左右，一般公共预算收入增长6%左右，全社会固定资产投资额增长7%左右，城乡居民人均可支配收入增长8%左右，万元地区生产总值能耗、大气和水污染物排放达到市级要求。

主要做好以下八个方面的工作。

（一）进一步深入学习贯彻党的十九大精神，大力推进习近平新时代中国特色社会主义思想在城市副中心落地生根，形成生动实践

刚刚闭幕的党的十九大，是在全面建成小康社会决胜阶段、中国特色社会主义进入新时代的关键时期召开的一次十分重要的大会，具有里程碑意义。当前和今后一段时期全区的首要政治任务和头等大事，就是深入学习宣传贯彻党的十九大精神。要深入抓好学习。坚持读原著，学原文，悟原理，学深悟透，全面准确地领会党的十九大提出的新思想、新论断、新要求，特别是习近平新时代中国特色社会主义思想，切实把全区党员干部的思想统一到党的十九大精神上来，用党的十九大精神武装头脑、指导实践、推动工作。要扎实做好宣讲宣传。深入企业、农村、机关、校园、社区，紧密联系城市副中心实际、党员干部群众思想和工作实际，切实把党的十九大精神讲清楚、讲明白，让干部群众听得懂、能领会、可落实。发挥各类媒体优势，精心组织策划好新闻宣传，形成浓厚的宣传舆论氛围。要以实际行动抓好落实，使党的十九大精神在城市副中心落地生根。要在贯彻落实新发展理念，提升规划、基础设施建设、精细化管理水平；建设城市副中心产业体系；坚定文化自信，保护、传承、利用好大运河文化；深化改革，激发发展活力；保障服务民生；生态文明建设；党的建设等方面的问题，深入研读报告原文，加强调查研究，反思差距不足，持续对标对表，形成一批解渴管用的工作举措，用党的十九大精神更好地推动副中心建设实践。

（二）坚持从规划入手，加快建设步伐，进一步补齐短板，提升城市综合承载能力

习近平总书记指出，城市规划在城市发展中起重要引领作用，城市服务保障能力要同城市战略定位相适应。市委高度重视城市副中心规划编制和基础设施建设，我们一定要坚定不移地补短板、强基础，下更大力气提升城市副中心综合承载能力。

1.完成各项规划的编制工作，进一步拉开城市框架。各项规划编制工作必须在一季度前完成，真正实现“多规合一”“多图合一”，并面向社会公开，引导社会预期和资本聚集。在高标准规划建设好运河商务区、城市副中心站等主要功能节点的同时，加快老城区的改造提升步伐，实现新老城区同步发展。完成乡镇功能定位研究，编制和落实镇域规划，发挥好乡镇地区对中心城区功能完善和补充的重要作用。落实与廊坊北三县“统一规划、统一政策、统一管控”要求，率先实现生态控制线和城市开发边界两线合一。有关规划要体现大力支持雄安新区建设，实现与雄安新区错位发展。

2.交通体系建设要取得更加明显成效。推动东六环城市副中心段迁改、广渠路东延等工程开工建设。遵循公交优先理念，一批轨道交通、城市快速联络线必须实现立项和开工建设，逐条优化公交线路，形成无缝对接的便捷公共交通网络。城区主要道路实现人车分离，确保人行步道和自行车专用道通畅。按照不低于中心城区的标准完成智慧交通体系建设方案编制，全面实施机动车禁限行措施，完成重要堵点改造，制定交通智能化、精细化管理的有效措施并认真落实，确保交通畅通有序。

3.进一步增强市政基础设施运行保障能力。按照适度超前、留足余量的原则，启动城市副中心供水管网、变电站及高压线路迁改、河东热源厂工程等一批重大市政基础设施建设，构建清洁低碳、安全高效的能源供给体系。综合施策，标本兼治，有效缓解停车难问题，完成一批立体停车设施建设。确保新型垃圾处理循环利用设施建成投入使用。高标准推进运河商务区、行政办公区、文化旅游区地下空间综合开发。完成地下管线数字化建设工程，实现数字化管理全覆盖。

4.大力提升公共服务水平，促进优质均衡发展。在全区范围内统筹谋划，合理布局公共资源，实现城乡均衡。确保人大附中通州学校、安贞医院等一批学校、医院开工建设，确保景山学校通州校区、友谊新华医院、北大人民医院通州院区等一批在建项目建成投入使用。黄城根小学等在谈项目要实现落地。行政办公区周边确保2所小学、3所幼儿园具备招生条件。理顺管理体制，保证引进的优质教育、医疗机构运行顺畅，并发挥好示范带动作用。实施教师素质提升计划和基础教育质量提升计划，面向全国启动名教师、名校长遴选工程。充分发挥潞河医院的带动作用，通过深化医联体建设、落实优质医疗资源支援帮扶等措施，全面提升区级医院诊疗服务水平。在现有基础上再规划建设一批优质文化、体育、养老等民生项目。

（三）坚定不移疏解功能谋发展，尽快形成符合功能定位的现代化经济体系，进一步增强产业支撑力

中共十九大报告明确提出，要以疏解北京非首都功能为“牛鼻子”，市委坚持以疏解促发展，部署和大力推进疏解整治促提升专项行动，我们一定要更大力度做好这项工作，并在疏解中实现更高水平的发展。

1.坚定不移推进疏解整治促提升。落实减量发展要求，以疏解整治腾挪发展空间。实施最严格的禁限措施，更大力度有序推进一般性制造业疏解腾退，确保“散乱污”企业动态清零。低端市场要全部进行清理、改造，有形商品交易市场实现关停或改造提升。完成1000万平方米违法建设拆除，确保新增违法用地和违法建设“零增长”。完成东方化工厂周边、八里桥等一批棚改项目。做好空间腾退与功能优化提升对接，加大“留白增绿”力度，完善生活配套服务，增强人民群众获得感。结合功能疏解和棚户区改造，推动流动人口向外转移。

2.进一步完善功能体系，构建和夯实高精尖产业支撑。深化与国际顶级设计公司以及清华大学的对接合作，开展战略咨询与产业发展专题研究。完成网

络安全产业园落地建设前期工作。运河商务区、文化旅游区、行政办公区等板块要结合自身功能定位，制定出台引资、引智政策，并在高端项目入驻方面实现突破。台马板块要深度对接中关村科学园和北京经济技术开发区，以科技创新为主要方向，打造北京“设计之都”示范区。深入研究产业园区功能定位，出台园区转型升级政策措施，实施园区二次开发，实现更高水平的发展。制定完善企业发展政策集成和服务机制，打造优质高效的营商环境。列出联系对接企业清单，做好优质企业引进工作。

3. 全面推进城乡均衡融合和全区域协调发展。在906平方公里范围内统筹推进城乡各项事业发展。在改造提升农村基础设施，完善建设、运营、管护机制，缩小城乡基本公共服务差距等方面提出明确目标要求，并扎实推进。新型城镇化试点工作必须形成可复制可推广的成果。分圈层制定特色小镇城镇化战略，鼓励自主城镇化，以台湖演艺小镇建设为重点，打造一批宜居宜业、特色鲜明的小城镇。制定乡村振兴战略实施方案，分类引导乡村建设，塑造彰显通州文化、独具魅力的北方美丽乡村样本。实施振兴南部计划，加强南部乡镇地区基础设施和环境建设投入，打造产业协同发展前沿阵地，促进南北均衡发展。

（四）变压力为动力，坚决打赢生态环境治理攻坚战

党的十九大报告高度重视生态文明建设，提出建设美丽中国的宏伟目标，市委始终坚定不移地大力推进生态文明建设，我们一定要全面落实绿色发展理念，以更严的标准、更高的要求打赢环境治理攻坚战。

1. 坚决打赢蓝天保卫战。坚持铁腕治理大气污染。加强散煤污染巡查治理，全面实现燃煤设施动态清零，确保全区范围“无煤化”。实现对所有过境大型货车和工地大型施工机械的24小时监测管控，区属公交车辆清洁能源改换任务全面完成。严格落实扬尘治理“双十条”，坚决控制施工和道路扬尘污染。全面落实大气污染防治行业监管和属地责任。按照“最严格、零容忍”的原则，坚决对环境违法行为进行处罚，确保$PM_{2.5}$年均浓度达到市级要求。

2. 坚决恢复自然友好的水环境。要从体制机制上研究出台措施，强化源头治理，全面整治河道排污口，实现零排污，严格执行水环境乡镇跨界断面补偿、水污染防治责任追究等措施，保证不出现新的污染源。全面细化落实“河长制”，沟渠治理必须落实责任人。重点河道黑臭水体治理和污水处理厂、截污管网建设工程必须在年内完成。海绵城市建设要在年底前完成试点区域各项建设工程。重点水系和重点区域绿道、景观建设必须全面启动并有突破性进展，城市亲水宜居性明显增强，水城共融的生态城市建设取得新的进展。

3. 构建大尺度的绿色空间。围绕“一环、两带、两区”的全域绿色空间结构，开展大规模、大面积的森林湿地群建设，新增和改造提升绿化面积3万亩，初步形成环城、环区的绿色屏障。全面启动城市绿心建设，确保重点项目开工。完成一批交通绿廊与河流生态绿廊建设。坚持拆腾还绿、多元增绿、见缝插绿相结合，高标准、高质量建设一批城市公园、社区公园和小微绿地，构建由公园体系、绿道体系、城市公共开放空间共同组成、类型丰富的休闲体系。

（五）坚持以人民为中心，构建与城市副中心相适应的城市治理体系

党的十九大报告提出要坚持以人民为中心，市委从这一基本方略出发部署和推进各项工作，我们一定要把这一发展思想贯穿所有工作始终，努力让人民群众生活得更方便、更舒心、更美好。

1. 着力补齐民生事业短板。全面落实市区就业政策，精准对接重大项目开展就业培训和帮扶，实现更加充分的就业。继续抓好民生实事重大项目建设，推进一批棚户区改造、保障性住房建设和老旧小区综合整治，全面落实全民参保计划，认真做好社会保障、养老服务等关系人民群众切身利益的工作，积极发展扶老、助残、救孤、济困等社会福利和慈善事业，使人民群众充分享受城市副中心发展成果。

2. 努力提升城市精细化管理水平。坚持人民城市为人民。巩固文明城区创建成果，在创建工作制

度化、常态化、长效化方面形成具体的实施意见。完成智慧城市规划和实施方案编制，并率先启动部分重点项目建设。全面落实街巷长制，按照“十有十无五好”的要求，突出抓好“开墙打洞”、背街小巷治理，重点做好便民设施建设，打造一批环境整洁、配套齐全的美丽街道和样板街，改善群众生活环境，丰富群众生活空间。

3.扎实推进社会治理创新。按照“条入块，块统条，条块结合”的原则，研究推进管理体制改革，管理重心要进一步下移，大力支持乡镇、街道和社区、村在社会治理中发挥更大作用。进一步构建社会参与治理机制，唱响“通州百姓”品牌，打造共建共治共享的社会治理格局。全面完成网格化体系建设，真正实现多网融合发展。结合行政区划调整，加强社区规范化建设，再创建一批社区服务品牌。积极培育发展社会组织，发挥枢纽型社会组织的桥梁纽带作用，加强社会工作者、志愿者队伍建设。

（六）坚定文化自信，推动大运河文化带建设，塑造特色鲜明的城市文化和精神

党的十九大报告提出要坚定文化自信，习近平总书记对大运河文化带建设高度重视，专门作出了重要指示，市委作出了周密部署，我们一定要深入贯彻落实，全面推进大运河文化带和公共文化服务示范区建设。

1.深入做好大运河文化挖掘保护和传承利用。落实大运河文化带保护建设规划，构建“一带、四城、多点”的整体保护格局。加强与天津、河北历史文脉的衔接，完善以大运河世界遗产为核心的历史文化保护体系。重点做好通州古城、张家湾古城、漷县古城、路县古城的保护和利用，做好“三庙一塔”片区、八里桥片区的规划与文化遗产保护。充分挖掘运河文化内涵，将运河遗产保护与城市景观塑造、文化内涵提升、城市功能优化相结合，塑造水城互动、文化印记凸显的特色滨河亲水空间，全面展示运河文化魅力。结合核心价值观、时代精神，创作出一批体现正能量、体现文化基因的精品成果，讲好通州故事。把大运河文化带建设成果融入城市副中心规划建设中，提升城市副中心的文化品质。

2.积极培育文明向上的人文精神。把社会主义核心价值观融入到国民教育、精神文明建设、城市副中心建设和社会发展各个方面，转化为干部群众的情感认同和行为习惯。巩固和拓展通州榜样、“德耀运河”百姓宣讲等宣传品牌，全面深化道德教育实践活动，形成崇德向善的浓厚氛围。继续深化文明村镇、文明单位、文明家庭、文明校园创建活动，切实做好未成年人思想道德教育，强化诚信体系建设，全面提升城乡文明程度。

3.大力推进首都公共文化服务示范区建设。围绕主要功能节点，确保歌舞剧院、图书馆、博物馆等一批公共文化设施立项和开工建设，打造城市副中心靓丽的文化名片。高水平办好运河艺术节、中国艺术品产业博览会。加强基层文化设施建设，健全公共图书、文化活动、公益演出等文化惠民体系，高标准建设一批群众性文体场馆，鼓励社会力量参与公共文化建设与服务，不断扩大公共文化服务有效供给。

（七）全面深化改革创新，不断增强发展的内生动力和活力

坚持全面深化改革是党的十九大报告提出的基本方略之一。我们一定要全面贯彻落实中央、市委的改革部署，坚持先行先试，推动重大领域改革取得新突破。

1.建立精简高效的管理体制。突出转变政府职能和理顺部门职责关系，优化机构设置，重点抓好规划国土部门合一，抓好城市综合管理部门、交通综合管理部门机构改革，抓好街道、社区管理体制改革，完成重点区域行政区划调整，构建与城市副中心定位相适应的管理体制。

2.加快破解建设发展难题。进一步深化与市级专班对接，在推进审批制度改革、投融资体制机制改革、土地要素保障等领域要取得突破性成果，确保城市副中心建设项目顺利推进。完成园区管理体制机制改革，处理好园区与乡镇、区政府的关系。深化农村土地制度改革，统筹利用好农村集体经营性建设用地、宅基地和农用地，积极创新区、镇统筹利用集体

建设用地开发模式，优化提升土地永续开发利用水平，在国家新型城镇化综合试点方面取得重要进展。

3.加强改革工作组织领导。加强改革宣传引导，对标中央、市委改革要求，进一步凝聚改革共识。加大一把手抓改革力度，制定改革年度计划和阶段性目标，加强对重大问题的调查研究论证，确保改革举措有的放矢、切实可行。强化改革措施执行和督察力度，对于区委议定的事项要不折不扣抓好贯彻落实。

（八）时刻绷紧安全稳定这根弦，坚决维护城市副中心安全稳定

党的十九大报告提出，要打造共建共治共享的社会治理格局，有效维护国家安全。我们一定要按照市委提出的首都工作必须把讲政治放在第一位的要求，真正担负起守好首都东大门的重担。

1.坚决维护政治安全。加强敏感社会组织、国保重点地区和政治性敏感活动管理，维护意识形态安全。深入推进反恐防暴工作，坚决守住不发生暴力恐怖活动的底线。开展无邪教社区创建工作，防范宗教政治化倾向。配强办公区外围警力，建设智能化安保体系，全力做好重大活动安保工作，保证市级机关外围区域绝对安全。

2.坚决维护社会稳定。着力推进检察机关开展公益诉讼，促进法治政府建设，保障公共权益不受侵害。严格落实信访维稳责任制，通过通报约谈、一票否决等措施，压实各级领导综治维稳责任，重点开展金融、建设等领域不稳定问题的综合整治，从源头上控制不稳定风险。加强和改进信访工作，上半年全部完成群体性历史积案化解。开展“夏日雷霆”执行攻坚行动，彻底解决一批涉法重点案件执行难问题。

3.健全立体化信息化治安防控体系。健全应急处置机制，年内要完成群体性事件应急指挥体系建设。确保“雪亮工程”建设上半年全部完成。实现三级综治中心规范化运营，实现村级综治维稳中心全覆盖，重点打造100个精品综治示范中心。强力推进“平安通州”建设。继续开展重点地区专项综合整治，细化并严格落实流动人口和出租房管理办法，实现违法群租房“动态清零”。

4.确保安全生产万无一失。持续深化安全生产领域改革，健全风险管控隐患排查体系，加强重点地区、重点领域特别是各类建筑施工、危险化学品、有限空间作业、人员密集场所的执法检查和安全管控，把一切可能存在的风险点解决在萌芽状态。建立最严格的食品药品安全抽查检查和监管制度，并严格执法，保证人民群众饮食用药安全。

四、坚定不移全面从严治党，为城市副中心建设提供坚强保证

党的十九大报告提出，要坚定不移全面从严治党，不断提高党的执政能力和领导水平。全区各级党组织要认真贯彻落实党的十九大精神，履行好管党治党政治责任，坚持党对一切工作的领导，让党旗飘扬在城市副中心建设的每一块阵地上。

（一）加强政治建设，强化思想政治引领，牢牢把握意识形态工作主动权

把党的政治建设摆在首位，教育引导广大党员干部提高政治站位，牢固树立“四个意识”，坚决维护习近平总书记领导核心地位，坚决维护党中央权威和集中统一领导，不折不扣贯彻落实党中央大政方针和决策部署。用习近平新时代中国特色社会主义思想武装头脑，深入开展“不忘初心、牢记使命”主题教育，持续推进“两学一做”学习教育常态化、制度化，进一步坚定理想信念。坚持不懈地抓好意识形态工作责任制的贯彻落实，进一步提升主流媒体的传播力和影响力，加强对新媒体和舆论的管理引导，在全社会营造共建城市副中心的强大舆论合力。

（二）强化党的领导核心作用，凝聚干事创业强大合力

进一步支持人大及其常委会依法履行职能，开展工作监督，更好发挥人大代表作用，使人大工作更好地体现人民的意志，维护人民的利益。充分发挥人民政协作为协商民主重要渠道和专门协商机构作用，聚焦全区中心任务，认真履行政治协商、民主监督、参政议政职能，为副中心建设献计出力。

切实加强党对统一战线工作的领导。进一步做好民族、宗教工作，充分发挥民主党派、工商联、无党派人士作用。加强党对工会、共青团、妇联等群团组织的领导，完成群团改革，切实增强群团工作的政治性、先进性、群众性。深化双拥共建，巩固和发展军政、军民团结。

（三）建设高素质干部队伍，聚集用好各类人才

突出政治标准，坚持事业为上，努力打造与城市副中心建设相匹配的干部队伍。严格执行干部选拔任用程序规定，健全完善干部选任流程和全程纪实制度，打造结构合理、功能优化、能打胜仗的领导班子。研究制定干部教育培训五年规划，大力开展精准培训、挂职锻炼和实践锻炼，提升干部的战略思维、高端站位和专业化能力。从严从实加强干部日常管理监督，充分激发干部队伍干事创业活力。认真落实高层次人才队伍建设五年行动计划，全面完善人才引进、发展扶持、评选表彰、服务保障政策体系，加快推进中国北京人力资源服务产业园区通州园建设，加快聚集一批高层次人才和创新创业团队，推动城市副中心成为京津冀高端人才聚集地。

（四）夯实基层基础，打造坚强有力的战斗堡垒

突出政治功能，健全完善纵向贯通、横向联动的基层党建领导体系和组织体系，明确各级党组织的党建责任。加强城市基层党建，重点抓好村转居社区、新建小区、非公企业和社会组织党建工作，形成条块结合、协同发力的工作体系。牢固树立党的一切工作到支部的鲜明导向，推动党支部规范化建设向常态化、制度化、全覆盖方向拓展。抓好基层党组织书记、党员、党务工作者队伍建设，统筹推进选拔、培训、管理等环节，全面提升基层干部队伍整体素质。积极打造基层党建特色品牌，全面推行五星级基层服务型党组织创建工作。提高基层党建信息化水平，谋划建设一批功能齐全、辐射广泛、有代表性的党群活动服务中心。

（五）以坚如磐石的信心和决心，坚定不移推进党风廉政建设和反腐败工作

要坚持无禁区、全覆盖、零容忍，坚持重遏制、强高压、长震慑，坚定不移惩治腐败。落实各级党委全面从严治党主体责任和纪委监督责任，明确工作职责，强化监督考核，严格责任追究。完成对一批乡镇、部门的巡察，狠抓问题整改。巩固和拓展落实中央八项规定精神成果，坚持不懈改作风、转作风。深入开展“为官不为”“为官乱为”问题专项治理，重点针对低收入农民增收工作、“疏解整治促提升”专项行动、服务市级机关入驻等开展监督检查。运用监督执纪“四种形态”，抓早抓小，防微杜渐。突出惩治重点，严防“工程腐败”。加强基层党风廉政建设，严厉查处群众身边的不正之风和腐败问题，加大通报曝光力度。强化党对反腐败工作的集中统一领导，持续深入推进国家监察体制改革试点工作。强化不敢腐的震慑，扎牢不能腐的笼子，增强不想腐的自觉，通过不懈努力，为城市副中心建设营造风清气正的政治生态。

同志们，明年城市副中心将迎来市级机关的全面搬迁入驻。服务保障好市级机关搬迁入驻是我们义不容辞的责任，2017年我们在这方面做了许多卓有成效的工作，为搬迁入驻打下了比较好的基础，但仍然有许多工作要做。我们一定要认真总结经验、查找不足，再接再厉，进一步全力以赴做好安全稳定工作，全力以赴提升城市管理水平，全力以赴做好办公和生活保障服务，以一流的精神状态、一流的工作业绩迎接市级机关的入驻。

同志们，新时代接续奋斗的号角已经吹响，城市副中心建设的前景十分光明。伟大的事业正在召唤着我们去创造无愧于历史、无愧于人民、无愧于伟大时代的业绩。让我们更加紧密团结在以习近平总书记为核心的党中央周围，坚决贯彻习近平新时代中国特色社会主义思想，在市委的坚强领导下，牢记嘱托，不辱使命，不忘初心，砥砺前行，坚定不移地把中央、市委各项部署落到实处，早日把城市副中心的美好蓝图变成现实，用我们的忠诚和担当、智慧和汗水谱写出城市副中心建设的绚丽篇章，以优异的成绩，向党中央，向市委，向全区人民交上一份满意的答卷！

北京市通州区人民代表大会常务委员会工作报告

——在北京市通州区第六届人民代表大会第三次会议上

北京市通州区人大常委会主任　李玉君

2017年11月23日

2017年主要工作

2017年是喜迎党的十九大胜利召开、迎接市级机关搬入通州、创城决战决胜、加速推进城市副中心建设的非凡一年。一年来，区人大常委会在区委的坚强领导下，全面贯彻以习近平同志为核心的党中央治国理政的新理念、新思想、新战略，坚决落实区第六次党代会的决策部署，认真执行区六届人大一次、二次会议决，敢于担当、主动作为、全力以赴、忠诚履职，届首之年开创了新局面、展现了新气象、实现了新卓越。

六届人大一次会议以来，共筹备召开两次人民代表大会会议，召开8 次常委会会议，审议21项议题。其中，听取和审议区政府专项工作报告14项，依法作出决议、决定6项。召开12次主任会议，听取“一府两院”专题工作报告19项；督办代表议案1件，建议、批评和意见149件；开展专题调研7项，以更高标准、更高质量、更高水平圆满完成了各项工作任务，为城市副中心建设提供了坚实的民主法制保障。

一、不辱使命，在打造城市副中心宏伟大业中展现新作为

坚持世界眼光、国际标准、中国特色、高点定位，抓大事、谋发展，全力推进城市副中心建设。

（一）决胜创城，铸就通州发展历史新辉煌

创城的伟大实践，注定成为通州浓墨重彩的一笔。区人大及其常委会以高度的政治敏锐性、崇高的历史责任感，全程关注、全程参与、全程作为。区六届人大二次会议，专题听取和审议创城工作报告，作出“举全区之力奋力创建全国文明城区”的决议，为奋力摘取金牌广泛发动、汇集民力、集中民智、众人拾柴火焰高。常委会坚持定期听取和审议创城工作报告，循序渐进、步步为营、持续推动。各级人大代表以创城为己任，开展志愿服务、参与评议打分、加强检查督导，创造性全身心投入。常委会主任不负众托、不负众望、一线督导、实地督办、摁葫芦抠籽、强力推动。各位副主任、机关各部门聚焦创城，全员投入、精准发力、做出贡献。

“十年磨一剑，六年全争创”。六年创城路，我们始终秉承“坚韧不拔、不屈不挠、一往直前”的长征精神，披荆斩棘、攻坚克难，创出了丰硕的成果，锻造出了强大的自信，展现出了强者的风范，凝结成了智慧的结晶。一是区委坚强领导、科学决策、统筹各方、挂帅出征。二是整体谋划、精准对标，人头对地头，横到边竖到底，不留死角。三是全民动员、全员动手、全境联动、凝心聚力、同心创建、成果共享。四是典型引路、巩固成果、扩大战果，固化机制，积小胜为大胜。五是问题导向、集中智慧、合力攻坚、一案一策、立竿见影、盯紧盯牢。六是严谨认真、超常运筹、环环相扣、有条不紊、精准把握、精细作业、精心操作、不留遗憾。七是强化督导、强力问责、破釜沉舟、背水一战、不留情面。八是团体战、一盘棋，向前站一步，主动担当、敢于碰硬、凝神聚力、众志成城。这些经验成果弥足珍贵，值得我们认真总结、固化

和加以传承。

创城不易，“守城”更难。摘得代表最高荣誉的金牌，我们豪情满怀。打好荣誉保卫战，真正发挥文明城区的带动力、影响力，我们责任大于天。区人大及其常委会要继续倾情全国文明城区的更高水平的建设，更加致力于高质量的常态化、高标准的长效机制建设；更加致力于城市管理水平再上新台阶，老旧小区改造、农贸市场提升、环境卫生精细化、秩序类问题解决、城市病的预防和治理等工作深入开展；更加致力于在蓝天保卫战、碧水攻坚战、乡村振兴战略等重大事项中承担更多责任，发挥更大作用。

（二）融入大局，共谱城市副中心发展新篇章

服从服务于首都“一核两翼”的新格局，主动融入通州发展大局，扛起政治责任、肩负神圣使命。审时度势推动高标准规划设计。积极推动“十三五”规划的修订工作，推动以新的发展理念、发展思想、发展战略构建城市副中心发展任务目标。北京市城市总体规划批复后，开始介入城市副中心控制性详细规划、通州区总体规划、专项规划及乡镇小城镇规划的编制，提出了初步意见建议。高度关注文化发展规划，推动传承历史、展现底蕴，推进大运河文化带建设。支持非物质文化遗产的传承传播。

持之以恒推进重点工程建设。连续跟踪行政办公区、商务中心区、运河西大街改造等重点项目建设，紧盯工程进度，把牢工程质量，指出存在问题。要求区政府科学安排、规避问题、加快进度。着力推进老旧小区改造，针对线路统一入管网、楼顶景观设计、停车位设置、有条件的小区加装电梯试点等提出明确要求，收到了良好的效果。积极开展棚户区改造专项调研，详细了解情况，从政策制定、区域协调、具体操作几个方面给出意见建议，促进全区棚户区改造项目整体提速提质。

坚持不懈促进城市精细化管理。多措并举，着力推动提升管理标准，打造完善的网格化服务体系；着力推动资源整合、互联互通、多网合一，提升信息化管理水平；着力推动管理重心下移，加快大数据建设，深化运行模式，提高效率；着力推动目标责任体系建设，强化绩效考核，实现上下联动、齐抓共管；着力推动网格化运行支撑保障，确保高质高效发挥作用。

（三）高点定位，助力国家政权建设取得新进展

主动顺应时代发展要求，认真践行坚持党的领导、人民当家做主和依法治国的有机统一。

优质高效承担国家监察体制改革试点任务。深刻认识国家监察体制改革是党中央的重大决策部署，是依法治国的顶层设计，是坚持和完善人民代表大会制度的重要举措，旗帜鲜明地支持监察体制改革。在全市率先召开区人民代表大会会议，全票选举产生了区监察委员会主任。在随后召开的区人大常委会会议上，全票通过了区监察委员会副主任、委员的任命，国家监察体制改革在通州迈出了坚实的第一步。区监察委员会成立以来，雷厉风行加快转隶，大刀阔斧推进改革，在全市第一个行使留置权，加快推进纪检监察组派驻进程，实现了对所有公权力监察的全覆盖，为监察体制改革积累了宝贵经验。专题听取了监察委工作汇报，对所取得的成绩予以了充分肯定。

精心筹谋市人大代表换届选举工作。充分发挥主观能动性，切实履职、大胆作为。一是积极把握市级机关将入住通州的新需求，主动争取增加了4名市人大代表名额。二是客观评估市人大代表履职情况，对连任代表人选提出建议。超前运筹代表资源，协助做好提名推荐等工作。三是统筹谋划、综合考量，恰当安排在本次会议上选举产生市人大代表。四是扎实做好本次大会的组织筹备，确保圆满完成各项任务。

二、心系所托，履职尽责实现新卓越

紧紧围绕全区发展大局，创新监督形式，注重监督实效，推动区域经济社会协调健康发展。

（一）坚定不移推动转变发展方式、提升发展品质

在推动发展深刻变革方面。面对经济持续下

行、财政压力加大、债务风险增加的发展形势，常委会提出：一要切实推动高标准规划发展布局、高品质优化发展结构、高质量打造发展环境。二要大力推动转变发展理念，大力发展符合城市功能定位的“高精尖”产业，提升人才资源的支撑能力。三要抓住“疏解整治促提升”的重大机遇，坚决疏解非首都功能，留住发展空间，加减乘除并举，促进提质增效。四要着力推动解决制约发展的瓶颈要素，大胆改革、主动探索、寻求突破。区政府积极跟进、强力推动，取得了明显的成效。

在规范财政收支管理方面。依法听取和审议了2016年财政决算报告和审计工作报告，审查批准了2016年财政决算；听取和审议了2017年上半年区政府工作、计划和预算执行情况、预算调整方案报告，批准调整了2017年财政预算；对2017年预算执行和2018年预算草案进行初审；首次组织代表参加预算事前绩效评估，促进政府不断加强预算管理。研究制定了“预算审查监督办法”，细化程序、明确规定。常委会身先士卒，规范机关部门预算编制，合理安排预算支出，提高资金的使用效益。

在强化政府债务管理使用方面。鲜明主张：举债融资、借钱干事效益与风险并存，要把钱花在刀刃上，推动基础设施、公共服务、民生改善取得重大突破。要举债适度、量力而行、满足需要；精准把控资金投向，优化债务结构，加强绩效考核，切实防范化解风险；要加快土地上市节奏，降低专项债务率；合理划分职能，积极向市级争取政策和资金。

在农村改革和发展方面。提出要深入研究城市副中心、疏解整治促提升带动的土地资源、生态环境优势，正确分析农民增收、农村集体经济发展遇到的暂时困难，积极推动乡镇打造特色、树立品牌、提升竞争力。要积极推进农业供给侧改革，打造绿色生态环境，大力发展生态休闲、展示示范、文化创意、旅游观光等产业，推动都市型现代农业发展。

（二）驰而不息推进生态环境建设

在大气治理方面。坚决打赢“蓝天保卫战”。常委会切实承担责任，统筹协调、强力监督，空气质量逐步向好，改善率逐年提升。今年是“煤改清洁能源”的收官之年，106个村和3个街道“煤改电”，101个村“煤改气”，共10万余户，时间紧、任务重、压力大。常委会持续发力跟踪煤改清洁能源工作，多方位、多渠道推动把好事办好。一是严把安全关。特别是在煤改气方面，突出强调要多措并举、持续关注、严格制度、确保安全。二是严把政策关。对不同取暖方式，要求认真核算成本，制定补贴政策，确保同价同质同效。三是严把服务关。要健全网络监测体系，合理设置维修站点，加强管护员队伍建设，做好售后服务保障。区政府进一步明确时间节点，倒排工期，争分夺秒加强调度，确保按时完成任务。通州区在北京市首个实现农村无煤化。

在水污染治理方面。持续关注水污染治理进程，着力推动碧水攻战：一是针对客水污染，要大力协调、争取支持、统筹推进。二是加快对涉水工程的审批、调度，加快开工建设和投入使用进度。三是牢牢抓住河长制，压实领导责任，切实发挥作用。四是着力打造河道景观。五是加大投入、改革创新，大力推进污水管网建设。六是依法治水，加强执法，提高治水能力。

在绿色空间建设方面。对园林绿化建设提出：打造绿色发展空间，是城市副中心主基调、硬任务，要巩固成果，加强绿地执法监管，实现长效管护全覆盖；要扩大战果，高起点、高站位，强化森林城市建设理念，充分体现科技创新，加快规划实施步伐，推动实现绿色城市、森林城市、海绵城市、智慧城市。

（三）以民为本推进民生改善和社会事业发展

致力于城市副中心统筹协调发展，促进百姓共享发展成果，抓住重点、触碰热点、攻坚难点，持续推动社会事业发展。

在医疗卫生方面。着力推动“十三五”医疗卫生规划落地实施，大力引进优质医疗资源，科学布局、统筹谋划、取舍有度；推动优化环境，着力发挥潞河医院的引领作用，提高医疗水平，提升医德医风，方便百姓就诊。积极推动院前急救发展，提出：一要精准规划，合理布局。二要精准引领，加大支持保障力度。三要精准布点，实现区域全覆盖。四要精准设计，高标准配备设备设施。五要精准管理，强化监督，提高信息化水平。六要精准探索，有效提升服务质量和水平。区政府高度重视，积极争取支持，增加急救站点，实行市级托管，百姓院前急救呼叫满意率明显提升。

在教育发展方面。对扩充优质教育资源，推进教育均衡发展提出：要引进与提升并重，满足城市副中心发展需要，满足百姓在家门口享受优质教育资源的需要。要创新管理体制机制，加大人才引进，完善考核评价体系，加强师资队伍建设。

在居家养老方面。视察《北京市居家养老服务条例》，对养老服务专业运营提出：要完善保障机制，加大支撑力度，推动品牌建设，促进连锁发展。

在全民健身方面。加强执法检查，提出要大力推动民俗体育发展，高标准建设体育场馆，加快发展全民健身社会组织。在广电事业方面。提出要加强主题宣传策划，着力打造精品栏目，切实增强影响力和吸引力。要抓好硬件设施建设，做大做强广电事业。

在食品药品安全监管方面。提出要构建严密、清晰的责任体系，推进长效机制建设。充分发挥乡镇、街道、行业协会、社区组织作用，形成共治格局。要充分利用信息化手段实现全程监管。区政府加大力度，提升监管标准，创建典型示范，启动跨区域协作，全覆盖排查风险隐患，大幅提升监管水平。

（四）持续深入推进依法行政、公正司法

在社会治安综合治理方面。对社会治安防控体系建设提出：一是要科学研判全区社会治安整体形势，重点抓好行政办公区治安防控体系这个龙头。二是要进一步加大投入、整合资源，夯实“人防”，筑牢“物防”，广布“技防”。三是要加强五大防控网建设，实现防控全覆盖。四是要扎实做好重点人群稳控、多发案地区防控、打击重点领域犯罪、侦破新形式犯罪、信访维稳等重点工作。五是要加大调度、形成合力，积极破解过境大货车污染大气等难点问题。

在公正司法方面。对司法行政工作提出：一是要继续发挥司法行政职能作用，努力让人民群众在每一个司法案件和法律事务中感受到公平正义。二是要加强司法基层基础建设，发挥社会矛盾化解第一道防线的作用。三是要建设一支政治坚定、业务精湛、遵德守法的高素质律师队伍。对审判工作提出：要加大员额制改革力度，着力提升办案质量和水平。要总结“速裁”经验，加大基层法庭立案、调解、速裁工作力度，将问题解决在最前端。要办好行政诉讼案件，促进依法行政。建立关爱机制，激发法官的职业归属感。对检察工作提出：要聚焦监督主责主业，为城市副中心建设保驾护航；要进一步从严治检，加强与社会公众的良性互动，凝聚检察事业发展正能量。这些意见，有力推进了司法改革进程，推动运用法治思维破解改革发展难题，切实提升了司法公信力。

（五）规范程序，依法行使人事任免权

共任免国家机关工作人员286人次，其中任免区人大常委会工作机构人员61人次，区政府及工作部门负责人35人次，“两院”工作人员182人次，监察委员会工作人员8人次。新一届区政府产生后，常委会集中任命了29名政府工作部门负责人，并召开会议对被任命人员提出明确要求。

三、群策群力，代表工作展现新风貌

坚持代表主体地位，不断完善工作制度，创新工作方式，支持和保障代表依法履职。

（一）完善机制，议案办理成效显著

区六届人大一次会议将“加强城市管理”列为大会的唯一议案。常委会主动调研、主动设计、主动提出、主动推进，坚持问题导向，不断改进方式、规范程序，推动议案的高质量、高水平办理。

建章立制，改革创新。制定并实施“代表议案和建议、批评、意见”办理工作规程；制定“议案办理五年计划”，每年立项，有计划、有重点的

推动办理。首次实行区人大专委会督办代表议案，围绕生活垃圾分类减量、交通环境改善、城市管理改革等开展专项监督，提出要顶层设计、法制化治理、市场化运作、绣花式管理等建议要求。常委会听取和审议议案办理、督办情况的报告，有力推动议案办理质量的提升。

区政府高度重视，成立领导小组，制定办理方案，将议案办理分解成45项具体任务，市政市容委牵头，城管、交通、规划等21个部门协同办理，统筹推进各项工作落实。一是城市基础设施和公共服务设施建设加快推进。完善人防工程；供热保障、应变能力显著增强；天然气管道实现“镇镇通”；供水、蓄洪建设加快推进；“一刻钟社区服务圈”建设提速加快。二是积极推进城市管理体制改革，促进街道和职能部门责权统一，建立监督考评机制，提升行政效能。构建综合执法机制，优化执法流程，增强执法刚性。三是大力推动城市管理精细化、精准化。城市环卫、燃气、户外广告牌匾、门前三包等实行标准化。地下管线数字化档案系统、共享单车电子围栏建设成效显著。四是着力构建全民参与、共建共享的城市管理新格局。五是切实解决难点问题。生活垃圾无害化处理率达到100%。建设3万平方米停车场，有效缓解停车难问题。果园环岛、土桥路口、万达广场、运河明珠等堵点改造效果显著。公租自行车达到3万辆，创新管理模式，运行更加顺畅高效。

（二）完善体系，代表建议办理取得新突破

不断加大督办力度，督办质量显著提升。一是明确各专委会参与督办的职责、程序，打造更加完善、规范的办理体系。二是及时收集、分类整理和专业分析，准确交办。三是坚持主任副主任重点督办、组织代表视察、听取和审议代表建议办理情况报告，加强办中督察和办后复查。四是对办理结果代表不满意的建议，督促政府及时采取措施继续办理。五是市区代表联动，推动建议办理。区六届人大一次会议期间代表提出建议147件（含议案转建议办理29件），闭会期间提出建议2件，全部依法办复。其中，本行政区域内能办理的137件建议，97%得到了实实拍拍的解决。区政府高度重视，主管区长定期调度，加强考核评估，有效推动办理工作的深入开展。代表提出的“四个街道实施提升老旧小区改造标准试点工作”“万达广场周边交通微循环改造”“农村煤改电加强维修服务”“加强公租自行车站点管理”等一大批建议，办理质量非常高。

（三）求真务实，服务代表水平显著提升

强化学习培训。一是统筹规划。研究制定五年培训计划。强化专题培训，将15个代表小组划分为三个学习培训组，推动取得实效。二是组织代表开展集中培训、实地考察培训，为代表履职奠定坚实基础。三是围绕加强和改进人大工作、代表小组活动、代表联系选民等开展座谈交流，促进相互借鉴提高。四是各代表小组开展学习培训，推动履职“传帮带”。

强化服务保障。一是扎实开展代表会前集中视察；组织部分代表与区长、副区长进行座谈；开展专题询问，促进相关问题的提前解决。根据代表出缺情况，依法补选了区人大代表。二是坚持向代表通报“一府两院”半年工作制度，坚持为代表提供人大常委会及“一府两院”工作开展情况，保障代表知情知政。三是注重代表履职成果的转化。对代表议案、建议反映较为集中的问题列入常委会监督议题，邀请代表参与议题审议。四是组织代表开展视察、检查、调研等活动，发挥代表在闭会期间的作用。五是积极为市人大代表依法履职提供服务和保障。

强化代表小组作用。积极推动代表小组活动常态化。一是完善代表联系网络，健全制度、扎实推进。二是坚持代表小组活动与全区中心工作、人民群众关切的问题相结合，畅通民意诉求表达渠道。三是建立“代表之家”微信群，密切代表之间的联系。四是创新方式，加强指导、协调和服务，推动代表小组工作高效有序进行。

四、躬身践行，塑造奋发有为新风尚

切实把握新形势下人大工作的新要求，着力加强人大自身建设，提高依法履职的能力和水平。

（一）加强领导，塑造党建引领新风尚

切实加强常委会党组建设。坚持重大事项向区委请示报告制度，坚持研究人大重要工作、重大事项制度，提出了“关于新形势下加强和改进人大工作的意见”。坚持党组中心组理论学习制度，制定“党组工作规则”，加强党组制度化、规范化建设。大力推进思想作风建设。深入推进“两学一做”专题教育常态化。组织学习习近平总书记系列重要讲话精神。深入开展“建设副中心，向前站一步”主题教育实践，增强工作的主动性和自觉性。特别是党的十九大胜利闭幕以后，以上率下、步步深入，迅即掀起了学习贯彻落实十九大精神的新热潮。不断强化党风廉政建设。制定了2017 年党风廉政建设工作意见，召开动员部署会，层层签订责任书。严格执行各项规定，持续推进“两个责任”落实，保证肃风正纪、风清气正。

（二）开拓创新，塑造真抓实干新风尚

强化基础保障。举办常委会组成人员学习班，加强人大理论和法律法规的学习，提高履职能力。改进调研方式，以调查研究推动人大工作创新，推动理论素养和实践水平的提高。注重推进信息化发展，扎实做好内部协同办公系统建设，为实现无纸化办公、密切与基层人大的联系提供保障。加强和改进信访工作，完善制度、改进方式，为群众排忧解难，维护社会稳定。强化专委会建设。制定各专委会工作规则、明确任务，充分发挥其在各项决议落实、议案建议办理、预算审查监督等方面的积极作用。强化宣传工作。不断丰富宣传内容，拓展宣传形式，增强宣传效果。做强人大网站，推出《通州人大》期刊，充分展示了人大工作和代表履职的风采。

（三）营造环境，塑造团结进取新风尚

加强机关党群组织建设。机关党支部、工会进行换届选举，成立机关团支部和妇委会，开展丰富多彩的学习教育活动，为干部职工提供施展才华、绽放魅力的舞台，打造团结、进取、融洽、和谐的团队精神。加强机关制度建设，严格制度执行，提高工作质量和效率。注重加强机关干部培养、管理和使用，完善干部选拔任用、轮岗交流机制，干部队伍政治素质和工作能力明显提高。

加强对常委会街工委和乡镇人大的联系和指导。通过召开乡镇人大工作会议、组织学习培训、经验交流、参观考察、调查研究等多种方式，促进乡镇人大工作质量不断提高。一年来，各乡镇人大、区人大常委会各街工委以饱满的热情、担当的精神，融入大局、勇于实践、探索创新，在创城、环境治理、产业转型升级等工作中发挥了重要的作用，推动基层人大开创新局面、取得新成就。

各位代表：一年来，在区委的坚强领导下，常委会各项工作取得了新的进展和突出成效。这是全体常委会组成人员和人大代表认真履职、勤奋工作的结果，是区“一府两院”密切配合、大力支持的结果，是广大人民群众和社会各界踊跃参与、鼎力相助的结果。在此，我代表区人大常委会向大家表示崇高的敬意和衷心的感谢！

在总结成绩的同时，我们也清醒地认识到，常委会的工作还存在着一些不足。主要是：监督工作实效需要进一步加强；制度化、规范化建设需要进一步提升；对乡镇人大和人大街工委工作的指导需要进一步加大；发挥专委会的作用需要进一步拓展等。这些不足，在今后工作中我们必须认真加以改进。

2018年工作设想

“不忘初心，牢记使命；大道之行，天下为公”。党的十九大的胜利召开，为我们进入新时代进行伟大斗争、建设伟大工程、推动伟大事业、实现伟大梦想指明了方向。区人大及其常委会必须原原本本学、全面系统学、融会贯通学、倾注感情学、带着问题学、联系实际学。真正在学懂弄通落实上下功夫，真正使其成为每个人都离不开的“指南针”“工具书”，真正使其落地生根、开花结果，形成生动实践。

2018年常委会工作的总体思路是：以习近平

新时代中国特色社会主义思想为指引，坚持党的领导、人民当家作主、依法治国有机统一，在区委的坚强领导下，在发展社会主义民主政治的伟大进程中，充分发挥人民代表大会制度优势，加强人民当家作主制度保障，依法行使宪法和法律赋予的各项职权，推动人大高水平履职，唱响主旋律、凝聚正能量、展现高品质、彰显新风范，为打造城市副中心提供坚实的民主法制保障。

一、加强理论武装，把握时代大势，投身伟大实践

把学习贯彻党的十九大精神作为首要政治任务，不断掀起学习宣传贯彻新高潮。深刻领会党的十九大的主题、新时代的新要求、新矛盾的新特点、新任务的新设计、新方略的新要义、新部署的新内容等一系列重大理论和实践问题，坚定不移地以习近平新时代中国特色社会主义思想武装头脑、指导实践。坚决落实“健全人民当家作主制度体系，发展社会主义民主政治”的任务要求。坚持以人民为中心，推动城市副中心规划编制、疏解整治促提升、城乡均衡发展等顺利进行。推动人大工作理论创新和实践创新，让人民代表站在更高的起点上履职尽责，淋漓尽致地发挥作用。

二、加大监督力度，拓展监督方式，延伸监督领域

继续加强对重点工程的监督。以全面提升城市副中心管理水平为目标，以“加强城市管理议案”督办为主线，重点围绕城市精细化管理、规范停车管理、城市基础设施建设等深入开展监督。巩固全国文明城区创建成果，建立长效机制，促进文明城区常态化建设、高品质提升。2018年是市级机关迁入城市副中心的第一年，重点加强对运河核心区、行政办公区等缓堵工作落实情况的监督。

综合运用多种监督方式，着力推动各项工作取得实效。安排听取和审议区政府上半年工作情况的报告，确保全年任务目标的顺利完成。安排听取和审议疏解一般制造业和“散乱污”企业整治、努力构建“高精尖”经济结构、创建国家森林城市、公共法律服务体系建设的报告。围绕区属国有商业资产运营管理、农村“三资”监管、气象为农服务、妇幼保健体系建设、学前教育事业发展、非物质文化遗产保护等进行专项监督。

加强行政执法监督检查，提高执法质量，增强执法实效。加强对司法工作的监督，重点对区法院司法体制改革、区检察院公益诉讼情况的监督。抓好2017年常委会审议意见的督办落实，持续跟踪检查社区网格化、扩充优质教育资源等重点工作。做好市人大有关法律法规修订征求意见工作。

把握新时代发展要求，抓住群众关心、社会关注的热点难点问题，在满足民生需求、公共资源配置、公共设施建设上发挥更大作用，不断提升人民群众的幸福感、获得感。

三、规范运行程序，探索转变方式，注重取得实效

坚持人大常委会讨论决定重大事项制度，对关系全区改革发展稳定的重大问题，适时作出决议、决定。坚持规划引领，推进通州发展专项规划健全完善、尽快落地。围绕为民办实事工程探索参与决策，推动取得实效。安排听取和审议区政府关于国民经济和社会发展计划与财政预算执行情况报告、财政决算和审计工作报告、财政预算调整方案报告，批准区级财政决算及调整预算。安排听取区政府2017 年区级预算执行和其他财政收支审计意见整改情况的报告。切实加强计划和预算草案、预算调整、财政决算的初审工作。开展预算审查监督业务培训，做好预算审查联网监督工作。

依法加强人事任免工作，不断深化常委会组成人员参加干部任前民主推荐工作，进一步加大任后监督。做好向宪法宣誓工作，从组织上保证国家机关的正常运行。

四、健全体制机制，创新工作制度，提升代表素质

研究制定“代表报告履职情况制度”、“代表履职档案管理制度”，开展试点推行。加强闭会期间的代表小组工作，进一步完善工作制度，促进代表小组工作规范化、常态化。加强常委会街工委工作，完善代表联系网络机制。

坚持按照议案、建议办理工作规程开展工作，完善督办机制，加强跟踪督办和复查补办，增强办理实效。继续组织好市人大通州区代表小组活动，持续扩大通州影响力。

五、适应时代要求，自我完善提高，强化履职能力

强化常委会党组建设，发挥领导核心作用。继续坚持常委会的各项学习制度，率先用十九大精神武装头脑，巩固“两学一做”成果，深入开展“不忘初心、牢记使命”专题教育。推动作风建设常态化，着力提高常委会组成人员的理论素质和履职水平。

推进机关规范化建设。不断改进调查研究的方式方法，开展“贯彻落实市委、区委人大工作会议精神”专题调研。梳理和完善各项规章制度，固化成果。加强信息化建设，完成代表议案建议提交系统、人大预算联网审查监督、协同办公系统、网站手机版的开发建设工作，为机关运转和代表履职提供更加现代、高效的平台和手段。进一步推进人大机关党群组织建设，打造充满活力、团结协作的机关。

更加充分发挥闭会期间专委会的作用，进一步拓宽履职的方法途径，安排更多的视察考察。加强人大街工委建设，强化对乡镇人大工作的指导，着力推动学习培训、履职保障取得新的进展。

各位代表，党的十九大对决胜全面建成小康社会做出了战略部署，对人大工作提出了更新、更高的要求。城市副中心建设的宏伟蓝图已展现在我们面前。让我们更加紧密地团结在以习近平同志为核心的党中央周围，在区委的坚强领导下，奋发图强、砥砺前行、铿锵作为，为加快城市副中心建设而继续奋斗！

北京市通州区人民政府工作报告

——在北京市通州区第六届人民代表大会第三次会议上

北京市通州区区长 张力兵

2017年11月21日

2017年工作回顾

2017年是通州发展史上极不平凡的一年。一年来，在市委、市政府和区委的正确领导下，在区人大、区政协的监督支持下，区政府始终坚持以习近平总书记系列重要讲话精神和治国理政新理念新思想新战略为指引，全面贯彻落实习近平总书记两次视察北京重要讲话精神和北京市第十二次党代会精神，深入学习贯彻党的十九大精神，立足“一核两翼”和京津冀协同发展大局，紧紧围绕北京城市副中心建设，坚定信心、奋力拼搏，实现了经济社会的平稳较快发展，圆满完成了区六届人大一次会议确定的各项目标任务。

一、城市副中心建设开启新篇章

看齐中央要求，对标周密部署。始终坚持把习近平总书记对北京城市副中心的讲话要求当作案头卷、工具书、座右铭，持续深入学习贯彻中央政治局“5·27”会议精神，始终把“坚持世界眼光、国际标准、中国特色、高点定位，以创造历史、追求艺术的精神进行北京城市副中心的规划设计建设”作为开展工作的根本遵循和行动指南。特别是今年2月24日总书记亲临副中心并作出新的指示后，按照市委、市政府和区委的决策部署，区政府高站位统一思想、高标准组织推进，各级领导主动担当，广大干部群众全身心投入，团结一致地坚决扛起了副中心建设的历史重任。

集中精力智慧，绘就宏伟蓝图。围绕编制规划这一“龙头”，积极协同市级部门，组织精干人马，聘请国内外顶尖团队，集中开展了城市副中心顶层设计。9月底，《北京城市总体规划(2016年—2035年)》正式获党中央、国务院批复，从法律意义上确定了城市副中心功能定位与发展目标，城市副中心将以行政办公、商务服务、文化旅游为主导功能，构建“一带、一轴、多组团”的城市空间结构，突出蓝绿交织、水城共融、文化传承的城市特色，用最先进的理念和国际一流的水准绘就了城市副中心发展蓝图。同时，城市副中心控制性详细规划、17个专项规划加快完善，15个专题研究全面完成，规划统筹对接全面加快，为实现高水平的“多规合一”、确保“一张蓝图干到底”奠定了坚实的基础。

担当疏解重任，服务市级搬迁。坚持把实现非首都功能疏解作为建设城市副中心的“牛鼻子”，全力打好服务市级搬迁这一疏解硬仗。行政办公区及周边区域搬迁全面完成，创造了“通州速度”；一期主要路网基本建成，市政管网等市政设施完成接入，500千伏电源建设、高压线入地、冷热电三联供等工程加快推进；主要建筑日夜兼程抓紧装修，年底将配合市级部门启动搬迁工作。同时，大力开展行政办公区及周边的交通治理、绿化美化、安全维稳；为办公区服务配套的医疗、教育设施布局基本确定，潞河医院、新华医院做好对接准备，安贞医院确定落户，人大附中、北师大未来实验小学、北京市第一幼儿园海晟实验园、第五幼儿园、北海幼儿园等优质资源全面对接，中国人民大学通州校区完成奠基，为市级机关搬迁后的公共服务配套做好了充分准备。

实施整体布局，推动协同发展。按照规划要求，加快布局和建设副中心重要节点，运河商务区市政基础设施累计完工40项，重点项目梯次推进，建筑品质实现提升。文化旅游区市政道路、轨道交通、地下综合管廊等基础设施工程全面启动，环球主题公园项目基本完成土方工程。城市副中心站完成设计方案国际招标，进一步深化设计方案；城市绿心启动棚户区改造拆迁，歌舞剧院、图书馆、博物馆等公共建筑预计年底前完成设计方案征集；宋庄文化产业集聚区加快中国艺术品交易中心项目推进。统筹布局906平方公里的均衡发展，通州区总体规划形成成果，镇域规划编制进展顺利，特色小镇和乡镇功能定位研究深入推进，与城市副中心总体城市设计有机对接。台湖演艺小镇功能定位研究取得重大进展，相关工作有序推进。新型城镇化综合试点取得阶段性成果，建立涵盖114个项目的项目库。谋划布局京津冀协同发展，与河北廊坊、天津武清签署框架合作协议，产业疏解全面启动、教育共建形成机制、运河通航共同推进、干部交流有序展开，道路交通、生态环境等各个方面实现深入合作。与雄安新区开展多轮工作对接，部分领域取得初步成果，“新两翼”初步形成相互协同、推动发展的良好态势。

二、城市治理进入新阶段

成功获得全国文明城区荣誉称号。充分践行“利民惠民”的创建宗旨，坚持把全国文明城区创建作为推进城市副中心建设的重要载体和有效抓手，在政务、法治、人文等环境建设和长效常态的创建工作机制等方面成效显著。将群众满意作为检验创城工作的最高标准，深入42万户居民家庭走访宣传创建成果和了解民意。聚焦民生指标，采取问题导向、专业调查、整体联动、督察督办、综合治理等措施，累计排查整改各类问题2万余个，群众关注的一批重点难点问题得到有效解决。加强公民思想道德建设，树立一批道德模范典型，示范引领作用得到彰显。有效引导市民文明行为，广泛开展诚信教育活动，大力发展志愿服务事业，形成“等灯等灯”交通引导行动、“创城进行时”等具有影响力的创建活动品牌，群众文明素质和城市文明程度显著提高。2017年11月17日，全国精神文明建设总结表彰大会在北京隆重召开，北京市通州区被中央文明委正式授予“全国文明城区”荣誉称号。这是中央对通州发展成就的充分肯定，是对通州城市文明程度、市民文明素养的最高褒奖，更是对通州传承中华优秀传统文化、引领全社会道德风尚、加快推进北京城市副中心建设的巨大鼓舞与鞭策。在全区各级各界六年的孜孜不倦、不懈追求中，展翅高飞的古韵通州又增添了一张闪亮的城市名片，北京城市副中心又树起了一座巍峨的文明丰碑，必将成为通州人民聚力同心、勇于胜利的强大精神动力！

疏解整治促提升成效显著。坚持在“疏”上持续用力、在“舍”上保持定力、在“优”上集中发力。区委、区政府主要领导负总责，区委常委、副区长分别牵头，全区千名干部集体动员誓师，工作细化到项目、细化到点位，确保“一竿子插到底”。全区广大干部坚持忘我工作，勇挑千斤重担，敢啃硬骨头，圆满完成年度疏解整治促提升专项行动目标，多项任务超额完成。共计拆除违法建设1102万平方米，清理占道经营1.94万起，整治无证无照经营5945户，整治“开墙打洞”1236处，疏解一般性制造业445家，完成1310家“散乱污”企业清理整治，疏解改造区域性市场11家，整治群租房588处，新建便民网点70家，完成26个市、区级挂账重点村的整治，重点区域整治提升面积36.2万平方米。专项行动共涉及人口17.6万人，人口、资源、环境的矛盾初步缓解，城市秩序有效改善。

城市运行保障再上新台阶。实施漷小路一期等32项道路建设工程，运河东大街改造工程进入收尾阶段，宋梁路提级改造工程顺利完工。启动玉桥东三路等5条微循环道路建设，开展运河园东路、车站路南段等7条街巷改造。完成21个拥堵路口、20个交通秩序乱点整治工作。深入开展静态交通治理，建立拖车平台系统，设定“禁停街、规范街、居住街”，建立了路侧停车电子收费试点。南水北调通州水厂竣工投入使用，广渠路东延供水管线全面接通，区域供水能力从14万吨/日提高到20万吨/日。11座变电站建成投入使用，新增变电容量115.6万千伏安，供电保障能力提升30%以上。新增燃气管线1000余公里。完成21个老旧小区108.4万平方米的供热管网改造工作，河东5号调峰热源厂年底开工。全面推行街巷长制，进一步强化基层管理。大力推进垃圾分类，8个乡镇应急填埋场建成投入使用，有机质生态资源处理站、再生能源发电厂年底完工，在台湖镇、漷县镇推进环卫一体化体系试点。加快推进智慧城市建设，全区公共场所无线Wi-Fi接入点达493处，居全市首位；开展共享单车“电子围栏”管理试点；重要节点信息基础设施体系建设加快完善。

三、生态环境建设取得新战果

大气治理力度持续加大。成立了散乱污企业整治、散煤整治、扬尘治理、机动车管控四个专项指挥部，持续开展蓝天保卫战，全年$PM_{2.5}$累计浓度下降到67微克/立方米。完成207个村及3个街道12.5万余平房户和89家种养殖企业煤改清洁能源工程，加强散煤综合治理，全区范围基本实现“无煤化”。大幅降低氮氧化物排放，完成燃气锅炉低氮改造4557蒸吨。制订实施了全市标准最严的扬尘治理量化标准“双十条”，施工工地扬尘污染得到有效控制。严厉打击露天烧烤及焚烧垃圾、秸秆等行为。淘汰（含转出）老旧机动车19861辆，完成全年任务的125.6%。新增区属清洁能源公交车350辆，新投入公共租赁自行车1万辆。实施75平方公里货车禁限行措施，在8个乡镇设置26个大货车劝返点，非道路移动机械低排区加快建设。

水环境建设持续推进。启动2017—2019年污水治理三年行动方案，碧水污水处理厂升级改造、张家湾再生水厂、河东污泥处理厂等一批工程完工，全区污水处理能力达到44.7万吨/日，污水处理率达到85%，建成区努力按照污水收集处理设施全覆盖、污水全收集、全处理要求扎实推进。“两带、六片区”水环境综合治理工程全面展开，53条段黑臭水体和70个村庄生活污水治理加快推进。海绵城市试点建设、河道综合整治和水网建设等工程进展顺利，萧太后河（环球主题公园段）等重点河段实现水清岸绿。区、镇、村三级河长制管理体系全面建成，全区河道沟渠实现监管全覆盖。北运河甘棠闸改造和行政办公区丰字沟应急度汛工程竣工投入使用，区域防洪排涝能力进一步增强。严格落实水资源管理制度，漷县镇农业高效节水示范镇建设全面完成，节水型区创建工作稳步推进。

园林绿化水平持续提升。高标准完成北京城市副中心绿地系统专项规划编制，明确了全区“一环、两带、两区”和城市副中心“一带、一心、多廊、多园”的园林绿化生态格局。减河公园、六环路西辅路等38项园林绿化续建工程基本完工，新增和提升绿化面积6.5万亩。运河城市段景观提升、宋梁路绿化等23项新建工程有序推进。

四、经济发展汇入新动能

主要经济指标保持平稳较快增长。在全面实施“营改增”、疏解低端产业等多重减收因素影响下，全区经济继续保持“稳中有进、进中提质”的总体态势。全年地区生产总值实现758.1亿元，增长8.1%；一般公共预算收入实现79.2亿元，增长3.6%；全社会固定资产投资额实现1054.5亿元，增长12.2%；社会消费品零售额实现419.1亿元，增长8%；城镇居民人均可支配收入实现44607元，增长9.2%；农村居民人均可支配收入实现25632元，增长8.9%。主要经济指标增速均高于全市平均水平。

追求“高精尖”，产业发展基础进一步夯实。聘请5家高端智库围绕行政办公、商务服务、文化旅游、科技创新、文化创意开展产业规划研究，积极构建“高精尖”产业体系。调整完善《通州区“十三五”产业转型升级与空间布局规划》，制定城市副中心产业项目准入标准评价体系，进一步规范高端产业的培育和引进。北京银行城市副中心分行、华夏保险、天安财产保险公司等一批金融机构入驻运河商务区；环球主题公园全产业链规划研究形成初步成果；全区实施区级科技创新项目72项，新增申报国家高新技术企业295家，北京市专利示范、试点单位达到226家。

产业园区加快转型升级。编制完成《通州园区促进产业转型升级实施方案》，建立拟入驻园区项目区级统筹机制，严把园区项目入驻关口。加快园区腾笼换鸟，搭建企业疏解平台，腾退园区土地2325亩。积极对接中关村科技园和北京经济技术开发区，推动园区转型升级。国际种业科技园区物联网集成与应用平台二期竣工，种质资源交流共享平台完成主体建设，研发中心项目实现开工。中国北京人力资源服务产业园区（通州园）项目稳步推进。

五、社会民生建设呈现新局面

社会事业提质发展。紧抓机遇加快教育事业发展。积极争取市教委、市财政局等市级部门支持，出台《通州区教师素质提升支持计划（2017—2020年）》《通州区基础教育质量提升支持计划（2017—2020年）》，31所农村薄弱校得到市级名校“一对一”结对帮扶，6600名城乡教师参加跟岗培训等素质提升项目，4000名学生在名师伴读“双师工程”中受益，首批外教进入外语课堂。促进市级优质资源校落地融合发展，发挥示范带动作用。整合资源，支持潞河中学、运河中学教育联盟及名师、名校长工作室健康发展，中考成绩在全市名列前茅，高考本科上线率达到90%。第二期学前教育三年行动计划圆满完成，新增公办、普惠制幼儿园22所、学位6000个，3所幼儿园被评为市级示范园。加快教育基础设施建设，北京五中（通州校区）主体完工，首师大附中（通州校区）等一批重点项目加快推进。医疗卫生事业快速发展。4个区域医疗中心建设有序推进，潞河医院在全市三级医院综合评比中名列第七，内分泌等专科达到全国领先水平，四期工程和分院工程主体结构封顶；友谊医院成功托管新华医院，新院年底前投入使用；东直门医院东区二期工程完成粗装修；人民医院通州院区主体完工。医药分开综合改革取得阶段性成果，全区148家医疗机构实现药品阳光采购。组建194个家庭医生服务团队，重点人群签约率达94%。积极与国家、市级优质医疗卫生资源合作，新建4个市级120急救站，实现19所基层医疗机构与“城四区”一对一精准帮扶，区疾控中心、妇幼保健院与北大公共卫生学院深入合作。文化事业取得新成果。紧紧围绕城市副中心规划要求和大运河文化带建设，深入挖掘通州历史文化资源，编制完成大运河文化带建设项目清单和目标任务，完成全区236处不可移动文物的巡查，完成燃灯塔修缮等4项文物保护工程，编辑出版《北京城市副中心·通州历史文化丛书》。以首都公共文化服务示范区创建为载体，大力推进公共文化基础设施建设，打造运河艺术节、书香通州等品牌文化活动，切实提升基层公共文化服务能力。群众体育事业蓬勃发展，组织北京通州半程马拉松、运河绿道骑游、万人（京津冀）徒步大会等活动。完成《北京市通州区志(1997—2010)》终审。旅游、广播电视、新闻、气象、档案、保密、民防、地震、红十字、残疾人、慈善等各项事业发展呈现新局面。

民生状况持续改善。就业形势保持稳定，全年新增就业2.08万人，城镇登记失业率控制在2.5%的较低水平。积极争取市级支持，年内全域纳入城市化建设地区就业失业管理制度范围，实行城乡统一的就业失业管理制度。社会保障水平持续提高，年底城乡参保规模达110.5万人，32家定点医疗机构全部实现跨省异地就医住院医疗费用直接结算，新型农村合作医疗向城乡居民基本医疗保险制度平稳过渡。成为全市“精准救助”试点区，实施“政策帮扶+专业服务”新模式，积极开展产业帮扶、就业帮扶、兜底帮扶和社会力量帮扶，扎实推进低收入村发展和低收入农户增收工作。城市特困和农村“五保”救助政策实现并轨，城乡最低生活保障标准、基本生活费标准、孤残儿童生活保障标准普遍提高。成立区级老年协会，建成养老驿站35家，组建通州区儿童福利服务指导中心，建立全市首家区级儿童成长驿站。妥善安置223名退役军人和3941名征地转非人员。制订实施一系列农业产业补贴政策，“菜篮子”工程扎实推进。深入实施28项为民办实事工程，切实解决群众的实际问题。

社会建设不断完善。持续加强网格化治理体系建设，加快推进“1+7+X”工程。组织完成109项可示范推广社区服务项目申报。全面落实《志愿服务条例》，成立区内首家志愿者服务队，成功打造“五老带六小”等33个品牌社区社会组织。深入开展安全生产大检查，规模企业安全生产标准化三级达标率等指标超额完成任务，顺利通过国务院安委会安全生产督察及“回头看”检查。圆满完成“一带一路”国际合作高峰论坛、党的十九大等重大会议活动的安保维稳任务。加大矛盾纠纷排查调处力度，社会保持和谐稳定。荣获“2013—2016年度全国平安建设先进区”称号。食品药品安全、应急管理、人民武装、双拥共建、宗教、侨务及对台工作健康发展。

六、软环境建设实现新提升

积极创新副中心管理体制。充分利用“市区联动”有利契机，积极服务市级专班，深入开展工作对接，发挥出重大效益。全力推进政策集成创新，在城市建设、市容环卫、绿化美化、市政公用、教育医疗等重点领域持续发力，共制定各类标准、政策80余项，推动解决重点难点问题及工程类事项200余项。加快推进行政区划调整和街道社区管理体制改革，编制完成《通州区行政区划调整总体规划》和《通州区推进街道、社区管理体制改革实施方案》。强化重点领域组织领导体系和机构建设，积极承担区协调对接指挥部和区服务保障市级机关搬迁工作领导小组职责任务，成立通州区重点工程管理平台、环保督察办公室、环保警务执法组，强力推进工作落实。

不断完善服务工作机制。持续推进“放管服”改革，不断扩大“一会三函”试点范围，加快了141个项目的落地开工。在全市率先搭建行政审批“一张网”办理平台。开通市级企业登记服务平台、企业档案全市通查、全程电子化登记等一系列网上服务。全力开展投融资体制改革，推动组建区域统筹开发载体，《关于设立北京城市副中心投资建设集团工作方案》由市政府专题会审议通过。成功入选国家重大市政工程领域PPP创新工程重点城市名单。大力推进创业创新，制定出台高层次人才创新团队引进、创新创业平台扶持、知识产权（专利）促进等政策，启动“灯塔计划”、“运河计划”两大人才工程，推进国家知识产权试点城区建设，发展9家区级以上规模化的众创空间、10家优秀科技创新团队。

全面强化政府自身建设。紧紧围绕“两学一做”学习教育常态化、制度化要求，牢固树立“四个意识”，主动按照区委提出的“建设副中心，向前站一步”要求，政府系统作风建设进一步加强。严格执行从严治党各项规定，深入落实“一岗双责”，加强行政监察和审计监督，启动全区政府系统绩效管理，实现从目标管理到过程管理的重大转变。进一步规范国资系统履职待遇、业务支出等管理制度，制定实施《违规经营投资责任追究办法》。坚持依法行政，打造良好法治环境。启动城市副中心城市管理立法调研，持续加强法制机构建设，深入落实法律顾问制度，政府法治建设进一步加强。主动向人大报告、向政协通报重大事项，自觉接受人大法律监督、工作监督和政协民主监督。强化议案、建议、提案办理，建立每年第一次政府常务会专题研究部署等制度，形成常务副区长定期议商调度等推进机制，全年办理市区两级代表议案、建议和委员提案370件，办复率100%。

各位代表，过去一年成绩的取得，是市委、市政府和区委正确领导的结果，是区人大、区政协监督和支持的结果，是各位代表和委员共同凝聚智慧、倾心建言献策的结果，是各民主党派，人民团体，驻通州部队，武警官兵，公安干警，驻通州中、市属单位鼎力支持的结果，是全区人民共同努力奋斗的结果。一年来，通州全区上下牢记习近平总书记的嘱托，满怀干事创业的激情，以敢为天下先的气魄，以功成不必在我的境界，胸怀凌云志、甘做铺路石，把完成中央和市委、市政府交给我们的副中心建设任务当作通州人的历史使命，把实现通州人民对美好生活的向往作为我们的人生追求，全区干部群众在各自的工作岗位上生动地描绘出一幅幅战天斗地的勤劳画卷，真实地镌刻出一段段可歌可泣的奋斗篇章！在此，我代表区政府向奋战在各条战线上的广大干部职工、向所有关心支持通州发展的各界人士和全区人民表示最崇高的敬意和衷心的感谢！

与此同时，我们也清醒地认识到，通州区经济社会发展中还存在不少困难和挑战，主要表现在：一是面对中央和北京市对城市副中心建设的目标定位和标准要求，通州在城市建设、城市管理、生态环境、产业构建、城乡统筹以及国际化发展等多个方面都还存在明显短板和薄弱环节，有效提升各项工作水平和成效、全面把宏伟蓝图变为美好现实，还有很长的路要走，还需付出长期艰苦的努力；二是社会民生事业发展水平仍然不高，就业、保障等领域的新旧问题交织，还需用更多的举措，更实际的成果持续提高人民群众的获得感、幸福感和满意度；三是政府工作精细化管理还存在不足，思想认识、目标责任、过程管控还没有充分适应城市副中心建设标准高、专业精、管理细的新要求，作风建设、制度建设和能力建设还需常抓不懈。对此，我们将本着对党和人民高度负责的态度，在今后工作中认真加以解决。

2018年工作的总体思路和主要任务

2018年是我们全面贯彻落实党的十九大精神，吹响战斗号角，昂首阔步开启新征程的重要一年；是我们在中国特色社会主义进入新时代，紧抓历史机遇，全力以赴建设城市副中心的重要一年。我们要按照市委、市政府的要求和区委六届四次全会部署，从现在开始到2020年，牢牢抓住这珍贵的三年，乘势而上、主动作为，基本形成城市副中心主要基础设施框架，主要功能节点初具规模，形成与功能定位相适应的城乡空间格局，生态环境显著改善，承接中心城区功能疏解取得明显成效，初步构建以行政办公、商务服务、文化旅游、科技创新为新增长点的“高精尖”产业体系。从2020年到2035年，再奋斗十五年的时间，基本建成基础设施发达、公共服务配套齐全、高精尖功能聚集、文化繁荣兴盛、生态环境优美、社会文明有序、职住平衡宜居宜业的国际一流和谐宜居现代化城区，有力带动中心城区的人口资源环境矛盾缓解，与雄安新区共同形成北京的新“两翼”。

2018年政府工作的总体思路是：按照区委六届四次全会总体部署，深入学习贯彻党的十九大精神和市委十二届三次全会精神，以习近平新时代中国特色社会主义思想为指引，深入领会习近平总书记视察北京重要讲话精神和中央、市委市政府对城市副中心建设的一系列重要指示精神，坚持以人民为中心的发展思想，严格落实北京城市总体规划、城市副中心控制性详细规划和通州区总体规划，更加主动地把通州发展放在京津冀协同发展大战略中，放在疏解非首都功能的大格局中，全面深化改革，统筹谋划，加快推进，努力在关键领域和重点环节取得突破性进展，以一流的工作实绩迎接市级机关搬迁入驻，在新的起点上实现城市副中心建设新跨越。

2018年全区经济社会发展的主要任务包括如下方面。

一、坚持高站位，尽职尽责，服务市级机关顺利入驻

密切配合工程推进，确保如期投入使用。紧紧围绕中央、市委市政府对疏解非首都功能的战略部署，抓牢“牛鼻子”，坚决把服务市级机关搬迁这一标志性工程做好、做细、做扎实。配合好市级各相关单位，加快行政办公区主体建筑和配套设施的工程进度，确保高质量按时完工。加快完善行政办公区一期市政道路、综合管廊、能源供应等市政基础设施体系，有序配合好推进二期工程建设。实现安贞医院工程开工，友谊新华医院全面开诊，确保行政办公区周边2所小学、3所幼儿园具备招生条件。加快保障房及公共配套建设，加快行政办公区外联道路建设及美化提升，确保市级机关搬迁后正常运转。

严格落实管理责任，确保公共秩序良好。完成重点区域行政区划调整，加快形成符合行政办公区管理需要的属地管理体制，全面落实交通、市政市容、城管、环保等各部门、各单位的管理责任，形成“点线面”结合、责权明确、管理高效的“无缝管理”模式，确保行政办公区相关需求“有人管、管得了、管得好”。加强安全体系建设，建设区、镇、村三级综治中心，建设智能化安保体系；严格落实维稳措施，落实信访责任制，加快历史遗留问题的处理解决，坚决把各类矛盾化解在萌芽状态。

二、坚持高起点，对标对表，加快副中心规划落实

确保顶层设计成果全面落地。一季度前全面完成各项规划编制，广泛宣讲通州区总体规划、城市副中心控制性详细规划和各专项规划，充分应用“‘三最一突出’核心指标体系”“促进职住均衡的发展思路和配套政策”“绿色城市和低碳发展研究”“建筑设计标准指南”等专题研究成果，坚决把“高起点、高标准、高水平”的目标要求贯彻到地块、项目层面的规划设计深化中，贯彻到城市副中心建设、管理的全过程。坚决维护规划的严肃性和权威性，实施市、区联控的规划执行审批机制、项目规划方案专家把关审定机制、规划落实的“体检”机制和规划执行的监督问责机制。

加快主要功能节点建设步伐。统筹运河商务区单体建筑、滨水岸线、公共空间、商业街等设计工作，提升整体形象品质和绿色建筑标准，加快公共设施及地下空间一体化建设进度，确保北环环隧2018年实现通车运行。加快文化旅游区基础设施、公共绿地、配套服务设施建设，全力服务推进环球主题公园项目建设。北京城市副中心站6月底前完成工程招投标工作，下半年启动土方工程。推进城市绿心安置房建设，加快打造功能丰富、绿色生态的市民中心。宋庄文化创意产业集聚区艺术品交易中心项目一季度实现开工。

推进区域协同向纵深发展。坚决贯彻乡村振兴战略，继续深化完善通州区总体规划和9个乡镇的镇域规划，加快特色小镇研究及各乡镇重点区域城市设计，推进台湖演艺小镇启动开发建设，引入先导性重大演艺品牌活动。进一步强化906平方公里整体发展态势，加快基础设施、公共服务等资源向农村地区布局，大力促进城乡均衡发展。积极落实“统一规划、统一政策、统一管控”的要求，加快与廊坊北三县实现“规划一张图、任务一张表、示范一体化”；继续深化“通武廊”合作机制，加快构建区域协同要素体系；大力推进与雄安新区的深度协同，尽快发挥“新两翼”引领作用。

三、坚持高标准，再接再厉，深入开展城市治理

持续扩大疏解整治促提升战果。精准化、精细化推进“疏解整治促提升”各项工程，持续加大拆违力度，确保腾退土地1350公顷；加快一般性制造业疏解，实现“散乱污”企业“动态清零”；持续清理整治背街小巷、无证无照经营、占道经营、群租房和人防工程地下空间；治理“开墙打洞”点位达到80%；完成全部低端市场的清理改造，实现有形商品交易市场关停；完成城乡结合部10个村的综合整治工作，完成东方厂周边、八里桥等一批棚改项目。严格管控、统筹利用疏解腾退空间，推进绿化美化、便民设施、公共服务配套建设，既做到“留白增绿”“见缝插绿”，又便利群众生活，提高群众获得感。

持续提升城市运行保障能力。深入落实交通综合规划，加快广渠路东延、宋梁路北延等道路建设，确保潞小路一期等道路完工。配合推进地铁7号线东延、八通线南延等一批市级重点项目。实施6条微循环道路建设，启动一批断头路打通工程。强化交通管理，全面提升交通智能化管理水平，完成财贸学院路口等一批交通堵点治理，适时推进限行限号措施。城区范围内全部实现路侧停车规范管理，进一步创新管理办法，着力解决停车难、停车乱等问题。高标准完善市政基础设施体系。推行全区乡镇集中水厂规范化管理，加快现有老旧自备井替换，重点解决部分单村供水站供水保障问题。运河220千伏变电站投产发电，新建岳庄、东关2座110千伏变电站，进一步提升供电能力。加快河东5号调峰热源厂建设，实施4.7万平方米老旧小区供热管网改造工作。加快智慧城市建设，推进“雪亮工程”等信息化系统建设，率先在运河商务区等重要节点建立智慧城市体系。

持续提升城乡环境整体品质。牢固树立“创城永远在路上”的理念，认真贯彻中央文明委张家港会议精神，持续巩固和拓展创城成果，全面构建常态推进、长效管理、立体监督、广泛参与的创建格局，努力推动文明城区建设向更深层次、更高水平迈进。深入落实副中心城乡环境建设标准，全面提升城乡环境建设水平。加快打造高品质的市容景观，推进长安街延长线（二

期）、京哈铁路沿线和张采路沿线市容景观整治提升工程，实施运河沿岸、减河沿岸、通燕高速沿线、宋梁路沿线等重点区域的景观照明亮化提升工程。深入落实街巷长制、“新门前三包”等工作机制，切实抓好群众身边环境整治。推进城区范围内123个居住小区再生资源收运网和固体废物收运网“两网合一”建设，实现全区注册经营餐饮服务单位餐厨垃圾规范收运。深入开展居住环境优化提升、村容村貌综合整治、村庄秩序规范等工作，加大乡镇环卫设施投入，持续推进文明村镇、文明单位、文明家庭、文明校园等创建活动，继续打造一批创建典型，建设一批美丽乡村。

四、坚持高水平，治标治本，狠抓生态环境建设

持续打赢蓝天保卫战。进一步推进产业、能源、交通结构调整，多措施推进大气污染防治向纵深发展。巩固“无煤化”工作成果，建立健全农村地区煤改清洁能源服务管理长效机制。进一步加强移动源监管，扩大重型货车禁行范围和高污染非道路移动机械禁用范围。强化施工扬尘污染控制，从严管理渣土运输治理，建立健全针对工地总包方的扬尘控制检查、检测、评估、公示机制，并纳入招投标及政府采购体系。落实烟花爆竹禁限放措施。健全完善环保、公安联动执法机制，深入开展各类环境执法行动，依法查处和曝光环境违法案件，保持环境执法的高压态势，确保$PM_{2.5}$年均浓度达到市级要求，坚决打赢蓝天保卫战。

全力打好碧水攻坚战。继续实施“两带、六片区”水环境综合治理，全面加快污水处理厂站、截污管网建设工程。加快推进外环路管网等4项治污续建工程，开工建设减河北再生水厂一期等工程。力争实现农村地区污水处理设施全覆盖。加快推进海绵城市建设，确保年底前全面完成试点区域各项建设工程，统筹推进城北、城南、“两河”水网建设，高标准实施通惠河等河道综合整治工程，启动凉水河蓄滞洪区等3处防洪工程建设，不断完善全区防洪排涝体系。完成节水型区创建工作，力争完成3万亩“两田一园”农业高效节水建设任务。严格落实区、镇、村三级河长制，营造全社会共同保护、监督、管理水环境的良好氛围。

全面开展绿化大会战。全力推进国家森林城市建设，加快构建“一环、两带、两区”生态格局。新增和改造提升绿化面积3万亩。启动潮白河森林生态景观带二期、张家湾公园一期、台湖万亩游憩园三期等重点生态工程，加快首都地区环线高速、京秦高速和潞苑北大街绿化工程建设。突出“蓝绿交织”，推进重要河道滨水绿化和廊道绿化加宽加厚工程，实施绿道建设150公里，打造生态慢行系统和森林游憩网络。充分展现疏解整治促提升的“留白增绿”成果，结合代征绿地规范管理，加快建设亲民化、近自然的“城市森林”。深入实施重点大街生态景观提升工程，开展屋顶绿化1万平方米、垂直绿化5公里，实现重点区域花卉景观布置常态化，显著扩大城市绿色生态环境空间。

五、坚持“高精尖”，营商聚商，推动经济健康发展

不折不扣完成各项经济指标。实现地区生产总值增长7%左右，一般公共预算收入增长6%左右，全社会固定资产投资额增长7%左右，社会消费品零售额增长7%左右，城乡居民人均可支配收入增长8%左右。万元地区生产总值能耗、大气污染物和水污染物排放完成市下达节能减排任务。

大力培育“高精尖”产业体系。加大体制机制创新力度，坚决退出低端产业，有效增强发展后劲，大尺度、深层次重构产业结构和产业布局。围绕行政办公区板块，紧密对接政务服务需求，大力发展智力经济，吸引一批国内外一流的高端新型智库机构和专业机构，加快打造政务服务功能产业集群。围绕运河商务区板块，着力吸引一批国内外顶尖的优质民企、跨国企业入驻，打造创新金融和高端总部集聚区。围绕文化旅游区板块，推动信息技术、文艺制作、文化演出、旅游商业、会议会展等产业发展，打造文化旅游产业集群。围绕台马板块，深度对接中关村科学园和北京经济技术开发区，打造北京“设计之都”示范区的起步区和科技创新产业新区。加快启动互联网安全产业园建设。完成国际种业科技园区研发中心项目主体建设，积极申报建立国家种子“硅谷”。完成园区管理体制机制改革，推动投资驱动向创新驱动转变。大力发展高新技术产业，推动技术、成果、人才聚集，新增国家高新技术企业100家以上，新增市级科技研发机构等创新平台4家以上，区内科技孵化器、众创空间达到18家以上。统筹推动科技与旅游、文化、农业等产业融合发展。充分结合各乡镇、各园区的功能定位，在整合资源、腾笼换鸟、延伸产业链等方面狠下功夫，促进全区产业健康、协调、全面发展。

打造优质、高效、开放的营商环境。全面贯彻落实市委、市政府《关于率先行动改革优化营商环境实施方案》，建立、完善城市副中心优化营商环境的一整套政策集成和服务机制，推出出入境赴港澳台就地办理等12项便利措施。将为我区编制产业发展规划的高端智库直接转换成“高精尖”产业招商平台，实现高端对接、高端引商。针对性、系统性对接主导产业发展需求，在产业培育、产业引进、产业扶持等方面精准施策，在重点领域加快突破。全力提升政务服务的效率和水平，深化落实“一会三函”投资项目一站式、全过程审批管理机制，持续深化“多证合一、一照一码”、“全程电子化”、“网上统一审批平台”、国地税联合办税等机制创新；建立健全企业上市辅导、项目跟踪服务、重点企业“包干到底”等工作措施，推进“互联网+政务”体系建设。推动诚信体系建设，优化市场环境。以纳入北京市服务业扩大开放综合试点为契机，探索新领域产业发展。加大统筹招商力度，落实乡镇、部门招商责任，坚持“走出去、请进来”，积极吸引国内外知名民营企业落户通州。

六、坚持高质量，全心全意，狠抓社会民生建设

推动社会事业提质发展。矢志不渝办好人民满意的教育。对标副中心教育发展新要求，加大教育改革发展力度，实施师资队伍建设改革，提高准入门槛，扩大选聘视野。启动“100+10”名师、名校长工程，在全国范围选聘优秀教师和学校管理人才。积极应对中、高考改革，强化学科建设、走班管理等教学改革实验，实施学区制管理、集团化办学改革，依托市级优质资源支持潞河中学提升办学质量，大力提升本土教育水平，促进副中心教育在更高水平均衡发展。实施第三期学前教育行动计划，未来三年新增优质幼儿园100所。完成人大附中通州校区改建工程，开工建设人大附中通州学校，加快黄城根小学、育民小学落地。开启与清华大学全面战略合作，促进五道口金融学院、中意设计创新“镜像基地”等项目加快落地。引进欧洲设计学院，做好中国人民大学通州校区建设服务保障，加快职成教育融合发展，构建学前教育、基础教育、高等教育、职成教育相协调的副中心教育体系。加快医疗卫生基础设施建设，人民医院通州院区工程进入收尾阶段，潞河医院四期和潞河医院分院工程竣工，推动妇幼保健院、公共卫生服务中心和精神病院等工程取得实质性进展。深化医药卫生体制改革，建立2家紧密型医联体，实现区域内医疗卫生机构信息互联互通。全面落实家庭医生签约服务，推进分级诊疗。健全中医药服务体系，实现东直门医院“主体东迁”，启动“运河中医药薪火传承名医工作室”建设工程，培养100名中医领军人才。强化妇幼保健工作，努力为妇女儿童提供全生命周期的保健服务。健全传染病防控和精神卫生管理体系，提升基层医疗卫生服务能力和公共卫生保障水平。集中精力完成国家慢性病综合防控示范区创建验收和国家卫生区复审。加大国际高端医疗机构的引进，满足副中心国际化、多元化需求。启动区体育场改造工程，推进街区体育中心建设，新建40片多功能球场、更新100套全民健身器材。整合“通武廊”三地旅游资源，打造协同发展旅游实验示范区，启动编制《通州大运河创建国家AAAAA级旅游景区总体规划》。力争档案馆新馆工程开工建设。促进广播电视、新闻、气象、保密、民防、地震、红十字等各项事业健康发展。

推动文化事业蓬勃发展。以社会主义核心价值观为引领，以大运河文化带建设为主要载体，努力彰显城市副中心文化魅力。加快落实全国文化中心建设规划，启动通州区大运河文化带保护建设五年行动计划。编制完成“三庙一塔”景区保护利用规划，启动张家湾古镇规划编制，开展张家湾城墙、通运桥、晾鹰台等文物修缮保护。加快城市绿心公共文化设施建设，确保歌舞剧院、图书馆、博物馆

等工程满足开工条件。加强中华优秀传统文化教育，厚植文化育人的社会基础。进一步强化文化在引领塑造城市形象、提升城市品质、服务社会、推动发展方面的作用。推进公共文化服务体系示范区建设及首都公共文化服务示范区创建，健全公共图书阅览、文化活动、公益演出等文化惠民体系，实施大运河阅读行动计划，建设24小时城市书房，确保基层文化设施达标率达到80%以上。高标准举办运河艺术节、第四届中国艺术品产业博览会等活动。

推动民生保障普惠发展。全面落实就业政策，实现新增就业1.5万人，城镇登记失业率控制在3.5%以内。纳入全市就业重点帮扶地区，加大用人单位招用本地劳动力补贴力度。进一步扩大社会保险覆盖范围，社会保险基金征缴率达到98%以上。深入落实低收入村产业发展规划和低收入农户“一户一策、一人一策”帮扶工作。成立区级困难群众救助服务指导中心，建立精准救助对象“一户一策一档”。加快“一老一小”服务体系建设，启动区级养老服务管理中心工程，加快区敬老院建设进度，新建30家社区养老服务驿站，继续推进儿童成长驿站建设。不断完善残疾人保障体系，积极开展慈善救助工作。

推动社会建设创新发展。全面推进城市管理网、社会服务管理网、社会治安网、城管综合执法网等“多网”融合，着力构建“一个组织体系、一套运行机制、一张统一网格、一个信息平台、一支综合力量”的网格化治理格局。加强社区规范化建设，打造5个市级社区规范化建设示范点。积极引导全社会共同参与社会治理，加快构建共建共治共享的良好格局。探索实施“社区议事厅”管理模式，支持“古月佳园生活圈”等品牌建设，积极打造运河书院、京通医院等“社区之家”示范点。引导鼓励和支持社会力量兴办公益服务组织，重点培育为老年人、妇女、儿童、残疾人等群体服务的社区社会组织。继续做好双拥、民族、宗教、侨务和对台工作。深入推进安全生产领域改革，持续深化隐患排查治理，强化食品药品监管及行业质量监督，做好信访维稳和应急管理工作，确保社会和谐稳定。

七、坚持高要求，勿怠勿忘，全力保障城市副中心建设

以改革创新保障城市副中心建设高效推进。深化、创新与市级专班对接机制，健全完善解决跨部门统筹、强化多领域协作的工作平台，努力在更多领域取得更大成效。推进投融资体制改革，大力吸引社会资本参与城市副中心建设，促进城市副中心投资建设集团尽快发挥作用。积极总结推广台湖镇试点经验，力争农村集体经营性建设用地、宅基地和农用地改革取得突破。有序推动政府机构改革，有效适应城市运行管理新要求。落实“灯塔计划”“运河计划”人才工程，实现中国北京人力资源服务产业园区（通州园）正式开园。完善国资监督管理体系，全面深化国企改革，推动区属国企重组增效、提质增效、减员增效，确保国有资本保值增值。

以过硬作风保障城市副中心建设科学推进。在区委的坚强领导下，全面掀起政府系统学习贯彻党的十九大精神的高潮，扎实开展“不忘初心、牢记使命”主题教育，在城市副中心建设的宏伟进程中，持续改进工作作风、提升工作本领，有力推动新发展、新跨越。深入落实全面从严治党要求，严格履行“一岗双责”，充分发挥审计、财政监督作用，严格绩效管理，严肃督察纪律，实施政府系统半年述职汇报制度，加大问责力度，对落实不力、效能低下等行为坚决予以严肃处理，进一步营造廉政勤政、干事创业的良好政风。

以依法行政保障城市副中心建设有序推进。加快推进法治政府建设，完善重大行政决策的公众参与、专家论证、风险评估、合法性审查、集体讨论等程序，不断提升依法行政水平。进一步增强政府工作透明度，依法公开政务信息，畅通社会监督渠道。主动向区人大报告、向区政协通报政府工作，自觉接受人大法律监督、工作监督和政协民主监督，认真办理市区两级代表议案、建议和委员提案。深入开展“七五”普法，进一步增强全社会法治观念，营造城市副中心良好的法治环境。

各位代表，在实现中华民族伟大复兴中国梦的新

时代，通州开启了全面建设城市副中心的新征程。伟大时代引领我们乘风破浪，光辉事业激发我们奋勇拼搏。肩负历史使命、推动跨越发展，又好又快地实现人民群众对美好生活的向往，是我们发自内心的共同愿望，是我们干事创业的不懈追求，更是我们将贯穿始终的自觉行动！新的乐章等待我们用情唱响，新的辉煌需要我们携手铸就！让我们更加紧密地团结在以习近平同志为核心的党中央周围，在市委、市政府和区委的坚强领导下，不忘初心、牢记使命，坚持以人民为中心，坚持发扬钉钉子精神，众志成城、砥砺奋进，为夺取北京城市副中心建设的新胜利，为开创通州更加美好的明天而努力奋斗！

政府工作报告名词解释
（按在报告中出现的先后顺序排列）

1.“一带、一轴、多组团”的城市空间结构：“一带”是指以大运河为骨架，构建城市水绿空间格局，形成一条蓝绿交织的生态文明带，并沿运河布置运河商务区、北京城市副中心交通枢纽地区、城市绿心3个功能节点。“一轴”是指沿六环路形成创新发展轴，向外纵向联系北京东部地区和北京首都国际机场、北京新机场，对内串联宋庄文化创意产业集聚区、行政办公区、城市绿心、北京环球主题公园及度假区等4个功能节点。“多组团”是指依托水网、绿网和路网形成12个民生共享组团，建设职住平衡、宜居宜业的城市社区。

2.城市绿心：是对原东方厂地区及周边进行生态治理，建设公园绿地及若干公共文化设施，打造市民中心，面积约11.2平方公里。

3.“两带、六片区”水环境综合治理工程：“两带”是指北运河生态带和潮白河生态带。“六片区”是指城北片区、两河片区、河西片区、台马片区、 牛片区和于永片区。

4.一环、两带、两区：是指在通州906平方公里范围内，规划“一环、两带、两区”的绿色空间结构。“一环”指在城市副中心外围规划长约56公里的环城绿色休闲游憩环，实现城乡生态统筹发展。“两带”指东部以潮白河为依托，规划建设长约50公里的生态绿带，实现京津冀生态协同发展。西部与朝阳区之间规划建设长约30公里的生态绿带，改善中心城和副中心的生态联系。“两区”指副中心北部与顺义区、南部与亦庄开发区之间规划形成的大片绿化隔离区。

5.一带、一心、多廊、多园：“一带”指大运河景观文化带。“一心”指城市绿心。“多廊”指十横九纵的道路100%林荫化，9条主要河道滨水绿地公园化。“多园”指在城市副中心规划大小各类公园38个。

6.“1+7+X”工程：是指网格化治理重点工作任务，总体概括为“1+7+X”。“1”指构建起一个以区级指挥中心为核心的通州区网格化治理组织体系；“7”指推进网格化治理七项重点工程，即将区网格系统与区“12345”市民热线系统对接、与北京市网格化城市管理系统贯通并运行、与北京市网格化服务管理体系市级客户端对接、成立区级专职网格监督员队伍、专业执法管理力量下沉网格、建立区网格化治理大数据中心、推进视频监控联网整合；“X”指将综合治理、环境保护、城管执法、安全生产等城市服务管理重要职能部门、重点工作任务延伸到网格，工作职责落实到网格，推进一体化服务管理和考核评价。

7.五老带六小：是指由社区“五老”（老党员、老模范、老教师、老战士、老干部）等阅历丰富的老同志组成，活动内容以青少年道德教育为宗旨，开展以“六小”（文明小宣传员、小楼门长、环保小卫士、爱心小天使、小劝导员和家庭小孝星）为活动主体的青少年社会实践活动。

8.“两田一园”农业高效节水建设任务：是指推进粮田、菜田、鲜果果园高效节水工作。

9.“100+10”名师、名校长工程：是指为加快建设一支高素质、专业化、创新型的教育人才队伍，提升城市副中心教育发展水平，办好人民满意的教育，未来五年，面向全国每年引进100名优秀教师、10名优秀校长，吸引汇聚一批在教育教学、教育科研和学校管理领域中具有领军作用的教育专家、知名校长和知名教师。

政协北京市通州区第六届委员会常务委员会工作报告

——在政协北京市通州区第六届委员会第二次会议上

政协北京市通州区委员会主席　赵玉影

2017年11月20日

2017年工作回顾

2017年是通州发展史上极不平凡的一年，是城市副中心建设取得突破性进展的一年。一年来，在中共通州区委的领导下，区政协常委会坚持团结和民主两大主题，紧紧围绕城市副中心建设大局，发挥委员主体作用，突出政协特色优势，认真履行政协职能，凝聚人心、汇聚力量、推动发展、促进和谐，实现了六届政协工作的良好开局。

一、聚焦中心任务，履职水平持续提升

协商建言务实民主。开展广泛、多层、制度化的协商活动，推进党委政府科学决策。落实习近平总书记视察城市副中心和关于“统筹保护好、传承好、利用好大运河”的重要指示精神，及时与市政协一同组织专家团队，联合提出四大类19项保护、传承和利用项目清单，深入挖掘大运河文化的丰富内涵，推动大运河文化带建设。充分征求区委、区政府及各专委会意见，认真制定并实施年度协商工作计划。政协全会就全区改革发展的重大决策、事关民生的重大问题，开展整体协商；常委会议、主席会议就全国文明城区创建、人力资源和社会保障、建议案落实情况等，开展重点协商；专题协商会围绕产业疏解与发展、加强医联体建设、教师队伍建设、水环境建设等，开展专题协商。相关专委会围绕“三庙一塔”周边环境提升、西海子公园及通惠河、萧太后河历史文化挖掘，组织10余次协商座谈会，所提意见被党委政府采纳，推动了项目实施。

民主监督精准有力。深入贯彻中共中央、北京市委关于加强和改进政协民主监督工作的部署要求，协助区委制定工作意见，出台具体实施办法，为民主监督工作提供了制度保障。常委会议、主席会议分别听取区纪委监察委、区检察院、区法院情况通报，就加强党风廉政建设、提高社会治理法治化水平等开展会议监督。驻会主席牵头负责，围绕创城迎检、环境建设、城市运营等开展视察监督。组建新一届政协财政、法制、经济运行、城建环保、教育卫生、食品药品安全民主监督组，发挥界别联合、专业性强优势，就提高经济运行质量、共治共享食品安全、推进清洁空气行动计划、加大基层普法力度等开展专项监督。担任特约监督员的委员，认真履行职责，积极评议建言，推动了职能部门工作改进、效能提高。

参政议政扎实有效。发挥专委会、界别作用，汇聚委员智慧和力量，紧扣热点难点问题参政议政。聚焦“疏解整治促提升”，实地考察企业疏解、低端市场清理整顿情况，为企业疏解与迁建提供支持；围绕科技创新及成果转化、农村集体经济持续发展等座谈研讨，提出合理化意见建议。聚焦“生态环境建设”，参加市政协议政性常委会，提出城市副中心水环境治理建议，得到市政府、市政协主要领导的充分肯定；视察绿化美化、清洁能源

等工作，就打造城市副中心绿色空间结构、垃圾无害化处理等深入研讨、提出建议，为实现“蓝绿交织、清新明亮、水城共融”的目标献计出力。聚焦“社会民生改善”，召开教育、卫生工作专题通报会，视察公共文化设施，为提升公共服务水平献良策。聚焦“高质量建设城市副中心”，助推“通州工匠”评选，大力弘扬工匠精神，为建设“千年城市”贡献力量。

二、深入调查研究，建言献策卓有成效

注重调研选题的精准性。坚持把调查研究作为议政建言的重要基础，紧扣全区中心工作，聚焦关键领域和突出瓶颈，采取承接区委交办和政协主动谋划的方式，多方研究论证，确定服务保障市级机关入驻、有序推进产业疏解与发展、特色小镇建设、老城区改造提升4个课题，选题更加贴近城市副中心实际和人民群众意愿。

注重突出政协特色。坚持主席牵头重点调研制度，全面动员、精心组织；坚持依托专委会、民主党派和界别优势，充分发动委员参与，汇集各方人才；坚持“走出去、请进来、沉下去”，赴先进地区学习考察，借助专家学者等外部智力资源，深入各部门、乡镇街道、农村社区、企业等实地走访，凝聚各方智慧；坚持适时召开调研协商会，不断深化和完善调研成果。

注重建议报送的时效性。把握调研时序和节奏，坚持边调研、边总结、边反映，对调研中汲取的先进经验、形成的意见建议，及时编发社情民意信息特刊，报区委、区政府参考，意见建议的采纳和实施更加快捷。

注重调研成果的转化利用。在摸清情况、找准问题的基础上，最终形成4篇调研报告，共提出29大类143项对策建议。《服务市级党政机关入驻通州的几点思考》得到区委、区政府主要领导高度重视，形成主管领导牵头、相关部门具体负责、统筹推动意见建议落实的工作方案。报告涉及的6大类54项意见建议，已有49项得到或正在落实。其他3篇调研报告已形成主席会议建议案，提交区政府研究，调研取得预期效果。

三、广泛团结各界，爱国统一战线组织作用有效发挥

大团结大联合作用充分体现。通过党派团体提案、联合调研、专题协商会等形式，充分发挥民主党派、人民团体和无党派人士在推动经济社会发展中的积极作用。坚持区委、区政府、区政协主要领导阅批民主党派、人民团体提案制度，并进行重点督办。密切与民族宗教界代表人士的联系，定期走访慰问民族宗教界委员，主动听取和反映委员意见建议。组织民族宗教界委员结合“普法”宣传月活动，开展民族宗教政策、法律法规咨询服务，维护民族团结，促进宗教和睦。围绕宗教场所文物保护、管理利用，召开多次专题会议，推进问题解决。成立新一届委员地区活动组，促进地区发展与和谐。立足京津冀协同发展，与天津武清、河北廊坊等地政协建立沟通联络机制。组织接待“第七期海峡两岸大学生文化体验营”活动，增进海峡两岸文化交流和情感认同。

富有政协特色的活动深入开展。健全服务保障机制，对界别活动的支持更加有力。组建体育、书画、长走、摄影、音乐5个委员联谊活动组，开展丰富多彩的活动。传承“五一口号”精神，举办“心系副中心、共同展风采”联谊活动，为各界委员增进了解、加深友谊搭建平台。组织委员参观“庆香港回归20周年精品报展暨名家题词展”“北京重大历史题材美术作品展”“纪念红军长征胜利81周年书画展”，政协组织的活力和凝聚力进一步增强。

四、突出改革创新，经常性工作取得新进展

主题实践活动扎实推进。开展“凝心聚力、助推城市副中心建设”主题实践活动，是新一届政协继承传统、与时俱进、主动作为的重点工作。今年侧重围绕“服务保障市级机关入驻”，坚持向前站一步。各民主党派、各界别发挥自身优势，助推交通秩序改善，助推城市精细化管理，助推营造干净整洁的办公环境，助推社区、农村移风易俗，营造喜迎市级机关入驻的浓厚氛围。广大委员开展“文化进基层、新春

送祝福”“医疗下乡送健康”，积极参加文明劝导、交通引导、志愿服务等活动，积极为慈善事业捐款捐物，帮扶困难群体、资助贫困学生，营造和谐有序的社会环境。政协机关干部按照全区部署要求，围绕全国文明城区创建、环保督察、十九大安保等重点工作，全面参与协调、组织、宣传、督导，圆满完成了区委交给的各项任务。

提案工作再上新台阶。撰写提案的数量与质量同步提升，内容更加贴近区委区政府的中心工作、更加贴近经济社会发展和改革中的难点、更加贴近群众关心的热点。区委、区政府主要领导对重要提案亲自阅批，区政府常务副区长坚持每两月调度一次提案办理工作，其他副区长亲自协调，推进了提案的有效落实。连续第三年深入开展提案办理“扩面协商”，修订完善工作办法，推动“扩面协商”工作在发展中不断创新。加大驻会主席提案督办力度，搭建承办单位落实平台，协助承办单位解决提案办理过程中存在的困难。提案办复率100%，提案办理满意率100%。用提案推动问题的解决，得到广大委员、承办单位和社会各界的广泛认可和好评。

社情民意信息工作成效明显。建立长效机制，修订社情民意信息工作意见，将社情民意工作与全区经济社会发展情况通报、各部门情况通报相结合，加大反映密度，社情民意工作水平不断提高。召开经济和产业发展等专题恳谈会，提出了推动产业转型升级等多方面意见。筹备好年度社情民意恳谈会。聘任51名社情民意信息联络员，建立信息报送微信群，信息反映渠道更加畅通。利用《委员之声》编发信息100余篇，市委市政府信息刊物采用7篇、市政协采用14篇。传承弘扬运河文化、促进农林融合发展等信息，得到市领导批示，推动了工作落实。荣获北京市政协系统反映社情民意信息工作先进单位，社情民意信息对决策的参考作用进一步体现。

文史工作创新开展。深入挖掘、研究通州和大运河历史文化内涵，深度参与通州历史文化遗产保护、副中心城市规划编制和重点工程的文化挖掘工作。成立区政协运河文史研究小组，文史研究平台更加开放。增补了8名同志为特邀文史委员，文史委员队伍扩展到47名，文史研究力量明显加强。面向社会广泛征集“三亲”文史资料165篇，130多万字，图片800余张，史料更加丰富翔实。编辑出版《大始通州》、《颐和西集》文史资料图书，向京杭大运河沿线城市、各乡镇“益民书屋”、中小学校赠阅文史资料书籍1万余册。与北京电视台、《北京日报》、《通州时讯》等广泛合作，探索保护传承利用大运河文化的新途径，研究运河历史文化的成效明显提升。

理论和实践的宣传力度加大。成立区政协理论与实践研究小组，总结实践经验，服务政协事业发展。开通微信平台及公众号，及时发布工作信息，介绍委员履职业绩，形成服务委员的新载体。利用各种媒体，多角度、全方位传递政协声音、宣传工作亮点、展示委员风采，政协工作的社会影响不断扩大。

五、加强自身建设，政协事业发展的保障更加健全

委员队伍建设不断加强。加大全体委员学习培训力度，举办中共十九大精神辅导、“一带一路”与世界经济、全区经济社会发展形势等专题培训会，委员的政治把握能力和履职水平进一步提升。订阅《人民政协报》《北京观察》等报刊，为委员知情议政创造条件。举办暑期常委读书班，精心组织学习研讨，常委履职能力进一步提升。坚持走访委员制度，努力为委员服务。委员生日时送上祝福，体现对委员的真诚关爱。健全委员履职管理，及时登记委员履职信息，激发委员履职热情，委员履职的积极性和主动性进一步提升。

专委会建设不断加强。根据委员职业特点和特长，采取委员自愿报名和政协统筹的方式，组建6个专门委员会，专委会在政协履职中的基础作用进一步发挥。各专委会加大沟通协调力度，统筹推进视察、调研、提案等经常性工作。加强与区委区政府职能部门及检法两院的对口联系，定期向委员通报相关部门工作情况，方便委员更好履职。完善专委会联系委员机制，委员履职平台不断拓展。

政协机关建设不断加强。制定和修订委员视察考察、学习培训、事务管理等20项制度，机关制度化、规范化和程序化水平进一步提升。落实政协党组全面从严治党主体责任，主动接受区纪委监察委派驻机构监督，推进“两学一做”学习教育常态化制度化，机关干部政治意识、大局意识、核心意识、看齐意识进一步增强。关心老干部，重视发挥老干部作用。成立机关工会、团支部、妇委会，激发机关工作活力。接待北京市及其他地区政协调研视察22批、1100余人次，注重在接待中宣传、展示城市副中心良好形象。

各位委员，过去一年的成绩来之不易。这是中共通州区委坚强领导、市政协有力指导和区人大、区政府大力支持的结果，是区政协各参加单位和全体委员忠实履职、团结奋斗的结果。在此，我代表常委会向为政协工作付出智慧心血、做出无私贡献的各界委员，向所有关心、支持政协工作的各级领导、各界人士，表示崇高的敬意和衷心的感谢！

回顾一年的工作，我们深切体会到，人民政协要更好地履行职能、发挥作用，必须做到以下四点：

一是“找准定位”，始终坚持中国共产党的领导，聚焦区委区政府中心任务，把政协工作放到城市副中心大局中谋划推进，做到履职不越位、助力不错位。

二是“把握特点”，始终牢牢把握人民政协的性质定位，充分发挥人民政协作为协商民主重要渠道和专门协商机构的作用，把协商民主贯穿履职全过程，切实提高履职实效。

三是“发挥优势”，始终把增进共识、促进团结作为着力点，发挥政协联系广泛、人才荟萃的优势，充分调动每位委员积极性、主动性、创造性，做到懂政协、会协商、善议政，汇集更多资源，凝聚更大能量。

四是“主动作为”，始终坚持以人民为中心，为人民谋幸福，高点站位，努力使政协工作与时代同步、与党政合拍、与群众共鸣，在助推城市副中心建设中做出更大贡献。

同时，我们也清醒地认识到：政协组织党的建设需要进一步加强，一些协商议政活动的深度还不够、实效还不强，联系和服务委员的办法还不够多，委员履职能力与城市副中心的要求还有差距，一些制度规定的落实力度还需加大。这些都需要我们采取有力措施，在今后的工作中切实加以解决。

2018年工作意见

中国特色社会主义进入新时代。中共十九大对中国特色社会主义民主政治作出新的部署，为人民政协工作指明了方向。以市级机关入驻通州为标志，城市副中心建设将进入一个新的发展阶段，从现在开始到2020年，是为城市副中心确立格局，打牢进一步全面发展根基的窗口机遇期。这是千载难逢的重大历史机遇，必然对各项工作提出更新更高要求，我们必须进一步认清形势，提高适应新时代新阶段要求的真本领，破解更多难题；必须坚持以人民为中心，坚持最高标准，把中央市委区委的要求坚决落实到工作中去；必须坚持一分部署、九分落实，抓具体、重细节、见成效，让中共十九大精神落地生根。

2018年工作的指导思想是：高举中国特色社会主义伟大旗帜，以马克思列宁主义、毛泽东思想、邓小平理论、“三个代表”重要思想、科学发展观、习近平新时代中国特色社会主义思想为指导，全面贯彻落实中共十九大和市委十二次党代会精神，按照区委六届四次全会总体部署，牢牢把握团结和民主两大主题，坚持围绕中心、服务大局，牢记使命担当，积极履行政治协商、民主监督、参政议政职能，为全面深化改革、推动创新发展、加快城市副中心建设做出新的贡献。

2018年要重点做好以下七个方面工作：

一、深入学习宣传贯彻中共十九大精神

把学习宣传贯彻中共十九大精神作为当前和今后一个时期政协的首要政治任务。区政协各参加单位和广大委员，要始终保持学习热潮，认认真真、

原原本本、带着感情学习中共十九大文件，准确领会中共十九大精神实质和丰富内涵，进一步增强政治意识、大局意识、核心意识、看齐意识，坚决维护以习近平同志为核心的中共中央权威和集中统一领导，更加自觉地把思想和行动统一到中共十九大精神上来，把智慧和力量凝聚到实现中共十九大确定的目标任务上来。

丰富学习形式。通过专题报告会、委员大讲堂、学习座谈会、常委读书班等形式，把学习宣传贯彻活动不断引向深入，在学懂弄通做实上下功夫，夯实团结奋斗的共同思想政治基础。围绕“学习贯彻十九大精神，推动人民政协工作创新”，在拓展政治协商新领域、创新民主监督新机制、探索参政议政新途径等方面，系统总结实践经验，丰富基层创新成果，不断增强学习的针对性。

增强学习效果。坚持理论联系实际，把学习贯彻中共十九大精神与深入贯彻习近平总书记两次视察北京重要讲话和对北京工作的一系列重要指示精神有机结合起来，与贯彻落实中共中央、国务院对北京城市总体规划的批复精神有机结合起来，与高标准规划建设城市副中心有机结合起来，与抓好政协各项工作有机结合起来，深入贯彻新发展理念，增强为人民美好生活奋斗的自觉，以更加昂扬向上的精神状态投入到政协履职工作中。

二、着力提升协商议政水平

明确协商议政定位。把协商作为形成共识的基础，坚持协商于民、协商为民、协商利民，持续聚焦区委区政府中心任务，把协商民主贯穿履职全过程，构建广参与、多层次、制度化的协商议政新格局，推动协商民主更加广泛、深入发展，努力为城市副中心建设贡献智慧和力量。

找准政治协商重点。按照中共十九大报告提出的“有事好商量，众人的事情由众人商量”要求，围绕“党委所想、政府所思、群众所盼、政协所能”，选准协商议题，丰富协商形式，搭好协商平台，提高协商成效。常委会议、主席会议和专题协商会要围绕服务保障市级机关入驻、疏解整治促提升、副中心规划落实、京津冀协同发展等重大问题进行协商。各专委会要加强与职能部门的对口联系，围绕大运河文化带建设、生态环境建设、绿色交通体系建设、产业发展、城市管理、社会治理、公共服务配套等开展对口协商。

加大参政议政力度。把人民对美好生活的向往作为奋斗目标，围绕事关城市副中心改革发展的重大问题、涉及人民群众切身利益的热点难点问题，充分考虑委员行业特点、专业优势和履职意愿，通过视察考察、座谈研讨、情况通报等，积极参政议政，协助区委区政府察民情、解民忧、惠民生。主动与区委、区政府对标对表，更加关注全面建成小康社会、更加关注不平衡不充分的发展难题、更加关注城市副中心建设急需解决的问题，深入开展专题调研，通过调研报告、建议案等形式，建睿智之言，献务实之策。

三、着力增强民主监督实效

把握民主监督要求。紧扣人民群众对城市副中心建设的新期待和对美好生活的新需要，紧盯城市副中心建设关键环节和重点领域，深入落实加强和改进政协民主监督的意见和实施办法，突出民主监督重点，提高民主监督工作的计划性、协同性，推动改革发展成果更多更公平惠及广大群众。

突出民主监督实效。加大政协主席会议建议案办理情况的监督力度，分析、研判、追踪落实效果。围绕全区重要决策部署的贯彻落实、工作推进的体制机制，发挥各民主监督组作用，增强专项监督针对性、实效性。积极运用提案、社情民意信息等形式开展经常性监督。进一步深化民主评议、特约监督工作。制定聘请区政协委员担任特约监督员的管理办法，规范监督员的推荐和管理，不断提升监督效果。

四、着力巩固和发展爱国统一战线

坚持团结和民主两大主题，切实发挥爱国统一战线组织作用，用共同奋斗目标聚精会神，用共同思想政治基础凝心聚魂，用新时代中国特色社会主义伟大实践汇智聚力。发挥各党派团体、无党派人士的作用，全力支持各党派团体开展工作，同心协力促进改革发展。发挥民族宗教界委员的作用，关注民族政策扶持、服务管理工作，促进民族团结、宗教和睦、社会和谐。发挥政协界别优势，完善政协委员联系群众制度，强化委员地区活动组作用，更好地反映各界群众意见和诉求，多做雪中送炭、扶贫济困的工作，多做春风化雨、解疑释惑的工作，寻求最大公约数，画出最大同心圆。依托委员联谊活动组，继续开展丰富多彩的活动，进一步增强政协组织的凝聚力和向心力。

五、着力推动主题实践活动深入开展

委员有担当，政协有力量。继续开展“凝心聚力、助推城市副中心建设”主题实践活动，紧紧围绕“强化委员社会担当，加强委员队伍建设”，按照“提出一条建议、形成一件提案、参与一项社会公益、参加一项社区活动、服务一批群众”的要求，充分发挥各民主党派、人民团体、各界别、乡镇地区委员活动组和广大政协委员自身优势，广泛组织和参加社会救助、志愿服务等活动，让人民群众感到政协委员就在身边、人民政协离自己很近，为城市副中心建设添助力、增合力。

六、着力推进经常性工作创新发展

引导各界委员紧紧围绕城市副中心建设中的重大问题、群众普遍关注的热点难点问题，努力提高提案质量；继续开展提案办理“扩面协商”；加大重点提案督办力度，进一步推动提案跟踪落实。组织系列专题社情民意恳谈会，及时为区委、区政府深入了解社情民意、科学决策提供参考。充分发挥特邀委员智囊作用，积极参与大运河文化带建设；加强文史资料征集编纂工作，继续编辑出版反映通州历史文化的系列丛书。创新宣传工作方式方法，营造良好的履职氛围。积极争取市政协的指导，密切与其他地区、特别是津冀地区政协的联系。

七、着力加强自身建设

人民政协要自觉站在党的立场上看政协，毫不动摇坚持和加强党的全面领导。发挥政协党组把方向、管大局、保落实的重要作用，按照新形势要求建立健全各项制度，推进政协委员和政协机关中的中共党员队伍建设，在全面落实党的各项决策部署中发挥示范带头作用。常委会组成人员要主动适应新形势新任务新要求，带头参加各种会议和活动，带头撰写调研报告、提案、社情民意信息，带头发表意见、建言献策，把常委会建设成为政治坚定、能力突出、作风务实的领导集体。广大委员要自觉加强学习，发挥履职主体作用，切实提高政治把握能力、调查研究能力、合作共事能力、联系群众能力，做到懂政协、会协商、善议政。政协机关干部要提高服务能力，改进工作作风，热心服务委员，真诚团结委员，更好发挥参谋助手、综合协调、服务保障作用。

各位委员，中共十九大吹响了新时代接续奋斗的号角，建设城市副中心为我们搭建了创造历史的舞台。政协委员政治荣誉高、工作责任重、社会影响大。我们要遵守章程、认真履职，坚持真理、勇于直言；要善于学习、勤于思考，实事求是、敢于担责；要遵纪守法、克己奉公，用实际行动维护政协委员的良好形象，切实当好界别群众的代表、本职工作的模范、政协履职的主体。政协委员中的中共党员要切实增强政治责任感，广交朋友，身体力行，努力成为合作共事、发扬民主、求真务实、廉洁奉公和联系群众的模范。

各位委员，前程无限好，扬帆正当时。让我们更加紧密地团结在以习近平同志为核心的中共中央周围，在中共通州区委的领导下，不忘初心，牢记使命，锐意进取，砥砺前行，进一步推动习近平新时代中国特色社会主义思想在人民政协落地生根、开花结果，形成生动实践，在城市副中心建设的伟大征程中，不断谱写人民政协事业新篇章，为城市副中心建设做出新的更大贡献！

关于北京市通州区2017年国民经济和社会发展计划执行情况与2018年国民经济和社会发展计划草案的报告

——在北京市通州区第六届人民代表大会第三次会议上

北京市通州区发展和改革委员会主任　甄　宇

2017年11月21日

2017年国民经济和社会发展计划执行情况

2017年，是北京城市副中心建设的关键一年，市委市政府高度聚焦副中心建设，强力统筹、大力支持，全区上下在区委的正确领导下，在区人大、区政协的监督、支持下，深入贯彻落实中央及市委、市政府关于北京城市副中心规划建设的系列指示精神以及市第十二次党代会总体部署，围绕北京城市副中心建设，坚持高起点、高标准、高水平，砥砺奋进，不断开拓，全力加快强基础、补短板、疏功能、促发展、优环境、惠民生等各项工作，全区经济社会发展呈现“稳中有进、进中提质”的良好态势，区六届人大一次会议批准的年度计划预计能够圆满实现。

一、经济发展呈现“稳、快、好、优”四大特点

“稳”的态势不断巩固。经济运行总体平稳，1-3季度，地区生产总值初步核算实现477.6亿元，同比增长8.3%，增速高于全市1.5个百分点，自一季度以来始终保持在8%以上。就业形势基本稳定，截至10月底，全区城镇新增就业18500人，城镇登记失业率控制在2.46%，低于控制目标1.04个百分点。居民收入稳步增长，前三季度，城乡居民人均可支配收入分别实现33689元和20084元，同比分别增长8.8%和8.6%，均高于8%的年度目标。

“快”的特点始终保持。投资运行在较快增长区间，1-9月，全社会固定资产投资实现678.8亿元，同比增长16.9%，高于全市11.9个百分点，总量占全市投资额的11.1%，增速始终居全市第二；非房地产投资成为支撑投资快速增长的主要力量，非房地产投资实现488.5亿元，同比增长42.2%，拉动投资增长25个百分点，其中以绿化、道路交通和水务类投资为代表的基础设施投资实现195.5亿元，同比增长94.5%。消费保持较快增长，1-9月，社会消费品零售总额实现291.8亿元，同比增长7.9%，增速稳居全市第一，高于全市2.5个百分点。

“好”的趋势不断显现。主要指标增速均高于年度目标，特别是财税收入增长好于预期。在“营改增”、房地产更严限购、低端产业疏解等多重减收因素影响下，财税收入在重点房地产企业所得税汇算清缴、土地增值税清算等因素拉动下，实现较快增长。1-10月，税收总额274.2亿元，同比增长29.3%，其中，国税148.7亿元，地税125.5亿元，同比分别增长24.9%和41.5%；一般公共预算收入72.9亿元，同比增长7.8%，高于全市1.7个百分点，超时间进度12.2个百分点。

“优”的基础加快夯实。产业结构进一步优化，加快构建符合三大功能定位的产业体系，开展

商务服务、行政办公、文化旅游、科技创新和文化创意产业5个具体产业规划研究，运河商务区16个开发项目完成建设面积190万平方米，北京银行城市副中心分行、华夏保险等确定入驻，全区各类持牌金融机构达53家，金融街园中园170栋独栋及总部型写字楼实现运营，吸引企业120余家，文化旅游区环球主题公园项目基本完成土方工程；工业结构加快调整，启动27个工业大院拆除工作，全区中关村高新企业达309家。发展环境进一步向优，以全国文明城区创建为统领，城乡综合环境显著提升；营商环境加快优化，实行企业登记全程电子化，设立市级企业登记服务平台，启动“灯塔计划”“运河计划”人才工程；科技创新环境不断优化，与清华大学签订科研成果转化战略合作协议，国家知识产权试点城区建设加快推进。

预计全年地区生产总值达到730亿元，同比增长8%左右。全社会固定资产投资达到1053亿元，同比增长12%。社会消费品零售总额达到418.4亿元，同比增长7.8%。一般公共预算收入达到78.3亿元，同比增长2.3%。城乡居民人均可支配收入分别达到44440元和25560元，同比分别增长8.8%和8.6%。

二、北京城市副中心建设紧抓“重大工程、疏解整治促提升、市级专班对接”三大主线统筹推进

重大工程建设不断加快有效提升城市品质。统筹推进以255项副中心重大工程行动计划项目为重点的系列重大工程，交通体系不断完善，7号线东延、八通线南延、京唐城际等6条轨道交通加快建设，市郊铁路副中心线将于年底开通；宋梁路提级改造、北关大道北段等实现竣工，启动5条微循环道路建设，开展7条街巷改造，完成21个拥堵路口、20个交通秩序乱点整治，交通拖车平台系统投入使用，“四横三纵”禁停道路交通整治全面完成。市政保障不断增强，广渠路东延供水管线通水，南水北调通州水厂与城区管网并网，提前实现“2020年供水安全系数1.3以上”目标；11座变电站建成投入使用，供电保障能力提升30%以上；行政办公区、文化旅游区综合管廊加快建设；有机质生态资源处理站、再生能源发电厂年底完工。生态环境加快改善，攻坚治理大气污染，高压遏止“三烧”“三尘”，全力推进“煤改电”“煤改气”工程，年底将实现“无煤化”目标；大尺度开展绿化建设，北运河西滨河路景观提升、东南郊湿地（一期）等7个项目具备竣工验收条件，运河城市段景观提升、休闲公园（二期）等23个新建项目有序推进，城市绿心启动棚户区改造拆迁；加快打造水绿相融生态廊道，通惠河治理二期、萧太后河景观提升、城北水网等开工建设；下大力气治理水污染，碧水污水处理厂正式通水，53条段黑臭水体治理加快推进。

疏解整治促提升不断加力有效实现优化提升。强化自我加压，疏解整治促提升专项行动呈现出“任务加压、进度加快、力度加码”的推进态势，全年任务目标圆满完成，且多项任务超额完成。共计拆除违法建设1008万平方米，同时，加强拆后土地利用，坚持“留白增绿”，城乡面貌得到显著提升；整治占道经营1.7万起、无证无照经营4028户、“开墙打洞”1161处，同步开展“开墙打洞”点位的设施恢复和景观提升，新建和规范提升生活性服务业网点60家，城乡环境短板加快补齐，疏解改造区域性市场9家，治理“散乱污”企业1310家，疏解一般制造业445家。1—9月，全区常住人口149.8万人，控制在目标范围内。

市级专班深入对接有效破解规建管难题。创新市区对接机制，与市级派驻工作专班实现深度融合，形成市级部门重心下移力量下沉、区级部门围绕中心服务全局的联动机制，搭建起市级层面解决跨部门难题、多领域协作及沟通交流平台，全年确定179项重点任务，累计解决政策、工程类事项200余项。规划设计取得阶段性成果，北京城市副中心总体城市设计形成最终成果，15个专题研究全面完成，17个专项规划、城市副中心控制性详细规划加快完善，通州区总体规划形成成果。城市管理标准加快提升，对标中心城区，在城市建筑、市容环卫、绿化美化、市政公用等重点领域持续发力，制定各类标准、政策80余项。

三、社会事业聚焦“公共服务、社会民生”两大领域实现全面提升

公共服务水平加快提升。硬件设施加快补齐，运河小学等实现竣工，东直门医院东区二期、国家大剧院舞美基地等基本完工，潞河医院四期、潞河医院分院主体封顶，北京五中通州校区主体完工，首师大附中通州校区等8所学校加快建设。教育教学质量进一步提高，获批北京市基础教育综合改革试验区，引进北师大未来实验小学、北京市第五幼儿园等市级名校入驻行政办公区办学，新增3所市级示范园，优质园数量达35所，实施教师素质提升支持计划、基础教育质量提升支持计划，启动协同创新学校计划等12个重点教师培训项目，与北师大高精尖创新中心等专业机构合作实施“双师工程”，31所学校与市级名校建立手拉手友好学校。医疗服务水平不断提高，友谊医院正式托管新华医院，年底前投入使用，与北京大学人民医院合作建设通州院区成功签约，32家有床位的定点医疗机构纳入异地住院直接结算定点范围，形成区域二、三级医院与18家卫生院“科室对机构、教学带队伍”的精准紧密型医联体。文体服务日益完善，启动公共文化配送服务、公共文化数字服务两大平台建设，成功举办首个文化和自然遗产日北京主会场活动、首届2017北京通州半程马拉松赛、运河艺术节、运河绿道骑游周等活动。

民生保障和社会治理水平持续提升。社会保障持续增强，截至10月底，全区城乡参保规模达85.08万人；完成8个镇26个村4731名征地转非人员一次性趸交、补缴养老、医疗、失业三项社会保险共计约5.6亿元。社会救助标准持续增长，城乡最低生活保障标准提高至月人均900元，城市特困和农村五保救助实现并轨，基本生活费提高至月人均1350元。住房保障不断增强，预计年底前开工保障性住房5348套、竣工17244套；完成21个老旧小区的供热管网改造。百姓绿色出行更加便利，新增绿色公共自行车租赁站点280个、自行车13000辆；优化调整10条公交线路。社会共治格局加快形成，以楼门文化、一刻钟社区服务圈等为抓手，不断加强社区建设；全面推行街巷长制，初步形成街巷住户、商户和单位的联动格局，对191个小区实行垃圾分类全覆盖，216个无物业小区实行准物业管理；食品药品抽检合格率分别达到98.3%和100%，安全生产形势稳定，完成中共十九大等重大会议活动的安保维稳任务，社会保持和谐稳定。

四、城乡统筹突出“新型城镇化建设”一大抓手取得积极进展

国家新型城镇化试点成效明显。加快探索集体建设用地集中集约、高效利用的有效路径，台湖镇集体产业用地统筹利用试点方案编制完成；以打造标杆、探索路径为目标，加快推动台湖演艺小镇和设计之都建设，演艺小镇及周边地区功能定位研究基本完成，设计之都整体方案加快深化，形成推进新型城镇化建设好的经验和做法。加大涉农支持力度，构建涉农政策性资金统筹利用机制，今年以来累计整合市、区涉农政策性资金2.46亿元。

镇村环境和配套设施全面提升。以项目为抓手，初步建立涵盖基础设施、生态环境、公共服务等多个领域的114个项目、总投资950余亿元的新型城镇化项目库。镇村路网大幅改善，铺西路完工，孔兴路、漷小路一期、西觅路等加快建设，95项乡村公路大修工程、15项桥梁改造工程全力开展。配套设施加快完善，马驹桥镇等4座乡镇再生水厂具备通水条件，2座乡镇升级改造再生水厂通水调试，农村污水治理项目中16座试点污水站完工，望君疃110千伏变电站竣工，马驹桥镇西马各庄小学基本完工。加强农村基础设施管护，强化对农村地区1068.7万平方米道路、10万余盏路灯、653座新农村公厕等基础设施的日常管护，保障各项设施正常运行。全面开展村庄绿化美化，实施20个村庄绿化美化提升改造工程，创建4个首都绿色村庄。

五、改革创新呈现“多点突破”的良好局面

重点领域改革加快突破。“放管服”改革进一步深化，“一会三函”试点有效落地，129个项目取得前期工作函；在全市率先搭建行政审批“一张网”办理平台，21家单位263项行政审批事项实现“一口进”网上审批。投融资体制改革加快推进，入选国家重大市政工程领域PPP创新工程重点城市名单，《关于设立北京城市副中心投资建设集团工作方案》通过市政府专题会审议。加快探索园区转型升级路径，建立拟入驻园区项目区级统筹机制，实现产业项目落地的区级统筹；编制完成《通州园区促进产业转型升级实施方案》。积极研究并争取政策集成创新，形成《关于加强北京城市副中心政策创新的意见》，涉及5个方面具体建议；完成综合配套改革试验区总体方案研究，力求从更高层面、以更大力度落实副中心建设发展要求。行政区划调整和街道社区管理体制改革加快推进，形成《通州区行政区划调整总体规划》，初步确定155平方公里的行政区划调整思路；编制完成《通州区推进街道、社区管理体制改革实施方案》，研究确定街道人员编制与机构改革方案。农村改革不断深化，开展9个乡镇、342个村农村土地确权登记颁证工作；建立健全农村产权流转交易服务体系，因地制宜推进乡镇级农村产权流转交易服务站建设。

京津冀协同多领域、全方位推进。与天津市武清区、河北省廊坊市共同签订《推进通武廊战略合作发展框架协议》。协同推进大运河保护开发，与武清、香河签订北运河通航合作协议。深化科技创新和人才合作，联合举办“2017年通武廊协同创新创业大赛”和“通武廊职业技能大赛”，举办两场通武廊专场大型招聘洽谈活动，建立三地劳动人事争议协同处理联络机制。加快推进产业协作，与河北省唐山市曹妃甸区、玉田县等签订战略合作协议，建立产业转移合作园区，进一步探索跨地区产业合作发展模式；成立“通武廊旅游合作联盟”，共同召开首届“通武廊”旅游产业大会。加快三地公共服务统筹发展，与河北燕达医院签订医保服务协议，首次实现异地就医划卡实时结算；签署《通武廊教育协同发展框架协议》，建立基础教育学校发展共同体、学前教育联盟和职业教育联盟；扎实推进京津冀（通武廊）协同应对事故灾难试点工作，签署《关于建立次区域安全生产应急联动工作机制的协议》。

同时，妇女儿童、档案、宗教、侨务、双拥、防灾减灾等各项事业积极推进。

各位代表，今年是北京城市副中心建设的关键一年和迎考之年，年底市级部分行政机关将挂牌迁入，一年来，我们紧抓北京城市副中心建设大势，乘势而上、顺势而为，经济运行快于全市、好于预期，非首都功能疏解持续加码、成效突出，城乡建设统筹推进、全面加快，社会民生持续改善、显著增强，这是区委科学决策、精心领导和区人大、区政协监督支持的结果，也是全区人民奋力拼搏、攻坚克难、开拓创新的结果。

在肯定成绩的同时，我们也清醒地看到，在经济社会发展中，还面临着一些困难和问题。一是产业支撑力还显不足，园区转型升级尚在起步阶段，腾退厂房、土地再利用的有效途径尚在探索，以商务、金融、总部等为代表的高端服务业数量少、规模小，经济持续稳定发展的内生动力亟待增强。二是资金、土地、前期手续办理等制约仍较明显，推进项目建设的资金缺口仍然较大，土地要素也难以充分满足副中心建设的巨大需求，规划选址、规划方案不稳定等影响后续手续办理，一系列制约因素亟待加快协调解决。三是城市管理水平还需进一步提升，与北京城市副中心定位相适应的城市管理体制机制还未健全，解决“开墙打洞”、无证无照经营等痼疾顽症的长效机制尚未形成，城市管理亟待实现精细化、现代化、科学化。四是民生保障的任务还很繁重，城乡居民收入水平仍然较低，伴随大规模产业疏解和大范围征地拆迁，就业形势趋于严峻，公共服务总体优质化程度不高和局部不均衡问题依然存在，这些问题亟需引起高度关注。

2018年国民经济和社会发展主要目标

2018年是北京城市副中心进入发展新阶段的关键年份，市属行政事业单位迁入标志着副中心建设取得阶段性成果，并将从集中力量“抓建设”进入到建设和发展“两手抓”的纵深推进新阶段。中共十九大开启了中国特色社会主义新时代，提出一系列新理念新思想新战略，明确了未来经济发展的新路径、新模式。《北京城市总体规划（2016年—2035年）》正式批复，为北京未来发展提供了新起点和新蓝图，我们作为北京城市副中心，作为北京新“两翼”之一，是城市新节点所在，聚焦力度不减，将继续为城乡发展注入强大动力。同时，我们也看到，经济发展还面临一些挑战，欧美经济复苏势头脆弱而反复，新兴市场经济增长速度开始回落，外部市场需求仍存在较大不确定性；国内经济依然处于新旧动能大转换的新常态阶段；北京市随着非首都功能疏解力度加大、经济结构调整持续深化，稳增长、调结构压力也在增加。面对机遇与挑战，我们要善于抓住机遇、勇于克服困难、敢于深化改革，以创新的思维、扎实的举措、深入的作风，全面推进经济社会发展取得新跨越。

2018年国民经济和社会发展计划安排思路是：全面深入贯彻落实中共十九大精神，以习近平总书记视察北京系列讲话精神为根本遵循，以五大理念为引领，落实好中央及市委、市政府和区委对北京城市副中心规划建设的各项决策部署，以改革创新为强大动力，以建设国际一流和谐宜居之都示范区、新型城镇化示范区、京津冀区域协同发展示范区为目标，牢固树立“首善意识”和“两翼意识”，坚持建设与管理并重、转型与发展并重、疏解整治与促提升并重、生产与生态并重、城市发展与乡村振兴并重，让发展成果更多惠及人民，实现北京城市副中心建设的大跨越和全区更高质量、更有效率、更可持续的发展。

根据上述思路，综合考虑宏观形势和面临的机遇与挑战，结合我区攻坚爬坡的实际，按照规划衔接、引导预期的原则，建议主要指标安排如下：

——地区生产总值比上年增长7%左右；

——一般公共预算收入比上年增长6%左右；

——全社会固定资产投资比上年增长7%左右；

——社会消费品零售总额比上年增长7%左右；

——城乡居民人均可支配收入比上年增长8%左右；

——万元地区生产总值能耗、大气污染物和水污染物排放完成市下达任务。

实现2018年国民经济和社会发展计划的主要措施

实现全年经济社会发展目标，要按照突出重点、扭住关键、持续推进的原则，着力做好以下五方面工作。

一、建管并进，全力推进副中心建设再上新台阶

全力提升基础设施承载力。大力推进重点功能区配套建设，聚焦行政办公区联系中心城的各条通道，加快推进宋梁路北延、广渠路东延等建设，协调保障行政办公区的供能需求；加快推进文化旅游区综合管廊、道路桥梁、公共绿地、环卫设施的规划设计和建设，全力推进环球主题公园项目建设；重点打造运河商务区三个商业区域支路网络，确保北环环隧通车运行，加大地下空间一体化规划建设力度。加快完善全区交通体系，配合推进7号线东延、八通线南延等轨道交通建设，力促北京城市副中心站开工；启动九棵树中路、云瑞南街、通惠北路北延等建设，实施潞通新路、玉桥东二路等6条微循环道路建设，加快推进朝阳北路东延二期、潞苑三街等建设，确保九德路二期等实现竣工。进一步提升市政保障，确保运河220千伏变电站投入使用，新建岳庄、东关2座110千伏变电站；加快现有老旧自备井替换，持续提升水安全保障能力和水平；继续推动燃气管线建设；加快河东5号调峰热源厂建设，确保城西5号燃煤锅炉房改扩建工程一期项目实现供暖，持续优化供热互联互保智慧服务管理平台。强化项目调度，确保投资保持较快增长。

全力提升生态环境品质。加快打造“蓝绿交织、水韵林海”的园林绿化生态空间，加快城市绿心范围内安置房建设，加快推进“一环两带两区”示范段建设，开展东部生态绿带、西部生态绿带及环城绿色休闲游憩环示范段建设，在副中心北部构建大尺度森林屏障，加快建设南部森林湿地群；着力打造一批景观大道，实施通燕高速—宋梁路、壁富路等景观大道工程，加快推动京哈高速、九棵树西路、潞城中路等道路绿化景观提升工程；加快重点公园绿地建设，按照“城市森林”的建设理念，加快建设减河公园、碧水公园、永顺城市公园一期、台湖万亩游憩园等。全力聚焦水环境治理，大力推进水环境治理工程，加快推动两河水网等三大水网、萧太后河等四条河道综合整治、凉水河等三个蓄滞洪区建设；持续开展截污治污，加快南部城区外环路污水及再生水管线、城市副中心雨污合流改造等建设，实现小城镇污水处理市场化建设配套管网二期、环球影城再生水深度处理设施及管网等开工，力争早日实现全区范围内污水全收集、全处理；加快推进海绵城市建设，全面完成试点区域各项建设工程。持续攻坚大气治理，实行最严格的大气治理措施，严格落实大气污染防治部门监管和属地责任，加大执法力度，从严控制“三烧”“三尘”，保持好“无煤化”工作成果，研究继续扩大重型货车禁行范围，持续推进六环路重型机动车限行措施，全面发力确保实现年度空气质量控制目标。

全力提升城市管理精细化水平。强化分区分类、保障重点，紧密围绕市级机关搬迁，加大行政办公区的执法保障力度，全力做好相关服务保障。注重效果、扩大战果，持续发力加快推进疏解整治促提升各项工作，严格落实疏解整治促提升三年行动方案中2018年各专项任务，加大拆违力度，确保腾退土地1350公顷，清理“开墙打洞”点位数达到80%，实现“散乱污”企业“动态清零”，实施东方化工厂周边、八里桥、西集镇西集村等6个棚改项目；以优化提升为核心，做好“留白增绿”和各类便民服务设施建设，加快健全相应长效机制。巩固创城效果，力度不减、持续开展街面环境秩序整治行动，形成常态化治理工作机制。有效发挥网格化治理体系作用，加快推进社会服务管理、社会治安等多网融合，实现网格资源的有效整合。打好交通疏堵持久战，开展交通拥堵微治理研究，继续开展堵点改造；打造绿色出行示范区，完成10公里慢行系统建设，构建覆盖全面、衔接合理、换乘方便的地面公交网络；因地制宜增加停车设施，持续开展公共停车场建设，实现路侧停车位电子收费全覆盖。进一步强化社会共治，推动社会治理重心向基层下移，发挥社会组织作用，实现政府治理和社会调节、居民自治良性互动。全力确保社会和谐稳定，开工建设胡各庄、通运等4个派出所项目，保持安全监管高压态势，做好信访调解和应急管理。

二、“积分”蓄势，集中力量做强产业支撑

统筹好产业发展与空间布局。以行政办公区为依托，全力打造政务服务功能产业集群，以市级行政机关搬迁为契机，紧密围绕政务服务需求，着力吸纳一批中心城区疏解的研究咨询、规划设计、行业协会等智库机构和会计师事务所、决策咨询机构等专业机构入驻，以更开放的姿态和办法吸引一批国内外一流的高端新型智库。以运河商务区和商务园为载体，着力打造创新金融和高端总部集聚区，继续深化细化产业定位，加快研究出台有效的招商把控措施和具有较强吸引力的政策体系，瞄准国内、国际顶尖企业推进招商工作。以环球主题公园及度假区为核心，着力打造文化旅游产业集群，深挖环球主题公园项目综合价值，加快谋划形成上下游完整的环球产业链条，同时，耦合原创艺术和运河文化产业，构建集主题娱乐、原创艺术、历史文旅等产业于一体的鼎式文化产业格局。以高端总部基地、光机电基地、金桥基地、物流基地等园区转型升级为抓手，着力打造北京设计之都示范区起步区和科技创新产业新区，深度对接中关村科学园，加快推动设计资源转移落地，支持清华大学等985高校和航天科工等科研院所布局建设基础研究平台、公共技术服务平台以及智能机器人等前沿技术，争取产业创新中心、新型协同创新机构落户。加快增强区域发展的自身造血功能，确保财政收入稳定增长，实现经济平稳运行。

着力打造一流营商环境。对标一流，主动作为，做好优化服务的乘法，推动政府职能向创造良

好环境、提供优质服务、维护公平正义转变，在“服”字上闯出新路，加强优质服务供给，特别是做好对重点“高精尖”企业的服务，不断提高生活性服务业品质，加快营造更有吸引力的国际化、法治化、便利化营商环境；加快研究出台符合发展实际和发展需求的集聚高端要素的政策措施，主动协助企业争取市级各项扶持奖励政策，把优化营商环境作为转型发展的生命线。全力争取市级支持，以纳入北京市服务业扩大开放综合试点为契机，结合我区功能定位，加快研究制定服务业扩大开放先行先试工作方案。

三、强化统筹，大力实施乡村振兴战略

纵深推进新型城镇化试点建设。加快新型城镇化试点经验在全区范围的推广试行，推动台湖镇集体产业用地统筹利用试点方案的落地实施。强化研究、加大争取，加快探索工业大院腾退空间再利用途径，积极对接市级部门，就完善集体土地权能进行抵押融资等方面争取政策支持；主动对接乡镇需求，将现有各类支持政策与乡镇需求实现精准对接。加快推动特色小镇建设，处理好特色小镇与城市副中心、特色小镇与中心镇、特色小镇与产业园区等的关系，结合乡镇资源禀赋和人文底蕴，找准产业定位，研究制定全区功能性特色小镇创建实施方案，探索采取市、区两级创建制，打造融合产业、文化、旅游、社区功能的特色小镇；特别要加快推动台湖演艺小镇和设计之都建设，加快推动演艺小镇土地一级开发和二级规划设计，着手举办一系列戏剧节、文化节等演出活动。

全面加快镇村建设。不断加大基础设施和公共服务投入，让广大农民共享发展成果。进一步完善镇村路网，确保次渠中路、杜望路、孔兴路、漷小路一期等实现竣工，开工建设觅子店组团路网、永乐店镇道路工程和于家务乡道路工程。进一步完善镇村配套设施，建立健全农村煤改清洁能源服务管理长效机制，全力做好农村地区“煤改气”壁挂炉设备运行管理和维护；提高乡镇地区供水安全，早日实现市政供水覆盖各乡镇；推动马驹桥消防站、漷县镇中心区供热热网工程开工建设。进一步美化乡村环境，加快开展农村生活污水治理工程，力争实现农村地区污水收集处理设施全覆盖；不断加强乡镇生活垃圾减量设施建设；以美丽乡村全覆盖为目标，完成全年112个美丽乡村建设任务。

深入推进农业结构调整和农村领域改革。加快开发农业全产业链价值，加快产业融合步伐，大力发展品牌农业、休闲观光农业，不断挖掘文化内涵，促进农业与旅游、文化等相关产业融合发展。加快科技农业发展，进一步推进国际种业科技园“种子硅谷”申报工作并启动相关建设内容研究，确保种业研发中心主体结构完工，加快种业交易平台建设，初步实现园区种业交易结算功能。不断深化农业领域改革，着力培养造就一支懂农业、爱农村、爱农民的“三农”工作队伍；扎实做好土地确权登记颁证收尾工作；以台湖镇为试点，加快推进乡镇级产权制度改革与乡镇级土地股份联社相结合工作；加快完成全区范围内村级产权制度改革。

四、聚焦民生，不断提升群众获得感

进一步推动公共服务发展。加快促进教育、医疗跨越式发展，进一步精准对接市级优质资源，加强统筹，确保北京市第五幼儿园、人大附中通州校区小学部等实现招生；加快硬件设施建设，确保潞河医院分院、北京五中通州校区竣工投入使用，开工建设杨庄小学、人大附中通州学校、北京二中通州校区改扩建、安贞医院等工程，加快妇幼保健院、公共卫生服务中心等项目前期手续办理，落实第三期学前教育三年行动计划，探索街镇区域集团化、租赁空闲国资等多种办园模式；加大优秀教育、医疗人才引进力度，以教师素质提升支持计划、基础教育质量提升支持计划、城四区对口帮扶通州区基层卫生工作等措施办法为抓手，有效提升自身教育、医疗能力和水平；深化教育联盟改革和医联体建设，推动区域公共服务水平整体提升。加快推动文体事业发展，全力创建首都公共文化服务示范区，实现体育场升级改造工程开工，高标准举办更多丰富多彩的文体活动。加快推动大运河文化

带建设，开工建设中国艺术品交易中心，力促运河博物馆、图书馆、歌舞剧院、路县遗址公园具备开工条件，做好 县古镇、张家湾古镇等的规划设计；深入挖掘以大运河为核心的历史文化资源，推进考古工作站等项目的规划选址和设计，打造“一线四区多点”文物保护格局。

进一步提高就业和社会保障水平。进一步提高就业服务能力，确保城乡居民稳定增收，努力实施更加积极的就业政策，实现城乡劳动力的统一管理、统一帮扶，特别要针对非首都功能疏解的新形势，精准对接，全力做好腾退企业劳动力就业工作。加强人才服务，确保中国北京人力资源服务产业园区（通州园）实现开园，进一步加大高层次人才的引进和服务力度，打造与副中心需求相匹配的人才梯队。做好做实全民参保工作，进一步提高城乡居民参保率和续保率，着力做好征地拆迁居民转非安置工作。进一步完善城乡救助体系，成立区级困难群众救助服务指导中心，形成“专职工作人员+专业社会工作者”的基层救助格局，不断提高救助服务专业性和精准性。进一步加强三级养老服务体系建设，建立区养老服务管理中心，加快区敬老院建设进度，新建30家社区养老服务驿站。

五、深化改革，实现重大问题再突破

进一步深化与市级专班对接。在当前工作成果基础上，不断健全完善市级解决平台的工作机制，充分发挥平台功效，形成上下联动、横向协同的工作格局。进一步加强沟通协调和调查研究，促进市区两级发现真问题、解决重难点，在交通、安定稳定、安全生产、文体设施、市政配套等重点领域，梳理工作任务，明责任、定进度、提要求，确保取得更多突破性进展。

进一步深化重点领域改革。突出抓好规划实施和成果对接，加快推动通州区总体规划发布实施，研究建立规划刚性实施的保障机制和措施办法；结合最新规划理念，继续深化完善乡镇镇域总体规划和镇中心区控制性详细规划。聚焦政策集成创新，落实好即将出台的《关于加强北京城市副中心政策创新的意见》，为全面提升副中心规划、建设、管理水平提供有力的政策支撑。进一步深化投融资体制改革，大力推进PPP模式运用，加快推动PPP专项规划实施，加强PPP制度创新研究，最大限度吸引社会资本参与副中心建设，全力推进已有重大PPP项目建设；加快推进区域统筹开发载体组建，进一步提升规划建设统筹水平，有效解决资金的“长平衡”和“大平衡”问题。加快开展行政区划调整与街道管理体制改革，加快形成与城市副中心功能定位相匹配的管理体制。深入推进京津冀协同发展，处理好副中心与雄安新区的关系，加快实现错位、协同、融合发展；不断深化“通武廊”合作机制，在产业等多领域进行更多实践。

各位代表，时不我待、只争朝夕，2018年北京城市副中心建设将进入新的历史阶段。全区上下要深入贯彻落实中共十九大精神，紧密团结在以习近平同志为核心的党中央周围，在市委、市政府和区委的坚强领导下，自觉接受区人大监督，虚心听取区政协意见和建议，深入实践京津冀协同发展战略，坚定信心，鼓足干劲，奋力开拓，拼搏创新，为加快建成国际一流和谐宜居之都示范区、新型城镇化示范区、京津冀区域协同发展示范区而努力奋斗！

关于北京市通州区2017年财政预算执行情况和2018年财政预算草案的报告

——在北京市通州区第六届人民代表大会第三次会议上

北京市通州区财政局局长　张春良

2017年11月21日

2017年财政预算执行情况

2017年，我们认真学习习近平总书记两次视察北京重要讲话精神，全面贯彻落实中央、市委、区委的各项决策部署，牢固树立创新、协调、绿色、开放、共享的发展理念，不断增强政治意识、大局意识、核心意识、看齐意识，围绕北京城市副中心功能定位，坚持稳中求进的工作总基调，充分发挥财政职能作用，不断深化财政管理改革，保障重点领域资金投入，积极促进非首都功能疏解，加强财政资金统筹和监管，不断提高资金使用效益，有力推进了全区经济社会协调发展。财政预算执行情况良好，各项工作任务圆满完成。

一、预算执行总体情况

（一）一般公共预算执行情况

一般公共预算总收入预计完成3609145万元，完成调整预算的100%，其中：一般公共预算收入预计完成783000万元，同比增长2.3%，完成人代会批准收入763000万元的102.6%；市对区返还及提前告知转移支付975097万元；上年结余结转及本年追加转移支付755,035万元；本年政府债券收入851,878万元；调入资金105,935万元；调入预算稳定调节基金138,200万元。

一般公共预算总支出预计完成3,609,145万元，完成调整预算的100%，其中：一般公共预算支出3,228,788万元；置换债券支出251,878万元；政府债券利息及费用支出25,149万元；上解市级支出6,463万元；市级专项结转43,538万元；区级结余结转33,329万元；安排预算稳定调节基金20,000万元。

一般公共预算收支平衡。

一般公共预算收支平衡图

1.一般公共预算收入783000万元	=	1.一般公共预算支出3228788万元
2.市对区返还及提前告知转移支付975097万元		2.置换债券支出251878万元
3.上年结余结转及本年追加转移支付755035万元		3.政府债券利息及费用支出25149万元
4.本年政府债券收入851878万元		4.上解市级支出6463万元
5.调入资金105935万元		5.市级专项结转43538万元
6.调入预算稳定调节基金138200万元		6.区级结余结转33329万元
		7.安排预算稳定调节基金20000万元
一般公共预算收入合计3609145万元		一般公共预算支出合计3609145万元

（二）政府性基金预算执行情况

政府性基金预算总收入预计完成3410813万元，完成调整预算的100%，其中：政府性基金预算收入538861万元；提前告知市专项1974万元；本年市级转移支付158533万元；本年政府债券收入450592万元；上年结转2260853万元。

政府性基金预算总支出预计完成3410813万元，完成调整预算的100%，其中：政府性基金预算支出1181260万元；置换债券支出450592万元；政府债券利息及费用支出65433万元；调出资金105658万元；结转下年1607870万元。

政府性基金预算收支平衡。

（三）国有资本经营预算执行情况

国有资本经营预算总收入预计完成1274万元，完成调整预算的100%，其中：国有资本经营预算收入485万元；上年结转789万元。

国有资本经营预算总支出预计完成1274万元，完成调整预算的100%，其中：国有资本经营预算支出980万元；调入一般公共预算277万元，结转下年17万元。

国有资本经营预算收支平衡。

（四）社会保险基金预算执行情况

社会保险基金预算总收入预计完成294000万元，完成调整预算的100%，其中：城乡居民基本养老保险基金本年收入77332万元；新型农村合作医疗保险基金本年收入27884万元；上年结余188784万元。

社会保险基金预算总支出预计完成294000万元，完成调整预算的100%，其中：城乡居民基本养老保险基金支出76212万元；新型农村合作医疗保险基金支出34380万元；年末滚存结余183408万元。

社会保险基金预算收支平衡。

需要说明的是，由于2017年财政预算尚未执行完毕,以上数据是初步预计的结果，在财政决算编制完成后，还会有所变化，届时将通过财政决算向区人大常委会报告。

二、2017年预算执行效果

2017年，区政府各部门紧紧围绕全区中心工作和重大任务，在生态环境建设、保障和改善民生、城市管理、公共服务水平等方面取得了新成效。

（一）改善生态环境质量，建设和谐宜居之都

大气污染治理投入187878万元。重点用于推动农村地区“煤改电”“煤改气”工程建设，保障年底实现全区“无煤化”目标；加大扬尘污染控制和尾气检查治理投入，更换350辆新能源公交车；落实“三高一低”工业企业退出政策补贴，全区大气环境不断改善。

水环境治理投入164199万元。重点用于加强中小河道及黑臭水体综合治理；海绵城市试点工程全面开工；继续推进城市管网、城北水网建设，支持污水处理厂设备改造、再生水利用工程建设及运维，保障供水安全。

园林绿化建设投入391357万元。重点用于推进城市道路绿色景观提升工作，支持绿化美化工程，推动萧太后河滨水绿色文化休闲廊道建设，保障大运河森林公园、东郊森林公园、城市绿地维护养护，支持西海子公园绿化景观提升工程，落实一、二道绿化隔离带及“五河十路”生态提标政策。

美化城乡环境投入57000万元。重点用于保障通州区再生能源发电厂前期筹建工作；落实城乡垃圾处理、推动垃圾分类收集，开展环境脏乱点综合整治；加大城市维护养护投入，推动构建起城区道路清扫、垃圾收运、道路交通设施清洗等全覆盖一休化的大环卫服务体系。

（二）加强城市精细化管理，着力破解城市发展难题

改善交通出行环境投入167926万元。重点用于保障朝阳北路二期、张采路、通房路、东内环路等重点道路工程建设的顺利推进；镇村道路网进一步完善；增加公共自行车服务网点，倡导绿色出行；加大区内小公共票价折扣补贴力度，提升交通运输承载能力。

城市维护管理及安全运转投入88148万元。重点用于加强首都外围治安查控防线及“雪亮工程”建设；保障公安消防支队火灾隐患信息研判中心运维、城管综合整治等；推进疏解整治促提升年度任务圆满完成；支持创建全国文明城区，积极进行普法宣传；保障安全监管、城管执法等部门履职经费，保障自然灾害突发事件等。

（三）保障和改善民生，持续加大人民福祉

社会保障和就业投入179315万元。重点用于解决转非安置历史遗留问题；落实城乡居民养老保险政策及城乡无保障老年居民的保障政策，支持退役安置、残疾人事业、困难群体接济救助，提高优抚对象抚恤及生活补助标准、义务兵优待金标准；落实就业补助政策，支持基层公益事业发展；支持居家养老服务、社会办非营利养老服务机构，推进养老照料中心建设等。

保障性安居工程建设投入48233万元。支持老旧小区综合整治以及保障性住房建设等。

（四）提升公共服务水平，促进基本公共服务均等化

医疗卫生投入213541万元。重点用于加大卫生基础设施建设，4个区域医疗中心建设工程加快推进，潞河医院分院、潞河医院四期开工建设，东直门医院东区二期主体工程完工，支持精神病医院整体环境改造、北京友谊医院新华医院医疗设备投入，保障免疫门诊疫苗使用安全，支持规范疫苗冷链设备及信息化监控设施升级改造，不断提高公共卫生服务水平。

教育投入404596万元。重点用于引进人大附中通州校区等市级优质教育资源，实现无缝对接、名师共享的教学模式；推动打造艺体特色教学项目；落实北京市中小学三年行动计划，全面推进中小学英语听说教学平台建设，构建数字校园云平台等。

科技创新投入10071万元。重点用于奖励科技创新人才，支持重点产业建设和发展中的科技创新，支持科技平台建设，科技创新环境不断优化。

文化体育事业投入22306万元。重点用于争创“文化示范区”，加大基层文化投入,推进农村文艺演出、“文化遗产日”通州主题活动等多个项目；支持“三馆一站”免费开放、文化活动中心及体育生活化社区建设；推进全民健身工作，举办首届2017北京通州半程马拉松赛、运河绿道骑游周等活动。

城乡统筹发展投入17675万元。重点用于落实农业政策性保险补贴及农机具购置补贴；支持农业产业带建设，推进新农村基础设施建设和维护养护；开展村级公益事业“一事一议”财政奖补工作；促进少数民族乡村及经济薄弱地区经济发展。

2017年财政管理改革取得新进展

我们认真贯彻落实区六届人大一次会议决议，以及区人大常委会的初步审查意见，以副中心建设为首要任务，抓好财政管理夯实收入基础，优化支出结构服务发展大局，坚持以问题为导向，积极推进机制创新，不断深化财税改革。

一、围绕年度预算任务，促进财政收支平稳运行

财政部门立足城市副中心战略定位，主动适应经济发展新常态，加强财政收支管理。收入方面，支持经济结构调整，壮大经济总量，加强非税收入征缴管理，努力稳固涵养财源；强化税收征管，提高征管效率，严格依法治税，做到应收尽收；加强“营改增”改革跟踪分析，努力克服“营改增”政策性减收影响，实现财政收入规模稳中有升。支出方面，保障生态环境建设、城市管理、社会保障、公共服务等重点领域资金需求，对标城市副中心功能定位要求，全力推进城市副中心建设；狠抓财政支出管理，强化部门预算执行主体责任，加快重点领域支出进度，切实提升财政资金支出效率。

二、加强财政资金统筹力度，服务城市副中心发展大局

健全全口径预算体系。统筹一般公共预算、政府性基金预算、国有资本经营预算，为北京城市副中心建设提供最大限度资金保障。加强政府债务管理。将新增债务和存量债务分类纳入预算管理，妥善处置存量债务，确保2017年底我区非政府债券形式存量政府债务（不含外债）全部处置完毕，积极防范化解财政金融风险。着力清理盘活存量资金。大力清理回收存量资金，加大财政统筹力度，保障全区重点项目。

三、强化财政资金监督管理，提高财政资金使用效益

规范单位账户管理。开展通州区预算单位银

行账户专项检查工作，清理不合格银行账户60个。资金监控不断强化。区级一、二级预算单位和乡镇全部纳入国库集中支付动态监控，对接收的预警信息及时查实纠正。监督检查不断深入。组织开展市级专项转移支付资金自查、大气综合治理专项资金检查、乡镇财政财务监督检查等。资金绩效不断提高。强化预算执行过程中的跟踪监控，对50万元（含）以上的预算项目进行支出绩效跟踪，持续加大绩效评价力度。财政评审效益突出。1—10月送审金额55.3亿元，审减金额9.3亿元，有效节约资金，提高资金效益。

四、坚持依法依规推进改革，建设法治透明财政

政府购买服务更加严格。先后四次对全区70个一级部门预算单位开展2015—2017年政府购买服务自查和专项检查工作。接受监督更加深入。进一步加大人大代表、政协委员参与事前绩效评估等工作力度；依法履行预算调整程序，将政府债务等重大事项向区人大常委会报告。预决算公开更加规范。规范公开程序，统一公开形式，细化公开内容，提高预算单位信息公开意识和水平，推进透明预决算制度建设。

各位代表，面对新形势、新任务和新要求，在总结2017年财政工作成效的同时，我们也清醒地认识到当前存在的突出问题，一是财政收入持续稳定增长压力较大。2017年财政收入增长总体保持平稳，但主要依靠一次性入库因素拉动，同时土地上市受政策性限制，基金收入下滑趋势显著。二是预算刚性约束仍需强化，严控预算追加，切实提升预算执行力。三是财政财务管理制度仍需加强，需要进一步完善大额资金追加、项目资金管理等方面的制度及规定。四是财政财务队伍建设仍需强化，应继续加强教育和管理，切实提升财政财务工作人员素质。此外，政府债务还本付息压力逐年增大、部分预算项目支出执行效率偏低、资金使用效益不高等问题依然存在，我们高度关注，将继续采取有效措施，努力加以解决。

2018年财政预算草案

2018年是副中心建设进入发展新阶段的关键一年，我们将紧抓机遇，迎难而上，履行好财政服务发展的职责，科学合理编制预算，统筹资金保障区重点工作，落实疏解非首都功能，积极推动京津冀协调发展。

一、2018年财政工作和预算编制指导思想

以全面学习落实中共十九大精神为统领，认真贯彻实施《预算法》，全面落实市委、市政府和区委、区政府全面推进城市副中心建设的各项工作部署，坚持依法理财，统筹兼顾，着力北京城市副中心建设，着力优化支出结构，着力盘活存量用好增量；坚持民生优先，保证重大政策和重点支出需要；坚持勤俭节约，严格控制“三公经费”，建立厉行节约长效机制；坚持改革创新，全面推进零基预算和预算绩效管理改革；加强全口径预算管理，硬化预算约束，提高预算透明度，强化预算执行监督，严肃财经纪律。

二、2018年收支预算的总体安排

（一）一般公共预算总体安排情况

1.收支安排主要考虑因素

收入方面。面临的有利因素：一是固定资产投资对财税的拉动作用不断增强。随着北京城市副中心规划的进一步明确，各项重点工程加快推进，促进有效投资落地，为财政增收奠定基础。二是改革措施提供保障。落实“放管服”改革要求，市场主体创业活力增强有利于财政收入稳定增长。三是经济发展质量效益提升。随着经济结构调整等各项措施逐步落实，多点支撑的收入格局将有利于收入平稳增长。面临的不利因素：一是宏观经济运行仍存在下行压力。区内经济发展尚处于转方式、调结构过程中，经济下行压力会传导至财政收入领域。二是多重政策因素叠加对财政增收带来较大影响。实施最为严格的房地产限购政策，与房地产业相关的

税收大幅下降；低端企业清退力度加大，既有税源进一步减少；“营改增”改革和收入划分调整的减收影响还会进一步扩大；落实高标准建设北京城市副中心的要求，低端产业逐步退出，在存量减少的同时，短期内还缺乏拉动作用强的新增税源。三是市对副中心的补助体制尚未明确，市对区返还及提前下达转移支付受时间影响暂未完全到位，预算安排存在较大的压力。充分考虑财政的增减收因素和经济社会发展需求，安排2018年一般公共财政预算收入增长6%，预计完成83亿元。

支出方面。按照2018年收入增长水平，根据市对区现行财政体制，统筹调入基金、调入预算稳定调节基金、政府债券等资金，保基本、保运转、保民生，安排2018年财政支出规模。保障基本支出，确保机关正常运转，确保职业年金当年缴费部分做实，公用经费在足额保证教育综合定额及卫生等部门正常运转支出的同时，继续严格控制“三公经费”。保障城市环卫管理作业、园林绿化维护养护等城市运转支出。保障民生政策，按既有标准保障城乡居民基本养老保险和医疗保险等。

2.收支安排总体情况

按照积极稳妥、统筹兼顾、突出重点的原则，综合考虑影响收支的经济、政策、改革等因素，2018年一般公共预算收支安排情况如下：

一般公共预算总收入1617748万元，其中：一般公共预算收入830000万元；市对区返还及提前告知转移支付466459万元；上年区级结余结转33329万元；上年市级结余结转43538万元；国有资本经营预算调入309万元；调入资金224113万元；调入预算稳定调节基金20000万元。

一般公共预算总支出1617748万元，其中：一般公共预算支出1440664万元；一般债券还本及利息费用支出171624万元；上解市级支出5460万元。

一般公共预算收支平衡。

一般公共预算收支平衡图

1.一般公共预算收入830000万元
2.市对区返还及提前告知转移支付466459万元
3.上年区级结余结转33329万元
4.上年市级结余结转43538万元
5.国有资本经营预算调入309万元
6.调入资金224113万元
7.动用预算稳定调节基金20000万元

=

1.一般公共预算支出1440664万元
2.一般债券还本及利息费用支出171624万元
3.上解市级支出5460万元

一般公共预算收入合计1617748万元 = 一般公共预算支出合计1617748万元

（二）政府性基金预算总体安排情况

1.收支安排主要考虑因素

收入方面：根据相关部门测算，受土地上市政策性限制、取消城市公用事业附加及新型墙体材料专项基金等因素影响，政府性基金预算收入预计将大幅减少，因此安排当年基金收入350810万元。支出方面：考虑基金借款因土地上市受限收回困难，用当年收入安排定向支出后，尚无结余。未予安排的项目将随着基金借款收回、新增债券、市级专项转移支付到位后，按照项目轻重缓急，逐步安排解决。

2.政府性基金预算收支总体安排

政府性基金预算总收入1958680万元，其中：政府性基金预算收入350810万元，同比下降20.6%，主要是土地出让收入减少、城市公用事业附加及新型墙体材料专项基金取消征收；上年结转1607870万元。

政府性基金预算总支出1,958680万元，其中：政府性基金预算支出356428万元；专项债券还本及利息费用支出554330万元；调出资金224113万元，结转下年823809万元。

政府性基金预算收支平衡。

（三）国有资本经营预算总体安排情况

国有资本经营预算总收入1237万元，其中：国有资本经营预算收入1220万元；上年结转17万元。

国有资本经营预算总支出1237万元，其中：国有资本经营预算支出420万元；调入一般公共预算309万元；结转下年508万元。

国有资本经营预算收支平衡。

（四）社会保险基金预算总体安排情况

因北京市城乡居民医疗保险改革，将原来由市级编制的城镇居民医疗保险与区级编制的新型农村合作医疗保险合并为城乡居民医疗保险，由市级统筹编制，区级不再编制新型农村合作医疗保险基金预算。

社会保险基金预算总收入248133万元，其中：城乡居民基本养老保险基金本年收入84370万元；上年结余163763万元。

社会保险基金预算总支出248133万元，其中：城乡居民基本养老保险基金支出80371万元；年末滚存结余167762万元。

社会保险基金预算收支平衡。

三、抓机遇强动力，高标准建设城市副中心

牢牢把握北京城市副中心功能定位，我们统筹财政资金，推动重点建设和发展任务落地，提升城市建设品质，全力保障高标准建设城市副中心。

（一）生态环境建设安排资金63067万元

大气污染治理安排资金6549万元。主要用于继续实施空气治理各项措施，支持煤改电、煤改气工程；积极支持机动车污染防治，推广新能源车；加强工业污染防治、扬尘污染治理等。

改善水环境安排资金5848万元。主要用于加强重点流域河道整治；支持节水型社区创建；支持污水处理设施改造与运行维护，落实污水处理企业运营补贴等。

城乡绿化美化安排资金50670万元。主要用于保障大运河森林公园、东郊森林公园维护养护；支持城市绿地养护；支持重点绿化工程建设等。

（二）城市治理安排资金137944万元

改善交通环境安排资金25058万元。主要用于区内小公共票价补贴、公共租赁自行车运营补贴，倡导绿色出行。

公共安全安排资金66717万元。主要用于提升城市安全，维护市场秩序，加大安全生产隐患排查治理力度；推进“阳光餐饮”工程建设，加强食品药品安全监管；推动公共安全和社会治安防控体系建设，加大反恐防暴保障力度；支持公共交通运输系统安全建设，保障防汛和地下管道灾害隐患工程治理。

城市运转安排资金46169万元。主要用于保障市政设施及城市道路维护，以及道路环卫作业、景观照明等；支持城市管理信息化系统建设和维护；推进垃圾分类、生活垃圾处理、餐厨垃圾就地资源化处理；加强和创新社会管理，促进基层公益事业发展等。

（三）保障和改善民生安排资金135464万元

社会保障和就业等安排资金135464万元。主要用于支持居家养老服务、落实养老照料中心建设补助，支持社会办非营利性养老院建设；支持退役安置、困难残疾群体接济救助工作；扶持就业创业等；保障安居工程，支持老旧小区综合整治，加强重点区域环境提升。

（四）公共服务安排资金423686万元

教育安排资金254775万元。主要用于引进市级优质教育资源，提升区域教育水平；扩充学前教育学位供给，促进幼儿园办园条件达标；支持基础教育课程改革，推动高中优质教育资源统筹；支持教师队伍建设，提高教师综合素质，促进教育软实力提升。

科技文化体育事业安排资金20372万元。主要用于支持科技平台建设，推进科普发展；推动基层公共文化建设、通州文物及运河文化保护；开展运河文化节等文化活动、实施农村电影放映工程；支持“三大球”建设，倡导全民健身等。

医疗卫生安排资金128608万元。主要用于落实城镇居民基本养老保险和医疗保险政策；推进疾病预防控制体系建设；促进中医药事业发展等。

农业安排资金19931万元。主要用于支持绿色示范农业建设和高新技术农业发展，落实新农村建设奖励、政策性农业保险、菜田补贴；支持美丽乡村建设、促进经济薄弱地区及少数民族乡村建设等。

坚持有财有政，确保顺利实现2018年财政工作任务

一、狠抓财政组收，推动财政经济平稳健康运行

坚持依法征管。聚焦财政收入走势及规律，提高税源精细化管理，密切关注副中心建设中的税源变化和发展趋势，发掘新税源增长点。增强“高精尖”企业税收对财政收入的带动作用。进一步激发“高精尖”企业活力，更好地促进“高精尖”企业发展。强化部门协同配合。加强财政、税务、工商及各街道、乡镇等部门联动，密切掌握重点行业、重点企业和重点项目收入运行情况，形成组收合力，确保完成收入目标。

二、加强财政预算管理，严格预算刚性约束

提高预算精细化管理水平。充分做好预算编制前期准备工作，推行全口径预算，做到底数清、项目明；全面推进零基预算，实施经济分类科目改革，科学编制预算，做到支出实、效率高。强化预算刚性约束。预算一经批复，严格执行，不得随意调整；加大预算支出进度考核力度，建立通报、约谈、督察跟进的预算支出管理机制，提升预算执行的均衡性和效益性。强化预算绩效管理。深化事前绩效评估，扩大绩效评价范围；加强绩效评价成果应用，将预算执行结果与预算安排挂钩。加强财政评审力度。严格项目预算、结算评审，建立“先预算评审后招投标”机制，促进建设单位规范和细化预算编制。

三、抓好制度完善和机制创新，切实做到依法依规理财

建立健全预算管理制度。进一步规范大额资金管理、基建项目资金管理，完善绩效评价、财政评审等相关管理办法，建立透明预决算制度。创新财政资金投入机制。鼓励社会力量参与公共服务，加大污水和垃圾处理等公共服务领域PPP模式推广力度。加强政府购买服务指导。坚持先有预算、后购买服务，不得将政府购买服务项目作为预算单位财政支出的依据，加强对政府购买服务政策的培训指导，提高公共服务供给水平。加强政府债务管理。全面准确掌握政府债务余额情况，规范新增债券的使用和管理，围绕规范举债融资机制、防范政府债务风险等问题，逐步完善制度体系。

四、加强财政财务队伍建设，切实提高队伍素质

明确主体责任。强化预算单位在预算编制、预算执行、资产管理中的主体责任，切实保障财政资金使用的规范性、科学性、有效性。加强预算监督管理。梳理完善预算编制与执行、投资评审、国库集中支付、政府采购、绩效评价等内部预算管理流程，全面提升各个环节的衔接度。创新财务工作人员培训方式。采用集中培训、专家入户培训及“以会代培”等方式，扎实开展全区财政财务人员培训。严肃财政纪律。加大对重大财政补助资金、预决算公开及非税收入等情况的监督检查力度，严厉查处各种违反财经纪律的行为，确保财政资金花得规范、花得有效、花得明白。

各位代表，我们要认真学习贯彻中共十九大精神，在习近平新时代中国特色社会主义思想指引下，在市委、市政府和区委的领导下，在区人大和区政协的监督、支持下，我们将以时不我待、只争朝夕的精神状态，主动作为，勇于担当，为高标准建设北京城市副中心提供坚实的财力保障！

专文

“创城”永远在路上
——北京市通州区创建全国文明城区工作回顾

通州区6年磨一剑，成功赢取全国文明城区荣誉称号。

2017年11月14日，中央文明办向全国发布《第五届全国文明城市名单》，北京市通州区在第五届全国文明城市（区）评选中脱颖而出，被中央文明委正式授予全国文明城区荣誉称号。

11月14日，首都文明办主任滕盛萍（右）、通州区委书记曾赞荣（左）出席会议并共同揭开全国文明城区、全国未成年人思想道德建设工作先进城区奖牌

（文明办提供）

“功崇惟志、业广惟勤！”这一殊荣的取得，是中央文明委对通州发展成就的充分肯定，对通州人民文明素养的最高褒奖，以及对通州传承中华优秀传统文化、引领全社会道德风尚、加快推进北京城市副中心建设的巨大鞭策与鼓舞。

一、通州区创建历程

2012年，通州区全面启动创建全国文明城区工作，提出“三年打基础，六年全争创”的工作目标。2014年，通州区通过首都文明委的综合测评。2015年2月28日，中央文明委正式授予通州区全国文明城区提名城区荣誉称号。2015年、2016年，通州区接受中央测评组两次年度测评，综合成绩连续在北京、上海、重庆、天津所有提名城区中名列前茅，为争创成功抢得先机、赢得主动。2017年8月，经市委、市政府推荐和中央文明委考核认定，通州区被命名为第五届全国文明城区、全国未成年人思想道德建设工作先进城区的候选城区。2017年9月，通州区全面接受中央测评组的综合测评，并在政务环境、法治环境、市场环境、人文环境、生活环境、社会环境、生态环境、社会文化环境等8大环境建设以及长效常态的创建工作机制等方面成效显著，其中所涉及的222项创城指标均取得优异成绩。

6年来，通州区委、区政府始终把争创全国文明城区作为推进北京城市副中心建设的重要载体和有效抓手，在创建过程中，全区经济社会始终沿着全面协调可持续的方向发展，生态和城乡面貌极大改善，城市功能和综合承载力明显增强，城市管理和公共秩序不断优化，人民群众生活水平、道德水准和文明素质显著提高，精神文明建设实现跨越式发展。这些成果的取得主要得益于以下几个方面。

（一）得益于市委、市政府的坚强领导和大力支持

市委书记蔡奇、代市长陈吉宁多次到通州调研，明确提出市委市政府坚决支持通州全力创建全国文明城区，并对通州区“创城”工作给予精心指导和大力支持。首都文明办与通州区政府建立创城协调联络机制，每周汇总问题清单，定期协调市级

有关部门共同解决“创城”重难点问题。

（二）得益于城市副中心建设的黄金机遇

建设北京城市副中心是中央的重大决策和部署，为贯彻中央精神、落实总书记指示，通州区加速推进各项工作上层次、提水平，在经济社会各个领域争创一流，在这个过程中，通州区“创城”工作目标也越来越明确，目标越来越坚定，以最大的决心、必胜的信心扎实推进“创城”各项工作，创建全国文明城区成为建设北京城市副中心的应有之义。

（三）得益于凝聚起强大的“创城”精神

6年来，在历经一次次“大考”和艰苦奋斗过程中，全区各部门、各单位以及社会各界众志成城、奋发有为，同心协力、攻坚克难，开展文明城区创建活动，形成全面深入推进的良好局面。全区上下凝聚起一种强大的“创城”精神：敢于担当、知难而进、凝心聚力、敢于胜利。这是一笔宝贵的精神财富和巨大的精神力量，是我们推进“创城”各领域工作取得重大突破的根本原因，更是加快推进北京城市副中心这一伟大事业进一步发展的根本动力。

二、主要做法和成果

（一）建立整体联动、运行有力的创建体系

在启动之初，就成立了区创城总指挥部和办公室，区委书记、区长担任总指挥，区人大常委会主任、区政协主席担任总督导，区委常委、区政府副区长分别担任8个专项工作领导小组组长，全区128个单位和乡镇街道共同分解承担指标任务。组建5个创城督察组，由区人大常委会副主任、区政协副主席亲自挂帅，32名处级领导干部和“两代表一委员”共同参与，密集开展12轮专项督察，形成群策群力、同创共建的工作局面。

（二）逐步健全长效常态的工作机制

坚持边推进边总结，把好的经验以制度形式加以固化，对制度盲区加以补充完善，制定一系列文明城区创建系列措施办法，建立起社会动员、工作调度、绩效考核等一整套工作推进制度。加强工作调度，定期向区创城总指挥部报送问题清单，重点单位、地区主要领导每周3次采取骑车、步行的方式深入现场督察整改。委托第三方专业测评机构开展“拉网式”排查，实施日检查、月通报、季调度制度。6年来，累计排查整改道路破损、违章搭建、公共设施缺失等各类问题6万余个，全区创建工作基本实现规范化、制度化、常态化。

（三）全力打造和谐宜居的城市环境

将创建全国文明城区与创建国家生态园林城市、创建国家卫生区等活动同抓共创，生态和城乡环境日益改善，城市管理和公共秩序不断优化。持续开展市容市貌和城乡环境卫生整治行动，对建成区内39条道路和近百条胡同进行翻修整治。工商、食药、卫生等部门联合执法、综合治理，根本解决了全区域的早餐车占道经营问题，推动城区18个集贸市场升级改造，取缔无证照餐饮2380家。经过努力，全区主次干道、背街小巷愈加干净整洁，交通出行秩序规范良好，公共服务更加便捷规范，一些制约区域经济社会发展、影响人民生活质量的重点难点问题得到有效解决，更加符合创建全国文明城区的各种要件。

（四）充分激活文明创建的基层细胞

在全区范围内开展文明单位、文明社区（村）、文明乡镇、文明校园、文明家庭等争创活动，12家单位、村镇获评全国先进，建成张家湾博物馆等乡情村史陈列室21个，打造文明示范小区25个，建设“文明加油站”社区宣传站点150个，创建“文明示范工地”15个，评比命名餐饮企业“文明餐桌”示范店411家。基层创建工作积极性日益高涨，城市文明的细胞被充分激活。通过创城，社会主义核心价值观公益宣传在通州无处不有、随时可见，争做文明达人、“创城”进行时等群众喜闻乐见的宣传教育活动常年不断，“创建全国文明城区人人参与，文明城区发展成果人人共享”的理念日益深入人心。

（五）持续提升市民文明素质和城市文明程度

持续开展道德模范、“通州榜样”“中国好人”推荐选树活动，推荐人数居全市之首，3人获评全国道德模范及提名奖，22人荣登“中国好人榜”，9人获评首都道德模范及提名奖，35人入选“北京榜样”。建成机关、学校、行业、企业、社区、村镇、军民共建、新市民等8类道德讲堂227所，常态化宣传中华传统美德、先进模范事迹。大力推进志愿服务制度化建设，全区注册志愿者超过31万人，服务时长累计达到2478余万小时，精心打造“通州百姓”“玉桥益家”“新华帮办365志愿服务联盟”“和谐北苑”“青春通州”“十万职工共创城”等志愿服务品牌。在全市率先建成“信用通州”社会信用体系平台，定期发布诚信“红黑名单”，推动形成“守信光荣 失信可耻”的社会舆论导向。

（六）关心关爱未成年人

大力开展“美德少年”评选活动，23名中小学生被评为“首都百名最美少年”。开展“十德树人”教育活动，发挥校外教育辅助作用，建立281个爱国主义教育基地和青少年校外教育基地以及641个“关工”小组。打造领导干部爱心助学活动、“六小”道德实践活动、中华传统文化教育活动和关心下一代工作特色品牌。获评第五届全国未成年人思想道德建设工作先进城区。

区委副书记、区长张力兵（右一）参与“创城”志愿服务活动（文明办提供）

三、经验和启示

回顾6年的“创城”历程，我们主要有以下几点启示和经验。

（一）始终坚持将群众满意作为检验“创城”工作的最高标准

创建全国文明城区的宗旨是为民、利民、靠民。6年来，全区各单位、各部门聚焦《全国文明城区测评体系》中的民生指标，千方百计解民困、解民忧。6年间基本完成入户宣传走访的全覆盖，各级干部五轮深入42万户家庭了解民情、征求民意，不仅密切了党群、干群关系，更最大程度发动广大群众支持、参与“创城”，形成共建、共管、共享的强大社会力量，“创城”过程变成凝聚群众智慧、汇集群众力量的过程，“创城”工程变成得民心、顺民意的工程。

（二）始终坚持不搞突击、扎实推进，久久为功、常态长效

6年来，通州区连续“闯关”，经过3年创建获取提名资格，又经过3年的“季排名、年测评、三年算总分”的创建过程，最终取得优异成绩，这绝非偶然，而是得益于我们在日常、经常、平常上狠下功夫。因此，“创城”绝不是“面子工程”，没有捷径可走，必须始终坚持不搞突击、不搞花架子，一步一个脚印扎实深入推进，才能有实效、赢高分。

（三）始终坚持问题导向，敢于破难攻坚

6年来，始终坚持问题导向，各类调度会、各种措施办法，只讲问题、只针对问题、只强调快速解决问题。针对通州区存在的环境脏乱、马路市场、乱停乱放、私搭乱建、无证照经营等问题，各级各界直面问题，敢于向痼疾顽症开刀，早餐车占道经营、无证照餐饮、“开墙打洞”“小广告”等城市管理难题得到根治，老旧小区管理、城乡环境秩序、窗口服务中存在的问题得到有效治理。

（四）始终坚持精细化创建，标本兼治

城市管理需要精细、需要“绣花”功夫。6年来，针对《全国文明城区测评体系》中如公厕干净卫生无异味、步道连贯无破损、楼道玻璃无污迹等很多指标细节要求，通州区创建工作既关注全面又注重细节，逐步实现城市管理从粗放型向精细化的转变。创建过程中，各级干部发扬“钉钉子精神”，通过追根溯源、借鉴外埠先进经验，不断研究治本之策，创新推出的“等灯等灯”交通劝导行动、城市管理外包服务、政府部门执法力量下沉等

工作模式成效显著。

（五）始终坚持“全区上下一盘棋”，凝聚最大合力

创建全国文明城区涉及范围广、部门多，每一个指标任务都是需要几个、甚至几十个单位共同担当才能完成。6年来，我们坚持城乡一体、全域“创城”，全区各条战线、各级干部、各个部门牢固树立大局观念、协作意识，带领全区人民锲而不舍的抓创建，以主人翁的责任感、以“功成不必在我”的担当精神，掀起一轮高过一轮的创建热潮，凝聚起通州“创城”最大合力。

（六）始终坚持在大事面前锤炼干部作风

创建全国文明城区既是城市综合实力的竞争，也是对干部队伍作风的一次“大考”。6年来，各级领导干部深入大街小巷、集贸市场、污水河沟等脏乱差死角，调查研究、一线调度、督办解决问题。党政机关干部利用休息时间，参与路口交通文明劝导志愿服务，身体力行、奉献在前，形成“一心想干事儿，努力干成事儿”的工作氛围，炼就了通州区干部队伍在政治立场上站得住、在困难面前顶得住、在创新方法上抓得住的本领，势必在建设北京城市副中心的各项工作中，不负人民重托、交出满意答卷。

2018年3月9日，通州区隆重召开创建全国文明城区总结表扬暨常态化建设动员部署会。首都文明办主任滕盛萍、通州区委书记曾赞荣出席会议并共同揭开“全国文明城区”“全国未成年人思想道德建设工作先进城区”奖牌。会议传达了全国精神文明建设工作表彰大会精神并通报通州区在全国精神文明创建评选中受表彰情况，宣布对“创城”先进单位和先进个人进行通报表扬的决定，市、区领导共同为全国级精神文明建设和通州区“创城”工作先进单位和先进个人代表颁发奖牌和荣誉证书。区人大常委会主任、区“创城”总督导李玉君回顾总结了通州“创城”成果，全面部署了全国文明城区常态化建设工作。首都文明办主任滕盛萍充分肯定通州“创城”工作成绩，希望通州乘势而上、做好表率。区委书记曾赞荣在讲话中强调，全区上下要坚持发扬“创城”精神，坚持久久为功，全力实现“创城”常态化目标，全面开创副中心建设各项事业新局面。

“创城”形象代表“运河娃”与市民互动

（文明办提供）

“创城”永远在路上，通州区委、区政府将倍加珍惜6年创城所取得的辉煌业绩，倍加珍惜6年“创城”所积聚的各级各界创建热情，全面贯彻中共十九大精神，深入学习习近平新时代中国特色社会主义思想，坚持久久为功、常态长效，坚持高起点、高标准、高水平建设北京城市副中心，努力打造北京城市副中心的文化内涵和城市文明，为建成国际一流和谐宜居之都示范区、新型城镇化示范区和“京津冀”协同发展示范区而努力奋斗！

（文明办提供）

北京城市副中心建设者风采

在北京城市副中心的建设中，有这样一群人，他们勇挑重担、善打硬仗，以追求卓越的工匠精神，为实现“千年大计、国家大事”而努力，他们有一个光荣的名字：副中心建设者。

在行政办公区施工现场，有他们盯进展、找问题的身影；在汉代路县故城遗址，留下了他们考证历史、挖掘文化的足迹；在通州这片土地上，他们舍小家为大家，挥汗如雨。

姓名：杨海啸

荣誉：2017年北京榜样·城市副中心建设特别贡献奖、住总三十年先进人物奖、北京市优秀青年工程指挥、全国住房城乡建设系统劳动模范荣誉称号、北京市青年岗位能手……

北京榜样、副中心项目部项目经理杨海啸
三天半盖一层　创造“神奇速度”

本报讯（记者　陈冬菊）

沙发当成“床”　吃饭就像在开会

“不好意思啊，久等了，这刚下过雨，我不放心，上工地转了一圈，来我办公室聊吧。”初见杨海啸，他边摘安全帽，边跺着脚上的泥水，正向办公室走去。

“这双雨鞋也快该‘退休’了，都磨得要进水了。”杨海啸换着鞋，让记者在沙发上坐下。这个沙发，也是他的临时“床”，有时中午就在这里“眯一觉”，如果有人找他办公，推门就进，从不用怕打扰他。沙发上，还放着一个枕头和一个薄被。

自从2015年底，北京住总集团副中心建设项目入驻工地，他的大部分时间都“泡”在了这里。虽然家住朝阳，但他每天早上8点前肯定就到了，晚上从没在10点前回过家，忙的时候更是要三五天住在工地，这些他都已经习以为常。

作为这个项目的带头人，他一天被大大小小的事挤满了，有时甚至连吃饭都像开会一样，说进度、破难题、盯材料、查安全、保质量……样样事都得在他的脑子里有个“谱”。

副中心行政办公区建设时间紧、任务重，保质保量地如期完成，不是一件简单的事情。“我不怕抢活，我们在结构施工期间，平常现场都得3000工人，最高峰的时候达到了7000人。”杨海啸谈起“三天半一层”的神奇速度，言语中透露着一份自信。

绑墙体钢筋、支墙体模板、浇筑墙体混凝土、拆模和施工缝处理，然后支顶板模板、绑顶板钢筋、浇筑顶板混凝土和施工缝处理……听着杨海啸介绍盖一层楼的顺序，就像绕口令一样。一般情况下，盖一层需要5至7天的时间。

“施工人员三班倒，管理人员两班倒，施工现场24小时连续施工，木料、模板、机械设备等都翻倍投入。”杨海啸向记者介绍了他们取得“神奇速度”的秘诀。

重要时间节点　“长”进脑海中

采访中，不时有人来找杨海啸签字、看材料、汇报问题，电话也是一个接着一个。他一一应对这些“小事情”。

“施工过程中，有一些是比较有技术难度的，比如高支模，我们做的最高的高支模是32米，这个在建筑中是属于比较少见的，为了保证安全性，经过方案优化对比和专家论证，最终选用盘扣式脚手架，整体性好，但是要求现场操作精度高，工人的作业空间也比较狭小。”杨海啸介绍，铜板吊顶也很有难度，它是阶梯式的，而且要求和屋面石材的天窗对应，如果加工尺寸存在偏差，将无法安装。施工中，通过电脑放样，现场实测，多方面校核，最后才确定的加工尺寸。

克服了一个个难题，项目在紧张而有节奏的施工中，顺利推进着。这其中，每个重要的时间节点，都“长”在了杨海啸的脑子里：

2015年12月，举行工程奠基仪式；

2016年6月，破土动工；

2016年10月3日，浇筑完成第一块基础底板；

2016年12月30日，A楼结构封顶；

2017年1月20日，A3A4全面封顶；

2017年6月10日，A3A4二次结构全部完成；

2017年9月底，A3A4主立面外幕墙整体亮相……

万里长征中，杨海啸已经和他的团队走过了大半的路，这一个个重要的时间节点就是一面面“小红旗”，正迎着风，朝着胜利的方向飘扬。

打造智慧工地　手机实时看进度

干建筑的，就是和钢筋水泥打交道，这种传统的理解只说对了杨海啸工作的一小部分。在行政办公区的建筑工地上，无处不有“科技”因素。

在副中心建设工地上，塔吊林立，在它们“身上”，都装有一个“黑匣子”，塔吊的实时运行数据，如小车幅度、吊钩高度、当前吊重，以及塔司信息、塔吊厂家等基本信息都会通过“黑匣子”的“监控”，显示到“副中心项目驾驶舱”上。

简单讲，“副中心项目驾驶舱”就是PC端的一个智能软件，它集成了现场智能监控、精益建设和智慧建造（BIM）三大板块。“现场各区域劳动力分布情况、混凝土罐车的现场数量和运输中的位置、施工现场空气质量及噪音，都能实现实时监控调度。”杨海啸介绍，“副中心项目驾驶舱”的应用大大提高了工作效率，降低了管理成本，规范了建造流程，同时实现了经营过程可控制、可追溯的预期目标。

除了PC端，杨海啸还可以通过手机APP，实时了解构件跟踪、生产进度、工艺库等，每天他都要查看进度照片。

党建凝聚战斗力　团队涌现感人故事

“很帅啊”“年轻有为”“人很随和”“暖男”“工作狂”……这些都是职工对杨海啸的评价。在大家眼中，他是一个“不像领导的领导”，却有一股特殊的“黏合力”。

在杨海啸的团队中，有太多感人的故事。主任工程师李贵江忘记了生病住院的儿子，长期奋战在一线，为副中心工程攻克各种技术难题；宫伟国、宫建国两兄弟舍弃了新春和家人团聚的机会，共同坚守工地；彭代勇、戴子峰、彭杰等夫妻齐上阵，把工地当成家，披星戴月归，晴天一身灰，雨天一身泥……

这样有战斗力的团队，主要是得益于项目党支部充分发挥凝心聚力和党员先锋模范作用。“在团队共同的努力下，我们先后完成结构长城杯验收，北京市绿色文明样板工地等称号。”杨海啸介绍，在这近两年来，大家都付出了很多的辛苦，而他自己更多的是精力上的付出，脑子里每天都是工程上的事，晚上必须要听着评书才能入睡。

在颁奖晚会上，杨海啸（右一）接受主持人采访

其实，从事建筑工程行业21年的杨海啸，也是打过不少硬仗的人，国庆60周年天安门观礼台搭建、“7·21”援建、军庄中心小学抢险工程、抗战馆等重大工程现场，都留下过他忙碌的身影。但他却说，此前的工作经历，仿佛都是为了副中心行政办公区项目建设这次“大考”准备的，“责任重大，使命光荣。项目的建设虽然面临不少困难，但我有信心带领团队，不辜负大家的信任”。

（摘自《通州时讯》2017年11月3日第4版，通州时讯报社提供）

姓名：金国红

荣誉：2017北京榜样·城市副中心建设特别奖；北京市科技进步三等奖；建设部优秀工程一等奖；北京市优秀设计一等奖等

北京市建筑设计研究院建筑师金国红
用匠心给副中心涂上一抹亮色

本报讯（记者　陶涛）

“我正好要去趟通州现场踏勘，两头跑，随叫随到。”电话里，正在位于西城区的工作室忙碌的金国红热情地告诉记者。

从2015年5月接过“副中心行政办公启动区规划、城市设计，启动区南区建筑形象设计和景观设计”这一担子起，北京市建筑设计研究院有限公司4A7工作室主任金国红便和工作团队将心扎在了副中心。在两年多的时间里，大到建筑外立面设计，小到灯具选择，金国红全都了然于胸。如今，建筑幕墙已进入收尾收边阶段，道路公共空间城市设计和景观设计工作也已进入尾声，但金国红心里的弦始终紧绷着，“还有很多需要跟现场配合的工作，幕墙要做水密性、气密性、抗震等试验，也要对建筑进行漏风、漏雨的封闭性检测。很多大家觉得俩小时能完成的事儿，有时候需要一两天”。

这段见证星辰和黎明的拼搏之路上，充满了努力、坚持和挑战。每天十几个小时的工作状态，成了家常便饭，但采访中金国红说的最多的一句话就是：这没啥，不能跟自己说累，活儿还没完呢。“说实话，这里的每一个线脚、每一根线条、每一个分格、每一扇窗都浸透着大家的思考和执着，每个细节我们都像自己身体般熟悉和爱惜。”

取经般的设计路

金国红的工作是从规划和城市设计开始的，最先研讨的是整体格局、建筑风格、环境规划，他从中国城市规划的文化脉络中寻找设计的切入点，并尝试使用中国传统建筑语言，寻找建筑的文化根源和时代特征。

金国红（右三）跟团队在一起研究建筑材料

“取经一样，波折很多。时间确实很紧，以前可能需要十年完成的事情放在一两年里，矛盾量和工作量会放大，必须全情投入。”为了打造这一千年项目，金国红希望选择经得起时间考验的最好的材料，但由于各方执行标准不同，过程显得充满挑战。“有的企业可能会觉得利润空间被挤压了，这时候我就给他们讲讲荣誉感。谁也不愿意自己企业没追求，那我们就一起去追求。谁也不愿意自己比别人差，那我们就共同努力，咨询各方专家，找到一个比较好的结论，再推动各方去实施。”

就这样，对于每一种材料、每一种建筑细节，金国红都反复分析，研究各类案例，征求各方专家的意见，从中选择最优的产品应用到不同的建筑中，既节省了人力，又保证了验收标准的统一。

一天150多个电话

“我这人比较纠结，希望每个节点都没有疏漏，需要沟通的层次实在太多，传话最容易出错，所以我会把第一手信息跟每个层次的人挨个说一遍，然后大家互相提醒，将错误概率降低。”金国红团队的工作涵盖了控规、修规、城市设计、建筑设计、幕墙设计、景观设计、照明设计乃至城市道路空间公共设施设计等从宏观到微观的整体设计范畴，并且要协调外部的多家设计单位，内部的多个设计部门。

每天，金国红都要抽出很大一部分精力解决各种细节问题，最多的时候，他一天要跟几十人沟通，打出去的电话足有150多个，“咱们总说一张蓝图，但可不是只有一张图。虽然遵循的是一个脉络，但其实是多条线在同步推进，需要整体协调、控制、统筹。”

金国红带领团队对设计工作做了整体统筹，首先统一了各组建筑的相对位置、建筑轴网，使多家设计单位可以在同一平台上工作、互动协调、统一标准，大大提高了设计效率，使项目紧张有序推进。在和团队承担A1、A3、A4三组建筑的深化工作中，他又进一步统一了建筑层高、平面格局、建筑体型关系、建筑材料，立面处理方式，建筑构造细节。在带领幕墙设计的过程中，还统一了建筑外墙做法、屋顶做法和各类幕墙构造，使不同施工单位能相互借鉴提高施工精度……“我这管的事儿稍微有点宽，等于实现规划师、建筑师和景观设计师的大跨界了。”

细节上精益求精

因为施工进程的推进要求，招投标、施工队进展等都有明确的时间要求。“工期紧，工序变了，从里往外装，变成从外往里装。很多图纸短时间内不能经过特别深入的思考就要出具，来执行正常的流程，但来不及想得特别精细，这就需要在项目的推进过程中不断优化，问题随发现随解决。”金国红说。

建筑是个遗憾的艺术。“别人可能不在意，但我们心里过不去，我们要不断思考使用者怎么用会最舒服。”为了达到最佳使用效果，行政办公区南区的建筑设计完毕后，金国红和团队把建筑内所有的房间类型都通过电脑模型进行仔细分析，从室外看建筑幕墙效果不错，但在研讨室内时，发现某个房间内的窗户分格处于房间正中，虽不影响使用，但会对人的视线形成干扰。“如果换成玻璃，会更通透。虽然它一动，其他相关的图纸都要跟着动，一个两个月的时间内将面临着巨大的工作量，但我们还是决定换。”

金国红这股子执拗除了体现在窗户分格上，也在石材分格上呈现过。“工人是按照我们的指令工作，而指令是通过图纸表达。每一个石材缝都是我们画出来的，缝隙的位置、宽度，转角的交接关系……”匠心独运、精益求精，最后竟然做到了石材的分格和窗户的分格完全对应，“如果顺着建筑上的某条线一直走，连起来是一个闭环，业内称作交圈儿，从框架到细节是完全串联到一起的”。

做加法并不难，而在保留功能的前提下让整个建筑看起来干净利索，着实考验建筑师的巧思。“衣服破了洞，打补丁最简单直接，但像晴雯补裘一样看不出痕迹则不易，心思用了多少，建筑就少多少补丁。常规的建筑楼上会顶着好多天线和避雷带等防雷系统，很杂乱。我们在幕墙里和石材下寻找空间，将这些功能以隐藏的方式保留，从外面根本看不到。”设备的数量十分庞大，金国红便和团队一起在屋顶上用多种类型的格栅或装饰板，将设备巧妙地隐藏起来，保证了建筑的完整性和美观性。

敬畏自己的职业

金国红在设计院工作了18年，参与过北京奥运中心区、世博会临时场馆等大型项目的设计。有时，为了一张图纸，不惜先后耗费将近一年的时间。

“我觉得对自己的职业还是要有敬畏之心吧，怕自己做不好，怕愧对自己的职业，怕愧对建筑师这个名头。”而副中心行政办公区对于金国红来说，是既特殊又平凡的存在，“这个大项目只是在延续我们对待事情的态度，但我们十几年工作的积累，的确会在短时间内变成一股力量，推动项目开花结果，要特别感谢副中心给了团队一次这么好的锻炼机会”。

但两年多的全力以赴其实并不容易，因为工作室在西城区，如果上午跑到通州处理问题，下午五六点回到工作室还要接着画图。

当记者感慨“太不容易”时，金国红反而笑了，“形成习惯以后，并不会觉得自己做的事有多感人，它会成为你的生活方式。其实每个建筑师一辈子盖不了几个房子，但如果每一个都是全情投入的，那一定会在历史上留下一点，你的生命也会被延长，而副中心行政办公区的设计工作就是这样”。金国红及其团队一直在项目第一线践行着工匠精神，正如他自己所说，希望能像一名工匠，用自己的真诚，为一件伟大的事业涂上一抹亮色。

（摘自《通州时讯》2017年11月13日第4版，通州时讯报社提供）

姓名：戴子峰

荣誉：2012年获全国五一劳动奖章、所带队伍获2017年北京城市副中心工程劳动竞赛第一名、2017年“通州工匠”抹灰工一等奖

全国五一劳动奖章获得者、副中心建设工匠戴子峰 坚守工程质量 不达标立刻拆了重建

本报讯（记者　陈冬菊）

“不管是什么工程，都要踏踏实实地干，认真只能做对工作，用心才能做好工作。”现年45岁的戴子峰24年前来到北京，从那时起就是一名建筑工人。几十年的风吹日晒，早已将他的皮肤“染”成古铜色，黑乎乎的手背把细小的疤痕“隐藏”得很好。

儿时，戴子峰与父母和兄弟姐妹6口人挤在50平方米的3间土坯房里。为让家里的生活更好一些，1993年，他像很多老乡一样，从安徽到北京打工。

小工、抹灰工、材料员、安全员、施工队长……二十几年的建筑生涯，戴子峰在工地上辗转，从一名抹灰工成长为工程现场负责人，先后参加了西三旗两限房、常营经适房、大兴回迁楼、门头沟棚户区改造工程等保障房项目建设，并荣获全国五一劳动奖章荣誉称号。

铁汉柔情：工友贴心人　遗憾缺席儿女成长

“工地无小事，干活儿就要踏踏实实地干，不能在手里出次活儿。”戴子峰对工作的态度赢得了身边工友们的认可和信赖，而在生活中，他是大家公认的贴心人、生活上的“大棉袄”。

戴子峰每天在工地摸爬滚打，风吹日晒，穿梭在施工现场。但不管多么疲惫，晚上他依旧不忘查看每一间工人宿舍，叮嘱他们注意用电防火，在聊天中及时了解工友的所需。

一名工友远在老家的母亲生病，因医药费而愁

戴子峰

眉不展时，细心的戴子峰发现后马上拿出了3000元现金，让他立刻返回老家照顾母亲。暖心的举动像一股股清泉暖流，滋润着工友的心田。

北京城市副中心建设工期紧、任务重、要求严，为了高质量地推进北京城市副中心建设，戴子峰每天都“泡”在工地，很少有时间照顾家里，最让他牵挂的莫过于两个孩子。“已经有一年没见孩子了，要说不想家，那是不可能的，只不过想他们的时候，强迫自己想想工作上的事情，转移一下注意力就感觉好些了。”谈到儿女，铁汉子眼里渐渐湿润。

二十多年来，戴子峰辗转于各个工地，与钢筋水泥为伴，他时常感慨没能见证儿子的成长，没能陪女儿在高考的路上一起奋战。

虽然选择了施工单位就意味着常年奔波，但

戴子峰感觉很幸福。“不光是因为我干了喜欢的工作，更是因为我得到了父母、妻子和孩子最大的支持和理解，我还有什么不知足呢？”戴子峰嘴角咧到耳根，像个童真的孩子。如今，和家人通话成了他每天的必修课，每每听到儿女撒娇的声音从手机中传来，戴子峰觉得自己就是世界上最幸福的人。

建设副中心：各个环节不放松　每道工序细又细

“我是2015年底参与到副中心工程建设项目中的，那时候这里可没有大楼，就是一片大空地。”北京城市副中心工程建设前期，戴子峰负责副中心工程建设办食堂、规划展厅及消防站的装修工作。虽然是一位经验丰富的“老工人”，但在北京城市副中心工程中，戴子峰却遇到了新挑战。

回想起初次承担副中心工程建设任务，戴子峰用“骄傲”和“艰苦”来形容自己的工作。

“和灰砌墙需要什么？水呀！可工地最初是一片空地，既没有水也没有电。”那时候，戴子峰每天都带着工人拿着水桶，去1公里以外的小河边挑水，每天往返多少次连他自己都记不清了，而这只是他建设城市副中心“万里长征第一步”。

工程的质量、工序的安排、工人的着装……面对巨大的工作任务，戴子峰并没有自乱阵脚，而是按部就班开始安排各项工作，每个环节都不放松，每道工序都要做到细之又细。

“需要水的时候就去挑水，有困难就去克服困难，建设副中心就需要一股子干到底的韧劲。”戴子峰闪烁的眼睛里透着自豪。他带领着队伍在工地奋战了六天六夜，每天只睡上三四个小时。连砌筑环节的灰缝饱满度、垂直度，他都坚持做到100%合格率的标准。最后，提前5天完成预定工期目标，工程质量也得到了甲方及监理单位的认可。

监工爱较真儿　半月跑坏一双鞋

2017年，戴子峰参与到了北京城市副中心A3、A4工程建设中来，他将这种严谨的态度带到了二次结构以及装修阶段。

作为项目的负责人，戴子峰一天被大大小小的事情挤满了。早上五点半天还没有亮，他已经起床准备洗漱，6点钟他要准时到达工地，给前来上班的工人开晨会。“进工地必须戴上安全帽，时刻牢记安全第一，技术要规范，不允许吸烟……”戴子峰像往常一样不厌其烦地强调着，这是他每天的第一项工作。

“工人们其实对施工注意事项非常清楚，但越是清楚，越要提高警惕，每天都强调就是防止他们大意。”除了用心，戴子峰更是对工程的质量有着偏执般的执着。

为保证质量，戴子峰每天都盯守在施工现场，“爱较真儿”的性子令他一刻也闲不住，每个施工点他都要检查一遍，以至于每半个月就要跑坏一双鞋。“这个墙面的垂直度，平整度不达标，立刻拆了重建！”“这边砖里面有空鼓，马上拆了重铺！”……施工现场，戴子峰弓着腰，拿着小木锤和检测尺，逐一检查已经完工的作业。凡是质量不达标的，他都会做好标记，要求工人立行立改。

戴子峰的队伍中设有专职质检员，每天会及时汇报工程质量。有一次，他看到标准不达标，拿起工具亲自上阵，虽然很久没干抹灰活儿，但他操作起来却驾轻就熟，游刃有余，一干就是15平方米的工作面，看得工人们赞叹不已。

今年3月，北京城市副中心工程开展劳动竞赛，在现场同时作业的9家二次结构队伍中，第一次劳动竞赛评比，戴子峰的队伍工程质量获得第一名的好成绩。在通州区举办的“通州工匠”评选中，他更是获得了抹灰工一等奖的好成绩。

如今，站在城市副中心A3、A4工程的顶层，戴子峰看到了工友们坚持不懈的努力，看到璀璨星空下的万家灯火，看到了一张张图纸变成了眼前一座座崛地而起的大楼！

副中心日新月异的变化让戴子峰深感自豪：“建设北京城市副中心这个光荣的任务交到我们手上，是多大的历史责任啊！我有信心，不管多苦多难，一定会把这个工程干好！干漂亮！”

在北京城市副中心建设中，戴子峰只是众多建筑工人的一个缩影，他们以追求卓越的工匠精神，为实现“千年大计，国家大事”而努力，正是因为他们的坚守，保障了副中心各个项目建设的顺利推进，我们的城市才会越来越美。

（摘自《通州时讯》2017年11月20日第4版，通州时讯报社提供）

他们在百米高空见证城市副中心成长 塔司夫妻云端“精吊细筑”

夫妻感言

看着行政办公区从最初的平地，到现在的高楼，尽管我们的工作并没有多伟大、多轰轰烈烈，但仍觉得有满满的收获感。作为北京城市副中心建设者中的一员，真的感到很骄傲。

本报讯（记者　陈冬菊）

“以后看电视，新闻里提到北京市政府的时候，我就可以跟我的孩子说，‘看，爸爸妈妈在这里工作过’，感觉很骄傲。”这是杨小芬的心声，也是成千上万副中心行政办公区普通建设者的心声。工程已近尾声，他们即将赶赴下一个工地，但这里留下了他们付出的结晶，也带给他们一段难忘的记忆。

杨小芬和丈夫彭朝建都是塔吊司机，今年2月份来到城市副中心行政办公区工地，经常工作在百米高空中，在小小的操作间内，可能一坐就是12个小时。虽说在同一个地方工作、生活，但二人在一起的时候并不多，时常只能在交接班时有几句简单的叮咛，或是给彼此一个拥抱。杨小芬说，她最大的愿望就是家人健康，家庭和睦。

24小时工作，她上来，他下去

今年年初，在老家过完春节，杨小芬就和丈夫彭朝建来到了北京城市副中心行政办公区的工地，他们夫妻二人共同负责A1项目建设工地的第一塔，最高可达91.3米，共268级悬梯。工期紧时，塔吊需要24小时连续工作，一人在塔吊上一坐就是12小时。

杨小芬和彭朝建于2011年开始干塔司的工作，最初接触时，并不容易。“毕竟在那么高的位置去吊东西，很容易有视觉差，我觉得位置合适了，可放下后实际却相差很多。”杨小芬坦言，开塔吊得时刻保持精神高度集中，经过不断摸索熟练后，她对这项工作越来越“有感觉”。

建设中的行政办公区的工地上，塔吊林立。钢管、混凝土、木板等所有施工材料，都需要用塔吊将它们“运输”到指定位置，塔吊的高度也随着建筑的高度逐渐上升。

保养塔吊时，就好像在空中行走

杨小芬并不算高，但身手矫捷，15分钟就能爬上塔吊。高空中的她更显娇小，却娴熟地控制着“庞然大物”。“因为这个工地比较大，工期忙的时候，塔吊特别多，群塔操作需要格外小心。”杨小芬告诉记者，安全是她这个工作第一要注意的。

对塔司来说，盲区操作、夜间操作的时候，难度相对较大。尽管有信号工指挥，但仍需要打起百分之二百的精神。

除了日常吊起施工材料，塔司还要负责保养他们的“工作伙伴”。有的时候听到它工作的声音不一样了，或是操作时的感觉不一样了，就知道可能是有什么问题，或是需要保养了。杨小芬说，给塔吊保养时，走在塔臂上，就像走在老家的天梯上一样，有种行走在空中的感觉。

在塔吊之上，杨小芬和彭朝建也看到了一般人看不到的景象。“有一天晚上，我看到月亮特别大特别亮，就像挂在空中的一盏灯，离我很近。”坐在工地的制高点上，他们夫妻可以俯瞰行政办公区全貌，以及很远的叫不上名字的地方，从他们的高空视角中，城市副中心也在悄然发生着变化。

获评“幸福家庭”，补办婚礼圆梦

杨小芬和彭朝建相识于2000年，一路虽也免不了“小打小闹”，但终究走到一起，把日子越过越好。

二人结婚时并没举办婚礼，这也成为了杨小芬心中一个小小的遗憾。但就在不久前，夫妻俩在第五届北京七夕文化节系列活动中，被通州区评选为“幸福家庭”，在区文化馆举行的表彰仪式上，他们“补办”了一场特殊的婚礼。

当时，聚光灯下，杨小芬穿着圣洁的婚纱，缓缓走到彭朝建身边。当二人牵手再次向彼此发出爱的承诺时，杨小芬难忍激动的泪水。现场，彭朝建还送给了杨小芬一条美丽的项链，并为她戴上，这是丈夫送给她的为数不多的礼物之一，她理解，丈夫把更多的心思都放在了工作上。现场数百名观众，成了他们爱情的见证人。

“当时还看到了主办方特意到四川老家拍回的视频，看到了半年多没见的父母、孩子，真的很感动。如果是自己补办一场婚礼，肯定也不会有那天那样印象深刻。”杨小芬说，他们在外打工，每年只有春节前后回去一次，在家待的时间一般超不过20天，对年迈的父母和正在上学的孩子，心中充满惦念和亏欠。

视频拍摄时，家中的老爹（彭朝建爸爸）就因打零工而不小心摔伤了胳臂，夫妻俩很担心，但因为工期正紧张，也不能回去探望。对老爹来说，幸福是儿孙满堂，自己甘愿为子女减轻养家压力，照顾孙儿，遗憾是子女不能常伴膝下。

这两年，杨小芬夫妻俩花费多年的打工积蓄在老家买了一套三室一厅的房子，老房也在翻新，虽然工作压力不小，但看着通过自己的努力，让家人过上了更好的生活，小两口觉得都是值得的。

婚姻不像恋爱，除了爱情，还有责任。在杨小芬看来，浪漫的形式并不是她所在意的，彼此给对方的支撑和温暖更为重要。而彭朝建也是个实实在在的小伙子，不会对妻子说什么“花言巧语”，他觉得，一旦承诺就要兑现，比如，他承诺，“要让小芬越来越幸福”。

而且，由于城市副中心行政办公区工程时间紧、任务重，在这里工作的他们也没空去“浪漫”。就连自己的生日，杨小芬都在加班中给忘记了，“我们没有周末，只要不是因为天气或其他特殊情况无法正常施工，就都是工作日，所以有时我对几号星期几都没什么概念”。

经历过家人被病痛折磨的杨小芬，认为全家健康是最重要的。“外表再光鲜，一旦失去了健康，就什么都没了。不管是对自己还是家人来说，都是一种痛苦。”因此，杨小芬也格外关心家人，平日经常看一些健康知识。

交接班的瞬间，夫妻俩互相叮咛几句

以后再来通州，一定已是另番景象

开工两年，副中心行政办公区的一期工程已接近尾声，工地上塔吊林立的景象，也会成为杨小芬和彭朝建夫妻二人的一段记忆。虽然在这里工作了快一年，可他们几乎没时间在通州逛一逛。

“只有那次参加幸福家庭表彰活动时，我们好好看了看通州的景色。大运河真的很美，还可以看见水中的鱼。”杨小芬高兴地说，那天他们坐地铁到北运河西站下车，一路沿着运河走到了通州区文化馆，两岸绿树成荫，运河水缓缓流淌，让本还有些燥热的天气，都变得清爽了。

杨小芬的两个儿子，如今分别念小学和初中，几年前，他们夫妻带着孩子来过一次北京，当时去了故宫。等以后有机会再带孩子来北京的时候，杨小芬说也要带他们来通州看看，那时的通州，一定已是另一番景象。

他们相信，通过勤劳努力，一定能过上越来越幸福的生活，而北京城市副中心也定将发展得越来越好，越来越让人感到舒适温暖。

（摘自《通州时讯》2017年11月30日第8版，通州时讯报社提供）

通州区运河商务中心区建设情况

2017年是城市副中心建设攻坚之年，也是运河商务区全力提速建设的一年。运河商务区作为北京城市副中心的先行区、示范区，过去一年，受到市委、市政府的高度关注，主要领导多次到该区域进行专题调研，并就相关建设工作提出具体要求。区新城中心区管委会认真贯彻落实市委、市政府以及区委、区政府的各项工作部署，振奋精神，扎实工作，在完善城市功能、提高城市管理水平、加强公共服务配套等方面努力与国际一流标准接轨，全力推进运河商务区的各项建设任务，成效初步显现。

一、市政基础设施陆续完工

运河商务区基础设施项目61项，其中，市政基础设施类54项，公共服务类项目7项，预计总投资250.8亿元。全年累计完工40项，完成投资105.7亿元。在建13项，未开工8项。

路网建设。11条道路基本实现通车，包括东关大道、新华大街、安顺路、新华北路、温榆河西滨河路、故城东路、玉带河大街、新华北一路、赵登禹大街、通燕高速辅路和永顺南街。3条道路受拆迁以及地块施工影响部分完工，包括新华东路南段、东关中街和北关大道。8条道路正在施工，包括北运河西滨河路、新华东路（北段）、永顺北街、北关中路、芦庄南街、北关北街、北关南街、永顺一街。3座跨河桥梁，新华北路跨通惠河桥和北关大道跨通惠河桥已实现竣工通车。北关大道跨北运河桥桥梁主体结构和路面铺装全部完成，桥梁装饰基本完成，灯光方案还需调整，预计年底完成，达到通车条件。2个环隧工程，北环环隧已经完成，具备通车运营条件。南环环隧东段共16个节段，完成B43、B44、B29 3仓结构，正在进行B30、B31、B32、B42仓结构施工。市政综合配套服务中心完成验收工作，地下停车场和监控中心开始使用，垃圾处理系统安装完成，具备使用条件。29条城市支路工程完成分区域招投标工作，北运河西滨河路、永顺北街、北关中路、芦庄南街、北关北街、北关南街、永顺一街、新华东路北段进场施工，其余道路将根据地块开发项目的建设进展同步实施。

能源保障。运河220千伏变电站完成结构工程及部分电器安装工程。220千伏外电源隧道3780米（含竖井）明开过河段结构全部完成，暗挖隧道完成2031.7米，竖井完成22座。岳庄110千伏变电站土建部分启动基础施工。东关110千伏变电站正在可研批复阶段。上园110千伏变电站因规划地块还未上市暂未启动建设工作。北区高压B燃气调压站建设完成。冷热电三联供项目的能源中心主设备厂房主体结构施工，发电机组正在安装，热力管线全线贯通，完成第一组发电机组安装调试工作，实现冷、热能源供应和投产发电。

公共服务配套。瓮城博物馆及附属设施项目建设方案已经稳定，正在推进前期手续办理工作。公共卫生间和公共标识指示系统还未立项，需等地块开发项目基本上全部完成后再实施建设。运河博物馆和通燕高速下穿项目处于筹划阶段，具体方案待定。

“智慧城市”建设。移动、联通、电信和歌华有线的信号均已接入，能够满足当前需求。“智慧城市”基础架构、实施方案、建设标准相继确定，北环环隧智能交通诱导系统、设备智能管护系统、一体化夜景照明等系统加快建设。集通信、照明、广播、展示为一体的智能灯杆，投入使用后将实现全域Wi-Fi网络覆盖和各种信息发布等功能。

二、开发项目建设及销售工作有序推进

16个落地开发项目，总建筑面积674.77万平方米，总投资约830亿元。全年完成建设面积50万平方米，完成投资823920万元。其中，开工13个项目，其中，2个项目竣工，分别是京杭广场、绿地项目。3个项目未开工，分别是0504-14、珠江河畔、绿

地复地联合体项目。在建项目11个，分别是运河国际商务中心、富华水乡区、新光大中心、保利、富力、侨商总部、富润万嘉、复地、合景泰富、运河壹号、远洋新光项目。

在售项目10个，包括绿地项目、京杭广场、富力项目、合景泰富项目、万科项目、保利项目、新光大中心项目、侨商中心项目、富华水乡（南区）、复地项目。签约销售商业、办公、公寓、住宅面积92.13万平方米。其中，公寓面积32.23万平方米（占比31%），办公面积46.1万平方米(占比18%)，商业面积8.60万平方米(占比7%)，住宅5.11万平方米(占比44%)。整栋销售情况：北京银行城市副中心分行购买复地项目IX−02地块A座办公楼整栋约5.23万平方米；中国建设银行通州分行购买复地项目IX−06地块B座办公楼整栋约3.34万平方米；亚洲500强金融集团华夏保险，购买侨商中心项目2号、3号办公楼整栋约7万平方米；天安财产保险公司购买富力中心项目B02办公楼东侧整栋，商务办公面积约3.44万平方米。

三、落实市领导对运河商务区相关要求的实施情况

2017年，市委书记蔡奇和市长陈吉宁多次对副中心和运河商务区的产业发展提出明确要求，对照要求，围绕运河商务区高精尖产业构建，区新城中心区管委会主要做了以下四方面工作。

项目外立面提升工作。按照2月24日习近平总书记视察通州工作时提出的“建设北京城市副中心，要有21世纪眼光，规划、建设、管理都要坚持高起点、高标准、高水平。要加强主要功能区块、主要景观、主要建筑物的设计，体现城市精神、展现城市特色、提升城市魅力”，以及4月16日市委书记蔡奇到通州区蹲点调研时提出的“重要公共建筑要在精细化设计上下功夫，提升城市品质，把副中心建设成让人留恋和向往的美好家园”的工作要求，要求所有外立面在施项目暂时停工，重新优化项目立面方案。副市长隋振江多次专题听取已批未建项目最新版外立面方案汇报，要求继续优化完善设计方案。

此次外立面方案提升工作首次创新采用建筑专家+幕墙专家融合式审查评述方式，通过“实打实现场踏勘+面对面匿名评审+组对组答疑解惑+点对点对症下药”为新光大中心等一批项目立面方案把关，确保立面美学设计“软指标”及安全性能“硬指标”双达标。全年组织召开7次建筑立面审查会，先后对运河商务区14个项目外立面设计进行审查。有10个项目通过评审，侨商、运河壹号、联合体绿地、远洋新光4个项目方案正在进行优化完善。

严格项目准入和管理。按照市委书记蔡奇提出的“要对想进副中心的项目把好关”，“按照全市的禁限目录，提高门槛”的要求，在市区新增产业禁限目录基础上，联合相关部门研究制定运河商务区新增产业禁限目录，针对该区域制定《运河商务区产业项目准入制度管理办法》，对已散售和未销售的资源项目依照项目入驻业态、环保标准、经济贡献率等准入制度实施管控，并全面加强入驻项目监管。

优化提升区域营商环境。市长陈吉宁在市有关座谈会强调“要进一步优化营商环境，加快构建高精尖经济结构”。区新城中心区管委会高度重视副中心和运河商务区营商环境的提升。一是大力度吸引符合产业发展方向的人才。研究通过人才租赁住房、人才公寓和公共租赁住房等住房优惠政策，以及保障随迁子女入学等优惠条件，努力在副中心形成人才聚集的高地。二是优化公共服务环境。在持续深入实施“一站式”服务、“绿卡”制度等基础上，探索为企业提供人事代理服务、政府服务“绿色通道”、指导培训等多种服务，方便企业办事。三是加强运河商务区现有公寓、住宅类项目的管控。运河商务区现有公寓、住宅类项目必须通过区住建委的审批，并征得区新城建设管委会的回复意见后才可销售。部分公寓、住宅配售给入驻企业，用于入驻企业住宅配套，确保职住平衡。

有序引进金融和总部项目。按照市委书记蔡奇和市长陈吉宁对通州产业发展的要求，特别是对运河商务区“重点培育引进金融和总部”的要求，区新城中心区管委会聘请波士顿咨询公司（整体产业研究、侧重金融）、清华大学国家文化产业研究中心（主要

是文化相关产业研究）、清控科创控股股份有限公司（主要是高科技产业研究）、罗兰贝格管理（上海）有限公司（主要是行政办公领域的研究）、AECOM公司（主要是文化旅游产业研究），围绕高精尖产业构建三个方向开展研究咨询和国际招标工作。同时，市金融局成立专班具体对接副中心未来金融业发展的各项工作。开展副中心金融业招商引资和规划定位的专题研究，重点推进运河商务区金融机构的布局和引进，并对全市4007家总部企业进行摸底，下一步将予以分类，有计划、有目标地与通州区进行对接，并召开总部企业走进通州对接会。

四、地上连廊、地下通道及中间地带项目启动前期工作

“中间地带”项目。为合理开发城市地下空间资源，适应城市可持续发展建设的需要，运河商务区在地铁北关站、通运门站、北运河西站3个地铁站周边，分别与新光大中心、运河壹号、富力运河十号项目进行一体化设计，即“中间地带”项目，总面积73338.7平方米。3个“中间地带”项目均签订委托建管协议，开始进入手续办理阶段。

连廊通道项目。与10个产业项目签订协议，合计32条，面积12802.5平方米，含18条地上连廊面积2902.1平方米、14条地下通道面积9900.4平方米。

五、全面提升施工现场封闭式管理强化监管力度

全面实施《通州商务中心区建设项目标准化管理常用手册》，为运河商务区建设管理提供管理标准依据。进一步加强现场办公室开展日常巡查工作，2017年，现场办公室召开19次工作例会及通报会，发现问题隐患320个，实施行政处罚113起，罚款47.05万元，行政扣分76分，共同解决运河商务区开发建设管理各类问题，协调解决各参建项目需求，通过常驻成员单位各司其职、主动服务、齐抓共管，研究议定事项125个，进一步提高了运河商务区建设工作精细化、科学化、规范化管理水平。建立建设现场管理办公室微信群，为各成员单位之间交流讨论，快捷、高效的解决建设现场存在的问题开辟新阵地，及时准确传达各项政令信息及工作动态。

为贯彻落实区“创城”迎检工作，切实提高运河商务区创建全国文明城区实地考察工作水平，全面落实道路及施工围挡公益广告长效管理机制。新城中心区建设管委会主要领导亲自上阵、亲自督察，分3次带队组织开展创城实地考察工作联合检查，对区域整体情况进行摸排，对发现的问题要求各职能部门督察责任单位立即整改。在日常管理工作中，严格审查建筑工地围挡公益广告画面覆盖率及维护管理情况，一方面要求各项目每天自查自改，另外安排专人不定期巡查，对围挡广告画面缺失、破损以及有小广告、环境卫生清理不到位等现象，立即通知责任单位限期整改，通过建设现场检查情况通报对存在整改不到位的单位予以严肃处理。完成中央测评组综合测评迎检工作。

（通州区新城中心区建设管理委员会提供）

大事记

1 月

13日 北京市水务局派驻城市副中心工作专班启动会在通州区水务局召开。市水务局选拔了政治素质高、业务能力强的7位同志组成工作专班入驻通州。

14日 北京物资学院与中国盐业总公司共建的中国盐业研究中心在学院成立。

18日 通州区举行"文明生活，拥抱蓝天"系列主题活动启动仪式，向全区人民发出"低碳环保迎新春 绿色健康过大年"倡议。

19日 北京市交通委员会副中心前线指挥部正式进驻副中心，办公地点设在通州公路分局。

本月 通州区海绵城市建设领导小组及海绵城市技术中心成立。海绵城市试点工程建设第一批8个样板工程勘察工作正在开展，其中BoBo自由城及紫荆雅园地勘选址完成，正在进行设计方案外部评审及修改工作。

2 月

1日 北京万生药业有限责任公司下属子公司北京万生人和科技有限公司"基于仿生学表面湿化原理的氧疗产品的研发与应用"，被北京市通州区科学技术委员会评选为2017年度通州区科技技术奖二等奖。

4日 "通武廊"战略合作发展框架协议签约仪式在通州区举行。

7日 市委、市政府向城市副中心派驻工作专班现场会在通州区召开。市直23个部门的工作专班正式入驻通州。

8日 北京市园林绿化工程质量监督站通州分站成立。

10日 通州区人力资源与社会保障局实现与河北燕达医院异地划卡实时结算，按月开展燕达医院持卡结算费用的审核和监督检查工作。

17日 通州区举办"榜样的力量——2016通州榜样"颁奖典礼，表彰曹健等10名"2016年度通州榜样"和40名提名奖获得者。

23日 通州区农业局举办2017年度"互联网+"农业项目启动会。

▲ 物资学院智能物流系统北京市重点实验室获批成为中关村开放实验室。

24日 中共中央总书记、国家主席、中央军委主席习近平到北京市城市副中心视察，实地察看了大运河沿岸水环境治理成果，听取通州区历史文化、水系治理、生态环境保护等情况介绍，提出以"高起点、高标准、高水平"的要求为引领统领副中心建设。

27日 北京城市副中心市级企业登记服务平台在通州工商分局正式挂牌，此后在通州区登记的原市工商局登记管辖企业均可在北京城市副中心市级企业登记服务平台直接登记。

本月 通州城区新华南路、玉桥中路等10座雨水泵站应急防汛工程（第一标段）获北京市2016年度市政基础设施结构长城杯金质奖。该工程于2015年8月正式启动，2016年汛前全面完成改造并投入运行。工程内容主要包括新建调蓄池及其出水井，泵站及其进出水管线系统改造，以及后续潞河中学协和湖安全整治等内容。工程建成后，泵站排水标准由现状1～3年提高至10年（65毫米/小时），充分利用现有设施，排蓄结合，在遵循生态优先的前提下，最大限度实现城区积水渗透、净化，符合"海绵城市"结构理念。

3 月

4日 通州区空竹运动协会成立。

9日 地税局纳税服务热线"69512366"并入市地税局"82012366"咨询服务平台，实现市区地税业务统一解答。

12日 通州区足球运动协会成立。

15日 通州区地税局组建税收情报员团队。

17日 中澳职业教育合作办学签约仪式在北京新城职业学校举行。澳大利亚职业教育联盟秘书长Barry Guan与北京新城职业学校校长张玉华进行签字，双方达成北京新城职业学校与在澳洲的本联盟会员学校之间开展合作交流等五项内容。

28日 拉萨市人才培养基地揭牌仪式暨拉萨市北京专家服务团成立大会在北京物资学院举行。

29日 “通武廊”三地共同签署《关于通武廊劳动人事争议协同处理工作的意见》。

31日 首都地区环线高速公路通州至大兴段拆迁工作启动大会在西集镇举行。

▲ 通州区文联、通州区作协、西集镇党委政府联合举办“美丽西集 品味乡愁”纪念刘绍棠逝世二十周年活动。

本月 通惠河综合治理二期工程开工。通惠河属北运河水系，源于东便门，流经朝阳区，于八里桥入通州，向东至北关闸上，与温榆河、小中河、运潮减河、北运河形成“五河交汇”。河道全长21公里，在通州境内4.3公里。通惠河综合治理工程分两期进行，其中，一期为新华北路桥至卧虎桥段，长1.2公里，于2014年开工建设；二期工程范围为八里桥至通惠路桥段，长3.1公里，绿地面积约35.76公顷，水域（常水位）面积约为17.84公顷。

4 月

1日 通州区召开监察委员会成立大会。

7日 通州区政府与国网北京市电力公司签署《北京城市副中心“十三五”电力建设战略合作协议》。

▲ 通州区、武清区、廊坊市安全监管局局长在通州区会议中心签署《通州区、武清区、廊坊市安全监管局关于建立次区域安全生产应急联动工作机制的协议》。

8日 全区99家定点医疗机构完成系统院端医保信息系统切换，正式启动北京市医药分开综合改革工作。

10日 区公共法律服务中心试运行。新建成的公共法律服务中心办公面积1200平方米，与区人民调解指导中心、区法律援助中心、潞洲公证处合署办公，并安排市级品牌调解室、心理咨询室和诉前调解室入驻，接待窗口扩容一倍，形成一站式解决问题的综合性公共法律服务实体平台。

▲ 通州区高端人才信息管理系统正式上线运行。

▲ 通州区新增两个交通降尘考核点。

19日 通州区八里桥棚户区改造项目二期集体土地房屋搬迁启动会在永顺镇政府举行。

20日 地税局首台自助办税终端进驻国税服务厅并投入使用，成功开具首份个人所得税完税证明。

28日 “匠心汇聚 筑梦起航”通州工匠·首都劳动奖颁奖晚会举行。

本月 碧水污水处理厂升级改造工程完工并试运营。该工程在原有污水处理厂基础上新建一座全地下封闭式污水处理厂，污水处理规模从原来的10万吨/日提高到18万吨/日，处理量增加约80%；占地面积从原323亩减少到110亩，占地减少约66%；采用三级AO反应池+沉淀池+高效滤池+滤布滤池工艺，出水指标提升至北京市京标B类，达到地表水准Ⅳ类标准，同时实现臭气“零排放”。项目于2015年3月开工建设，2016年6月28日完成主体结构封顶，9月30日进水调试。

5 月

18日 北京市通州鑫淼水产总公司提升改造项目通过项目验收。鑫淼良种场利用农业领域转移支付资金265万元，实施京东观赏鱼示范基地建设——国家级锦鲤良种场北京鑫淼水产总公司提升改造项目，对现有1号养殖车间内部养殖池及水处理系统设备进行升级改造，提高鑫淼观赏鱼养殖基地的选育、制种、繁育、养殖和交易的综合性基地优势。

20日 由通州区人民政府主办，区体育局承办的2017通州运河绿道骑游周活动正式拉开帷幕。

25日 通州区永乐店中学教育联盟成立。通州区永乐店中学、天津市武清区城关中学、河北省三河一中、内蒙古翁牛特旗乌丹六中、通州区柴厂屯中学、通州区觅子店中学、通州区漷县中学、通州区牛堡屯学校、通州区于家务中学、通州区陆辛庄学校和通州区永乐店镇中心小学等11所学校为联盟校。

本月 城市副中心首例100%自持房屋产权地块成功入市。

6 月

3日 北京物资学院举办第二届“京津冀”物流文化节暨“中都杯”第九届物流文化节。

5日 通州区引进21万尾松浦镜鲤优质鱼苗，在马驹桥镇大松垡村松海养殖场进行试验示范养殖。

9日 首都医科大学附属北京潞河医院神经中心正式挂牌国家卒中中心。

11日 2017北京通州半程马拉松赛在玉带河桥鸣枪开赛。本次比赛有6000余名选手参赛。

17日 通州区中小学第一届冰上运动会在东奥冰尚俱乐部举行。

20日 国家大宗淡水鱼体系北京综合试验站在通州区永乐店镇小务村开展生态菌调节水体水质技术示范推广活动，发放生态菌200公斤。

本月 地税局与中国工商银行北京分行联合开发完成的“税银合作 指尖缴税”手机银行自助缴税APP成功上线，实现纳税人24小时足不出户自助缴税。

6月—11月 通州区低端养殖业规模养殖场完成畜禽清退、禁养区内规模养殖场地上物拆除，梨园和永顺镇低端养殖业散养户畜禽清退等工作。

7 月

3日 通州区人力资源公共服务中心正式成立。

▲ 地税局开出通州区首张地税代收防空地下室易地建设费缴款书，标志着地方特色非税收入征收模式新里程碑。

5日 通州区政府和市医管局委托北京友谊医院管理新华医院协议签字仪式举行。

7日 通州区开展打击违法用地违法建设专项拉练活动，现场查看了宋庄镇、永顺镇、梨园镇6处违法用地、违法建设项目。

▲ 通州120划转第一批急救站正式移交。北京市120急救中心正式接收通州区里二泗站、西马庄站（竹木厂站过渡）、潞城站，作为承担副中心院前医疗急救和保障任务的第一批急救站点。

19日 通州团区委与武清团区委签署青年工作领域合作交流协议，商定了今后双方的合作目标及合作机制。

20日 通州区八里桥片区二期集体搬迁工作启动，签约非住宅876户、拆除837户，完成投资13.8亿元。

26日 区法院执行局与中国建设银行长安支行、北京康诚世纪投资有限公司就网络司法拍卖房产贷款事宜联合签署合作协议，正式建立网络司法拍卖贷款联动机制。

8 月

4日 北京市委常委、统战部部长齐静到通州区调研“河长制”工作落实情况，并实地察看水环境及排污治理等情况。

8日 通州区玉桥西路南延地下综合管廊工程开工，标志着文化旅游区地下综合管廊二期建设全面启动。

11日 区法院首次在“夏日雷霆”执行攻坚行动中启动执行单兵系统，助力执行效率提升。

17日 为进一步推动“通武廊”区域卫生计生优势互补，合作共赢，资源共享，协同发展，三地卫生计生委在天津市武清区中医医院报告厅举行签约仪式。

23日 北京市政协主席吉林、副主席阎仲秋等领导一行到种业园区视察指导工作。

26日 南水北调配套工程通州水厂一期工程正式投入运行。通州水厂位于台湖镇，总占地面积30公顷，投资约3.5亿元，水厂全部取用南水北调水源，日供水能力20万立方米。

28日 物流基地智能管理信息化平台全面投入日常办公使用。

31日 2017年“通武廊”协同创新创业大赛启动仪式在通州区新华联会议中心举行。“通武廊”三地相关领导、合作单位的代表、相关企业等150余人参加启动仪式。

9 月

3日 首届“通武廊”职业技能大赛正式启动。

8日 2017年华南重症医学会议在福州召开，北京万生药业有限责任公司自主研发的零感®尿动力监控仪产品在此次会议上正式揭牌，尿动力监控仪的成功上市，标志着公司在腹内压监测技术领域处于国内领先水平。

11日 由药智网、中国药房杂志社联合主办的《2017中国医药创新高峰论坛暨医药企业研发实力百强榜发布》在重庆万达艾美酒店举行，北京万生药业入选“2017年中国化药研发实力排行榜TOP50”，位列第43位，比上一年度提升7位。

17日 北京物资学院欧美校友会成立大会在美国纽约曼哈顿召开，校长王文举出席成立大会并讲话，1984级校友郎艳霞当选为首任会长。

20日 “闪亮的旗帜——城市副中心建设中的北京榜样”主题活动在通州潞城建设工地举办。副中心建设者胡宪章、白岩、金国红、陆春雷、杨海啸、杨金锋、刘文捷、朱文键、刘亚军、张杰荣获“2017北京榜样·城市副中心建设特别奖”。

27日 第十届中国·宋庄文化艺术节在宋庄美术馆开幕。本届宋庄文化艺术节的主题是“中国梦　艺术梦　宋庄梦”，关注宋庄文艺生态和文化业态（文艺事业状态和文创产业状态）成长，主要内容分为四个板块：艺术展览、文旅产业论坛、艺文专题活动、艺术生活体验。通过展览和活动充分展示宋庄文化艺术社群、彰显本土特色基因、链接文旅产业要素。

▲ 北京市通州区体育产业协会成立。

29日 通州区召开北京市国家安全局通州分局成立大会。

30日 通州区烈士纪念日公祭仪式在大运河森林公园周文彬雕塑广场举行。区委、区人大、区政府、区政协领导，以及老战士和烈属代表、部分区人大代表和政协委员、驻通部队官兵代表、区属各单位及乡镇街道党政主要领导，妇女代表、师生代表参加公祭活动。

▲ 宋梁路（北运河—通燕高速）道路工程完成主路全线底面层沥青摊铺及标线施划，实现9月底主路通车预期的目标。

本月 北京物资学院学校垒球队获第十三届全国大学生棒球联赛总决赛亚军。

10 月

10日 “盛世筑梦——践行核心价值观·喜迎党的十九大”主题艺术展活动，在北京市通州区宋庄镇大地艺术中心举办。

▲ 浙商银行北京通州支行正式对外营业，是通州区第25家正式开业的银行机构。

▲ 通州区体育舞蹈运动协会成立。

11日 通州区国资委与北京住房保障中心合作成立北京燕东保障性住房建设投资有限公司，并完成注册，11月29日正式挂牌成立。

▲ 北京市东城、西城、朝阳、丰台区的景泰小学、黑芝麻胡同小学、汇文一小、灯市口小学、前门小学、和平里第四小学、板厂小学、西师附小、育翔小学、实验一小、北京实验二小、奋斗小学、朝阳实验小学、白家庄小学、西城培智学校、中央工艺美院附中、北京市第一零九中学、北京东直门中学、北京宏志中学、北京市第一六六中学、北京市第五十中学、北京市第二十二中学、北京四中、北京八中、北京育才学校、北师大实验中学、北京市三帆中学、北师大附中、北京三十五中学、北京市陈经纶中学、北京第二十中学等31所城区优质学校分别与通州区教师研修中心实验学校、民族小学、玉桥小学、漷县镇中心小学、永顺镇中心小学、宋庄镇中心小学、梨园镇中心小学、南关小学、永顺小学、官园小学、实验二小通州分校、马驹桥镇中心小学、潞苑小学、张家湾镇中心小学、

通州区培智学校、张家湾中学、次渠中学、西集中学、漷县中学、玉桥中学、甘棠中学、小务中学、梨园学校、宋庄中学、育才通州分校、通州四中、通州六中、通州二中、郎府中学、龙旺庄中学、于家务中学等31所中小学签约，结成“手拉手”合作的助学对子。

28日 潞河中学举行150周年庆祝活动。

30日 北京物资学院物流管理专业入选北京市属高校首批一流专业建设名单。

31日 通州区芙蓉幼儿园举办开园庆典。

11 月

1日 区法院与北京物资学院举行“法治宣传共建基地”合作协议签约暨揭牌仪式。

2日 区法院与中央财经大学举行合作共建签约仪式。

6日 北京物资学院原创话剧《杨洪璋》获第六届北京大学生戏剧节多幕剧金奖。

9日 北京银行城市副中心分行在京杭大运河畔揭牌，这是北京城市副中心第一家分行级银行机构。

9日—10日 中共北京市通州区第六届委员会第四次全体会议召开。会议审议通过区委常委会工作报告，审议区委常委会抓党建工作情况报告，听取讨论全区经济社会发展工作的报告，审议通过《中国共产党北京市通州区委员会工作规则》《中国共产党北京市通州区第六届委员会第四次全体会议决议》。

10日 通州区妇幼保健院与北京大学公共卫生学院合作建立教学科研基地并签约揭牌。

14日 区法院首次引进公证参与见证机制执结一起房屋腾退案。

▲ 区法院与北京工商大学举行合作共建签约暨揭牌仪式。

15日 “京津冀”渔政联合执法行动在通州区开展，三渔政部门同时行动，相互配合，严厉打击非法电、毒、炸等违法行为，收缴地笼3条70余米、迷魂阵4处200余米。

16日 永乐店镇举行2017年北京通州“永乐杯”空竹艺术节暨第一届“京津冀”空竹文化交流比赛活动。

20日 全国人大常委会副委员长、全国妇联主席沈跃跃到于家务回族乡调研妇联组织改革工作。

20日—22日 中国人民政治协商会议北京市通州区第六届委员会第二次会议举行。会议通过政协通州区第六届委员会第二次会议政治决议、政协通州区第六届委员会常务委员会工作报告的决议、政协通州区第六届委员会常务委员会关于提案工作报告的决议。

21日—24日 通州区第六届人民代表大会第三次会议举行。会议听取并审议北京市通州区人民政府工作报告；审议北京市通州区2017年国民经济、社会发展计划执行情况和2018年国民经济、社会发展计划草案的报告，审查和批准北京市通州区2017年国民经济、社会发展计划执行情况的报告和2018年国民经济、社会发展计划；审议北京市通州区2017年财政预算执行情况和2018年财政预算草案的报告，审查和批准了北京市通州区2017年财政预算执行情况的报告和2018年财政预算；审议北京市通州区创建全国文明城区工作报告；听取并审议北京市通州区人民代表大会常务委员会工作报告、北京市通州区人民法院工作报告、北京市通州区人民检察院工作报告，并对上述报告分别作出决议。会议选举产生北京市通州区出席北京市第十五届人民代表大会代表。

22日 通州区潞河中学、通州区第二中学、通州区运河中学、中国人民大学附属中学通州校区、北京小学通州分校、北京市史家小学通州分校、通州区张家湾镇中心小学等7所学校获首批全国青少年校园篮球特色学校称号。

23日 通州区人力资源公共服务中心与北京亿莱顿信息技术有限公司签订《2017—2018年度通州区就业帮扶项目》，开政府购买就业帮扶的先河，实现公共就业服务机构与民办人力资源服务机构在解决就业困难人员就业方面实现首度合作。

28日—29日 通州区冰雪启动仪式暨“助力冬奥”冰上体验课活动在东奥冰尚俱乐部举办。

30日 以“普及科学健身知识，积极参加体育运动”为主题的2017年全国青少年科学健身普及活动北京通州站活动启动仪式在通州区芙蓉小学举行。

本月 完成94家病死动物无害化收集暂存点补助资金的发放工作，发放补贴126万元，全年收集暂存各类动物77011头（只）。

12 月

6日 北京城市副中心绿心棚改区改造项目永顺片区住宅区域（小圣庙村）正式启动签约，截至12月15日，实现10日全额奖励期内100%签约。

7日 通州区于家务乡全市首个研发“乡镇级河长制APP”上线。此次研发的河长制手机APP在通州区还是第一家，该APP分河道巡查、待办事项、工作记录、通知公告四大板块，不仅能在三维地图上实时记录河长的巡河路线、时间，还能更新辖区河流动态以及各级河长拍照上传的各项问题。工作人员只要在电脑上打开于家务“河长制”信息管理平台，各级河长应巡周期数、巡查长度、巡查率、处理率等履职情况都能显示出来。河长制APP实现了巡河电子化、数据实时化、管理无纸化、资料集中化，同时使河长履职情况实现了具体量化，为河长制考核提供了依据。

8日 通州区2018年信息进村入户工程标准型益农信息社项目启动。

▲ 西藏自治区党委常委、拉萨市委书记白玛旺堆带领拉萨市党政代表团一行到通州，考察北京城市副中心建设和产业发展。

12日 北京国际度假区有限公司经北京市工商局核准设立，主要负责环球主题公园建设、经营、管理等业务。

13日 北京万生人和科技有限公司自主研发、生产的“一次性使用吸氧管”“尿动力监控仪”被北京市科委、经信委、发改委、住建委、质监局、中关村管委会等几家单位联合认定为北京市新技术新产品（服务），可享受北京市政府采购和推广应用等政策支持。

15日 举办首都儿科研究所党委与于家务乡党委结对共建启动仪式。同时，首都儿研所与于家务社区卫生服务中心签订支部共建协议。

▲ 中共北京市委常委、市委教工委书记林克庆到北京物资学院调研指导工作。

20日 市文艺院团“深入生活、扎根人民”主题实践活动创作采风基地挂牌仪式在西集镇文体中心举行。

25日 通州区政府采购的比亚迪350辆新能源车交接仪式在恒基公司马驹桥客运场站举行。比亚迪公司正式将350辆新能源车交付恒基公司使用。

31日 市郊铁路城市副中心线北京西至通州站开通。线路利用既有铁路开行，全长29.6公里，停靠北京西、北京、北京东、通州四座车站。

本月 北京万生药业有限责任公司获北京市知识产权局授予的北京市专利示范单位称号，并获颁奖牌。

本月 新华南路、玉桥中路等10座雨水泵站应急防汛工程获得国家优质工程奖。该工程此次获奖是继2017年2月获得北京市2016年度市政基础设施结构长城杯金质奖后，再次获得殊荣。

本月 地税局联合国税局，完成对地税第五税务所和国税第十税务所联合办税服务厅云税体验中心建设，并进入试运行阶段，云税体验中心运用虚拟现实、智能语音等技术手段，营造一体化、智能化、流程化、便捷化的全新办税体验。

注：“▲”表示“同日”。

区情概览

地 情 概 况

【地理位置】 通州区位于北京市东南部，京杭大运河北端。区域地理坐标北纬39° 36′ ~40° 02′，东经116° 32′ ~116° 56′ 。东西宽36.5公里，南北长48公里，面积905.95平方公里(土地面积数据为2009年全国第二次土地调查数)。西邻朝阳区、大兴区，北与顺义区接壤，东隔潮白河与河北省三河市、大厂回族自治县、香河县相连，南和天津市武清区、河北省廊坊市安次区交界。

【地　貌】 全区地处永定河、潮白河洪冲积平原，地势平坦，平均海拔高程20米。分布13条河流，总长245.3公里，主要河流有北运河、潮白河、凉水河、凤港减河。

【气　候】 气候属暖温带大陆性半湿润季风气候区，2017年，日照2581.2小时，年平均气温13.0℃，降水588.6毫米。

【建置沿革】 通州区历史悠久，早在新石器时期，境域内即有人类活动。西汉高祖十二年(公元前195年)始建路县，先后改称通路亭、潞县、通州、通县。1948年12月通县解放，分置通县、通州市。1958年3月县市由河北省划归北京市后，合并为北京市通州区。1960年复称通县。1997年4月撤销通县设立通州区。通州区辖10个镇、1个回族乡、4个街道。

【人　口】 2017年，全区户籍人口76.9万人，其中，农业人口26.6万人、非农业人口50.3万人。年内人口出生率8‰，死亡率5.33‰。

（肖姗姗）

国民经济和社会发展

【概　况】 2017年，地区生产总值758.1亿元，同比增长8.1%。其中一、二、三产业增加值分别为16.1亿元、361.3亿元和380.7亿元，同比分别增长-2%、13.6%和3.8%。三次产业结构为2.1：47.7：50.2。税收总额276.2亿元，同比增长10.1%；全社会固定资产投资1054.5亿元，同比增长12.2%；实现社会消费品零售额419.1亿元，同比增长8%；城镇居民人均可支配收入44607元，农村居民人均可支配收入25632元，同比分别增长9.2%和8.9%。全区金融机构人民币各项存款余额2966.2亿元，比年初增加346.7亿元。其中，个人存款1309.3亿元，比年初增加103.1亿元。

2017年，通州区始终坚持把习近平总书记对北京城市副中心的讲话要求当作案头卷、工具书、座右铭，持续深入学习贯彻中央政治局“5·27”会议精神，始终把“坚持世界眼光、国际标准、中国特色、高点定位，以创造历史、追求艺术的精神进行北京城市副中心的规划设计建设”作为开展工作的根本遵循和行动指南。特别是今年2月24日总书记亲临副中心并作出新的指示后，按照市委、市政府和区委的决策部署，区政府高站位统一思想、高标准组织推进，各级领导主动担当，广大干部群众全身心投入，团结一致地坚决扛起了副中心建设的历史重任。

集中精力智慧，绘就宏伟蓝图。围绕编制规划这一“龙头”，积极协同市级部门，组织精干人马，聘请国内外顶尖团队，集中开展了城市副中心顶层设计。9月底，《北京城市总体规划(2016年—2035年)》正式获中共中央、国务院批复，从法律意义上确定了城市副中心功能定位与发展目标，城市副中心将以行政办公、商务服务、文化旅游为主导功能，构建“一带、一轴、多组团”的城市空间结构，突出蓝绿交织、水城共融、文化传承的城市特色，用最先进的理念和国际一流的水准绘就了城市副中心发展蓝图。同时，城市副中心控制性详细规划、17个专项规划加快完善，15个专题研究全面完成，规划统筹对接全面加快，为实现高水平的“多规合一”、确保“一张蓝图干到底”奠定了坚实的基础。

担当疏解重任，服务市级搬迁。坚持把实现非首都功能疏解作为建设城市副中心的“牛鼻子”，全力打好服务市级搬迁这一疏解硬仗。行政办公区及周边区域搬迁全面完成，创造了“通州速度”；一期主要路网基本建成，市政管网等市政设施完成接入，500千伏电源建设、高压线入地、冷热电三联供等工程加快推进；主要建筑日夜兼程抓紧装修，年底将配合市级部门启动搬迁工作。同时，大力开展行政办公区及周边的交通治理、绿化美化、安全维稳；为办公区服务配套的医疗、教育设施布局基本确定，潞河医院、新华医院做好对接准备，安贞医院确定落户，人大附中、北师大未来实验小学、北京市第一幼儿园海晟实验园、第五幼儿园、北海幼儿园等优质资源全面对接，中国人民大学通州校区完成奠基，为市级机关搬迁后的公共服务配套做好了充分准备。

实施整体布局，推动协同发展。按照规划要求，加快布局和建设副中心重要节点，运河商务区市政基础设施累计完工40项，重点项目梯次推进，建筑品质实现提升。文化旅游区市政道路、轨道交通、地下综合管廊等基础设施工程全面启动，环球主题公园项目基本完成土方工程。城市副中心站完成设计方案国际招标，进一步深化设计方案；城市绿心启动棚户区改造拆迁，歌舞剧院、图书馆、博物馆等公共建筑预计年底前完成设计方案征集；宋庄文化产业集聚区加快中国艺术品交易中心项目推进。统筹布局906平方公里的均衡发展，通州区总体规划形成成果，镇域规划编制进展顺利，特色小镇和乡镇功能定位研究深入推进，与城市副中心总体城市设计有机对接。台湖演艺小镇功能定位研究取得重大进展，相关工作有序推进。新型城镇化综合试点取得阶段性成果，建立涵盖114个项目的项目库。谋划布局京津冀协同发展，与河北廊坊、天津武清签署框架合作协议，产业疏解全面启动、教育共建形成机制、运河通航共同推进、干部交流有序展开，道路交通、生态环境等各个方面实现深入合作。与雄安新区开展多轮工作对接，部分领域取得初步成果，“新两翼”初步形成相互协同、推动发展的良好态势。

【农　业】 全区实现农林牧渔业现价总产值40.8亿元，比上年下降3.8%。其中，农业产值18.5亿元，比上年下降15.8%；林业产值7.6亿元，增长31.9%；牧业产值11.1亿元，下降7.4%；渔业产值2.7亿元，增长52.7%；农林牧渔服务业产值1亿元，下降0.6%。

全年设施农业收入13.3亿元，下降3.6%。设施农业实际利用面积2187公顷，下降4.8%。其中，温室占地面积1484公顷，下降9.4%；大棚占地面积628公顷，增长4.4%；中小棚占地面积75公顷，比上年增长31.6%。

【工　业】 全年实现工业增加值216.6亿元，比上年增长2.8%。全区规模以上工业企业共423家，完成规模以上工业现价总产值629.1亿元，下降1.1%。其中，现代制造业270.9亿元，下降2%；高技术制造业111.2亿元，增长13%。规模以上工业主营业务收入797.7亿元，增长1.1%。其中，现代制造业294.4亿元，下降7.2%；高技术制造业104.1亿元，增长4.7%。规模以上工业利润总额63.8亿元，增长4%。其中，现代制造业实现利润50.5亿元，增长13%；高技术制造业实现利润42.2亿元，增长31.8%。

【建筑业】 2017年，全区有资质的建筑业企业203家。其中，施工总承包企业和专业承包企业共201家、劳务分包企业2家。全区实现建筑业增加值144.8亿元，比上年增长37.2%。

全区完成建筑业总产值1175.4亿元，比上年增长10.4%，其中，在外省完成产值1050.2亿元，增长8.7%，占总产值比重为89.3%；在北京完成产值125.2亿元，增长27%。签订合同额4214.8亿元，增长11.2%。其中，本年新签合同额1559.1亿元，下降3.7%。房屋建筑施工面积10842.3万平方米，比上年增长4%，竣工面积1688万平方米，下降21.9%。

【商业 对外经贸】 全年实现社会消费品零售总额419.1亿元，比上年增长8%。其中，限额以上单位实现零售额308.5亿元，增长7.5%；限额以下单位实现零售额110.6亿元，增长9.3%。

全年新批三资企业32家，比上年增加11家。其中，外商独资企业18家，中外合资企业14家。全年注册资本43.4亿美元，增长742%；合同利用外资22.9亿美元，增长499.9%；实际利用外资8.2亿美元，增长127.2%。

从海关统计数据看，2017年，全区进出口贸易总额23.4亿美元，比上年下降4.3%；出口创汇总额9.2亿美元，比上年增长1.2%；进口付汇14.2亿美元，比上年下降7.6%。

【旅游业】 2017年，全区农业观光园62处，比上年增加6处；全年接待游客111.1万人次，比上年下降17.5%；实现观光园总收入3亿元，增长18.3%；民俗旅游总收入679.8万元，下降57.7%，接待游客3.4万人次，比上年下降16.1%。

【城乡建设与管理】 2017年年末，全区公路里程2403公里，比上年末增加33公里。其中，乡道1220公里；专用公路124公里；村道553公里。

2017年，深入开展静态交通治理，建立拖车平台系统，设定“禁停街、规范街、居住街”，建立了路侧停车电子收费试点。年末全区民用机动车保有量30.9万辆，比上年增长4.3%。其中载客汽车25万辆，增长7.2%，载客汽车中轿车17.1万辆，增长10.6%。年末全区郊区客运汽车623辆，比上年末增加23辆；营运出租汽车2087辆；新投入公共租赁自行车1万辆。郊区客运线路64条；郊区客运线路总里程1465公里，比上年末增加44公里。

全区货运汽车拥有量达到2.7万辆，比上年末增加91辆。货运户数4784家，比上年末减少419家。年末水域游船120艘，其中自航船23艘。

全区共有邮政局所35个，其中农村27个。实现邮政业务总量1.8亿元，比上年增长18%。订销杂志62.3万份，增长3.7%； 出口包裹快递232.6万件，增长116.2%，进口包裹快递477.3万件，增长189.9%。邮政储蓄年末收储余额63.1亿元，比上年末增长3.7%。

全年电信业务收入8.7亿元，比上年下降0.9%。其中，固网业务收入4.6亿元，移动业务收入4.1亿元。年末普通电话用户达到19.8万户，下降19.2%。年末固定互联网宽带接入用户数达到23.7万户，增长6.9%。

【科技 教育 文化 卫生 体育】 2017年，全年累计专利申请量5742件。其中，发明专利1215件，实用新型专利3513件，外观设计专利1014件。全年专利授权量3453件。其中，发明专利335件，实用新型专利2307件，外观设计专利811件。

2017年，全区共有幼儿园126所，比上年减少15所。全部幼儿园在园人数26721人，有专任教师2165人；共有小学83所，招生人数12113人，在校生64453人，毕业生8751人，专任教师3947人；全区初、高中学校38所。其中，初中招生人数6312人，在校生16344人，毕业生4807人；普通高中招生人数

2835人，在校生8531人，毕业生2055人。初高中共有专任教师3603人。

文化事业取得新成果。紧紧围绕城市副中心规划要求和大运河文化带建设，深入挖掘通州历史文化资源，编制完成大运河文化带建设项目清单和目标任务，完成全区236处不可移动文物的巡查，完成燃灯塔修缮等4项文物保护工程。以首都公共文化服务示范区创建为载体，大力推进公共文化基础设施建设，打造运河艺术节、书香通州等品牌文化活动，切实提升基层公共文化服务能力。

2017年，全区专业电影院11个，电影放映队16个；艺术表演场所22个，基层文化中心15个，文化演出场次1642场；审批文化市场经营单位174家。

全区共有公共图书馆1个，总藏书69万册。拥有区级以上文物保护单位50处，博物馆4座，韩美林艺术馆1座。年末实有有线电视接收用户46.7万户。

2017年，全区共有卫生机构609个。其中，医院24个，社区卫生服务中心（站）100个。全部卫生机构实有床位3737张。其中，医院2999张，社区卫生服务中心床位438张。共有卫生技术人员9902人。其中，执业医师3523人，注册护士3771人。

2017年，群众体育事业蓬勃发展，组织北京通州半程马拉松、运河绿道骑游、万人（京津冀）徒步大会等活动。全区共有各类体育场馆18个，其中露天灯光篮球场6个，面积3420平方米。体育运动学校1所，在校学生29人。举办全区性各类竞赛56次，举办镇（局）级各类竞赛52次。参加市级各类竞赛获得奖牌175枚。其中，金牌55枚，银牌58枚，铜牌62枚。2017年全区体育活动经费投入达到4793万元。

【社会服务管理和社会保障】 2017年，城镇登记失业率为2.5%，失业人员参加培训697人。城镇登记失业人员就业率达到73.83%，失业人员实现就业15033人。参加职业技能培训人数达9338人。

城市特困和农村“五保”救助政策实现并轨，城乡最低生活保障标准、基本生活费标准、孤残儿童生活保障标准普遍提高，社会救助水平不断提升，城乡低保标准上调至每人每月900元。全区共有31个社会捐赠接收工作站，接受捐赠款646万元。全区共有收养类社会服务机构19个，收养人数2275人。

全年城市居民最低生活保障家庭1094户，城市居民最低生活保障1515人；农村居民最低生活保障家庭2807户，最低生活保障4360人；享受定期补助4136人，享受定期抚恤金70人；安置志愿兵、转业干部人数283人。

2017年，全区城乡居民养老保险参保人数达22.4万人，续保率达99.1%。参加基本养老、基本医疗、失业保险人数分别为50.8万人、52.8万人和39.9万人；参加工伤保险人数39.3万人，领取工伤保险金额7535万元。

【精神文明建设 综合治理】 2017年，是通州区精神文明建设的关键之年，是争创第五届全国文明城区的决战之年。通州区以全国文明城区创建工作为总抓手，扎实开展一系列创建活动，市民文明素质和城市文明程度得到全面提升。制定一系列文明城区创建系列措施办法，建立起社会动员、工作调度、绩效考核等一整套工作推进制度。加强工作调度，定期向区创城总指挥部报送问题清单，重点单位、地区主要领导每周三次采取骑车、步行的方式深入现场督察整改。委托第三方专业测评机构开展拉网式排查，实施“日检查、月通报、季调度”制度。6年来，全区创建工作基本实现规范化、制度化、常态化。在全区范围内积极开展文明单位、文明社区（村）、文明乡镇、文明校园、文明家庭等争创活动，12个家单位、村镇获评全国先进，建成张家湾博物馆等乡情村史陈列室21个，打造文明示范小区25个，建设“文明加油站”社区宣传站点150个，创建“文明示范工地”15个，评比命名餐饮企业“文明餐桌”示范店411家。基层创建工作积极性日益高涨，城市文明的细胞被充分激活。

持续开展道德模范、“通州榜样”“中国好人”推荐选树活动，推荐人数居全市之首，截至2017年年底，3人获评全国道德模范及提名奖， 22人荣登“中国好人榜”，9人获评首都道德模范及提名奖，35人入选“北京榜样”。建成机关、学校、行业、企业、社区、村镇、军民共建、新市民等八类道德讲堂227所，常态化宣传中华传统美德、先进模范事迹。大力推进志愿服务制度化建设，全区注册志愿者超过31万人，服务时长累计达到2478余万小时，精心打造了“通州百姓”“玉桥益家”“新华帮办365志愿服务联盟”“和谐北苑”“青春通州”“十万职工共创城”等志愿服务品牌。在全市率先建成“信用通州”社会信用体系平台，定期发布诚信“红黑名单”，推动形成了“守信光荣 失信可耻”的社会舆论导向。大力开展“美德少年”评选活动，23名中小学生被评为“首都百名最美少年”。开展“十德树人”教育活动，发挥校外教育辅助作用，建立281个爱国主义教育基地和青少年校外教育基地以及641个“关工”小组。打造领导干部爱心助学活动、六小”道德实践活动、“中华传统文化教育”活动和关心下一代工作特色品牌。获评第五届“全国未成年人思想道德建设工作先进城区”。

2017年，大气治理力度持续加大。细颗粒物($PM_{2.5}$)年均浓度值每立方米67微克，比上年下降16.3%。加强散煤综合治理，全区范围基本实现“无煤化”。大幅降低氮氧化物及二氧化硫排放，全年氮氧化物排放总量削减率30.8%，比上年提高14.3个百分点；二氧化硫排放总量359.9吨，比上年减少4067.1吨；淘汰（含转出）老旧机动车2万辆。

园林绿化水平持续提升。高标准完成北京城市副中心绿地系统专项规划编制，明确了全区“一环、两带、两区”和城市副中心“一带、一心、多廊、多园”的园林绿化生态格局。减河公园、六环路西辅路等38项园林绿化续建工程基本完工，运河城市段景观得到提升。全区共有森林面积2605.4公顷，比上年增长1.6%。本年造林面积668公顷，林木绿化率32.88%，森林覆盖率28.91%。2017年，城市绿化覆盖面积6360公顷，比上年增长4.2%；城市绿地面积5647.8公顷，增长4.7%，城市绿化覆盖率达到60.58%，比上年提高2.4个百分点。

2017年，全区总用水量37276万立方米，其中，生产用水10830万立方米；生活用水8985万立方米；生态环境用水17462万立方米。

通州地区全年用电量达到60.6亿千瓦时，比上年增长6.3%。其中，生产用电43亿千瓦时，增长0.7%；城乡居民生活用电17.6亿千瓦时，增长23%。

（肖姗姗）

中共北京市通州区委

“通州榜样”杨帆（左）、赵小伟（右）获评2017“北京榜样”年度人物

（文明办提供）

概 述

2017年是通州发展历史上具有极其特殊意义的重要一年。2月24日，习近平总书记亲自到通州区视察，对城市副中心建设作出重要指示，极大地鼓舞和激发了全区人民建设城市副中心的干劲和热情。面对创建全国文明城区、生态环境治理、服务保障搬迁入驻等“大考”，全区广大干部群众以只争朝夕的紧迫感、奋发有为的责任感、“不用扬鞭自奋蹄”的使命感投身到副中心建设的伟大事业中，各方面工作取得突破性进展。

深入学习宣传贯彻中共十九大精神、习近平总书记视察北京重要讲话精神和市委重大决策部署，扎实主动做好谋划。通州区委把学习宣传贯彻中共十九大精神作为首要政治任务。提前谋划，周密部署，深入做好迎接中共十九大各项准备工作。中共十九大刚刚胜利闭幕，通州区委迅速在全区兴起学习宣传贯彻高潮，深入、全面、系统地学习中共十九大提出的新思想、新论断、新要求，把思想迅速统一到中共十九大精神上来。深入学习总书记视察北京重要讲话精神，认真贯彻落实中央和市委的决策部署，持之以恒对标对表，态度坚决、行动有力。通州区委把规划工作放在突出位置精心组织谋划。抽调精干力量，积极主动参与，基本完成通州区总体规划、城市副中心总体城市设计、控制性详细规划和各专项规划的编制，镇域规划正在加快修编。加强对重大问题的研究谋划，邀请国内知名专家学者，完成城市副中心15项发展专题的研究，针对性地开展“四个城市”、产业协同发展等一批重大课题的研究，主动加强与市级专班的对接，市区联动，形成一批城市副中心建设管理的新标准和新技术规范。

全力以赴做好服务保障市级机关搬迁入驻工作，努力营造和谐有序的良好氛围。通州区委主动对接，未雨绸缪，努力把工作做深做细做实。一是下大力气治理交通秩序。完成一批关键交通节点的集中整治，在全市率先实施大货车限行政策，加大路面交通的组织和管理，配合制定搬迁入驻后交通导行和通勤方案。二是确保社会安全稳定。全面完成潜在安全生产风险点的摸排，及时消除一批安全生产隐患。全面启动实施历史积案化解、矛盾隐患排查防控化解、“地网”和“天网”工程等九大专项行动，解决了一批影响社会稳定的突出问题。完成“一带一路”国际合作高峰论坛、中共十九大等重大活动安全服务保障工作，火灾、安全事故零发生，各项指标达到历史最好水平。紧盯社会舆论热点，认真研判，主动发声，加强引导，确保舆情平稳有序。荣获2013年—2016年度全国平安建设先进区称号。三是全力营造良好的办公和生活环境。针对搬迁入驻后的办公和生活需求，通州区委分门别类，逐项梳理，一类一策，最大限度为市级机关入驻提供服务保障。下大力气解决行政办公区周边地区环境卫生、绿化美化、物业管理等一批问题，以人居和生活环境的大幅改善，赢得人民群众真心拥护，营造喜迎搬迁入驻的和谐氛围。

以更有力的措施推进基础设施和生态环境建设，城市综合承载能力不断增强。通州区委全力以赴补短板、强功能、优环境，努力增强城市副中心的吸引力。一是努力提升基础设施、公共服务设施水平。主动争取市领导及有关部门支持，针对255项城市副中心建设重大工程项目，加强统筹调度，强化督察考核，抓进度、保工期，一批基础设施和公共服务设施陆续开工或建成投入使用。二是以最高的标准、最严格的措施推进大气和水环境治理。重拳出击整治工地扬尘，在全市率先制定最严格的施工项目扬尘治理

“双十条”措施。大力加强机动车尾气排放治理，在全市率先建立非道路施工机械低排区，全面把守进京路口，坚决劝返超标车辆。全面完成煤改清洁能源任务，实现全区“无煤化”目标。重点河道河长制全面落实，海绵城市试点项目全面开工，一批黑臭水体治理工程相继完工，部分河道水质明显好转，全区水环境明显改善。三是大规模开展森林湿地、公园绿地和绿廊绿带建设。高标准编制完成城市副中心园林绿化生态空间规划，启动一批湿地公园、环行政办公区和环城生态景观带工程建设，全区森林覆盖率和林木绿化率进一步提升，建成一批高品质的社区公园、小微绿地和健康绿道，老百姓切切实实享受到了城市副中心建设带来的绿色福利。

全面落实功能疏解和推动发展双重责任，经济保持平稳健康发展。通州区委克服“舍不得”的纠结，主动加压，深入探索，努力在疏解中谋求更好更大发展。一是坚定不移推进疏解整治促提升。以高于市级的标准制定疏解整治促提升行动方案，聚焦重点领域啃硬骨头，工业大院有序疏解，完成一大批一般性制造业企业和区域性专业市场的调整退出，全面超额完成拆违、“开墙打洞”整治等各项指标任务，推动一大批流动人口向外转移。二是大力推动产业转型发展。委托国际顶级研究机构，深化细化产业发展方向和空间布局研究，推动实现产城融合、职住平衡。严控项目准入，制定园区和功能区项目准入标准评价体系。运河商务区一批高端城市综合体全面建成，一批金融机构相继落户。园区向总部商务办公和科技研发转型的步伐不断加快。三是狠抓改革落地见成效。加强对改革工作的统筹谋划，实施改革要点ABC分类推进机制，狠抓督察督办，国家新型城镇化改革试点、“一会三函”审批制度改革走在全市前列。全区经济继续保持平稳健康发展势头，地区生产总值、固定资产投资额、社会消费品零售额、一般公共预算收入等主要经济指标增速均高于全市平均水平。

以创建全国文明城区为抓手，全面提升城市治理水平，人民群众在共建共享中拥有更多获得感。通州区委坚持以人民为中心，以群众满意作为最高标准，以“创城”推动城市治理水平大提升和民生大改善。一是下最大的决心打响创建全国文明城区攻坚战。坚持领导带头率先垂范，形成全民参与、同建共创的强大合力；深入开展“拉网式”排查，一大批城市管理的痼疾顽症得到彻底根治；全面启动背街小巷整治提升专项行动，下大力气抓好环境改善提升。一年来，通州的城乡人居环境和居民文明素养发生翻天覆地的变化，成效有目共睹。二是持续加大民生投入，使发展成果更多惠及人民群众。城镇登记失业率持续控制在较低水平，社会保险覆盖面进一步扩大。完成潞城棚改二期转非参保工作，八里桥片区、城市绿心片区等棚户区改造全面启动，超额完成保障性住房建设和老旧小区改造任务，房地产市场稳控取得明显成效，社会救助标准进一步提高，城乡居民收入水平持续提高。群众文体生活日益丰富，成功举办通州半程马拉松赛等一批特色群众文化活动。建成核心价值观主题公园和主题街道，精心组织开展一批弘扬社会正能量的精神文明建设活动，社会主义核心价值观更加深入人心。大运河文化带建设工作全面启动。

切实担负起管党治党政治责任，推动全面从严治党向纵深发展。通州区委牢固树立抓好党建是最大政绩的理念，以落实《通州区党建引领城市副中心建设行动方案》为抓手，坚持不懈抓班子、带队伍、强基础，切实扛起全面从严治党的政治责任。一是党对各个领域的领导不断加强。支持人大履行监督职能，依法决定重大事项，为加快城市副中心建设奠定坚实的政治基础。支持政协履行职能，广泛调研、献计献策，不断凝聚推动城市副中心建设的强大合力。人大、政协聚焦全区中心工作，齐心协力推进“创城”、环保等攻坚克难的工作，发挥了十分重要的作用。二是思想理论武装更加深入。深入学习习近平新时代中国特色社会主义思想，特别是总书记两次视察北京重要讲话精神，扎实推进“两学一做”学习教育常态化制度化，“建设副中心，向前站一步”主题教育实践活动向纵深发展，党员干部理想信念更加坚定。加强对意识形态工作的领导，大力唱响城市副中心建设主旋律，社会正能量更加强劲。三是领导班子、干部人才队伍建设不断增强。通州区委坚持结合全区重点工作抓党建，以党建工作促进棚户区改造、全国文明城区创建，把群众工作做到家里去，锻炼了一支有凝聚力和战斗力的党员干部队伍。把从严管理贯穿干部队伍建设全过程，健全完善干部选拔任用、挂职交流、教育培训、考核评价等制度，下大力气开展超职数配备和“庸懒散”专项整治，营造了风清气正、干事创业的良好氛围。突出引才兴才聚才，推进“通武廊”人才发展示范区、中国北京人力资源服务产业园区通州园建设，启动实施“灯塔计划”和“运河计划”，为城市副中心建设提供有效的人才支撑。四是党的基层组织活力持续提升。深入落实基层党建三年规划，突出抓好党支部规范化建设，研究制定基层党建工作考核评价指标体系，全面开展党组织书记述职评议，实现对基层党组织监督和考核全覆盖。形成“五微工作法”等一批党建工作新模式，基层党组织在城市副中心建设过程中的作用更加突出。五是党风廉政建设和反腐败工作不断深入。坚决贯彻全面从严治党要求，层层传导压力，党委主体责任和纪委监督责任得到有力落实。推进国家监察体制改革试点工作，在全市第一批成立监察委员会，第一家实现合署办公，第一例使用留置措施，完成全国首例留置案件审结工作。全面完成派驻机构改革，实现对全区各级党和国家机关监督工作的全覆盖。成立区委巡察机构，正式启动对漷县镇等4家单位的巡察。驰而不息正风肃纪，紧盯隐形变异，严防“四风”反弹。充分运用监督执纪“四种形态”加强对党员干部的纪律约束，查处一批“为官不为”、“为官乱为”、群众身边的不正之风和腐败问题，集中向社会曝光一批典型案件，彰显区委以“零容忍”态度惩治腐败的决心。

在推进其他工作方面，高度重视城乡一体化建设，农村发展和农民生活水平进一步提升。高度重视新形势下统战工作，民主党派、工商联、无党派人士作用得到充分发挥，民族、宗教、对台工作取得新进展，工会、共青团、妇联、科协等人民团体桥梁纽带作用更加突出，军政、军民团结的局面更加巩固。

（蔺　艳）

重要会议和活动

【领导调研与视察】 1月5日，市委书记郭金龙，市委副书记、市长蔡奇到通州调研。实地察看市行政办公区、环球主题公园项目建设现场。市领导李士祥、陈刚、张工等陪同调研。1月10日，中央文明办二局局长吴向东到通州调研全国文明城区创建工作。视察玉桥街道新通国际社区、南里南社区、大运河森林公园、张家湾镇乡情村史陈列室。

3月21日，市委常委、组织部部长姜志刚到通州调研基层党建工作。在调研区环保局、玉桥街道新通国际社区、京通医院、潞城镇党建工作情况后，视察行政办公区建设和八里桥市场搬迁改造项目。3月27日，市委常委、秘书长、常务副市长张工到通州调研“疏解整治促提升”专项行动进展情况，视察梨园镇欣云景农贸市场、永顺镇上营花鸟市场。

4月15—16日，市委副书记、市长蔡奇到通州区调研。视察了行政办公区、城市绿心、运河商务区、城市副中心交通枢纽、路县古城遗址和运河文化广场。16日，蔡奇主持召开城市副中心建设专题会，听取市发改委等7部门关于建设工作进展情况汇报。市领导张工、阴和俊、张建东、隋振江、卢彦等陪同调研。

5月29日，市委副书记、代市长陈吉宁调研北京城市副中心重点项目、基础设施建设情况。视察潞城棚改指挥部、行政办公区工程建设工地和城市绿心、环球影城主题公园、城市副中心交通枢纽等重点项目建设现场，并察看北环环隧和运河商务区地下市政综合管廊等城市基础设施建设情况。副市长隋振江，市政府秘书长李伟等陪同调研。

6月12日，市委常委、宣传部长杜飞进到通州调研社区文化建设、副中心文物保护等工作。实地查看玉桥街道玉桥南里南社区“十姐妹”工作室、景馨家园和谐楼门、大运河森林公园、副中心规划展厅和路县故城遗址，并听取相关情况介绍。

7月1日，市委书记蔡奇，市委副书记、代市长陈吉宁就推动大运河文化带保护利用工作到通州调研。在察看大运河通州城市段整体情况、五河交汇处后，蔡奇主持召开座谈会，听取相关部门汇报。市领导杜飞进、崔述强、隋振江、王宁、卢彦等陪同。7月29日，市委副书记、代市长陈吉宁带队到通州区开展环保督察。在查看觅子店综合检查站、中石化加油站潞府站、西集镇郎东村“煤改气”项目后，召开现场办公会。市委常委、常务副市长张工，市政府秘书长李伟陪同。

8月10日，市委书记蔡奇到通州区调研。在视察八里桥市场疏解腾退现场、北京城市副中心行政办公区建设现场和正在建设中的国家大剧院舞美基地后，召开座谈会。市领导崔述强、隋振江等陪同调研。8月26日，市委书记蔡奇，市委副书记、代市长陈吉宁到通州区调研。在视察南水北调配套工程通州水厂、萧太后河环球影城段、土桥路口交通状况后，召开座谈会。市领导崔述强、隋振江、夏占义，市政府秘书长李伟陪同调研。

9月9日，市委副书记、代市长陈吉宁到通州调研北京城市副中心运河商务区规划建设与产业发展。视察运河商务区北区工地、新光大中心、保利大都汇等，并听取相关情况汇报。市委常委、常务副市长张工，副市长程红陪同调研。9月27日，市委常委、组织部部长魏小东就中共十九大安保工作到通州区督导检查。实地查看永乐综合检查站、台湖镇外郎营村综治中心、宋庄镇小堡村大地艺术馆，并听取相关情况汇报。

10月26日，市委副书记、代市长陈吉宁到通州检查指导学习贯彻中共十九大精神情况。在实地检查台湖镇外郎营村和玉桥街道玉桥南里南社区学习宣传贯彻中共十九大精神工作后，陈吉宁主持召开座谈会，听取通州区学习宣传贯彻中共十九大精神工作汇报。

11月11日，市委书记蔡奇，市委副书记、代市长陈吉宁到通州区调研。察看马驹桥镇郭村和柴务村工业大院拆除现场、六环路小圣庙立交出入口过境大货车管控和疏堵改造工程情况及人大附中通州校区，并听取相关情况汇报。市领导张工、崔述强、隋振江，市政府秘书长李伟陪同调研。

【通州区领导干部大会】 1月13日，通州区召开领导干部大会。区委副书记、区长张力兵主持。副区长张德启部署全区安全生产工作，区委常委、政法委书记刘贵明部署全区各项安保维稳工作。区委书记杨斌就维护“一节两会”期间社会稳定、切实抓好安全生产和公共安全工作等方面提出要求。6月24日，通州区召开领导干部大会。区委书记杨斌主持。区委副书记付晓辉传达市委报告和市纪委报告的主要精神。区委副书记、区长张力兵传达市委副书记、代市长陈吉宁在通州代表团分团讨论时的指示要求。区委书记杨斌传达市委书记蔡奇在市委十二届一次全会上的讲话精神，并就学习宣传贯彻市第十二次党代会精神提出要求。9月27日，通州区召开领导干部大会。区委副书记赵磊主持。区委常委、政法委书记刘贵明通报全区维稳情况，副区长张德启通报安全生产情况，并部署下一步工作。受区委书记杨斌委托，区委副书记、区长张力兵对节日期间社会稳定、安全生产和公共安全等方面工作提出要求。10月27日，通州区召开领导干部大会。区委副书记、区长张力兵传达市委副书记、代市长陈吉宁检查指导通州区学习宣传贯彻中共十九大精神落实情况有关精神。区委书记杨斌结合全市领导干部大会精神，就通州区学习宣传贯彻中共十九大精神提出要求。12月1日，通州区召开领导干部大会。市委常委、组织部部长魏小东宣布市委关于曾赞荣等人职务变动的通知，决定曾赞荣任中共北京市通州区委员会委员、常委、书记，杨斌不再担任中共北京市通州区委员会书记、常委、委员职务。

【区委常委（扩大）会议】 2月25日，区委召开常委（扩大）会议。区委书记杨斌传达习近平总书记视察北京时的重要讲话精神以及市委书记郭金龙在25日上午召开的市委常委扩大会议上提出的要求。3月7日，区委召开常委（扩大）会议。区委副书记付晓辉传达习近平总书记视察北京重要讲话精神及市委关于认真学习贯彻习近平总书记视察北京重要讲话精神的通知；区委常委、组织部部长韦江传达《中央第十一巡视组关于对北京市开展巡视“回头看”的反馈意见》。区委书记杨斌强调，要深入学习宣传贯彻习近平总书记视察北京重要讲话精神，切实把总书记重要指示精神转化为城市副中心建设发展的生动实践，推动城市副中心建设全面提速；要旗帜鲜明讲政治，按照中央和市委要求，不折不扣落实巡视反馈意见，做好巡视整改工作。3月20日，区委召开常委（扩大）会议。区委副书记、区长张力兵传达市委书记郭金龙在市委十一届十三次全会上的讲话精神和工作要求。区委书记杨斌强调，要切实把思想和行动统一到习近平总书记视察北京重要讲话精神和市委全会精神上来，进一步增强城市副中心建设的使命感；要迅速传达学习，结合学习贯彻总书记讲话精神，将市委全会精神一并学习贯彻好；要全力以赴抓落实，集中力量建设城市副中心。4月17日，区委召开常委（扩大）会议。区委副书记、区长张力兵通报市长蔡奇调研座谈的主要情况。区委书记杨斌主持，并就抓好贯彻落实提出要求，要在更高站位上把握好副中心的功能定位，将其进一步细化，同时要认真研究如何与雄安新区实现错位发展，更好地为疏解非首都功能和促进“京津冀”协同发展发挥作用。5月11日，区委召开常委（扩大）会议，传达市委书记郭金龙关于“一带一路”高峰论坛城市服务保障工作的指示精神。区委书记杨斌强调，党员干部要率先垂范，广泛动员发动群众，畅通交通信息发布渠道，用实际行动共同营造整洁优美的社会环境和热烈祥和的社会氛围，为论坛成功举办贡献力量。5月19日，区委召开常委（扩大）会议，传达市委十一届十四次全会精神。区委书记杨斌强调，要深入学习贯彻全会精神，进一步统一思想，强化认识。全会审议通过的《北京城市总体规划（2016—2030年）》在北京城市发展史上具有十分重要的意义，是新时期北京城市发展的行动指南，尤其是指导副中心建设的纲领性文件。要结合总书记两次视察北京重要讲话精神，结合城市副中心规划编制，把中央、市委对城市副中心建设的指示和要求细化成一个个的专题，真正把中央、市委对北京城市副中心建设的指示精神学深、学透。5月27日，区委召开常委（扩大）会议，传达全市领导干部大会精神。区委书记杨斌指出，坚决拥护中共中央关于北京市委市政府主要领导调整的决定。要切实提高政治站位，紧密结合市委市政府正在实施的一系列重大决策，全力以赴将城市副中心打造成为国际一流和谐宜居之都示范区、新型城镇化示范区、“京津冀”区域协同发展示范区的标杆。6月2日，区委召开常委（扩大）会议。区委书记杨斌传达北京市区委书记会议精神，强调要切实提高政治站位，全面贯彻落实好市委、市政府对当前工作提出的系列要求，把副中心建设工作继续推进好；要全面服务好市级机关入驻副中心，以全力争创全国文明城区工作为抓手，推动规划建设、服务水平和城市管理水平再上新台阶。同时做好环境保护、大气治理、防汛、维稳安保等工作，为市第十二次党代会和中共十九大胜利召开营造安全稳定的社会环境。6月9日，区委召开常委（扩大）会议。区委常委、组织部部长韦江传达市委书记蔡奇在市委党建工作领导小组会议上的重要讲话精神。区委书记杨斌强调，要把“两学一做”学习教育作为全面从严治党的战略性、基础性工程，融入日常、抓在经常，确保取得实实在在的效果；要把握规律，不断深化对快速城市化进程中党建工作特点和规律的认识，拓展思路，积极推进传统领域党建工作创新，在新兴领域“两个覆盖”方面取得实质性突破。6月16日，区委召开常委（扩大）会议。区委书记杨斌，区委副书记、区长张力兵分别传达市委十一届十五次全会精神和市级环保督察动员部署会精神。杨斌要求，要全力以赴迎接市级机关入驻、“创城”迎检、维护安全稳定等几项大考，集中力量抓好落实。要将这次环保督察工作作为推动生态环境建设的重要抓手，积极配合，对督察出的问题采取有力措施，坚决整改，促进自身工作不断完善提高。7月3日，区委召开常委（扩大）会议。区委书记杨斌传达市委书记蔡奇，市委副书记、代市长陈吉宁调研大运河文化带保护利用工作重要讲话精神，并就学习领会和贯彻讲话精神提出要求。7月10日，区委召开常委（扩大）会议。区委书记杨斌传达市委市政府疏解整治促提升现场推进会精神，并就做好通州区疏解整治工作提出要求。7月18日，通州区召开常委（扩大）会议。区委副书记、区长张力兵传达习近平总书记在审议北京城市总体规划时的重要讲话精神和市委书记蔡奇在十二届二次全会第一次全体会议上的重要讲话。区委书记杨斌传达蔡奇书记的总结讲话，并就抓好全会精神的学习和贯彻落实提出要求。8月28日，区委召开常委（扩大）会议。区委副书记、区长张力兵传达市委书记蔡奇，市委副书记、代市长陈吉宁调研通州讲话精神。区委书记杨斌就贯彻落实调研精神提出要求。9月11日，区委召开常委（扩大）会议。区委书记杨斌传达北京市对口支援工作表彰大会、十九大安保维稳工作动员誓师大会及代市长陈吉宁调研通州讲话精神，并要求深刻领会会议精神，进一步提高政治站位，全力做好对口支援工作及十九大安保维稳工作，认真落实各项安保维稳任务，坚决守好北京的东大门。9月29日，区委召开常委（扩大）会议，传达学习贯彻党中央、国务院批复《北京城市总体规划（2016—2035年）》精神和市委书记蔡奇在深化监察体制改革试点工作督察座谈会上的讲话精神。区委书记杨斌主持并强调，要增强战略思维，把握发展大势，牢固树立用示范和标杆推动工作的意识，用历史的、发展的眼光思考和处理问题，把城市副中心建设工作继续推进好。11月8日，区委召开常委（扩大）会议。区委副书记、区长张力兵传达市委十二届三次全会精神及中共十九大北京市服务保障和维稳安保总结大会精神。杨斌指出，要全力做好市级机关搬迁服务工作；要牢固树立“通州无小事”意识，时刻绷紧安全稳定这根弦；要坚决完成好全年任务，谋划好明年工作。11月11日，区委召开常委（扩大）会议。区委书记杨斌传达市委书记蔡奇，市委副书记、代市长陈吉宁到通州调研讲话精神和全市城市基层党建工作座谈会暨市委党的建设工作领导小组会议精神，并对全区下一步工作提出要求。杨斌强调，服务好市级机关搬迁是全区上下义不容辞的责任，各级各部门一定要牢固树立“副中心无小事”意识，时刻绷紧维护安全稳定这根弦，以优异的成绩，向党中央、向市委、向全区人民交上一份满意的答卷。11月18日，区委召开常委（扩大）会议，对全市领导干部警示教育大会精神进行再学习、再反思、再落实。区委书记杨斌强调，要深入学习贯彻落实，切实增强在城市副中心建设中全面从严治党的使命感和责任感；要确保城市副中心建设各项任务廉洁高效推进；要以落实会议精神为契机，狠抓副中心当前各项工作。11月27日，区委召开常委（扩大）会议。区委副书记、区长张力兵传达市委通报大兴区“11·18”重大火灾事故和朝阳区红黄蓝幼儿园涉嫌伤害儿童事件处置情况。区委书记杨斌主持并强调，要切实提高政治站位，进一步强化“首都无小事”意识，为中央站好岗、放好哨，守好首都“东大门”；要紧盯重点领域，特别是瞄准“三合一”“多合一”场所，坚守安全红线和底线，打好攻坚战、持久战，坚定不移、不留隐患、持续深入推进各项工作。11月29日，区委召开常委（扩大）会议。区委副书记、区长张力兵传达区委书记会议精神，再次部署全区“三大”专项行动和加强幼儿园安全规范管理工作。区委书记杨斌主持并强调，要按照市里部署，结合地区情况，督促企业履行主体责任，统筹安排专项行动，确保工作平稳有序；要加强幼儿园安全规范管理，对非注册幼儿园建立长效管理机制。12月11日，区委召开常委（扩大）会议。区委副书记、区长张力兵传达习近平总书记关于进一步纠正“四风”、加强作风建设重要批示精神。区委书记曾赞荣强调，要提高站位，深刻学习总书记重要批示精神；要立即传达，聚焦作风建设认真对照查摆；要全面从严，坚决进行整改形成长效机制；要落实落地，以过硬作风助推副中心各项工作。12月24日，区委召开常委（扩大）会议，传达市委十二届四次全会精神。区委副书记、区长张力兵传达市委全会精神和市委书记蔡奇，市委副书记、代市长陈吉宁讲话精神。区委书记曾赞荣主持并强调要深入学习贯彻全会精神，统一思想，统一认识，统一行动；要全面抓好规划的贯彻落实，进一步谋划好副中心的产业发展，坚定有序地推进疏解整治促提升，补齐短板，抓好全面从严治党。

【区委六届二次全会】 1月13日，通州区委六届二次全会召开。区委书记杨斌主持。会议审议并通过通州区推荐提名北京市出席中共十九大代表人选。

【区委六届三次全会】 5月9日，区委六届三次全会召开。区委常委、组织部部长韦江作关于通州区出席北京市第十二次党代会代表候选人初步人选推荐工作情况的说明和《关于召开中国共产党北京市通州区代表会议的决议（草案）》的说明。全会投票确定出席市第十二次党代会代表候选人预备人选，通过了召开区党代表会议的决议，决定于5月16日召开区党代表会议，选举产生通州区出席市第十二次党代会的代表。区委书记杨斌对做好选举工作提出要求，要认真做好会议各项筹备工作，严肃纪律、严把程序，确保实现市委和区委组织意图。

【区委六届四次全会】 11月9日、10日，中共北京市通州区第六届委员会第四次全体会议召开。会议审议通过区委常委会工作报告，审议区委常委会抓党建工作情况报告，听取讨论全区经济社会发展工作的报告，审议通过《中国共产党北京市通州区委员会工作规则》《中国共产党北京市通州区第六届委员会第四次全体会议决议》。区委书记杨斌代表区委常委会，就贯彻落实全会精神提出要求。

【中共北京市通州区代表会议】 5月16日，中共北京市通州区代表会议召开。区委副书记付晓辉主持。区委书记杨斌代表区委，就通州区出席市第十二次党代会代表的产生程序、构成情况进行说明，并对选举工作提出要求。会议通过总监票人、副总监票人和监票人名单，宣布正式代表候选人名单，并进行选举。根据计票结果，确定了通州区出席中共北京市第十二次代表大会代表。

（蔺　艳）

组织工作

【概　况】 截至2017年年底，全区有2367个基层党组织，61708名党员；有处级干部1029人，其中，处级领导干部655人。在区委的坚强领导下，全区组织系统把握学习贯彻习近平新时代中国特色社会主义思想和中共十九大精神这条主线，认真落实市委、区委各项部署要求，真抓实干，开拓奋进，为城市副中心建设提供组织保障。

2017年，重点抓了四件大事。第一，抓好中共十九大精神学习贯彻。履行双重责任，既带头学习贯彻，推动全区组织系统落实首要政治任务，又积极站位履职，举办4期集中轮训班，对全区处级领导干部进行全覆盖培训，推动党员干部在学懂、弄通、做实上下功夫。第二，全力服务保障城市副中心建设。以市级专班进驻为契机，在全市率先推进市、区两级干部“双向挂职”常态化，选派一批优秀中青年干部到副中心一线实践锻炼，力促工作推进和干部素质提升。加强对行政办公区周边基层党组织调研指导，探索推进基层党建领导基层治理创新。第三，完成三大选举任务。分别选举出区监察委员会主任、出席市第十二次党代会的22名代表和市第十五届人代会的43名代表，为市、区政治生活中的大事提供坚实保障。第四，扎实推进“两学一做”学习教育常态化制度化。实施“1+4”制度体系，加强巡回督导，力促学习教育抓在日常，严在经常，实现与副中心重点工作深度融合，引导广大党员干部在创建全国文明城区、服务市级机关入驻、棚改拆迁、疏解整治促提升等重大任务中主动向前、担当作为。

在抓好几件大事的同时，全区组织系统各项工作取得新进展和新成效。第一，持续建强骨干力量，推动领导班子和干部队伍建设与副中心建设需要更加匹配。坚持正确选人用人导向，全年调整干部15批401人次。加强领导班子建设，推动干部队伍知识结构、专业结构、年龄结构持续优化。改进干部考察方式，围绕“创城”、环保督察等重点工作开展“贴近式”考察。实施精准培训提素质，直接举办各类培训班26期，培训党员干部人才4735人次（处级干部1300余人次）。从严管理监督干部，对不如实报告个人有关事项的40名干部进行约谈，完成全部112名超职数配备干部清理工作。第二，持续夯实基层基础，推动基层党建工作体系更加规范、作用更加突显。立足党建引领、融入和服务，强化基层党组织政治功能和服务功能。加强党支部规范化建设，实施“党员E先锋”系统试点，创新推出基层党建考核评价指标体系，500个试点支部规范化建设取得明显成效。统筹推进各领域基层党建，大力加强城市基层党建，制定实施党建引领城市副中心建设行动方案，为服务保障市级机关入驻筑牢基础。完成基层党组织书记大轮训，实施“梧桐”“青苗”工程，培养村和社区后备干部。加强党群活动服务中心等阵地建设，落实专项扶持资金和保障经费1.4亿元，基层党建保障水平大幅提升。第三，持续引才兴才聚才，推动人才工作走向高端发展、协同创新。落实高层次人才队伍建设五年行动计划，启动实施海外高层次人才引进计划（“灯塔计划”）和高层次人才发展支持计划（“运河计划”），首批评选“两高”人才193名，加速高层次人才聚集态势。推动人力资源服务产业园区项目取得突破性进展，持续深化通武廊人才一体化进程，推进人才与产业融合发展，不断优化区域人才发展环境。第四，持续加强自身建设，努力建设“讲政治、重公道、业务精、作风好”的模范部门。坚持打铁必须自身硬，践行“最忠诚、最干净、最担当”“最信任、最放心、最倚重”要求，弘扬“安专迷”精神，围绕提升组织工作规范化科学化水平、加强组织部门政治文化建设开展主题实践活动。此外，组工宣传、调查研究、党员干部现代远程教育等工作取得积极成效。

【换届选举工作】 1月，协助区委统战部做好区工商联领导班子人选考察工作。3月28—30日，选举产生区监察委员会主任、区六届人大法制委员会主任委员和教育科技文化卫生体育委员会主任委员。6月28日，协助完成区红十字会第四次会员代表大会换届选举工作任务。7月起，协助双管单位公路分局党委、纪委和邮政分公司党委开展换届相关工作。11月20—24日，选举产生北京市第十五届人民代表大会代表43人。12月28日，协助召开通州区残疾人联合会第五次代表大会，完成换届选举任务。

【领导班子建设】 年内，健全领导班子综合研判制度，定期对全区处级班子开展基础性分析、常规性分析、延伸性分析和个性化分析，持续推进领导班子知识结构、专业结构、年龄结构优化提升，不断增强领导班子整体功能。1—2月，区纪委机关、区委组织部联合选派34名干部，组成6个督导组，全覆盖、全过程指导完成全区处级单位民主生活会。8月21日，召开会议宣布运河街道（后确定名称为潞源街道）办事处筹备组成员名单。7月起，派出专项考察组，到区文明办、环保局、安监局、城管执法局、北苑街道、马驹桥镇等单位开展“贴近式”考察。

【干部选拔任用】 年内，坚持“看状态、看作为、看担当”，树立正确的选人用人导向，始终把政治标准放在首位，严把选人用人关口。坚持“听其言、观其行、察其绩”，多维度精准科学识别干部，大力选拔任用城市副中心需要的好干部。1—6月，开展2017年通州区选调生面试、体检、公示、政审等工作，有13名选调生与用人单位签订三方协议。5—6月，配合区纪委做好全区派驻纪检监察组组长任命以及全区部分处级纪检监察干部的调整工作。9—11月，完成区内118名选调生的信息采集、信息录入和信息上报工作。年内，开展2016年度试任职处级干部的试用期满考察工作，全年考察并同意正式任职干部21人。

【干部管理监督】 年内，对150余名领导干部个人有关事项报告进行查核，对不如实报告个人有关事项的40名干部进行约谈，在全区营造了自觉如实申报的良好氛围。1月，为25名团职军转干部办理组织关系、工资关系、医保关系等相关手续的接转。7月，妥善完成31名超职数配备干部的清理工作。开展乡镇街道处级干部职务与职级并行工作，全年同意晋升正处级工资8人。8月，印发《关于核实部分科级干部相关信息的通知》，对副处级后备干部的基本信息进行核实。梳理不符合政策规定的区直属部门党政分设情况，截至12月底，清理完成15人。

【党代表推荐提名及选举工作】 1月11日，推荐提名区委书记杨斌等3人作为北京市出席中共十九大代表候选人。1月13日，召开区委全会，审议通过通州区推荐提名北京市出席党的十九大代表人选。2月13日，召开选举出席市第十二次党代会代表工作部署暨培训会。3月15日，区委常委会审议通过出席市第十二次党代会代表候选人初步人选。5月16日，选举产生出席市第十二次党代会的22名代表。

【人才引进培养】 1月17日，第九批“人才京郊行”总结对接会在通州召开，会议对第八批“人才京郊行”工作进行总结，并做好第九批5名挂职干部对接工作。10月26日，北京市农林科学院到通州区挂职干部座谈会召开，4名年轻干部分别到4个乡镇进行为期一年的挂职锻炼。

【干部培养锻炼】 2—11月，选派6人到内蒙古自治区、中央金融单位、湖北省十堰市、河北省雄安新区挂职。3—12月，接收中央部委、西藏、中央金融单位、市法制办、清华大学等挂职干部21名。6—7月，分两次召开全区年轻干部座谈会，引导23名年轻干部走好基层锻炼的每一步。

【“两学一做”学习教育常态化制度化】 2月23日，召开区委“两学一做”学习教育协调小组第三次会议，印发《通州区2017年“两学一做”学习教育工作要点》。7月11—14日，举办“两学一做”学习教育基层党组织书记培训班，分2期对全区1600余名基层党组织书记进行全覆盖培训。7月27日，召开推进“两学一做”学习教育常态化制度化工作会。

【2017年通州区组织工作部署会】 2月24日，召开2017年通州区组织工作部署会，传达全国、全市组织部长会议精神，总结2016年全区组织工作，对2017年组织工作重点任务进行部署。要求干部工作突出抓担当作为，基层党建工作突出抓系统推进，人才工作突出抓改革创新，全面提升新形势下组织工作水平。区委常委、组织部部长韦江出席会议并讲话。

【党（工）委书记抓基层党建述职评议考核工作】 2月28日，召开2016年度乡镇党委、街道党工委书记抓基层党建述职评议考核会。13位街乡党（工）委书记就2016年党建工作进行述职。3月27日，召开2016年度区属城口单位党（工）委书记抓基层党建述职评议考核会。

【优化人才发展环境】 3月，启动通州区首届“两高”人才评选工作，有11人入选“灯塔计划”，182人入选“运河计划”。

【干部教育培训】 3月5日—6月2日，选派5名处级领导干部参加北京大学第二十期现代公共管理高级研修班学习。3月6日，举办学习贯彻“中共十八届六中全会精神”集中轮训班，分3期对全区540余名处级领导干部进行轮训。3月20日，举办2017年优秀中青年干部培训班，对36名优秀中青年干部进行为期3个月的理论学习和6个月的实践锻炼。3月24日，召开通州区2017年干部教育工作领导小组会。5月3—4日，组织25名新任党委（党工委、党组）书记进行专题培训。5月22—26日，举办第十一期新任处级领导干部培训班，对全区46名新任处级领导干部进行脱产培训。6月5—9日，举办城市副中心“深化改革与体制机制创新”专题研修班，组织35名干部赴浙江大学培训。7月24日，召开城市副中心现场教学点筹建工作推进会。7月31日—8月25日，选派5名干部参加清华大学领导干部领导力提升高级研修班。9月4—29日，举办第二十五期处级领导干部进修班，对33名处级领导干部进行脱产培训。12月10—25日，举办拉萨市城关区贫困村致富带头人培训班。

【基层党员干部队伍建设】 3月27日，召开农村党支部班子专题组织生活会观摩会，宋庄镇王兴庄村党支部进行专题组织生活会展示。6月29日，召开纪念中国共产党成立96周年座谈会，区委书记杨斌出席会议并对全区党员提出要求。7月3—11日，举办4期村党组织书记、村委会主任集中培训班。8月2—6日，举办基层干部党性教育专题示范培训班，对30余名基层优秀党务工作者、村级党组织书记进行为期5天的脱产培训。12月9—10日，依托“党员E先锋”微信公众号试点开展在职党员回居住地党支部集中报到活动，1.8万余名各领域在职党员完成报到工作。年内，发展党员704名，统筹做好党员教育管理监督工作。

【人才工作领导小组（扩大）会议】 5月9日，召开通州区2017年第一次人才工作领导小组（扩大）会议。传达学习《习近平关于人才工作论述摘编》的有关要求，通报2016年通州区人才工作调研检查反馈意见和农村实用人才工作考核评估反馈意见，总结2016年人才工作折子工程完成情况，审议通过《通州区人才工作领导小组2017年重点工作安排》等文件，听取2017年通州区人才公寓配租工作和中国北京人力资源服务产业园区通州园建设工作情况的汇报，签订2017年度《人才工作目标责任书》。12月7日，召开通州区2017年第二次人才工作领导小组（扩大）会议。会议学习了中共十九大报告中关于人才工作的有关要求。审议通过《通州区高层次人才创新创业平台2017年度资金扶持方案》、通州区2017年“两高”人才工程拟入选人员等名单。

【“通武廊”人才一体化发展】 5月12日，启动首批“通武廊”人才挂职交流工作，18名来自北京通州、天津武清、河北廊坊的优秀人才代表分赴三地相关部门开展为期半年的挂职锻炼。12月18日，通武廊第三次人才工作联席会在河北廊坊召开，审议通过了《通武廊人才一体化发展协调办公室工作机制》《通武廊高层次人才服务绿卡制度（试行）》及首批获得“通武廊”高层次人才服务“绿卡”人员名单。12月19日，“通武廊”高层次人才服务“绿卡”授卡仪式在河北廊坊举办，29名三地高层次人才获得人才服务“绿卡”。

【优化人才发展环境】 5月24日，开展第五届“通州区人才工作创新项目奖”项目申报工作，经专家评审、小组会审议，对12个人才工作创新项目进行立项。7月31日，启动第三届“通州青年英才奖”评选表彰活动。12月26日，区委、区政府授予王旭昀等10人第三届“通州青年英才奖”荣誉称号。8月15—18日，举办第十二期专家理论读书班。9月14日，启动2017年度人才公寓配租工作，25户申请家庭成功配租。

【组织工作信息化建设】 6—8月，对处级领导干部信息库进行审核更新，实现包含600余名区管处级领导干部信息的管理系统在PAD端扩展应用。11月2日，召开“党员E先锋”信息系统工作动员部署暨工作培训会，对全区党委、党总支、党支部三个层面的800名管理员进行培训。11月13日，召开“党员E先锋”信息系统管理员座谈会，梳理进展情况和存在问题60余条。

【区委党建工作领导小组会议】 6月8日，召开区委党的建设工作领导小组第10次会议，审议通过了《中共北京市通州区委党的建设工作领导小组办公室职责任务和议事规则》和《通州区党建引领城市副中心建设行动方案》。6月9日，召开区委党的建设工作领导小组会议，传达市委党建工作领导小组会议精神。8月15日，召开区委党的建设工作领导小组第11次会议，听取关于调整区委党的建设工作领导小组成员的建议，研究了《通州区基层党建工作考核评价指标体系》。

【区委党建工作领导小组专题会议】 7月4日，召开区委党的建设工作领导小组第1次专题会议，审议通过了《关于持续开展“百家单位联百村、千家支部进农户”帮扶农村工作的指导意见》。8月8日，召开区委党的建设工作领导小组第2次专题会议，听取了推进党支部规范化建设、抓党建工作力量等有关情况的汇报。10月20日，召开区委党的建设工作领导小组第3次专题会议，研究了加强全区中小学校党的建设工作，审议了《区委常委会抓党建工作情况报告》等。

【党员干部现代远程教育】 8月8日，举办2017年党员教育电视片观摩交流活动，对受到市级表彰的个人和作品、2016年通州区党员教育电视片观摩交流活动获奖作品及单位进行表彰，部署2017年党员电教制片工作。8月15日，开展“迎接十九大，筑梦副中心”——通州区优秀党员教育影视作品展播活动，年内放映4000余场次。

【“党建引领，相约守护进通州”活动】 9月1日，启动“党建引领，相约守护进通州”活动。区委组织部与市医院局党委对接，通过地方党委搭平台、基层党委手拉手、基层支部结对子、党员弘扬正能量，组织市属医院百余个党支部、近千名医务工作者，走进通州区农村、社区、机关、企业、工地、学校，开展义诊宣教等活动。截至12月底，累计受益近2万人次。

【基层党建“三级联创”调研检查】 9月5—6日，全市基层党建九方面重点任务暨城乡党基层党建“三级联创”调研检查组到通州，通过座谈交流、实地查看、个别访谈等方式深入调研检查。

【党支部规范化建设】 9月20日，召开通州区推进党支部规范化建设试点工作动员部署暨工作培训会议。部署了党支部规范化建设试点工作及基层党建工作考核评价体系试行工作。围绕“一规两册一表一体系”使用要求对基层组织部部长、政工科长，以及全区500个试点党支部书记进行培训。

【学习贯彻中共十九大精神】 10月11日起，开展“我为十九大点赞”照片征集活动，收到照片1000余张。10月31日，印发《关于组织好基层党支部学习贯彻党的十九大精神的通知》，各党委（党工委）形成153篇心得体会和典型案例。11月27日—12月22日，分4期举办通州区处级领导干部“学习贯彻中共十九大精神”集中轮训班，对全区602名处级领导干部进行全覆盖集中培训。

【村党组织第一书记相关工作】 11月20日，召开通州区第一批村党组织第一书记任期述职评议暨总结会，11位第一书记围绕两年来的驻村工作进行述职。12月19日，召开通州区村党组织第一书记工作电视电话会议，区委副书记赵磊同志出席会议。12月27日，召开第三批村党组织第一书记动员出征会，区第一批和第三批第一书记代表进行了交流发言。截至12月底，全区有市、区两级第一书记34人在村任职。

（张可强）

宣传工作

【概　况】 2017年，全区宣传思想文化工作聚焦“一条主线”，着力“三大任务”，团结凝聚全区干部群众的强大力量，切实形成良好的理论氛围、舆论氛围、文化氛围、社会氛围，鼓舞全区人民为建设好北京城市副中心砥砺前行。聚焦“一条主线”：以建设北京城市副中心的优异成绩迎接中共十九大召开。着力“三大任务”：学习宣传贯彻习近平总书记系列重要讲话精神，为中共十九大召开营造良好的思想舆论氛围；为四大市级机关迁入通州营造良好的人文环境，狠抓市民素养提升工程，切实培育副中心意识；举全区之力，集全民之智，打赢全国文明城区创建攻坚战。

年内，组织区委中心组成员开展学习研讨，组建区级宣讲团和25支宣讲分团开展集中宣讲，利用区属理论学习平台刊发“十九大”专刊，下发学习书籍，确保中共十九大精神覆盖全区。发挥区属媒体及新媒体矩阵作用，开设《十九大时光》《砥砺奋进的五年》等专栏，宣传全区干部群众喜迎中共十九大良好精神面貌和学习贯彻实际行动。开展环境布置，开展“十九大精神进楼门”“十九大精神朗读者”等各类文化活动。将学习宣传贯彻总书记系列重要讲话精神为重大政治任务，切实抓好党员干部思想理论建设。充分发挥区委理论中心组作用，全年开展集中学习活动16次，其中，学习总书记讲话精神15次。注重丰富学习形式，将集体研讨作为重要形式，开展研讨学习5次，增强学习的主动性针对性。综合运用理论宣讲、《通州党员学习参考》、手机报、新媒体微信平台等方式，将中央精神、市委和区委的部署要求以及城市副中心建设的成果传递到全区2000余个党支部和5万名党员之中。

年内，在中央和市级主流媒体刊发播出稿件1280条，其中，在中央电视台播出新闻24条、在北京电视台《北京新闻》播出82条，《北京日报》头版刊发33条。在宣传内容上，切实做到重点突出，比如报道疏解整治促提升的稿件达到317条。完成重点集中采访任务8件，其中，包括中宣传部组织的“京津冀”协同发展，生态文明建设，“为了总书记嘱托”集中采访活动，市委宣传部组织的“疏解整治促提升”集中采访活动，区委、区政府主要领导前往北京广播电台、北京电视台和非紧急救助中心接受专访等采访任务。开展与《北京日报》、北京电视台、《法制晚报》等多家市级媒体的合作，主动借助外脑，统筹推动通州电视台和《通州时讯》品质提升建设。

年内，研究制定《通州区舆情分级预警机制》和《通州区公共政策风险评估机制》，全年启动舆情一级预警5次（金色摇篮幼儿园虐童事件、境外媒体报道行政办公区入驻等），二级预警16次（永乐店垃圾焚烧、“煤改气”舆情等），三级预警10次，初级预警112次，使很多苗头性的舆情在第一时间得到有效处置，避免了引发更大舆论漩涡的可能性。全年形成通州区舆情日报207期，向涉事单位流转、处置负面舆情147件。围绕市委市政府和区委区政府的中心工作，开展网络宣传。打造了包括微信、微博在内的北京城市副中心官方新媒体发布平台，陆续开通今日头条、一点资讯、北京时间、搜狐、凤凰等多个头条号，形成头条号矩阵，及时准确地发布副中心建设发展的最新消息。大力提升北京城市副中心在传播上的覆盖和品牌知名度。8月26日，通州政务平台“北京通州发布”在微博、微信平台进行网络双直播，主题为“七夕，去哪遇见你”。微博话题阅读量达9517万，话题讨论量达8.5万次，七夕节当天排名全国热点社会排行榜首位。

年内，修订完善《通州区党委（党工委、党组）意识形态工作责任制督察考核办法》，把意识形态八个方面主体责任和网络意识形态工作的有关要求，细化分解成9类59项具体工作，为基层党组织抓好意识形态工作画好“路线图”。针对“一带一路”、中共十九大、三大行动等风险点和关键点，先后组织召开4次意识形态分析研判会，及时掌握意识形态领域新情况、新问题，确保意识形态领域平稳。与97个处级单位党委（党工委、党组）签订意识形态责任书。同时，把意识形态工作纳入基层党建述职评议工作内容，全区99个处级单位、468个村党组织、120个社区党组织全部完成述职考核工作。成立宋庄艺术区党委和宋庄艺术区新的社会阶层人士联谊会，强化对宋庄地区艺术人员的管理。严格落实展览备案制度，对所有重点艺术家和作品进行反复确认，对题材敏感、有异议的艺术作品及时介入、妥善处置。统筹协调政法、公安、国保、文化执法等部门，及时了解和掌握重点人员情况动态。妥善处置“栗某某电影基金会展演敏感题材电影”一事，将该活动阻止于萌芽之中，未产生不利影响。组织开展“清源2017”“固边”“秋风”等专项行动，检查印刷企业300余家，会同安徽警方查获非法出版物154种、19万余册；会同山东聊城警方查获非法出版物86万余册；配合浙江嘉兴警方查获非法出版物30余万册。

通州区在文明创建过程中，坚持把全国文明城区创建作为推进城市副中心建设的重要载体和有效抓手，大力实施政务效能工程、文化环境净化工程等八大工程，聚焦民生指标，解决群众关注的一批重点难点问题，在政务、法治、人文等环境建设和长效常态的创建工作机制等方面成效显著，城市文明程度显著提升。2017年11月17日，北京市通州区被中央文明委正式授予“全国文明城区”称号。实施市民素质提升工程，制定《通州区市民文明素质提升行动实施方案》《关于做好村规民约和居民公约修订完善工作的指导意见》，实施文明引导、陋习抵制、文化惠民、移风易俗、小区环境整治等“八大行动”。明确29项具体工作任务，着力解决影响城市副中心形象的痼疾顽症。突出抓好农村移风易俗工作，有效管控婚丧大操大办、吹吹打打等陋习，培养市民的规则意识和文明行为习惯。全面修订村规民约、居民公约，引导市民在参与城市建设和管理中提升自身素养，树立城市副中心的良好形象。加强公民思想道德建设，评选表彰“通州榜样”53人，其中“通州榜样”段玉仙荣获第六届“全国道德模范”提名奖。注重把核心价值观融入精神文明创建和城市副中心建设全过程，建成核心价值观主题公园和主题街道；搭建网络宣传平台，举办公益广告大赛、“情系副中心 德耀文明城”百姓宣讲、“情暖2017”电视栏目等特色活动，成功举办第五届北京七夕文化节系列活动，社会正能量得到大力弘扬。

以全国文化中心建设为契机，全力推进大运河文化带建设，城市副中心的文化实力不断增强。成立通州区推进全国文化中心建设领导小组，下设思想引领组、生态环境组、文化建设与文物保护组、文化创意产业发展组、运河文化宣传与内涵挖掘组、台湖演艺小镇组等6个专项工作组，在领导小组统筹下开展工作。研究制定《通州区推进全国文化中心建设领导小组及办公室工作规则》和《通州区推进全国文化中心建设重点任务清单》，涉及通州区的27项内容分解为44项具体工作任务。定期召开办公室专题会议，研究推进重点难点工作，确保每项任务有序开展、落在实处。编制完成《大运河文化带保护建设五年行动计划》，启动古城核心区、张家湾古镇、桥闸坝码头总体保护等相关规划编制工作。实施文物修缮工程，完成对重点文物燃灯塔的主体修复工程，启动对通运桥、晾鹰台、圆通庵等文物的修缮工作。切实加强非物质文化遗传的传承利用，运河船工号子、里二泗小车等非物质文化遗产代表通州区参加北京市“文化和自然遗产日”展览。加强文化领域的专题规划和研究，编制完成“一规划两研究”，即通州区文化设施专项规划、通州区历史文脉梳理与传承研究、通州区城市文化传承与特色发展研究，明确全区下一步文化发展的基本思路、基本方向。编制城市副中心文化地图，搭建公共文化数字服务平台，推进12处乡镇（街道）级、300处行政村（社区）级公共文化设施达标。启动24小时城市书房项目，在全区范围内合理设置城市书房地点，进行落实建设。高标准举办2017北京·通州运河艺术节等已有品牌活动，深化打造“我们的节日”端午、中秋文化等特色品牌。大力发展文创产业，加快重大项目建设推进，针对台湖演艺小镇、国际艺术品交易中心等一批重点项目，成立工作专班，不断推进副中心文化事业繁荣发展。按照制定文化创意产业发展规划和“1+3”文件精神，协助宋庄艺术小镇和台湖演艺小镇建设。统筹文化创意产业资金使用，开展通州区文创产业人才培训，启动优秀文创项目征集工作。

【“三下乡”集中示范活动】 1月11日，“同歌共舞 新城新梦——2017年通州区文化、科技、卫生‘三下乡’集中示范”活动在西集镇郎东村举行，活动吸引群众500余名，送出各类宣传材料1000余份，春联600余幅、为10户农民拍摄全家福、义诊接待100余人次，受到广大农民朋友的欢迎。

【副中心建设专题报道】 2月24日，习近平总书记视察通州，为做好相关工作，区委宣传部安排工作人员现场提供新闻宣传服务，协调行政办公区、区园林局、区水务局、区文化委配合中央电视台、新华社北京分社、北京电视台等媒体完成相关采访任务。

【百姓宣讲骨干培训班】 3月28日，区委宣传部举办百姓宣讲骨干培训班，邀请市委讲师团百姓宣讲特约专家王和平老师，采取授课、点评、互动提问等方式，结合通州区优秀宣讲员的示范宣讲，详细讲解了宣讲素材挖掘、宣讲稿撰写和宣讲员培训等相关知识。

3月28日，区委宣传部举办百姓宣讲骨干培训班
（区委宣传部提供）

【清明诗会活动】 3月31日，区委宣传部举办2017年通州区“我们的节日——清明诗会”活动，活动以弘扬传统文化、缅怀革命先辈先烈为主题，上演《感悟清明》《囚歌》《我是一条古老的河流》等节目，党员、干部、群众、中小学生500余人参加活动。

【通州区宣传思想文化干部专题培训班】 4月19—21日，通州区委宣传部举办为期3天的2017年通州区宣传思想文化干部专题培训班。邀请北京市思想政治工作研究会朱华东秘书长、中国人民大学胡百精教授、清华大学范红教授为120余名宣传干部从意识形态、新闻传播、城市品牌文化建设等方面作了精彩的讲授。

4月19—21日，举办通州区宣传思想文化干部专题培训班
（区委宣传部提供）

【端午节主题活动】 5月25日，区委宣传部举办2017年“我们的节日——端午节”主题活动，以弘扬传统文化、运河文化为主题，策划《品味乡愁》《龙船调》《节日欢歌》、划旱龙舟、包粽子等节目，进一步展示传统文化和运河文化的底蕴和魅力。

5月25日，通州区委宣传部在西集镇开展端午节活动
（区委宣传部提供）

【优秀百姓宣讲团评选比赛】 6月6日，区委宣传部举办2017年“情系副中心 德耀文明城”优秀百姓宣讲团评选比赛决赛。在5月底的预赛中，来自全区各乡镇、街道和委办局的25个百姓宣讲团参加比赛，有8支宣讲团闯进决赛。经过激烈角逐，区文化委“多彩运河”百姓宣讲团、玉桥街道“副中心里的玉桥人”百姓宣讲团和区公共文明协调办“运河畔上柠檬黄”宣讲团3支队伍获得一等奖。

【第五届北京七夕文化节】 8月25—28日，举办由首都文明办、通州区委、通州区人民政府共同主办，通州区委宣传部、区文明办、区文化委等单位承办的“情定运河 圆梦七夕”第五届北京七夕文化节活动。组织开展了七夕节开幕式暨通州区“幸福家庭”表彰活动、“缘来是你”鹊桥会大型交友活动、经典爱情影片展播、师徒三代话七夕、“巧过七夕幸福通州”文化互动、七夕文化灯会等一系列蕴含七夕文化内涵的群众性文化活动，丰富了群众的精神文化生活，充分展现了通州地域文化和运河文化的底蕴和魅力。

8月26日，通州区委宣传部在运河文化广场举办“情定运河 爱在七夕”2017年北京第五届北京七夕文化节相亲大会（区委宣传部提供）

【“生态文明”建设专题报道】 9月12日，为认真落实中宣部工作部署，区委宣传部协调17家央、市级媒体参与集中采访活动。协调区文化委、区水务局、区园林绿化局主要领导针对大运河文化带建设、生态和水环境治理等内容介绍相关情况，并安排到大运河森林公园进行实地采访。相关内容分别在《人民日报》、人民网、新华社、《光明日报》等17家媒体进行报道。

【召开通州区推进全国文化中心建设领导小组第一次会议】 10月10日，召开通州区推进全国文化中心建设领导小组第一次会议，进一步明确通州区推进全国文化中心建设领导小组（即大运河文化带建设领导小组）机构职责和人员组成，设立思想引领、文化建设等6个专项工作组，并结合副中心建设，安排部署了保护好、传承好、利用好历史文化遗产；率先全面建成文化小康等五大类重点项目，明确负责单位以及分管区级领导，将责任落实到单位、个人。会议由区委副书记、区长张力兵主持，区领导杨斌、查显友、李亚兰以及55家成员单位主要领导参加会议。

【百姓宣讲团专场报告会】 10月12日，区委宣传部举办“不忘初心 砥砺前行 迎接十九大 通州区‘情系副中心 德耀文明城’百姓宣讲团专场报告会”。8名来自基层的普通干部群众，以真人、真事、真感情，讲述城市副中心建设过程中发生的可喜变化，从群众视角传递老百姓的获得感和幸福感。

10月12日，区委宣传部举办“不忘初心 砥砺前行 迎接十九大 通州区‘情系副中心 德耀文明城’百姓宣讲团专场报告会”（区委宣传部提供）

【重阳节主题活动】 10月27日，区委宣传部在梨园镇敬老院举办“九九重阳节 浓浓敬老情”重阳节主题活动，策划开展了《祖国万岁》《欢声笑语》《欢乐的那达慕》等12个精彩节目，为老人送去节日的祝福和问候。

【中共十九大精神巡回宣讲】 11月3日，区委召开通州区学习贯彻中共十九大精神宣讲团动员会，正式启动全区学习贯彻党的十九大精神宣讲活动。区委成立通州区学习贯彻党的十九大精神宣讲团，并成立25支基层宣讲分团。宣讲员中既有区委常委、中共十九大代表、离退休老党员，又有劳动模范、党支部书记、普通党员，共计532人。他们走进企业、农村、社区、机关、医院、校园、群团组织、“两新”组织等单位开展对象化、分众化、互动化宣讲，广泛宣传中共十九大精神，开展宣讲活动1086场，受众达到7.133万人次，覆盖全区所有党组织。

（张　祎）

精神文明创建工作

【概 况】 2017年,是通州区精神文明建设的关键之年，是争创第五届全国文明城区的决战之年。全区精神文明建设始终以培育和践行社会主义核心价值观为主线，把握城市副中心建设的历史机遇，围绕全国文明城区测评指标，攻坚克难、开拓创新，全面推进精神文明建设和“创城”工作，进一步提升市民文明素质和城市文明程度，为建设北京城市副中心提供强大的精神动力和坚实的道德支撑。

（王梦茜）

【北京市绿色生活宣讲活动走进通州区玉桥街道】 1月6日，由首都文明办主办，通州区文明办、玉桥街道承办的“V蓝·北京——我的环保日记”绿色生活进社区宣讲活动在玉桥中学举行，首都文明办副主任韩龙彬，区委常委、宣传部长查显友出席活动。来自通州区的市级绿色生活好市民赵国平，以及北京西山试验林场王奇峰和绿色啄木鸟公益组织创始人王涛，现场与社区居民分享了自己践行环保、低碳生活的心得。

【举办“文明过节，拥抱蓝天”主题活动启动仪式】 1月18日，“文明过节，拥抱蓝天”主题活动正式启动，启动仪式由区委组织部、区委宣传部、区文明办、区总工会、区妇联、团区委、区教委、区环保局以及各街道、乡镇联合举办，区委副书记付晓辉，区委常委、组织部部长韦江，区委常委、宣传部长查显友，副区长王岩石、雷晓宁参加活动。区文明办组织各乡镇街道开展“文明过节 拥抱蓝天”群众性宣传活动，并向全区人民发出“低碳环保迎新春 绿色健康过大年”倡议。

（李晓瑜）

【“百姓国学堂”活动在于家务乡正式启动】 2月7日，2017年道德讲堂暨“百姓国学堂”活动正式启动，启动仪式上，区文明办介绍了全区道德讲堂建设情况，以及本年度开展“百姓国学堂”活动的具体安排，将通过把“十德”授课专家团队请进基层道德讲堂，在社区、村镇、学校、机关、企事业单位、部队广泛开展“百姓国学堂”活动，讲解“十德”内涵，宣传中华传统美德，提升市民文明素质，增强道德讲堂活动的影响力。

通州区2017年道德讲堂暨“百姓国学堂”活动在于家务回族乡正式启动 （通州区文明办提供）

【举办“榜样的力量——2016通州榜样”颁奖典礼】 2月17日，“榜样的力量——2016通州榜样”颁奖典礼在通州区文化馆举行，表彰曹健等10名“2016年度通州榜样”和40名提名奖。首都文明办副主任韩龙彬，市妇联、市志愿服务指导中心相关领导，区领导李玉君、付晓辉、韦江、李亚兰，全区各单位分管领导以及历届“通州道德模范”和“通州榜样”、首都文明单位、网络文明传播志愿者、公共文明引导员、创城工作者代表等500余人参加活动。

（王梦茜）

【举办2016年度志愿服务先进典型表彰大会暨2017年学雷锋志愿服务推动月启动仪式】 3月2日，团市委副书记郭文杰，市妇联副主席赵丽君，区领导洪波、查显友、李亚兰等出席大会，区委区政府各部门、各级各类文明单位以及社会各界人士代表500余人参会。会上表彰了2016年度志愿服务“十佳”

个人10名、优秀个人30名、优秀组织30个、优秀项目10个、优秀社区10个、优秀家庭20个。

【学雷锋月宣传志愿活动】 3月5日，通州区公共文明引导员到通州区梨园中心公园，开展学雷锋月宣传志愿活动。活动现场，引导员们自编宣传用语，向市民传递绿色出行，关爱大自然的文明理念，同时开展为市民义务理发、修理自行车、义务打气等志愿服务。活动期间还为市民表演了自编的文艺节目，收到很好的社会效应，现场进行了公共文明引导员招聘工作。

（霍　媛）

【开展“学雷锋志愿服务”社区宣传日活动】 3月12日，通州区开展“学雷锋志愿服务”社区宣传日活动。活动由区文明办、区委社会工委、团区委主办，依托“3·5”学雷锋纪念日，通过“等灯等灯”广场舞展示、义务理发、书法家现场送“福”字等志愿服务活动，弘扬奉献、友爱、互助、进步的志愿服务精神和“行善立德”的志愿理念。

（李晓瑜）

【“益汇通州，志愿同行”2017通州社会组织公益同享汇】 3月23日，通州区举办“益汇通州，志愿同行”2017通州社会组织公益同享汇。市级相关单位领导、区领导、区级相关单位领导、社会组织负责人和120余名志愿者到现场参加活动。活动现场，街道乡镇同社会组织代表签订合作意向书，实现有效对接。本次活动旨在发挥通州社会组织、社会工作者、志愿者能动性，展示和推广社会组织健康发展成果，倡导志愿精神，呼应2017年社会工作“社工让社区更美好”宣传周主题，推进北京社会公益汇成果转化，全力支持城市副中心建设。

【“志愿在创城，服务你我他”——通州区社会组织助力“创城”活动正式启动】 3月31日，市民政局社团办领导、通州区副区长张德启，以及区社工委、文明办、民政局、各乡镇、街道主管社会组织工作的负责人，各社会组织代表、志愿者代表等200余人参加启动仪式。此次活动，是通州区民政局扶持、引领社会组织参与社会治理与服务，助力创城和服务副中心建设的一项重要举措。仪式上，区民政局首先介绍了通州区社会组织发展及助力“创城”工作情况，并发布2017年社会组织助力创城的重点服务项目。

（霍　媛）

【未成年人“清明祭英烈”主题教育活动】 3月27日—4月7日，通州区组织1000多名未成年人到顺鑫营地英烈林缅怀先烈；开展以清明节为契机，引导青少年尊重、继承和弘扬传统，增强爱党、爱国、爱社会主义情怀为主题的活动。通过活动，广大青少年们表示，要继承先贤品质，践行真善美，传播正能量，筑梦城市副中心建设，为通州创建全国文明城区做出自己的贡献。

（杨　雪）

【开展市民实践活动】 4月1日—5月31日，按照首都文明办工作部署，为助力“一带一路”国际合作高峰论坛，动员广大市民当好东道主，在全区组织开展“当好东道主　文明北京人”市民实践活动，发布倡议书，开展文明旅游引导、“当好东道主”绘画、作文有奖征集等活动，激发广大市民当好东道主的自豪感和责任感。

（李晓瑜）

【社区宣传日活动】 4月22日，通州区开展“文明旅游我最美”社区宣传日活动。活动由区旅游委、区文明办、通州公安分局、国资公司主办，区旅游工作领导小组和文明旅游联席会成员单位参加，活动通过播放文明旅游公益广告、设置展板宣传提倡文明礼仪、发放市民文明手册等形式，提升广大市民文明旅游素质和文明旅游意识。

（李晓瑜）

【启动文化通州志愿者结对和建团95周年纪念活动】 4月28日，文化通州志愿者结对和建团95周年纪念活动在通州区图书馆举行，活动总结了2016年文化通州志愿服务情况，部署了2017年工作内容，并在现场启动本次主题活动。

（霍　媛）

【优秀残疾人表彰大会】 5月16日，通州区第二十七次全国助残日文艺汇演暨优秀残疾人表彰大会，在区文化馆举办。北京市残联理事长吴文彦，市残联党组书记郭旭升、通州区人民政府区长张立兵，区委副书记付晓辉，区委常委、政法委书记刘贵明，区人大常委会副主任尚祖国，区人民政府副区长张德启，区政协副主席石宝玉以及通州区残工委成员单位的领导，各乡镇街道残疾人工作者，残疾人500余人参加活动。通州区怡康居家养老助残服务中心董事长郭海螺现场赠送300张居家助残服务券，通州四美国际董事长史长青赠送2000张美发券给残疾人朋友。

（林　森）

【启动道德文化大讲堂活动】 5月20日，为贯彻落实中共中央办公厅、国务院办公厅《关于实施中华优秀传统文化传承发展工程的意见》，宣传社会主义核心价值观，弘扬中华优秀传统文化，不断加强和深化公民思想道德建设，通州区文明办启动道德文化大讲堂活动，依托北京通州运河书院及其专家团队建立“道德文化”讲师团，走进乡镇农村、基层单位道德讲堂，以授课形式传播道德文化，提升市民道德素质。全年开展活动55场。

（王梦茜）

【“文明安全上网”社区宣传日活动】 5月21日，由区文明办、区创城办主办的“文明安全上网”主题社区宣传日活动在万达广场和全区100个“文明加油站”同时举行。该活动依托“5·17”世界电信日，以“参与网德建设　共享网络文明”为主题，倡导广大市民了解网络安全常识，提高网络安全认知，人人承诺文明办网、文明上网，共同营造和维护健康向上、风清气正的网络文明氛围。区经信委、区教委、区司法局、通州公安分局网安大队等相关单位及各乡镇、街道共同开展了此次活动。

（林　森）

【“信用通州”网站升级开通仪式举行】 6月15日，举行“信用通州”网站升级开通仪式。活动现场，区经信委领导讲解了“信用通州”的基本情况及自助查询机的使用规定，区文明办领导宣布“信用通州”正式开通。网站的建成对通州区加快推进社会信用体系建设，不断提升社会公众诚信自律意识有重大的现实意义。

【社区志愿服务工作培训会】 6月21日，为提升社区志愿服务工作专业化、制度化、规范化水平，通州区创城办、区委社会工委组织全区10个街道乡镇、100个社区召开2017年社区志愿服务工作培训会。培训会围绕社区志愿者的登记注册、服务记录、关系转接、兑换服务、褒奖激励、专业志愿服务队伍进社区等方面内容，通过优秀案例解读和相关知识讲解，使社区志愿服务工作者掌握了技能，拓宽了工作思路，为通州区社区志愿服务工作的提升起到积极的促进作用。

【“网传”工作培训会】 6月22日，召开2017年网络文明传播志愿者工作培训会。区内各级文明单位、各乡镇街道“网传”志愿者工作负责人及网络文明传播志愿者等60余人参加会议。北京指尖政务科技有限公司董事长兼CEO董海博担任会议的授课嘉宾。通过此次培训，提升了通州区网络文明传播志愿者队伍的综合素质和业务技能，为充分发挥文明传播作用，助力全国文明城区创建工作奠定了基础。

【食品安全宣传周活动】 6月29日，区食药监局联合相关单位在万达广场举办以“尚德守法，共治共享食品安全”为主题的通州区食品安全宣传周启动仪式。活动现场，区食药监局、区农业局等多家单位，摆放了食品安全法律、诚信建设等方面的宣传展板，向群众发放宣传材料、解答群众问题、实际演示食品检测，活动现场效果良好。从6月29日至7月13日，通州区将以食品安全宣传周为契机，开展30余场进社区、进学校、进工地、进农村、进军营的“五进”活动，通过现场检验、专家讲课、自媒体知识竞答等方式广泛宣传普及食品安全知识，大力营造诚信生产、守法经营的氛围。

（霍　媛）

【“优秀环保公益组织”及“绿色生活好市民”推荐评选活动】 6月30日，通州区开展“优秀环保公益组织”及“绿色生活好市民”推荐评选活动。活动面向全区各单位和广大市民群众，征集绿色环保公益组织案例84个、绿色生活好市民192个。经层层筛选评定，评选出10个通州区优秀绿色环保公益组织、40名“绿色出行、绿色消费、绿色公益、志愿服务”好市民、10个优秀组织单位。同时，向首都文明办推荐北苑街道锦园社区“锦园社区阳光护绿队”等9个优秀组织和33个绿色生活好市民参加市级评选，大力倡导绿色出行、绿色消费、绿色公益和开展绿色环保志愿服务的“三绿色一志愿”生活理念。

（李晓瑜）

【争当“社区文明小使者”活动】 7月5日，区创城办召开会议，对暑假期间组织全区中小学生开展“创城”志愿服务活动进行部署，区委宣传部、区文明办、区教委以及各街道、部分乡镇分管领导参加会议。通过组织一系列丰富多彩的暑期未成年人社会实践活动，提升未成年人思想道德素质，为创建全国文明城区营造浓厚的社会氛围。

（杨　雪）

【“红绿灯”文明引导志愿服务主题活动】 7月9日，在中仓街道车站路与新华东街交叉路口、北苑街道通惠南路与玉带河西街交叉路口，区文明办联合和众泽益志愿服务中心、辉瑞公司、中国建行通州支行开展“红绿灯”文明引导志愿服务主题活动，有30余名志愿者参与活动。

（霍　媛）

【“践行低碳环保”社区宣传日活动】 7月9日，通州区开展“践行低碳环保”社区宣传日活动。活动由区环保局、区文明办主办，区商务委、区经信委、区市政市容委、区城管执法局、区食药监局、区水务局、区科委及各乡镇街道参加，活动依托“6·5”世界环境日，以“绿水清山就是金山银山”为主题，向公众宣传低碳生活、节能减排、绿色发展等理念，展示城市副中心建设成果。

【“诚实做人　守信做事”社区宣传日活动】 7月23日，通州区开展“诚实做人　守信做事”社区宣传日活动。活动由区经信委、区文明办主办，区国税局、区消协、银行部门、区司法局及各乡镇街道参加，活动以“诚信·法制”为主线，动员各行各业社会团体，发起倡议承诺、宣传行业规范、弘扬诚实守信的道德风尚。

【对乡情村史陈列室进行实地检查和验收】 7月25—28日，区文明办成立检查验收小组，对张家湾镇碧海园农耕馆、苍上村、大辛庄村和南姚园村陈列室、台湖镇胡家垡村陈列室、西集镇陈桁村陈列室、永乐店镇大务村陈列室建设情况进行实地检查验收。

【倡导全民节约用电宣传活动】 7月27日，在全区开展“调高一度　利人利己”节约用电宣传活动，下发《关于大力倡导全民节约用电缓解全区高峰用电负荷压力的通知》，向全区发出“调高一度　利人利己”倡议书。

（李晓瑜）

【通州志愿家庭打响“烟头狙击战”】 8月9日，通州区在北苑街道后南仓小区启动“烟头狙击战”主题公益活动。该活动以“烟头不落地　北苑更文明”为主题，同时是北苑街道“宝贝计划”暑期青少年社会实践系列活动之一。启动“遛弯儿计划”，发动居民每天利用半小时时间捡拾垃圾，争做环境卫生监督员，力将“创城效应”常态化。80余个志愿家庭参加活动，捡拾烟头2000余颗。

（霍　媛）

【通州区168个先进单位和地区在全市公示】 8月24日，通州区在全市率先启动2015—2017年度首都精神文明创建先进单位推荐评选工作，经广泛动员部署、自愿申报、第三方机构综合考评、评审委员会审议、媒体公示、区委常委会审议等程序，区文明委向首都文明委推荐申报了168个首都文明乡镇、首都文明村、首都文明社区、首都文明单位（标兵）、首都文明风景旅游区候选单位，经首都文明办审核通过，在全市进行公示。

【“关心关爱未成年人健康成长”社区宣传日活动】 8月26日，通州区开展“关心关爱未成年人健康成长”社区宣传日活动。活动由区环保局、区文明办主办，区教委、区关工委、团区委、区妇联、春晓心理社会工作事务所及各乡镇街道参加，活动利用暑期未成年人回社区报到的契机，通过设置宣传展板、发放宣传材料、开展现场咨询，动员社会各界关心、关爱未成年人健康成长，营造良好的舆论氛围和社会环境。

（李晓瑜）

【“通州区未成年人思想道德建设创新案例”征集评选活动】 9月6日，通州区开展2017年度“通州区未成年人思想道德建设创新案例”征集评选活动。征集创新案例31份，并推荐北苑、史家小学、图书馆案例报送首都精神文明办未成年人思想道德建设工作处参加市级评选。

（杨　雪）

【完成创建全国文明城区测评网上申报工作】 9月10日，《全国文明城区测评体系》和《全国未成年人思想道德建设工作测评体系》按时完成网上提交。提交125份规范文件、222份说明报告、406张实景图片和18个统计表格。

（林　森）

【“闪亮的旗帜——北京城市副中心建设中的北京榜样”主题活动在通举办】 9月20日，由中共北京市委宣传部、首都文明办主办的“闪亮的旗帜——城市副中心建设中的北京榜样”主题活动在通州潞城建设工地举办。副中心建设者胡宪章、白岩、金国红、陆春雷、杨海啸、杨金锋、刘文捷、朱文键、刘亚军、张杰荣获“2017北京榜样·城市副中心建设特别奖”。市委常委、市委宣传部部长杜飞进和市委市政府有关部门、城市副中心建设施工单位、通州区负责人以及建筑工人代表等500多人参加。

（王梦茜）

【“健康生活”社区宣传日活动】 9月22日，通州区开展“健康生活”社区宣传日活动。活动由区卫计委、区文明办主办，各乡镇街道参加，活动依托“9·20”全国爱牙日，以“中医健康社区”为主题，通过组织专家进行医疗义诊、健康咨询，提高广大群众健康意识，养成健康行为，提升健康水平。

【举办“V蓝·北京——我的环保日记”V蓝·北京秀骑行 让出盲道显品行活动】 9月25日，由首都文明办、市环保局、市志联、北京电台主办，通州区文明办、区园林绿化局、区体育局承办的“V蓝·北京秀骑行 让出盲道显品行”主题活动在大运河森林公园举办。活动通过总结展示2017年“V蓝·北京——我的环保日记”环保公益活动阶段性成果、发布“让出盲道 呈现品行”文明骑行倡议和组织绿色骑行，引导广大市民养成“文明骑行”“有序码放”“不占盲道”的良好骑行习惯。首都文明办巡视员韩龙彬、市残联副理事长欧玲、市环保局副局长姚辉、团市委副书记李健、北京电台总编辑王秋，以及市委宣传部、通州区文明办、区园林绿化局、区体育局、全市“绿色生活好市民”代表、京城骑行爱好者、绿色啄木鸟环保公益组织代表等300多人参加活动。

我的环保日记——v蓝•北京秀骑行 让出盲道显品行活动　　（通州区文明办提供）

【“敬老孝老”社区宣传日活动】 10月26日，通州区开展“敬老孝老”社区宣传日活动。活动由区民政局、区文明办主办，区文联、区老龄办、区妇联、区文化委、区图书馆及各乡镇街道参加，活动以重阳节为契机，以“厚德载物，百善孝为先”中华传统美德为活动主旋律，通过举办“欢歌颂扬十九大，炫彩舞动新通州——第一届通州区中老年健身舞蹈展示赛”，倡导全社会敬老爱老，弘扬孝道美德，传承良好家风。

（李晓瑜）

【“为通州榜样点赞 赢运河娃徽章送流量”活动】 10月26日，为培育和践行社会主义核心价值观，进一步深化公民思想道德建设，根据“2017通州榜样”教育活动安排，2017年5—9月上榜的52位“2017通州榜样”月榜人物为2017年度“通州榜样”候选人。区活动组委会定于2017年10月30日至11月13日开展“为通州榜样点赞 赢运河娃徽章送流量”活动，依托“文明通州”微信平台，以为榜样点赞、积攒运河娃徽章、抽奖兑换手机流量的形式，宣传展示月榜人物风采，引导市民在广泛参与中感悟榜样力量，进一步扩大“通州榜样”活动的影响力、知晓率和参与度。

【“2017通州榜样”年度十大榜样人物】 5月至9月，区文明办在全区广泛开展“2017通州榜样”主题教育活动，以此宣传树立一批奋发向上，崇德向善的“通州榜样”。各街道、乡镇以社区、村为基础单元，深入发掘群众身边的榜样模范，进行层层举荐；各委办局以优秀员工为基础，深入挖掘先进典型，采用分级推、集中评的模式开展举荐活动。全区社会各界推荐候选人526人，包括机关干部、部队官兵、学校教师、企事业单位职工以及普通市民等各类人员，具有广泛的代表性。区活动组委会严格按照推荐标准，对候选人进行分类评审，评选出2017年度“通州榜样”10名：杨帆、赵小伟、刘云、梁喜、张海燕、张克金、高淑文、安瑞方、初永德、房超；评选出“2017通州榜样”年度榜样特别奖1名：周庆良。

（王梦茜）

【企业志愿服务评选活动】 12月21日，第四届北京企业志愿服务交流沙龙暨北京企业志愿服务评选颁奖活动在北京渔阳饭店举行。通州区参与评选活动。经过评委会评定，中国建设银行北京通州分行——建行通州分行志愿服务队荣获2017年度北京市十佳企业志愿服务组织奖；北京宏远启智教育咨询有限公司徐立斌同志和通州人民商场金敬聪荣获2017年度北京市十佳企业志愿者荣誉称号；北京鑫宝路服装有限公司马成朋家庭荣获2017年度北京市优秀企业志愿家庭荣誉称号。

（霍 媛）

【杨帆、赵小伟获评2017年度“北京榜样”】 12月27日，市委宣传部、首都文明办在北京电视台大剧院举办“2017北京榜样”颁奖典礼，表彰12名“2017北京榜样”。见义勇为“通州榜样”杨帆、赵小伟获评2017年度“北京榜样”，李天君、田恩广等4人荣获“2017北京榜样”提名奖，徐立斌、韩双喜等11人荣登“2017北京榜样”周榜及月榜，并在活动现场接受表彰。通州区委书记曾赞荣，区委常委、宣传部部长查显友参加颁奖典礼。

（王梦茜）

纪检 监察

【概　况】 2017年，在市纪委市监委和区委的坚强领导下，全区各级纪检监察组织进一步强化“四个意识”，认真学习宣传贯彻中共十九大精神，坚定政治站位，凸显政治本色，肩负起党内监督专责机关和反腐败专门机构的政治责任，强化监督检查，协助党委推进全面从严治党，认真履行监督执纪问责和监督调查处置职责，推动党风廉政建设和反腐败工作取得新进展，为北京城市副中心建设提供了坚强保障。

【三项改革任务】 稳步推进监察体制改革试点工作。2017年，通州区在全市第一批成立监察委员会，第一家实现区纪委区监委合署办公，在北京市第一例使用留置措施并完成全国首例留置案件的审结工作，市纪委市监委认为通州区监察体制改革工作“形成可供参考和复制的通州经验”。在留置案件办理过程中，通州区开创性地设计了监察委的各种文书，其中，使用留置措施的部分文书，被《砥砺奋进的五年》大型成就展作为全国监察体制改革试点工作重大成果予以展出。监察体制改革之后，通州区纪委区监委向乡镇、街道分别派出监察办公室、监察组，在8个农村、社区中开展设立监察干事试点工作，实现对全区所有行使公权力的2.3万名公职人员监察全覆盖。

【派驻机构改革】 根据京通办发〔2016〕24号中共北京市通州区委办公室印发《关于加强通州区纪委派驻机构建设的实施意见》精神，撤销37家（不含法检两院）区级党和国家机关等单位本级内设纪检监察机构；根据工作需要和业务关联性，采取单独派驻和联合派驻两种形式，共派驻15个纪检组（不含法检两院），其中联合派驻12个、单独派驻3个，实现了对65家区级党和国家机关监督工作全覆盖。制定《关于进一步加强对通州区纪委区监委派驻机构统一管理的意见》，赋予派驻纪检监察组监察职能和调查处置权限、明确监督方式，强化区纪委区监委对派驻机构的统一领导。2017年7月正式开展工作以来，各派驻纪检监察组开展监督检查489次，与党员干部谈心谈话1129人次，发现苗头性、倾向性问题29个，提出整改意见建议305条，切实发挥了派驻监督的“探头”作用。

【巡察工作】 2017年，通州区委成立巡察工作领导小组和巡察办公室，设立4个区委巡察组，建立健全有关巡察工作制度文件25个。2017年，完成两个轮次对8家单位的政治巡察。两轮巡察中，巡察组受理来信来访25人次，个别谈话422人次，发现党的领导弱化、党的建设缺失、全面从严治党不力方面存在的问题164个，发现12名领导干部涉嫌违纪违法问题线索，并移交有关部门处理，“利剑”作用初步彰显。

【“两个责任”落地生根】 2017年，全区逐级签订个性化党风廉政建设责任书3881份，5万余名党员签订廉洁自律承诺书。全面推进全程记实工作制度，有效实现对责任落实情况的动态管控。区纪委区监委专题向区委常委会汇报了监督责任履行情况。在区级班子示范带动下，各单位、各部门领导班子成员每年向党委（党组）汇报“一岗双责”情况得到有效落实。本年度10次向区委常委会汇报全区党风廉政建设情况，为区委决策部署提供依据。对全区98家处级单位开展全覆盖检查考核。

【保障副中心建设廉洁高效】 创新同级监督方式。2017年，区纪委坚持变被动为主动，抓难点求突破，创新“三式”监督方式，打开了同级监督的新局面。“协助式”监督常态化。协助同级党委（党组）深化党风廉政建设责任体系建设，全年4次向区委领导报送纪内信访情况分析，协助党委（党组）组织听取领导班子成员“一岗双责”落实情况。述责述廉机制不断深化，有效督促了各级党组织落实主体责任。“提醒式”监督动态化。在列席党政领导班子相关会议，参与“三重一大”事项决策及全区重点工作推进监督时，对存在的廉政风险及时预警。加强与领导班子成员的沟通，进行有针对性的提醒，促使班子成员强化主体责任意识，履行好“一岗双责”。“发函式”监督具体化。针对执纪监督和执纪审查中发现的重要和共性问题，全区各级纪检监察组织向同级党政领导班子发送监督建议函和监察建议书56封，有力促进了各项工作的落实。

【围绕中心工作开展监督】 针对城市副中心建设过程中执行决策迟缓、贯彻措施不实、推动工作不力等问题，严肃问责追责。2017年，查处为官不为、为官乱为、群众身边的不正之风和腐败问题93件，对33起典型案件、53人次进行通报。尤其是针对环保督察、违法用地违法建设拆除等工作中存在的不作为、慢作为问题，对3个单位党委（党组）、37名党政领导干部进行严肃问责。利用“制度+科技”手段，监督有关职能部门探索建立城市副中心建设重点工程、重点项目风险预警平台，确保疏解整治促提升、低收入农户帮扶、创建全国文明城区等市区重大决策部署、重点工作任务的有效落实。

【正风肃纪】 驰而不息整治“四风”，坚持守住重要节点，做到节前提醒、节中明察暗访、节后查处通报，严肃查处违规公款消费、公款送礼等不正之风。年内，整合全区纪检监察力量，发挥特邀监察员作用，收到违反廉洁纪律规定疑似问题线索417条，立案查处1人。密切关注新动向、新表现，注意查找隐形变异的“四风”问题，先后调取公款消费信息2.5万余条，经初步筛查移送问题线索187件，立案查处4人，其余线索正在进一步调查核实中。2017年，对违反中央八项规定精神问题的23人进行查处并通报。

【纪律教育】 在“运河清风”网站上开辟“曝光台”“警钟长鸣”等栏目，在《通州党员学习参考》上开设“以案说纪”专栏，制作《股市的赌徒》警示教育片，编辑《阅微》家风微故事读本，汇编《镜鉴勤与廉》，组织“勤廉之星”走基层宣讲、“运河清风”廉政书画展、参观廉政文化公园、旁听法院庭审等多种形式的教育活动，加强宣传、教育和引导，营造良好的社会氛围。

【案件查办】 坚持抓早抓小。对苗头性、倾向性问题及轻微违规违纪行为，综合运用约谈、函询、党纪轻处分和组织处理等方式，用纪律的尺子管住“大多数”。全区纪检监察组织运用监督执纪第一、第二种形态处理687人次，占总人数的95%。集中开展乡镇纪内信访举报排查化解专项行动，有效化解16个村纪内外问题交织的越级访、重复访等重点难点问题。

【高压惩处】 2017年，全区纪检监察系统处置问题线索625件，谈话函询113件次，立案审查210件，同比增长3.4%，位列全市第五；给予党纪政务处分180人，同比增长14.6%，位列全市第四；特别是严厉查处了永乐店镇财政所原出纳李某挪用公款案，宋庄镇翟里村党总支原书记、村委会主任邓某某贪污拆迁补偿款、侵占村集体资金案，并移交司法机关处理。实行问题线索分级管理，加大对基层的指导力度，强化考核督促，乡镇、街道和派驻纪检监察组织立案数达113件，占总数的53.8%，同比增长205%。先后6次向社会公开曝光典型案件，共计35人次，提高了群众对反腐败工作的获得感。

【注重审理实效】 年内，在全市率先开展对受党纪处分党员的回访关爱工作，传递组织温暖，回访21人。建立采信了结制度，对党员干部在谈话函询中，如实说明情况且反映不实的予以采信并了结，发出带有温情激励话语的《函询结果告知书》41份。完成对全区中共十八大以来440余件党纪政纪处分执行情况专项检查，督促各相关单位对存在的执行不平衡、档案不规范、解除不及时等问题进行集中整改，保障相关人员的权益，切实维护党纪政纪的严肃性。

【纪检监察干部队伍建设】 强化党建引领，在全市16个区率先成立机关党委，健全组织架构，设立9个党支部，组织多样化的党员活动，发挥党支部战斗堡垒作用，不断增强党组织的凝聚力、向心力。强化思想融合，先后与26名转隶人员和30余名参与派驻改革的干部开展多轮次的谈心谈话，加强沟通交流，掌握思想动态，打破思维模式，加速融合发展。强化理论武装，先后举办两期纪检监察干部全员培训班，并选派51名干部参加中纪委及市纪委培训，进一步提升理论水平。树立良好用人导向，全年提拔使用9名科级干部，有11人通过定岗培训或组织借调，4人通过公开招考和选调进入区纪委区监委机关工作。强化自我监督。严格落实监督执纪工作规则，全面实行纪检监察工作笔记制度，全程留痕、定期检查。专门成立第七纪检监察室，加强对纪检监察干部的监督，严防“灯下黑”。成立以来，受理针对纪检监察干部的信访举报50件次，向3家乡镇纪委提出12条整改建议，对1家乡镇纪委进行提醒谈话，向1家乡镇纪委发出监督意见书。

（潘丽丽）

统战 对台工作

【概　况】　2017年，全区统一战线认真学习贯彻中共十八大及十八届三中、四中、五中、六中全会和习近平总书记系列重要讲话精神，深刻领会习近平治国理政新理念新思想新战略、特别是统一战线重要思想。全区统战工作着眼于服务区委工作大局，围绕团结合作凝聚广泛共识，围绕重大决策部署献计出力，围绕维护社会和谐稳定贡献力量，为推进全区各领域统一战线工作的科学化水平，广泛团结凝聚统一战线强大合力和建设城市副中心发挥了独特作用。

【联谊活动】　9月29日，区委统战部牵头承办2017年全区各界统战人士中秋联谊会。区7个民主党派、工商联、党外知识分子联谊会、海外联谊会、侨联代表、少数民族和宗教代表人士、台资企业代表人士及宋庄艺术区新的社会阶层联谊会代表等百余名统战人士欢聚一堂，到北京城市副中心规划展厅和宋庄镇大地艺术中心参观宋庄艺术区自由职业艺术家“盛世筑梦——践行核心价值观 · 喜迎党的十九大”主题艺术展预展。座谈会上，区委常委、统战部部长洪波通报了通州区2017年上半年经济社会建设发展情况，并强调今后一个时期的统一战线工作重点工作。

【新的社会阶层工作】　2017年，宋庄艺术区自由职业人员统战工作示范点建设被中央统战部列入实践创新基地第一批重点项目。区委统战部从加强顶层设计、组建联合党委、开展调查摸底、建立联席会议制度、搭建组织平台载体、健全联谊交友制度、举办艺术展览、畅谈创作体会等环节入手，统筹谋划和逐步推进宋庄艺术区统战工作全国实践创新基地建设。中央统战部“统战新语”专栏、《中国统一战线杂志》和北京电视台进行了专题报道，先后接待14个省市、市海联会、中央统战部机关以及北京市其他区委组织的参观和学习。中央统战部副部长戴均良，中国文联党组成员、副主席、书记处书记李前光，北京市委常委、统战部长齐静等有关领导参加了宋庄艺术区自由职业艺术家“盛世筑梦——践行核心价值观 · 喜迎党的十九大”主题艺术展开幕式。

【民族宗教工作】　6月26日是信仰伊斯兰教的中国10个少数民族的传统节日开斋节。区委副书记付晓辉，区委常委、统战部部长洪波、区政府副区长张德启、区政协副主席石宝玉等领导专程来到通州张家湾清真寺，与穆斯林群众共度开斋节，并送去慰问金，带去节日的问候和良好的祝愿。12月24日晚，区委副书记赵磊，区委常委、统战部部长洪波等领导一行先后来到位于永顺镇杨庄村的通州基督教堂、潞城镇贾后疃村天主教堂、西集镇牛牧屯村天主教堂和漷县镇龙庄村天主教堂进行慰问，与广大信教群众共度圣诞节，并为他们送去慰问金，希望他们一如既往支持区委、区政府工作，为北京城市副中心建设作出贡献。

【为民族宗教人士办实事】　5月，区委统战部组织区内民族宗教代表人士35人进行健康体检；协调申请资金加强对于家务回族乡种业科技园区现代化种苗车间建设项目、环境景观改造项目、张家湾枣林庄道路改善工程项目进行重点扶持。利用重大宗教节日和宗教活动等时机，协调区委区政府领导走访慰问宗教团体，针对佑胜教寺遭受强风暴雨灾害的情况，协调区文委对房屋受损进行恢复修缮工作，针对涉及“煤改电”及“煤改气”的9处宗教场所，与相关单位进行协商沟通，把改造补贴政策落实到位。加大清真食品管理力度，规范全区清真食品的生产和销售网点227

个，消除穆斯林群众在清真食品方面的疑虑。

【专题培训】 6月14—16日，区委统战部在通州区教师研修学校组织各乡镇党委，街道工委宣传部长，区属各部、委、办、局政工科长、主管商会工作的副镇长及相关工作负责人、各党派新任班子成员、海联会、知联会、侨联相关负责同志80余人，进行为期3天的统战工作专题培训班。使统战干部进一步坚定理想信念、增强“四个意识”、坚定“四个自信”。围绕“不忘合作初心，继续携手前进”专题教育，支持和帮助统战人士开展重温党派历史、接受红色教育。12月14—17日，区委统战部组织各党派骨干成员、无党派代表人士等赴河南林州市，重走“红旗渠”，引导统战成员在合作共事中凝心聚力，在履职实践中献计出力，在服务社会中无私奉献。

（李　晶）

【工作交流】 1月10日至18日，通州区委常委、统战部部长洪波走访慰问通州区台资企业并听取台资企业发展近况以及运营过程中遇到的困难。2月10日下午，北京润泰环保科技有限公司举行奖助学金发放仪式，来自永乐店镇的10名品学兼优、家庭困难的学生接受了共计15万元的奖助学金。2月17日，通州区台资企业联谊会的20余名台商欢聚一堂联谊座谈，区委常委、统战部部长、区台办主任洪波，副主任孔庆媛为大家送去开春的祝福。5月12日，北京台资企业协会通州区分会换届大会在通州区会议中心召开，与会代表一致通过了北京台资企业协会通州区分会新一届会长副会长，新会长陈佩华女士发表任职感言。5月18日上午，“黄埔情缘　相约北京”台湾眷村与北京社区交流节活动在通州区玉桥街道新通国际社区举办。以台湾北投区林泉里里长陈惠华女士为团长的台湾眷村居民一行16人受到玉桥街道新通国际社区居民的热情接待。6月14日至16日，通州区举办统战工作专题培训班。培训班上，区台办邀请北京联合大学台湾研究院刘红教授为培训人员讲授《新形势下两岸关系及应对》。7月25日下午，台湾大学生一行16人到通州漷县摩登家庭参访交流。区委常委、统战部部长、台办主任洪波介绍了北京城市副中心建设发展情况，祝愿台湾青年大学生在北京期间学有所获。8月8日上午，由北京市台办作为指导单位、九州文化传播中心主办的2017第三届海峡两岸暨西集镇“生态杯”青少年校园足球友谊赛在通州西集镇海创晨阳俱乐部开幕。此次邀请赛有台湾桃园菁英队、尖山小学、通州运河小学、河北涉县索堡小学、邯郸箭岭路小学、通州郎府中学等6支球队参赛。8月17日，河北省廊坊市委统战部副部长、台办主任段振中一行到通州区学习考察，参观考察了大运河森林公园及城市副中心规划展，并与通州区台办负责同志座谈交流。8月18日，第七届海峡两岸大学生文化体验营一行80余人到通州参访。体验营先后参观考察了通州博物馆、大运河申遗北起点文化遗迹保护区、大运河。通过此次参访活动，同学们体验了大运河文明传承，深刻了解了运河文化、漕运文化，增强了民族文化认同感。9月18日，台湾高雄妇女会一行32人到通州参访。交流团分别参访了大运河森林公园、区民政局婚登处、通州区规划沙盘。通州区社会组织联合会与台湾高雄妇女会签订合作协议书，建立友好结对关系。9月22日，北京市台资企业协会通州分会联合润泰环保科技有限公司举办通州区台商中秋联欢晚会。市台商台胞、区台商台胞等近200人集聚一堂联谊座谈，大家相互问候，共度中秋佳节。11月25日，北京市台资企业协会通州分会在摩登家庭生态农庄举办通州台商学习中共十九大精神活动，邀请区委党校教授涂清华授课，此次活动有30余名台商参加。11月29日和12月1日，台湾新北市淡水区里长交流团一行39人到通州参访。交流团11月29日参访了通州北苑街道文化中心、新华西街社区活动中心、天时名苑社区儿童教育中心及社区活动中心；12月1日参访了新华街道如意社区活动场所以及办公场所。12月26日至27日，通州区举办2017京台社区和乡村发展论坛顾问团基层培训班，区乡镇街道负责对台工作的干部以及区试点社区乡村负责人40余人参加培训。

（张　静）

调查研究与全面深化改革

【概　况】 2017年，区委研究室（改革办）深入学习贯彻中共十九大精神，认真贯彻落实习近平总书记视察北京重要讲话精神以及中央、市委关于北京城市副中心建设的一系列决策部署，围绕北京城市副中心建设大局和区委中心工作，扎实推进文稿、调研和改革工作，不断提升为区委决策服务的贡献率，较好地发挥了参谋助手作用。

【文稿、调研工作】 2017年，由区委研究室牵头或独立承担起草包括通州区工作情况汇报、在区委常委扩大会上的讲话提纲、区委六届四次全会报告等40余篇重要文稿。编发《通州调研》18期，有10篇调研文章在市级以上刊物刊发。其中，6篇在市委《北京调研》上刊发，1篇在市政府《工作研究》上刊发，3篇在《北京农村经济》上刊发。

【起草市政府主要领导来通州调研时的情况汇报】 2月，为扎实做好市政府主要领导到通州调研时的各项工作，区委研究室对全区经济社会发展情况开展调研，结合区委主要领导要求，形成《通州区工作情况汇报》。此汇报全面总结了通州在推进北京城市副中心建设中的主要工作情况，明确全区工作要围绕全面提升管理水平，迎接市级党政机关入驻通州来展开，提出下一步在基础设施、生态环境、城市管理、公共配套设施、宣传舆论引导以及干部队伍建设等方面的工作思路和具体措施，为市领导调研通州提供了重要参考。

【开展通州区安定稳定与安全生产系列调研】 5月，区委研究室对全区安定稳定与安全生产工作情况开展调研，形成《通州区安全稳定的主要风险点及化解对策研究》《通州区安全生产风险及防范对策分析》和《通州区舆论工作分析及建议》的调研报告。调研报告对全区安定稳定与安全生产形势进行分析，全面梳理存在的各类风险点和工作中存在的问题，并提出要进一步提升各级领导干部思想认识水平和处理此类问题能力水平、开展不间断的安全检查，把安全生产和安定稳定常规性检查和突击性排查相结合，充分发动群众广泛参与等具体建议，为通州区提升安定稳定与安全生产工作水平，更好保障北京城市副中心建设提供了重要参考。

【起草关于服务市级党政机关入驻行政办公区的调研报告】 6月，按照区委统一部署，区委研究室与相关单位共同开展服务市级党政机关入驻行政办公区专项调研，从市级党政机关入驻前后的行政办公需求和市级公务员生活需求出发，紧盯2017年年底和2018年年底两个时间节点，围绕交通、安全稳定、公共服务、属地管理4个方面，通过研讨座谈、实地走访等方式深入调研，形成《关于服务市级党政机关入驻行政办公区的调研报告》。此报告全面梳理了存在亟待解决的重点难点问题和可能出现的问题，按照重要性、紧迫性进行排布，并提出对策建议，为区委决策提供了重要参考。

【起草市委、市政府主要领导调研通州工作情况汇报】 8月，为扎实做好市委、市政府主要领导到通州调研时的各项工作，区委研究室对全区经济社会发展情况开展调研，结合区委主要领导的要求，形成《通州区工作情况汇报》。此汇报突出强调抓住迎接中共十九大这件大事和迎接市级机关搬迁入驻这项大考，深入研究，深化改革，以最新理念、最高标准做好各项工作，明确坚决完成各项疏解整治任务指标、打赢生态环境治理攻坚战和“创城”攻坚战、扎实推进城市精细化管理、深入推进研究和改革以及坚持以党建统领城市副中心建设等方面的工作思路和具体措施，为市领导调研通州提供了重要参考。

【起草通州区委六届四次全会报告】 按照区委要求，区委研究室于10月中旬成立起草组，启动区委六届四次全会报告起草工作。在起草工作中，起草组对全区经济、社会、党建、群团等各方面工作进行充分调研，搜集整理了大量资料，并多方听取意见，认真研讨分析，形成《牢记嘱托 不忘初心 不辱使命 为建设城市副中心的伟大事业而努力奋斗——在区委六届四次全体会议上的报告》。此报告全面回顾了通州区2017的主要工作和成绩，对全区存在的发展不平衡、不充分问题作了具体阐述，深入分析了通州区面临的新形势、新机遇和新要求，对2018年的工作作出全面部署，提出八个方面的工作任务：进一步深入学习贯彻中共十九大精神，大力推进习近平新时代中国特色社会主义思想在城市副中心落地生根，形成生动实践；坚持从规划入手，加快建设步伐，进一步补齐短板，提升城市综合承载能力；坚定不移疏解功能谋发展，尽快形成符合功能定位的现代化经济体系，进一步增强产业支撑力；变压力为动力，坚决打赢生态环境治理攻坚战；坚持以人民为中心，构建与城市副中心相适应的城市治理体系；坚定文化自信，推动大运河文化带建设，塑造特色鲜明的城市文化和精神；全面深化改革创新，不断增强发展的内生动力和活力；时刻绷紧安全稳定这根弦，坚决维护城市副中心安全稳定。报告还对坚定不移全面从严治党作出具体部署：加强政治建设，强化思想政治引领，牢牢把握意识形态工作主动权；强化党的领导核心作用，凝聚干事创业强大合力；建设高素质干部队伍，聚集用好各类人才；夯实基层基础，打造坚强有力的战斗堡垒；以坚如磐石的信心和决心，坚定不移推进党风廉政建设和反腐败工作。报告得到区领导的充分肯定和全区干部的广泛认可。

（杨璐森）

【全面深化改革工作】 2017年，区委改革办按照区委部署与区委全面深化改革领导小组的工作要求，从议事协调、督办督察、促改革见成效等方面服务全区改革工作大局。

精心筹备全面深化改革领导小组会议，做好议事协调服务工作。组织召开5次全面深化改革领导小组会，会上确定2017年ABC类改革要点46项，听取街道社区管理体制改革等6项改革工作进展情况汇报，审议《通州区市民文明素质提升行动实施方案》《通州区总工会改革方案》《共青团通州区委改革方案》《通州区妇联改革方案》《通州区加快众创空间发展服务实体经济转型升级的实施意见》5项改革方案。

全面梳理规范改革工作，督办督察改革成果落地。组织开展4次集中督察，对16家单位承担的23项2017年度重点改革要点进行实地督察，联合区委、区政府督察室对2016年度10项改革事项进行“回头看”专项督察。通过督察，有效推动了重点领域和关键环节改革。注重督察结果的应用，建立改革绩效考核制度，对涉及改革任务的单位进行“加分项”考核。在迎接市委常委、市委秘书长、市委改革办主任崔述强带队的市委深改第四督察组督察时，对十八届三中全会以来全区改革事项进行全面梳理总结，并整理规范改革工作档案。区委主要领导代表通州区在督察座谈会上作典型发言。

力促一批改革取得实效。通州区率先启动国家监察体制改革试点工作，在全市第一批完成纪检监察派驻机构体制调整，成立区监察委员会，高标准完成人员转隶、机构调整、纪法衔接和人员选举等工作。国家级新型城镇化改革试点任务取得新进展，初步探索形成潞城镇棚改模式、台湖镇特色小镇建设引导模式、于家务乡组团式发展模式的新型城镇化路径，在国家发改委评估组验收工作中获得肯定。有力推进行政区划和街道管理体制改革、建立基层党建工作考核评价指标体系、医药分开综合改革、污染物排放许可改革等改革事项，探索形成PPP“政策+路径+项目”推广模式、行政审批“一张网”办理模式等一批有效管用的改革举措。特别是民商事速裁及多元化纠纷解决机制改革，探索建立的“三三三”工作机制，大幅提高办案效率，得到市高级人民法院院长杨万明的批示，在全市推广经验。

（赵斐斐）

保密工作

【概　况】　2017年，通州区保密工作围绕区委、区政府的中心工作，全面贯彻中共十八大和十八届三中、四中、五中、六中全会和习近平总书记系列重要讲话精神，按照《中共中央关于加强和改进保密工作的意见》《中共北京市委关于加强和改进保密工作的实施意见》及《北京市“十三五”时期保密事业发展规划》要求，切实加强组织领导，加强保密管理，坚持依法行政，确保党和国家秘密的安全。全年全区各单位没有发生泄密事件。

【加强依法确定国家秘密事项管理】　1月6日，对2016年全区各单位产生和接收的国家秘密事项汇总统计，完成国家秘密事项动态管理，开展定密跟踪指导工作，完善定密授权备案、定密责任人确定和定密权限备案工作。

【保密工作督察考评】　1月10日，对2016年区委、区政府各部门、各人民团体及乡、镇、街道办事处考核中发生重大失泄密事件一票否决考评项的保密工作进行督察考核，在综合治理考核中保密工作作为考核单位之一为全区各单位打分，2016年全区各单位均未发生重大失泄密事件。

【保密宣传教育】　1月12日，印发《北京市通州区“七五”保密法制宣传规划》；5月1—31日，开展“加强保密知识学习，提高保密意识”为主题的保密法宣传月活动，采取在区政府门户网站宣传保密知识，在大运通州网“保密知识园地”登载保密知识，在《通州时讯》分3期登载《加强保密知识学习，提高保密意识》宣传材料，在区电视台连续7天播放保密宣传教育口号，向全区发放3万份宣传报纸的形式宣传保密法；6月9日，全区各单位开展法制宣传作品征集活动；6月20日，印发《2017年保密宣传教育工作意见》。在全年的保密宣传教育活动中，采取每月向全区领导干部和涉密人员有针对性的发送保密警示彩信1500条，特别是在中共十九大、市第十二次党代会召开期间、“一带一路”高峰论坛期间、国庆节等重点时期加强手机短信的提醒作用，全年发送2.1万条；制作保密宣传教育台历6000册、保密教育警示提醒鼠标垫6000个、订购《涉密人员管理手册》和《领导干部和涉密人员保密行为手册》1200本发放到全区各单位保密组织。

【全员培训】　4月26—27日，举办2017年通州区保密干部培训班，培训班针对保密日常管理和检查、保密立法与判例漫谈、行政处罚实务、规范机关单位保密管理等保密知识进行详细解读，全区103个党政机关单位和12家武器装备科研生产定点单位共216名涉密人员参加培训，通过考试取得《通州区保密干部培训证书》，具备保密干部上岗资格；7月，全区31名局级领导干部和20名重点单位的处级领导干部分3期参加在北京交通大学举办的中管干部和市管干部保密教育轮训；11月7—8日，全体专职保密干部参加市国家保密局举办的保密干部依法行政培训班。

【加强各类考试的保密管理工作】　4月26日，区委保密委员会全体成员参加北京市2017年中考、高考工作电视电话会。5—12月，加强对高考、高自考、成人高考、中考、高中会考和英语四、六级考试的保密管理工作。

【调整保密组织】　4月28日、12月13日随人员变化和保密工作的延伸，两次充实调整区委保密委员会组成人员，新增两个保密工作重点单位成为区委保密委成员单位。

【重点时期保密检查】　5月12日，开展市第十二次党代会召开期间保密工作专项检查；10月12日，开展中共十九大召开期间保密工作专项检查。

【保密工作自查自评】 5月24日，全区各单位开展保密工作自查自评。自查自评从严格落实领导干部保密工作责任制、加强保密制度建设、加强保密宣传教育、加强对涉密人员的管理、规范定密工作、规范国家秘密载体管理、规范信息系统和信息设备保密管理等16个方面进行；8月10日、12月15日，区委保密办对全区47家单位自查自评工作进行抽查，采取听汇报、查资料、问询、指出存在问题、现场打分的方式进行。

【印发纲领性文件】 5月31日，印发《关于加强和改进保密工作的实施办法》，8月4日，印发《通州区“十三五”时期保密事业发展规划》，做为保密工作的纲领性文件，将指导今后一段时期保密工作的开展。

【通信与网络管理】 2017年，健全计算机及门户网站基础数据；完成3个平台保密建设，并开展动态监管工作；开展保密技术防护设备建设管理；开展涉密信息系统审批工作；开展信息公开保密管理工作；开展机关单位互联网门户网站保密检查工作；开展涉密网络专项检查；完成涉密网络的测评监管工作；加强涉密网络安全保密员、系统管理员和安全审计员“三员”管理，加强机关、单位借调、聘用等临时性工作人员的保密管理；加强保密技术装备和基础设施建设和泄密案件报告查处工作，发挥泄密案件查处协调机制、计算机及网络信息系统保密管理组织协调工作机制作用，有效防止通信与网络保密管理工作泄密事件的发生。

【特殊行业保密管理】 2017年，加强通州区域内的3家国家秘密载体定点复制单位、12家武器装备科研生产单位的日常监管工作，协助市国家保密局完成2家武器装备科研生产单位审批工作，认真做好全区各单位国家秘密载体销毁工作，全年销毁4吨涉密文件、资料、磁介质等。

【规范行政执法基础工作】 年内，开展行政执法主体清理、行政执法事项填报、“放管服”等工作，梳理完成公共服务事项数据编制入库工作。

（郭立针）

社会建设工作

【概　况】 2017年，在市委社会工委的关心指导下，在区委区政府领导下，全区社会建设领域深入贯彻落实中共十九大会议精神和习近平总书记系列重要讲话精神，加快推进社会治理体制改革和各项基础工作建设，较好完成了社会建设各项工作。

【网格化体系建设】 一是编制深入推进网格化治理体系建设的实施意见及方案。二是健全完善网格化治理组织体系。三是加快落实“1+7+X”工程，推进网格化治理体系全面运行。四是加强数据采集，夯实数据基础。五是加强网格化治理专职力量建设。六是加快推进“多网”融合建设工作。七是研发通州区网格化社会服务管理专项应用系统。八是加强培训并印发网格化治理工作手册。九是创新工作手段，动员广大居民参与城市管理。十是运行成效显现。截至2017年9月底，全区上报事件29.34万件。社会服务事件11.07万件，城市管理事件13.34万件，综治维稳事件2.91万件。结案28.58万件，结案率为97.4%。

【社区规范化建设】 一是完成第三批社区用房项目；二是拨付400万元，解决各街道社区用房达标建设投入租金。三是完成5个市级规范化示范点建设；四是为西潞苑北区等3个社区安装新标识系统。五是拨付各街道、有关乡镇90万元，用于提升社区、楼门环境。六是重点打造新北苑和锦园社区一刻钟深化服务试点工作。七是打造“北苑生活圈”项目，截至年底，该项目上线试运行。八是完成3个老旧小区自我服务管理试点的建设任务。九是举办社区节系列活动。

【健全社会组织体制机制】 一是创制政策，健全社会组织管理机制。二是巩固基础，加强社会组织阵地建设。三是激发活力，加大社会组织扶持培育力度。

【社会工作队伍建设】 一是推进专业化、职业化社工队伍建设。二是突出公益服务主题推进社会领域志愿服务活动深入开展。三是推进社会心理服务体系建设。四是推进“创城”工作。

【社会领域党建工作】 一是“两新”党组织建设更加健全。二是区域化党建工作进一步深化。三是社区党组织书记能力素质进一步提升。四是“两新”组织党建得到进一步巩固提高。五是社会领域党建社会影响进一步扩大。

【认定北京市通州区人民调节协会为区级“枢纽型”社会组织】 3月17日，为使“枢纽型”社会组织工作体系进一步健全和完善，根据全区加强和创新社会管理工作要求，经深入调研论证并经区社会建设工作领导小组批准，决定认定北京市通州区人民调节协会为区级“枢纽型”社会组织。

【爱康志愿服务队启动仪式】 6月15日，在中仓街道举办爱康志愿服务队启动仪式，并进行志愿者现场招募，为居民开展“红细胞在行动”健康检测、保健知识宣讲等系列志愿服务。

【第一批社会组织出壳仪式】 9月6日上午，为展示通州区社会创新发展园区内第一批社会组织孵化的成果，并对第一批成功孵化出壳的社会组织进行出壳颁牌，召开了通州区第一批社会组织出壳仪式。

【金秋社区节】 11月29日，区委社会工委、社会办、文化委、文明办、民政局联合主办“心美通州 守望社区”通州区2017年社区节开幕式暨第八届梨园社区文艺展演。12月26日，“心美通州 守望社区”通州区2017年金秋社区节闭幕式举行。

（张　键）

老干部工作

【概　况】 2017年，区委老干部局坚持稳中求进总基调，以中央《关于进一步加强和改进离退休干部工作的意见》和北京市《关于进一步加强和改进离退休干部工作的实施意见》文件精神为依托，充分发挥广大离退休干部在北京城市副中心建设中的独特优势作用，认真做好离退休干部工作。

【离退休干部基本情况】 截至2017年年底，由区委老干部局服务管理的离退休干部1025人。其中，区属离休干部189人，区县级退休干部44人，处级退休干部792人。另有在通州区居住需要接受“四就近”(就近学习、就近活动、就近得到关心照顾、就近发挥作用)服务的区外离退休干部417人。

【弘扬老干部正能量】 2017年，区委老干部局充分利用电视、报刊、微信等多种媒体，大力宣传通州区离退休干部的先进事迹。10月10日，辽宁卫视《家的味道 老兵》栏目播出通州区离休干部李永庆的抗战故事；全年在《北京老干部》杂志上发文十余篇，从学习、生活、活动等多角度展现通州区广大离退休干部新风貌；“炫夕阳”老干部宣讲团参加了由区委宣传部组织的“情系副中心，德耀文明城”宣讲比赛，获得佳绩。

【老干部迎新春团拜会】 1月23日，通州区2017年老干部迎新春团拜会在通州区会议中心举行。区领导杨斌、张力兵、李玉君、赵玉影、付晓辉、韦江、洪家志、李亚兰、张若冰、朱志高等领导与部分区县级离退休老干部欢聚一堂，喜迎新春佳节。

召开2017年通州区老干部迎新春团拜会
（通州区老干部局提供）

【文化养生系列活动】 年内，收藏协会成立展室并举办“红心永向党，喜迎十九大”红色收藏展，受到《北京日报》、北京电视台、《通州时讯》、通州电视台等多家媒体采访，宣传效果显著；门球协会在通州区运河门球场先后协助组织3次市级门球比赛，获得市局领导和区领导的一致赞誉；老干部徒步队在5月与武清老干部局共同组织“京津冀”一体化绿色徒步活动，展示城市副中心和武清建设新成就。

通州区老年收藏协会举办“展红色收藏 喜迎十九大”主题活动 （通州区老干部局提供）

通州区老干部徒步队与武清区老干部徒步队联手组织京津冀快乐徒步活动 （通州区老干部局提供）

【离退休干部参观考察】 5月至11月，区委老干部局先后组织区县级离退休干部参观唐山、曹妃甸等“京津冀”协同发展示范区，组织部分离退休干部党支部书记参观延庆区平北红色第一村，组织400余名处级退休干部参观顺义区七彩蝶乐园，接待北京市属和天津市武清区部分局级离退休干部参观北京城市副中心建设。

组织部分区县级离退休干部参观曹妃甸规划厅
（通州区老干部局提供）

（崔　益）

党校工作

【概　况】 年内，通州区委党校举办各级各类培训班次63期、培训7604人次。其中处级领导干部学习贯彻中共十八届六中全会精神集中轮训班3期，培训538人次；处级领导干部学习贯彻中共十九大精神集中轮训班4期，培训629人次；处级领导干部进修班1期，培训33人次；新任处级领导干部培训班1期，培训48人次；优秀中青年干部培训班1期，培训36人次；公务员大规模轮训培训班3期，培训494人次；通州区2016年公务员初任培训班2期，培训142人次；通州区2017年村党组织书记、村委会主任培训班4期，培训630人次；事业单位科级干部培训班3期,培训118人次；通州区2017年事业单位初任培训班2期，培训151人次；通州区2017年度纪检监察干部综合业务培训班2期，培训134人次。培训班次涵盖主体班、专题班、进修班、公务员班等类型。

【教学创新】 年内，强化主业主课，严格落实习近平总书记关于“党校姓党”，必须抓好党的理论教育和党性教育的重要指示精神。及时开展中共十八届六中全会精神、中共十九大精神培训工作，将党的最新理论成果、重大理论观点以及相关指示精神作为理论教育的中心内容。开设《党的十九大精神辅导》《习近平新时代中国特色社会主义依法治国思想》《高举伟大旗帜，夺取伟大胜利——学习领会十九大主要精神》等专题辅导，全年主体班中党的理论教育和党性教育课程占72%；围绕副中心建设对干部能力素质的要求，在主体班中设置城市副中心建设发展研究单元，实现培训内容与区中心工作有机结合；完成市委组织部打造潞城镇棚户区改造和张家湾镇博物馆2个现场教学点的任务。

【领导干部上讲台】 年内，落实中央和市、区关于主体班中领导干部讲课比例不得低于20%的要求。全年到党校授课的各级领导干部达30余人次。首次实现10名区委常委全部到党校授课或参加教学活动。

【科研资政】 年内，完成10个调研课题，涵盖副中心城市建设、城乡发展、职住平衡、统战工作等方面的课题6个。其中，《京津冀协同发展背景下北京城市副中心职住平衡研究》被评为市委党校优秀协作课题，《北京城市副中心建设中的意识形态研究》被评为北京思政研究会基层立项课题优秀成果；党校7位教师分别在《党史文苑》《求实创新》《法制与社会》《北京农村经济》等7个省市级刊物发表学术论文14篇；多位骨干教师参与北京市纪检监察学会2017年度重大课题的研究工作、市委党校专项调研座谈会和庆祝建党96周年暨副中心社会领域党建工作论坛、民政部培训中心为西部省市民政干部开展关于“社区治理创新品牌”的培训工作，并参与指导新华街道党建引领的社区协商服务和微创投工作以及《潞城社区微协商制度》的制定工作。

【学历教育】 年内，市委党校2014级在职研究生国学专业研究生班毕业；市委党校2015级、2016级在职研究生国学专业研究生班工作有序开展；完成市委党校2017级在职研究生国学专业研究生班招生工作。

【宣讲工作】 年内，结合“两学一做”学习教育，深化“百讲党课进基层”活动，全年宣讲132场，受众2万余人次；与环保局、漷县镇、张家湾镇、中仓、新华街道开展深度宣讲合作。组织精干教师成立区委党校十九大精神宣讲团，启动十九大新专题开发，在全区范围内开展宣讲52场，受众1万余人次。

（邢新源）

区直机关工作

【概　况】 2017年，在区委、区政府的领导下，区直机关工委围绕城市副中心建设大局，以“两学一做”教育常态化制度化为主线，结合工作实际，创新工作机制，深入开展“三会一课”、基层组织生活会，扎实推进机关党的思想、组织、作风、制度、反腐倡廉和精神文明建设，进一步提升党建工作水平。

【基层党组织调整换届工作】 2017年，区直机关工委先后对21个基层党组织进行换届选举或调整，产生84名新一届领导班子成员，基层党组织班子健全率达到100%。

【先进评比】 3月，在全系统基层党组织和党员中继续开展先进党组织和优秀共产党员活动，有6个机关党委、5个机关党总支、23个机关党支部被评为先进党组织，有194名共产党员被评为优秀共产党员。

【举办入党积极分子培训班】 2月24日，在区委党校举办入党积极分子培训班，对130名入党积极分子进行集中培训，通过对《中国共产党章程》和党的路线、方针、政策以及党的有关知识等理论的教育，深化对党的认识、端正入党动机。同时，对培训者进行严格考核，有61人取得考试合格证书。

【举办机关党组织书记培训班】 6月29日—7月7日，机关工委与区委组织部联合在区委党校举办机关党组织书记培训班。培训班采取“2+5”的培训模式，其中，2天在区委党校学习理论知识，5天到延安干部学院现场实践教学。培训内容紧跟时代主题、突出针对性。有64个单位机关党组织书记参加培训。

【举办区直机关第十四届羽毛球比赛】 6月21日，区直机关工委在健龙森羽毛球馆举办第十四届羽毛球比赛。其中，男子团体有34个队147人，女子团体33个队149人，经过激烈的角逐，男子团体、女子团体各产生前八名。

【组织职工参加健康体检】 6月5—20日，机关工委组织区委、区政府系统享受副处待遇以下干部职工和退休人员428名，在潞河医院体检中心进行健康体检。

【开展走访慰问困难党员活动】 2017年，机关工委在重大节日期间开展走访慰问困难党员活动。向困难党员发放各类党内帮扶关怀资金12.4万元。切实从生活上关心困难党员，增强党员的归属感、光荣感、责任感。

【举办党员发展对象培训班】 6月12日到6月14日，区直机关工委与区委党校在通州运河书院联合举办党员发展对象培训班，有50名党员发展对象参加培训。

【专题片展播活动】 7—9月，区直机关工委协调区广电中心为区地税局、区国税局、区委办、区安监局、区环保局、区气象局、区委宣传部创城办等党组织拍摄专题片。12月，区检察院、区委办、气象局3部专题片获区委组织部一等奖，并在全区进行展播。

【组织观看电影《建军大业》】 7月15日—8月10日，机关工委组织系统3800多名在职党员和退休人员党员观看电影《建军大业》，有680名党员写了观后感。

【组织学习贯彻中共十九大精神宣讲】 11月10日—12月4日，通州区十九大精神区宣讲团直机关工委宣讲分团，深入到所属党支部、党小组、离退休老党员家中，采取集体宣讲及点对点的方式，宣讲76场，有4100多名党员干部、群众听了报告。

【开展健步走活动】 2月10日至3月17日，区直机关工会为鼓励广大职工积极锻炼身体，提高身体素质，增强机关凝聚力，开展“我运动 我健康 我快乐”健步走活动，有450多名机关干部参加。

【组织健康知识讲座】 4月，开展“医护科普，助力健康，关爱家庭”健康大讲堂应急救护知识讲座，130名职工聆听了讲座。

【规范区直机关工会机构建设】 2017年，区直机关工会对所属48家单位的工会工作进行规范，其中，19家单位建立工会组织，完成工会机构选举工作。

（马洪利）

北京市通州区人大

11月21日至24日，北京市通州区第六届人民代表大会第三次会议举行
（人大办提供）

概　述

2017年，区人大常委会筹备召开两次人民代表大会会议，召开9次常委会会议，审议24项议题。其中，听取和审议区政府专项工作报告14项，依法作出决议、决定3项。召开12次主任会议，听取“一府两院”专题工作报告19项；督办代表议案1件，建议、批评和意见149件；开展专题调研7项，以更高标准、更高质量、更高水平完成各项工作任务，为北京城市副中心建设提供了坚实的民主法制保障。

2017年常委会主要做了以下工作：一是认真筹备召开区六届人大二次、三次会议，依法选举产生区监察委员会主任、通州区出席市十五届人大代表；审议决定全区经济社会发展重大事项，组织代表提出议案和建议。二是主动融入通州发展大局，扛起政治责任和神圣使命。全力推动“创城”取得成功，推动“十三五”规划的修订工作，持之以恒推进重点工程建设，坚持不懈促进城市精细化管理，高点定位助力国家政权建设，坚定不移地推动转变发展方式、提升发展品质，驰而不息推进生态环境建设，坚持以民为本推进民生改善和社会事业发展，持续深入推进依法行政、公正司法。三是规范程序，依法行使人事任免权。全年任免国家机关工作人员286人次，其中，任免区人大常委会工作机构人员61人次，区政府及工作部门负责人35人次，“两院”工作人员182人次，监察委员会工作人员8人次。新一届区政府产生后，常委会集中任命29名政府工作部门负责人，并召开会议对被任命人员提出明确要求。常委会坚持对拟任命人员进行任前法律知识考试制度，切实提高被任命人员的国家意识、法律意识、公仆意识。进一步严格任命程序，认真组织实施国家机关工作人员向宪法宣誓制度，组织常委会组成人员参加干部任前民主推荐，提高常委会任免质量。四是依法审议决定重大事项，规范财政收支管理，强化政府债务使用。五是代表议案、建议办理成效显著，服务代表水平显著提升，更加充分有效支持和保障代表依法履职。六是自身建设明显加强，充分发挥常委会党组的职能作用，加强群团组织建设，深入推进“两学一做”专题教育，依法履职的能力和水平有显著提升。2017年，通州区人大常委会将机关原有的内务司法、财政经济、教科文卫、城建环保、农村5个工作委员会调整为通州区人大常委会法制、财政经济、教科文卫体、城建环保、农村5个办公室，既作为常委会的工作机构，同时作为各专门委员会的办事机构。法制办公室加挂备案审查办公室牌子，财政经济办公室加挂预算审查办公室牌子。

3月28日至30日，北京市通州区第六届人民代表大会第二次会议举行　（人大办提供）

（叶江宇）

依法审议决定重大事项

3月28日至30日召开区六届人大二次会议，听取和审议北京市通州区政府关于创建全国文明城区的工作报告，作出决议；选举产生北京市通州区监察委员会主任、北京市通州区第六届人民代表大会法制委员会主任委员、北京市通州区第六届人民代表大会教育科技文化卫生体育委员会主任委员。

11月21日至24日召开区六届人大三次会议，听取并审议北京市通州区人民政府工作报告；审议北京市通州区2017年国民经济、社会发展计划执行情况和2018年国民经济、社会发展计划草案的报告；审查和批准北京市通州区2017年国民经济、社会发展计划执行情况的报告和2018年国民经济、社会发展计划；审议北京市通州区2017年财政预算执行情况和2018年财政预算草案的报告，审查和批准北京市通州区2017年财政预算执行情况的报告和2018年财政预算；审议北京市通州区创建全国文明城区工作报告；听取并审议北京市通州区人民代表大会常务委员会工作报告、北京市通州区人民法院工作报告、北京市通州区人民检察院工作报告，并对上述报告分别作出决议。会议选举产生北京市通州区出席北京市第十五届人民代表大会代表。

6月29日召开区六届人大常委会第五次会议，听取区政府关于北京市通州区2016年区级财政决算草案的报告及北京市通州区2016年同级财政预算执行和其他财政收支的审计工作报告；听取区人大财经委关于北京市通州区2016年区级财政决算草案的审查结果报告，审查批准了财政决算。

8月31日召开区六届人大常委会第六次会议，听取和审议区政府关于2017年上半年工作情况的报告、关于2017年上半年国民经济和社会发展计划执行情况的报告、关于2017年上半年财政预算执行情况的报告；作出关于补选部分乡镇人大代表的决定。

10月13日召开区六届人大常委会第七次会议，听取区政府关于北京市通州区2017年财政预算调整方案的报告、区人大财经委关于北京市通州区2017年财政预算调整方案的审查结果报告，作出关于同意调整预算的决定；作出关于召开区六届人大三次会议的决定。

11月7日召开区六届人大常委会第八次会议，听取和审议区政府关于《加强城市管理》议案的办理报告；听取和审议区政府关于北京市通州区2017年财政预算执行情况和2018年财政预算草案的报告，提出预算初步审查意见。

12月7日召开区六届人大常委会第九次会议，听取和审议区政府关于北京市通州区总体规划、副中心详细规划的报告；审议通过北京市通州区预算审查监督办法（草案）。

（叶江宇）

重要会议

2月24日，区六届人大常委会召开第一次会议。会议任命区六届人大常委会工作人员，区六届人大常委会街工委主任、副主任、委员，区政府组成部门各委、办主任，各局局长；会议传达北京市第十四届人大五次会议精神；审议通过通州区人大常委会2017年工作要点。

3月2日，区六届人大常委会召开第二次会议。会议审议通过关于召开区六届人大二次会议有关事项；进行了人事任免。

3月28日至30日，区第六届人民代表大会第二次会议举行。会议听取和审议北京市通州区政府关于创建全国文明城区的工作报告，并对报告作出决议；会议选举产生北京市通州区监察委员会主任、北京市通州区第六届人民代表大会法制委员会主任委员、北京市通州区第六届人民代表大会教育科技文化卫生体育委员会主任委员。

3月30日，区六届人大常委会召开第三次会议，进行了人事任免。

5月11日至12日，区六届人大常委会召开第四次会议。会议听取区人大各专门委员会2017年工作方案的汇报，进行了人事任免。会议对常委会组成人员，各专门委员会组成人员，各乡镇人大、人大街工委干部，人大常委会机关干部，有关委办局干部等人员进行培训。

6月29日，区六届人大常委会召开第五次会议。会议听取区政府关于北京市通州区2016年区级财政决算草案的报告及北京市通州区2016年同级财政预算执行和其他财政收支的审计工作报告；听取区人大财经委关于北京市通州区2016年区级财政决算草案的审查结果报告，审查批准财政决算。听取区政府关于有效发挥城市社区网格化体系作用，推进城市精细化管理的报告；听取区人大法制委员会关于有效发挥城市社区网格化体系作用，推进城市精细化管理的调研报告。听取区政府关于生活垃圾分类和减量工作情况的报告；听取区人大城建环保委员会关于生活垃圾分类和减量的调研报告。会议进行了人事任免。

8月31日，区六届人大常委会召开第六次会议。会议听取和审议区政府关于2017年上半年工作情况的报告；会议听取和审议区政府关于2017年上半年国民经济和社会发展计划执行情况的报告、关于2017年上半年财政预算执行情况的报告；听取和审议区政府关于北京市通州区水污染治理情况的报告；作出关于补选部分乡镇人大代表的决定。

10月13日，区六届人大常委会召开第七次会议。会议听取和审议区政府关于北京市通州区2017年财政预算调整方案的报告，听取区人大财经委关于北京市通州区2017年财政预算调整方案的审查结果报告，作出决定；听取区人大常委会代表资格审查委员会关于通州区第六届人民代表大会代表资格审查报告（草案）；作出关于召开区六届人大三次会议的决定。会议进行了人事任免。

11月7日，区六届人大常委会召开第八次会议。会议听取和审议区政府关于“加强城市管理”议案办理情况的报告，听取区人大城建环保委关于代表议案督办情况的报告；听取和审议区政府关于2017年区人大代表建议、批评和意见办理情况的报告，听取代表建议督办情况的报告。会议对北京市通州区2017年财政预算执行情况和2018年财政预算草案进行初审。会议审议通过关于补选北京市通州区第六届人民代表大会代表的代表资格审查报告、关于召开区六届人大三次会议有关事项；审议区人大常委会工作报告审议稿。会议进行了人事任免。

11月21日至24日，区第六届人民代表大会第三次会议举行。会议听取并审议北京市通州区人民政府工作报告；审议北京市通州区2017年国民经济、社会发展计划执行情况和2018年国民经济、社会发展计划草案的报告；审查和批准北京市通州区2017年国民经济、社会发展计划执行情况的报告和2018年国民经济、社会发展计划；审议北京市通州区2017年财政预算执行情况和2018年财政预算草案的报告；审查和批准北京市通州区2017年财政预算执行情况的报告和2018年财政预算；审议北京市通州区创建全国文明城区工作报告；听取并审议北京市通州区人民代表大会常务委员会工作报告、北京市通州区人民法院工作报告、北京市通州区人民检察院工作报告，并对上述报告分别作出决议。会议选举产生北京市通州区出席北京市第十五届人民代表大会代表。

12月7日，区六届人大常委会召开第九次会议，会议听取和审议区政府关于北京市通州区总体规划、副中心详细规划的报告；听取和审议区政府关于立足城市副中心、扩充优质教育资源的报告；审议通过《北京市通州区预算审查监督办法（草案）》。会议进行了人事任免。

（叶江宇）

监督工作

2017年，区人大常委会全力推动全国文明城区创建取得成功，坚持定期听取和审议创城工作报告，建言献策、持续推动。常委会主任不负众托、不负众望、一线督导、强力推动。各位副主任、机关各部门聚焦创城，全员投入、精准发力、做出贡献。各级人大代表以创城为己任，开展志愿服务、参与评议打分、加强检查督导，创造性推动工作开展。优质高效承担国家监察体制改革试点任务，在全市率先召开区人民代表大会会议，全票选举产生区监察委员会主任。在随后召开的区人大常委会会议上，全票通过区监察委员会副主任、委员的任命，国家监察体制改革在通州迈出坚实的第一步。推动“十三五”规划的修订工作，推动以新的发展理念、发展思想、发展战略构建城市副中心发展格局。连续跟踪城市副中心行政办公区、商务中心区、运河西大街改造等重点项目建设，紧盯工程进度，把牢工程质量。坚持不懈促进城市精细化管理。依法做好对财政、计划工作的监督，研究制定《预算审查监督办法》，首次组织代表参加预算事前评估。加强对推动发展深刻变革的监督。专题听取政府债务管理使用情况报告。深切关注农村工作，推动农村改革发展。坚决打赢“蓝天保卫战”，持续跟踪煤改清洁能源工作，推动把好事办好。通州区在北京市首个实现农村无煤化。持续关注水污染治理进程和园林绿化建设重点工作。大力关注医疗卫生、教育发展等事业发展。重点加强对院前急救、扩充优质教育资源、居家养老、全民健身、食品药品监管、广电事业等项工作的监督。以加强社会治安综合治理为重点，对社会治安防控体系建设加强监督。深化对司法工作的监督。对区法院、区检察院深化改革提出意见建议，督促公正司法。

（叶江宇）

人事任免

2月24日北京市通州区第六届人民代表大会常务委员会第一次会议决定，任命姚华峰为北京市通州区人民代表大会常务委员会办公室主任；曹歧连为北京市通州区人民代表大会常务委员会内务司法工作委员会主任；张东凤为北京市通州区人民代表大会常务委员会财政经济工作委员会主任；郭宝圣为北京市通州区人民代表大会常务委员会教育科技文化卫生工作委员会主任；徐波为北京市通州区人民代表大会常务委员会城乡建设环保工作委员会主任；徐佩松为北京市通州区人民代表大会常务委员会农村工作委员会主任；刘志刚为北京市通州区人民代表大会常务委员会研究室主任；杨东莲为北京市通州区人民代表大会常务委员会代表联络室主任；李凤云为北京市通州区人民代表大会常务委员会办公室副主任；曾智豪为北京市通州区人民代表大会常务委员会办公室副主任；李翔为北京市通州区人民代表大会常务委员会内务司法工作委员会副主任；王文兵为北京市通州区人民代表大会常务委员会财政经济工作委员会副主任；蔡力凯为北京市通州区人民代表大会常务委员会教育科技文化卫生工作委员会副主任；李智敏为北京市通州区人民代表大会常务委员会城乡建设环保工作委员会副主任；王巍为北京市通州区人民代表大会常务委员会农村工作委员会副主任；武顺金为北京市通州区人民代表大会常务委员会研究室副主任；王立艳为北京市通州区人民代表大会常务委员会信访办公室主任（副处级）。

甄宇为北京市通州区发展和改革委员会主任；申键为北京市通州区教育委员会主任；李霞为北京市通州区科学技术委员会主任；杜伟为北京市通州区经济和信息化委员会主任；孟繁虎为北京市通州区监察局局长；于立东为北京市通州区民政局局长；甄朋为北京市通州区司法局局长；张春良为北京市通州区财政局局长；杨连元为北京市通州区人力资源和社会保障局局长；裴志刚为北京市通州区环境保护局局长；孙奎亮为北京市通州区住房和城乡建设委员会主任；程卫民为北京市通州区市政市容管理委员会主任；姜富龙为北京市通州区交通局局长；刘庆生为北京市通州区农村工作委员会主任；刘庆生为北京市通州区农业局局长；房亚军为北京市通州区水务局局长；陈国增为北京市通州区商务委员会主任；王立生为北京市通州区文化委员会主任；田春华为北京市通州区卫生和计划生育委员会主任；何海龙为北京市通州区社会建设工作办公室主任；董维毅为北京市通州区人民政府国有资产监督管理委员会主任；曹树常为北京市通州区安全生产监督管理局局长；苏亚文为北京市通州区体育局局长；潘月东为北京市通州区统计局局长；禹学河为北京市通州区园林绿化局局长；纪万成为北京市通州区旅游发展委员会主任；杜彤为北京市通州区民防局局长；张琴琴为北京市通州区人民政府法制办公室主任；高华为北京市通州区人民政府信访办公室主任。滕永新为北京市通州区人民代表大会常务委员会新华街道工作委员会主任；宗飞为北京市通州区人民代表大会常务委员会中仓街道工作委员会主任；李彦明为北京市通州区人民代表大会常务委员会北苑街道工作委员会主任；徐景发为北京市通州区人民代表大会常务委员会玉桥街道工作委员会主任；羿永强为北京市通州区人民代表大会常务委员会新华街道工作委员会副主任；米福清为北京市通州区人民代表大会常务委员会中仓街道工作委员会副主任；张宝贵为北京市通州区人民代表大会常务委员会北苑街道工作委员会副主任；张梅菊为北京市通州区人民代表大会常务委员会玉桥街道工作委员会副主任。

3月2日北京市通州区第六届人民代表大会常务委员会第二次会议决定，任命欧阳君为北京市通州区人民代表大会常务委员会代表联络室副主任。

邱春阳为北京市通州区人民法院台湖人民法庭庭长；李中华为北京市通州区人民法院刑事审判第一庭庭长；陈汉东为北京市通州区人民法院审判监督庭庭长；朱璟为北京市通州区人民法院民事审判第四庭庭长；赵连峰为北京市通州区人民法院民事审判第三庭庭长；原海涛为北京市通州区人民法院劳动争议审判庭庭长；王新东为北京市通州区人民法院台湖人民法庭副庭长；杨光为北京市通州区人民法院民事审判第一庭副庭长；于俊平为北京市通州区人民法院立案庭副庭长；崔鸿伟为北京市通州区人民法院审判监督庭副庭长；潘伟、金曦、苏伟、张力、徐硕、梁睿、赵胤晨、窦江涛、高贵、周浩、叶福勇、佟艳艳、梁涛为北京市通州区人民法院审判员。

免去邱春阳北京市通州区人民法院劳动争议审判庭庭长职务；李中华北京市通州区人民法院刑事审判庭副庭长职务；陈汉东北京市通州区人民法院民事审判第二庭副庭长职务；朱璟北京市通州区人民法院民事审判第三庭庭长职务；原海涛北京市通州区人民法院民事审判第二庭副庭长职务；王新东、杨光北京市通州区人民法院马驹桥人民法庭副庭长职务；于俊平北京市通州区人民法院民事审判第一庭副庭长职务；王旭东北京市通州区人民法院立案庭庭长职务；刘广强北京市通州区人民法院审判监督庭庭长职务；张静北京市通州区人民法院民事审判第四庭庭长职务；徐寒军北京市通州区人民法院执行二庭副庭长职务。

3月30日北京市通州区第六届人民代表大会常务委员会第三次会议决定，任命石建华、苏礼华、吴涛为北京市通州区监察委员会副主任；王岩军、西宝生、王洪波、梁德春、甄国清为北京市通州区监察委员会委员。

5月11日北京市通州区第六届人民代表大会常务委员会第四次会议决定，任命孟繁虎为北京市通州区国有资产监督管理委员会主任。

免去董维毅北京市通州区国有资产监督管理委员会主任职务。

6月29日北京市通州区第六届人民代表大会常务委员会第五次会议决定，任命朱益军为北京市通州区人民政府副区长；曹歧连为北京市通州区人大常委会法制办公室主任；张东凤为北京市通州区人大常委会财政经济办公室主任；郭宝圣为北京市通州区人大常委会教科文卫体办公室主任；徐波为北京市通州区人大常委会城建环保办公室主任；徐佩松为北京市通州区人大常委会农村办公室主任；李翔为北京市通州区人大常委会法制办公室副主任；王文兵为北京市通州区人大常委会财政经济办公室副主任；蔡力凯为北京市通州区人大常委会教科文卫体办公室副主任；李智敏为北京市通州区人大常委会城建环保办公室副主任；王巍为北京市通州区人大常委会农村办公室副主任；周东振为北京市通州区审计局局长；卫丹为北京市通州区人民法院刑事审判第二庭庭长；孟强为北京市通州区人民法院执行二庭副庭长；王林、兰雅丽为北京市通州区人民法院执行一庭副庭长；赵程宇为北京市通州区人民法院刑事审判第一庭副庭长；佘亚妮、刘丹丹为北京市通州区人民法院民事审判第二庭副庭长；李炎铎为北京市通州区人民法院行政审判庭副庭长；薛德胜为北京市通州区人民法院马驹桥人民法庭副庭长；陈明山为北京市通州区人民法院台湖人民法庭副庭长。

免去孙晓东北京市通州区人民法院刑事审判第二庭庭长职务；姜凤龙、李峥北京市通州区人民法院执行一庭副庭长职务；孟强北京市通州区人民法院行政审判庭副庭长职务；杜鹏北京市通州区人民法院漷县人民法庭副庭长职务；龚莉婷、曹慧北京市通州区人民法院审判员职务。

任命窦立博、岳阳、王金倩、仇怡然、李文祥为北京市通州区人民检察院检察员。

免去吴克勇、张军林北京市通州区人民检察院检察员职务。

10月13日北京市通州区第六届人民代表大会常务委员会第七次会议决定，任命靳国旺为北京市通州区人民政府信访办公室主任。

免去高华北京市通州区人民政府信访办公室主任职务。

任命孟昭鹏为北京市通州区人民法院审判员。

10月13日北京市通州区第六届人民代表大会常务委员会第七次会议决定，任命郑淑琴、范德明、黄钟甲、李淑玲、杨立兴、胡晓波、张仕忠、任庆奎、李春茂、崔启贵、张万良、王晓伟、刘秀红、白万庆、王忠华、丁玉亭、刘洋、张子英、张学艺、栾鸾、李宏斌、郝秀丽、岳迎文、谈华典、陈兰英、张国林、王永旺、张慧、肖素兰、鲁长芹、井满泉、韩维林、贾国禄、唐丛华、王立香、翟福生、谢继强、刘红、刘振义、马磊、陆璇、盖立洲、王萌、刘洪英、张连旺、陈奎梅、杨秋红、刘剑飞、王艳、王良、马杰、陈晓燕、邢天郡、张沙勇、马翠红、殷连生、詹国辉、谢志娇、王金平、雷瑞芬、卫谦、韩建雄、陈启龙、方友春、李寅甫、陆燕萍、杨普、刘淑清、岳凤金、何旭东、赵福安、张新春、张国琪、郝春华、郭海螺、杨秋玲、梁春友、王义平、李志伟、丁红霞、刘宇、李东军、赵志友、龙立、胡永生、邱歆平、张立红、孙淑深、王世勋、武志、于治玺、董向洁、游嘉、赵桂秋、王四生、梁华、梁成祥、李英徽、苏宇、胡希林、王敬波、姚路坤、王书生、李世祥为北京市通州区人民法院人民陪审员。

免去平学光、扈文景、杨琨、崔艳姮、刘雪、宋超、张玉林、冯海蛟、赵学田、叶宏、陆霜梅、于振山北京市通州区人民法院人民陪审员职务。

11月7日北京市通州区第六届人民代表大会常务委员会第八次会议决定，任命孙天舒为北京市通州区人民法院漷县人民法庭庭长；邱春阳为北京市通州区人民法院行政审判庭庭长；杨宇为北京市通州区人民法院台湖人民法庭庭长；徐寒军为北京市通州区人民法院执行一庭庭长。

免去孙天舒北京市通州区人民法院行政审判庭庭长职务；邱春阳北京市通州区人民法院台湖人民法庭庭长职务；杨宇北京市通州区人民法院执行一庭庭长职务；张涛北京市通州区人民法院漷县人民法庭庭长职务。

12月7日北京市通州区第六届人民代表大会常务委员会第九次会议决定，免去付立庆、郭晓红北京市通州区人民检察院副检察长、检察委员会委员、检察员职务；张守刚北京市通州区人民检察院检察委员会委员、检察员职务；谭锐、王金倩北京市通州区人民检察院检察员职务。

（叶江宇）

考察与调研

2017年，区人大常委会围绕全区中心工作、常委会工作要点和人大代表、人民群众关心、关注的热点问题，组织常委会组成人员、人大代表开展考察与调研。全年开展考察、调研40余次。

开展常委会审议监督议题调研。围绕区政府2016年财政决算、2016年同级财政预算执行和其他财政收支、2017年上半年工作、2017年上半年国民经济和社会发展计划执行情况、2017年上半年财政预算执行情况、2017年财政预算执行情况和2018年财政预算草案、水污染治理、城市精细化管理、生活垃圾分类和减量、扩充优质教育资源进行调研。通过采取多种形式，做到点面结合，上下联动，充分发挥代表作用，形成高质量的调研报告，为常委会和政府工作提供决策参考。

开展专题调研。围绕政府性债务管理、急救中心建设、广电中心建设、城市精细化管理、生活垃圾分类和减量、城市交通秩序和出行环境、治安防控体系建设、城市管理改革、水污染治理、食品药品安全监督管理、煤改清洁能源、扩充优质教育资源开展专题调研。为人大常委会正确行使职权、发挥好职能作用，解决社会热点难点问题提供准确依据。

开展人大制度理论研究。围绕加强区人大常委会和专门委员会建设、人大自身建设开展人大制度理论研究。为做好新时期、新形势下人大工作提供重要保证。

考察视察工作。一是围绕常委会监督议题开展视察；二是围绕专题主任会议开展视察；三是围绕工作落实情况，组织代表对“加大重点项目协调推进工作力度，提升城乡建设水平”“卫生计生事业发展”的审议意见落实情况以及常委会主任、副主任重点督办件办理情况进行视察；四是围绕常委会重要工作开展视察，组织对停车资源开发建设及整合、广电中心的建设发展、食品药品安全监督管理、法院民商事案件速裁工作机制、检察院检察改革、六环西侧辅路带状公园和减河公园建设的视察工作；五是围绕市人大执法检查，组织视察《北京市全民健身条例》贯彻落实情况；六是认真组织区六届人大三次会议会前代表视察工作。

（叶江宇）

代表工作

区六届人大常委会始终坚持代表主体地位，不断完善工作制度，创新工作方式，支持和保障代表依法履职。

完善机制，议案办理成效显著。常委会主动调研、主动设计、主动提出、主动推进，坚持问题导向，不断改进方式、规范程序，推动议案的高质量、高水平办理。制定并实施“代表议案和建议、批评、意见”办理工作规程；制定议案办理五年计划，每年立项，有计划、有重点的推动办理。首次实行区人大专委会督办代表议案，开展专项监督，提出要顶层设计、法制化治理、市场化运作、绣花式管理等建议要求。常委会听取和审议议案办理、督办情况的报告，推动议案办理质量的提升。

完善体系，代表建议办理取得新突破。区六届人大一次会议期间代表提出建议147件（含议案转建议办理29件），闭会期间提出建议2件，全部依法办复。其中，本行政区域内办理的137件建议，97%得到实实在在的解决。

求真务实，服务代表水平显著提升。强化学习培训。一是统筹规划。研究制定五年培训计划。强化专题培训，将15个代表小组划分为3个学习培训组，推动取得实效。二是组织代表开展集中培训、实地考察培训，为代表履职奠定坚实基础。三是围绕加强和改进人大工作、代表小组活动、代表联系选民等开展座谈交流，促进相互借鉴提高。四是各代表小组开展学习培训，推动履职“传、帮、带”。

强化服务保障。一是扎实开展代表会前集中视察；组织部分代表与区长、副区长进行座谈；开展专题询问，促进相关问题的提前解决。根据代表出缺情况，依法补选区人大代表。二是坚持向代表通报“一府两院”半年工作制度，坚持为代表提供人大常委会及“一府两院”工作开展情况，保障代表知情知政。三是注重代表履职成果的转化。对代表议案、建议反映较为集中的问题列入常委会监督议题，邀请代表参与议题审议。四是组织代表开展视察、检查、调研等活动，发挥代表在闭会期间的作用。五是为市人大代表依法履职提供服务和保障。

强化代表小组作用。推动代表小组活动常态化。一是完善代表联系网络机制，健全制度、扎实推进。二是坚持代表小组活动与全区中心工作、人民群众关切的问题相结合，畅通民意诉求表达渠道。三是建立“代表之家”微信群，密切代表之间的联系。四是创新方式，加强指导、协调和服务，推动代表小组工作高效有序进行。

（叶江宇）

北京市通州区政府

市区两级专班对接会　　（安监局提供）

概述

2017年是通州发展史上极不平凡的一年，区政府完成年度各项目标任务，有力地推进了城市副中心建设，实现了通州经济社会平稳较快发展。

城市副中心建设开启新篇章。《北京城市总体规划(2016年—2035年)》正式获批复，从法律意义上确定城市副中心功能定位与发展目标。城市副中心控制性详细规划、17个专项规划加快完善，15个专题研究全面完成。行政办公区、运河商务区、文化旅游区、城市副中心站、城市绿心等副中心重要节点加快布局建设。统筹布局906平方公里的均衡发展，通州区总体规划形成成果，镇域规划编制进展顺利，特色小镇和乡镇功能定位研究深入推进。“京津冀”协同发展不断深入，与河北廊坊、天津武清签署框架合作协议，交通、生态、产业等各领域合作不断深化，与雄安新区开展多轮工作对接，“新两翼”初步形成相互协同、推动发展的良好态势。

城市治理进入新阶段。获得全国文明城区荣誉称号。疏解整治促提升成效显著。实施32项道路建设工程，开展7条街巷改造。完成21个拥堵路口、20个交通秩序乱点整治工作。深入开展静态交通治理。区域供水能力从14万立方米/日提高到20万立方米/日，供电保障能力提升30%以上，新增燃气管线1000余公里，21个老旧小区108.4万平方米的供热管网完成改造。全面推行街巷长制。8个乡镇应急填埋场建成投入使用。智慧城市建设加快推进。

生态环境建设取得新战果。全年$PM_{2.5}$累计浓度下降到67微克/立方米。完成207个村及3个街道12.5万余户煤改清洁能源工程，全区范围基本实现“无煤化”。制订实施全市标准最严的扬尘治理量化标准“双十条”。实施75平方公里货车禁限行措施。完成1310家“散乱污”企业清理整治。“两带、六片区”（“两带”是指北运河生态带和潮白河生态带。“六片区”是指城北片区、两河片区、河西片区、台马片区、漷牛片区和于永片区。）水环境综合治理工程全面展开。全区污水处理能力达到44.7万吨/日，污水处理率达到85%。新增和提升绿化面积6.5万亩。

经济发展汇入新动能。主要经济指标保持平稳较快增长，聘请5家高端智库围绕行政办公、商务服务、文化旅游、科技创新、文化创意开展产业规划研究，构建“高精尖”产业体系。产业园区加快转型升级，编制完成《通州园区促进产业转型升级实施方案》，建立拟入驻园区项目区级统筹机制，严把园区项目入驻关口。加快园区腾笼换鸟，搭建企业疏解平台，腾退园区土地2325亩。国际种业科技园区物联网集成与应用平台二期、中国北京人力资源服务产业园区（通州园）等项目稳步推进。

社会民生建设呈现新局面。科教文卫体等事业全面发展。出台教师素质及基础教育质量提升支持计划，31所农村薄弱校得到市级名校“一对一”结对帮扶，6600名城乡教师参加跟岗培训等素质提升项目，4000名学生在名师伴读“双师工程”中受益。医药分开综合改革取得阶段性成果，医院建设有序开展，医疗水平稳步提升。文化事业取得新成果，编制完成大运河文化带建设项目清单和目标任务。群众体育事业蓬勃发展，北京通州半程马拉松等活动成功举办。民生状况持续改善。医疗、养老等各项社会保障水平稳步提升。志愿服务、安全综治等社会建设不断完善。食品药品安全、应急管理、人民武装、“双拥”共建、宗教、侨务及对台工作健康发展。

（林功艳）

政务工作

【市领导到通州区调研】 1月5日，市委书记郭金龙、市长蔡奇到通州区调研。视察市行政办公区、环球主题公园项目建设现场，并听取相关情况汇报。3月7日，副市长王宁到通州文化中心调研。听取副区长李亚兰关于文化设施建设及运河文化带规划建设等工作的汇报。3月27日，市委常委、秘书长、常务副市长张工到通州区调研“疏解整治促提升”专项行动进展情况。在视察梨园镇欣云景农贸市场和永顺镇上营花鸟市场后，对通州区拆违和疏解提升有形商品市场工作取得的成绩给予肯定并提出要求。4月15—16日，市委副书记、市长蔡奇到通州区调研。视察行政办公区、城市绿心、运河商务区、城市副中心交通枢纽、路县古城遗址和运河文化广场。4月20日，副市长张建东带领市有关部门负责人到通州区调研城市副中心交通工作。在副区长张德启陪同下，视察宋梁路施工现场和通州火车站，并听取相关情况汇报。5月5日，副市长王宁到通州区调研文化设施建设工作情况。在视察台湖镇国家大剧院舞美基地和爱乐特色小镇后，到东方化工厂调研“城市绿心”文化设施建设工作。5月29日，市委副书记、代市长陈吉宁到通州区调研北京城市副中心重点项目、基础设施建设情况。视察潞城镇棚改指挥部、行政办公区工程建设工地和城市绿心、环球影城主题公园、城市副中心交通枢纽等重点项目建设现场，并察看了北环环隧和运河商务区地下市政综合管廊等城市基础设施建设情况。6月12日，市委常委、宣传部部长杜飞进到通州区调研社区文化建设、副中心文物保护等工作。视察玉桥南里南社区“十姐妹”工作室，玉桥街道景馨家园和谐楼门、大运河森林公园、行政副中心规划展厅和潞城镇路县故城遗址，并听取相关情况介绍。6月26日，市委副书记、代市长陈吉宁到通州区走访慰问优秀党员郭玉荣、新中国成立前老党员张淑芬，并到玉桥东里社区参加党支部学习宣传和落实市第十二次党代会精神活动。6月28日，副市长卢彦到通州区东郊森林公园、宋庄公园、千年守望林施工现场、减河公园等地，就城市副中心园林绿化有关工作进行实地调研。7月29日，市委副书记、代市长陈吉宁带队到通州区开展环保督察。在查看觅子店综合检查站、中国石化潞府加油站、西集镇郎东村“煤改气”、东六环货车通行、潞城镇棚改安置房古月佳园小区后，召开环保督察现场办公会。8月4日，市委常委、统战部长齐静到通州区调研“河长制”工作落实情况，并实地察看通州区水环境及排污治理等情况。视察了潮白河通州段和运潮减河7号站，并听取相关情况汇报。8月10日，市委书记蔡奇到通州区调研。视察八里桥市场疏解腾退现场、正在建设的国家大剧院舞美基地和副中心行政办公区建设现场，并听取相关情况汇报。8月12日，副市长王宁到通州区调研城市副中心基础教育发展情况。视察胡各庄小学、北京五幼选址现场、人大附中通州学校选址现场、胡各庄安置房小区配套幼儿园和人大附中通州校区，并听取相关情况汇报。8月12日，副市长王宁到台湖镇调研演艺小镇规划建设情况，并主持召开台湖演艺小镇专班第一次工作对接会。8月26日，市委书记蔡奇，市委副书记、代市长陈吉宁到通州区调查研究，检查城市副中心建设，推动工作落实。在视察南水北调配套工程通州水厂、萧太后河环球影城段、土桥路口和听取相关情况汇报后，对通州区的工作给予肯定并提出要求。9月3日，市委常委、副市长阴和俊到通州区调研产业疏解和科技创新工作。视察北京环渤海高端总部基地、北京一轻控股有限责任公司北京玻璃研究院、经开国际企业大道，并听取通州区“推动科技创新，构建高精尖产业结构”有关情况的汇报。9月9日，代市长陈吉宁，市委常委、常务副市长张工，副市长程红等到通州区调研北京城市副中心运河商务区规划建设与产业发展。视察运河商务区北区工地、新光大中心、保利大都汇等地，并听取相关情况汇报。9月21日，市委常委、常务副市长张工到通州区调研行政办公区建设进展和城市绿心规划建设情况。视察行政办公区施工现场、东方化工厂和永顺镇棚改指挥部，并听取相关情况汇报。10月26日，市委副书记、代市长陈吉宁到通州区检查指导学习宣传贯彻中共十九大精神工作。视察台湖镇外郎营村、玉桥南里南社区，并听取通州区学习宣传贯彻中共十九大精神有关工作情况的汇报。11月11日，市委书记蔡奇，市委副书记、代市长陈吉宁到通州区调研。视察马驹桥镇郭村和柴务村工业大院拆除现场、六环路小圣庙立交出入口过境大货车管控和疏堵改造工程情况、人大附中通州校区，并听取相关情况汇报。11月29日，副市长卢彦到通州区调研黑臭水体治理和海绵城市建设有关工作。视察北京小学通州分校、紫荆雅园小区、碧水污水处理厂和南大沟污水处理站，并听取相关情况汇报。

【举行“通武廊”战略合作发展框架协议签约仪式】 2月4日，“通武廊”战略合作发展框架协议签约仪式在通州区举行。通州区区长张力兵、武清区区长杨令生、廊坊市市长陈平共同签署“通武廊”战略合作发展框架协议。

【义务植树活动】 4月5日，中共中央政治局委员、中央军委副主席范长龙，中共中央政治局委员、中央军委副主席许其亮，中央军委委员张阳、赵克石、张又侠、吴胜利、马晓天、魏凤和在中共中央政治局委员、市委书记郭金龙，市委副书记、市长蔡奇的陪同下到永顺镇刘庄公园参加义务植树活动。区委书记杨斌、区长张力兵等参加植树活动。4月10日，市委办公厅、市政府办公厅、市政协机关、市检察院等21家单位500余名市直机关党员干部到通州区，参加“建设副中心、描绘新蓝图”义务植树活动。

【通州区政府与国网北京市电力公司签署战略合作协议》】 4月7日，通州区政府与国网北京市电力公司签署《北京城市副中心“十三五”电力建设战略合作协议》。区长张力兵与国网北京市电力公司书记杨新法签署合作协议。

【天津市领导到通州区考察】 4月20日，天津市委常委、常务副市长段春华到通州区，考察北京城市副中心建设情况。在市委常委、副市长隋振江，区长张力兵、副区长阳波的陪同下，视察了北京城市副中心行政办公区建设工地和大运河森林公园，并听取北京城市副中心历史文化、水系治理、园林绿化等情况介绍。4月25日，天津市副市长孙文魁带领天津市相关委办局负责人到通州区考察北京城市副中心建设情况。视察了行政办公区建设现场、大运河森林公园和商务中心区市政配套服务中心，并听取相关情况介绍。

【支持北京城市副中心医疗卫生体系能力建设协议启动活动举行】 6月17日，支持北京城市副中心医疗卫生体系能力建设协议启动活动在通州区举行，签订了《公共卫生合作框架协议》《基层卫生服务对口合作帮扶框架协议》和《建立医疗联合体合作协议》。副市长卢彦，市卫计委主任雷海潮，区领导张力兵、崔松光、李亚兰参加启动活动。

【区政府和市医管局委托北京友谊医院管理新华医院协议签字仪式在通州区举行】 7月5日，区政府和市医管局委托北京友谊医院管理新华医院协议签字仪式在通州区举行。区长张力兵、市医管局局长于鲁明和北京友谊医院党委书记、理事长辛有清共同签署协议。市卫计委书记方来英、区委书记杨斌为首都医科大学附属北京友谊医院新华医院揭牌。副市长卢彦，市卫计委主任雷海潮，区委常委、常务副区长崔松光，副区长李亚兰参加签字仪式。

【中国人民大学新校区奠基仪式举行】 10月2日，中国人民大学新校区奠基仪式在通州区举行。中国人民大学校长刘伟致辞。市委常委、教工委书记林克庆，副市长隋振江，市教委主任刘宇辉，区领导杨斌、张力兵、查显友参加奠基仪式。

【河北省廊坊市党政代表团到通州区考察】 10月12日，河北省廊坊市委书记冯韶慧，市委副书记、市长陈平带领廊坊市党政代表团到通州区考察北京城市副中心规划建设情况。在区委书记杨斌、区长张力兵的陪同下，视察了大运河森林公园“月岛闻莺”观景平台和北京城市副中心规划展厅，并听取区委常委、常务副区长崔松光关于北京城市副中心规划建设情况的介绍。廊坊市委副书记、副市长胡晓军等，通州区委常委、宣传部部长查显友，副区长阳波参加活动。

【日本东京都文京区访问团到通州区参观】 10月23日，日本东京都文京区区长成泽广修率访问团到通州区参观了贡院小学和大运河森林公园，并与通州区签署《缔结友好城市关系谅解备忘录》。中日友协副会长许金平、市政府外事办公室副主任李辉，区领导张力兵、崔松光、张绍武参加座谈会。

【中意设计创新基地启动仪式暨中意设计创新日在清华大学美术学院举行】 11月13日，中意设计创新基地启动仪式暨中意设计创新日在清华大学美术学院举行。清华大学校务委员会副主任邓卫、区长张力兵与启迪控股总裁袁桅共同签署首批中意设计创新基地“镜像基地”合作协议。下午，区委常委、常务副区长崔松光参加主题为“设计驱动创新，构建美好生活”高峰对话活动。副区长阳波出席活动。

【西藏自治区拉萨市领导到通州区考察】 11月17日—18日，西藏自治区拉萨市城关区领导到通州区考察对接东西部扶贫协作对口支援工作。参观了北京城市副中心规划展厅、大运河森林公园“月岛闻莺”观景平台和梨园镇大稿新村，并在通州商业运营资产公司通糖生活品质超市举行大昭圣泉在京销售启动仪式。区长张力兵，区委常委、常务副区长崔松光参加活动。12月8日，西藏自治区党委常委、拉萨市委书记白玛旺堆带领拉萨市党政代表团到通州区，考察北京城市副中心建设和产业发展情况。在视察北京神舟绿鹏农业科技有限公司和大运河森林公园后，听取城市副中心规划建设情况的介绍。副市长杨斌，区领导曾赞荣、张力兵、王岩石、阳波陪同调研。

【北京城市副中心专场推介会在香港会议展览中心举办】 11月28日，通州区人民政府与市投资促进局、香港贸易发展局在香港会议展览中心，共同举办北京城市副中心专场推介会。区委常委、常务副区长崔松光围绕中央关于北京城市副中心规划建设要求、发展优势、营商环境、合作商机等进行整体推介。

（王文秀）

【《通州区垃圾减量工作实施方案》出台】 1月24日，为加快改善通州区生态环境，推进资源节约集约利用，解决垃圾消纳的困扰，进一步强化通州区生活垃圾分类收集、运输、处理体系的管理，保障和改善民生，逐步建立资源型、节约型、低碳绿色型社会，培养全社会资源环境意识，区政府制定了《通州区垃圾减量工作实施方案》。

【《通州区节水型区创建实施方案》出台】 2月6日，为保障北京城市副中心水安全、提升水环境宜居水平，建设高标准的节水型通州，依据《北京市人民政府关于全面推进节水型社会建设的意见》，确保于2017年年底达到节水型区考核要求，2018年完成节水型区创建工作，区政府制定了《通州区节水型区创建实施方案》。

【《通州区“十三五”时期节水型社会建设规划》出台】 2月6日，为更好应对未来水资源紧缺的新形式，将节水型社会建设融入通州经济社会发展总体规划中，确保2018年完成节水型区创建工作，到2020年完成节水型社会建设，根据《北京市人民政府关于全面推进节水型社会建设的意见》，区政府制定了《通州区“十三五”时期节水型社会建设规划》。

【《通州区落实北京市医药分开综合改革工作方案》出台】 3月29日，为全面落实党中央、国务院关于医药分开改革的决策部署，探索多种有效方式逐步破除以药补医、建立科学合理的补偿机制，依据《中共中央 国务院关于深化医药卫生体制改革的意见》《国务院关于印发“十三五”深化医药卫生体制改革规划的通知》《国务院办公厅关于城市公立医院综合改革试点的指导意见》及《北京市人民政府关于印发〈医药分开综合改革实施方案〉的通知》，区政府制定了《通州区落实北京市医药分开综合改革工作方案》。

【《通州区土壤污染防治工作方案》出台】 3月30日，为深入贯彻落实《国务院关于印发土壤污染防治行动计划的通知》和《北京市人民政府关于印发北京市土壤污染防治工作方案的通知》精神，全面掌握土壤环境状况，加强土壤污染防治，改善土壤环境质量，保障土壤环境安全，区政府制定了《通州区土壤污染防治工作方案》。

【《通州区知识产权（专利）促进暂行办法》出台】 9月16日，为贯彻落实《国务院关于新形势下加快知识产权强国建设的若干意见》及《北京市专利保护和促进条例》《北京市人民政府关于加快知识产权首善之区建设的实施意见》等文件精神，深入实施知识产权强国战略，推动知识产权强区建设，充分发挥知识产权在创新驱动发展中的重要作用，加快北京城市副中心建设，提升知识产权创造、运用、保护、管理与服务的综合水平，结合本区实际，区政府制定了《通州区知识产权（专利）促进暂行办法》。

【《通州区创建国家森林城市的实施意见》出台】 11月13日，为推动国家森林城市创建工作有序开展，根据《国家森林城市评价指标》，结合区域实际，区政府制定了《通州区创建国家森林城市的实施意见》。

【《通州区加强政务服务体系建设的实施方案》出台】 12月18日，为深入贯彻党中央、国务院关于"简政放权、放管结合、优化服务"改革工作精神，根据《北京市政务服务管理办公室关于印发〈贯彻落实北京市人民政府关于加强政务服务体系建设的意见工作方案〉的通知》要求，进一步健全完善本区三级政务服务体系，推进政务服务规范化、精准化、便捷化，建设人民满意的服务型政府，结合本区实际，区政府制定了《通州区加强政务服务体系建设的实施方案》。

【《通州区加强非道路移动机械低排区和非道路移动机械管理工作方案》出台】 12月29日，根据《中华人民共和国大气污染防治法》《北京市大气污染防治条例》《北京市清洁空气行动计划》等相关法律、法规、文件精神，结合区内实际情况，加强对非道路移动机械的管理，进一步改善通州区环境质量，区政府制定了《通州区加强非道路移动机械低排区和非道路移动机械管理工作方案》。

（东　滨）

【政府信息工作】 2017年，收到各单位报送信息9346条，采用2832条；编辑《昨日区情》252期，其中，特刊7期，《今日媒体热点》20期；向市政府办公厅报送信息1230条，被采用188条，舆情信息258条。得到市、区领导批示42条。被评为市政府信息系统嘉奖单位。

（张晓燕）

【便民电话工作】 2017年，通州区非紧急救助服务中心围绕市委市政府、区委区政府中心工作，以解决群众诉求为核心，着力提升"三率两度"指标，实现通州区非紧急救助服务工作跨越式发展。为通州区各项事业的健康发展和维护社会和谐稳定发挥了应有的作用。全年接听各类来电4220余个；办理区长信箱电子信件1219封；办理人民网"地方领导留言板"网友留言13件。办理《市长电话值班专报》督办件4件。办理市中心专项督察案件1032件；全年受理北京市非紧急救助服务中心交由通州区办理的网上派发工单95504件，与2016年同期相比上升56.83%。通州区连续多年受理总量在全市16个区中排名第四。群众诉求问题除少数因政策、财力不允许和部分不合理诉求外，经全区各部门共同努力，群众大部分诉求问题得到有效解决。同时，向全区各承办单位印发《群众电话诉求市非紧急救助服务中心回访情况通报》10期，2017年北京市非紧急救助服务中心以"三率两度"为指标，对全市16区办理群众电话诉求实行量化监督考核，通州区的"三率两度"均有较大幅度的提升，特别是解决率位于全市第二，满意率全市第三，实现跨越式的发展。

（苏　燕）

【建议、提案办理工作】 2017年，市"两会"交由通州区政府研究办理的市人大代表建议、市政协委员提案24件。按照市政府有关规定，24件建议、提案全部在法定期限内办复。

2017年，区政府系统承办区人大代表建议和区政协委员提案345件，办理区政协常委会建议案5件。（1）办理区人大代表建议148件。其中，区六届人大一次会议交区政府办理146件，闭会期间区人大常委会交区政府办理2件。内容涉及城市建设与管理方面50件，占34%；城乡一体化方面41件，占28%；社会事业与民生方面32件，占21%；综合经济方面6件，占4%；其他方面19件，占13%。区政府按照“分级负责、归口办理、重点督办”的原则，分别交由51家单位研究办理，全部按期办复。（2）办理区政协委员提案197件。其中，区政协六届一次会议交区政府办理193件，闭会期间4件。内容涉及社会事业与民生方面75件，占38%；城市建设与管理方面68件，占34%；城乡一体化方面21件，占11%；经济发展方面10件，占5%；其他方面23件，占12%。全部按期办复。

（郭　娜）

【政府信息公开工作】 4月1日，通州区重点领域政务公开清单正式向社会公开，事项涉及400条目录信息、2081项内容标准，覆盖了教育、医疗卫生、社会保险、就业创业、社会救助、征收补偿、环境治理、保障性住房等与社会公众切身利益相关的民生保障领域，以清单为指引，方便群众查询和获取政府信息，以清单为参照，方便群众监督。全区各委办局、各乡镇政府、各街道办事处都在办公场所醒目位置开设政务公开栏，将职责权限、服务标准、工作纪律、办事程序、监督措施等通过上墙、上网等方式公之于众，实现“阳光作业”，方便群众办理。在个别窗口单位开展网上业务办理、网上查询、网上反馈等便民措施，累计发布、办理各类便民服务信息和服务事项近万条。

2017年，全区主动公开政府信息9200条（累计达到78700条），其中，全文电子化率达100%。在主动公开的信息中，机构职能类信息277条，占总体的比例为3.01%；法规文件类信息615条，占总体的比例为6.68%；规划计划类信息255条，占总体的比例为2.77%；行政职责类信息99条，占总体的比例为1.08%；业务动态类信息7954条，占总体的比例为86.46%。本区2017年度收到政府信息公开申请715件。其中，当面申请235件，占总数的32.9%；通过互联网提交申请有48件，占总数的6.7%；以信函形式申请432件，占总数的60.4%。申请内容主要涉及农村集体土地征收批复、公告、补偿安置方案，房屋拆迁政策及补偿办法，环评结果、义务教育政策、行政执法结果等。

2017年，本区因政府信息公开产生行政复议22件。其中，维持具体行政行为的21件，被依法纠错的1件。本区2017年因政府信息公开产生行政诉讼案件39件。其中，维持具体行政行为或驳回原告诉讼请求27件，被依法纠错的12件。

（娜彤旭）

人事人才

【概　况】 2017年，通州区人事人才工作迈上新台阶。牢固树立“人才资源是第一资源”的理念，以驱动服务创新引才、聚才，以改革体制机制用才、留才，完善人才工作机制，激发人才创新就业活力，加快人才队伍建设，提供更全面、更公平、更精细的人才服务保障，构建具有北京城市副中心特色的人事人才工作发展新格局。

【公务员招录工作】 2017年，两次招录发布职位97个，招录公务员99人（首次招录66人，补充录用33人）。

【公务员培训】 2017年，组织10期、5729人次公务员培训。包括2期144人次的初任培训，3期540人次的大规模轮训，1期2000人次的公共知识培训，1期200人次的科学素质大讲堂，1期63人次的科级任职培训，1期180人次的组织人事干部培训班，1期2602人次的公务员在线学习培训。

通州区2017年公务员科级干部任职培训班开班
（通州区人力社保局提供）

【事业单位公开招聘工作】 年内，对事业单位新进工作人员进行公开招聘，通过实行单位招考和全区统一联考的方式，招聘工作人员717名。

“通武廊”大型专场招聘会在马驹桥镇举行
（通州区人力社保局提供）

【事业单位岗位聘任和备案管理工作】 年内，完成全区533个事业单位、2万余人的岗位聘任和登记备案。

【高层次人才创新创业平台建设】 年内，在中关村科技园区通州园管理委员会增设1家分站博士后科研工作站即北京市医疗器械检验所；为高层次人才发放政府特殊津贴和购房补贴177.1万元；为博士后科研工作站及在站高层次人才发放扶持资金30.13万元。

【“两高”人才引进工程】 年内，推进通州区“两高”即通州海外高层次人才引进计划（“灯塔计划”）和通州区高层次人才发展支持计划（“运河计划”）人才引进工程的实施。2017年评选出“灯塔计划”工作类10名、创业类1名；“运河计划”顶尖人才1名。

【通州区高端人才信息管理系统上线运行】 年内，通州区高端人才信息管理系统正式上线运行。作为通州区第一个专注于高层次人才信息数据系统，全面收集了全区高层次人才的个人基本信息、所属行业领域、所属人才层次、发表专利情况及获得过何种奖励等多项数据，并实现信息数据的即时更新。截至年底，有556名高层次人才纳入高端人才信息管理系统，涵盖党政、教育、卫生、生物医药等多个行业领域。

【为高层次人才发放补贴】 年内，为高层次人才发放政府特殊津贴和购房补贴177.1万元；为高端产学研基地及在站高层次人才发放扶持资金30.125万元。

【人才引聚工作】 2017年，全区引进各类人才6386人，其中高端人才引进32人（包括随调配偶8人），接收应届毕业生3407人，解决夫妻分居34人。

【打造“两高”人才品牌工程】 2017年，评选出“灯塔计划”创业类项目入选者1名、工作类项目入选者10名，并发放奖励资金220万元；“运河计划”顶尖人才1名，发放奖励资金10万元。

【全区人事考试工作】 2017年，组织完成市、区级下发的计算机软件、一级建造师、中央公务员等22个科目的考试工作，共1193场，86528人次参加考试；完成北京市选调生、网络监督员、专职安全员等10个科目的面试工作，1069人参加面试；发放各类资格证书3604个；完成专职安全员、卫生（初、中级）和会计（中级）等考试的资格审核工作。

【全区晋级晋档、增长薪级审批工作】 2017年，工资福利与退休科完成全区机关事业单位在职人员晋级晋档、增长薪级审批工作，累计审批2.6万余人。

【组织机关健康体检】 9月，按照京组通〔2007〕56号文政策要求，工资福利与退休科组织党政群机关工作人员赴北京市干部度假疗养中心进行健康体检，全区有157名考核优秀人员、业务骨干、组织人事干部以及离岗、离退休人员参加活动。

【选聘大学生村干部到基层】 2017年，大学生村干部与选调生工作并轨，选拔工作严格执行公务员标准，根据选聘原则和程序，经过笔试、资格审查、面试、体检、考察、签订就业协议等程序，选聘38名大学生村干部（选调生）到基层工作。

【接收安置军转干部工作】 2017年，接收军队转业干部53名，2名随调家属，其中，接收计划安置团职干部15名、营连排职及专业技术干部38名；自主择业干部69名；计划安置军转干部实际报到人数42名（团职干部12名，营连排职及专业技术干部28名），随调家属2名；2017年，有8名随军家属安置到事业单位。组织开展通州区2017年随军家属专场招聘会3场，57家用人单位为随军家属提供1041个就业岗位，176名随军家属参与招聘洽谈活动，60名随军家属现场与用人单位达成初步就业意向；2017年，“八一”、春节、“两节”期间慰问特困军转干部39人次，发放慰问金5.85万元。

【人才服务平台建设】 年内，做好人才服务中心档案管理等工作，集体存档户3191家，存档量为110104份，其中，个人存档96946人，集体存档13158人。同时，充分发挥人才市场在人才资源配置中的基础性作用。年内，举办现场招聘会266场，参会单位3452家次，提供职位79696个次，求职人才达101518人次，初步达成意向27793人次。

（申晓娟）

劳动就业

【概　况】 2017年，通州区人力社保局全面实施就业优先战略，采取切实有效措施，多层面推动政策落实，多渠道挖掘就业岗位，多角度帮扶困难群体，多形式开展技能培训，多方位提升服务效能，构建“五位一体”的大就业大创业新格局，确保就业工作的全面平稳推进和就业形势的基本稳定。

【全区就业情况】 年内，全区新增就业2.08万人，完成任务指标的142%；城乡劳动力就业17227人，其中，登记失业人员就业8622人，农村劳动力转移就业1196人，完成任务指标的144%，城镇登记就业率达到73.83%；期末实有失业人员4982人，城镇登记失业率为2.5%，低于控制指标1个百分点，同比增加0.21个百分点。

【城乡就业困难人员就业工作】 年内，全区城乡就业困难人员就业9818人，完成任务指标的179%，就业困难人员就业率达到73%。

【落实各项促进就业政策】 2017年，为187家次用人单位招用的958人次符合政策的就业困难人员申请享受岗位补贴248.9万元、1214人次符合政策的就业困难人员申请享受社会保险补贴755.8万，合计申请1004.7万元。社区公益性就业组织累计安置283名就业困难人员，申请市、区两级岗位补贴969.6万元。新增7183名自谋职业（自主创业）、灵活就业人员，累计享受补贴25472人，累计享受补贴金额1.95亿元。受理525家企业稳定岗位补贴申报材料，批复资金1537万元。

【创业促进就业工作】 年内，开展创业培训17期，培训各类学员包括失业人员及农村转移就业劳动力等435人。培训后取得工商营业执照可持续经营的176人，创业成功率为40.5%。直接带动就业1496人。开展特色创业一体化见习培训12期，包括“北京环球主题公园就业培训行动计划”创业培训项目的特色培训班、“互联网+”商务创业培训班以及大学生村官创业培训班等，涉及学员321人。

【职业技能培训工作】 2017年，开展城乡劳动力培训9338人，其中城镇失业人员技能培训435人，农村劳动力技能培训1161人；外省市来京务工人员3283人；在职职工培训2914人，其他人员1110人。开展创业一体化见习培训17期，435人。组织专场职业资格鉴定考试207批次，有21618人参加鉴定考核，18222人取得证书，取证率84%。其中，初级职业资格证书14135人，取得中级职业资格证书2511人，取得高级职业资格证书1112人，取得技师职业资格证书210人，取得高级技师职业资格证书254人。全年批复培训补贴资金682.148万元，补贴人数5047人，其中，市级培训补贴资金417.916万元，补贴人数3524人，区级培训补贴资金264.232万元，补贴人数1523人。进一步加强技能人才队伍建设，与区总工会联合开展“通州工匠”千人培训计划。加强“通武廊”三地职业技能人才交流合作，举办首届“通武廊”职业技能大赛。

【与内蒙古翁牛特旗签署劳务合作协议】 年内，双方就建立劳务对接机制、开展跨区域劳务合作、建立常态化联系机制等内容进行约定，明确构建京蒙两地劳务输出协作机制，并重点加强“建档立卡”贫困劳动力到通州区接受职业教育和技能培训的交流与合作。12月20日，首期家政服务员培训班正式开班，41名翁牛特旗学员参加培训，从家政服务的职业道德、业务知识以及业务技能等各个方面提高学员的职业能力，为今后对接实际工作岗位起到促进作用。

【就业困难人员精准帮扶】 年内，通州区人力资源和公共服务中心与北京亿莱顿信息技术有限公司签订《2017—2018年度通州区就业帮扶项目》，为就业困难人员提供多形式、多层次、多方面的就业服务，全面提升就业困难人员的就业机率和就业稳定性，实现人力资源公共服务机构与民办职介机构的首度联手，为探索整合人力资源服务资源做出有益的尝试，在全市具有先试先行的示范作用。

7月3日，通州区人力资源公共服务中心正式成立
（通州区人力社保局提供）

【市级“一地一策”就业扶持政策落地通州】 年内，推行重大项目就业评估机制，通过对通州区的空间人口管控、产业发展、生态环境建设、基础设施建设及劳动力现状进行全方位的综合考量，将政策扶持力度与项目就业影响相关联，推动市级“一地一策”就业扶持政策在通州落地。12月底，通州区获得市人力社保局批示，全域纳入城市化建设地区，农村劳动力将与城镇劳动力享受相同的就业失业待遇。

【就业帮扶活动】 年内，制定就业帮扶实施方案，通过密集举办招聘会，提供大量就业机会，将温情关怀送到失业人员身边。12月，全区开展16场专场招聘会，392家单位提供就业岗位1.07万个，吸引1.24万人参会，3063人达成初步就业意向。现场发放各类宣传材料9830份，提供政策咨询3445人次。

2017年通州区促进低收入农村劳动力就业增收专场招聘会 （通州区人力社保局提供）

【退休审核工作】　2017年，核准退休6023人。其中，正常退休4332人，特殊工种提前退休597人，因病提前退休（退职）155人，领取一次性养老金100人，职转居839人。

【工伤认定工作】　2017年，接待工伤来访11875人次，同比增长4.4%；认定工伤1219件，其中，建筑业农民工工伤认定62件，同比增长181.8%，个人申请工伤认定77件，同比增长6.9%；工伤康复45人。

【劳动能力鉴定人次增加】　2017年，组织劳动能力鉴定47场，外出鉴定10场，鉴定人数918人次，其中，工伤评残鉴定723人次(含配置辅助器具)，病退鉴定195人，结论改变率零，组织医疗专家培训2次。

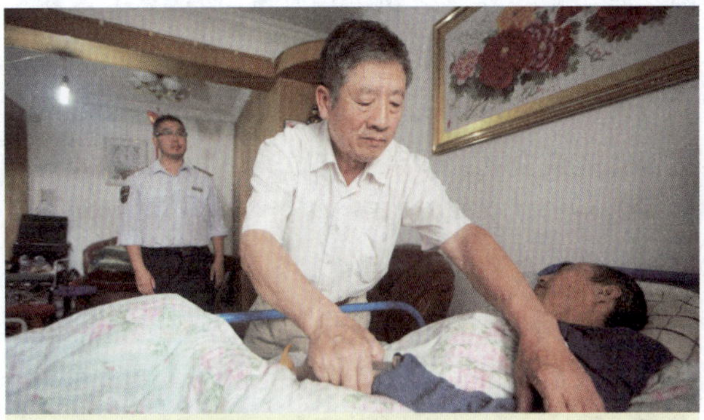

劳动能力鉴定进行外出鉴定
（通州区人力社保局提供）

【集体合同覆盖工作】　年内，全区执行期中的集体合同户数3215户，覆盖职工11.7万人。其中，2017年新增备案企业372户，涉及职工12653人。

【严格特殊工时审批许可】　年内，为130家企业14721名职工申请综合工时和不定时工作制度进行行政许可。

【劳务派遣审批管理】　年内，全区审批经营劳务派遣企业66家，变更劳务派遣许可24家，延续44户。

【监察执法管理】　年内，日常巡查检查单位3316家，涉及劳动者26527人。受理立案422起，其中，投诉举报案件221起，为129名农民工追补工资119.1万元；“12345”转办案件201起，为1306名农民工追补工资1589.68万元，结案率100%。受理和协助乡镇政府处置农民工讨薪突发事件195起，为4274名农民工追补工资4784.78万元。做出行政处罚171起，人均15.5起，较上年同期增长1900%，处罚金额58.12万元，人均5.28万元；行政检查760件，人均69件；做出行政处理2起，涉及325人，金额1101.28万元；申请强制执行3起，涉及713人，执行金额为2404.66万元。

【“京津冀”监察实现一点举报，三地协作办案】　年内，《京津冀地区拖欠工资异地投诉办法（试行）》《北京市联动举报投诉平台》开始实施，劳动者可以就近就地维权，实现一点举报，三地监察共同协作。受理天津协查案件1起，北京市流转案件13起，转入11起，转出2起，全部快速处理结案，降低了劳动者维权成本，维护劳动者合法权益，受到劳动者好评。

【建立劳动监察“双随机”分配系统】　年内，加强信息化管理，在劳动监察“双随机”分配系统中，增加“两网化”工作、企业分级甄别及执法文书生成系统等多项功能，建立一套企业信用评价体系，打造企业用工“诚信平台”，通过标注守法企业、接受处罚企业、重点监控企业等分级要素，让随机抽取的工作人员能够迅速了解企业情况；通过勾选违法行为，系统自动规划案件类别，自动生成执法文书，既使执法过程精确规范，又能对企业的违法行为进行精准打击。

【劳动人事争议调解工作】　2017年，区劳动人事争议案件受理量达9954件，同比上升3.6%。其中，劳动人事争议仲裁委员会受理6666件，各级调解组织调处3288件；全区受理集体争议案件5391件，占受理总量的54.2%。仲裁委受理案件中审结6276件，结案率为94.1%，调解率为63.5%；各级调解组织成功调处2823件，调解率为85.86%。

【基层调解工作】　2017年，健全基层劳动人事争议调解组织网络，全年新建调解组织18家；7月，通州经济开发区西区劳动人事争议调解中心被人社部评选为全国首批乡镇（街道）劳动争议调解综合示范单位，为发挥示范辐射作用打下坚实基础；对辖区调解员定期开展业务培训，涉及80家调解组织，120名调解员参训，有效提升了劳动人事争议调解工作专业化水平。

（申晓娟）

社会保障

【概　况】 2017年，区人力社保局注重加强社保行政部门与经办部门间的协调配合，通过整合优势资源、强化风险防控、加强基础管理，构建起社会保险基金管控体系、内控监督体系和综合管理体系，提高社保业务经办效能。年内，转非劳动力补缴、全民参保登记调查、燕达医院异地划卡结算、新增定点医药机构考察评估等重点工作完成；医药分开综合改革、异地就医直接结算、城乡基本医疗保险制度整合等改革工作顺利推进。全区各项社会保险参保单位达3.20万家，参保人数达110.30万人，各项基金收支规模达165.27亿元，社会保障范围不断扩大，待遇标准和水平逐步提高。

【城镇“五险”扩面征缴工作】 年内，辖区城镇“五险”参保规模进一步扩大，参保单位3.20万家，参保人员52.79万人，同比分别增长17.7%和5.0%。基金累计收缴80.50亿元，同比下降11.5%，完成全年任务指标（75.95亿元）的106.0%。其中，基本养老保险、基本医疗保险、失业保险、工伤保险和生育保险累计收缴分别为45.71亿元、29.81亿元、2.06亿元、1.21亿元和1.70亿元。

【城乡居民养老保险续保率达99.1%】 年内，全区城乡居民养老保险累计参保22.44万人，续保率达99.1%。累计收缴基金5.26亿元，有5.34万人享受居民养老保险待遇。

【社会保险待遇水平不断提高】 年内，及时上调养老、失业、工伤等社会保险待遇标准。其中，全区7.18万名企业离退休人员月人均领取养老金达3275.81元；城乡居民养老保险待遇人员基础养老金调整为每人每月610元，同比增长19.6%；无保障老年人福利养老金调整为每人每月525元，同比增长23.5%；失业保险金发放标准每档增加80元，共五档，分别为一档每人每月1401元、二档每人每月1373元、三档每人每月1346元、四档每人每月1319元、五档每人每月1292元；工伤人员伤残津贴按工伤等级逐级增加，最低档每人每月增加275元；工亡人员供养亲属抚恤金每人每月增加175元。

【落实机关事业单位养老保险各项政策规定】 年内，集中解决11家乡镇机构改革中419名退休和离岗休息人员参保入库工作；完成卫生系统27家单位4216名在职和退休人员纳入机关事业养老保险参保工作；完成全区2300余名应届毕业生、调动人员及其他人员的社会保险补缴工作；完成全区1500余名工作人员社会保险各项退费业务；集中完成全区407家单位20053名工作人员的社保缴费基数核定工作。

【转非人员安置工作】 按照区政府工作部署，年内完成潞城、台湖、永顺等8个乡镇、27个村、4660名转非劳动力的社会保险补缴工作，补缴金额6.09亿元。其中，潞城镇棚改二期涉及转非劳动力2498人，补缴金额3.92亿元。

【全民参保登记工作启动实施】 按照市人力社保局统一部署，开展辖区全民参保登记入户调查工作，涉及16914人，入户率达100%，为其中6036人办理社会保险登记。

【城乡居民基本医疗保险实现制度整合】 年内，按照全市统一部署，先后开展新农合参保人员信息采集入库、城乡居民基本医疗保险参保缴费等工作。城乡居民正式告别医保待遇二元分化局面，实现“六统一”，即覆盖范围、筹资政策、保障待遇、医保目录、定点管理、基金管理六个方面的统一。

【各项医疗保险制度改革】 年内，完成医药分开综合改革、异地就医直接结算等改革工作。年内，辖区101家定点医疗机构实现信息系统切换和划卡实时结算；辖区32家定点医疗机构纳入异地住院直接结算定点范围，全年结算294人次的医疗费用537.89万元；本市参保人员进行异地就医直接结算备案460人。

【燕达医院异地划卡结算试点工作】 年内，从市、区两个层面分别与燕达医院签订服务协议，在强化定点医疗机构协议管理的基础上，开展特殊病结算、审核拒付、医保数据质量和实名制就医管理等方面培训，进一步加强业务指导。全年审结燕达医院申报的6.08万人次医疗费用2012.07万元，拒付不合理费用40.47万元。

2月10日，实现与燕达医院异地划卡实时结算，每月至少一次外审燕达医院 （通州区人力社保局提供）

【开展新增定点医药机构考察评估】 年内，按照市人力社保局工作要求，研究制定《通州区基本医疗保险定点医药机构新增工作实施方案》，明确资料查检、诚信信息核查、现场检查、函询、专家咨询评估、公示6个工作环节。年内，通州区申报的23家零售药店通过市级考察评估。

【优化社保经办服务效能】 年内，在区卡服网点增加身份证核验复印机，实现办理社保卡挂失、申领业务人员身份证件免费现场核验复印功能；推进"互联网+社保"服务模式，通过在微信平台增设网上预约服务功能的方式，实现政策宣传与业务经办的有效互动；为社保所工作人员、用人单位经办人员、定点医疗机构管理人员、城乡居民等群体提供定制培训服务，开展有针对性培训61期，培训人员4529人次。

【强化基础管理工作】 年内，采取生存认证环节前置、倒查家属信息、与法院建立联动机制、加大社保所考核力度等措施，不断加大社保待遇多支追退工作力度，全年追回各项社保多支待遇1729.45万元，追退率达92.7%；研究制定《通州区社会保险合作银行业务协同规范》，与全区16家合作银行，就13项社会保险基金项目建立协同办理机制；制定《通州区社会保险案件会商通报制度》和《通州区社会保险信访协同办理制度》，在社会保险行政与经办部门间，建立"长效沟通、信息共享、难点会商、风险防控"的协调处理机制，使相关纠纷与矛盾得到稳妥化解。

（申晓娟）

机关事务服务工作

【概　况】 2017年，全区机关事务服务工作在区委、区政府的领导下，坚持以习近平新时代中国特色社会主义思想和中共十九大精神为指引，牢固树立"四个意识"，坚决贯彻区委、区政府决策部署，坚持稳中求进工作总基调，认真履职尽责，不断优化管理方式、创新服务模式、提升保障能力，努力开创机关事务服务工作新局面。全年，保障市委、市政府主要领导调研等市级及以上公务活动78次，保障各类会议6600余场次，完成区党代会、区"两会"生活组服务保障工作，完成市委审计组检查、国务院安委会"回头看"、环保部督察、市环保局督察、市安监局督察、中共十九大期间区领导维稳工作慰问、烈士纪念日等活动后勤接待及生活保障任务。依托“车管平台”保障调研及应急用车2100余车次，累计行驶110余万公里，做到了零延误、零事故、零投诉。

【办公用房管理工作】 3月，启动国家安全局通州分局新址选址、深化设计、申请建设资金等工作。5月至10月，先后完成通州区监察委员会办公区修缮工程，区纪委、监察局办公区院内暖气管线修缮工程，通州区监察委员会保密网及保密机房建设工程，区委区政府原办公区屋面防水工程，统计局调查队办公用房修缮工程，通州会议中心南配楼外墙修缮工程等项目。6月，对全区办公用房再次进行摸底调查，更新办公用房管理项目数据库，并根据人员编制和实际需要，依规核定、调整、租赁区交通支队、区委政法委等5家单位办公用房，保障其正常办公需求。9月，完成区审计局、区民政局、红十字会、区科委等单位新办公用房选址、深化设计、概算、申请建设资金等工作。11月，对全区办公用房使用情况进行监督检查，抽查40余家单位、部门，对近20余间办公室提出整改意见，经督促后得到有效整改。

8月，区监委保密机房建设
（机关事务服务中心提供）

【实物资产管理】 2017年，为全区各单位调剂资产262件，节约资金50万余元，为集中办公区22家单位审批资产1115件，保障市环保督察组、市安全生产督察组、区“两会”等临时任务19次，配置资产355件。10月，采取自查与抽查相结合的方式，对区内63家单位实物资产清查，进一步摸清实物资产管理现状。

6月，机关事务服务中心仓库基础设施改造
（机关事务服务中心提供）

【机关节能降耗工作】 3月，参与区政府绩效考核，完成区级2016年度机关节能考核工作。6月，联合区发改委、区文明办在武装部办公区、区会议中心、区委办公区、老政府办公区开展机关节能宣传活动，活动现场摆放节能宣传展板，并向干部职工发放宣传品、环保袋等节能用品1000余份。

6月，机关事务服务中心开展节能宣传活动
（机关事务服务中心提供）

【公务用车管理工作】 9月，建立完善《调研应急车辆管理暂行办法》《行政执法车辆管理暂行办法》《公车故障和交通事故处理办法》《驾驶员管理规定》《驾驶员礼仪规范》等管理制度，进一步规范公务车辆管理工作。11月，完成12家单位88辆执法车辆过户，79辆执法车喷涂和颜色变更备案。12月，精简“公务用车管理平台”系统功能，修复漏洞，简化操作，更新服务器数据，并将平台网址变更为政府内网登录，完善派车、用车流程，形成独立的车管系统。

【集中办公区管理工作】 2017年，安全保障各集中办公区11个机关食堂、2000余名干部职工用餐。开展办公区安全隐患大排查及消防、防汛演练30余次，完成各类设备维修、更换8600余件次，节约运行成本10余万元。协助处理上访事件1700余次，1.4万余人次，有效保障了各办公区的办公秩序安全稳定。严格落实禁烟、“门前三包”、“创城”宣传等工作任务，为通州区获得全国文明城区荣誉称号做出了贡献。

（宋海京）

信访工作

【概 况】 2017年，全区信访系统认真落实习近平总书记有关信访工作的指示精神，全面贯彻市委、市政府和区委、区政府关于信访工作的指导意见，围绕建设北京城市副中心重点工作，加强对信访工作的研究，推动重点问题的解决，为副中心建设做出了积极贡献。接待群众来访710批/4389人次，受理群众来信2660件，同比上升81.2%。

2017年，完成《关于推进信访积案化解工作为建设城市副中心营造良好社会环境的思考》的专题调研一篇。区信访办赵波获评全国信访系统先进工作者。

【区级领导信访接待】 2017年，区级领导干部亲自接访12批/60人次，同时，全区31件重点信访问题全部实现区级领导包案处理，促进了重点疑难案件的化解。

【领导批阅群众来信】 2017年，区级领导干部阅批群众来信478件，加大了领导亲自协调和组织解决问题的力度，有效推动了矛盾纠纷的化解。

【全面开展矛盾排查工作】 年内，区信访办开展社会矛盾纠纷排查7次，排查社会矛盾176件，梳理出重点矛盾隐患82件，实行领导包案57件。排查出的重点矛盾问题均建立台账，截至12月31日，办结158件，办结率达90%。

【加大初信初访化解力度】 年内，区信访办通过认真落实初信初访办理工作办法，强调首办责任，打造公开透明的信访工作新模式，着力推动第一时间把群众合理合法诉求解决到位。全年，初信初访办结率为100%，信访工作群众满意率为84%。

【推动信访积案和重点信访问题化解】 2017年，确定的44件积案，有13件得到彻底化解。31件重点矛盾全部落实区领导包案，落实主体责任，制定工作方案，推动问题化解。

【全面提升办信工作水平】 2017年，受理群众来信增幅首次超过80%。为进一步规范群众来信办理程序，结合通州区实际，制定《通州区办信人员岗位职责》《网上信访工作制度》《群众来信办理工作规则》等制度，规范工作程序，明确工作责任。在加强制度建设的基础上，强化信件的督办，所有立案交办的来信事项，及时进行督办，落实倒查责任，确保群众来信一次性办结，减少重信，杜绝“信访”变“走访”。

【全方位提升复查复核工作效果】 首先，强化案前指导，答复意见书备案进一步规范。其次，强化依法分类，对信访事项的把握进一步规范。最后，强化案件调解，矛盾化解工作进一步规范。办理信访复查请求时复查复核办公室做到案前调解、案中沟通、结案回访，复查时能够坚持实事求是的原则，对办理机关事实认定、办理程序、答复意见结论及相关证据的真实性与合法性进行全面审查。通过细致认真的工作，2017年立案复查案件51件，复查意见全部得到上级机关的维持。

【信访维稳工作】 年内，加大重点时期对重点单位、重点人、重点事的排查和重点信访问题的督办力度。区信访办与公安、维稳、属地密切配合，主动做好信访重点人思想教育工作，在全国“两会”、“一带一路”高峰论坛、中共十九大期间，对全区82件重点信访问题进行督办，走访责任单位23家，推动43件信访问题及时有效得到化解。在所有重点时期，通州区未发生任何影响社会稳定的信访突出事件，完成信访维稳任务。

【及时处置突发信访事件工作】 2017年，区信访办参与协调处理酷骑单车退费、运河源酒店退预付费卡、潞河名苑小区停止供暖、绿地小区及红杉溪谷小区供水等与信访有关的突发事件，及时跟踪问题化解进度，有效解决问题，避免问题扩大，维护了社会和谐稳定。

【信访宣传工作】 2017年，组织全区各单位开展信访宣传一次，发放信访宣传材料5万余份，通过通州区信访头条号发布各类信访宣传信息1000余条，通州区信访头条号获评全国最具影响力的信访头条号。《北京信访》刊登信息6篇，信访宣传工作全市排名靠前。其中，《通州区“一二三四”信访工作实现潞城棚改零上访》工作经验在北京电视台《特别关注》栏目播出。

区委常委、政法委书记刘贵明（左一）参加信访宣传月活动 （区信访办提供）

（赵　波）

对外及对港澳事务

【概　况】 2017年通州区外事工作围绕北京城市副中心国际化建设，坚持世界眼光、国际标准、中国特色、高点定位，更加主动地把城市副中心国际化发展放在北京国际交往中心建设的大格局中，参与“一带一路”建设，汇聚国际高端资源与要素，不断推动通州区对外交流合作新格局，拓宽以友好城市为基础的国际合作平台，优化自身涉外管理能力，全区外事工作取得一系列新进展和成果。

【外事管理】 2017年，按照中央、北京市及区委、区政府有关外事工作的部署和要求，围绕副中心功能定位，统筹规划制定全区年度出访计划，坚持有保有压，确保因公出国（境）涉及重点行业、项目和人才的团组及时、便捷成行；加强外事、纪检、监察、组织、财政等部门相互配合，严格执行因公出国（境）任务审批、经费管理和监督检查，采取严管出国计划申报、严控一般性考察、严查持用因私证件执行公务现象、严处各种违纪行为等管理措施；进一步强化护照管理工作，公务护照收缴率达到100%；继续实施《通州区因公出国（境）人员承诺书》制度；制定《通州区因公出国（境）行前会记录表》《通州区因公出国（境）回访记录表》，建全因公出国（境）回访制度，促使因公出访成果转化。

【因公出国（境）工作】 2017年，通州区组织30个团组80余人次执行教育、环境、文化、城市管理、友城等领域的重点对外合作和交流项目。成果有：促成通州芙蓉小学与匈中双语学校缔结友好学校，吸纳优质国际教育资源，加强通州区与“一带一路”沿线重点国家教育合作；赴港参加第21届京港洽谈会并举办北京城市副中心专场推介会任务，成功提升副中心国际影响力；以中意通州区域水环境综合治理方案优化（TWEES）项目为依托，引进相关污水处理技术；赴俄罗斯交流演出，将通州区书法作品“海纳百川”赠与莫斯科中国文化中心，推动与周边国家的文化交流。

【对外友好交往】 9月，通州区分别与俄罗斯莫斯科东北区、希腊太阳城市签署《缔结友好城市关系协议书》；10月，与日本东京都文京区签署《缔结友好城市关系谅解备忘录》。此外，与友好城市法国圣康坦市就加强文化教育领域交流达成共识，商议于2018年举办“中国周”活动，并以此为契机推动双方经贸、文化等多领域务实合作。

【外事礼宾接待】 2017年，通州区完成外交部、全国友协等部门交办的党宾国宾接待任务，接待蒙古国建筑和城市建设部、新加坡国家发展部等国外副部级以上代表团，14批次210余人次，有力地推介了北京城市副中心，有效提升了副中心国际交往水平。

【重要外事活动】 5月，第七届北京（通州）国际都市农业科技节在通州区北京都市农业科技园举行。英国、马来西亚等7个国家驻华使馆人员参加活动。6月，联合国驻华系统联合北京市环境保护局、通州区政府，在大运河森林公园举办主题为“人与自然、相联相生”世界环境日活动。现场，来自联合国系统代表、驻华使节、政府官员和青年代表发表环境日感言和倡议。

【国际语言环境建设工作】 年内，开展形式多样的国际语言环境建设工作，创新市民讲外语活动形式，组织丰富多彩的社区外语大课堂活动。向全区所有外语角及英语爱好者发放4000余份外事宣传资料及市民讲外语系列学习材料。针对国际会议、赛事培训近400人次外语志愿者。完成长安街延线通州段一期工程（京通辅路通州界至东关桥）的交通标识翻译及审定工作。

【外事服务】 年内，与美国环球主题公园及度假区集团餐饮服务总经理对接北京环球项目的餐饮相关设计工作，确保北京环球主题公园餐饮服务到达“阳光餐饮”工程要求。随市政协副主席李士祥赴美国环环球影城主题公园项目现场举行项目推进会，以确保该项目高标准、高水平建设；以宋庄文化创意产业集聚区为载体，组织实施文化创意产业国际交流与合作，开发适应海外市场的文化产品。促进文创产业交流与合作，推动文化“走出去”。

【涉港澳及涉外管理】 年内，筹备组建通州区涉外应急指挥部，建立健全关于外国和港澳记者、境外非政府组织和民间组织涉外活动的涉外维稳机制，进一步加强外事、公安、宣传等部门涉外协调管理联动机制建设。妥善处理墨西哥大使馆、韩国大使馆就宾堡集团、寰宇汽车等中外合资企业在“京津冀”及周边地区“攻坚行动”中被停产整治而发声的涉外敏感事件，及时消除外部不稳定因素，为各项事业发展营造良好的涉外环境。

【外事宣传】 年内，认真做好外事对内对外宣传工作。一是建立通州区外办互联网网站信息发布审批制度，完善信息公开上报工作，确保信息及时准确的上报到上级主管部门，并公开发表于市政府对外宣传刊物上。二是做好外事办网站的建设、维护工作，及时更新页面信息，确保通州区外事信息的时效性和准确性，加强副中心的对外宣传力度，树立良好国际形象。

（李伶娟）

应急管理工作

【概　况】　2017年，通州区未发生重大、特别重大突发事件。全区应急管理处置事故灾难、自然灾害、社会安全、公共卫生等四大类突发事件430余件。全年向北京应急网上报信息1340条，采用率96%以上。完成全国“两会”、中共十九大、“一带一路”高峰论坛等重大会议活动服务保障工作。完成绿道骑游、北京通州半程马拉松、运河文化庙会等大型活动的应急服务保障工作。进一步提高应急准备和保障水平，深化“京津冀”应急管理合作机制，持续开展预案体系、监测预警体系、宣教动员体系、技术保障体系建设，全区应急体系进一步完善，应急处置能力进一步提高。

【应急指挥】　年内，制定并印发《通州区突发事件现场指挥部设置与运行指导意见》，制作突发事件现场人员和工作组标识及现场区域铭牌。按照市应急办的统一部署，开展政务值班规范化建设试点工作。建立应急队伍和区级应急物资数据库。印发《关于做好中国共产党第十九次全国代表大会期间城乡公共安全风险评估与控制工作的通知》，形成全区风险管理控制台账。召开“通武廊”应急管理联席会议。形成事件信息、危化专家、应急队伍、处置力量等资源共享机制。

【预案管理】　年内，修订完成《通州区突发事件应急委员会工作规则》。下发《关于成立乡镇政府、街道办事处突发事件应急委员会的通知》。强化专项指挥部建设，启动专项指挥部“六个一”建设。建立应急管理联系人机制。完成《通州区突发事件总体应急预案》修订工作。制定完成《通州区专项应急预案内容与结构标准》《通州区乡镇街道应急预案内容与结构标准》以及《应急预案质量评估细则》。完成地震、粮食、危化、职业中毒、环保等13个专项预案修订发布工作。制定《通州区2017年应急演练工作计划》和演练台账。

【信息管理】　年内，制订并印发《通州区突发事件信息管理办法》。区突发事件预警信息发布中心建成预警信息一键发布平台。印发《通州区突发事件预警信息发布管理办法》。

【宣教动员】　年内，制定下发《2017年通州区应急管理宣教计划》。协助做好全市“5·12”防灾减灾主题宣传活动。在《通州时讯》开辟应急管理宣传专栏。开展应急管理专题培训班。会同区委组织部、区委党校在全年处级干部培训班中，设置应急管理课程和内容，使应急管理处级干部培训专业化、常态化。

【技术通信】　年内，对防汛指挥系统、空气重污染指挥系统、气象灾害系统和建筑工程监控系统进行有效整合，实现与区级应急指挥平台的数字对接。在全区协同办公系统，增加零报告模块。

（张　群）

投资促进工作

【概　况】　2017年，全区促成千万元以上签约项目72个，意向投资总额160.66亿元，其中，亿元以上项目12个，意向投资总额148.32亿元。签约项目按产业划分：金融服务3个、71.66亿元；医疗康体4个、60.19亿元；高端商务59个、27.71亿元；文化旅游6个、1.1亿元。12月28日，通州区投资促进局被北京市投资促进局评为2017年北京市项目促进工作（投资人网络建设）考核优秀单位。

【重点区域项目引进情况】　年内，运河商务区3平方公里先行启动区实现第一批金融机构落地。华夏保险公司、天安财产公司、北京银行城市副中心分行和建设银行通州分行等金融企业购置并入驻运河商务区。北京银行城市副中心分行投资25亿元购买复地项目办公楼整栋约5万平方米，获银监局开业批复，该行是第一家入驻城市副中心的一级分行金融机构，并于11月10日举行揭牌仪式，开业仪式上，北京银行城市副中心分行与投促局签署全面战略合作协议，双方将针对区内重点企业和科技、文化、绿色等特色企业共同开展政策与金融服务产品对接，并对区域内优质企业开辟绿色通道，协助企业拓宽融资渠道；盒马鲜生超市、奥美健身通过租赁方式入驻新光大中心项目。

【重点产业项目引进情况】　1月19日，通州区投资促进局与广东万家乐股份有限公司在通州会议中心举行战略合作签约仪式，拟在通州区台湖镇注册成立民营银行。该银行注册资本50亿元人民币，前期拟在通州设立分行1家、财富中心1家、全功能支行3家、社区银行25家，经营机构逐步覆盖全市范围。

【对接区域资源】　年内，对各乡镇、园区、功能区招商引资土地、楼宇、厂房、闲置资源进行全面摸底，梳理核实现有资源状况，编制《北京城市副中心产业资源情况》。运河商务区落地开发项目16个，总建筑面积674.77万平方米，其中，地上468.32万平方米、地下206.45万平方米，商业面积119.96万平方米、办公面积250.44万平方米、公寓面积103.27万平方米、住宅面积11.69万平方米、酒店面积11.75万平方米。13个产业园区总规划面积74.6平方公里，具备招商条件的资源120处，其中，土地资源68处，占地面积1438.6万平方米；楼宇资源22处，占地面积241.2万平方米；厂房资源30处，占地面积97.7万平方米。

【走进通州系列活动】　5月11日，北京市投资促进局局长周卫民带领该局机关干部一行80余人，先后来到通州区会议中心、运河商务区、大运河森林公园以及文化旅游区进行实地考察，调研北京城市副中心建设情况。

9月27日，北京市侨联副主席苏泳、北京市社会工作部部长陈赞兴共同带队，40余位归国华侨联合会社会组织负责人莅临通州，先后考察了通州区博物馆、大运河森林公园月岛观景台。9月28日，“华诞中国　亲情北京——2017年海外侨胞故乡行”近百人走进北京城市副中心，分别来自五大洲20余个国家和地区。考察团先后参观了北京城市副中心规划展厅、森林公园月岛观景台、运河商务区和宋庄文化创意产业集聚区，了解了北京城市副中心的建设情况。9月29日，致公党北京市委第三届“一带一路”交流会和香港中联办教科部及建筑测量界国庆访京团60余人考察北京城市副中心。

11月9日，通州区投资促进局携手西城区企业联合会组织20余位西城区企业家到通州考察投资环境。考察团首先来到北京城市副中心规划展厅，认真听取讲解，参观规划沙盘，随后赴大运河森林公园。11月14日，北京市投资促进局带领20余位驻京中外知名金融企业的负责人到通州考察城市副中心规划建设和运河商务区重点项目。

【北京城市副中心产业荟萃展开幕】 4月14日，由区投资促进局联合区企业联合会举办的北京城市副中心投资促进工作会暨产业荟萃展在张家湾镇北京碧海圆生态农业观光有限公司会议中心举办。区投资促进局以实体展板和电子多媒体形式，通过“线下+线上”两个平台，向外界展示通州本土的“高精尖”产业。首批纳入通州产业荟萃展的有52家“高精尖”企业，涉及金融、商务高端楼宇、文化等众多高新技术产业。

【通州区参加第二十届科博会】 6月9日，第二十届中国北京国际科技产业博览会在北京中国国际展览中心召开。本届科博会由科技部、国家知识产权局、中国贸促会和北京市人民政府共同主办，北京市贸促会承办。区投促局组织20余名负责招商引资的工作人员参加，来自9个园区。本届科博会以“科技引领 融合创新”为主题，展示原创技术成果，面向全球配置资源推介优质项目，探索新经济、新产业发展新理念、新模式、新引擎，以科技引领绿色发展，推动产业升级、经济转型。

【礼仪培训】 7月14日，由区投资促进局主办的“争做文明达人 共建文明城区”通州区投资促进系统礼仪培训在碧海圆会议中心举办，110名负责招商和企业服务的人员参加。此次培训，特邀北京礼仪专修学院李柠院长为大家详细讲解职业者应具备的文明风范是需要培养的；举止与做派是标识社会地位与身份；岗位秩序行为及职业交往的影响力等内容。

【举办构建高精尖产业结构高峰论坛】 8月16日，由区投资促进局、区经济和信息化委员会共同主办，北京中天诚投企业策划有限公司协办的“北京城市副中心产业转移，构建高精尖产业结构高峰论坛”在通州举行，来自京、津、冀、鲁、蒙等地的招商负责人与通州企业家代表围绕产业转移、招商引资、构建高精尖产业结构等问题进行座谈交流。论坛上，区投促局与北京中天诚投企业策划有限公司正式签署战略合作协议，该公司将发挥企业优势，推动退出企业与承接地对接工作有序进行，研究制定产业转移规划、转移次序和税收共享机制等。

【通州区召开企联、企协代表大会】 8月18日上午，区投资促进局举办的通州区第四届企业联合会、通州区第二届企业家协会会员代表大会在通州区会议中心举行。通州区委常委、副区长洪家志，区投资促进局，市工商局通州分局，区经信委及130余位通州区企业联合会、企业家协会会员代表出席本次大会。选举结束后，新当选的区企业联合会会长刘振东代“两会”新一届领导班子做表态发言。

【参加第九届投资北京洽谈会】 9月5日，第九届投资北京洽谈会在北京歌华开元大酒店成功举办。本届京洽会由民建北京市委、市发展改革委、市科委等14家单位主办，市投资促进局承办。此次会议以“优化北京营商环境 促进高精尖产业发展”为主题，解读北京市重大政策措施，推介重点发展产业，大力促进符合首都城市战略定位,以高精尖经济和产业为主体的首都功能产业发展。通州区台湖镇星湖科技园内的经略天则科技创新产业园项目在会上签约。

【唐山高新区通州产业园启动】 10月26日，唐山高新区通州产业园启动暨入驻企业签约活动在唐山高新区举行，通州区投促局、中关村通州园管委会、唐山高新区管委会三方签署战略合作协议，将在唐山高新区建设通州产业园，承接通州区产业转移，重点发展高端装备制造、节能环保、生物医药、新一代信息技术等高新技术产业。通州区委常委、副区长洪家志，唐山市委副书记、市长丁绣峰出席活动。

【通州召开优化营商环境大会】 11月6日，由通州区人民政府主办，通州区委组织部、区发改委、区商务委、区经信委、区文化委、区科委、区人力社保局、区工商局、区国税局、区地税局、区投资促进局、区金融办、中关村通州园管委会、区工商联、区行政服务中心共同承办的通州区优化营商环境大会召开，全区230余家企业代表参加会议。会议首先由各部门负责人进行政策解读；随后，来自北京方迪经济发展研究院、中国电子信息产业发展研究院的两位专家做主旨演讲，对城市副中心总部经济发展和通州区营商环境进行解析。

【“通武廊”签署投资促进合作协议】 10月13日，北京市通州区投资促进局、天津市武清区招商局、河北省廊坊市商务局在武清区行政中心签署《“通武廊”投资促进合作协议》。三地投资促进部门将通过政策引导、多方参与、资源整合、优势互补等措施，提升三地产业整体影响力和辐射力，打造“通武廊”产业协作范例，助力“京津冀”协同发展。

【与中国银行通州支行签署党建共建协议】 10月16日，区投资促进局与中国银行通州支行在局会议室召开党建共建工作会。中国银行通州支行向区投资促进局赠《从严从实加强党的建设》《做合格的党员干部》等书籍，随后双方签订《党建结对共建协议书》。双方将在党组织建设、党员队伍建设、深化业务合作、履行社会责任等方面开展共建，不断将党建优势转化为发展优势，实现党建工作与业务发展的互促共赢。

【北京莆田企业商会及企业家考察副中心】 11月17日上午，北京莆田企业商会领导及30余位企业家考察北京城市副中心建设情况，与通州区投资促进局领导在宋庄大巢艺术区开展座谈交流。

【通州区举办21届京港会专项推介会】 11月28日，第二十一届北京　香港经济合作研讨洽谈会28日上午在香港会议展览中心开幕。通州区政府在香港会议展览中心，与北京市投资促进局、香港贸易发展局共同举办北京城市副中心专场推介会，香港各界商会代表以企业代表100余人参加。区委常委、常务副区长崔松光首先围绕中央关于北京城市副中心规划建设要求、发展优势、营商环境、合作商机等重点，对北京城市副中心进行整体推介，随后播放北京城市副中心规划专题宣传片，北京市规划和国土委员会总规划师施卫良对北京城市副中心规划蓝图进行详细介绍。

【四省商会组团考察运河商务区】 12月8日下午，区投资促进局、新城中心区建设管理委员会邀约来自北京山西商会、北京陕西商会、北京江西商会、北京广西商会的60余位企业家代表齐聚运河商务区成大广场，参加由石榴集团协办的“新中心　新商务　新未来”暨北京城市副中心四地商会投资领袖峰会。来自四家商会的企业家首先参观了北京城市副中心规划展厅，随后来到运河商务区成大广场参与峰会座谈，区投资促进局、新城建管委进行宣传推介，著名财经评论家、《华夏时报》总编辑水皮先生发表主题演讲。

【与北京陕西企业商会签订战略合作协议】 12月27日下午，区投资促进局与北京陕西企业携手举办北京陕西企业商会走进通州暨北京城市副中心招商推介说明会，会上区投资促进局与北京陕西企业商会签订战略合作协议，未来双方将拓展合作方式和领域，充分利用两地优秀人才，实现优势资源互补、共谋发展的最终目标。活动现场，区投资促进局、新城建管委以及台湖镇的有关负责人为企业家们详细的介绍了通州区的投资环境以及发展规划；运河商务区重点项目负责人推介了楼宇项目情况。

（贾一彤）

国有资产监督管理

【概　况】　2017年是全面推进北京城市副中心建设的攻坚之年，也是通州区国有企业抓机遇、谋发展的重要一年。在区委、区政府的正确领导下，国资委党委带领全系统广大干部职工，以“服务副中心建设，保障民生”为工作主线，攻坚克难抓改革，凝心聚力促发展，全系统资产监管、国企改革、党的建设、保安全、保稳定等各项工作都取得显著成效。

截至2017年12月底，国资委一级监管企业9户，全部独立法人单位57户。监管企业资产总额488亿元，负债总额259亿元，净资产总额229亿元，平均资产负债率53%。全系统实现营业收入26.48亿元。全系统有企业职工4081人，离退休人员10453人，其中，离休人员53人。

通州区国有企业负责人和青年骨干培训班
（区国资委提供）

【深化国有企业改革】　2017年，根据中央和北京市深化国有企业改革的有关精神，国资委系统推进混合所有制改革，重点推动区属国企同央企、市企的合作，探索跨区域、跨层级、跨所有制的经营合作方式。其中，区国资委与市属国企合作组建北京燕东保障性住房建设公司；国资公司与中信集团、北京建工、北京城建等企业就副中心重点建设项目展开合作；通盛达公司参与区域公交资源整合，推动与市公交集团工作对接。2017年，依据中央和北京市国企改革精神，区国资委起草《全面深化国资国企改革方案》。

【参与城市副中心建设】　2017年，区属国企围绕副中心基础设施建设、环境提升、民生保障启动一批重点工程。国资公司参与环球影城主题公园、文化旅游区拆迁、八里桥棚户区二期等副中心重点项目，承担安置房建设，全面推进养老院、档案馆、新华医院、东直门医院二期等20项重点代建工程，充分发挥融资保障平台作用，为副中心建设累计融资225亿元。大运河水务公司参与水环境治理，南水北调通州水厂并网试水，碧水污水处理厂项目通水运营，张家湾再生水厂实现竣工，再生水建设运营项目全面铺开，城市副中心水环境治理PPP项目稳步推进。

【民生保障】　年内，区属国企把握“为政府分忧，为百姓解困”的宗旨，在“服务民生、保障民生、惠及民生”方面，取得新的成绩。通盛达公司不断优化区域交通环境，完成350辆清洁能源公交车更新任务，新建充电场站9座。商资公司承接区政府“菜篮子”进社区工程，有78家“品农果蔬”店开业。煤炭公司落实“清洁空气”惠民工程，停止对全区进行优质煤供应，4条型煤生产线全部疏解出通州区域。国资公司和金通公司分别投入350万元和285万元进行老旧小区基础设施改造，为社区居民营造优美、和谐的生活环境。八里桥市场克服人心不稳等消极影响，采取有效措施提振商户信心，保供应、保安全、保稳定，为副中心的民生提供坚强保障。2017年，随着通州区“创城”攻坚行动全面展开，国资委系统把“创城”工作作为一项政治任务，提高到空前的高度。区属国有企业对照“创城”指标，研究制定整改措施，投入大量的人力、物力、财力保障任务落实，有力促进了通州区“创城”工作的成功，充分体现出国企的责任意识和担当精神。

【国企创新发展】 2017年，区属国企谋划自主经营项目，进一步加大产业拓展力度。一是有力推进系统重点工程。商资公司运河国际商务中心项目竣工，正在推进人力资源产业园入驻相关工作；煤炭公司源创科技研发楼项目，完成规划调整和申报立项工作。二是稳健实施资本运营。供销社开展多元化投资，2017年实现投资收益1770万元。三是着力提升商业品牌影响力。商资公司所属小楼饭店加大产品序列开发，深入挖掘老字号品牌价值；烟酒公司多措并举，精准扶贫，签订西藏大昭圣水帮扶协议，实现互利共赢。四是拓展旅游文化产业。国资公司“运河游”全年接待游客近20万人次，有力提升了通州的文化品牌影响力。五是创新经营运作模式。通盛达公司拓展汽车租赁业务，与国资公司合作推进智能车库项目；煤炭公司涉足科技服务业领域，成立3家科技创新型企业，在转型发展中取得突出成绩。六是探索与副中心相适应的学前教育产业发展。商资公司建设的国际双语幼儿园投入运营，供销社、市政公司也在拓展学前教育产业项目。

【强化监管职责】 2017年，区国资委全面强化制度流程建设，不断完善监督管理体系，国资监管工作得到进一步加强。一是依据中央和北京市国企改革精神，结合通州区国企改革实际，拟定《区属国企负责人履职待遇管理办法》《区属国有企业负责人绩效考核管理办法》，促进企业发展的导向功能更为突出。二是制定国资委机关和监管企业“三重一大”决策制度实施办法，对国资监管和国企改革发展重大事项，严格履行决策及审批程序。三是加强审计监督，对国有企业一二三级领导人员履行经济责任情况实施审计，做到有审必严，推动审计发现的问题整改到位、问责到位。

【疏解整治促提升工作】 年内，按照全区整体部署，国资委系统全面启动“疏解整治促提升”专项行动。一是建机制。在国资委层面建立完善周督察、月调度、季报告的工作机制，加强督察督办力度。二是清底数。对国资委系统城市副中心155平方公里范围内1616亩土地、57万平方米房屋进行逐一排查，对涉及的违法建设、“开墙打洞”、老旧小区综合整治等重点整治任务逐一登记造册。三是广宣传。开展社会层面的专项宣传，通过多种媒介及时展示疏解整治新成果。四是重成效。开展“开墙打洞”违法专项整治行动，封堵“开墙打洞”13处、2万平方米；拆除加华印象等小区违法建设200余处，特别是通过与区法院以及北苑办事处沟通，解决煤炭公司5年未解决的难题，消除西果园2号地块6000多平方米的违章建筑。

【安全维稳工作】 2017年，从国资委党委到各级企业领导班子，高度重视保安全、保稳定工作，全系统在安全生产、综合治理、应急管理、信访维稳等方面的工作，都取得新的成绩。各部门、各企业不断完善安全生产责任制，深入开展安全大检查，建立隐患排查整改长效机制，注重各项公共安全和应急管理工作，进一步强化信访维稳工作，在企业改革、城市拆迁、疏解整治、利益分配等矛盾集中的关键环节，做到全面洞察、预防为主、信息反馈及时、应急处置到位。2017年，国资委系统完成“一带一路”国际合作高峰论坛和中共十九大维稳安保工作，实现了安全生产零事故的目标，为国有企业健康平稳发展营造了良好的基础环境，有力维护了全区社会稳定。

（冯　禹）

国有资本运营工作

【概　况】 通州区国有资本运营有限公司成立于2014年10月，为通州区国资委出资的国有独资有限责任公司，是5家区属国有企业资源整合与战略重组后建立的平台公司。公司以北京城市副中心为主要投资、经营和服务区域，公司定位为副中心建设的战略功能平台和融资保障平台，主要承担副中心建设的投融资、开发建设等各项任务。

【业务板块及重点工程任务建设情况】 按照区委、区政府产业发展思路，结合各重组企业业务特点，提出并进行了公用事业与基础设施、房地产开发、文化旅游及投资运营四大板块的整合工作。2017年，国资公司围绕城市副中心建设任务，稳步推进区政府六大工程和重点工程建设。主要包括八里桥棚户区、南大街棚户区、煤改电、漷县棚改等土地一级开发及棚户区改造项目；核心区三号地、08、10片区安置楼、区养老院、青少年宫组团、通州宾馆、东直门医院东区、公安局指挥中心、漷县消防站等重点工程；文旅区绿色低碳、海绵城市、智慧城市专项规划设计编制完成并通过专家评审。在投资运营上，与北京建工、北京建筑技术发展有限公司、北控置业、文旅区管委会等单位就文旅区市政基础设施、海绵城市及智慧城市研究、建筑垃圾资源化处置、园区封闭管理等项目进行投资合作。并继续为区重点项目开展融资担保工作。

【开展“创城”工作】 国资公司自2014年底成立以来，积极开展“创城”工作，成立了“创城”工作领导小组和督导组，深入各重点点位发现问题现场调度解决，累计排查整改各类问题400余个。成立了国资公司志愿服务联合会，在公园、社区等地开展“创城”志愿服务”活动。对运河文化广场和奥体公园基础设施，进行维修、更换以及绿化工作，累计投入约1700余万元，积极协助配合相关单位共同开展创城工作，完善宣传标语及公益广告牌，清除违建、“小菜园”、增设分类垃圾桶、清除楼道堆物。圆满完成“争创”任务。

（段雪峰）

安全生产监督管理

【概　况】 2017年，通州区安全生产工作保持平稳有序的发展态势，完成市政府下达的安全生产目标责任书各项任务，市级部门专班对接5项重点工作取得突破性进展，多项安全生产领域改革发展重点工作稳步推进，安全生产大检查及重点行业领域专项整治成效显著。年内，接受国务院安委会办公室及市委市政府对通州区安全生产工作开展的4轮次巡查督导，全区安全生产整体水平实现新提升。在市政府开展的2017年安全生产综合考核中，通州区名列第一，并先后荣获北京市安全生产工作先进单位、北京市安全生产检查队规范化建设优秀示范区、北京市安全生产工作重大进步奖、北京市“安全生产月”最佳实践活动奖、北京市安全生产政务信息工作先进单位（全市第一名）等多项荣誉。

国务院安委会督察组“回头看”（安监局提供）

【专班重点对接工作】 深入开展副中心城市风险评估。对全区641家重点行业领域企业进行全面调研和逐一排查，641家企业均针对各自的风险源，制定完成风险管控措施和专项应急预案，全区范围内累计制定风险管控措施10712项。借助第三方专业机构作用，高质量完成《通州区城市安全风险评估报告》。扎实推进“京津冀”（“通武廊”）协同应对事故灾难试点工作。制定《通州区协同应对事故灾难试点工作方案》并付诸实施，4月7日，通州区、武清区、廊坊市三地安全监管局签署《关于建立次区域安全生产应急联动工作机制的协议》，并于10月31日举行以中国航油津京输油管道泄漏为模拟背景的“京津冀”协同应对事故灾难联合演练。超额完成淘汰不合格灶具和加装安全辅助设备工作。在全市率先为4272户城乡困难居民家庭淘汰不合格燃气灶具、安装燃气安全辅助设备和独立式烟感火灾探测报警装置，超额完成市政府绩效目标任务。强力推进东方化工厂、东方油库等企业危化设备设施拆除。10月20日，拆除工作全部按时限、按要求完成，所有被拆除的废弃物清运完毕。创新开展运河大街安全生产示范街创建。完成试点地区生产经营单位情况、安全生产管理现状等方面的摸底工作。

“京津冀”协同应对事故灾难试点工作动员会

（安监局提供）

【推进安全生产领域改革发展】 年内，第一时间启动对党中央、国务院《关于推进安全生产领域改革发展的意见》的学习、宣传和贯彻，区委及时举办区委理论中心组学习扩大会暨推进安全生产领域改革发展专题报告会，深入解读意见的精神。区安委会办公室印发全区宣传贯彻意见的工作方案，对全区各单位传达学习工作进行安排部署。

各领域改革工作同步推进。一是全面实施安全生产每月调度工作机制。由区主要领导或主管领导每月调度安全生产工作。重要节日、重点时期，区委、区政府两套班子所有成员严格采取“四不两直”方式，分别带队深入乡镇、街道和企业检查安全生产工作。区委、区政府主要领导坚持不定期深入基层开展调研或现场办公，督促各级责任落实。区安委会全面强化安全生产综合考核，及时制发全区安全生产综合考核实施细则，提出6大方面、22项具体任务，并个性化定制各乡镇街道、区政府各职能部门的指标任务，将考核结果纳入区委、区政府绩效考核。二是持续强化安全生产信息化建设。市区两级企业台账数据和专职安全员检查数据实现无缝对接、共享落地。在全市率先配齐“安监通”PDA手持移动执法终端，全区安监系统应用“安监通”开展执法检查形成常态化、制度

通州区安全生产“百项地标”贯标员培训会

（安监局提供）

化、规范化。三是承接国家总局确定的试点任务。制定并落实《关于开展标本兼治防范遏制重特大事故工作实施方案》，全力推进7大方面18项重点任务，进一步提升城乡安全生产综合治理能力。

【护航副中心建设】 一是主动融入疏解整治促提升战略大局，强化安全生产源头管控。将安全生产监管工作与全区开展的疏解整治促提升十大专项行动有效对接，全面清理村级工业大院以及疏解一般制造业和“散乱污”企业。深化城乡接合部地区安全生产专项整治工作成果，对全区26个挂账村中的835家生产经营单位和160家“散乱污”清理整治目标企业开展点对点治理并完成年度任务。紧盯高危行业，在深入贯彻《北京市危险化学品安全综合治理三年行动计划》的基础上，研究制定通州区专项行动计划，结合城市副中心建设发展要求，新增10项综合治理任务，并以区政府办名义印发执行。

二是持续强化安全生产执法检查力度，统筹调度全区执法检查力量护航副中心建设。7月，在全区范围内启动为期4个月的安全生产大检查工作，统筹部署十大专项整治行动并全面推进。全区718名专职安全员和1123名村、社区安全巡查员全部下沉到全区1809个网格，实现安全生产检查全覆盖。针对重点时段形势特点和副中心建设实际，相继开展运河商务区开复工及施工现场安全检查、工业企业隐患排查治理、粉尘危害专项治理、有限空间作业专项检查、危险化学品领域专项检查等专项工作。在重要节日和重点时期，及时启动安全生产保障行动，完成全国“两会”“一带一路”高峰论坛、北京市第十二次党代会、中共十九大等重大活动、重点时期的安全生产保障工作。

三是扎实推进安全隐患大排查大清理大整治专项行动。第一时间印发全区“三大行动”工作方案，统筹调度各部门共同出击、协同发力。准确建立工业大院，“散乱污”企业，“三合一、多合一”、出租公寓以及彩钢板建筑4本台账，对各类隐患实施精准治理。区级层面抽调处级干部和科级干部25人成立工作专班；抽调15名处级干部、50名科级干部组建15个驻乡镇街道督导组，重点督察各乡镇街道责任落实情况和专项行动进展情况，就挂账隐患进行抽查验收，确保整治到位。经过努力，通州区3080处“三合一、多合一”及“高风险密集居住场所”隐患2017年底全部消除。

区委书记杨斌（一排左一）带队检查仓储场所
（安监局提供）

【安全生产基层基础提质发展】 一是基层监管队伍建设成效显著。不断加大检查队硬件投入，并扎实推进办公场所、设备设施、群团组织、管理培训等方面建设。截至年底，全区11个乡镇政府、4个街道办事处安全生产检查队全部通过达标验收，优秀率达到100%。2017年6月1—2日，全市安全生产检查队规范化建设现场会在通州区召开，对通州区部分检查队进行实地观摩，大兴、平谷等区近千人次先后到通州区进行参观学习。同时，进一步强化村（社区）安全生产巡查员队伍建设，高标准落实制度建设、人员标准、待遇保障、业务培训、持证上岗等工作。8月25日，全市行政村、社区设立安全生产巡查员工作现场会在通州区梨园镇召开，通州区安全生产巡查员队伍建设经验再一次在全市范围内得到借鉴推广。

二是生产经营单位本质安全水平不断提升。继续开展“百名安全监管干部与企业负责人谈心”和“百名安全生产专家服务万家企业”工作，引导企业落实安全生产主体责任、协助企业解决安全生产难题。持续加大日常监管执法力度，严格督促企业安全生产主体责任“五落实五到位”（落实“党政同责”要求，董事长、党组织书记、总经理对本企业安全生产工作共同承担领导责任；落实安全生产

“一岗双责”，所有领导班子成员对分管范围内安全生产工作承担相应职责；落实安全生产组织领导机构，成立安全生产委员会，由董事长或总经理担任主任；落实安全管理力量，依法设置安全生产管理机构，配齐配强注册安全工程师等专业安全管理人员；落实安全生产报告制度，定期向董事会、业绩考核部门报告安全生产情况，并向社会公示；安全责任到位、安全投入到位、安全培训到位、安全管理到位、应急救援到位）。同时，以安全生产标准化达标、加油站贯标改造等重点工作为抓手，多点发力、扎实推进，全面提升企业人防、物防、技防水平。2017年，全区有127家企业完成标准化三级达标、470家小微企业完成岗位达标，合计完成本年300家创建任务的199%。提前完成110家重点企业隐患排查治理“一企一标准、一岗一清单”编制任务。全年完成21家加油站的贯标改造工作。持续推进安责险试点工作，投保企业达1958家，超额完成市政府绩效目标任务。

三是安全生产社会共治格局不断巩固。自觉接受人大、政协对安全生产工作的法律监督和民主监督。工青妇等群团组织结合自身优势开展活动，充分发挥平台作用。持续深化全国安全生产新闻宣传工作试点建设，广泛开展“安全文化节”等宣传教育品牌活动。开展安全社区创建工作，北苑街道、玉桥街道率先通过市级安全社区申报评审。充分发挥区安全隐患举报中心作用，严肃查处安全隐患和安全违法行为。2017年，通州区安全隐患和安全生产违法行为举报中心接到各类群众举报投诉162件，全部办结，实名举报的案件全部向举报人进行反馈，满意率100%。

6月2日，全市安全生产检查队规范化建设通州现场会 （安监局供）

（刘馨泽）

档案工作

【概　况】 2017年，通州区档案局（馆）在区委、区政府的正确领导下，围绕北京城市副中心建设大局，深入学习习总书记视察北京讲话内容和中共十九大会议精神，提高政治站位，牢固树立“四个意识”，与时俱进、开拓创新、扎实作为，全区档案事业取得新进展。1月24日，原文化部常务副部长高占祥到通州视察，并向区委区政府和档案馆文库赠送了书籍。6月，朝阳区常营回族乡人民政府的工作人员送来“热情服务，敬业高效”锦旗，以此感谢区档案馆在其编写《常营乡志》过程中给予的帮助。

1月24日，原文化部常务副部长高占祥到通州视察，通州区档案局在通州会议中心举办座谈会 （档案局提供）

【档案法制宣传活动】 年内，联合司法局、玉桥街道等8家单位选取玉桥街道万春园广场进行室外宣传，现场发放档案法律法规等宣传材料，400余名公众参与，发放各种材料5000余份。同时，将档案法制宣传挂图、宣传手册等材料下发至街道社区及各乡镇行政村，协同基层单位共同开展法制宣传，有11个乡镇110个社区参与。

【业务培训】 2017年，举办一期业务培训班，全区240余名专兼职档案员参加；组织区工商分局、种植中心等单位的90余名专兼职档案员开展专题培训；组织300余名专兼职档案员开展网上学习。

【潞城棚改档案达成进馆协议】 年内，区档案局（馆）多次到新奥集团通州分公司商谈潞城镇棚户区改造项目拆迁档案移交进馆事宜并签署协议：北京新奥集团通州分公司无偿将棚改16个自然村的近7000卷拆迁档案及其数字化副本分期分批移交给档案馆。

【监督检查重点工程项目档案】 年内，与市档案局联合对区园林绿化局和区水务局所属重点工程项目档案管理工作进行检查。重点检查环行政办公区森林景观带建设工程等3项重点工程的监理及施工单位的50余盒、500余卷档案，对归档管理中存在的问题，提出具体整改意见并督促落实。

【举办纪念刘绍棠逝世20周年系列活动】 3月，举办“浓浓运河情 拳拳赤子心”纪念刘绍棠先生逝世二十周年座谈会，邀请刘绍棠先生的夫人曾彩美女士及亲朋好友出席；选取部分征文作品，在《通州时讯》上刊登；通州区电视台以“逝去二十载追思在 乡土文学犹垂香”为题，播出了纪念刘绍棠先生的专题栏目，并向观众展示刘绍棠文库馆藏作品。

3月10日，通州区档案局（馆）举办纪念刘绍棠先生逝世二十周年座谈会 （档案局提供）

【强化监督管理】 4月，区档案局制发《关于加强对重点工程建设项目及建设用地地貌变化情况影像资料留存工作的通知》，对全区重点工程项目责任单位所形成的影像资料留存工作提出明确要求；11月，与民政局联合下发《北京市通州区社区档案管理办法》。

【机关档案测评及行政执法检查】 2017年，区民防局等4家单位档案管理工作通过验收并晋升为北京市机关档案工作测评市级优秀单位，7月，区档案局对区潞河医院、农机服务中心档案工作进行随机抽查，对19家通过测评的市级优秀单位进行复查并同步进行档案行政执法检查。

【平原造林档案完成验收】 2017年，区档案局继续加强对通州区平原造林项目档案管理工作的监督指导。通过检查指导，平原造林工程2013年度、2014—2015年度档案分别于6月、9月移交到区园林绿化局（育林中心档案室）保存。12月，通州区2013—2015年平原造林工程档案通过专项验收，通州区成为全市率先完成2012—2015年平原造林档案工作专项验收的区。

【面塑制作活动】 年内，在中央电视台元宵晚会、天津电视台“运河记忆”非物质文化遗产宣传活动中，面人汤艺术馆的《姚期》《河东狮吼》等7件面塑作品先后被选中并参加展示；组织“非遗进校园”面塑教学活动，邀请汤岭老师教授学生面塑

北京小学通州分校到“面人汤”调研 （档案局提供）

制作方法，深受师生欢迎；组织“孝文化”面塑教学活动、北京小学通州分校“面人汤”艺术调研课题活动。

【协助举办《通衢之州 大美新城》展览】 年内，为配合北京市档案局举办的《通衢之州 大美新城》主题展览，区档案局（馆）提供展览素材，并在开展之后协调、组织全区机关干部前往参观，共同见证副中心的历史变迁，展望美好未来。

【采集全区重大活动档案资料】 2017年，留存照片3022余张。其中，有关城市副中心建设照片141张，涉及永顺镇小圣庙拆迁前照片66张，八里桥市场拆迁前照片75张；区属重大活动照片2881张。

【档案数字化】 2017年，接收老干部局、交通局等21个立档单位的数字化成果7656卷约8.5万件，电子图片986.1万页，数据容量约542.5GB。为了提高档案电子数据存储的规范性、有效性，区档案局对60～90号全宗的约91.3万页的档案数字化成果进行校对。

【档案开放鉴定工作】 一是完成馆藏1986年度98个全宗37353件档案的开放鉴定工作，经鉴定拟开放7900件，延期开放29453件，档案开放鉴定开放档案的比例是21.2%；二是开展1987年档案开放鉴定工作。2017年，完成75个全宗的4594卷65867件档案开放鉴定，其中，拟开放档案9273件，拟延期开放档案56594件，开放档案比例为14%。

【档案利用服务】 2017年，接待利用者14944人次，利用档案资料16215卷次，出具各种证明25942份，复印档案资料15016件39904页。为配合永顺、张家湾等乡镇的棚户区改造工作的开展，区档案馆与各乡镇在签订保密协议的前提下，将小圣庙等10余村的个人宅基地审批表和建房批示的数字化扫描副本复制给所属乡镇，提高双方办事效率。

【“档案馆日”活动】 6月5—9日，开展了以“档案——我们共同的记忆”为主题的第九届“档案馆日”活动，内容涉及媒体宣传、捐赠仪式、开放档案、广场宣传、实地观摩、网上展览、《通州名人展》进校园和“孝文化”面塑教学活动等。其中，《通州时讯》开辟“国际档案日”宣传专栏，分5期宣传“2017年‘国际档案日’系列活动”；山水画家王福元向区档案馆捐赠个人档案16件、国画作品《滴滴乡情浓》1件，通州电视台就档案捐赠及宣传活动进行专题报道；选取馆藏旧政权档案（102全宗）内的《抗战胜利纪念珍影》等开放档案6卷，供参观者自行翻阅。

【完成档案编研精品】 年内，编印两期《档案与文化》，印发2400本，《档案与文化》杂志的刊发扩大了档案的宣传，加强了基层档案部门之间的业务交流，为档案文化的传播造势；同时，完成《艺术家档案汇编（第二卷）》的编印及《档案信息三十年（初稿）》前期资料收集工作。

【档案征集】 年内，区档案局（馆）征集区内各类档案资料305件，其中，艺术家档案142件，艺术作品65件，照片57张（含记录副中心建设历程的工地动工前照片22张），电子档案1.4GB，其他各类档案41件。

【“通武廊”三地签订合作协议】 12月14日上午，“通武廊”档案工作合作交流发展仪式在天津市武清区档案局召开，通州区副区长雷晓宁、武清区常委郭新华参加签约仪式。仪式上，北京市通州区档案局、天津市武清区档案局、河北省廊坊市档案局三地局长共同出席并签署《通武廊档案工作交流合作框架协议》，就充分挖掘北运河历史档案资源，档案基础业务工作交流等合作项目达成共识。

（陈艳霞）

史志工作

【概　况】 2017年，通州区史志工作把存史、资政、教化作为根本任务，不断创新工作思路和工作方法，完成各项工作任务。年内，《北京通州年鉴（2017）》出版，完成《中共北京市通州区历史》第一稿，完成《北京市通州区志》复审工作，征集党史资料数百万字，分别为北京年鉴编辑部和北京农村年鉴编辑部提供通州区基本情况和通州区农村基本情况资料稿。

【完成《中共北京市通州区历史》第一稿】 2017年，扎实推进《中共北京市通州区历史》的编写工作。为保证编写工作顺利进行，制定任务分解表，将全年的编写任务按月按人分解，倒排工期，确保编写进度。截至年底，完成40万字初稿，正在进行修改工作。

【党史宣传】 年内，邀请党史专家为优秀中青年干部培训班授课。组织开展党史宣传月活动，在区委党校入口大屏幕播放电子展览《牢记嘱托 砥砺奋进——党的十八大以来北京发展纪实》，同时在大运通州网上发布，向党校师生和全区网民宣传中共十八大以来的五年，北京市各项工作取得的新成绩；在通州党员手机报上新增《通州英烈》专栏，连载12期，面向全区党员干部推送革命烈士的英雄事迹；为区见义勇为人员和社区居民播放《京华抗日战地行》《京华英烈》等党史宣传片，为困境儿童基金会的儿童播放《寻找小英雄——小淘气长征记》党史动漫片，播放25场；向区民政局、潞河中学及4个街道赠送党史书籍一百余本。以十九大为契机，联合《通州时讯》刊登历届党代会相关资料，开展全民党史宣传活动。

【完成《北京市通州区志（1997—2010）》复审】 2017年，按要求对《北京市通州区志（1997—2010）》的内容进行精简，对部分编章顺序、表格顺序、插图位置进行调整。提前向编委会成员发出征求意见函，并及时将所征求的意见进行系统整理。形成复审稿28编，全志约90万字，310余幅图片，全面、系统记述通州区1997年至2010年自然、政治、经济、文化、社会等各方面发展变化情况。做好复审前的各项准备工作，起草《北京市通州区志（1997—2010）》编修情况汇报、领导讲话、会议议程等材料。9月，完成《北京市通州区志（1997—2010）》的复审工作。

【指导基层修志】 2017年，完成《通州区水务志》的初审，发现7大类近40个问题，与该志的编辑人员多次沟通和探讨，研究解决问题的办法。指导《西集镇志》编修。《西集镇志（征求意见稿）》20篇、50万字，在指导过程中对编修人员进行培训，对征求意见稿提出修改意见。

【《北京通州年鉴（2017）》出版】 12月29日，《北京通州年鉴（2017）》正式出版，这是通州区自1999年连续出版的第19部年鉴。本卷年鉴翔实记载了2016年全区政治、经济、文化、社会等各方面的重大事件和新的情况，并以专文的形式记述通州区创建全国文明城区工作情况、关于通州区大气污染防治工作情况、商务中心区启动区基础设施建设情况等。全书99万余字，大16开，图文混排，全彩印制，版面更加活泼，可读性增强。本卷年鉴附带光盘，具有检索、打印等功能。

（肖姗姗）

北京市通州区政协

11月20日，中国人民政治协商会议北京市通州区第六届委员会第二次会议举行

（政协提供）

概 述

2017年，在中共通州区委的领导下，区政协常委会坚持团结和民主两大主题，围绕城市副中心建设大局，发挥委员主体作用，突出政协特色优势，认真履行政协职能，凝聚人心、汇聚力量、推动发展、促进和谐，实现六届政协工作的良好开局。常务委员会主要做了以下几个方面的工作：一是聚焦中心任务，履职水平持续提升。二是深入调查研究，建言献策卓有成效。三是广泛团结各界，爱国统一战线组织作用有效发挥。四是突出改革创新，经常性工作取得新进展。五是加强自身建设，政协事业发展的保障更加健全。年内，组织全体会议1次，常委会议9次，主席会议10次。截至12月31日，通州区政协第五届委员会有委员255人，常务委员会组成人员47人。

（张俊国）

政治协商

11月20日至22日，中国人民政治协商会议北京市通州区第六届委员会第二次会议在阳光国际会议中心召开。会议应出席委员255人，出席245人。听取并审议主席赵玉影作的常委会工作报告和常务副主席季志会作的关于提案工作情况的报告；对2017年度优秀提案、信息工作先进单位和个人、文史资料优秀撰稿人进行表彰。听取并讨论区政府工作报告，讨论通州区2017年国民经济社会发展计划执行情况和2018年国民经济社会发展计划草案的报告、2017年财政预算执行情况和2018年财政预算草案的报告，区法院和检察院的工作报告。大会开幕会由副主席贾君刚主持。通过政协通州区第六届委员会第二次会议政治决议、政协通州区第六届委员会常务委员会工作报告的决议、政协通州区第六届委员会常务委员会关于提案工作报告的决议，大会听取了区政协常务副主席、提案委员会主任季志会做的关于提案征集情况的报告。市政协副主席赵文芝，区委、区政府、区人大领导出席。在完成会议各项议程后，11月22日上午大会闭幕。闭幕会由区政协副主席石宝玉主持。区委、区政府各部、委、办、局、公司、中心，各人民团体、各乡镇、街道及有关单位的党政正职，部分双管单位、部分中市属单位及相关企业代表，驻通市政协委员分别列席大会开、闭幕会。区委副书记、区长张力兵受区委书记杨斌委托在大会开幕会上作了讲话。

2016年12月24日，第一次常委（扩大）会议召开。对新一届常委会提出三点希望：一是认清形势，找准定位；二是模范履职，不辱使命；三是严守纪律，勇担重任。

2017年2月16日，第二次常委（扩大）会议召开。讨论2017年区政协常委会工作要点、2017年区政协常委会议题计划；通报区政协主席、副主席、秘书长分工、区政协专委会联系界别分工、区政协各专委会成员情况、区政协近期工作安排。

4月19日，第三次常委（扩大）会议召开。听取通州区创建全国文明城区工作情况通报；审议通过关于修订提案办理“扩面协商”工作暂行办法的意见；审议通过关于修订提案办理指标评价体系的意见；审议通过2017年区政协专题协商议题计划；征求对“服务市级党政机关入驻通州的几点思考”调研报告的意见。

7月25日，第四次常委（扩大）会议召开。听取区纪委区监委关于全区党风廉政建设情况的通报；审议《政协北京市通州区委员会2017年上半年工作总结和下半年主要工作安排》；审议《政协通州区委员会委员视察考察工作实施意见（试行）》；听取区政协制度建设有关情况的通报；2017年常委暑期读书班开班动员，听取常委暑期读书班有关事项的通报。

10月20日，第五次常委（扩大）会议召开。审议通过关于召开区政协六届二次会议的决定（草案）、会议议程（草案）、会议日程（草案）；审议区政协六届二次会议大会秘书长名单（草案）、大会副秘书长名单（草案）、秘书处下设机构及负责人名单（草案）；讨论关于人事任免事项。决定免去李汝刚政协北京市通州区委员会专委会工作六室主任职务，保留正处级。孔庆援任政协北京市通州区委员会专委会工作六室主任职务；征求对《中共北京市通州区委关于加强和改进政协民主监督工作的实施意见（代拟稿）》的意见；审议《政协北京市通州区委员会贯彻落实〈中共北京市通州区委关于加强和改进民主监督工作的实施意见〉的实施办法》；征求对区政协2017年工作总结和2018年工作安排的意见。

11月11日，第六次常委（扩大）会议召开。听取区委副书记赵磊关于中共十九大精神的宣讲和解读；听取区政协六届委员会2017年度委员履职情况统计分析报告（讨论稿）；审议通过政协六届委员届中调整增补建议人员名单，原则同意冯源、李玮、单军、刘春怡、刘宏业5人增补为政协委员；审议通过2018年通州区政协委员学习培训工作计划；审议通过区政协六届二次会议各次大会主持人名单（草案），原则同意区政协六届二次会议预备会议主持人为季志会、第一次大会（开幕会）主持人为贾君刚、第三次大会（闭幕会）主持人为石宝玉；会议审议通过区政协六届二次会议决议起草委员会委员建议名单（草案），原则同意区政协六届二次会议决议起草委员会委员主任为田春华，副主任为王立生、张松，成员为于琳、马立民、石逸杰、齐梦瑚、刘焕影、张伟东、张跃宗、张硕、杨狄、杨松、祝映联、穆德英；审议通过区政协六届二次会议委员分组办法及各组召集人名单（草案）、委员联组讨论分组办法及各联组召集人名单（草案）；讨论《政协北京市通州区六届委员会常务委员会关于提案工作情况的报告》；讨论《政协北京市通州区第六届委员会常务委员会工作报告》。

11月20日，第七次常委（扩大）会议召开。听取各组讨论区领导在区政协六届二次会议上的讲话和审议政协常委会工作报告、提案工作报告的情况汇报。

11月21日，第八次常委（扩大）会议召开。听取区政协六届二次会议委员各组讨论政协常委会工作报告的决议（草案）、关于提案工作报告的决议（草案）及政治决议（草案）的情况汇报，并对3个决议表示一致同意。听取各组讨论区政府、发改委、财政局、检察院、法院5个工作报告的情况汇报，对5个报告充分肯定和认同，并对政府工作提出建设性意见。请秘书组将委员意见、建议整理后报区委、区政府。

11月22日，第九次常委（扩大）会议召开。讨论2018年区政协常委会工作要点。会议决定，原则同意2018年区政协常委会工作要点。修改完善后以正式文件形式印发。

12月14日，第十次常委（扩大）会议召开。听取讨论通州区总体规划和城市副中心详细规划及编制工作相关情况通报。建议两个规划要注意考虑贫困地区发展、本土教育、交通体系、运河两岸绿地保护、人口承接预案等问题。

1月25日，第一次主席（扩大）会议召开。研究区政协党组对照检查材料意见；研究2017年区政协常委会工作要点、主席会议题计划、常委会议题计划；通报主席、副主席、秘书长分工；研究区政协各专委会成员情况。

3月15日，第二次主席（扩大）会议召开。研究通过区政协2017年主要任务分解表、政协通州区委员会关于修订提案办理"扩面协商"工作的暂行办法、政协通州区委员会关于修订提案办理指标评价体系的意见。

4月19日，第三次主席（扩大）会议召开。研究区政协委员走访制度、2017年区政协各位主席、秘书长和机关各部门走访委员方案、区政协六届一次会议提案分析报告。

4月28日，第四次主席（扩大）会议召开。听取通州区行政区划调整有关情况的通报。

7月17日，第五次主席（扩大）会议召开。审议通过《政协北京市通州区第六届委员会关于进一步加强和改进反映社情民意信息工作的意见（试行）》《政协北京市通州区委员会走访委员制度（试行）》《通州区政协委员联谊活动组工作细则》《政协通州区委员会民主监督小组规则》《政协通州区委员会委员视察考察工作实施意见（试行）》；通报常委读书班筹办情况。

10月13日，第六次主席（扩大）会议召开。听取区人力社保局工作情况通报；听取区法院、区检察院工作情况通报；讨论通过人事任免事项；通报区政协六届二次全会有关事宜。

10月18日，第七次主席（扩大）会议召开。审议通过政协主席会建议案、审议通过《中共北京市通州区委关于加强和改进政协民主监督工作的实施意见》、审议通过《政协北京市通州区委员会贯彻落实<关于加强和改进民主监督工作的实施意见>的实施办法》、审议通过关于召开区政协六届二次会议的决定（草案）、会议议程（草案）、会议日程（草案）；审议通过区政协六届二次会议大会秘书长名单（草案）、大会副秘书长名单（草案）、秘书处下设机构及负责人名单（草案）。

10月24日，第八次主席（扩大）会议召开。听取区委、区政府2017年提案办理工作情况的通报和区政协提案委员会2017年提案工作的汇报；审议通过关于表彰2017年度优秀提案、先进信息单位和优秀信息员、优秀文史撰稿人的决定（草案）。

11月9日，第九次主席（扩大）会议召开。听取区政协2016年主席会建议案办理情况通报；听取2017年度委员履职情况汇报；研究通过委员调整名单、文史特邀委员增补名单；研究2018年区政协委员学习培训工作计划；审议通过区政协六届二次会议各次大会主持人名单（草案）；审议通过区政协六届二次会议决议起草委员会委员建议名单（草案）；审议通过区政协六届二次会议委员分组办法及各组召集人名单（草案）；审议通过区政协六届二次会议委员联组讨论分组办法及各组召集人名单（草案）；讨论六届区政协常委会工作报告；讨论六届区政协常委会关于提案工作情况的报告；通报区政协六届二次会议筹备情况。

11月22日，第十次主席（扩大）会议召开。研究主题实践活动2018年活动主题和内容；通报区政协近期工作安排。

2017年，围绕城市副中心建设和人民群众普遍关注的热点难点问题，持续调研、接力建言。开展服务保障市级机关入驻、有序推进产业疏解与发展、特色小镇建设、老城区改造提升4个课题的专题调研，形成《关于以特色小镇建设为抓手、全力推进国家级新型城镇化示范区建设的建议案》《关于加快通州区老城区改造提升步伐实现新老城区同步建设发展的建议案》《关于北京城市副中心产业疏解与发展的建议案》3份建议案。

12月20日召开社情民意恳谈会。区政协主席赵玉影主持。社会各界的政协委员，围绕如何构建高精尖经济结构、如何加强城市精细化管理、如何改善民生、补齐公共服务短板和构建和谐社会等向区委、区政府领导坦诚建言，积极献策。区委书记曾赞荣，副书记、区长张力兵等区委、区政府领导出席会议。

（张俊国）

专门委员会工作

提案委员会（一室）。2017年，收到提案242件，经审查立案225件，未立案17件，立案率93%。立案的提案中，党派提案18件，界别提案5件，委员提案202件。225件立案提案全部办复完毕。提案办理满意率100%，提案建议采纳率87%。对六届一次会议提案进行分析，从中归纳出提案的主要特点和存在的共性问题，提出改进意见和建议。组织驻会主席督办提案工作，促进7件提案落实。对《关于提案办理“扩面协商”工作的暂行办法》和《关于完善提案办理指标考核体系的意见》进行修订，选取15件提案与承办单位进行协商，委员参与率稳定在60%。刊发《重要提案摘报》20期，精选主要内容呈送区委、区政府领导决策参考。评选表彰优秀党派团体界别提案14件，优秀委员提案41件。

文史和学习委员会（二室）。成立区政协运河文史研究小组。增补8名同志为特邀文史委员，文史委员队伍扩展到47名。面向社会广泛征集“三亲”文史资料165篇，130多万字，图片800余张，史料更加丰富翔实。编辑出版《大始通州》《颐和西集》文史资料图书，向京杭大运河沿线城市、各乡镇益民书屋、中小学校赠阅文史资料书籍1万余册。与市政协一同组织专家团队，联合提出四大类19项保护、传承和利用项目清单。围绕“三庙一塔”周边环境提升、西海子公园及通惠河、萧太后河历史文化挖掘，组织10余次协商座谈会。组织接待第七期海峡两岸大学生文化体验营活动，增进海峡两岸文化交流和情感认同。组织委员参观庆香港回归20周年精品报展暨名家题词展、北京重大历史题材美术作品展、纪念红军长征胜利81周年书画展。举办中共十九大精神辅导、“一带一路”与世界经济、全区经济社会发展形势等专题培训会。

经济科技委员会（三室）。围绕“北京城市副中心产业疏解与发展”开展专题调研。视察产业疏解低端产业退出工作。召开产业疏解与发展专题协商会。召开经济和产业发展专题社情民意恳谈协商会。协调政府经济科技10部门通报情况开展对口协商。召开农村经济发展协商恳谈会。成立政协经济运行和财政民主监督组。听取区经济运行情况通报，听取财政预算执行情况通报，召开民主监督专题协商会议。

教育文化卫生委员会（四室）。围绕医药卫生改革，召开专题协商会，加强医联体建设，推进分级诊疗工作有序进行。围绕教育工作，开展专题协商活动，提出建议35条。组建食品药品民主监督组和教育卫生民主监督组，视察农贸市场、餐饮单位、工地食堂，参与“尚德守法，共治共享食品安全”主题宣传周活动，视察区食品药品安全监控中心、食品药品检验检测实验室，视察商超提升工作，视察“阳光餐饮”“明厨亮灶”工程。开展“文化进基层·新春送祝福”活动，开展“医疗下乡送健康”大型义诊宣传活动，引导委员在服务社会方面发挥积极作用。

城建环保委员会（五室）。开展书面听取相关部门工作情况通报活动。针对74件涉及城市建设管理与环境保护领域的提案召开提案分析会。开展《做好市级党政机关入驻通州各项服务保障工作》专题调研。组织部分委员到其他区学习城市管理、环境保护等先进经验。成立六届城建环保、经济科技等专委会和监督组。围绕市政协议政性常委会《关于加大水污染治理力度，不断完善生态环境治理》，撰写了《关于北京城市副中心水环境治理建议》。组织水环境、大气污染防治、副中心绿化美化、机动车停车管理专项视察。组织委员参观再生能源发电厂。政协委员非履职活动音乐组启动仪式及活动召开。加大走访慰问密度，主动关心关爱政协委员，通过提供全面服务，为政协委员排忧解难。

社会法制与民族宗教委员会（六室）。围绕做好市级党政机关入驻通州各项服务保障工作、“三庙一塔”宗教场所文物保护管理利用举办专题协商会；组织法制民主监督组部分委员通过听取情况通报、工作检查、实地视察等方式，重点开展对人民调解工作、司法审判、履行检察职能等领域开展民主监督；围绕“服务保障市级机关入驻通州”课题开展专题调研；民族宗教界视察区残联“电暖炕”环保工程，帮助农村残疾人解决供暖清洁化问题。视察、座谈“三庙一塔”有关问题；走访慰问委员30余人次。在伊斯兰教的开斋节和天主教、基督教复活节，开展民族宗教传统节日走访慰问活动；召开专题提案分析工作会议，组织有关委员针对涉及民族宗教及其他方面的21件提案及22件党派提案进行深入分析，完成提案分析报告。

（张俊国）

民主党派

4月1日，市委统战部副部长严卫群（右二）到艺术家安云霁工作室参观（宋庄镇提供）

中国国民党革命委员会北京市通州区工作委员会筹备委员会

【概　况】 2017年，中国国民党革命委员会北京市通州区工作委员会筹备委员会（简称民革通州区工委筹委会）有111名党员。

【参政议政】 2017年，《关于立体规划副中心建设的提案》被区政协评为优秀党派团体界别提案。民革党员以政协委员身份提交了《关于全面践行依法治国，积极探索诉访分离新模式，确保新时代副中心和谐稳定的提案》等4篇党派提案。

【社会服务】 年内，筹委会副主委兼妇女青年专委会主任张晓艳率领全国社会医疗志愿团专家在通州区中西医结合医院和东直门中医院东区开展“关爱百姓健康，助力副中心建设”义诊活动。民革区工委筹委会社会与法制委员会与广通社区达成结对子共建工作方案。民革党员中的法律工作者与潞城镇政府相关人员、区信访办工作人员座谈城市副中心建设、土地拆迁及信访诉讼等问题，为城市副中心建设及法制宣传工作发挥作用。

民革区工委筹委会教文卫体专委会到通州区漷县镇周起营村开展义诊活动，并与漷县镇政府领导沟通交流民主党派社会服务的方式和路径。

【自身建设】 2017年，民革通州区工委筹委会组织全区党员深入学习中共十九大精神，组织举办学习贯彻十九大精神专题报告会，邀请中央社会主义学院教授杜玉芳作了题为《新时代新使命新思想新征程》的报告。

与海淀区工委联合组织筹委会委员到广东、广西两地开展“不忘初心，砥砺奋进”主题实践教育活动。在孙中山故居、李济深故居和廖仲恺何香凝纪念馆进行现场教学，增进对民革发展历程及多党合作历史的理解和领会。

组织党员参观北京展览馆举行的“砥砺奋进的五年”大型成就展。在民革北京市委“不忘合作初心，继续携手前进——纪念民革成立70周年”知识竞赛中，通州区代表队获得鼓励奖。

民革区工委筹委会结合党员的工作性质和特长，成立城建环保、妇女青年、教文卫体、社会与法制、参政议政、社会服务6个专委会。为了贯彻落实民革中央十二届五中全会提出的关于加强基层组织建设的部署，响应地方基层组织“同心结对子”的号召，筹委会开展与外省市民革组织的交流合作，进一步共享资源，提高基层组织建设的工作水平。通州区工委筹委会与海淀区十一支部、河北省保定市科技支部、天津南开区经济支部在保定市举行共建友好支部活动，签订《民革友好支部共建协议书》，在加强基层组织建设方面迈出新步伐。

【获奖情况】 2017年，在民革全国组织建设社会服务参政议政工作表彰会上，通州区民革党员张晓艳、马立民被评为民革全国社会服务工作先进个人。郑磊被评为民革全国参政议政工作先进个人。张晓艳荣获2017年第六届首都道德模范称号。马立民被评为2017年度通州区政协反映社情民意信息工作先进个人。

（王雪丽）

中国民主同盟通州区工作委员会

【概　况】 2017年，新发展和转入盟员20人，在册盟员143名。

【参政议政】 11月，在政协六届二次大会上，民盟工委提交3篇党派提案、1篇界别提案和1份党派联合提案，还有10篇委员个人提案。与往年相比，委员们参政议政的能力、效果都有明显提高。邓占平、王姣、潘留明、司乃捷等盟员积极提供提案线索和调研报告。民盟“奔走国是，关注民生”的传统，薪火相传。《关于总结通州文化核心内涵的提案》获优秀党派提案。4份个人提案获得优秀委员提案，2人获得反映社情民意信息工作优秀先进个人。通州政协社情民意恳谈会上，工委“关于推进通州历史文脉梳理和传承研究”的主题发言，得到区领导首肯。

【社会服务】 年内，第一支部（教育支部）启动对全国贫困地区锡盟太仆寺旗的“公益助教”活动。锡盟商会会长、盟员邓占平、武文涛等人，向宝昌一中捐赠图书和善款共计14万余元。

第二支部（物院支部）针对春苗基金会“小树成长”学校开展系列公益支教活动。

第三支部（艺术支部）坚持“文化下乡”和“书法家进校园”活动，并在北京小学通州分校建立“郭振宇书法工作室”。

第四和第五支部（综合支部）在通州区马营村进行口腔健康义诊。为身患重病，家庭困难的贺某某献爱心，捐款3200余元。组织“寻找通州精彩”和“寻访工匠精神” 等系列活动。

【自身建设】 3月，工委一次扩大会议。以“不忘合作初心，继续携手前进”为主题，制定《民盟通州区工委思想宣传工作办法草案》，组建工委思想宣传工作组。梁冰、尚伦聪代表宣传组参加盟市委的培训学习。

2017年上半年，民盟北京市委完成组织换届工作，组织召开第十二次代表大会。通州工委严格遵守换届章程和组织程序，推选池雪斌任盟市委委员，张晓岚、韩德正为大会代表，并于7月初全程参会。在盟市委组建的各专委会和联谊会中，通州盟员成为中坚力量：嵇立平任统战理论研究会副会长；池雪斌任教育发展研究专委会副主任委员；王伟任书画家联谊会副会长；刘兰亭、武剑飞、张宝海、郭振宇、贾辰等为理事；刘英任妇女委员会副主任，刘金平等为委员；邓占平、何刚、孔苗等为企业家联合会会员。

9月，工委召开二次扩大会议。推选出29名盟员，纳录北京市中青年骨干盟员人才库。王伟、刘金平、王蛟、王孟、宁妍等盟员参加盟市委组织的骨干培训班学习。

2017年下半年，中共十九大、民盟十二大相继召开。通州工委及时向广大盟员发布大会消息，宣传会议精神。号召盟员“不忘合作初心，切实履行职能，为推进新时代中国特色社会主义伟大事业贡献力量”。老龄委组织“重阳会”，红歌劲诗书豪请。中青年干部和骨干盟员，参加盟市委、区委、政协、统战部、教委等部门组织的主题报告会、座谈会和培训班。祝映莲、张晓岚、杜淑英、梁冰、刘洋等盟员参加区统战部组织的红旗渠培训班。

【获奖情况】 盟员张狄秋荣获2017年全国体育事业突出贡献先进个人奖。

（王雪丽）

中国民主建国会通州区工作委员会

【概　况】 截至2017年12月31日，工委141人，工委会由1名主委、4名副主委、9名委员组成。

【参政议政】 年内，完成调研报告《构建覆盖全过程的生鲜农产品质量安全保证体系》。在通州区政协六届二次全会上，工委提交3件组织提案：《关于加强北京环球主题公园项目就业培训的提案》《关于在北京城市副中心构建覆盖全过程的生鲜农产品质量安全保障体系的提案》和《关于构建城市副中心集体劳资争议预警机制的提案》。民建界别区政协委员提交个人提案18件。主委金文岭报送的信息《在城市副中心建设中着力推进地热开发》相继被民建市委和北京市政协采用。

【社会服务】 年内，启动以“同心同向同行，共建文明社区”为主题的社区公益行系列活动，配合“创城”工作，在街道、社区开展14次活动，服务社区百姓近千人。一支部配合会员企业北京慈航医院开展送医下乡活动36次，受益群众达2000余人次。会员陈莹、张东明在通州区残疾人手工作品展览会上捐出善款1.4万元，闫学飞捐款8万元救助烧伤病人和重病医生，闫学飞、张东明、冯志宇等3位会员出资帮助民建中央扶贫点贵州黔西县的3位农户成功脱贫并实现可持续性发展。会员冯志宇向青海贫困地区的两所妇儿医院捐赠价值21万元的妇儿健康医疗设备；向宋庄镇烛光小区养老驿站捐赠10套养老设备；向通州区儿童福利院捐赠2000余元的慰问品。

【自身建设】 2017年，各支部开展学习民建会史、北京市第十二次党代会、民建北京市第十一次代表大会精神等活动。工委专门召开纪念民建响应中共“五一口号”69周年座谈会，强力推动会员企业的党建工作。组织全区会员观看“砥砺奋进的五年”成就展，并在会员中掀起学习宣传中共十九大精神的热潮。9月，工委组织骨干会员17人赴河南安阳参观并与民建安阳市委会交流，赴红旗渠纪念馆参观学习。

组织全体新会员参加市委举办的新会员培训班。召开专门的支部主委联席会和支部委员联谊会，组织骨干会员外出考察调研、学习交流。推荐本党派成员加入人大、政协组织参与全区民主政治建设，会员刘春怡被增补为区政协委员。

【获奖情况】 年内，工委《关于推进北京城市副中心对外交流的提案》《关于借力社会资源，建设以地热综合利用为特色的新型城镇化示范区的提案》《关于在北京城市副中心开展并推进“通州大工匠”评选活动的提案》被区政协评为2017年度优秀党派团体界别提案。工委被评为区政协社情民意信息工作先进单位，邹晓美、刘建勇被评为信息工作先进个人。委员周薇提出的《关于提高城市副中心住宅小区配套设施精细化管理水平的提案》、委员张东明提出的《关于对通州区非公企业退出工作进行政策引导的提案》、委员邹晓美提出的《关于在北京城市副中心推进“雨水收集及再利用”的提案》等被评为通州区政协2017年优秀委员提案。会员王可山报送的信息《取消食盐产销区域限制后食盐市场可能出现的风险及其防范建议》被中共北京市委统战部评为北京市民主党派优秀信息。韦爱鲜被评为民建市委2017年度优秀通讯员。

（王雪丽）

中国民主促进会通州区工作委员会

【概　况】　按照民进市委的部署，12月10日成立青年工作委员会。青委会主任伊祥，副主任闫浩、张丽、王晓蕾、郭喜强，秘书长刘玥。2017年，会员人数100名。

【参政议政】　民进会员中有9人是区六届政协委员，在参与政协工作中，开展调研，撰写提案，党派提案被评为优秀团体提案，庞玉和马彦玲的两件委员提案被评为个人优秀提案，民进区工委被评为优秀提案单位和优秀信息报送单位。杜俊红、赵桂春、庞玉等作为区纪委特邀监察员，按要求完成纪委布置的各项工作任务。

【社会服务】　11月28日，民进通州区工委响应民进中央发起的“书香彩虹——安龙行动”图书捐赠公益活动，广大民进会员捐书2000多册，送到贵州省安龙县的孩子们手中。8月，潞河医院刘景良大夫利用年假15天，全程参加韩红爱心百人医疗援助宁夏服务工作。义诊患儿200多例，讲座一次。

【自身建设】　2017年，组织参加各类培训班人数40余人次。

【获奖情况】　张秀梅被评为特级教师，赵桂春、张丽娟两位老师被评为市级骨干教师，王艳荣老师被评为市级三八红旗手。张邺心获全国十佳文学教师奖。

（王雪丽）

中国农工民主党通州区工作委员会

【概　况】　2017年，中国农工民主党通州区工作委员会74人。有1名中青年业务骨干入党，转入2名党员。

【参政议政】　各支部政协委员积极参加政协组织各项工作、学习与培训，发挥党派优势，认真履行参政议政职责，关注民生、关注百姓生活，参加区政协、卫生、教育、文化等专题研讨会。如加强医联体建设、推进分级诊疗、环境污染、推进“煤改电”工作、安装电动车充电桩等通州副中心建设规划等专题调研，并提出相关提案，受到政府及相关部门重视。

【社会服务】　3月，马唯副主委带领一支部党员在新华社区进行“健康大讲堂”系列讲座及义诊活动。4—5月，组织党员在北苑社区、新华西街、后南仓社区为社区居民开展“浅谈中医养生——手到病除，动动更健康”及“夏季养生小常识”的讲座及义诊；二支部组织党员参加社区健康宣教及义诊活动，主持完成天津海河医院、深圳三院、胸科医院对河北保定传染病医院重度H7N9医疗救治远程会诊。组织3名专家开展京蒙对口支援工作；三支部苏彦萍及齐梦瑚等党员在3—5月期间分别到玉带河社区、玉桥北里小区及万达广场等单位开展中国居民膳食指南宣传讲座、食源性疾病宣传咨询、口腔卫生教育、睡眠日及哮喘日咨询等活动。7月，一支部副主委郑玲玲组织部分农工党员到工业和信息化部电子科技情报研究所进行健康科普讲座。9月，主委胥振阳组织各支部参加“京津冀”大数据创新应用中心——润泽科技发展有限公司考察与义诊。

【自身建设】 10月17日，中国共产党第十九次全国代表大会在北京召开。在主委胥振阳的带领下，按照市委和中共通州区区委的指示和工作部署，为通州区副中心建设参政议政，服务社会。组织党员学习习近平总书记在会中的报告及会议精神。参加上级组织的各项学习：5月5日，齐梦瑚参加听取“当代世界经济发展主要趋势”专题报告会。5月19日，齐梦瑚参加区政协举办的“一带一路”与中国发展专题报告会。9月1日，参加通州区经济社会发展情况通报会。8月15—18日，苏彦萍参加第十三期专家理论读书班。

【获奖情况】 年内，曾纪洲《全膝关节置换术中胫骨平台不同截骨后倾角对胫股关节接触力学和运动学的影响》列入北京市通州区科委课题；作为合作方第一负责人的2017年度国家合作自然科学基金项目《影响全膝关节置换效果的生物力学因素分析研究》；10月，王敬萍被推荐为北京市第十五届人民代表大会代表候选人；张洪超担任北京卫生信息协会委员、CHINA信息学会委员、CDMA信息学会委员、研究型信息学会常委；马唯被世界中联围产医学专业委员会第一届理事会聘为理事，任2017年中国妇幼保健协会妇幼微创专业委员会宫腔镜学组委员，2017年被聘为《中国医药导报》杂志编委。

（王雪丽）

中国致公党通州区工作委员会

【概　况】 2017年，致公党通州区工委发展新党员11名，转入党员2名，转出1名，截至11月底，通州区党员总数达到109人。

【参政议政】 2017年，致公党通州区工委围绕北京城市副中心中心工作的热点、难点问题开展调研，完成《关于城市副中心建设中，如何保护通州历史文化遗产，打造通州历史文化名城的调研》《加大水污染治理力度不断改善生态环境质量》《从北京通州区到北京城市副中心，城市功能与社会管理转型的调研》等3项调研。后两项课题在致公党北京市委的调研评审中排在前列，《从北京通州区到北京城市副中心，城市功能与社会管理转型的调研》被定为致公党北京市委2017年重点课题。

在通州区政协会上以致公党名义提交党派提案4篇，委员个人提案15篇。

2017年，北京市政协新一届委员改选，致公党通州区工委主委吴涛、副主委尚珂被推选为第十三届北京市政协委员。

【社会服务】 10月20日，致公党通州区一支部党员在支部主委的带领下，到徐辛庄地区敬老院慰问老人，请眼科医生为老人们进行视力检查，免费为老人发放高质量的老花镜。重阳节期间，他们还在更多敬老院和乡镇街道开展活动。5月17日上午，通州区政协教文卫体委员会与潞河医院联合开展“医疗下乡送健康”大型义诊活动，致公党通州区工委第三支部党员参加义诊活动。

【自身建设】 2017年，致公党通州区工委在继续开展坚持和发展中国特色社会主义学习实践活动的同时，先后5次组织党员学习、研讨当前的时政观点，以及最新的会议精神，帮助党员们正确认识，深刻领会，切实贯彻。

党员认真学习中共十九大会议精神，撰写学习心得，并将中共十九大会议精神贯彻落实到自己的工作中去。

致公党通州区第一、第三、第四支部完成届中调整，一批年富力强、德才兼备的中青年骨干党员加入领导集体。

6月，致公党通州区工委党员张晓燕、吴涛、李伟、陈炜煜、常杰作为代表参加致公党北京市委第九次党员代表大会。主委吴涛当选为致公党北京市委常委，副主委李伟当选为市委委员。同时，大会还推选吴涛主委为致公党第十五次全国代表大会代表。

【获奖情况】 致公党通州区工委、通州区工委四支部和党员李军在致公党中央坚持和发展中国特色社会主义学习实践活动评比中，分别被评为学习实践活动的先进集体、先进基层组织和先进个人。秘书长陈炜煜被致公党北京市委评为宣传思想理论工作先进个人。在中国致公党北京市委员会社会服务工作先进集体、优秀集体、先进个人和创新成果评比中，致公党通州区工委荣获社会服务工作优秀集体奖，党员邱明、张伟东、陈炜煜被评为社会服务工作先进个人。年内，致公通州区工委在通州区政协会上提出的党派提案被评为2017年度优秀党派团体界别提案，主委吴涛、副主委李伟被评为2017年度优秀个人提案。

（王雪丽）

九三学社通州区工作委员会

【概　况】 九三学社通州区工委2017年底在册人数105人，分为4个支社。主委赵静，副主委乔梦虎、石逸杰、申学军，工委委员13人。

【参政议政】 一是围绕区委、区政府的工作大局，就全区经济社会发展中的重要问题和人民群众普遍关注的热点问题，展开深入调查，进行理性分析，提出许多建设性的意见和建议，在推动北京城市副中心建设、保障和改善民生、促进社会和谐等方面发挥了积极的作用。2017年，工委提交两篇党派团体提案：《坚持疏解与提升并举，培育副中心楼宇经济》《响应九三市委“文化北京”专项行动 促进副中心全域文化建设的建议》两篇。各位委员提交《关于提升通州区政府服务企业的提案》等7篇委员提案。

二是参加区社情民意恳谈会，主委赵静代表工委发言《响应“文化北京”专项行动 促进副中心全域文化建设》。

三是九三学社中的政协委员参加政协调研活动。赵静和王合兴参加区政协的调研课题《关于北京城市副中心产业疏解与发展的调研报告》，并在调研活动中提出建议。

四是围绕通州区的中心工作献计献策，并依据《信息报送审核制度》及时上报参政议政信息。

【社会服务】 一是开展义诊活动，释放社会正能量。九三通州工委连续多年为徐辛庄敬老院开展义诊活动，让老人真正感受到社会的关怀和温暖。10月14日，重阳节前，四支社第4年再去徐辛庄敬老院义诊，为护理员做专业护理培训，开展专题讲座。

二是四支社组织社员为甘肃省平凉市灵台县上良乡三村张希望小学捐赠衣服。

三是举办健康讲座。中医内科主任医师吴俊作了《中老年失眠与日常健康》健康讲座，四支社社员、潞河医院关节外科主任朱旭到台湖玉甫上营做医学讲座。

【自身建设】 一是组织学习中共十九大精神。在中共十九大胜利召开之际，九三学社通州区工委组织社员学习中共十九大精神，工委主任赵静主持，社员骨干20多名社员参加学习。

二是系统整理历史资料。2016年工委换届过程对工委五年工作进行全面总结，有很多珍贵的历史资料。工委编辑整理第一届工委材料作为思想文化建设的重点工作，工委编辑《九三学社通州区第一届工委纪念画册》，以及《九三通州区工委管理制度汇编》《九三通州区工委第一届参政议政成果汇编》，系统整理第一届工委的组织生活、组织建设等各方面工作和成果，促进组织生活迈上新台阶。

三是加强制度建设和建档立志。社员居住比较分散，造成交流沟通不及时等问题。工委针对上述问题研究整改措施，制定了充分利用微信群、邮件、短信等形式加强沟通交流制度；每年工委班子成员必须至少参加一次其他支社活动；每年探望80岁以上老社员，提高组织的凝聚力和社员荣誉感；并参照政府有关规定，完善和制定相关财务管理制度。

四是组织建设取得新进展。工委坚持保证质量、适度发展的原则，发展层次高、能力强、符合九三特色的社员。全年发展社员5人。

【获奖情况】 2016年工委提出的《关于借力社会资源，建设以地热综合利用为特色的新型城镇化示范区的提案》《关于在北京城市副中心开展并推动“通州工匠”评选活动的提案》被评为2017年度优秀党派团体界别提案。九三工委获得2016年度政协先进信息单位。乔梦虎、石逸杰、申学军被评为2017年度通州区反映社情民意信息先进个人。

老社员巴彦布被评为中国新诗百年（1917—2017）全球华语诗人百位最具实力诗人。

（王雪丽）

社会团体

5月4日，中国文联、中国美协领导通州宋庄调研艺术家座谈会举办

（贾健精/摄）

通州区总工会

【概　况】　通州区总工会所属乡镇、街道总工会、委局、行业、开发区及直属基层工会55个，基层工会1839个，职工人数115803人，会员人数113589人。2017年，在区委和市总工会的坚强领导下，以工会改革为引擎，以“京津冀”协同发展为总基调，强化组织动员和精准化服务两项重点工作，着力引领广大职工听党话、跟党走，自觉发挥工会组织优势，组织动员全区职工在城市副中心建设中建功立业。

【“两节”送温暖活动】　“两节”期间，市、区总工会筹集91.82万元，为全区152名困难职工每人发放1000元慰问金、1000元临时生活补助、1800元基本医疗补助，医疗专项救助18人16806.67元。区总工会主席、副主席分别带队到18户困难职工家中走访慰问，为他们每人送去价值550元的慰问品和慰问金，总计3.09万元；走访慰问一线职工1000人，发放20万元慰问品。为职工发放免费逛庙会门票19988张。向全国劳模、市级劳模发放“三金”（春节慰问金、生活困难补助金、特殊困难帮扶金）116.7万元。

【召开四届七次委员（扩大）会议】　1月18日，区总工会召开四届七次委员（扩大）会议。会议对2016年度区总工会工作进行总结，对2017年重点工作进行具体部署，对2016年度工会工作优秀单位和个人进行表彰。会议听取区总工会主席尚祖国以《深化改革创新 依法履职尽责 团结带领广大职工为推进北京城市副中心建设贡献力量》为题的工作报告。

【举办“春风行动”首场大型招聘会】　2月23日，区总工会、区人力社保局、漷县镇政府等单位联合举办2017年“春风行动”大型系列招聘会（漷县专场）。招聘会现场，各组织单位向求职者及用工单位现场提供法律、政策咨询、就业指导等服务。区总工会为现场应聘人员发放宣传材料和精美小礼品。此次招聘会有72家企业参与，提供销售、食品加工、金融保险、教育培训等各类职位200余种、岗位2589个，现场参与应聘人员5000余人。

【首届“通州工匠”评选工作】　2017年，启动首届“通州工匠”评选工作。3月17日，首场“建筑工匠”评选暨中建三局劳务工人素质提升工作启动，邀请全区160多个项目的一线建筑工人参与，每个工种中设立特等奖1名、优秀奖5名。4月11—12日，区总工会与副中心工程办共同组织城市副中心建设者首届“通州工匠”评选活动，在城市副中心建设工地进行实操比赛，邀请专业评审，按照技艺技能、行为技能、贡献价值、精神传承四个评审项目进行打分。来自建工集团、城建集团、住总集团、中建一局、中建八局5家建筑集团选派的钢筋工、水暖工、实验工、测量工、抹灰工、电焊工等7个一线工种的60余名参赛队员进行现场比赛。4月21日，所有成员单位对候选人进行综合评定。4月28日，在北京城市副中心A1项目工地举行“匠心汇聚 筑梦起航”通州工匠·首都劳动奖颁奖晚会，弘扬劳模精神和工匠精神。6月20日，召开首届“通州工匠”座谈会，向15名“通州工匠”和15名提名奖人员发放奖金。

【先进人物植树活动】　4月5日，由区总工会牵头，共青团、妇联共同参与，举办通州区先进人物植树活动。劳动模范和妇联、共青团先进人物，部队官兵及工会干部、群众400余人参加。各级领导与先进人物代表栽下树苗3000余株，为城市副中心增添一片新绿。

【交通文明小分队骑行宣传活动】　4月15日，300余名由工会干部、社会工作者、志愿者组成的30支骑行小分队，上路进行交通文明骑行宣传。小分队用扩音机循环播放文明出行宣传口号，每辆自行车都挂有“我知晓，我参与，十万职工共创城”宣传条幅及垃圾袋若干，遇到路面垃圾进行捡拾。倡导路人自觉遵守交通法规、维护公共卫生，提升通州居民对创城工作的支持率和参与率。骑行宣传活动在全区15个街道、乡镇全面展开，于每周二、周四各骑行1个小时，持续到“创城”工作结束。

【通州区“民生杯”职工篮球联赛】 6月1日，由区总工会、区体育局及民生银行通州支行共同主办的通州区“民生杯”职工篮球联赛开幕。副区长李亚兰及裁判员、参赛队员100余人出席开幕式，李亚兰为篮球联赛开球。7月6日，经过一个多月68场比赛，篮球联赛结束。通州教工代表队获得第一名，通州分局代表队获得第二名，金桥基地代表队获得第三名。

【高考伴考志愿服务】 6月7—8日，开展以“乐、伴——暖心伴考”为主题的高考伴考志愿服务活动。区总工会志愿服务总队分别组织北苑街道和梨园镇职工志愿服务大队部分志愿者，并邀请4名北京市劳动模范一起，在潞河中学和运河中学两个高考考点设立工会志愿者高考服务站，无偿为考生家长提供遮阳棚4座、座椅200余个、饮用水2500瓶及扇子、纸巾、充电设备、小药箱等物品若干，一站式的解决考生家长的基础需求。

【义诊活动】 6月16日，区总工会携手北京胸科医院，在光机电一体化产业基地经开光谷置业有限公司，举办北京市实施《中华人民共和国工会法》办法宣传暨大型义诊活动。区总工会常务副主席吕庆申、区地税局副局长刘亚慧、北京市光机电一体化产业基地管委会主任郭枫、北京胸科医院工会主席王丽娟及税企一线职工150余人参加。6月27日，区总工会联手潞河医院、盛仁堂药店在城市副中心A2项目建设工地，开展夏季送清凉暨劳模义诊活动。区人大副主任、区总工会主席尚祖国，首都医科大学附属北京潞河医院院长纪智礼，副书记杜会山，工程办总工、工会主席陈宏达，工会副主席杨建明，工程办协调联络部部长刘生全，北京盛仁堂医药有限公司总裁郝鸿翔等领导一同参加活动。

【“创城”宣传工作】 6月22日，举办主题为“我知晓 我参与 十万职工共创城”的知识竞赛决赛。各有关单位领导与各基层工会主席、专职副主席、服务站站长及6家参赛单位的拉拉队员280余人观看知识竞赛。区安监局代表队获得一等奖，教育工会代表队获得二等奖，潞河医院代表队获得三等奖。

6月23日，举办以“建设城市副中心，我有我精彩”为主题的职工演讲比赛决赛。总工会领导与9个参赛单位的270余名职工观看比赛。来自教育工会的张辉与梨园镇总工会的社区工作者邓巍获得一等奖，代表通州区参加市总工会举办的总决赛。

【举办培训班】 6月30日，区总工会与区人力资源和社会保障局、区工商联、区企业家联合会，联合举办服务副中心建设构建和谐劳动关系培训班。区总工会副主席徐淑兰、区人力社保局副局长曹奇权与全区各企业法人、重点乡镇工会主席、职工代表、社保所负责人300余人参加培训。11月15日，由区总工会和区人社局共同主办的通州区劳动争议调解员培训班开班。本次培训班为期三天，培训对象包括各乡镇、街道调解中心调解员，所属百人以上建会企业工会主席，园区、行业调解组织调解员，企业调解组织调解员，涉及80余家企业120人。

【举办单身青年联谊会】 8月27日，举办通州区职工“缘聚通州·相约七夕”单身青年联谊会。来自通州区教委、公安局、潞河医院和卫计委等15家单位的单身青年260余人参加活动，现场有3对青年牵手成功。

【举办首届“通武廊”工会系统电焊工技能大赛】 年内，为加强“通武廊”（通州区、武清区、廊坊市）三地工会和高技能人才交流，由通州区总工会牵头举办首届“通武廊”工会系统电焊工技能大赛。8月29日，由区总工会主办、宋庄镇政府与北京诚栋国际营地集成房屋股份有限公司协办的，首届“通武廊”诚栋杯电焊工技能竞赛通州赛区选拔赛，经过笔试及实操考试，评选出10名优秀电焊工，代表通州区参加首届“通武廊”电焊工技能大赛。9月12日，首届“通武廊”电焊工技能竞赛决赛，在北京城市副中心建设工地开幕。各有关单位领导及参赛队员、裁判员200人参加开幕式。三地分别选派10名选手参赛，最终评选出一等奖3名，二等奖6名，三等奖8名，优秀奖13名。其中，通州区韩积冬、侯卫福，廊坊市张志军获得一等奖。9月15日，召开首届“通武廊”电焊工技能大赛总结表彰会。

【举办职工书画摄影展】 10月17日，区总工会主办的“喜迎十九大——大美副中心”通州职工书画摄影展在通州台湖书画院开幕。北京市总工会党组副书记、副主席潘建新，通州区委副书记赵磊，区委常委、组织部部长韦江，区书法家协会主席王青春，区美术家协会主席彭仕强，区摄影家协会主席安继连等到场为获奖职工颁奖。此次活动收集书法、美术、摄影作品382幅，经专家多轮评审后，最终124幅作品获奖。

【通州区劳动保护及“安康杯”安全生产知识竞赛】 11月10日，由区总工会、区安监局主办的2017年劳动保护及“安康杯”安全生产知识竞赛决赛举行。本次竞赛历时两个半月，从2万多名职工中产生24支代表队，经过筛选，8支代表队进入决赛。玉桥街道代表队获得一等奖，新华街道代表队、梨园镇代表队、市政市容委代表队获得二等奖，西集镇代表队、规划分局代表队、供排水事务中心代表队、民政局代表队获得三等奖。

【中共十九大精神宣讲】 11月15日，召开通州区学习中共十九大精神劳模工匠宣讲团成立大会，全国劳模邢仲山、郎浩俊等10名成员参加。安排一系列特色宣讲进企业、进农村、进机关、进校园、进社区、进军营、进网站等，把学习贯彻十九大精神不断引向深入。11月17日，区人大常委会副主任、总工会主席尚祖国，到台湖镇新福润达绝缘材料有限责任公司为20余名一线员工代表宣讲中共十九大精神。12月5日，区总工会党组书记关平到马驹桥镇北京苏宁云商销售有限公司，为20余名一线员工代表宣讲中共十九大精神。

【召开区总工会四届八次委员会】 12月18日，区总工会召开第四届委员会第八次全体会议，大会通过吕庆申、朱京萍《关于辞去通州区总工会第四届委员会常务副主席等职务的申请》，履行了吕庆申、朱京萍的免职程序。全会以无记名投票方式，全票选举关平为通州区总工会第四届委员会常务委员、副主席、常务副主席。

（屈丽军）

共青团北京市通州区委员会

【概　况】 2017年年底，全区有团员11065人，基层团组织中团委58个，基层团工委5个，团总支17个，团支部1257个，团区委直属团组织59个。针对增强团对副中心青年的凝聚力、提升青年对副中心建设的责任感、让副中心青年更有获得感三大任务目标，打造“走心、入脑、有用”的共青团，团结带领广大通州青年，为建设城市副中心凝聚青春力量。

【宣传中共十九大精神】 年内，开展“学习宣传十九大精神　青春建功副中心”主题活动5次，邀请区委主管领导讲授专题团课1次，举办“学习总书记讲话　做合格共青团员”学习宣讲活动11场，在《通州时讯》开设学习教育专版，全区团组织开展组织生活会、学习交流座谈百余次，引领青年进一步增强对以习近平总书记为核心的党中央的政治认同、思想认同、情感认同，推动中共十九大精神在青春建功副中心建设的实践中落地生根。

【推进共青团改革】 年内，贯彻落实区委党的群团工作会议、群团改革工作座谈会和《中共北京市通州区委办公室关于印发〈共青团通州区委改革方案〉的通知》精神，从组织体系、干部队伍、重点任务、工作方式和支持保障等5方面，落实改革举措。推进团区委机关机构更名和职能调整工作，建立团区委挂职和实习人员引进制度，从清华大学、北京第二外国语学院和相关企业借调5人次参与工作。

【党建带团建工作】 年内，坚持坚强支部、严管党员的工作目标，以规范化为重点，推进五星党支部建设。完善《学习教育常态化制度化要求，做好团区委机关党支部“B+T+X”模式团区委党风廉政建设责任制》、谈心谈话制度等。以先进性为导向，引领干部牢固树立“四个意识”，践行“建设副中心 向前站一步”要求。全年新吸纳3家单位建团，以园区为重点加强非公团建，加强区青联、区志联、社区青年汇体系和制度建设，进一步扩大共青团组织覆盖。加强团的经费保障，“五四”活动月期间，支持各级团组织开展主题活动486项，覆盖青年35727人次。

【团干部协管工作】 年内，按照《团市委关于进一步规范和加强团干部协管工作的通知》要求，从严做好团干部协管工作。全年在区委党校举办团干部培训班1期，举办培训会3场，开设“青春通州”论坛11期，邀请党政领导、专家学者进行专题宣讲，加强团干部教育培养力度。把增强群众性放在团干部作风建设的首位，健全团干部驻点机制和直接联系青年制度，引导团干部做好新时代党的青年群众工作。

【发挥榜样作用】 年内，开展“假如我是人大代表”演讲征文活动，为副中心建设和决胜“创城”攻坚战建言献策。加强新媒体平台建设，推出“通州夜话”品牌栏目，挖掘和传播运河文化。“青春通州”微信公众号全年推送信息151期，新浪微博发布微博580条。推动“青年之声·通州”平台建设，平台浏览量506万人次，青年互动交流2.6万条，获得青年点赞2.3万次。推动“1+100”团干部直接联系青年工作，拓展团干部直接联系、服务、引导青年的渠道，69名专职团干部联系服务青年8000人次。组织“青年文明号”、青年岗位能手、团员先锋示范岗等争创活动，挖掘在副中心建设中的青年典型，通过开展“最美青春故事”宣讲活动，传播先进事迹，引导青年立足岗位建功立业，激励青年立足本职岗位投身副中心建设。

6月30日，由团区委主办、区人大常委会机关团支部承办的“假如我是人大代表——副中心·创城·青年说”演讲决赛在通州会议中心举行

（共青团北京市通州区委员会提供）

【青年人才培养工程】 7—12月，开展第三届通州青年英才奖评选表彰工作，评选表彰党政社会、企业管理、科级教育及医疗卫生等4类别杰出青年10人。实施通州区海外高层次人才引进计划（“灯塔计划”）和通州区高层次人才发展支持计划（“运河计划”），参与“运河计划”青年拔尖人才的评选工作；推进“通武廊”三地团委人才一体化发展；加强与北京电信通州局等驻通单位和北工大实验学院等区内高校合作，宣传、创新创业政策，为在校大学生提供实习岗位。注重对创业人才的挖掘和推荐，选拔、培养、推荐市青年创业者协会副主席1位、理事2位。

【青年交流合作】 年内，团区委组织开展“副中心青年行”活动，接待国内外青年代表团等20余次，千余人次先后走进副中心；协助团市委举办“青春闪耀副中心”系列活动，邀请300余位青年代表深度感受副中心建设成果；协助市青联组织北京市青联委员慰问副中心建设工地青年突击队活动；开展“清华—东城—通州”青年创新创业交流活动，建立清华大学、东城团区委、通州团区委三方合作联动平台；促进军地青年交流，开展西沙十佳天涯哨兵进通州活动，共植军地友谊林、共建爱国主义教育基地；“八一”前夕，开展军地青年手拉手活动，共建军营青年图书室。

【打造“通州百姓”志愿服务名片】 2017年，开展和参与“3·5”学雷锋志愿服务月、红绿灯文明引导、通州区半程马拉松比赛、“文明生活 拥抱蓝天”系列主题活动等志愿服务项目。8月，团区委联合相关部门在多次征集政府部门、社会组织、广大市民意见的基础上，发布“通州百姓”志愿服务名片，为志愿服务注入新的人文内涵。推动“五大青年行动”，让志愿服务走进社区。运用“团干部+社会工作者+志愿者”工作模式，对100名社区团干部及骨干志愿者进行试点工作专项培训，组织开展倡导低碳生活健步走、节水护水、敬老助残等志愿服务活动。截至年底，全区注册志愿者人数逾33万人，志愿服务活动时间逾2660万小时，全年各街镇团组织开展志愿服务3000余场次，参与志愿服务20余万人。

8月4日，区委宣传部、区文明办、区总工会、团区委、区妇联在通州万达广场联合举办“通州百姓”发布仪式暨“文明出行 拥抱蓝天”志愿服务主题日活动
（共青团北京市通州区委员会提供）

【关爱少年儿童成长】 5月25日，邀请区领导到第二实验小学通州分校、张家湾镇中心幼儿园、第一实验小学和区幼儿园慰问少年儿童和少儿工作者，共庆儿童节。11月，团区委依托区儿童成长驿站，在儿童福利院建立首个青少年综合性活动基地。连续11年在农民工子女学校开办爱心市场，联合安利公司出资1.2万元购买学习用品，组建8支志愿者队伍分别走进全区8所农民工学校开展免费换购活动，惠及学生1600余人。2017年，希望工程通州区工作站发放“希望之星1+1”奖学金、中南海奖学金等款项146400余元，受助学生144人。

【维护青少年权益】 “两节”期间，为全区206户低保重残青少年、留守儿童、“五需”青少年、农民工子女等6类群体送去价值近20万元的慰问品和慰问金。针对全区581名重点青少年(含精准帮扶青少年445人)，开展帮扶活动6572次。深化预防青少年违法犯罪与未成年人保护工作，161名法制校长深入学校授课650讲，参加法制主题宣传活动50余次，覆盖青少年近十万人次。依托运河阳光社工事务所，对全区22名重点青少年开展个案帮扶176次，促进青少年自助成长。

【社区青年汇】 年内，全区36家社区青年汇紧抓“7+1”工作思路，开展城市融入、志愿公益、交友联谊、创业就业、普法维权、文体健康、学习培训7类自主活动1000余场。打造“青春建功副中心”品牌项目，开展各类区级活动10余场，凝聚、服务青年2万人次。组织开展“温暖衣冬”活动，收到青少年捐赠的冬衣3万件。

【对口帮扶工作】 9月，团区委组织区青联委员代表和清华大学教师代表走进内蒙古赤峰翁牛特旗开展京蒙助力帮扶工作，为布力彦蒙古小学的师生捐赠“青春通州”爱心书屋和“青春通州”爱心基金，改善学校操场条件，并了解当地需求，对接有效资源。12月，到永乐店镇东河村进行实地调研，从政策、资金、装置技术等方面研讨并提供帮扶思路和措施，为100余户村民安装净水器，解决饮用水困难。

（栾　禹）

9月7日至8日，团区委干部代表、区青联委员代表及清华大学教师代表走进赤峰翁牛特旗开展京蒙助力帮扶工作，为布力彦蒙古小学的师生们捐赠“青春通州“爱心书屋和“青春通州”爱心基金，与内蒙古赤峰市翁牛特旗团旗委建立合作对接伙伴关系
（共青团北京市通州区委员会提供）

通州区妇女联合会

【概　况】 2017年是全区妇联系统改革之年，在市妇联及区委、区政府的领导下，区妇联紧扣妇联改革和城市副中心建设的脉搏，提升妇联系统工作能力，提升广大妇女和家庭的文明素质，提升妇联

工作现代化服务水平，为妇联工作跨入新时代、彰显新风采奠定坚实基础。

【学习中共十九大精神】 中共十九大胜利召开后，全区各级妇联系统中掀起活动热潮，组织参观五年成就展、我家这五年、中共十九大感言、新时代家庭建设讲座等9个线上线下主题活动，参与人数超1.2万人；发布以“巾帼心向党·建功新时代”、聚焦中共十九大等为主题的宣传121篇，区妇联网上平台总点击量突破6万次。全区各街镇妇联累计开展相关主题活动53场，参与人数突破6000人。区妇联在全市各族各界妇女代表宣传贯彻中共十九大精神座谈会和全国妇联主席沈跃跃到北京宣讲中共十九大精神座谈会上，分别代表16个区做典型发言。

【推进妇联改革】 10月31日，区委全面深化改革领导小组第八次全体会议审议并通过《通州区妇联改革方案》和《关于乡镇（街道）妇女联合会换届工作的指导意见》等系列文件，11月3日，区妇联召开通州区乡镇街道妇联改革工作部署会。仅用一个月时间，各街镇妇联组织换届工作和社区妇联组织增补执委、选举兼职副主席工作全面完成。全区上下打破年龄、学历、身份壁垒，不拘一格从基层和各个领域的女性人才中选用优秀妇女骨干，初步建成一支以专职干部为骨干力量、兼职干部为重要支撑的妇联干部队伍。改革后，全区各级妇联执委达2181名，兼职副主席275名，全区乡镇街道妇联组织区域化建设框架初步形成。

【助推全国文明城区创建】 年内，区妇联牵头的4个二级指标，1个调查问卷指标和1个实地考察指标都达到并超过预期目标。特别是针对达标难度最大的“家风建设”调查问卷指标和“社区家长学校”实地考察指标，区妇联充分发挥“联”字优势，与各方力量联合开展家庭建设主题活动区级122场、街镇社区级600余场，参与人次超过3万人，群众满意度超过97%。完成家庭教育公益课程446节，覆盖创城范围内7个街镇的124个社区，实现对每一个社区家长学校的授课、档案的全过程规范。成立区级和街镇级心理健康服务基地，开展200余场心理咨询服务，受益家庭600余个，满意度98%。联合6部门发布《关于将家庭教育指导纳入社区公共服务的若干意见》；联合10部门发布《北京市通州区关于指导推进家庭教育的五年规划（2016—2020年）》。主编和参与出版《通州区家庭建设简明读本》《家庭建设大家谈》等5部图书，总发行量超过5万册。联合区总工会、团区委、区文明办等部门及20余家“五元联盟”成员单位在全区掀起注重家庭家风家教的宣传热潮，先后举办“心相伴·筑爱家”“爱的表达式·创城一家亲”、家庭主题画展等十几场颇具影响力的大型活动，网上平台关注量突破20万人次。与区文明办、区综治办、区教委、区纪委合作评选表彰100个区级最美家庭、60个平安示范家庭、100个学习型家庭、20个志愿家庭和10个廉洁之星家庭。

【拓宽城乡妇女发展领域】 年内，新培育良冠花卉等5个市级“双学双比”示范基地、2个休闲观光园、1个科技示范基地，并通过“妇”字号基地与北苑街道果园西社区对接试点，搭建由“种子到餐桌”的绿色蔬菜供应快捷通道，让农民和居民都满意。全区各级妇联举办各类实用技术培训班90余期，培训妇女约6800人次。区妇联联合区人力社保局、通州小兵、永恒久远人力资源公司等单位联合举办线上线下专场招聘会5场；与区人力社保局联合开展“大众创业·万众创新”主题培训，通过提供菜单式教学、自主选题，举办就业政策、手工布艺、装饰花、插花、芽苗菜等各类技能培训120余场。建设“春风送暖”农业技能服务基地，与市农科院技术推广处专家签约合作，相继输送蔬菜、水果、菌菇类专家走进田间地头，开展“春风送暖”送技能到基地活动；组织专业讲师团深入基层开展新媒体平台应用、民俗旅游、电子商务等专业技能培训；牵线“妇”字号基地、巧娘工作室、女企业家、女性合作组织对接西集镇、漷县镇低收入村，通过详细调研，建立对口帮扶、精准扶贫，解决建档立卡低收入妇女就业和增收的机制；组织6家“双学双比”基地、巧娘工作室参与妇女创业创新大赛，4个项目被评为市级优秀项目；与20多个巧娘工作室合作实施“巧娘·巧手·巧人生”“艺术点亮生活·巧手扮靓新城”巧娘素质提升工程，并与北青报通州版合作，为工作室提供16期专题推广和宣传，线上总点击量超过7万次；组织优秀妇女代表和骨干开展“为副中心建设添绿”义务植树活动；完成“智慧新女性、建功副中心”巾帼建功系列培训30

余场。开展为期3个多月的“巾帼心向党·喜迎十九大”主题征文演讲活动。全年争取各类发展项目资金240余万元，创下历史新高。

【创新维权机制】 年内，区妇联与区政法委、区综治办、区公安分局、法院、检察院、司法局、民政局等多家单位联手建立婚姻家庭多元化解工作机制。与民政局共同打造婚姻家庭辅导室工作品牌；与法院联合打造“绿色维权通道”，组织维权干部和妇女群众参与实际案例庭审观摩、庭后答疑，开展《中华人民共和国反家庭暴力法》实施一周年纪念活动，组织法院法官进社区普法讲法、参与家事案件典型案例编撰、以案说法、电台访谈等多种活动；全区600余个妇女之家均完成谈心室、维权服务站或妇女议事庭的设置。举办“巾帼维权·送法到家”和“美好婚姻·幸福家庭”主题培训班100期。常年活跃在基层的专业服务团队扩充到六类，即女律师宣讲团、婚姻家庭心理辅导队、巾帼亲情服务队、女性健康宣讲队、女能人技能培训队、社会组织志愿服务队，每支团队都能够保持年均开展活动30场以上，服务主题涵盖维权讲座、心理疏导、“两癌”服务、技能培训、志愿服务和纠纷调解等。开展“粉红丝带”、关爱“两癌”妇女、“两节”送温暖等公益活动。2017年，开展区级公益志愿服务活动30余场，街镇社区级公益志愿活动318场，参加人次超万人。

【推动融媒体平台妇女群众工作】 3月，区妇联微信公众号和网上家长学校网站上线，6月，“通通家园”手机游戏APP和家庭教育微网站上线，《通州区家庭建设简明读本》全媒体图书正式发行。历时一年半时间，区妇联搭建完善4个平台8种融媒体手段，涵盖妇联网站、家长学校网站、微信企业号、服务号、女性电台、手机游戏APP、微网站、纸质出版物等。平台总浏览量突破50万次，实名注册人数突破7万人。微信服务号在线粉丝日均保持在千人以上，企业号用户超过2000人。全区各级妇联系统创建和管理的300人以上微信群超过40个。平台在线开通维权、投诉、咨询、约课、文娱等服务栏目16个，年均提供服务13万余人次，探索出一条运用互联网团结、服务和引领妇女工作的新路径。

【提升组织自身建设和社会影响力】 年内，各基层妇联组织为群众办实事累计89余件。47名区妇联执委发挥行业特点和资源优势，帮助基层妇女组织和个人解决实际问题59件次。区妇联全年累计开展国学、礼仪、舞蹈等14类文化教育培训120余期。区妇联“五元联盟”成员增加到32家企业、9家社会组织，全区39个委办局，90余所学校、幼儿园，8个主流媒体都与妇联保持合作关系。创建一批家喻户晓的活动品牌，提升妇联组织的社会影响力。区妇联协助联盟成员注册成立4个社会组织，联合申报5个市区级政府购买社会服务项目，签约完成14个“创城”专项，联合建设13个舞蹈培训基地、3个家长学校、2个心理咨询服务基地和1个相亲微信公众号。《中国妇女报》在11月15日头版刊登《北京市通州区妇联创新探索“互联网+公益”服务模式——“五元联盟”合作共建妇儿公益服务体系》的文章，作为全国妇联系统改革创新典型案例进行推广。

（张燕栩）

通州区文学艺术界联合会

【概　况】 通州区文学艺术界联合会坚持党的文艺方针政策，围绕中心，服务大局，坚持以人民为中心的创作导向，开展各类文化艺术活动，创新打造“最美通州　文艺惠民”送文艺下基层系列活动、“最美通州　相约四季”摄影活动等品牌，丰富人民群众文化生活，弘扬社会主义核心价值观。

区文联下设1个综合科，下辖北京市通州区作家协会、北京市通州区美术家协会、北京市通州区书法家协会、北京市通州区摄影家协会、北京市通州区戏剧家协会、北京市通州区舞蹈家协会、北京市通州区民间艺术家协会、北京市通州区文艺志愿者协会。会员人数800余人。

【送文艺下基层系列活动】 5月18日，“最美通州 文艺惠民”送文艺下基层系列活动在潞城镇启动。活动包括“丹青韵——运河风采”文联公益书画讲堂、“运河美——舞动新生活”舞蹈培训、“最美通州”摄影作品拍摄和优秀作品展示、“移风易俗 优秀家风”宣传引导、优秀文艺节目展演展示等。文艺志愿者深入19个村、社区，为21支舞蹈团队进行针对性舞蹈培训，服务500余人次。“丹青韵——运河风采文联公益书画讲堂”全年安排课程26次，内容涵盖书法基础和国画技法。

3月28日，中国东方演艺集团中国歌舞团团长、国家一级编导、中国舞蹈家协会考级中心评审专家刘江教授（前）为潞城镇舞蹈爱好者普及舞蹈知识，展示舞蹈艺术（崔琪/摄）

【“最美通州 相约四季”摄影活动】 7月20日，区文联举办“最美通州 相约四季”摄影活动启动仪式及采风活动，邀请中国摄影报副社长方焕然、北京摄影艺术协会副主席兼秘书长侯智宽、北京摄影艺术协会副主席张文良等20余位摄影艺术家、摄影爱好者。此次活动被北京电视台、《中国摄影报》、《北京青年周刊——名家翰墨》、今日头条、《通州时讯》、通州电视台、大运通州网、八通网等多家媒体宣传报道，社会各界广泛参与。征集作品1000余幅，经过专家评审，评出100余幅优秀作品，在通州区“两会”期间展出，并集结成册。

7月20日，由中共北京市通州区委宣传部、北京市通州区文学艺术界联合会主办，北京市通州区摄影家协会协办的“最美通州 相约四季”摄影活动正式启动并进行采风活动（崔琪/摄）

【百名艺术家下基层活动】 春节期间，区文联邀请市书协、市美协艺术家分别来到梨园镇大马庄社区、半壁店村，为居民们书写春联、福字，创作美术作品。组织区文艺志愿者参与“同歌共舞 新城新梦”——2017年通州区文化、科技、卫生“三下乡”集中示范活动。3月31日，与西集镇党委政府联合举办“美丽西集 品味乡愁”纪念刘绍棠逝世二十周年活动。5月27日，组织区民间艺术家协会举办2017通州区“情浓端午”文化活动，十余项民间工艺品展示、端午知识问答等环节为西集镇村民带去欢乐。6月23日，区文联、永顺镇党委宣传部、龙旺庄村委会共同举办庆祝建党96周年书画家“创城”联谊会活动，将党建与“创城”两大主题相结合，通过书画创作，让村民们在笔墨点染间感受到中国传统文化的魅力，体会优秀家风家训的深刻内涵。7月30日，组织书画艺术家慰问参加朱日和基地阅兵的驻通州某部队，艺术家们用书画作品表达感谢部队官兵的拳拳之心。

1月11日上午，通州区委宣传部、区文联主办，西集镇委员会、西集镇人民政府、区老干部艺术团承办的“同歌共舞新城新梦——2017年通州区文化、科技、卫生‘三下乡’集中示范活动”，在西集镇文化活动中心举办。区文联组织书法家为村民书写福字、对联200余幅（崔琪/摄）

（张丹妮）

通州区科学技术协会

【概　况】　2017年，区科协围绕区委、区政府的中心工作，夯实基础，搭建平台，创新发展，科协的组织体系、服务体系、科学传播体系、荣誉体系建设和“党建强会”创新取得新突破。区科协下设11个乡镇科协、4个街道办事处科协和59个企业科协、5个园区科协，负责对全区26个科技类社会团体进行服务、指导和管理。

【举办青少年机器人创意大赛】　1月23日，区科协举办通州区青少年机器人竞赛创意比赛。区第一实验小学《高楼大厦智能清洗机器人》获一等奖；区第一实验小学《智能药盒》，潞河中学附属学校《智能钓鱼竿》《光感智能回收衣服机器人》获二等奖；区第一实验小学《噪音报警器》、史家小学通州分校《智能风扇》获三等奖。

【“科普之春”活动】　3月10日上午，由区科协主办、西集镇政府承办的2017通州区“科普之春”暨全民科学素养提升行动首场科普讲座在西集镇文化活动中心启动。活动期间，针对全区7个乡镇、105个村开展“煤改气”科普知识宣传巡回讲座，普及居民安全使用燃气常识,提高广大居民安全意识。

通州区“科普之春”活动暨全民科学素养提升行动首场科普讲座在西集镇文化活动中心启动，活动期间将针对全区7个乡镇105个村开展“煤改气”科普知识宣传巡回讲座　（科学技术协会提供）

【“三下乡”活动】　4月6日，区委宣传部、区科协在马驹桥镇六郎庄村联合举办以“北京城市副中心建设——煤改气安全知识宣传”为主题的文化科技卫生“三下乡”活动。活动就如何安全使用天然气、居民的安全防范意识等方面进行科学普及。现场发放燃气安全科普光盘、科普宣传折页等科普宣传品2000套，受众2000余人。

【举办2017全国科技工作者日庆祝活动】　5月25日，由区科协主办的“携手建设副中心——2017全国科技工作者日”庆祝活动在通州区文化馆剧场举行。来自卫生、教育、科技战线的优秀科技工作者代表欢聚一堂，共同庆祝第一个全国科技工作者日。

通州区举办“携手建设副中心——2017全国科技工作者日”活动　（科学技术协会提供）

【通州区在第十七届中国青少年机器人竞赛中获佳绩】　7月下旬，在中国科协主办的第十七届中国青少年机器人竞赛中，区潞河附属学校老师李卫华带队参加的项目获得小学组WER工程创新赛一等奖；人大附中通州校区老师杨森带队参加的FLL获初中组一等奖、高中组二等奖；通州四中获综合技能三等奖。

【科普日暨“双创”周活动】　9月26日，由区科协、北京科普发展中心、区残联主办的2017年通州区科普日暨“双创”周活动在通州区万达广场启动。本次活动的主题是科技提振信心、创新成就自我。活动进一步提高全民科技意识，在全区营造崇尚科学、学习科学、运用科学良好氛围，推动通州区科普事业发展。

2017年，科普日主场活动暨“双创”周启动仪式在通州区万达广场举办

（通州区科学技术协会提供）

【参加“通武廊大智移云”产业对接活动】 11月22日，“通武廊”三地科协助力科技创新激发产业新动能暨“大智移云”产业对接活动举行。区科协党组书记岳凤山、副主席谭轶带领罗克佳华集团、百智慧生活北京科技有限公司等8家企业科协参加活动。“通武廊”合作是推动京津冀协同发展的良好平台，三地科协充分利用好这一平台，紧密合作，不断加强区域科技人才合作，推进科技成果转化与学术交流，促进优势资源共享、互利共赢。

【开展全民科学素养提升行动】 年内，区科协紧贴北京城市副中心建设发展需求，在11个乡镇、4个街道组织健康义诊、安全讲座、科学知识普及等150多场活动，为广大市民讲解身体健康、燃气安全和科普等多方面的知识。

【科技助力副中心发展】 年内，区科协举办首都生态修复论坛、石墨烯产业发展与应用、院士专家工作站座谈等多场讲座及技术交流座谈会，在信息技术、环境治理、智慧城市建设等方面提供前沿科技的支撑，使科技成果、先进技术、应用科技同副中心建设与发展得到深度融合。

（耿宏纲）

通州区工商业联合会

【概　况】 2017年，通州区工商联在区委、区政府的领导下，在市工商联和区委统战部的精心指导下，深入学习和贯彻中共十九大、中央统战工作会议和通州区第六次党代会精神，积极进取，努力开拓创新，加强队伍建设，突出务实、创新、联系的特色，在北京城市副中心建设和推动通州区非公经济的发展过程中做出积极的贡献。通州区工商联荣获2017年全国“五好”县级工商联称号。

【完成区工商联（商会）换届工作】 按照通州区委统战部关于换届工作相关要求，认真筹备，建立领导工作机构，制定方案，开展综合评价，扎实做好会员代表推荐工作，推荐代表117名。1月20日，召开换届大会，选举产生新一届执行委员会和领导机构，其中，主席领导班子14人、常委23人、执委60人。市工商联副主席郑勇男，区委副书记付晓辉及区人大、区政府、区政协、区委统战部的主管领导出席换届大会。

【北京东部4区工商联成立工作联盟】 由通州区工商联发起，顺义、大兴、平谷参与的4区工作机制。重点通过交流学习、搭建企业之间互动平台、信息资源共享等方面，开展交流。3月，4区工商联开展有好互访，围绕工商联工作进行交流座谈。4区工商联领导参观考察了北京城市副中心重点项目建设情况，并听取通州区产业疏解及产业转移情况的汇报。

【成立通州区科技创新企业商会】 5月26日，北京市通州区科技创新企业商会成立大会在通州区会议中心召开。北京市工商联主席王爱民，区委常委、统战部部长洪波，区委常委、副区长洪家志，区政协副主席贾君刚，以及区经信委、区发改委、区民政局、区人力社保局、金融机构及工商联下属商会负责人等相关领导出席大会。通州区科技创新商会是由北京开宝科技服务有限公司等60余家企业自愿发起成立。商会的宗旨主要是聚集通州企业家资源，搭建通州区企业转型升级服务平台，促进通州区企业转型升级发展。

【工商联组织100多家会员企业学习中共十九大精神】 11月30日，区工商联开展中共十九大精神培训活动。组织100多家会员企业参加培训。此次培训邀请通州区委党校副校长、教授惠学刚老师授课。教授围绕非公人士宣传贯彻中共十九大精神，针对非公经济发展政策方面进行全面介绍。

【分别与辽宁省阜蒙县、河北省吴桥县、天津市武清区工商联建立友好工商联关系】 2017年，区工商联与河北省吴桥县、天津市武清区、辽宁省阜蒙县工商联分别建立友好工商联，签订友好协议书。为通州区企业转移发展找出路。

【各商会开展各类特色活动】 年内，青创会组织20余名青年企业家参观“砥砺奋进的五年”大型成就展，开展“诚信赢天下青春铸辉煌”、与延庆区青创会开展交流等主题活动，促进青年企业家的相互合作，共同发展。餐饮美食协会、福兰德集团、东一聚餐饮、万达一方物业等200多家企业与区残联签订助残协议。食药协会成立志愿者服务队开展志愿服务，发动30余家会员企业参与，体现爱康志愿服务队主动担当社会责任的决心。科技创新企业商会配合区科委、区科协等部门，全年开展20余场科技政策讲座。金融商会和科技创新企业商会搭建平台，相互友好交流，共同助力北京城市副中心建设。

【乡镇、街道及所属基层商会换届工作】 4月，经上报区委统战部同意，对全区部分基层商会进行换届。截至年底，除部分基层商会因新成立和行政区划调整暂不换届外，全部完成换届任务。

（王雅旌）

通州区残疾人联合会

【概　况】 2017年，通州区残联以加快推进残疾人小康进程为重点，转作风、强服务，加强协调，促进融合，围绕城市副中心建设的历史任务，不断推进残疾人扶贫就业、康复托养、法治维权、文体宣传等各项工作，确保全区残疾人事业稳中求进、科学发展。

【强化组织建设】 5月11日，召开区政府残疾人工作委员会2017年工作会，明确未来工作重点；召开区残联第四届主席团第二次会议、第三次会议，区残联第五次代表大会及各乡镇街道残联换届大会，通过科学统筹加强残联组织建设，进一步推动全区残疾人事业全面、协调、可持续发展；制定《北京市通州区“十三五”时期残疾人事业发展规划》《北京市通州区残疾人联合会2017年工作意见》《北京市通州区关于加快残疾人小康进程的实施意见》，不断健全和完善残疾人社会保障体系和服务体系，提高残疾人生活质量，进一步推进残疾人小康进程。

【落实残疾人各项社会保障政策】 2017年，落实社会保障制度，发放养老助残券6322人，补助金额625.29万元；完成2016年第四季度入住福利机构个人补贴的审核和发放工作，符合政策的残疾人20名，补贴金额3.12万元；补发通州区20名2016年1月至2月入住福利机构个人补贴5.4万元；配合民政部门，落实“两项补贴”制度，10月，对2016年度“两项补贴”进行补发，补发金额1698.92万元；

“两节”慰问5233户残疾人，其中，包括重残人、一户多残、老残一体、低收入、因灾因病等困难残疾人，投入资金303.72万元；审批通州区农村残疾人危旧房翻建12户补贴工作，补贴资金3.6万元。

【残疾人就业工作】 年内，完成2017年安排残疾人就业单位审核征缴工作，审核单位676家；发放城镇个体就业和灵活就业保险补贴3.16万元，推进残疾人就业；摸索拓展“造血式”帮扶的新路子，与区人保局合作“筑梦工程”，对32名残疾人进行计算机操作培训；完成计算机操作、中式面点师2个项目共35人的培训工作；完成4家盲按机构扶持、5家盲人按摩店铺统一标识，审批1家盲人按摩店。与美食协会合作，引进大量职业康复项目。配合人力社保局开展残疾人失业登记工作。进一步做好残疾人大学生就业帮扶工作。对全区16家残疾人职业康复站合规性以及职康项目综合情况进行检查梳理，确保职康站规范运营。

【康复服务工作】 年内，贯彻《残疾预防和残疾人康复条例》，落实残疾预防行动计划，大力推进残疾人精准康复服务。2017年，全面开展残疾儿童筛查工作。年内，彩票公益金智力残疾儿童康复救助37人；“六一”儿童节慰问残疾儿童115人，慰问金额3.45万元；审批各类残疾儿童进入机构进行康复108人；争取“阳光伴我行”集善明门集团配发儿童轮椅10辆，为通州区有需求的残疾儿童及时解决行动困难的问题。年内，507人申请康复辅具2900件，

5月25日，副区长张德启慰问人工耳蜗学校的孩子们（残疾人联合会提供）

补贴金额94.6万余元。举办家庭康复培训班57期，培训残疾人及家属4053人。培训、指导盲人定向行走训练59人。完成肢体残疾人康复训练1313人，智力残疾人社区及家庭康复训练898人，精神残疾人康复训练265人，贫困精神残疾人接受免费服药1321人。完成康复服务档案26685本。

【扶残助残】 年内，调查汇总出全区才艺特长残疾人1000余人，以此为依据，筛选出6个人的7件作品参加中韩残疾人美术作品交流，向海外展示残疾人的风采；筹备成立通州区残疾人文学艺术界联合会；玉桥街道职康站站长肢体残疾人房超被评选为“通州榜样”，为残疾人树立身边榜样；结合第二十七次全国助残日，在区文化馆成功举办以“筑梦十九大 携手奔小康”为主题的残疾人自强模范表彰活动；在万达广场举办残疾人优秀作品展卖系列活动；精心制作通州区残疾人事业宣传展板，拍摄制作1部反映残疾人事业各领域发展的专题片，拍摄4部残疾人自强模范宣传片，弘扬榜样力量；充分利用通州电视台、《通州时讯》、大运通州网及区残联网站等宣传媒体，多形式多渠道的向社会各界展示残疾人顽强拼搏的自强精神，唤起全社会对残疾人及残疾人工作的理解和支持，营造扶残助残良好的社会氛围。

5月16日，第二十七次全国助残日残疾人自强模范表彰活动（残疾人联合会提供）

【购买服务工作】 年内，充分调研，严格程序，推动购买残疾人服务工作精准化和标准化。探索式开展“喘息式”机构托养服务项目和居家服务项目。为通州区有愿望的困难肢体智力重度残疾人提供“喘息式”机构托养服务；为1561户重度残疾老人提供上门居家助残服务，包括居家保洁、居家体

检、居家康复、居家培训等。解决残疾人由于残疾程度较重而生活不能自理的现实问题，得到残疾人一致好评。

6月2日，通州区中西医结合医院便民下乡上门评残鉴定（残疾人联合会提供）

【数据动态更新工作】 年内，完成25955名残疾人基本服务状况和需求的信息数据动态更新，涉及全区588个社区（村），1176名工作人员参与此项工作，其中，残疾人专职委员532名。全部采用无线终端设备进行数据采集，高标准完成市动态更新办的各项指标。

【法律维权工作】 年内，严格办证程序，做好残疾人证办理工作，发放残疾人"一卡通"26725张，新办、补办、变更残疾证2668个；增加网上办理残疾人证业务，设立西集镇、中仓街道两个试点单位，审查基层"温馨家园"的运行经费和活动经费，向13个"温馨家园"拨付约112.4万元的运行经费，拨付活动资金20万元。对13个温馨家园购买器材需求情况进行调查，拨付购置活动器材经费45.5万元，在购买服务方面申请8个"温馨家园"综合服务项目试点，每个试点30万元。接待残疾人来访178人次；电话来访153人次；接收北京市非紧急救助服务平台信件75封、北京市网上信访信息系统平台信件1封，均按照相关政策规定进行耐心解答和处理，答复率100%，办结率100%。完成全区713名符合条件的残疾人机动轮椅车燃油补贴发放工作。每人每车标准是260元，共计185380元。组织15场次的"庭院式"法律服务活动。完成区残联业务主管下的2家民非社会组织年审，批复新注册7家民办残疾人社会组织。为配合清洁能源和环保工作，完成全区2100户残疾人家庭吊炕和新华、中仓、玉桥、北苑512户残疾人家庭"煤改电"的统计工作。配合城管"四公开"一监督"工作（公开城市管理责任部门、公开责任部门的执法职责和查处标准、公开责任部门的城市管理网格化机制及责任人、公开责任部门"月检查、月曝光、月排名"的城市管理执法数据；在区委、区政府及区城管执法协调领导小组的领导下，区城管执法协调办对区各街道办事处，地区管委会以及各相关职能部门、执法部门的环境秩序管理工作进行监督），报送残疾人无照经营84起，配合查处非法营运案件102起，参加联合执法141次。按照区慈善协会与区残联制定"共享蓝天下"助残项目实施方案的要求，区残联向慈善协会申请对36名长期特困残疾人给予救助。及时为申请经济保障房的重残人开具重残证明11份。

5月24日，通州区残联对残疾人辅具配发及使用情况进行入户回访（残疾人联合会提供）

（王立平）

法 治

4月10日，区公共法律服务中心试运行　　（司法局提供）

概　述

2017年，全区政法系统全面贯彻中共十八大以来市委及区委政法工作部署，牢记习近平总书记的“发展是硬道理，稳定也是硬道理”指示精神，围绕北京城市副中心建设大局，提高政治站位，敢于责任担当，切实肩负起促一方发展、保一方平安的政治责任，为推进城市副中心建设创造安全稳定的社会环境、公正公平规范的法治环境。

通州大局整体和谐稳定。围绕“一带一路”高峰论坛和中共十九大召开安全服务保障任务，开展卓有成效的安全稳定工作，完成“以面保点”安保任务。成立国家安全局通州分局，加强国家安全反间谍宣传、反恐防暴、反渗透、反策反、反窃密等工作，意识形态领域宣传掌控能力不断加强。建立全区信访维稳责任体系，逐级督察体系，压实各行业主管部门和属地责任，提升各级领导干部解决矛盾隐患和社会面防控能力。

社会治安综合治理稳步推进。快速推进平安通州科技信息化建设，“雪亮工程”完成主体建设任务，15个街乡镇完成镇级综治中心规范化建设，完成482个社区村综治中心建设，综治信息化平台建设软件开发初步形成。建立多元矛盾化解机制，永顺、梨园、马驹桥和宋庄4个市级挂账社会治安重点地区全部摘牌。持续开展散煤专项治理、铁路护路沿线整治，开展联合执法取得良好效果。严重精神障碍患者服务管理相关制度得到落实，健全多层次、社会化的康复体系。深化调整综治考核机制，注重日常考核，激励领导干部工作热情。

司法体制机制改革持续深化。快速推进执法办案管理中心、赃证物管理中心建设和“侦审一体化”改革，以“一村一警”为基础搭建多种力量联动的社区警务模式，增强多警种作战合力。建立以审判为中心的诉讼运行机制，落实员额检察官、法官办案责任制。完成国家监察体制改革检察职能和队伍转隶工作，建立完善与监察体制改革对接机制。推动审委会职能向宏观指导转变，讨论个案数量同比下降78.72%。创造“多元调解+速裁机制”的“通州经验”，提升员额法官审结民商事案件效率，部门和法官人均结案数量均排在全市法院首位。

政法保障能力普遍增强。区公安分局以全年系列重大安保为牵动，全面强化打防管控各项工作措施，强化“金盾”行动、天天清整、巡逻防控、外围防控、轨道交通、消防检查等工作，完成习近平总书记到通州视察警卫、“一带一路”国际合作高峰论坛、中共十九大召开等重大安保任务，有力维护了大局稳定、服务了经济社会发展、保障了群众安居乐业，社会治安状况满意度评价排名第一位，并荣获全国优秀公安局称号。区法院坚持司法为民、公正司法，主动担当，保障北京城市副中心建设，严惩失信行为，助推创城工作，在审判执行工作中兼顾犯罪惩罚与教育挽救，统筹民生关怀与经济发展，平衡行政执法与合法权益，综合胜诉保障与失信严惩，认真履行各项审判职能，依法维护社会稳定，保障人民权益，法官年人均结案500余件，连续六年位居全市第一，审判综合质效指数领跑全市。区检察院从严办理新中国成立以来最大的侵犯著作权案、582公交车伤人案等一批社会广泛关注、影响力较大的案件。强化诉讼监督职能，加强公益保护，立案审查行政公益诉讼案件17件，向行政机关执法诉前检察建议15份。宣传工作获评2017年度全国检察新闻宣传先进单位。区司法局推进全区“三级”公共法律服务体系建设，区级和首批镇、村级实体平台基本实现贯通。充分发挥法律服务核心职能，全力服务副中心建设大局。建立诉调对接机制、“人民调解+司法确认”机制，通州、武清、廊坊三地签署《通武廊司法行政合作框架协议》。

政法系统党建能力进一步提高。以党建带队建、以党建促中心，依托推进“两学一做”学习教育常态化制度化，充分发挥党建的引领、融入、服务作用，铸牢政法党员干警绝对忠诚的政治品格，提升党对政法系统的思想引领力和政治领导力。2017年党建工作成绩较为突出，典型经验材料在全市政法系统党建工作会议中编发，政法委机关党风廉政建设工作在全区党风廉政建设责任制检查考核中获评99.88分，位列全区前茅。政法委考核在全市16个区县名列第一名。

（王金生）

政法委

【维护重点敏感时期社会稳定】　“一带一路”国际合作高峰论坛和中共十九大召开期间制定社会治安和安保维稳、社会面防控、矛盾排查化解、舆论引导、安保维稳督察等工作方案，成立15个督察组对各街乡镇和各成员单位落实维稳工作情况进行督导检查，严格落实管控措施，确保不出问题。重大安保期间，各督察组督察点位5870余处，提出建议980余条，消除各类安全隐患940余处。

【妥善处理影响稳定的突出矛盾隐患】　年内，对排查梳理出的重大群体性社会矛盾，调度各街乡镇和职能部门逐案制定化解稳控方案，稳步化解矛盾。经过缜密摸排和数据研判，发现涉众型经济案件重要线索541个，锁定重点涉众型经济案件7起，立案1起，重点关注适时整顿6起。修订《通州区群体性事件应急处置预案》，以区应急委名义下发至各成员单位和各街乡镇，为群体性事件应急处置工作提供制度保障。

【建立全区维稳责任体系】　年内，经充分调研和分析，制定出台系列维稳工作制度办法，完成《北京市通州区维护稳定工作责任制》《北京市通州区维护稳定工作责任制督察考评办法》《北京市通州区维护稳定工作通报办法》《北京市通州区维护稳定工作约谈办法》，明确全区重点委办局、非重点委办局、各街乡镇的职责任务，责任体系框架基本建成。

【推进重大事项社会稳定风险评估工作】　年内，围绕低端产业清退、人口规模调控、征地拆迁补偿、重大项目落户和重大公共政策调整，把社会稳定风险评估作为重大决策的前置程序和刚性门槛，确保重大决策“不评估、不决策，不评估、不实施”。重点按照“扩面、提质、增效”的目标，提升街乡镇风评工作规范化水平，加强风评工作质量评价，开展风评效益评价，加强日常监督和年度考核。2017年，梳理报备重大决策事项54项，其中，市级以上34件，区县级20件，完成风险评估报告13件，组织召开专项联席会议10余次，民众广泛参与的座谈会、通气会以及专家评审会23次，为北京东特高压—通州500千伏送出工程、通州北500千伏输变电工程、北京润泰环保科技有限公司扩建医疗废物处理等项目出具社会稳定风险评估意见，全年未发生因重大决策、重大项目建设引发的不稳定问题和矛盾隐患。

【签订“通武廊”政法系统协作框架协议】　为贯彻落实中央、国务院关于推动“京津冀”协同发展重大战略决策，执行“通武廊”三地党委政府战略合作发展框架协议相关部署，充分发挥政法系统服务保障作用，不断深化三地政法工作协作配合，北京市通州区、天津市武清区和河北省廊坊市三地政法委于8月24日在通州区签订《贯彻落实京津冀协同发展重大国家战略推进政法系统协作框架协议》，并召开第一次联席会。

（王金生）

社会治安综合治理

【概　况】 2017年，全区综治系统围绕安全稳定大局，以平安通州建设为主线，以重大安保任务为核心，各项工作齐头并进，2012—2017连续六年被评为全市综治工作优秀区，群众安全感连续上升至全市第六，荣获2013—2016年度全国平安建设先进区称号，社会安全稳定根基进一步筑牢。

【群防群治】 2017年，结合春节、“一带一路”高峰论坛等重大安保工作的任务要求，启动一级超常规防控等级措施，对全区7116个“大防控”岗位落实“1+X”看护力量，发动全区6.4万余名群防群治力量做好社会面巡逻防控工作，加强对轨道交通、危爆物品、物流寄递、“低慢小”航空器等重点行业领域的安全管理和风险防控，完成各项安保工作任务，为市级机关入驻通州营造了安全有序的环境。

【重点地区综合整治】 年内，对影响群众安全感和城市副中心形象的突出问题，始终保持高压震慑态势，在4个市级挂账重点地区开展专项整治。年内，开展联合执法80次，出动执法力量2400余人次，治安拘留4598人，破获刑事案件1334件，刑拘887人，黄、赌、“黑车”拘留人数实现三上升。组织公安、工商、环保、交通、城管和各街乡镇不间断的开展打击整治散煤工作。开展联合执法56次，打击整治集市、主要大街、入村游商销售行为10起，没收散煤16余吨，开展督导检查12次，反馈并整改问题8起。

【特殊人群服务管理】 2017年，落实社区矫正、刑满释放人员安置帮教工作、社会面吸毒人员动态分类管控、艾滋病高危人员综合防治和重点青少年群体分类帮扶等措施，切实提升特殊人群的服务管理水平；大力推进监护人看护补贴制度落实，健全完善康复体系，加强对严重精神障碍患者的服务管理。年内，累计办理严重精神障碍患者门诊免费服药1321人，药物补助477人。

【夯实综治基层基础】 年内，以入选全国首批公共安全视频监控建设联网应用“示范城市”为契机，大力推进“雪亮工程”建设，提升综治信息化建设水平。创新完善群防群治工作，努力打造“通州百姓”品牌；不断加强基层综治中心规范化建设，15个街乡镇级综治中心规范化建设完成率100%；536个社区村完成率90%。出台《2017年通州区社会治安综合治理（平安建设）工作考核办法（暂行）》，开展一季度一考核，完善综治考核机制，提升综治工作水平。

【铁路护路工作】 年内，协调相关部门进行联合执法，对京哈铁路16.5至17公里北侧再生资源市场进行清理腾退，做到“场清人走”，对京津城际铁路沿线开展危树治理工作，砍伐、置换危及行车安全的高大树木1.1万余棵，消除一批运行隐患。

（金　岭）

法治政府建设

【概　况】 2017年，区政府法制办围绕北京城市副中心建设大局，全面推进依法行政，加快建设法治政府，通州区法治政府建设工作取得新成绩、新进展，为北京城市副中心建设提供了坚强有力的法治保障。

【构建市区两级法治直通机制】 为更好服务北京城市副中心建设，提升副中心规划、建设和管理法治化水平，2月9日，区政府法制办与市政府法制办建立法治直通机制。制定实施《北京城市副中心法治直通车工作实施方案》，重点开展城市管理立法、探索执法监督新思路、为副中心建设提供法律支撑、以法治方式化解行政争议等四项工作。6月，市政府法制办选派业务骨干到区政府法制办挂职，重大行政决策合法性审查共同研究，法律专家库共享，实现人才培养、法制业务工作全方位直通对接。《北京城市副中心城市管理条例》被列为2017年市政府立法计划的调研项目，市区政府法制办就立法定位、主要思路、重点内容多次进行交流研讨，共同起草立法调研报告。

【调整通州区推进依法行政工作领导小组】 年内，依据《党政主要负责人履行推进法治建设第一责任人规定》精神和通州区领导人员调整的实际情况，重新调整通州区推进依法行政工作领导小组成员单位，明确各相关成员单位的职责分工。为加强党对依法行政工作的领导，领导小组将区委政法委、区委组织部、区委宣传部等部门列为成员单位。

【构建政府法律顾问体系】 年内，为贯彻落实《北京市人民政府关于加强政府法律顾问工作的意见》，区政府法制办针对通州区法律顾问工作实际情况，起草并以区政府名义下发《通州区人民政府关于加强法制机构建设落实法律顾问工作的实施方案》，督促指导有关部门特别是有行政执法权的委、局设置法制科，乡镇政府办公室加挂法制办牌子，配备相应人员，明确工作职责，加强制度机制建设，形成区、乡镇（街道）两级政府法律顾问工作体系。加强外聘法律顾问管理。

【行政规范性文件审核】 2017年，审核以区政府（区政府办）名义制发的规范性文件157件，提出法律建议84条。为区属各单位回复各种发文征求意见函131件；完成市政府各种规章、草案、修正案征求意见稿等13件；审核重大行政合同24件，提出意见和建议28条，规范性文件审查数量和质量均有明显提升。加强对备案工作的指导和监督力度，提高备案审查工作的实效性，备案了以乡镇、街道和委办局名义制发的规范性文件58件。

【行政规范性文件清理工作】 年内，按照国务院、市政府要求，组织做好涉及“放管服”改革及不符合生态文明建设和环境保护要求的规范性文件清理工作。系统清理了以区属委办局名义和乡镇政府名义制发的行政规范性文件，摸清全区规范性文件的底数。经过全面梳理，清理区政府文件115件，其中，拟保留86件，废止29件；清理以区属各工作部门制发的规范性文件270件，拟保留236件，废止34件；清理以各乡镇政府名义制发的规范性文件23件，拟保留16件，废止7件。

【行政执法监督】 截至2017年12月31日，全区30个行政执法单位（不含公安和垂管部门，不含乡镇街道）有持证人员986名，行政处罚职权4951项。全年办结行政处罚案件26422件，人均处罚量26.8件，全市排名第五。全年行政检查总量为102049件，人均执法检查量为103.5件，全市排名第二。上述案件涉及行政处罚职权432项，处罚职权履行率为8.73%，全市排名第四。处罚金额4188万元。在本年度行政执法案卷集中评查工作中，区政府法制办从各单位抽查49卷行政执法案卷，从评审结果看，行政执法案卷整体质量较高，49个案卷成绩全部合格。

【行政复议诉讼工作】 为进一步加强和改进通州区行政应诉工作，根据新《中华人民共和国行政诉讼法》规定和国办、市政府法制办有关要求，结合通州区实际，区政府法制办主持修订《北京市通州区行政应诉规则》。规则明确规定应诉承办单位确定原则，规范细化行政负责人出庭要求，将行政应诉工作纳入区依法行政考核体系并进行监督。2017年，区政府法制办直接办理各类案件281件，其中审理复议区属单位案件180件，复议区政府案件4件，区政府为被告的诉讼案件97件。区法院受理行政诉讼案件239件，行政负责人出庭27件次。其中，11月2日，区长张力兵亲自代表区政府出庭应诉，各乡镇、街道行政正职参加旁听，发挥了很好的厉行依法行政的宣示、示范和带动作用。

【落实领导干部学法培训制度】 年内，严格落实《北京市行政机关领导干部学法办法》，切实加强领导干部的法治学习培训。落实领导干部会前学法制度，全年在区政府常务会、区长办公会上组织会前学法4次。年初，特邀请市法制办副主任张国强以《法治思维和行政执法》为题，为通州区政府领导干部和乡镇、街道、委办局的“一把手”上法制课。举办领导干部依法行政、政府信息公开、规范性文件清理等专题培训班，切实提高领导干部法治思维和依法办事的能力。充分发挥党校、行政学院主阵地作用，将依法治国、依法行政相关课程作为中青班、处级进修班等区委主体班次的必修课，邀请区政府法制办领导为各班次开展法制讲座。

【开展区环保执法绩效评估】 根据北京市推进依法行政工作领导小组的要求和部署，区法制办组织开展法治政府建设示范项目创建评审活动，有21家单位提交法治建设示范项目报告。10月26日，区法制办邀请中国政法大学教授、市政府法制办综合处处长等专家领导召开法治建设创新项目评审会，对参评项目进行研讨评审，起草《关于通州环保执法绩效评估项目的报告》。该报告作为通州区依法行政创新项目上报市政府法制办。

（邹跃辉）

公　安

【概　况】 2017年，通州分局不忘“人民公安为人民”的初心，牢记北京城市副中心的使命，强意识、增能力、严作风、快推进，完成习总书记来通视察、高峰论坛、中共十九大等系列重大安保任务，群众安全感全市第六，荣获全国优秀公安局称号。年内，围绕城市副中心的战略定位，自主开展“金盾”专项行动，护航副中心建设做出新贡献。全程跟进处置拆迁安置中遇到的难点问题，配合完成1008万平方米拆违工作；加强城乡接合部综合整治，疏解群租房635处；主动服务全国文明城区创建，分局9项主责指标全部达优；主动融入疏解整治促提升、蓝天保卫战等全区重点任务，在全市率先成立驻区环保局警务执法队；坚持把治堵作为破解大城市病的突破口，41个堵点乱点全部打通；全区公交线路率先配齐乘务管理员，试点推动梨园地铁口社区化管理；110报警服务台和一线单位24小时运转，6.6万件群众求助警情第一时间处置；窗口单位全年办理户籍、出入境业务、居住证98万件，收到锦旗148面、感谢信21件；率先落实港澳台出入境就地办理等12项优惠政策，设立全市首家出入境自助服务厅，细致高效服务得到党委政府、人民群众“双满意”。年内，依托“平安行动”，全面强化打防管控各项措施，社会治安状况呈现新局面。涉车盗窃、入室盗窃打击对称性全局名列前茅，命案破案率连续五年保持100%，缴获毒品同比上升87.5%，黄、赌、盗销自行车、“黑车”扰序拘留人数全市名列前茅；深入开展安全隐患大排查大清理大整治，整改火灾隐患同比增长312%，火灾同比下降46%；警力捆绑作战，全年核录同比上升33.8%，达到历史最高，街头刑事案件同比下降13.3%。年内，超前谋划，不断创新，副中心警务建设迈出新步伐。加强顶层设计，具有国际水准的警务规划初步形成；成立运河派出所，为行政办公区安保奠定扎实基础；全面启动“雪亮工程”，试点推进人像识别、ETCP等系统建设，智慧化公安初步成型；加快推动警务基础设施建设，警务中心大楼达到“正负零”，警务实战训练大厅投入使用，20余个基层单位完成改建、扩建，看守所连续八年被评为全国一级看守所，副中心公安机关崭新形象全面显现。年内，坚持向改革要动力，以改革促发展，首都公安改革取得新突破。《副中心公安警务体制机制改革意见》正式批复，两队一室建设高标准推进，30个“7×24小时”社区警务室全天候为群众提供服务，“执法办案管理中心+”高质量做好，自主研发执法规范一体化监管平台全市推广，一线办案部门组建案管组，区检察院驻执法办案管理中心检察室正式挂牌，侦审一体化改革高水平完成，试点推进赃证物管理中心建设。年内，坚持全面从严治警，副中心公安队伍呈现新面貌。狠抓党建队建工作，建立完善党委、支部两级理论学习制度，全局副处级领导干部和正科级单位一把手全员培训；固化“三堂、三岗+”教育培训体系，全面提升执法处置能力；建立警察训练营，组织民警开展冬季百日练兵比武。狠抓党风廉政建设，强化党委主体责任和纪委监督责任，完善层级责任制，加强党内监督、巡视监督、审计监督。狠抓爱警暖警工程，慰问帮扶民警，开办民警子女暑期托管班、战地警营家属探班、一站式体检等活动，依法查处阻碍民警执行公务案件，有力维护民警的合法权益和执法尊严。

【完成中共十九大安保工作】 年内，通州分局完成中共十九大安保工作。其间，分局坚持采取严部署、严管控、严打击、严清整、严查控、严作风超常规措施，实现“四个不发生”“四个坚决防止”和“三个满意”的工作目标，完成中共十九大安保工作。

【完成“一带一路”高峰论坛安保任务】 年内，通州分局坚持“万无一失、一失万无”的工作标准，精心组织，周密部署，依托“高峰 2017平安行动”、打防管控十大专项、“十大攻坚战”、消防隐患清零攻坚行动等系列工作机制，始终保持打防管控高压态势，维护治安秩序持续平稳，完成“一带一路”高峰论坛安保任务。

【推进派出所警务改革】 年内，按照市局全面深化派出所警务改革工作部署，通州分局坚持试点先行，优化派出所组织结构，科学整合警力资源，优化基层警力配置，规范警务运行模式，在全局范围内深入推进以“两队一室”为核心内容的派出所警务改革工作，夯实基础工作，提高“见警率”，社区安全全面加强。

【打好“蓝天保卫战”】 年内，通州分局落实通州区“蓝天保卫战”工作部署，成立专业队伍，与环保、国土、水务等行政执法部门健全联勤联动、案件移送、会商督办、信息共享等系列工作机制，坚持联合执法和专项打击并举，强化对环境违法犯罪行为的打击整治。

【创新出入境服务举措】 年内，通州分局突出创新驱动和科技应用全力打造服务形象亲民化、服务标准规范化的一流出入境服务示范窗口。率先推出全市首家全年无休的出入境自助服务厅，落实完成12项新的业务受理权限下放工作。提炼证件办理“八步工作法”，建立照相分流和矛盾化解 “三专”工作机制，以优质、高效、贴心的服务赢得群众认可。

【开展营开放日活动】 1月10日，通州分局开展以“公安110，为民保安宁”为主题的警营开放日活动。在通州万达广场一层设立主宣传点，以现场讲解、图片展览、装备展示、发放宣传材料等形式，向群众宣传110报警台服务的宗旨、主要职能，以及防火、防盗、防电信诈骗、防煤气中毒等安全防范知识，邀请辖区居民代表参观通州110报警服务台，介绍110接处警工作流程、取得的成绩和推出的各种便民利民服务举措，收集群众对110接处警工作的意见和建议。

【成立九棵树派出所】 1月16日，通州分局九棵树派出所成立，位于通州区梨园镇怡乐中街，辖区面积9.8平方公里，管辖小稿村、大稿村、半壁店村等11个行政村。

【推进“高峰·2017平安行动”百日会战】 2月15日—4月24日，通州分局治安系统依托“疏解整治促提升”专项行动，深入推进“高峰·2017平安行动”百日会战，全面做好“一带一路”国际合作高峰论坛安保工作。其间，开展联合执法行动80余次，打掉涉赌、涉黄窝点180余个，检查行业场所2400余家次，取缔“黑开”场所40余家，收缴非法烟花爆竹110余箱、盗版图书20余万册。

【完成全国“两会”安保工作】 2月20日—3月15日，通州分局完成全国“两会”安保工作。期间，紧密依托“高峰 2017平安行动”，坚持“万无一失、一失万无”的工作标准，全面强化立体防控、区域协作、安全监管各项安保措施，实现破案、刑拘、治拘数量大幅上升，发现整改各类安全隐患1500余处，累计盘查车辆100万辆、抓获各类嫌疑人200余名。

【荣获全国优秀公安局称号】 5月19日，全国公安系统英雄模范立功集体表彰大会在人民大会堂隆重举行，全国公安系统先进集体、先进个人受到表彰，北京市公安局通州分局被公安部授予全国优秀公安局称号。

【开展寄递业安全知识集中宣传活动】 6月9日至14日，通州分局组织开展寄递业安全知识集中宣传活动，加强寄递物流行业安全管理，通过入户宣传，发放安全知识宣传展板、提示桌牌和安全手册口袋书，提示快递企业自觉落实安全制度。入户宣传寄递业90家，张贴宣传展板120块、摆放桌牌60个，发放各类宣传手册150余册。

【完成“2017北京通州半程马拉松”安保任务】 6月11日， 2017北京通州半程马拉松比赛在通州玉带河桥畔举办，通州分局落实领导一线指挥、现场督导、部门协作、沿线巡控、应急备勤等安保措施，确保赛事活动安全有序进行，完成安保任务。

【推进“忠诚平安1号”专项行动】 6月12—22日，通州分局深入推进“忠诚平安1号”专项行动。其间，分局加强危险物品安全监管，全面开展隐患排查整治和打击收缴工作。检查管制刀具销售单位50余家、危险化学品经销单位100余家次、其他涉危单位700余家，整改问题隐患30处；发放各类宣传材料2万余份，开展宣传活动20余场次；收缴管制刀具及弩箭140余把、炮弹3枚，查获非法烟花爆竹200余箱，拘留26人。

【开展“6·26”国际禁毒日宣传活动】 6月26日，通州区“6·26”国际禁毒日宣传活动在万达广场举行，通州分局会同区妇联、食药局等委办局及街道、乡镇设立宣传点，开展禁毒宣传。通过播放禁毒宣传片、摆放展板、悬挂彩旗、设立签字墙、咨询点、发放宣传手册、播放宣传教育片等多种形式开展宣传教育，增强群众认清毒品危害、自觉抵制毒品的意识。其间，发放宣传品4万余份，摆放展板130块、条幅34条，受教育群众达4万余人。

【启动“金盾”百日专项行动】 8月10日，通州分局在马驹桥镇中心小学开展“金盾”百日专项行动启动仪式。宣布从即日起，在全区范围内开展为期百天的打击整治专项行动，营造从严从紧高压态势，打击震慑各类违法犯罪活动，为疏解整治促提升、中共十九大安保和服务保障城市副中心建设营造良好社会治安环境。通州区政法委、公安分局主要领导及相关委办局400余人参加启动仪式。

【“创城”迎检工作】 9月，分局全力以赴投入创城迎检工作。其间，严格落实巡逻震慑、地上地下一体化、校园高峰、社会面清理整治、应急处突等勤务安排，多警种协同作战，强化文明劝导，维护全区重点路口交通秩序持续良好。

【开展“京津冀”三地集中清查统一行动】 10月8日至9日，通州分局开展“京津冀”三地集中清查统一行动，强化全面清查整治，坚决消除各类隐患问题，打击和震慑违法犯罪活动。其间，检查出租房屋3000余间，中小旅店900余间，行业场所300余家、单位场所200余家、公共空间190余处、收缴违禁物品60余件，烟花爆竹100箱，整改隐患500余处。

【开展冬季百日练兵比武活动】 12月，通州分局开展冬季百日练兵比武活动。采取捆绑驻点建营的方式，就近搭建开放式培训基地，组建警察训练营；组织业务骨干和教官团成立教材编写专班，编写现场执法系列教材；围绕民警现场执法、警务技能和警用装备使用内容，分批次对分局基层民警和机关骨干民警开展冬季练兵培训，全面提升民警能力素质，打造与城市副中心相匹配的高素质公安队伍。

（高凤霞）

消 防 工 作

【概　况】 通州区公安消防支队为正团级编制，支队机关下设的司令部、政治处、后勤处、防火监督处为副团级，所辖各业务科（室、中心）为正营级。支队下辖11个执勤消防中队，分别为新华街、玉桥、马驹桥、西集、梨园、商务园、漷县、宋庄、张家湾、台湖和办公区中队，执勤消防车辆66部。年内，永乐店、潞城2座消防站的主体建筑完工。

2017年在区委、区政府的坚强领导下，在公安分局的直接领导下，在各相关委办局、乡镇、街道办事处大力支持下，通州消防支队以北京城市副中心建设、创建文明城区和重大消防保卫为中心任务，不断提高火灾防控和灭火救援能力，确保“两个稳定”（辖区火灾形势和部队管理），完成“一带一路”高峰论坛、中共十九大等重大活动消防安保任务，为北京城市副中心建设创造了良好的消防安全环境。

【全年火灾总体形势稳定】 通州消防支队以落实《消防安全责任制实施办法》为引领，推动乡镇、街道落实政府第一责任，行业系统的监管责任，社会单位的主体责任，完善社会化火灾防控体系建设，形成打击消防违法违规行为和清理整治火灾隐患的强大氛围，有效遏制了重特大火灾事故和群死群伤火灾事故的发生。2017年，执法检查单位14554家，发现隐患17114处，查封580家，“三停”151家，拘留781人，同比分别增长34.60%、28.37%、351.51%、62.36%、897.70%。2017年全区火灾形势稳中有降，未发生较大以上及有影响的火灾，全年接警4401起，其中火警2444起，抢险救援619起，社会救助1338起，抢救被困人员155人，疏散遇险人员690人，火灾334起，火警、火灾同比分别下降19.59%和4.79%。

【净化消防安全环境】 2017年，通州消防支队按照“消防打头阵、政府做后盾、部门齐参与”的思路，结合“疏解整治促提升”专项行动和创建全国文明城区的重大机遇，依托街乡镇15个大网格、社区（村）483个中网格和楼院村组、社会单位、街巷点位3500个小网格开展滚动排查整治：200余名党政领导分片包干，带队深入一线检查指导500余次；腾退房屋5000余间、疏解人口3万余人，取缔违法经营3000余家；清理“三合一”“多合一”等场所违规住人问题300余处；联合行业部门打击整治违规用火用电问题500余个、督促乡镇街道安装独立式报警装置4万余个。紧盯消防设施、电动自行车、出租房屋等重点环节，实施“一事一策”管控、群防群治防控、关口前移布控，整治楼道内违章为电动自行车充电等隐患问题478个；清理楼前楼后可燃物25.4吨。

【服务城市副中心建设】 年内，通州消防支队围绕建设城市副中心的历史使命，建立“高于全市、严于平时、没有一般”的火灾防控体系，压实“三级”管理负责机制，坚持以行政办公区为核心，联合副中心工程办对全区在建工地安全进行督导检查，最大化整合警力资源，抽调精兵强将组建灭火和防火专班，采取大兵团作战模式，组织50余名警力，分成20个工作组打捆运作，对行政办公区逐楼、逐层进行隐患清零，累计清除隐患300余个，保证行政办公区施工现场安全。组织全区全部158个在建工地开展消防宣传教育培训300余场，进行应急处突模拟演习231场；推动清理可燃物20余吨，发放宣传品2万份，有力保障副中心建设。

【提升灭火救援基础工作】 通州消防支队规范指挥模式和联勤联动工作机制，以打赢各类灭火救援、反恐、处突战斗为最终目标，强化实战流程演练，不断提高快速反应和应急处置水平。2017年，支队所属8个中队出动3920人次、284车次对辖区内的515家重点单位以及道路水源等基础情况进行调研，并修改完善灭火救援预案。全年开展演练563次，其中，支队级演练12次。14人2车组市级大型防汛救援综合实战演练，地震救援队开展拉练、培训4次。组织各基层中队对全区重点单位、社区消防微型站人员开展业务技能知识培训289次。

【优化网格化执勤】 年内，在“一带一路”高峰论坛、中共十九大等重大安保任务的重点时段落实定点看护、周边巡查、区域协作工作机制。结合区位特征将全区划分成行政办公区、文化旅游区、运河商务区、金桥物流产业园区4大战区，由4名班子成员担任前沿指挥长，一线统筹指导防灭火工作，前置45部消防车、270名警备勤。协调各乡镇部署90余部重型工程器械，分布全区重点部位应急值守，在消防重点单位、社区建立微型消防站152个，推动乡镇自助购买小型消防车165部参加动态巡逻备勤，力争第一时间发现火情，第一时间控制火情，将火灾“灭小、灭早、灭初期”，将灾害损失和影响降到最低。

【创新消防宣传模式】 2017年，首创“消防标语上快递、消防宣传进万家”的金点子，联手韵达、速尔两家快递公司将消防宣传标语印制在每个包裹快递单上，每日覆盖全市群众4万余人。联合区武装部向各驻区部队发放消防安全提示2000余份、整改隐患100余处。坚持以预防和遏制“小火亡人”为主线，分别在各楼门楼道、院门村口等醒目位置张贴宣传海报15万份；发动团委志愿者、社区消防宣传员、形象大使等3000余人开展入户提示宣传3万余次，涵盖居民10万余户；组织1000余名老人子女、看护人员进行消防宣传10余场。

（陈占辉）

流动人口和出租房屋管理工作

【概　况】 2017年，区流管系统深入贯彻落实市、区政府关于疏解整治促提升专项行动的工作部署，围绕城市副中心建设大局，以疏功能、减人口、治环境、保安全为着力点，集中开展城乡结合部重点地区和违法群租房专项整治工作，“两大专项”整治考核综合排名获全市第一。组织协调公安机关和街道乡镇开展流动人口和出租房屋大清查行动，稳步推进流管体制机制调整，流动人口服务管理水平进一步提高。2017年，按照区“疏解整治促提升”专项行动部署要求，取消区人口规模调控工作领导小组，并将此项工作移交至区发改委。

【城乡接合部重点地区专项整治】 年内，确定宋庄镇双埠头村、台湖镇西下营村等12个市级挂账重点村和台湖镇唐大庄村、潞城镇前榆林庄村等14个区级挂账重点村。按照“属地主责、部门尽责”的原则，逐级签订专项整治工作责任书，“一镇一策”“一村一策”，全力推进专项整治工作深入开展。2017年，市、区两级挂账重点村全部完成整治，疏解人口2.2万人，超额完成年度人口疏解任务。其中，宋庄镇双埠头村、台湖镇西下营村整治经验受到市、区两级领导的充分肯定。通州区城乡结合部重点地区专项整治考核位居全市前列。

【违法群租房专项整治工作】 年内，确定梨园镇桃花岛小区、北苑街道怡佳家园小区等8个市级挂账重点区域。通过采取建立专人专班、精准线索查实落实、关联线索一查到底、建立举报奖励机制等措施，扎实推进违法群租房专项整治工作。全年治理违法群租房588户，疏解群租房内居住人口3982人。8个市级挂账重点区域未发生一起涉及违法群租房的安全事故和重大案件。市级察访核验中，通州区违法群租房整治合格率及群众满意度回访连续四个季度位于全市前列，年度考核排名获全市第一。

【流动人口和出租房屋大清查行动】 区流管办协调区公安分局人口管理部门及街道乡镇组织开展流动人口和出租房屋大清查行动，全面采集登记流动人口和出租房屋基础信息。2017年，登记流动人口信息65.2万人，出租房屋7.7万户。进一步摸清了通州区流动人口和出租房屋底数。

【流管体制机制调整】 年内，贯彻落实市政府办公厅《关于进一步加强本市基层流管站和流管员队伍规范化建设的工作意见》，明确基层流管站和流管员队伍为街乡镇所属、公安机关统一领导的职责定位，加强公安机关对基层流管站和流管员队伍的日常管理、业务指导、绩效考核和队伍建设等项工作。全年流管员队伍未发生一起违法违纪问题。

（步　凡）

检　察

【概　况】 2017年，通州区人民检察院（以下简称通州检察院）全年受理审查公安机关提请逮捕刑事犯罪案件887件1133人，同比上升50.8%和54.2%，依法批准逮捕624人，批捕率为55.1%。受理一审公诉案件1172件1401人，同比上升23.7%和30.98%，提起公诉984件1172人，有罪判决率100%。依法批捕、起诉了一批放火、涉爆涉枪、制毒贩毒等危害公共安全犯罪。通州检察院抽调检察干警百人次参与社会面巡逻防控，为“一带一路”、中共十九大会议召开营造良好社会环境；依法严惩暴力阻碍拆除违法建设、袭警类妨害公务等严重扰乱社会秩序的行为，有效震慑犯罪，维护区域安全；持续加大对“两抢一盗”、故意伤害等多发高发犯罪打击力度，着力增强人民群众安全感；严厉打击副中心建设过程中各种犯罪行为，保障建设工作有序平稳推进。审慎办理新中国成立以来最大的侵犯著作权案、高碑店砍伤民警案、582公交车伤人案等一批社会广泛关注、影响力较大的案件，保障人民安居乐业、社会安定有序。主动服务“疏解整治促提升”专项行动。围绕“两违”拆除、“散乱污”清理、“开墙打洞”整治任务开展对行政机关的检察监督专项行动，督促乡镇政府拆除一处副中心违章建设。综合打击跨区域大货车超载、扬沙、酒驾等违法情形，严查大货车犯罪案件近百起，助力交通疏解及环境保护。开展共享单车领域犯罪专项调研，着眼法律、经济、社会、交通视角，全媒体解读发声，提出综合治理建议。着力防范金融风险。审慎办理“隆尊”案、“中晟融信”案等重大敏感经济犯罪案件。主动与银行、证券等金融机构对接，畅通案件协查渠道、金融咨询通道，形成金融犯罪防范合力。深入分析研究涉众型经济犯罪特点、规律、根源，从加强金融市场监管、改善投资环境等层面为政府开展涉众型经济犯罪专项治理提供预防建议。针对副中心建设拆迁群体巨大和农民防范金融风险意识不强的突出现状，通州检察院下村设点宣传、巡回讲座，为张家湾、西集等拆迁村镇400余户家庭开展防范宣讲，被群众誉为“及时雨”；探索帮助群众防范金融风险，研发防范投资陷阱系列宣传品，以“微动画”“微电影”等新媒体形式，扩大防范宣传覆盖面。从源头防范风险转化和蔓延，维护区域大局稳定。保障民生、服务群众。重点打击危害食品安全的“黑作坊”“黑窝点”，严厉打击网络违法代购国外药品、制售虚假减肥药及保健品犯罪，保持高压严打态势，保障人民群众“舌尖上的安全”，增强人民群众对司法的获得感。

立足检察机关宪法定位，聚焦监督主责主业，充分发挥检察监督职能。全年筛查各类行政处罚案件信息1065件，重点审查破坏环境资源和危害食品药品安全的案件线索27件，监督行政执法机关移送刑事案件3件，监督公安机关立案1件、撤案3件，着力防止以罚代刑和冤假错案。严格审查公安机关的侦查活动是否合法，全年依法决定不批准逮捕刑事犯罪案件348件497人，不起诉95件114人。追加逮捕犯罪嫌疑人15人，追加起诉犯罪嫌疑人12人，追加遗漏犯罪事实25起；加大通州公安分局执法办案中心派驻检察室工作力度，将检察监督触角延伸到一线；建立侦查活动质量分析报告制度、认罪认罚从宽快速办理机制、国安案件应急反应机制，探索构建新型检警关系，促进规范侦查执法，提高办案质量。综合运用抗诉、检察建议、再审检察建议等方式强化对审判活动和裁判的监督，坚决维护司法公正。做好释法说理、息诉服判工作，坚决维护司法权威。全年纠正审判活动错误或不当5次。切实提升监督活动的示范效应和辐射效应，做到“纠正一案，规范一类”。主要对监管场所执法行为是否合法进行监督，通过审查，监督纠正违法行为12次，有效维护区看守所监管安全，保障在押人员合法权益。五是加强未成年人检察监督。开展校园欺凌专项治理，依法从严打击各类侵害未成年人刑事犯罪，实行未成年人特殊检察制度，妥善办理物资学院校园欺凌案，对其中8人提起公诉，4人作不起诉处理。加强未成年人犯罪预防教育，深入区教师研修中心实验学校、张家湾中学、玉桥中学等多所学校开展“向校园欺凌说不”专题宣讲。办理的未成年人犯罪案件再犯率不到1%，未成年人检察部荣获全国妇联授予的2017年度全国“巾帼文明岗”荣誉称号。

公益诉讼工作取得突破，服务副中心宜业宜居之城建设职能作用凸显。全年发现公益诉讼线索33件，立案审查行政公益诉讼案件11件，履行诉前程序9件，向国土、规划、环保、城管、文化等领域制发诉前检察建议 9份，整改回复率为90%。通过诉前程序，督促恢复被破坏的耕地、农用地近千亩，督促行政机关催缴、追缴排污费和环境违法行为罚款两百余万元，有效监督两处石桥保护不到位问题，促进启动相关程序切实保护以大运河为核心的历史文化资源。此外，提起行政公益诉讼1件；移送上级院审查起诉民事公益诉讼案件2件，1案系北京市首例由检察机关作为公益诉讼人提起的民事环境公益诉讼案件。办理的副中心行政办公区工地扬尘致环境污染一案入选全国公益诉讼工作典型案例。

司法效能大幅提升，各项司法体制改革有序推进。实施以检察官为主体的司法办案责任制，出台检察官“权限清单”和“履职清单”，明确检察长、检察官亲历事项，“抓两大放两小”，切实做到谁办案谁负责、谁决定谁负责。将内部监督与外部制约相融合，实现权责利相统一。严格择优选任检察官，坚持公开公平公正，完成两批16名检察官遴选工作，检察官队伍结构进一步优化。实行人员分类管理，严格执行检察官、检察辅助人员、司法行政人员员额比例，分类定岗、合理配置，司法人员分类管理制度进一步完善。加强职业保障配套制度建设。制定《绩效考核奖金分配办法》，建立与工作职责、业绩相联系的绩效考核机制，坚持向办案一线倾斜，突出业绩导向，结合办案数量、质量、效果等因素对检察官进行综合评价，职业保障科学合理、落实到位。

配合做好国家监察体制改革试点工作。牢固树立国家监察体制改革是事关全局的重大政治体制改革的意识，坚决拥护、贯彻改革部署，在区委的领导下、区纪委的支持配合下，完成反贪污贿赂局、反渎职侦查局、职务犯罪预防处的转隶，工作、办案、保障有序衔接。坚持反腐力度不减、节奏不变。成立职务犯罪检察部门，依法审查区监察委员会移送的涉嫌职务犯罪案件。试点期间，成功审查起诉全市首例监察委移送的职务犯罪案件，实现法律效果、社会效果和政治效果的统一。探索改革试点期间检察机关办理职务犯罪案件新模式，加强与监察委沟通配合，共同规范工作衔接和办案程序。创新“三审一移”工作法，起到良好示范效应，试点办案模式在全市检察系统推广。

【为拆迁村民普法】 4月14日，审查逮捕部主任李峥、检察官刘军伟前往张家湾派出所及镇政府联系协商服务保障副中心建设，为准备拆迁村镇村民进行普法。

【职务犯罪警示预防工作】 4月26日，区检察院副检察长田长江带领职务犯罪检察部干警到中建二局土木工程公司开展职务犯罪警示预防工作。

【禁毒宣讲】 7月6日，区检察院审查逮捕部干警梁志龙天代表北京市检察机关参与首都“以案释法”禁毒主题宣讲进地铁活动，赴北京市地铁运营三分公司宣讲禁毒知识。

【公众开放日活动】 12月5日，区检察院举办“服务大局、守望正义”公众开放日活动。

（丛 源）

法 院

【概 况】 2017年，通州法院坚持司法为民、公正司法工作主线，以保障北京城市副中心建设为工作重点，服务区域经济社会发展，大力加强审判执行工作，推进司法体制改革，打造忠诚干净担当队伍，切实做到自觉接受监督。2017年，区法院新收案件58170件，排在全国基层法院第12位，案件总量65647件，同比上升3.29%；审结59179件，同比上升5.52%；结案率为90.15%，同比上升1.91个百分点；一线法官年人均结案563.6件，同比上升10.48%，连续六年位居全市第一，是全市平均值255.7件的2.2倍；未结案件6468件，同比下降13.49%，实现“四升一降”，完成“年底未结案不超过去年”的目标。审判质效综合指数连续两年位居全市第一。重点推出的多元调解+速裁机制被最高法院誉为“北京样本”“通州经验”。

通州被定位为北京城市副中心后，通州法院及时调整工作思路，将助推副中心建设整体方案的实施作为法院工作重点，优化副中心建设司法保障体系，重点开展以下几方面的工作：一是牢固树立“四个意识”、首善意识、副中心意识，做好体系保障、基础保障、行动保障，优化服务机制、协同框架、审判资源，推进诚信建设、法治文明、未成年人保护，全情融入副中心命运共同体。二是兼顾犯罪惩罚与教育挽救，统筹民生关怀与经济发展，衡平行政执法与权益保护，综合胜诉保障与失信惩戒，依法履行刑事审判、民事审判、行政审判、执行工作职能，全情融入副中心行动共同体。三是秉承改革创新的时代精神，融入副中心创新共同体。平稳推进司法人员分类管理，推动司法责任制落地生根，深化刑事诉讼制度改革，重构繁简分流审判格局，创造多元调解+速裁机制，集中资源打造精品，塑造品牌树标垂范。四是融入副中心使命共同体，锻造忠诚干净担当法官队伍，切实做到以党建带队建，以队建促审判。创新党建模式，充分发挥党建引领作用。推进专业化建设，加快落实法官职业保障。强化监督执纪问责，持之以恒推进作风建设。五是强化接受监督意识，拓宽接受监督渠道，以公开透明促公平公正。夯实人大依法监督、政协民主监督新基础。探索舆论监督、社会监督新维度。提升司法公开新层次，全情融入副中心阳光共同体。

【多元调解实现“一降两升”】 1月1日，区法院正式运行多元调解系统，以诉前调解办公室为基础，从各个庭室抽调法官、法官助理、书记员45名，改革法院运行管理模式。多元调解实施一个季度，区法院民商事审判实现“一降两升”。一是收案数量下降。区法院诉前调解办公室运行多元调解系统后，有效实现人员与案件结构的合理调整，在区法院民商事收案总数与上年基本持平的情况下，后端民商事审判庭收案数量明显下降，同比下降57%。二是结案率上升。诉前调解办公室先行审理简单的民商事案件，为民商事审判庭法官腾出更多的时间和精力审理疑难复杂案件创造条件，传统民事案件结案率同比上升40.34%。三是调撤率上升。以调解及撤诉方式结案的案件，更加有利于平复社会矛盾、化解社会纠纷，区法院2017年第一季度调撤率合计上升11.16%。

【构建繁简分流大格局】 2017年，区法院将构建繁简分流大格局作为破解案多人少难题的主要抓手和突破口，全力提高审判质效，为司法体制改革和北京城市副中心建设提供优质高效的司法服务和保障。一是充实速裁审判团队，夯实速裁结案基础，打造“1+N”速裁速执团队，探索速裁团队运行模式。二是建立案件流转机制，实现繁简分流最大化，构建立案甄别分流机制，“两次筛查”全面导入简案，构建案件快速转出机制。三是优化调判结合机制，促进案结事了，速裁庭构建“两轮调解”机制，其他庭室构建“多环节、全程化”调解模式。四是优化工作模式，为快速审理提供便利，制作格式化模板，用足审前准备程序，简化诉讼程序，集中开展事务性工作。五是推广专业化审判，实现繁案精审，优化资源配置，组建专业审判团队，定期组织案例学习，提升案件审理精度，开展专项调研，统一裁判尺度。推动专业化审判向精细化、纵深化方向发展。

【三级法院选派10位优秀法官到区法院挂职交流】 年初，为支持北京城市副中心建设，高院从三级法院选派10位优秀法官到区法院挂职，为区法院工作有序开展及转型跨越升级起到巨大的推动作用。我院党组高度重视挂职办案工作，搭建学习交流平台，对挂职法官办案给予配合和支持，确保挂职办案有价值、出实效。10名挂职法官均为中共党员，在区法院及时成立挂职法官临时党支部，挂职法官主动融入通州实际、主动承办疑难案件、主动参与案件评查和调研报告中期检查，充分发挥先锋模范作用，为区法院工作注入了活力，增添了动力。

【与武清法院、廊坊中院签订《通州、武清、廊坊毗邻法院司法协作框架协议》】 5月4日，通州、武清、廊坊三地法院齐聚武清法院签署《通州、武清、廊坊毗邻法院司法协作框架协议》。“通武廊”三地地缘相接，具有协作发展的先天优势和独特资源，是推进“京津冀”协同发展的排头兵。3家法院签订司法协助框架协议，加强司法互助合作，是更好服务和保障“通武廊”协同发展和推动“京津冀”协同发展的必然要求。陈立如、任俊胜和苑三国分别代表通州法院、武清法院和廊坊中院共同签署《通州、武清、廊坊毗邻法院司法协作框架协议》，三地司法合作协同机制的建立标志着司法服务和保障“通武廊”区域和“京津冀”协同发展迈出坚实的步伐。

【建立法律援助中心法院工作站】 6月8日上午，区法院举行北京市通州区法律援助中心法院工作站启动仪式暨法律援助值班律师培训会。该工作站位于机关大楼一楼审判区，紧邻暂押室，配置了电脑、电话、打印机、文件柜等办公设施，方便给被告人提供高效便捷的法律咨询服务。

【审结全国首例监察委员会调查终结的职务犯罪案件】 6月12日上午，区法院公开开庭审理全国首例监察委员会调查终结移送审判的职务犯罪案件，即首次由监察委员会调查终结、检察院提起公诉的刑事案件，并当庭作出一审判决。检察机关指控被告人李某利用职务便利，挪用公款进行股票交易活动，后被告人李某将挪用的钱款全部归还至原账户，并主动向单位领导交代了上述事实。监察委员会将案件移送至通州区人民检察院审查起诉，通州区人民检察院以被告人李某犯挪用公款罪向区法院提起公诉，区法院于当日立案受理。本案为全国首例由监察委员会调查终结移送审判的职务犯罪案件，不仅体现了监察委员会整合反腐败资源力量强力打击贪污贿赂等职务犯罪的力度，同时也是法院认真落实推进以审判为中心的刑事诉讼制度改革，依法公正高效审理重大职务犯罪案件，坚定不移反腐败的必然表现。

6月12日，区法院刑一庭公开开庭审理“全国首例监察委员会调查终结移送审判的职务犯罪案件”

（法院提供）

【开展“运河启航”计划】 7月12日上午，区法院举行“运河启航”计划启动仪式。该计划以维护未成年人合法权益、普及未成年人法律知识、培育未成年人法治观念为主要内容，将通过“一个微信订阅号、二部档案、三封信、四个课堂、五个阵地”，

7月12日，区法院举行“运河启航”计划启动仪式

（法院提供）

筑起未成年人司法保护的坚固防线，打造区法院未成年人权益保护的品牌。

【开展“夏日雷霆”执行攻坚行动】 7月18日上午，区法院举行“夏日雷霆”执行攻坚行动启动仪式，发布《通州区人民法院“夏日雷霆”执行攻坚行动方案》。为集中力量攻克涉北京城市副中心建设及“疏解整治促提升”专项行动的骨头案及其他涉及人民群众基本生活、久执未结的疑难复杂执行案件，为迎接中共十九大胜利召开创造和谐稳定的社会环境，区法院组织了此次执行攻坚行动。此次执行攻坚行动从启动仪式开始，持续至10月底，为期100天。此次攻坚行动将化零为整，利用周末、夜间、凌晨等寻找被执行人，依法罚款、拘留、追究拒绝执行判决罪，在繁华路段、当事人所在乡镇、社区张贴失信被执行人名单等措施，同时还将探索允许拍卖财产使用抵押贷款等方式，扩大财产变现范围，对特殊困难的申请执行人进行司法救助。

【获评2016·智慧法院建设先进单位】 7月18日，在电子政务理事会于兰州举行新常态下电子政务建设交流大会上，北京市通州区法院、内蒙古鄂尔多斯中院、上海高院、浙江高院等全国13家法院被电子政务理事会评为2016·智慧法院建设先进单位。区法院作为全国唯一基层法院代表、北京市法院代表获得2016·智慧法院建设先进单位的殊荣。其中，区法院“打造慧眼平台 建设智慧法院”信息化建设案例入选电子政务理事会选评的智慧法院建设专项成果，并被《中国电子政务年鉴（2016）》收录。

【全面落实执行团队化工作机制】 2017年，区法院认真学习并贯彻落实全市法院执行工作会精神，探索构建“法官主导、分工协作”的团队化执行模式，探索执行团队的组成构架、运行机制和工作协调，充分发挥“1+2+1+1”执行团队化模式1+1>2的效果。执行团队化，以入额法官为中心，两名法官助理为骨架，一名书记员和一名司法辅助人员为支撑，由执行团队长依案件情形安排，具体队员在规定时效内办理完成并向队长汇报记录。新执行工

作模式将案件的办理流程“切碎”，细化为工作环节，克服以往简单分案模式的弊端。团队成员操作任一执行流程节点后，都会记录并反馈给团队长，保证做到执行留痕，规范执行。执行团队所有成员在日常工作中将发现的各类不稳定因素记入工作日志，以供执行团队长掌握，确保不留死角，避免小问题拖成大问题。

【打造“慧眼平台”】 2017年，为全力推进信息化升级转型，进一步提升司法为民、公正司法的能力和水平，区法院将信息化建设作为主攻方向，全力打造“慧眼平台”助力执法办案，取得初步成效。打造司法办公辅助平台，研发系统加大执行信息化力度、助力司法事务智能化，破解“执行难”。打造数字化集控平台，完善数字法庭建设，研发技术加大保护，便捷司法行为。打造集成监管平台，精细审判管理，利用信息化数据开展收结案规划，指导均衡结案，实现审判工作良性循环。搭建立体服务网络，对内严格信息录入和公开，对外搭建诉讼服务平台，便捷司法服务。

【举行“12·4”宪法宣誓活动】 12月4日，区法院举行宪法宣誓活动，并首次使用宪法宣誓规范法器。上午10时15分，宣誓活动正式开始，院党组成员、副院长张朝阳主持宣誓活动，院党组书记、院长陈立如作为领誓人带领入额法官庄严宣誓。誓词宣读完毕后，全体法官郑重报出自己的姓名，留下庄严承诺。现场气氛隆重严肃、振奋人心。

（刘乙璞）

司法行政

【概　况】 2017年，通州区司法局下设7个科室，分别是法律援助指导科、法制科、法制宣传科、政工科、办公室、基层工作科、社区矫正和安置帮教科。下辖15个基层司法所和3个事业单位。3个事业单位分别是通州区法律援助中心、北京市潞洲公证处和通州区阳光中途之家。

人民调解工作。建立诉调对接机制，为区法院选聘16名诉前人民调解员上岗9个月，调处纠纷9000余件；建立“人民调解+司法确认”机制，有181份调解协议获司法确认。建立人民调解“专职+专业”“预约+合约”机制，完成在永顺镇试点任务。开展镇（街）专职人民调解员招聘工作，确保全区每个镇（街）配备不少于2名专职调解员。举办骨干人民调解员培训班2期，诉前调解员培训1期，外出考察学习4批次，法院观摩学习1次，基层司法所分别以集中授课、专题讲座、模拟法庭等形式，开展调解员能力建设。围绕中心，服务保障“疏解整治促提升”专项工作，组织开展“疏解整治”综合宣传2场次。

社区矫正和安置帮教工作。落实市、区的决策部署，以中共十九大安保工作为契机，着力在抓规范、促监管、强教育、严队伍上下功夫，不断提升社区矫正和安置帮教工作专业化、精细化、信息化水平，为城市副中心建设营造安全稳定的社会环境。截至12月31日，在册社区服刑人员319人，其中缓刑300人，假释8人，暂予监外执行11人，管制0人。全年接收社区服刑人员255人，解除矫正212人，完成被告人审前核实调查415件。安置帮教对象1854人，衔接率100%，帮教率100%。

法治宣传教育工作。法宣工作纳入区2017年社会治安综合治理（平安建设）工作考核评分项目，法宣办职能充分发挥、落实。举办第四届中、小学在校生法律知识微信有奖竞答活动，6.8万人参与。开展青少年法治漫画和法治文艺作品征集评选活动，征集法治漫画228幅，法治文艺作品300余件。围绕区委区政府中心工作，开展“疏解整治促提升”“法治引航”“尊法学法守法用法，创建文明城区”“诚信·法治”“防范涉众型经济案件”“法德共建进地铁”“喜迎十九大　做讲法治守秩序的好市民”等主题活动20余场，发放宣传材料20万份。推进“法律进地铁”，与北京地铁一分公司、二分公司签订合作共建协议。微信公众号“法治通州”推送普法微信80期、图文300篇。各类媒体刊发普法信息30余篇、专刊2期，播放电视新闻6条。

法律服务工作。区法律援助中心搬迁至公共法律服务中心一层临街位置，在满足老百姓日益增长的公共法律服务需求同时，连续第二年提前完成援助案件数翻一番的任务，达到1328件。在区人民法院和检察院分别建立法律援助工作站，做好刑事案件认罪认罚从宽制度试点工作。截至12月31日，全区有45家法律援助工作站。“法律服务村居行”工作有新进展，推行“驻镇律所”制度，15个镇（街）司法所与11个律师所全部完成对接并签订服务协议，113名驻镇公益律师解答法律咨询1000余人次。建立“金证”合作机制，潞洲公证处与区属29家金融机构全部实现对接。潞洲公证处办理公证12317件，其中国内9118件，涉外3187件，港澳8件。

【完成“2017零点报告行动”】　1月1日零时，通州区司法局完成市司法行政系统2016年零点报告行动，标志着通州区2016年社区矫正工作实现无脱管、无漏管，社区矫正工作质量稳步提升。

【举办青少年法律知识有奖竞答活动】　1月21日—2月28日，举办第四届“尊法、学法、守法、用法，创建全国文明城区”通州区青少年寒假法律知识网络有奖竞答活动，8.6万余名学生参与，较上年同比增长540%。

【区公共法律服务中心试运行】　4月10日，区公共法律服务中心试运行。新建成的公共法律服务中心办公面积1200平方米，与区人民调解指导中心、区法律援助中心、潞洲公证处合署办公，并安排市级品牌调解室、心理咨询室和诉前调解室入驻，接待窗口较以前扩容一倍，形成“一站式”解决问题的综合性公共法律服务实体平台，为适应未来5到10年北京城市副中心公共法律服务需求预留了空间。

【举办“4·15”国家安全教育日宣传活动】　4月15日，联合区国安办举办北京市“4·15”全民国家安全教育日主题宣传活动；市委常委、市委政法委书记、市国家安全工作领导小组办公室主任张延昆，市委政法委常务副书记于长辉，市委政法委副书记闫满成，市国家安全局局长李东，市司法局苗林局长等领导出席了本次活动。国安成员单位、居民代表、青年志愿者代表400余人参加活动。

4月15日，联合区国安办举办北京市“4·15”全民国家安全教育日主题宣传活动　　（司法局提供）

【开展第七届“司法行政开放日”活动】　6月10日，开展第七届“司法行政开放日”活动。主开放点设在通州万达广场，分开放点设在公共法律服务中心及12个司法所，3万余名群众参与活动，发放宣传资料3.5万份，提供法律咨询500余次。

【启动“通武廊”司法行政合作】　8月2日，通州、武清、廊坊三地司法局举办“通武廊”司法行政合作框架协议签订仪式暨“通武廊”司法行政第一次联席会议。三地司法行政部门主要负责人、业务分管领导、业务负责人及基层代表80余人参加活动。

8月2日，举办了“通武廊”司法行政合作框架协议签订仪式暨“通武廊”司法行政第一次联席会议

（司法局提供）

【首批镇（街）公共法律服务中心启用】 11月10日，于家务回族乡公共法律服务中心正式投入使用。11月15日，台湖镇公共法律服务中心正式投入使用。

【举办“12•4”国家宪法日主题活动】 12月4日，举办“学习贯彻党的十九大，维护宪法权威”“12•4”国家宪法日主题活动，社会各界群众代表共500余人参加 。

12月4日，举办了“学习贯彻党的十九大，维护宪法权威”“12 · 4”国家宪法日主题活动

（司法局提供）

【社区矫正视频会见系统启用】 12月20日，在梨园司法所完成全区首例视频会见工作。

【举办通武廊“和合 · 调解”沙龙暨人民调解“全科”人才培养工程战略合作启动仪式】 12月26日，举办了通武廊“和合 · 调解”沙龙暨人民调解“全科”人才培养工程战略合作启动仪式。活动分愿景展望、经验分享、专家点评和集中授课多个板块，促进了三地人民调解工作的合作交流。

12月26日，举办了通武廊“和合 · 调解”沙龙暨人民调解“全科”人才培养工程战略合作启动仪式

（司法局提供）

（肖　珂）

军事

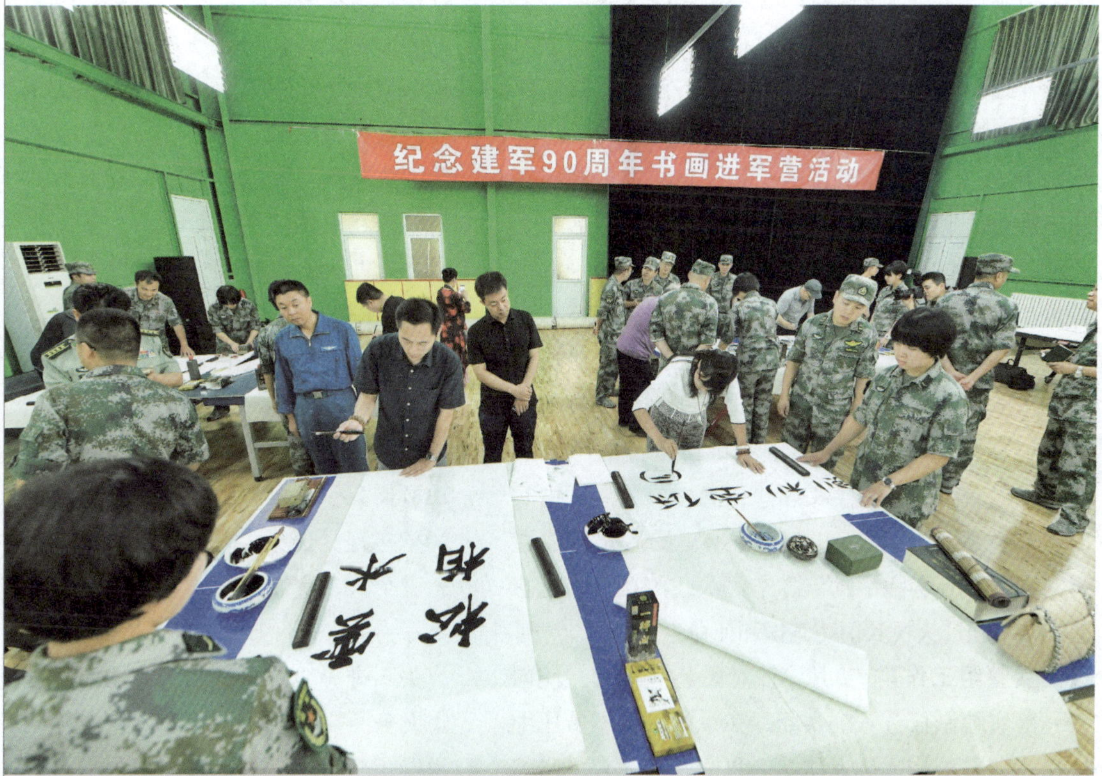

8月1日，通州区文联、通州区武装部组织书画艺术家庆“八一”进军营开展慰问活动。图为艺术家到参加朱日和基地阅兵的驻通州某部队，用翰墨丹青文化盛宴慰问官兵　（唐建/摄）

人民武装部

【概　况】　2017年，通州区人民武装部在北京卫戍区和通州区委、区政府的领导下，深入学习习主席系列重要讲话精神，坚决贯彻卫戍区党委决策部署，着眼举旗铸魂、聚焦打赢、厉行法治、强基固本、创新推动、坚强班子的建设目标，坚持政治建部、团结兴部、实干强部的工作思路，突出制度建设与执行，狠抓各项工作落实，完成以国防后备力量建设为中心的各项任务，人武部的全面建设取得新的发展进步。

【民兵政治教育】　年内，区人武部采取刊授教育、基地教育、网络教育等形式，抓好全军政治工作会议精神和习主席系列重要讲话精神的学习贯彻，开展“坚定社会主义理想信念，有效履行国防后备部队职能使命”和“驻通州、爱通州、建通州”主题教育实践活动，打牢民兵政治合格的思想基础，增强广大民兵国防意识和使命意识。

【民兵整组工作】　3月，针对民兵流量大、流向多、落实编制任务难的实际，在编组时，本着压缩规模、调整结构、确保质量的思路，扩大在科研院所、高等院校、非公有制企业、高新技术开发区等科技人才密集单位的编组规模，突出抓好3种队伍建设，提高民兵队伍的专业对口率和复转军人比例。通过合理调整组织布局，民兵组织结构更加优化，重点分队建设更加规范，防空分队、应急分队编组更加合理。

【全民国防教育】　年内，通州区人武部按照《中华人民共和国国防教育法》《北京市国防教育条例》和卫戍区有关要求，以国防教育街和国防教育广场、中国民兵武器装备陈列馆等国防教育基地为载体，以媒体宣传、基地宣传、活动宣传等多种方式进行全民国防教育宣传。通过武器装备实物、各种挂图、文字介绍和灯箱宣传等形式，使全民国防教育做到基地化、经常化，增强了教育效果。9月，协调通州电视台、《通州时讯》和各基层武装部，在全区开展了全民国防教育日宣传教育活动。

【民兵安保执勤】　年内，指导乡镇、街道成立民兵应急分队、治安巡逻队。根据维护社会安全稳定需要，在全国“两会”、“一带一路”高峰论坛、中共十九大会议期间，组织民兵配合公安部门开展北京东部外围防线的治安查堵工作，全天24小时值守进京道路、重要目标点位，确保首都东大门的安全稳定。

【征兵工作】　8月4日，组织召开通州区征兵工作动员大会。会议总结2016年夏秋季征兵工作，部署2017年征兵任务，表彰2016年征兵工作先进单位和先进个人，宣布《通州区人民政府2017年夏秋季征兵命令》。组织开展征兵宣传周教育活动，制定《关于进一步加强征兵工作的有关措施》，严格落实义务兵定向招聘、提高优待金标准等政策，有效激发了广大适龄青年参军报国的热情；聘请群众监督员，设立意见举报箱，公布24小时举报热线电话。围绕2017年的征兵任务，各级各单位及时调整工作重心，紧贴任务抓重点，集中力量办大事，全力以赴做好征兵工作。通过认真组织、扎实工作，完成兵员征集任务。

【“双拥”共建工作】　年内，区人武部组织协调驻通州部队和广大民兵预备役官兵，投入到通州区首都城市副中心建设工作中，并结合自身优势，充分发挥好桥梁纽带作用。利用春节、“八一”等节日，协调区四大班子领导走访慰问驻通部队；部党委委员参加爱心传递助学帮困行动，分别资助家庭有实际困难的中小学生；协调有关部委办局帮助解决随军家属就业、子女入学、转业干部安置等实际问题。配合区政府、区环保局，对11家驻区部队进行燃煤改造。推进停止部队有偿服务工作，收集整理驻通州部队停偿项目，专项协助多家部队开展停偿工作。协调组织驻区部队400余人次，出动车辆20余台次，较好地完成区委、区政府及相关部门赋予的植树造林、防汛演练、环境整治、铲冰扫雪等工作任务，进一步增强和巩固了军政军民团结。

（任钧　马骏）

人民防空

【概　况】　2017年，在区委、区政府正确领导和市民防局精心指导下，通州区民防局围绕区委、区政府中心工作，坚持民防为民，走融合发展之路，完成各项工作任务，促进了民防事业健康发展。

【公共安全宣传教育】　年内，先后参与完成国际民防日、人民防空创立日、“5·12”防灾减灾日及12月4日法制宣传日等主题宣传活动的组织实施工作。防空警报试鸣前期，向相关单位发放通告1.5万余份，通过通州电视台、《通州时讯》、大运通州网、中国联通、中国移动等媒介进行宣传报道。试鸣期间，在玉桥街道东里南社区组织防空防灾应急疏散演练活动，发放各种宣传材料、宣传品300余份。组织通州区社区民防专兼职干部骨干防空防灾知识技能培训活动。

【社区民防体验馆建设】　年内，北京城市副中心社区民防体验馆项目建设工作有序推进。截至年底，方案得到完善并最终确定，项目预算正在进行财政评审，下一步进行招投标工作。

【民防进社区工作】　年内，对民防进社区工作进行动员部署，深入各社区调研普查，确定15个进社区对象，制定下发《通州区民防进社区工作一期工程实施方案》。

【民防宣教中心建设】　年内，完成玉桥街道民防宣教指挥中心、中仓街道宣教中心维修升级工作，确保现有宣教中心能够发挥良好社会效益。

【指挥通信建设】　年内，定期对61台警报巡检维护，对4个街道、11个乡镇指挥调度系统及市、区IP视频会议系统进行互联测试，对指挥中心、卫星地面站、815D应急车通信设备定期加电。中共十九大召开期间，每日早5点至晚8点，在土桥地铁站周边执行人、物同检视频传输值守备勤任务，出车15台次，出勤57人次。按季度参加“京津冀”人防训练、演练。坚持每周3天参加16区县业务训练，完成市区应急拉动检查工作。

【人防工程管理服务】　年内，成立3个巡查组负责日常巡查，多轮次不间断对辖区内的人防工程进行检查、抽查、联合检查或网上监控巡查。在辖区内开展大排查、大清理、大整治专项行动，全面清查辖区内人防设施，杜绝事故发生。全年查出安全隐患620起、渗漏水现象15起，下发整改通知书6份，隐患全部整改，实现闭环管理，做到有检查记录、有整改通知书、有复查记录。处理投诉举报143起，答复率达100%。约谈违法违规使用人防工程单位40家，依法移交行政处罚2起、处罚1起、罚款1万元，整治关停非法使用人防工程3处。

【防汛工作】　年内，重新修订防汛应急预案、防汛抢险预案及防汛责任制，召开会议进行部署并签订防汛责任书。举办防汛应急疏散抢险演练，内容包括：发生雨水倒灌报告、疏散工程内部车辆、用封堵板和沙袋封堵车库口部、抽水、应急指挥车信号传输、展示应急防汛抢险设备等环节，并现场再一次组织召开防汛部署会。150余人参加演练和观摩。

【科技创安】 2017年，对市政府办公区周边人防工程技防设备安装和人防工程标示牌进行普查，确定工程量，制作完成施工预算及施工图。经财政部门评审，确定招标代理公司，进行公开招投标，现正在施工阶段。

【人防工程维护】 年内，分3组对需维护工程进行普查，确定工程量并逐一进行核对。施工预算经区财政局评审，进行公开招投标，确定施工单位。在施工过程中，加强对维护维修工程的过程监督，确保维护维修达标。

【人防工程建设】 年内，在市区两级审批监管平台和区政府网站相关内容版块将全部行政许可项目进行信息公开，审批结果信息于出件当天及时进行公示，主动接受社会各界监督。严格依据《通州区民防局行政职权梳理流程图》要求、《通州区民防局行政许可事项岗位操作规范》标准进行行政审批。

（杨　絮）

经济管理

12月25日，通州国税局局长张贻民（左二）作客北京电视台财经频道税收天地演播室，介绍税收服务副中心建设情况　（通州区国税局提供）

综合调控

【概　况】　2017年，通州区安排重点工程139项，其中重点建设项目109项，当年计划完成投资710.9亿元，其中，建安投资268.1亿元；重点推前期项目30项。重点建设项目发展分为几个方向：交通基础设施类安排文化旅游区综合管廊、九德路二期等项目37个投资125.2亿元，其中，建安投资100.4亿元。生态环境类安排运河城市段景观提升、城北水网等项目36个投资67.7亿元，全部为建安投资。公共服务类安排东方厂周边棚改及安置房、北京二中通州分校等项目30个投资417.1亿元，其中，建安投资74.1亿元。“高、精、尖”产业类安排环球主题公园、台湖演艺小镇周边集体产业用地试点等项目6个投资100.9亿元，其中，建安投资25.9亿元。

2017年，地区生产总值完成758.1亿元，同比增长8.1%。其中一、二、三产业增加值分别为16.1亿、361.3亿、380.7亿元，同比分别增长-2.0%、13.6和%3.8%，三次产业比例为2.1：47.7：50.2。税收总额276.2亿元，同比增长10.1%；地方财政一般公共预算收入实现79.2亿元，同比增长3.6%；全社会固定资产投资额达到1054.5亿元，同比增长12.2%；社会消费品零售额达到419.1亿元，同比增长8%；城乡居民人均可支配收入分别达到44607元和25632元，同比分别增长9.2%和8.9%。

（张　芳　王劲松）

【大运河文化带保护建设规划】　2017年，区发改委主动作为，配合市发改委开展大运河文化带规划建设相关工作，截至11月，《北京市大运河文化带保护建设规划》《北京市大运河文化带保护建设五年行动计划（2018年—2022年）》《北京市大运河文化带保护建设2018年度折子工程》经北京市推进全国文化中心建设领导小组专题会审议通过。

（高　勇）

【通州区入选“国家重大市政工程领域PPP创新工作重点城市名单”】　为贯彻落实《国务院关于创新重点领域投融资机制鼓励社会投资的指导意见》的有关要求，鼓励和引导社会资本参与北京城市副中心建设，区发改委起草了《关于通州区在公共服务领域推广政府和社会资本合作（PPP）模式的实施意见》（以下简称《实施意见》），并以区政府名义印发。在《实施意见》的指导下，通过公开招标方式组建PPP项目专业咨询机构库，建立PPP工作联系人机制，成立PPP项目库。截至年底，项目库有项目28个，总投资约342亿元，拟引入社会资本约232亿元。同时，碧水污水处理厂改造、通州水环境6片区等一批PPP项目成功引入社会资本，签订PPP合同。通州区PPP工作取得阶段性成果。3月，通州区作为全市PPP工作开展的先进代表，入选国家发改委、住房城乡建设部“国家重大市政工程领域PPP创新工作重点城市名单”。5月5日，区发改委启动编制《通州区市政基础设施和公共服务领域PPP专项规划(2017—2020年)》工作，初步形成“政策+路径+项目”的推广模式。

【通州区PPP专题培训】　8月15日，在北京市发展改革委的大力指导下，由区发展改革委主办的政府和社会资本合作(PPP)专题培训在东方宾馆召开，区PPP领导小组成员单位、区各委办局、乡镇、园区管委会以及区属投资公司、咨询机构、金融机构约60家单位100余人参加此次培训。本次培训会是通州区入选国家发展改革委PPP创新工作重点中小城市后开展的实务培训之一。国家发展改革委PPP专家库的2

位资深专家进行授课。中设泛华工程咨询公司副总经理任兵就“PPP最新政策与案例分析”进行专题讲座，北京市工程咨询公司副总经理王建宙解读了PPP项目审批机制以及与“一会三函”工作流程的衔接，并结合典型案例讲解PPP项目风险及应对措施。本次培训内容从政策解读到基本操作流程，从理论探索到典型案例分析，从审批机制到政府风险防范，涵盖PPP项目的整个过程和各个环节，对提高全区各单位的业务能力非常必要。培训期间，相关单位就PPP实操方面的问题和专家进行深入交流。PPP是一种创新的市场化、社会化公共服务供给管理方式。通州区正不断完善与北京城市副中心定位相匹配的PPP模式和机制，充分发挥社会资本作用，形成共同支持副中心建设的强大合力。

【代建工作会】 12月12日，2017年度通州区代建工作总结大会在区发改委召开。政府投资项目代建制作为通州区全面贯彻落实国家及北京市改革试点任务的着力点，2017年重点开展了“两建立一推进”等工作，改革工作初见成果。建立通州区代建制的管理制度体系。彻底厘清参建各方的工作职责，明确代建管理内容，规范代建制管理程序。建立通州区代建制的推进机制。引入严格的以代建合同管理为核心的法制建设机制、建立绩效评价机制、实行月调度会机制、形成持续培训机制。推进一批代建项目实施。通州区代建项目库初步建立，5个项目入库，涉及总投资约11.4亿元。潞河医院分院（含郎府卫生院）项目主体完工，未出现超投资现象，代建制下投资把控效果明显。公安消防支队备勤楼项目拟在年底签订代建管理合同，有望于2018年开工建设。

（卢　玮）

【压减燃煤工作完成情况】 2017年，全区压减燃煤44.88万吨标准煤，其中，农村“煤改气”改造16.33万吨标准煤，农村“煤改电”改造完成17.54万吨标准煤，拆除违建改造完成11万吨标准煤。

【万元GDP能耗完成情况】 2017年，通州区万元GDP能耗同比下降11.5%。全年社会能耗总量为287.3万吨标煤，同比下降4.3%。其中，一产、二产和三产能耗分别为11.7万吨、71.4万吨和82.3万吨标煤，同比分别下降1.1%、14.8%和1.9%；居民生活能耗121.9万吨标煤，同比增长0.9%。

【节能宣传】 6月11—17日，区发改委组织了通州区2017年节能低碳宣传周活动。此次宣传活动以“绿色环保副中心 节能低碳我先行”为主题，向全区用能企业、公共机构、居民大众宣传节能减碳的政策理念，广泛提升全民主人翁意识。活动主要包括节能宣传进商圈、寻找低碳小天使、节能家电进超市、节能办公进机关、节能宣传进农村、节能宣传进企业、节能低碳健步行、节能小标语等节能宣传活动。

（田　爽）

【“京津冀”（“通武廊”）协同发展对接会】 年内，为落实《贯彻京津冀协同发展重大国家战略推进通武廊战略合作发展框架协议》，区发改委邀请天津武清区发改委、河北省廊坊市发改委相关领导，赴通州共同推进落实框架协议，开展深入合作对接。三方就生态环境保护、产业合作、水域治理等领域中的具体项目开展对接，深化细化协同发展合作内容，积极主动作为，为“京津冀”（“通武廊”）协同发展向纵深推进打下基础。

【西藏拉萨市城关区领导到访】 3月，西藏拉萨市城关区领导到通州接洽对口协作工作。区发展改革委相关领导与城关区领导开展深入交谈，双方就经济、文化、社会和人才等领域的合作进行初步探讨，并就建立常态化对接机制形成共识。此次座谈会为进一步深入开展对口协作(援藏)工作打下良好基础。

【疏解整治促提升工作】 年内，13个专项行动有11项高质量超额完成。如通州区拆除违法建设专项，截至11月30日拆除1016.81万平方米，完成区委区政府对市委市政府的承诺，拆违量全市第二；疏解一般性制造业企业150家，疏解量全市排名第一；整治“散乱污”企业1240家，总量全市第二。按照市委市政府关于拆后土地“留白增绿”的要求，通州区坚持把土地腾退与绿化指标挂钩、拆后整治与民生保障挂钩，涌现出永顺镇刘庄公园、宋庄公园等多处百姓休憩公园。同时，利用腾退空间完善便民服务设施，新建便民网点70家，完善居民身边的菜场、便利店，进一步满足市民生活需求。

（邓　磊）

【永乐店镇东内环路、学府路、永黄路项目初步设计概算获市发改委批复】　为进一步完善永乐店地区路网结构，永乐店镇政府拟实施东内环路、学府路、永黄路3条城市次干路道路工程，总长约3367.8米。截至5月，该项目经市发改委批复初步设计概算，总投资11861万元，其中市政府固定资产投资安排8303万元。

【基础数据普查工作】　截至9月，通州区人口、产业、房屋、车辆、土地五方面的基础数据普查工作通过第16次区长办公会及第19次区委常委会审议。区领导给予高度评价，并指出下一步各相关单位要加强普查数据管理，做好保密工作，确保合法合规的使用数据。为更好的落实区领导精神，区发改委于9月5日组织各普查组牵头单位、第三方咨询机构，就涉密资料的管理、保存邀请区保密局进行培训。

【北京城市副中心专场推介会在香港举办】　11月28日上午，在香港会议展览中心，以“打造国际一流和谐宜居之都示范区、新型城镇化示范区、京津冀区域协同发展示范区”为主题，举办北京城市副中心专场推介会。推介会上，区委常委、常务副区长崔松光，首先围绕中央关于城市副中心规划建设要求、发展优势、营商环境、合作商机等重点，对北京城市副中心进行整体推介，播放了北京城市副中心规划专题宣传片。同时北京市规划和国土委员会总规划师施卫良先生，对北京城市副中心规划蓝图进行详细介绍，指出未来的北京城市副中心规划监图，是一个充分体现绿色、低碳、环保、可持续发展等先进理念的规划，是一个充分落实世界眼光、国际标准、中国特色、高点定位的规划。香港工商业各界100余人参加推介会，北京电视台、香港《大公报》等多家媒体进行专题报道，为集智引资高水平推进北京城市副中心建设，开辟了广阔的前景。

【台湖镇次渠东南路道路工程项目取得立项批复】　年内，次渠东南路道路工程，项目总投资8174.79万元，总长约1.8公里，规划等级为城市次干路，道路红线宽35米，道路同步实施交通、雨水、给水、中水、污水、照明、绿化、智能交通等工程。

（张浩岳）

【马驹桥镇西马各庄幼儿园新建工程初步设计概算获市发展改革委批复】　马驹桥镇西马各庄幼儿园位于马驹桥镇西马各庄村，设计规模12个教学班，项目总建筑面积3713平方米，总投资1549万元，市发改委安排支持资金1084万元。该工程计划于2017年8月份开工建设，2018年9月竣工投入使用。

【北京潞河医院病房医技楼及地下车库工程项目建议书（代可行性研究报告）获得市发展改革委批复】　该项目总建筑面积37802平方米（含地下建筑面积26271平方米），其中，医疗用房及附属设施用房22376平方米。项目总投资31175万元，其中，安排市政府固定资产投资21823万元。

【通州区第三批社区用房规范化建设项目竣工决算获得区发展改革委批复】　本项目主要为通州区北苑街道、中仓街道和永顺镇购置的4个社区办公用房，购置房屋总建筑面积为1307.02平方米。项目决算总投资3709.14万元，其中，市政府固定资产投资已到位805.1万元。

【通州区西集镇养老照料中心建设工程项目建议书（代可行性研究报告）获得区发展改革委批复】　本项目建筑面积3621.35平方米，床位100张。建设内容包括生活用房、医疗保健用房、公共活动用房等，同步实施室外照明、绿化、围墙等配套工程。项目总投资2011.03万元，项目建设所需资金全部由通州区西集镇人民政府自筹解决。

【公共服务项目建设】　2017年，区发改委全方位强化项目服务，全力促进公共服务项目建设。一是主动服务，转变职能，不断提升服务水平，主动为项目单位服务，深入区卫计委、区教委、区消防支队等部门上门服务。二是高效服务，全面创新服务方式，完善联系跟踪网络，全年对59个社会事业类重点项目实行项目动态跟踪，确保信息准确、及时。三是延伸服务，通过专题培训、现场办公等方式，实现互动交流。全年审报批杨庄小学新建工程、北京潞河医院病房医技楼及地下车库工程、公共安全视频监控建设联网应用等重大社会事业类项目，力促北京二中通州校区改扩建工程等项目取得前期工作函，涉及总投资34.3亿元。

（沈智敏）

【华夏银行北京运河支行正式开业】 7月11日，华夏银行北京运河支行正式开业。这是华夏银行在通州设立的第二家支行。华夏银行成立北京运河支行响应市委、市政府号召，优化资源布局、支持副中心金融业发展、提升副中心金融服务能力。华夏银行设点以来，在副中心城市建设、服务“三农”及中小企业、推进城镇化、服务百姓民生等领域均作出积极贡献，为其他金融企业加快优质资源向副中心转移起到示范作用。

【北京银行城市副中心分行开业】 北京银行贯彻落实市委、市政府有关城市副中心发展和非首都核心功能疏解等重大战略，率先实现将优质金融资源向副中心转移。北京银行城市副中心分行获银监局开业批复，成为城市副中心定位明确以来第一家入驻的一级分行金融机构。自2004年入驻通州以来，北京银行支持通州区经济发展和城市建设，13年来累计向通州区经济建设投入贷款超过140亿元，累计向中小企业和文化企业投放贷款超过110亿元，作为工会互助服务卡独家承办行累计开立京卡服务卡超过11.6万张，开展文明志愿者、暖心伴考等社会公益活动，努力践行社会责任。11月9日，北京银行城市副中心分行在京杭大运河畔揭牌，这也是北京城市副中心第一家分行级银行机构。开业仪式上，北京银行城市副中心分行与北京市通州区投资促进局签署全面战略合作协议。双方将充分发挥各自领域的资源优势，共同推动通州城市副中心建设及产业发展。此外，北京银行城市副中心分行还与北京建工投资发展有限责任公司签署100亿元战略合作协议，支持其在城市副中心文化旅游区环球影城的基础设施建设项目。

【浙商银行北京通州支行开业】 10月10日，浙商银行北京通州支行正式对外营业，成为通州区第25家正式开业的银行机构。浙商银行总部位于浙江杭州，属全国性股份制商业银行。浙商银行通州支行将致力于发展新型银行业务，将传统金融服务与互联网银行、手机银行、微信银行等有机结合，实现金融服务的多元化、智能化和现代化。

（孙　鹏）

【煤炭电力保障工作】 2017年，全国、市“两会”和“一带一路”国际合作高峰论坛、“十九大”等重大政治活动前及时进行部署保电工作，要求电力部门加强应急处置相关工作。活动期间，通州区电网实现24小时安全、稳定运行，完成各项供电保障工作。要求国网北京通州供电公司加强组织领导，细化工作任务，落实主体责任，确保了安全生产大检查工作取得实效。督促其成立安全生产大检查专项检查队，检查队分为4个巡检组，出动检查人员403人次。

（李　岐）

财　政

【概　况】 2017年，全区地方财政收入完成156.8亿元，同比增长28.4%。其中，一般公共预算收入完成79.23亿元，同比增长3.6%，完成人大批准预算收入的101.2%，收入数量、质量双提升；政府性基金收入完成77.5亿元，同比增长70.2%；国有资本经营预算收入完成575万元，同比增长30.1%。地方财政支出完成423.2亿元，同比增长3%。其中，一般公共支出321.7亿元，同比降低3.2%；政府性基金预算支出101.5亿元，同比增长29.3%；"三公"经费比上年减少411万元。全年全过程绩效管理进一步延伸，评价范围涵盖70个部门预算项目和4个部门整体支出，财政支出绩效评价总规模达37.38亿元，同比增长103%。完成评审项目734项，审减金额11.66亿元，审减率16.7%。开展全区市级专项转移支付资金自查项目289个、资金81.47亿元，大气综合治理专项资金检查31家、资金21.6亿元，清理不合格银行账户60个，保证财政资金的安全、有效、规范运行。特别是完成市与区财政管理体制政策的制定任务，新的市与区财政管理体制于2018年1月1日正式施行，为北京城市副中心的建设发展提供重要支撑，受到区委、区政府、人大、政协的高度赞扬。

【聚财组收】 年内，立足城市副中心战略定位，主动适应经济发展新常态，坚持依法理财、科学理财。强化国地财和乡镇联动机制，进一步细化分解组收任务，落实组收责任做到应收尽收；严格依法治税，强化税收征管，提高征管效率，加强非税收入征缴管理做到应缴尽缴；加强"营改增"改革跟踪分析，着力克服"营改增"政策性减收影响，努力稳固涵养财源。

【统筹支出】 年内，对标城市副中心功能定位要求，科学统筹一般公共预算、政府性基金预算、国有资本经营和大额专项资金，全力保基本、保运行、保重点、保民生。更加严格控制"三公"经费等一般性支出，保障疏解协同、创新驱动、生态环境建设、城市治理、社会保障、公共服务等重点领域资金需求，支持"高精尖"产业发展。狠抓财政支出管理，强化部门预算执行主体责任，切实提升财政资金支出效率。

全年大气污染治理投入187878万元。重点用于推动农村地区"煤改电""煤改气"工程建设，保障年底实现全区"无煤化"目标；加大扬尘污染控制和尾气检查治理投入，更换350辆新能源公交车；落实"三高一低"（高投入、高能耗、高污染、低效益）工业企业退出政策补贴，不断改善全区大气环境。水环境治理投入164199万元。重点用于加强中小河道及黑臭水体综合治理；海绵城市试点工程全面开工；继续推进城市管网、城北水网建设，支持污水处理厂设备改造、再生水利用工程建设及运维，保障供水安全。园林绿化建设投入391357万元。重点用于推进城市道路绿色景观提升工作，支持绿化美化工程，推动萧太后河滨水绿色文化休闲廊道建设，保障大运河森林公园、东郊森林公园、城市绿地维护养护，支持西海子公园绿化景观提升工程，落实一、二道绿化隔离带及"五河十路"生态提标政策。美化城乡环境投入57000万元。重点用于保障通州区再生能源发电厂前期筹建工作；落实城乡垃圾处理、推动垃圾分类收集，开展环境脏乱点综合整治；加大城市维护养护投入，推动构建起城区道路清扫、垃圾收运、道路交通设施清洗等全覆盖一体化的大环卫服务体系。改善交通出行环境投入167926万元。重点用于保障朝阳北路二期、张采路、通房路、东内环路等重点道路工程建设的推进；镇村道路网进一步完善；增加公共自行车服务网点，倡导绿色出行；加大区内小公共票价折扣补贴力度，提升交通运输承载能力。城市维护管理及安全运转投入88148万元。重点用于加强首都外围治安查控防线及“雪亮工程”建设；保障公安消防支队火灾隐患信息研判中心运维、城管综合整治等；推进疏解整治促提升年度任务顺利开展；支持创建全国文明城区；进行普法宣传；支持安全监管、城管执法等部门履职经费；全力保障应对自然灾害、突发事件等的资金需求。社会保障和就业投入179315万元。重点用于解决转非安置历史遗留问题；落实城乡居民养老保险政策及城乡无保障老年居民的保障政策；支持退役安置、残疾人事业、困难群体接济救助；提高优抚对象抚恤及生活补助标准、义务兵优待金标准；落实就业补助政策，支持基层公益事业发展；支持居家养老服务、社会办非营利养老服务机构，推进养老照料中心建设等。保障性安居工程建设投入48233万元。支持老旧小区综合整治以及保障性住房建设等。医疗卫生领域投入213541万元。重点用于加大卫生基础设施建设，4个区域医疗中心建设工程加快推进；潞河医院分院、潞河医院四期开工建设；东直门医院东区二期主体工程完工；支持精神病医院整体环境改造、北京友谊医院新华医院医疗设备投入；保障免疫门诊疫苗使用安全；支持规范疫苗冷链设备及信息化监控设施升级改造，不断提高公共卫生服务水平。教育投入404596万元。重点用于引进人大附中通州校区等市级优质教育资源，实现无缝对接、名师共享的教学模式；推动打造艺体特色教学项目；落实北京市中小学三年行动计划，全面推进中小学英语听说教学平台建设，构建数字校园云平台等。科技创新投入10071万元。重点用于奖励科技创新人才，支持重点产业建设和发展中的科技创新，保障科技平台建设，不断优化科技创新环境。文化体育事业投入22306万元。重点用于争创文化示范区，加大基层文化投入，推进农村文艺演出、文化遗产日通州主题活动等多个项目；支持“三馆一站”免费开放、文化活动中心及体育生活化社区建设；推进全民健身工作，举办首届2017北京通州半程马拉松赛、运河绿道骑游周等活动。城乡统筹发展投入17675万元。重点用于落实农业政策性保险补贴及农机具购置补贴；支持农业产业带建设，推进新农村基础设施建设和维护养护；开展村级公益事业“一事一议”财政奖补工作；促进少数民族乡村及经济薄弱地区经济发展。

【办公经费管理】 年内，严格执行中央八项规定及其实施细则精神，以及市、区有关规定，坚持有保有压、有进有退，严格控制“三公”经费、会议费、培训费、差旅费等一般性支出，在执行中原则上不予追加、不结转下年使用。认真落实预算单位公务接待费支出定期统计分析制度，督促各单位严格按照预算安排和接待标准开支，严禁超标准接待。严格执行《北京市通州区行政事业单位实物资产管理办法》，从严核定公用经费定额标准，提高办公经费使用效率。2017年，全区“三公”经费预算安排5162万元，其中，全区公车运维经费安排3210万元，全区招待费安排1032万元，分别压缩10%；全区因公出国（境）费安排70万元，较上年预算压缩30%；全区车辆购置经费安排850万元，较上年实际执行压缩30%。

【国库集中支付改革】 年内，贯彻落实市、区关于研究完善市与副中心财政体制的要求，主动与市财政进行对接和沟通，邀请市财政相关部门到通州区调研，及时做好事权梳理、基础数据测算等基础工作，充分表达通州区诉求、提出合理化建议，全力推动市对区财政管理体制的实行。全面推开“营改增”改革，落实“放管服”改革任务和财税优惠政策，清理涉企收费，进一步减轻企业负担。大力推行乡镇国库集中支付改革，组织开展“双随机、一公开”监管工作，信息公开新增预算项目绩效目标、行政事业性收费项目等内容，公布所有权力清单，财政工作更加阳光透明。从严规范资金使用和管理，提高财政资金使用效益。将新增债务和存量债务分类纳入预算管理，建立《新增债券资金使用情况台账》，妥善处置存量债务，从源头上控制债务风险。置换和新发债券130.25亿元，全区非政府债券形式存量政府债务（不含外债）全部处置完毕。信息公开落实到位，除涉密信息外所有使用财政资金的部门均公开本部门预决算，财政所有权力清单全部按要求公布。

【财政监督】 年内，强化财政“大监督”格局，强化预算执行过程中的跟踪监控，加强与人大、审计、监察等监督力量的协调联动，持续加大预算评审、绩效评价、动态监控、信息公开、监督检查力度，将区级一、二级预算单位和乡镇全部纳入国库集中支付动态监控，对接收的预警信息及时查实纠正。先后对70个一级部门预算单位开展3年政府购买服务自查和专项检查，对4家代理记账机构和2家行政事业单位进行会计监督检查，各级财政财务进一步规范。实行绩效跟踪管理“半年一报”制和受托中介机构淘汰制，对50万元（含）以上的预算项目进行支出绩效跟踪，扩大事前评估范围，加强绩效跟踪结果应用。

（陈彦松）

税务

国家税务

【概　况】 通州区国税局位于通州区运河西大街111号，有干部职工410人，内设12个科室，1个直属单位（稽查局），3个事业单位，11个派出机构，另设机关党委办公室和离退休干部科。2017年，面对区域经济增速放缓、结构性减税等严峻形势，国税局上下同心，共担压力，把握组收中心任务，密切关注区域经济运行情况，深化税收与相关经济指标对比分析，全面摸排城市副中心经济数据，重点关注新城核心区及行政办公区建设项目，抓好收入分析监控，税收收入呈现稳中向好的发展势头。全年累计组织税收收入169.2亿元，同比增加16.8亿元，增长11%，实现区级一般公共预算收入33.6亿元，同比增收5.9亿元，增长21.5%，完成全年区委、区政府调整年度财力指标，为城市副中心经济社会发展和民生改善提供了坚实的财力保障，获得区长张力兵的肯定性批示。年内，切实加强监督执纪，调整和增设28名专职（兼职）纪检监察员，严格监督党组织和党员干部遵规守纪情况。

【服务城市副中心建设】 区国税局党组始终牢固树立大局意识，立足副中心战略定位，将国税部门职能与疏解非首都功能、构建“高精尖”经济结构、服务京津冀发展等工作深度融合，推进结构性减税，大力落实高新技术、小微企业等减免税政策，2017年，累计实现税收减免23.86亿元，有效促进了地区经济发展以及新动能加快成长，税收职能作用得到更加充分地发挥。一方面，聚焦非首都功能疏解和棚改拆迁，开展跨部门协同共治，净化区域市场环境。加强与津冀地区信息交流，为清退行业外迁落户提供政策支持与便利条件，为重点税源企业落户通州提供绿色通道，持续推动产业结构优化升级。另一方面，进一步加强对宋庄产业园、运河商务区等“高精尖”项目的税收政策引导和扶持，开展环球主题公园专项调研，主动送政策上门，开辟快速办理通道，简化流程缩短时限，受到项目方高度评价。2017年，环球主题公园项目累计实现税款2.81亿元。同时，坚持主动向区委区政府汇报税收工作情况，与各委办局沟通联系越来越紧密，全面提升了国税部门服务副中心经济发展大局的主动性、战略性和前瞻性，区委区政府对国税部门的工作也越来越关注、越来越重视，并给予了充分的肯定与支持。

4月18日，通州国税局 通州地税局联合举办“助力副中心建设 税收保驾护航”企业座谈会

（国税局提供）

【税收改革】 一是深入开展“营改增”政策大辅导，开展专题座谈和上门走访，全面培训和分析调研，实现五大行业一般纳税人100%全覆盖。试点以来，四大行业累计减税3.05亿元，税负下降7.54%，确保结构性减税措施落到实处。便捷办税持续深化。二是建立云税体验中心，整合国地税、银行5种自助办税终端，设置科普展示区、网上办税区、纳税人学堂等多个功能分区，为纳税人提供智慧、高效、便捷的自助办税服务。全面构建自助办税厅、网上办税厅和实体办税厅“三厅并进”办税模式，成立网上办税服务厅审核中心，引导纳税人居家办税、自助办税。2017年，区国税局网厅业务办理总量达122730项，日均办理业务量较年初增长100%，网厅业务办理量、网厅及时办结率等各项指标均位居全市前列，办税服务厅平均等候时间远低于全市平均值，尤其是2017年8月份，区国税局办税服务厅平均等候时间居全市最短。三是国地税合作实现重要突破。作为首批全国百佳国税地税合作县级示范区，区国税局在深入推进65项区级合作项目基础上，不断创新合作事项，延伸合作领域。2016年10月，第六税务所联合区地税局大企业管理所合署办公，在全市范围内首将国地税的税源管理范围及职能对接，实现统一场所办公，同步税源管理，同享纳税服务，开启了国地税合作在税源管理层面的新征程。

【纳税服务】 一是立足深化“放管服”改革，与深圳宝安区国税局通过远程视频连线的形式，鉴证通州区企业2563万元存货异地销毁过程，以简政之道降低征纳成本。立足服务大众创业，万众创新，开展“银税互动”推介会，为5户纳税人提供贷款，扶植小微企业发展。二是立足副中心发展大局，开展“助力副中心建设 税收保驾护航”税企面对面座谈活动，为参与行政办公区建设的5家重点企业提供面对面政策辅导，被《中国税务报》刊载推介。立足“一带一路”战略大事，举办“国地税银深合作 助力民企大发展”主题座谈，与民营企业共话税收，帮助企业改进生产经营，实现减负增效。三是立足税收政策宣传见效，依托纳税人学堂，开展税收政策辅导培训32期，培训8980人次。拍摄制作税收公益广告作品5部，1部获全市税务系统一等奖，4部获三等奖。

12月28日，通州国税局局长张贻民（左四）调研李宁公司总部

（国税局提供）

【税务稽查】 年内，把握打击涉税违法犯罪工作主线，持续完善项目式管理、团队化作业稽查模式，在全市率先制定走逃（失联）企业涉嫌虚开案件检查工作指引，为流程化处理涉票案件指明操作路径，在案件查处、专项整治、宣传惩戒等各方面均实现新突破，有效遏制了发票违法犯罪势头，为企业健康发展打造公平优质的营商环境。2017年，稽查立案362件，入库税款6540万元。对173户企业定性虚开，认定虚开发票35649份，涉及金额78.8亿元。推进税警协作和行刑衔接工作机制，开展联合查办案件11件，

向公安部门移送案件3件，联合公安机关抓捕涉票犯罪嫌疑人5人，捣毁制售假发票窝点1个，查获空白发票9000余份，查获各类印章等作案工具超千件。

【税收法治】 充分认识税收法治的重要性、紧迫性，坚定不移深化依法治税实践，全面提升税收法治水平。2017年，落实重大税务案件审理工作，全年审理重大税务案件8件。开展公职律师选聘工作和外部法律顾问聘任工作，为依法治税提供坚实的人才保障。举办“亲临法庭”特色培训，提高干部法治意识。全力推进内部控制监督平台运行上线，统筹开展4次执法督察和专项督察，对行政审批改革落实情况、减免税落实情况等八方面工作“回头看”，促进税收法治建设稳步推进。

【风控管理】 年内，以“大数据+风险管理”为依托，建立数据分析+风险预警+环节管控+精确打击“四位一体”的风险防控链条。2017年，开展风控核查任务139批，推送13811户次风险企业，完成全流程核查12617户，其中，有问题企业12151户，风险识别命中率96.30%，入库税款合计7.68亿元，调减留抵金额0.14亿元，弥补亏损金额1.09亿元。

【所得税管理】 完成2016年度企业所得税汇算清缴，实现100%申报率和申报数据零差错目标，汇缴申报所得税税款6.8亿元，较上年同期增长51.1%。对高新技术企业及研发费加计扣除等所得税优惠政策和高风险事项加强事中事后监管，评估核查353户企业，问题企业231户，补缴企业所得税1308.91万元，加收滞纳金81.1万元，调减亏损1805.59万元。2017年，符合条件的小型微利企业有40733户，其中，盈利并享受小型微利企业优惠政策的企业14340户，盈利面35.23%，减免税款5228.53万元，小微优惠受益面达到100%。

（宋　雪）

地方税务

【概　况】 通州区地方税务局位于通州区玉桥中路136号，全局有干部358人，设置15个科室，1个稽查局(含4个科室)，13个税务所。截至2017年12月底，有税源户121323户，其中，正常户数112714户，同比增长4.9%。全局税源户按产业划分：第一产业3343户，占比2.76%；第二产业12550户，占比10.34%；第三产业105430户，占比86.9%。按具体行业划分：农林渔牧业3343户，占比2.76%；制造业6563户，占比5.41%；建筑业5864户，占比4.83%；交通运输、仓储及邮电通讯业1782户，占比1.47%；批发和零售贸易、餐饮业50635户，占比41.73%；金融、保险业240户，占比0.20%；房地产业2413户，占比1.99%；科教文卫业24465户，占比20.21%；服务业24178户，占比19.9%；其他行业1363户，占比1.1%。年内，成立党建工作科，加强党建工作组织保障。成立巡察整改领导小组，制定85项具体整改措施，全部问题按期整改到位。

【完成税收收入任务】 年内，坚持依法组收原则，持续跟进副中心建设，发掘新税源增长点，强化部门协同配合，落实税收保障办法，利用“十联办”合作平台，做好大型项目前瞻分析，准确评估税源潜力。全年累计完成各项税费收入134.14亿元，增长38.25%，其中，一般公共财政预算收入92.79亿元，增长31.7%；区级公共财政预算收入40.65亿元，增长35.59%，完成三级收入目标，为城市副中心建设提供坚实财力保障。2017年，通州地税收入实现高速增长，主要原因是受城市副中心建设利好影响，2015—2016年房地产市场量价齐升，2017年多个房地产项目进入清算周期，带动企业所得税、土地增值税分别增长91%、75%，增收贡献率86%。

【服务城市副中心建设】 年内，以提升服务水平、服务标准、服务能力、服务效率为目标，全面提升城市副中心税务服务与管理水平。设立专门机构，统一调度政策支持、纳税服务、征收管理、宣传报道、综合保障5个小组开展工作。主动对接城市副中心建设指挥部，了解建设规划和税收服务需求，形成三大类14项50条服务举措。整体设计税收服务城市副中心建设管理格局，构建“1+3+N”制度框架，在优化纳税服务模式、转变税收征管方式、改革机构设置等方面实现新突破。相关工作获得国家税务总局局长王军、市地税局局长杨志强、通州区区长张力兵的肯定性批示。

4月18日，通州区国税局、地税局与北京城市副中心建设的5家重点建安企业开展税企面对面座谈活动
（地税局提供）

【助力非首都功能疏解】 年内，强化税收政策支持服务机制，对按照规划迁出的企业给予税收支持。加强对低端业态、有形市场和无照经营户的税收征管，从严调整和确定纳税定额。联合工商、国税开展禁限目录企业清退工作，以税收手段支持“疏解整治促提升”。针对城市副中心建设过程中棚户区改造、集中拆迁涉税事项，联合国税统一简化手续、优化流程，推动棚改搬迁提速。

【深化征管体制改革】 年内，转变征管方式，制发通州地税转变征管方式系列文件。以集中复核为驱动，调整第四税务所职责，实现依纳税人申请事项

7月3日，通州区地税局第一税务所服务窗口工作人员为通州区公安消防支队办理建设项目防空地下室易地建设费缴费手续。通州局首张地税代收防空地下室易地建设费缴款书成功开具
（地税局提供）

办理的“两个零流转”。以风险管理为导向，逐步确定风险管理新方式。认真落实税制改革。扎实做好环境保护税、水资源税开征准备工作。开展无线电频率占用费、防空地下室易地建设费等非税收入的代收工作。推进税收协同共治，加强宋庄画家村税源管理，与宋庄小堡村委会联合签署委托代征协议，成为全市第一家村级代征点。在前期试点的基础上，丰富梨园地区中小税源网格化管理内涵，网格扩大至48个社区（村）、154个网格、2100余户企业，促进网格化社会管理与税源管理的有效契合。

【加强国地税合作】 年内，完善国地税合作长效机制，细化区级合作项目43项，建立国地税“六联合”工作模式。国地税重点税源所共同迁至行政办公区，在全市税务系统率先实现“合署办公、联合管理、资源共用、信息共享”。联合开展集中办公区税源清查，对277户税收风险高的企业实施联合惩戒，提请工商暂停6个虚拟地址的登记注册资格。加强国地税银深度合作，举办“国地税银深合作 助力民企大发展”座谈会，实施银税互动，助民营企业易融资、快融资。

【全面加强风险管理】 年内，全年开展税务约谈、日常检查、纳税评估等风险应对1189户，入库税款及滞纳金2.1亿元。加强企业注销清算等高风险事项事中审核，开展风险应对，补缴税款及滞纳金约1亿元。常态化实施国地税非正常户业务阻断，对143户非正常户新办税务登记业务和589户非正常户申领增值税发票业务实施阻断。执行个人存量房网络预审制度，累计培训、辅导中介公司30余家。网络预审办理个人存量房交易4782件，占总办理量的80%。发现6起提供假契税票案件，补征税款及滞纳金130万余元。做好外籍演艺人员个税核查与外籍个人八项补贴核查工作，补缴个人所得税及滞纳金49.6万元。加强非居民企业税源专业化管理，入库税款831.2万元。

【提高税种精细化管理水平】 年内，做好2017年企业所得税汇算清缴工作。参加汇算清缴20214户，增幅23.14%；实际应纳所得税额36.5亿元，增幅

95.08%，申报率和正确率均达100%。

代收工会经费1866.39万元，同比增长76.53%。完成对32750户用人单位的残保金催缴，入库残保金1281.66万元。完成首笔防空地下室易地建设费代收工作。

【纳税服务水平稳步提升】 年内，深入开展便民办税春风行动。推行手机银行APP自助缴税服务，实现纳税人24小时足不出户“指尖缴税”。拓展自助缴税机功能，实现银行卡跨行缴税。建设云税体验中心，运用虚拟现实、智能语音等技术，营造一体化、智能化、流程化、便捷化的全新办税体验。优化网上办税流程，实现84个事项网上通办、76个事项无纸化办理、82种表证单书“免填单”服务。初步构建“网上办税为主、自助办税为辅、实体办税服务厅兜底”的城市副中心办税新体系。

【推进税收法治建设】 年内，切实加强法治理念教育，制定“七五”普法工作计划。完成法制税收示范基地申报工作。推动法律总顾问和公职律师选拔工作。规范行政处罚裁量权管理，累计发生行政处罚案件2559件，触发职权15项。开展税收执法大督察、二手房交易档案管理等7个事项执法督察工作。推行内控机制建设，创建内控报告和集中公示制度，提升全局税收执法水平和行政管理质效。

（王　烨）

统　计

【概　况】 通州局队立足统计工作新形势、新要求，以通州实际情况为依托、以统计服务理念为导向、围绕城市副中心建设目标任务，转变工作作风，创新工作方法，提高工作效能，服务科学发展。

【统计改革】 2017年，按照市委市政府《关于深化统计管理体制改革加强统计工作若干问题的意见》要求，坚持统筹协调、信息共享、共同发展。3月，通州局队与国队完成行政分开；4月，完成业务分开；10月，完成行政办公区分开，并相继迁入新址。通州局队与国队现独立分工运作，效果良好。

【提高统计产品质量】 通州局队及时调整分析思路、形式和内容，聚焦副中心建设、产业功能疏解、结构调整、人口调控、节能降耗、民生改善等热点问题。2017年，局队撰写统计分析222篇、编发各类信息880条，被市局及区政府网站采用信息580条（篇），有10篇调研分析被区领导批示。在2016—2017年度全市优秀统计分析报告评比，各区及北京经济技术开发区局队组中，标题为《城市副中心背景下第三产业定位与布局研究》获专题类二等奖。

【“通州统计”手机报定期推送】 2017年，通州局队推送14期手机报。在《经济快讯》《统计科普》《工作动态》《一句话信息》《宏观视野》《转型升级》六个栏目的基础上，根据最新经济形势适时增加城市副中心155平方公里季度统计监测内容，丰富发布内容，发挥其“短、平、快”优势，第一时间将相关数据推送给市、区相关领导，拓宽数据推送渠道，创新服务手段，提高资政辅政水平。

【统计官方微信公众号正式上线】 为更好地服务“十三五”大局和北京城市副中心建设，12月1日起，通州局队官方微信公众号“北京通州统计”正式上线。平台设“数据、服务、互动”3个主菜单，12个固定栏目，可以实现查阅近5年详细统计数据、了解统计知识、进行业务咨询等多种功能。通州局队将借用“北京通州统计”微信新媒体平台，更便捷、高效提供统计服务。

【完成北京市3%人口抽样调查】 按照《北京市人民政府办公厅关于开展年度人口抽样调查工作的通知》和《北京市人民政府办公厅关于印发<北京市人口动态监测工作方案>的通知》文件精神，通州区局队周密计划，精心组织，稳步有序完成北京市3%人口抽样调查工作。

【完成第三次全国农业普查】 根据《全国农业普查条例》和《北京市人民政府关于开展第三次全国农业普查的通知》，通州局队组织开展通州区第三次全国农业普查工作。2017年1月1日，通州区农业普查工作进入正式登记阶段，完成通州区12万余户的普查登记任务。农业普查查清全区农业、农村、农民基本情况，反映农业发展新趋势、农村发展新面貌和农民生活新变化，对科学制定“三农”政策、促进农业现代化和城乡发展一体化意义重大。

【开展专项调查工作】 通州局队2017年完成北京总队专项处部署的4项调查：北京市食品安全公众满意度调查、北京市党风廉政建设调查、2017年北京市医药分开综合改革调查、“疏解整治促提升”专项行动实施效果民意调查；完成市局专项处部署的2项调查：北京居民互联网共享单车与城市公共自行车使用及满意度调查、企业发展状况调查；完成市局监测处部署的1项调查：新设立小微企业和个体经营户跟踪调查及实地调研（季报）；完成市局价格处部署的1项调查：低收入农户对医改政策满意度调查；完成1项本地区自主调查项目：2017年通州区群众安全感民意调查。

【统计执法工作】 统计执法坚持事前督导，将执法、服务、宣传相结合，坚持严格执法、文明执法、理性执法。2017年，通州局队完成执法检查任务215家，其中，集中执法检查15家，常规执法23家、专项执法161家，督导检查5家，催报11家。对违法行为轻微的44家单位做出简易处罚处理，并拟对检查中发现统计违法行为较为严重的16家单位进行立案处理。

（董可静）

审　计

【概　况】 按照市审计局、区委和区政府的工作要求，区审计局年内完成审计项目29个，查出违规金额8029万元，管理不规范金额20544万元，非金额计量问题31个，提出审计建议62条。

【预算执行审计】 1—4月，区审计局审计一级预算单位15个，重点关注预算编制的科学性、预算执行的规范性和效益性，及时发现和反映重大违纪违规行为以及倾向性、苗头性问题，从机制、制度层面加强分析、提出建议。审计结果表明，各预算部门能够高度重视预算管理工作，不断完善各项财务制度，预算执行的效率和财务管理水平进一步提高。但审计也发现部门预算执行中存在着预算编制不科学，造成资金使用效益不高；预算执行不规范；政府采购程序执行不到位，固定资产管理不规范；存量资金消化不及时，往来款长期挂账未清理等需要改进的问题。针对存在的问题，提出要深化财政管理制度改革，健全财政信息管理系统，强化资金、资产和资源监督管理，加快转型升级和经济提质增效，加大监督检查力度，强化政府投资项目管理，提高部门预算管理绩效水平等意见和建议。

【政策跟踪审计】 根据审计署《2017年国家重大政策措施落实情况跟踪审计指导意见》，以及北京市审计局跟踪审计要点，按季度开展重大政策措施落实情况跟踪审计，审计围绕推进“京津冀”协同发展，对通州区“疏解整治促提升”专项行动的部署情况、专项行动相关内容的推进进度和实施效果、专项行动市级一般性转移支付和区级配套资金到位情况、以前年度政策落实跟踪审计发现问题的整改情况进行审计，涉及区发改委、区财政局等单位，通过审计，有效促进了通州区“疏解整治促提升”专项行动的依法、有序推进。

【政府投资项目跟踪审计】 年内，围绕城市副中心建设的中心工作，继续对重大的政府投资建设项目进行审计，截至年底，开展的政府投资项目149项，包括土地一级开发和棚户区改造项目30项，安置房建设项目16项，其他重点工程建设项目97项、征地拆迁项目5项及房屋征收项目1项。重点围绕基本建设程序履行、资金管理使用、概（预）算执行、项目单位投资控制等管理职责履行情况以及工程价款结算（决算）等内容进行审计，更加有效地维护财政资金、国有资产的安全，保障通州区项目建设健康推进。

【经济责任审计】 年内，开展了18名领导干部经济责任审计项目，涉及潞城镇、玉桥街道办事处、区教委等单位。审计重点关注贯彻执行经济决策部署以及本部门职责履行情况、重大经济决策情况、预算执行和其他财务收支情况等，促进领导干部守法、守纪、守规、尽责，充分发挥经济责任审计在权力制约和监督体系中的作用。同时，安排1个乡镇的经济责任审计项目作为领导干部自然资源资产离任审计试点，对其区域范围内的水资源资产和大气污染防治管理、使用及监督等情况进行试点审计，促进自然资源资产节约、集约利用和生态环境安全。

【市区联动专项审计】 年内，完成大兴区2016年保障性安居工程跟踪审计任务，重点包括审查安居工程目标任务完成情况、购买棚改服务和货币化安置情况、保障性住房分配管理和使用情况、安居工程用地和建设情况等7个方面，审计工作得到上级审计机关的肯定。开展财政资金信息化管理情况调查，组织开展对区本级财政资金信息化管理情况的专项调查，着力反映区财政管理业务流程与信息化管理相脱节，部分业务脱离信息系统管理等问题，并将调查结果向上级审计机关进行汇报。

【内部审计】 一是强化岗位培训。开展4次内审人员业务培训班，对全区内审人员进行不同内容和形式的审计培训，培训人员193人。二是提供高效服务。宣传有关内部审计的相关知识，使全区内审人员及时了解内审最新政策、法律法规等，全年为内审部门电话业务咨询和服务达21次。三是进行广泛交流。定期组织内审部门召开专题研讨会，通过交流学习活动，提高内审人员工作的水平。

（李树为）

物价管理

【市场检查】 2017年，接到投诉举报案件594件，其中，国网投诉举报案件403件，北京市投诉举报案件（包括“12358”“12345”、转办、来访和来信）191件。全年处理情节轻微及时整改不予处罚案件28件；处罚3家商超，处罚金额3000元。

（王爱军）

【价格认证】 截至11月底，价格认证中心受理涉案物品价格认证案件1294件，涉案总金额920.6万元。与上年同期相比，案件总量下降16.7%，涉案金额下降25.8%。经审查不符合鉴定条件退回案件380余件，解答公、检、法及当事人咨询质询数百次。

（安明石）

【价格监督检查】 2017年，通州区发改委物价检查所收费检查科先后完成商品房销售明码标价专项检查，住房租赁市场价格行为专项检查，商品房销售价格行为联合检查，医药分开综合改革价格专项检查，医用耗材价格专项检查，电力价格专项检查，汽车销售市场价格行为专项检查，清明节价格专项检查，涉企收费专项检查，“冬病夏治三伏贴”价格专项检查和供水、供气、供暖、电信领域价格重点检查及价格举报投诉处理检查，全区“四公开、一监督”城市管理综合执法检查等。累计参与各类检查1000余家次，价格处罚2件，罚款金额1500元。通过各类价格监督检查，及时纠正个别被检查单位的不规范行为，并给予提醒告诫。通过检查与服务并举的措施，提高了被检查单位的守法意识，有效地规范了经营者的价格行为，确保通州区价格市场的稳定。

（李建梅）

工商行政管理

【概　况】　2017年，通州工商分局认真贯彻落实市工商局和区委区政府各项工作部署，始终坚持以党建工作统领全局，按照年初制定的转变观念、积极履职，狠抓基础、力求突破的指导思想，在全力服务北京城市副中心建设、疏解非首都功能和“京津冀”协同发展上作出贡献。2017年，通州工商分局成立了由36名干部组成的纪检监察员队伍，实现分局各部门纪检监察员全覆盖

【市场主体发展情况】　截至2017年12月31日，通州区实有市场主体147938户，同比增长2.04%，其中，企业93218户，个体工商户54332户，农民专业合作社365户，外商企业代表机构23户。2017年，全区新设市场主体11140户，同比下降7.44%，其中，企业10831户，同比增长2.30%；个体工商户306户，同比下降78.84%。

【成立市级企业登记服务平台】　2月27日，北京城市副中心市级企业登记服务平台在通州工商分局正式挂牌，此后在通州区登记的原市工商局登记管辖企业均可在北京城市副中心市级企业登记服务平台直接登记，无需到市工商局办理相关登记业务。2017年，北京城市副中心市级企业登记服务平台办理市级企业登记39件，接待办事咨询270余人次，其中，名称咨询100余人次。

【试点全程电子化登记工作】　4月，通州区在全区范围内试点全程电子化工商登记工作，并在中关村园区内推行名称自主查询服务。全程电子化将线下环节移到线上，不再受前台窗口数量的限制，实现了领取营业执照前的“零见面”。2017年，全区办理全程电子化工商登记48件，名称自主预查385件。

【创建文明诚信示范窗口】　2017年，通州工商分局推荐4个单位创建文明诚信示范窗口。进一步完善服务大厅服务硬件设施，制作窗口流转示意图、申请人准备材料清单一次性告知办理手续流程，现场服务与电话预约服务实行分类管理，将预约窗口由4个增加至9个。

【建立企业档案全市通查】　3月28日，北京城市副中心企业档案全市通查开通仪式在通州工商分局举行，通州区成为全市首个实现企业档案跨区查询的区县。办事人在通州工商分局的企业档案全市通查窗口，可以查询到全市其他区县的全部企业档案资料，方便司法机关、律师事务所和办人事的企业档案资料调取。截至年底，北京城市副中心企业档案全市通查接待企业档案跨区查询9899户次。

【首次发布流通领域商品质量抽检信息】　年内，通州工商分局公布小家电、车用尿素、成人服装、箱包、木地板、宾馆用品等6种涉及百姓民生及环保相关商品不合格商品信息44条，无法取得联系企业信息5条，所公布名单包括商品名称、生产企业、商标、不合格项目等8项内容。

【运用RFID技术提升档案管理水平】 2017年，通州工商分局探索运用RFID标签芯片技术提升档案收集交接、档案安全管理、数据核对、档案信息共享利用工作水平。创建“数据共享、主动收集”管理模式，实现档案部门由被动接收、保管到主动收集、主动服务的转变，节约档案密集架空间面积58%，档案入库速度提升5倍，档案纠错、全库内卷盘库清点效率提升15倍，取得良好效果。

【落实商事制度改革】 年内，进一步深化落实“五证合一”和个体工商户“两证整合”登记制度，全面试点企业及个体工商户简易注销登记，年内，办理简易注销登记503件，“个转企”登记204件。扎实推进名称自主预查改革，办理名称自主预查315件。

【执法力量下沉】 2017年，通州工商分局新设中仓、新华、玉桥、北苑、潞城、于家务6个工商所，实现工商执法力量街乡镇全覆盖。力量下沉后，各工商所以无证无照经营和“开墙打洞”治理为切入点，主动融入属地政府，参与城市综合管理，深入开展市场监管、消保维权、市场主体年报等工作。

【基层市场秩序综合执法机制试点】 2017年，通州工商分局在市工商局的指导支持下，以台湖镇为试点探索推进基层市场秩序综合执法机制建设。构建“1+3+5+X”框架，整合区、街乡镇、派出机构三级监管资源，建立风险发现不断点、风险跟踪不断链、风险追溯不断层的“三级四联”综合监管体系。搭建市场秩序综合执法平台，实现风险发现、调度指挥、现场处置、信息反馈的闭环运转。

【支持产业结构优化升级】 严格执行区禁限目录，年内，驳回涉及禁限行业登记申请296件，解答办事咨询2000余人次。

【强化“开墙打洞”治理工作】 通州工商分局充分发挥牵头组织作用，以政府领导、属地负责、部门联动、综合治理为指导思想，明确属地政府主体责任，严格“三有六无”标准，深入组织属地政府和职能部门开展集中封堵和后续处置工作。2017年，通州区“开墙打洞”挂账1441户，封堵1236户，疏解人口3422人，取缔率86%，完成全年计划任务322户的384%。

【服务“京津冀”协同发展】 通州工商分局进一步发挥6市区县工商（市场监管）服务京津冀协同发展联席会平台作用，进一步深化“京津冀”三地在产业疏解、打击传销、消保维权、执法协作、信息共享等方面交流合作，年内，组织参与交流研讨活动5次，开展跨地区协作执法2次。2017年，通州工商分局查办个类经济违法案件9338件，罚没款1007.96万元，罚没款总额首次突破千万。

【疏解非首都功能】 通州工商分局以整治低端业态为重点加快疏解非首都功能，加快低端产业退出。发挥区无证无照经营治理工作联席会议平台作用，结合“开墙打洞”“大气污染防治”“散乱污”清理整治，进一步加大对无证照经营行为的打击查处力度。截至年底，取缔无照经营5449户，查处无照经营案件623件，罚没款166.5万元。

【全市首家中外合资村镇银行落户通州】 2017年，北京通州中银富登村镇银行由原北京通州国开村镇银行改制而成，股东包括中国银行、新加坡富登金融、苏宁云商等5家公司，总投资1亿元。

【服务重点项目落地】 2017年，北京市重点工程国际种业科技园区研发中心项目正式开工建设。该项目建设主体为北京通州国际种业科技有限公司，总投资4.233亿元（企业自筹），占地75.6亩，建设规模8.2万平方米，其中，地上5.79万平方米、地下2.40万平方米。建设内容包括种业信息化研究中心、种苗健康检测中心等，预计于2018年底建设完成。项目建成后，除满足科研院所与入园企业的科研需求，还将整合种业科技资源，促进育繁推一体化，形成产学研相结合、运行高效的商业化育种机制。

【开展诚信示范市场创建】 年内，组织首都图书城、华源发苗木2家市场主办单位申报创建2016年度北京市诚信示范市场的申报工作，联合通州区文明办对2017年申报诚信示范市场的4家农贸市场设计、制作4万份印有商品的价签，道德守礼提示牌352个，得到市场主办单位、市场内商户及消费者好评。

【服务创建全国文明城区】 年内，通州工商分局按照“创城”工作要求，对指标任务进行梳理汇总，对照牵头部门和责任部门指标逐项进行分解，以17家农贸市场为重点，实行专人进行驻点，深入开展商品交易市场打击假冒伪劣专项整治及“创城”区域内的无照经营行为查处，并会同食药监部门关停有形市场内无证无照餐饮商户96户。

【强化中共十九大期间市场秩序保障】 通州工商分局结合辖区实际，通过划分监管区域，细化工作任务，落实保障职责，深入落实中共十九大期间市场秩序保障工作要求。制发7个中共十九大期间保障工作文件，实行分局领导每日带队督察，抽调130名执法干部开展风险排查和社会面巡逻防控，全力确保中共十九大期间辖区市场秩序安全稳定。

【深入清理低端有形市场】 年内，通州工商分局清退未营业市场23家，引导4家市场转为其他业态。其中，关停八里桥市场一期、西联石材等低端市场18家，拆除有形市场建筑24.395万平方米，清理再生资源回收站点1009家，清退市场商户2505户，疏解人口6263人。

【强化合同格式条款监管】 年内，通州工商分局将合同格式条款监管工作与“双随机”抽查、“清单式”重点检查、信用信息公示有机结合，先后约谈罗斯福广场、通州万达广场、物美大卖场等商业聚集区相关负责人，结合执法检查、“双送”活动强化经营者的指导和培训。2017年，通州工商分局查处涉及违法格式条款经济违法案件51件，罚没款5.81万元。

【保护知识产权打击假冒伪劣专项工作】 2017年，通州工商分局以生产、销售、仓储、运输为重点环节，农资、建材、服装箱包等商品为重点商品，严厉打击制售假冒伪劣商品行为。全年查处商标侵权经济违法案件56件，罚没款145.57元，其中，处罚超过10万元商标侵权案件4件，罚没款113.43万元。

【推进商标品牌战略】 年内，推荐符合副中心定位的驰（著）名商标企业，推动通州区驰（著）名商标的增长，进一步提升通州区品牌经济。通州工商分局多次在中关村金桥产业基地、光机电产业园区、种业园区、通州经济开发区等地开展讲座，加强驰（著）名商标认定法规、政策的宣传和指导。截至年底，通州区有注册商标47984件，其中，中国驰名商标12件，北京市著名商标26件。

【整治虚假违法广告】 年内，通州工商分局结合类金融企业的发展态势开展类金融广告专项执法行动，结合预防涉众型经济犯罪专项检查工作，会同公安、金融等部门开展类金融企业广告行为联合检查，查处类金融企业违法广告案件3件，罚没款12万元。联合市政管委、城管及属地政府开展违法广告集中排查，查处户外违法广告案件4件，罚没款11.36万元。2017年，通州工商分局查处各类广告违法案件154件，罚没款87.39万。

【推进企业信用体系建设】 年内，通州工商分局大力宣传年报制度，采取各种形式指导市场主体依法年报，2016年度内资企业年报公示率为88.85%。按照“双随机”要求，开展企业和个体年报信息抽查，全年发起定向抽查9次，涉及相关企业6624户，对存在问题的1065户经营主体列入经营异常名录。配合区经信委做好诚信“红黑名单”发布，结合“诚信市场”创建活动、“守信用重合同”企业评选推荐“红名单”上榜企业8家。

【落实“清洁空气行动计划”】 年内，通州工商分局严格执行市、区两级新增产业禁限目录，严把高污染工业项目的主体登记注册关口，为淘汰、转型企业建立快捷退出通道。深入开展成品油市场及无照煤炭经营主体专项整治，加大质量抽检力度，年内，抽检涉及大气污染防治类商品399组，其中，抽检汽柴油样品353组，燃煤6组，涂料胶黏剂22组，车用尿素18组，查处销售不合格成品油案件1件，罚没款合计18.68万元；查处不合格车用尿素案件7件，罚没款合计9.62万元。

【强化农资市场监管】 年内，进一步完善通州区农资经营户台账和农资商品台账，加强农资市场的日常检查和抽检力度。全年抽检农资商品样品92组，发现不合格样品11个，查处销售不合格农资商品案件9件，罚没款6.45万元。

【强化无证照经营排查和治理】 通州工商分局结合创建全国文明城区、大气污染防治、“打非治违”等工作，加强日常排查，强化风险防控，不断加强无证无照经营治理工作力度。2017年，通州区无证无照经营挂账数6897户，其中，年初挂账数2816户，新增挂账数4081户。年内，查办无证无照经营案件623件，罚没款合计166.5万元，销账5945户，销账率86%，疏解人口14090人，完成年初计划任务的410%。

【强化房地产经纪机构专项整治】 年内，制定《开展房地产经纪机构专项整治工作实施方案》，摸排房地产经纪机构1493户，停止房地产经纪机构新增主体的注册登记和兼营主体的增项变更工作，联合区公安、住建、经信等部门对全区300余家房地产经纪机构开展集中行政指导。会同区流管、区建委约谈辖区27家房地产经纪机构，对8家房地产经纪机构出租的14户群租房进行通报并限期整改。2017年，通州工商分局制发责令改正通知书62份，列入经营异常名录76户，立案查处涉及房地产经纪机构的经济违法案件6件，罚款8.2万元。

【严厉打击传销、规范直销】 年内，通州工商分局结合“3·15”国际消费者权益保护日、“5·15”打击和防范经济犯罪宣传日，发放各类宣传材料8000余份，现场接待咨询200余人次，不断提高广大群众的防范意识。开展无传销社区、无传销村创建工作，先后在西集镇史东仪村建立无传销村，在永顺镇天赐良缘社区建立无传销社区，在北京物资学院建立无传销校园。会同公安等部门，持续加大非法传销行为的惩治力度。进一步发挥“京津冀”通州、武清、三河工商部门惩治传销联防联动区域合作机制作用，强化跨地区执法协作。2017年，通州工商分局与公安部门开展联合执法行动7次，取缔涉传窝点3个，驱散涉传人员33人。

（贾　静）

私营个体经济

【概　况】 2017年，通州区私营个体经济协会以认真贯彻中共十九大会议精神，增强非公领域党组织活力、发挥党组织和党员作用为主线，打造服务品牌、依托系列活动，开展攻坚计划、推进主题工程、健全支撑体系，不断开创副中心工商非公党建新局面。年内，通州区私营个体经济协会党总支被通州区委组织部定为基层党组织规范化建设试点。

【缓解企业融资难】 年内，通州区私营个体经济协会充分发挥融资服务平台的资源优势，深入会员企业，了解企业生产经营情况，面对小微企业缺少流动资金现状，通过渤海银行、邮储银行、民生银行、星展银行、杭州银行、小额贷款公司等多家金融部门为31家企业融资1.095亿元，为会员企业缓解融资问题起到推动作用。

【深入抓好非公党建工作落实】 年内，按照《北京市工商行政管理局推进非公有制经济组织党建工作领导小组2017年工作要点》，通州区私营个体经济协会高度重视，成立推进非公有制经济组织党建工作领导小组，召开专题会议对非公党建工作进行部署，强化非公党建工作的组织领导。

【推进“三亮一提升”工作】 年内，组织15家非公企业、55名代表开展“三亮一提升”美容美发职业技能竞赛活动；组织示范点和重点孵化企业负责人分2批实地观摩学习非公党建工作经验。全年，通州区有15家非公企业达到“亮职责”“亮身份”“亮承诺”的工作要求。

（贾　静）

消费保护与监管

【概　况】　2017年，通州工商分局按照市工商局工作要求，以创新发展理念为指引，以服务北京城市副中心建设为目标，深化“两项维权制度”落实，完善消费维权网络体系建设，有效规范了辖区市场秩序，以安全放心的消费环境促进通州区消费环境进一步优化。

【做好消费者申诉举报工作】　年内，通州工商分局接收群众举报5838件，同比增长278.11%；受理消费者投诉22.25万件，同比增长8307.29%，为消费者挽回经济损失1229.6万元。

【推进“两项维权制度”落实】　通州工商分局加大重点企业“两项维权制度”的推进落实力度，增强辖区新型消费投诉的应对能力；引导经营者切实履行主体责任，保障消费者权益。2017年，通州工商分局重点企业投诉变化率呈现明显的下降趋势。

【应对“酷骑单车”投诉激增问题】　年内，针对“酷奇单车”投诉激增问题，通州工商分局多次专题研究部署，通过畅通投诉渠道，确保“12315”电话畅通和系统正常运转；加强行政约谈，强化经营者落实主体责任；制定应急预案，明确各方职责；加大行政处罚力度，强化风险防控等措施，提前预判、深入研究、周密组织、积极应对。同时，向消费者做好宣传解释，化解消费者不安情绪。

【首度发布副中心实体店体验式调查结果】　年内，通州区消协与通州区文明办联合对通州40家实体经营店开展体验式调查，首度发布通州区实体经营店体验式消费调查报告，并利用“北京通州发布”微信公众号对消费维权信息披露和提示。

【组织“3·15”主题宣传活动】　“3·15”活动期间，通州区消协、通州工商分局以“网络诚信 消费无忧”为主题，通过进社区、进学校、进企业、进商城、进市场等形式联合10余家单位，在通州区万达广场开展主题宣传活动。

【成立全市首家网络调解室】　年内，通州工商分局率先试点网络调解工作，制定《通州工商分局开展网络调解室工作规范》及《消费纠纷网络调解工作流程图》，为进一步降低消费者维权成本进行有益的探索。

【利用网络搭建新型政企合作平台】　年内，通州工商分局与北京苏宁云商销售有限公司签订《加强网络交易消费者权益保护框架协议》实施细则，实现从制度对接、数据共享、管理互动三方面的深度合作，为积极探索网络交易消保维权工作从“事后调处”向“事前预防、事中规范、事后调处”三管齐下的新模式提供制度保障。

【消费争议解决绿色通道建设】　年内，强化网络平台和经营者绿色通道建设，促进消费争议快速和解。通州工商分局发挥苏宁云商绿通联盟纽带作用，新培育发展4家企业成为成员单位。“双十一”期间，辖区网络消费行为投诉和苏宁云商投诉量实现双下降。

【打击侵权违法行为】　年内，通州工商分局开展对房地产中介、玩具租赁、体育健身、温泉洗浴、教育培训、美容美发等投诉、举报频发行业的预付费专项整治，净化市场秩序，严厉查处侵权类案件，进一步震慑违法经营行为。

【强化消费教育引导】　在劳动节、国庆节、“双十一”等重要时间节点，通州工商分局借助电视、广播、报纸、网络等媒介，围绕新《中华人民共和国消费者权益保护法》《侵害消费者权益处罚办法》等法律法规全方位、多层次的开展法律知识和消费常识宣传活动。全年组织现场宣传咨询活动175次，其中，面向消费者90次，面向经营者85次，发放各类宣传材料3.3万余件。

【开展消费精品教育讲堂】 年内，通州工商分局进一步加强与中纺协、北京洗染协会、北京装修协会等专业机构合作，建立专家援助机制，定期为消费者提供检测鉴定、专业咨询、技术援助等服务，协助工商部门做好消费纠纷调解工作。通过开展消费知识精品课堂等活动，让新《中华人民共和国消费者权益保护法》和消费知识真正走到百姓身边。

（贾　静）

质量技术监督

【概　况】 2017年，通州区质监局在市局和通州区委、区政府正确领导下，认真学习贯彻中共十九大精神和习近平新时代中国特色社会主义思想，深入推进"两贯彻一落实"，主动认领管党治党、从严治党主体责任，狠抓党风廉政建设和反腐败工作不放松，全面履行质量技术监督职能，全力做好北京城市副中心建设保障。

【绩效管理】 年内，研究制定《2017通州局绩效考核管理办法》，出动执法人员3650人次，对1644家单位开展执法检查，查处案件282起，罚没款89万元。受理群众质量举报投诉496起，办结率100%。检验锅炉973台、压力容器870台、电梯11041台、水表60446块、计量器具15894台。

【国家级新型城镇化标准化试点】 2017年，《通州区海绵城市评价标准》和《通州区综合管廊工程技术规范》两个标准通过市局专家组评审并正式发布试行，通州区新型城镇化标准化试点工作取得阶段性成果。

【农业标准化】 年内，启动第九批国家级果品矮化砧密植标准化示范区项目建设，指导2家单位通过张家湾葡萄（张湾葡萄）第四批地理标志产品申请，有效促进通州经济发展转型升级。

【争创全国文明城区】 年内，制定《2017年质量信用体系建设工作方案》，通过召开监管行业"创城"动员会，组织质量诚信座谈调研，开展"质量第一　诚信做产品""重品行、树形象、做榜样"主题实践活动，曝光失信企业黑名单，开展失信联合惩戒和质量诚信知识宣传活动，推动质量诚信体系建设。

【特种设备安全】 年内，开展高风险电梯评估，服务为民办实事工程；召开全区特种设备生产单位和电梯维保单位工作会，组织签订特种设备安全《使用告知书》和《承诺书》，切实强化企业安全意识；研究制定阶段性特种设备服务保障方案和突发事件应急预案，开展春节、"一带一路"高峰论坛、中共十九大等重点时期特种设备专项检查，开展应急演练，提升应急处置能力；成立超期未检特种设备专项治理工作领导小组，制定局《超期未检特种设备专项治理工作方案》和《超期未检特种设备核查工作计划》，全面开展超期未检特种设备专项治理工作。

9月30日，开展大运河森林公园特种设备执法检查
（质量技术监督局提供）

【质量强区】 年内，完善通州区质量强区领导小组机构，召开2017年通州区质量工作会，印发《通州区贯彻质量发展纲要实施意见2017年行动计划》，协调14个委办局开展质量工作考核。同时，进一步加大宣传力度，开展消费者权益保护日、中国品牌日、质量月等主题宣传活动。

通州区质监局"5·10日中国品牌日"宣传活动现场
（质量技术监督局提供）

【工业企业调查】 年内，开展工业企业调查，与乡镇街道和六大工业园区配合，分类整合1700余家工业企业数据，重点对企业数量、分布和实际生产经营状况开展调查。

【重点工业产品监管】 年内，建立工业产品生产许可证和"CCC"认证企业重点工业产品监管档案312份，实现"一企一档"监管。对企业风险评估分类，针对不同风险等级采取培训宣贯、监督检查、约谈整改等工作措施，开展电线电缆、消防电器等六大类产品专项检查和儿童用品、学生装等产品质量安全风险排查，监督指导企业加强问题整改。

【清洁空气行动计划】 年内，研究制定《2017年清洁空气行动计划》《机动车安检机构监管工作计划》《锅炉低氮燃烧改造工作方案》等6个工作计划，摸清企业情况，建立监管台账。签订《锅炉低氮燃烧改造使用单位承诺书》140份，深入煤改电设备生产企业、机动车安检机构和涉及环境检测检验机构开展专项执法检查。在空气重污染、中共十九大保障等重点时期，开展煤炭、车用氮氧化物还原剂等大气环境相关重点产品执法检查。

【疏解整治促提升】 年内，加强对"散乱污"企业监督检查，在不符合区域功能定位企业淘汰退出技改升级工作中，结合日常检查及时为企业解答政策，开展技术改造、迁址、招商引资等政策定向宣贯。年内，提请注销生产许可证24家，危险化学品包装物企业从4家减少到2家，8家改性沥青防水卷材企业全部退出，人造板加工企业从39家减少到11家。

【安全隐患大排查大清理大整治】 年内，成立安全隐患大排查大清理大整治工作领导小组，制定《安全隐患大排查大清理大整治专项行动实施方案》，开展通州区质监领域40天安全生产大检查工作，重点开展对电梯、锅炉、压力容器等特种设备，消防电器、保温装饰材料等生产企业，加油站、易燃易爆气体等制造企业监督执法检查和内部安全自查。

2017年3月14日，联合消防支队开展消防检查
（质量技术监督局提供）

【依法行政】 年内，全面推行"双随机、一公开"抽查检查，梳理公示权力清单和责任清单，进一步捋顺行政执法程序。查找日常执法、双随机抽查、行政处罚执法风险点，聘请法律顾问，开展执法培训，组织法治质监大讨论活动，有效防范化解执法风险，提高综合执法能力水平 。

【民生计量】 年内，开展加油站专项检查、金银饰品店专项检查、物流快递单位专项检查等十余个计量专项检查整治工作，督促企业加强内部计量管理，切实抓好百姓衣食住行各方面计量安全。

9月11日，开展金银饰品店计量执法检查
（质量技术监督局提供）

【窗口服务】 年内，开展"微笑服务月"主题活动，通过梳理行政审批事项，优化精简审批流程，组织窗口"放管服"业务培训，实现通州区"一口进"网上审批办理。

【检验检测技术机构】 年内，计量所建立社会公用计量标准项目32项，承担全市水表抽检工作任务和水表、电能表等3个项目计量检定技术人员实操考核。特检所16个检验检测项目通过质检总局资质认证核准，申报80万元技术改造项目提高检验检测水平。

（陈海涛）

国土资源管理

【概　况】 通州区总面积为90579.21公顷（由于调查手段和技术手段不同，所得数据与统计局数据有些出入，统计局数据为905.95平方公里）。其中，耕地面积为33532.86公顷，占全区总面积的37.02%；园地面积3450.26公顷，占全区总面积的3.81%；林地面积7811.69公顷，占全区总面积的8.62%；草地面积120.37公顷，占全区总面积的0.13%；城镇村及工矿用地面积30270.97公顷，占全区总面积的33.43%；交通运输用地面积4812.64公顷，占全区总面积的5.31%；水利及水利设施用地面积8580.03公顷，占全区总面积的9.47%；其他土地面积2000.39公顷，占全区总面积的2.21%。

【土地利用总体规划】 2017年，完成6个项目的规划动态维护工作，项目总用地面积713.58公顷，使用区级城乡建设用地机动指标195公顷，同时收回特交水建设用地机动指标44.99公顷。

【建设项目用地预审】 2017年，建设项目用地预审办理73件，总用地面积1704.29公顷。以上项目中包括工业类1个2.67公顷，基础设施类41个341.50公顷，棚户区改造14个1115.77公顷，商业、居住类11个63.60公顷，一级开发6个180.75公顷。

【征占地及农用地转用项目管理】 2017年，有7个征地项目获得市政府批复，为通州区潞城镇棚户区改造地块土地开发项目及中国人民大学东校区（通州校区）项目、北京通州物流基地YZ00-0606-0013地块土地一级开发项目，总用地面积292.7779公顷，其中，农用地面积199.5328公顷，涉及占用耕地104.6229公顷。

【土地入市交易】 2017年，通过土地市场供应项目5宗，其中，经营性用地1宗，住宅用地4宗。总用地面积26.03公顷，总建设用地面积25.45公顷，建筑规模约54万平方米，成交总额约74亿元，政府土地收益约46亿元。

【划拨供应建设用地】 2017年，通州区划拨供应建设用地6宗，建设用地面积14.8967公顷。按照用途分类，科教用地1宗，面积0.3公顷；公共设施用地1宗，面积2.3134公顷；其他公共设施用地1宗，面积1.2187公顷；经济适用房用地1宗，面积2.2735公顷；公路用地2宗，面积8.7911公顷。

【不动产涉房登记】 2017年，完成各类不动产登记业务105389件，发证面积3207.89万平方米，收取登记费及其他各项费用9471.25万元，发证数量同比增长21%。其中，办理房产登记105026件，发证面积2172.15万平方米；办理房地产抵押登记28967件，注销登记13157件，抵押登记面积676.51万平方米，抵押登记金额745.09亿元，收取登记费428.24万元，抵押登记同比上升6.94%。

【不动产涉地登记】 2017年，全面办理土地登记业务120宗，面积477.93万平方米，其中，纯土地登记业务88宗，面积389.98公顷；房地平行业务32宗，面积87.95公顷。

【征地结案办理情况】 2017年，办理3件集体土地征地结案业务，涉及土地总面积34.2899公顷，分别为通州区寨辛庄组团A-3区土地一级开发项目、通州区西集镇综合配套区定向安置房项目、北京通州物流基地YZ00-0606-0013地块土地一级开发项目。

【永久基本农田划定】 2017年，按照国土资源部、农业部和市规划国土委的部署安排，全面完成永久基本农田划定工作，划定永久基本农田18万亩，并通过国土资源部技术审核，6月22日，永久基本农田划定成果通过市级验收。

【土地利用总体规划调整完善工作】 根据市政府《关于调整下达土地利用总体规划（2006—2020年）指标的通知》要求，以及市规土委工作部署，通州分局2017年全面开展土地规划调整完善工作。通州区土地利用总体规划调整完善工作方案于12月31日获得市政府批复，正式予以实施。

【土地执法工作】 2017年，执法卫片涉及违法用地792宗，占地面积5336.5亩，其中，耕地面积3774.8亩。通过市级年度卫片执法检查验收工作，问责比例为零。下达行政处罚决定书219份，收缴罚款585.9万元，履职到位率100%。

【涉地信访和违法举报线索办理情况】 2017年，分局办理信访投诉请求218件次，其中，来信144件次，来访58批次，网上信访16件次。信访反映主要类别为违法占地类139件，不动产登记35件，农村宅基地16件，征占地13件，其他15件。分局长信箱来信254封，受理电话举报事项61件，受理北京市非紧急救电话567件，与上年相比均有不同程度的增长，全部按时办结。国土部及市局转办“12336”举报电话反映违法线索295件，与上年同期相比上升4%，全部按时办结。

【土地储备开发】 2017年，在施土地一级开发项目36个，项目总用地面积约3490公顷。其中，以市、区储备中心为主体的联储项目2个，包括文化旅游区和运河3号地，在施土地开发面积约910公顷；以通州区储备分中心为主体的项目20个，在施土地开发面积约678公顷；以企业为主体项目14个，在施土地开发面积约1902公顷。

【融资及还款】 2017年，筹措到位资金27.72亿元，其中，收到市级资金0.16亿元，收到回笼资金27.56亿元。归还财政借款11.17亿元。

【“一会三函”项目】 2017年，回复“一会三函”（市政府会议集体审议；建设项目前期工作函、建设项目设计方案审查意见、施工登记意见书）项目来函31件，包括广渠路东延、副中心职工周转房项目等重点工程，有效地推进副中心重大项目的开工。

（邢　娟）

政务服务管理工作

【概　况】 2017年，区政务服务管理办公室（以下简称“政务服务办”）接待咨询374459人次，比上年同期下降26.5%；受理各类审批事项137878件，比上年同期下降4.7%；受理行政服务事项60195件，比上年同期增长18.6%；核发各种证照87052件。2017年11月，通州区行政服务中心更名为通州区政务服务管理办公室，负责组织实施本区政务服务工作。出台《北京市通州区人民政府关于通州区加强政务服务体系建设实施方案的通知》，推进建设区、乡镇（街道）、村（社区）三级贯通、协同联动、一网办理、运行高效的政务服务体系；将政务服务工作纳入区政府绩效考评内容。

【在全市率先实现行政审批“一网畅通”】 政务服务办依托市区统建共用网上审批系统，在全市16个区中率先初步搭建了全区行政审批“一张网”办理平台，推动政务服务由实体大厅向网上办事大厅延伸。所有行政审批事项全部实现网上公示。3月1日，通州区“统一审批系统（测试版）”在北京市政务门户网站“首都之窗”上线试运行。集中公示通州区35家单位的437项行政审批事项。截至2017年12月底，有21家单位263项行政审批事项实现“一口进”网上审批。区市政市容委、卫计委等10家单位的94项行政审批事项实现一个系统的全流程一网审批。通州区“统一审批系统”的上线运行，得到了社会和各地政务服务同行的好评和肯定。中国政府网、中央电视台、北京电视台等媒体对此项工作进行了报道。上海宝山区、天津空港开发区、河北石家庄、西藏拉萨市等地先后到通州区进行学习交流。国务院“放管服”督察组专门听取通州区“统一审批系统”工作情况汇报并予以高度肯定。

【北京市投资项目审批监管平台通州分平台监管工作】 年内，政务服务办建立平台运行保障机制，有效保障平台稳定运行；建立市区两级联络沟通服务体系，安排专人负责，确保与市级平台运行管理部门和区级业务部门沟通顺畅；按照国家级平台修订后的《数据接入规范》，配合市级监管平台，协调区内成员单位完成通州分平台中三次投资项目历史缺项信息补录工作，共计97件，保证了分平台信息数据实时准确报送中央平台；建立工作协同机制，促进市、区两级投资项目审批信息共享，减少企业重复报件，实现投资项目办理的便利化；把“一会三函”纳入平台工作，推进信息补录等后续工作，协调推进“一会三函”工作模式。

【增设学雷锋志愿者服务站点】 8月，区政务服务办成立通州区政务服务管理办公室便民志愿服务站点，志愿者充分发挥协调作用，主动为办事人员提供咨询，引导办事人员到相应的窗口办理业务，缩短办理时间。同时逐步完善志愿服务体系，推进志愿服务工作常态化，提供更多便民利民志愿服务。

8月，增设学雷锋志愿者服务站
（政务服务管理办公室提供）

【提升大厅政务服务水平】 政务服务办在提升大厅服务方面，打造规范、阳光、高效、人性化服务窗口，对工作人员进行创城知识、文明礼仪等方面的培训；完善各窗口的电子评价系统，在大厅设立自助服务区、无障碍设施等，通过LED屏、展板、条幅等宣传方式营造创城氛围。在创城检查中，区政务服务办确保完全达标不丢分，完成创城工作各项指标任务。

【推进全区公共服务审批事项统一规范管理】 年内，按照事项梳理要求，区政务服务办与区编办联合成立审核小组，对全区公共服务审批事项进行全面梳理。一是完成区级单位公共服务事项梳理工作，梳理范围包括52家区级单位，梳理事项一级目录（事项总数）为855条，办事事项总计1350项。二是完成乡镇（街道）公共服务事项梳理工作，梳理范围包括4个街道办事处、11个乡镇，梳理事项一级目录（事项总数）为2427条，办事事项总计2457项。三是完成了村（社区）公共服务事项梳理工作，梳理范围包括117个社区，471个村，梳理事项一级目录（事项总数）为22604条，办事事项总计22686项。此次梳理摸清了区、镇（街）、村（社区）三级公共服务审批事项底数，形成事项目录清单，统一编制网上办事指南并在“首都之窗”网站向社会进行公示，方便群众查询，为进一步完善市区统一审批平台，推进全区网上审批工作打下了基础。

12月14日，召开通州区公共服务事项梳理工作推进会
（政务服务管理办公室提供）

（李　臣）

金 融

1月19日，通州区投资促进局与民营银行在通州会议中心举行战略合作签约仪式（投资促进局提供）

概　述

截至2017年年底，全区各类持牌金融机构达71家，其中，银行机构26家（北京银行城市副中心分行、北京农商银行通州支行、农业银行通州支行、建设银行通州支行、工商银行通州支行、邮储银行通州支行、中国银行通州支行、交通银行通州支行、光大银行通州支行、杭州银行通州支行、浦发银行通州支行、民生银行通州支行、兴业银行通州支行、平安银行通州支行、招商银行通州支行、南京银行通州支行、包商银行通州支行、华夏银行通州支行、江苏银行通州支行、中信银行通州支行、农发行通州支行、中银富登村镇银行、渤海银行通州支行、天津银行通州支行、浙商银行通州支行、恒丰银行通州支行）；保险公司28家，其中，分公司3家（阳光财产保险股份有限公司北京分公司、阳光人寿保险股份有限公司北京分公司、华泰财产保险公司北京分公司），支公司20家（中国人民财产保险股份有限公司北京市分公司通州支公司、中国人民财产保险股份有限公司北京市分公司通州支公司　县营销服务部、中国人民财产保险股份有限公司北京市分公司通州支公司张家湾营销服务部、中国人民财产保险股份有限公司北京市分公司集团客户营业部、中国太平洋财产保险股份有限公司北京分公司通州支公司、中华联合财产保险股份有限公司北京分公司通州支公司、中国大地财产保险股份有限公司北京分公司通州支公司、华安财产保险股份有限公司北京分公司通州支公司、安邦财产保险股份有限公司北京分公司通州支公司、中国人寿财产保险股份有限公司北京市分公司通州支公司、中国人寿财产保险股份有限公司北京市分公司海淀支公司、长安责任保险股份有限公司北京分公司通州支公司、英大泰和资产保险股份有限公司北京分公司通州支公司、中国人寿保险股份有限公司北京市分公司北京经济技术开发区支公司、中国人寿保险股份有限公司北京市分公司通州支公司、中国太平洋人寿保险股份有限公司北京分公司通州支公司、新华人寿保险股份有限公司北京分公司通州支公司、泰康人寿保险有限责任公司北京分公司通州支公司、中国人民人寿保险股份有限公司北京市分公司通州支公司、华泰财产保险有限公司北京分公司通州支公司），保险代理公司2家（阳光之音保险销售服务有限公司、北京名阳保险代理有限公司），保险经纪公司3家（北京神州安泰保险经纪有限公司、泛华博成保险经纪有限公司、宇泰保险经纪有限公司）；证券公司16家（光大证券股份有限公司北京通州证券营业部、恒泰证券股份有限公司北京新华大街证券营业部、国泰君安证券股份有限公司北京通州新华西街证券营业部、国都证券股份有限公司北京九棵树街证券营业部、长城证券股份有限公司北京通胡大街证券营业部、方正证券股份有限公司北京玉带河东街证券营业部、国信证券股份有限公司北京通州九棵树证券营业部、中信建投证券股份有限公司北京通州通朝大街证券营业部、中国银河证券股份有限公司北京通州九棵树证券营业部、国元证券股份有限公司北京通州新华大街证券营业部、华林证券股份有限公司北京新华西街证券营业部、招商证券股份有限公司北京通州新华西街证券营业部、国海证券股份有限公司北京西关南街证券营业部、安信证券股份有限公司北京西关二巷证券营业部、中银国际证券有限责任公司北京通州九棵树证券营业部、中国银河证券股份有限公司北京通州证券营业部）；期货公司1家（华闻期货有限公司北京营业部）；小额贷款公司、交易场所、融资租赁公司等准金融机构达9家，私募基金管理人达57家，金融业态不断丰富。

2017年，全区金融业增加值实现52亿元，占GDP比重为6.9%，占第三产业比重为13.7%，成为第三产业的重要组成部分。金融业增速实现18.9%的高位运行，分别超同期GDP和第三产业增长速度10.8和15.1个百分点。全年金融业实现税收5.8亿元，同比增长16.8%，占总税收及三产税收比重均有提高。

（周亚琼）

中国工商银行股份有限公司北京通州支行

【概　况】　中国工商银行股份有限公司北京通州支行位于通州区新华西街47号，全行现有在职员工426人，全行设8个内设部室，17个营业网点，营业网点数量在通州地区各银行间占比12.23%。代理人民银行国库业务和发行基金保管库业务。2017年，通州支行牢抓副中心建设历史机遇，紧跟客户导向、深化经营转型。积极开拓市场，推进结构调整，转变发展方式，加快改革创新，加速提升竞争能力，提高风险控制水平，加强党建和队伍建设，有效提高服务管理水平和服务效率，各项工作取得显著成绩。截至2017年年末，通州支行全年实现本外币拨备前利润70943万元，同比增加3199万元,同比增长4.72%，同业占比49.59%，排名同业第一位。

【渠道建设工作】　继全国首创“一站式缴税”和手机缴税后，年内，又实现系统内首家网点布放税务终端支持打印完税证明和北京市首家24小时办税服务厅，创造“线上、线下、银行、税务”多维度场景化的银税合作局面，为客户提供更加便捷高效的服务。同时，支行紧跟副中心建设，优化网点布局，年内在宋庄文化创意产业集聚区开设宋庄支行。

【提升服务质量】　支行十分重视养老金发放、国债销售等特殊时期的客户服务工作，采取提前营业制度化、开立单笔快速窗口等调配手段，有效缓解客流压力。支行始终坚持高频次、高标准的长效检查机制。引导员工将服务规范内化于心，固化于形。截至2017年年末，支行通过权威媒体累计刊发正面宣传报道71篇，累计收到客户赠送的锦旗6面，手写表扬信20篇，客服电话表扬127笔。在2017年“创城”工作中，区人大主任带队多次莅临支行开展调研和现场指导工作，给予高度评价，将支行作为“创城”重点示范单位。支行获得通州区创建全国文明城区突出贡献单位称号，是通州区银行系统唯一一家获此殊荣的单位。

（李　远）

中国建设银行股份有限公司北京通州分行

【概　况】　中国建设银行股份有限公司北京通州支行于2017年11月更名为中国建设银行股份有限公司北京通州分行，隶属于中国建设银行股份有限公司北京市分行，位于北京市通州区玉带河西街25号，下设9

个部室（含营业部），15个营业中心，1个个人金融中心。营业中心为：潞河支行、运河支行、光谷支行、财满街支行、瑞都国际支行、群芳中三街支行、玉桥东路支行、玉带河东街支行、云景里支行、鱼市口支行、汇鸿家园支行、杨闸支行、物资学院路支行、杨庄路支行、新华西街支行。2017年，在岗中长期劳动合同人员371人，平均年龄34.8岁，其中，本科及以上学历人员276人，党员128人。

2017年，通州分行以深入学习贯彻中共十九大精神作为首要政治任务，服务副中心建设，强化党建，提高站位，勇挑重担，防控风险，服务实体经济，继续朝着做区域内最好的金融服务供应商的目标向上攀升。

年内，通州分行荣获全国文明单位、首都文明单位标兵、2015—2016年全国金融系统企业文化建设先进单位、2017年北京市十佳企业志愿服务组织等13项荣誉称号。

【主要经营指标】 通州分行全年实现利润6.28亿元。年末，本外币全口径存款时点余额402.53亿元；本外币各项贷款时点余额112.91亿元；五级分类不良贷款余额0.12亿元，不良率0.11%。

【支持副中心建设】 2017年，通州分行坚持以“三个全”，即心系全局、发动全员、全力以赴的工作思路带领全行投入到服务副中心建设工作当中。经过全员的不懈努力，在拆迁服务、资金监管、重点项目攻坚等几个方面积累了宝贵经验，在政府、百姓、项目承建单位三个方面赢得专业能力的认可和良好的服务口碑。随着市政府搬迁时间逐渐临近，在服务副中心建设工作方面，市场环境和服务能力两个方面跨入新的阶段。

【推进高质量发展】 2017年，通州分行围绕总行“住房租赁、金融科技、普惠金融”三大战略，推进高质量发展，取得新进展。一是住房租赁业务在通州区扎实落地。二是渠道转型与星级网点创建取得双丰收。三是网点综合营销模式的效率优势凸显。四是新兴业务拓展能力进一步增强。

【加强基础管理工作】 年内，基础管理工作方面，随着风险管理进党委、网点独立党支部全覆盖、网点党支部现场巡查等工作落实的不断深入，各级党组织的作用得到更加充分的发挥，为基础管理工作注入新的活力。一是风险管理力度不断增强。二是安全保卫管理不断细化。三是员工合规意识不断强化。四是人才培育范围不断扩大。五是文化建设工作不断进步。

（余美霞）

中国农业银行股份有限公司北京通州支行

【概　况】 中国农业银行股份有限公司北京通州支行位于通州区八里桥南街1号院9号楼，内设7个部门，下辖16家营业网点，在职员工418人。2017年是通州支行加快经营发展，基础管理不断夯实的一年，面对复杂多变的内外部环境，全行上下认真贯彻落实分通州支行党委的各项决策部署，围绕从严治党、从严治行的总原则，奋发进取、攻坚克难，全行的党建引领能力、业务经营能力、风险防控能力、基础管理水平和队伍整体素质均明显提升。

【经营业绩】 负债业务增长迅猛，对全年经营作出巨大贡献。截至2017年年末，通州支行本外币核心存款日均增量76.70亿元，在分行排名第二位，完成全年任务的102.27%。其中，对公存款日均较年初增加58.34亿元，完成全年任务的106.07%。个人存款较年初增加18.36亿元，首次突破两百亿大关，日均增量和时点增量均居分行首位。实现营业收入7.71亿元，完成全年任务的106%；净利润4.57亿元，完成年度任务的111%。重点业务指标持续向好，零售条线：个人贷款、个人贵宾客户、私人银行客户、新增信用卡有效客户、新增分期客户，掌上银行等指标均超额完成分行任务；对公条线：除贷款类指标外，综合绩效和客户建设主要指标大部分完成分行任务，特别是扩户提质各项指标均位列分行前列，对公产品覆盖率提升幅度列分行第一。

【全力支持副中心建设】 年内，全行支行服务城市副中心建设，为通州区重点项目提供资金支持。为通州区园林绿化指挥部和水务局开立基本账户用于金融结算；利用副中心基金优势，向通州区八里桥集体土地腾退项目提供资金投放；为宋庄镇通顺一线、二线500千伏高压架空线路迁改工程项目，朝阳北路东延项目提供资金支持；为新华医院安装布放“银医通”、ATM等自助机，方便患者就医；为“绿心”项目拆迁客户提供金融咨询、资金安置服务等工作。

【基础管理工作】 信用风险得到有效化解。到2017年末，通州支行不良贷款余额2455.63万元，与年初的1.87亿元不良相比，减少1.63亿元。全行不良贷款率为0.52%，比年初下降3.02个百分点。实现不良贷款余额与不良率大幅双降。财会运营管理持续加力。进一步完善费用制度建设，合理控制费用，全年业务费用成功压降7.6%。加强员工业务技能培训，在分行组织业务技术比赛全年成绩中，通州支行荣获第五名。实现“三铁”网点2个，“良好”网点15个。现金中心全年接待包括总行检查在内的各方面检查4次，未发现任何问题。平安银行建设扎实开展。抓实“三线两点一网格”管理系统应用，全年完成任务履职18061条。对于通过系统反映出的问题，通州支行党委立即展开情况核查，采取措施，有效整改。抓实案防工作，加强违规行为处理。开展消防安全大检查，完成“三化三达标”创建工作，全部网点均达到优秀标准。响应区政府号召，全力支持地区“创城”工作。在做好网点环境卫生、硬件维护、文明服务的同时，通州支行累计派出300余人次干部员工参与维持城市交通秩序，并得到区政府的高度肯定。

（王 晗）

中国银行股份有限公司北京通州支行

【概 况】 中国银行股份有限公司北京通州支行位于通州区车站路44号，内设8个部门，下辖10个营业网点。分别是通州九棵树支行、通州新华西街支行、通州果园支行、通州梨园支行、通州马驹桥支行、通州光机电支行、青年路支行、朝阳北路支行、广渠东路支行、土桥支行。通州支行努力践行分行党委战略方针，紧抓通州北京城市副中心建设机遇，真抓实干，团结拼搏，取得较好的经营业绩，实现各项工作协调发展。支行始终贯彻从严治党，将党建工作纳入支行绩效考核体系中。通过考核激励约束党建工作，使党建工作真正成为推动各项工作进步的核心力量。认真履行“一岗双责”，推动党建工作和中心工作相互融合、相互促进，把党风廉政建设要求融入到各项业务工作中，将思想认识统一到“用最好党建引领最好银行建设”上来。

【主要经营范围】 人民币结算业务：对公对私结算业务，代缴税费，电子银行服务，企业代发薪，工商验资帐户开立，单位客户集中收款，对公现金汇集通，中央财政非税收收入收缴，军保卡、银医卡等特色联名卡等。公司银行服务：账户服务，国际结算业务，人民币/外币理财，远期结售汇，养老金等。个人银行服务：传统存款服务，联名账户存款，信用卡服务，国际汇兑服务，投资理财服务，私人银行服务，出国留学金融服务。传统/特色贷款融资：住房贷款，个人抵（质）押循环贷，公积金贷款，“工薪贷”，“益农贷”，综合贷款额度，固定/流动资金贷款，房地产企业贷款，中小企业贷款，项目融资，供应链融资等。利用海外分支机构众多的优势，为客户提供旅行支票、外币汇票等票据的购买及兑付和美元、欧元、等多种外币的小额零钞兑换服务，为老百姓出国提供了更加便捷、安全、省钱的外币携带方式。

【推进业务发展】 年内，支行响应总、分行号召，秉承担当社会责任，做通州最好银行的经营理念，以强责任，转作风，重服务，促效能作为提升干部履职能力，推进内生动力机制的四个抓手，以基层支部为核心，确立明确一个活动目标，解决一个发展短板，提升服务能力，提高盈利水平的基层活动主题，组织各网点、部室，锁定客户基础差、业务较单一的发展短板，下大力气拓展、壮大支行的公司、个人、授信客户群体，着力拓展行政事业客户、中高端私人客户、中小授信客户，并对新增客户、目标客户“穷追不舍”，力求见到成效。

【拓展网点建设】 2017年，支行进一步加强网点建设，整合网点资源，加大网点建设，在土桥地区增设新网点。同时，支行继续加强智能化银行建设，在电子银行、自助设备等渠道上加强推广，大力推进网银、手机银行等客户群体拓展，以高度的自助化设备服务通州百姓，提升效率，不断提升客户满意度。

（雷　欧）

中国农业发展银行北京市通州区支行

【概　况】 2017年，中国农业发展银行北京市通州区支行坚持“两手抓、两不误、两促进”，全行上下同心协力，在努力发展业务的同时，严格执行从严管党治行有关要求，不断加强内控管理，认真开展各项工作。作为农业政策性银行，支行坚守本业，支持地方储备粮食贷款2.9亿元，形成粮食库存13.8万吨，发放龙头加工企业粮食购销流动资金贷款3亿元。在助推首都城市副中心建设方面，支持农业基础设施及安置房建设，发放贷款7.7亿元，为促进区域农业稳定和经济发展做出了积极努力。

【支持首都“米袋子”工程】 年内，支行深入贯彻全国金融工作会议精神和总、分行工作部署，专注主业，为更好地发挥农业政策性银行金融职能，服务实体经济，推进惠民生工程，支持京粮集团3亿元贷款用于原粮收购。后续还将根据企业收购进度陆续发放12亿元粮食收购贷款。支行服务首都大型国有粮食企业，进一步保障首都粮食供应安全，稳定粮食价格，在首都人民“米袋子”工程上做出积极贡献。

【助力副中心基础设施建设】 年内，支行为支持“北京市轻轨L2线通州段次渠站、垡渠站、亦庄火车站土地一级开发”项目，与多家银行共同签署183亿元银团贷款协议，认购10亿元，并于2017年陆续发放7.5亿元贷款，不断推进区域轨道交通建设。支持通惠河二期河道综合治理项目，上报水利建设贷款4.7亿元并通过审查。支行服务于北京城市副中心基础设施建设，在疏解非首都功能、改善人居环境和环境保护建设中发挥重要作用。

（张钰培）

北京银行股份有限公司通州支行

【概　况】 北京银行股份有限公司通州支行成立于2004年4月，截至2017年年末有员工138人，在通州区设有7家营业网点，4家社区支行。7家营业网点分别为北京银行通州支行，位于新华西街59号（通州万达广场北侧）；北京银行瑞都支行，位于九棵树大街165号（果园环岛家乐福超市南侧）；北京银行运河支行，位于通胡大街11-1号（水恋晶城小区底商）；北京银行光机电园区支行，位于通州区台湖镇次二村南6号美达大厦一层；北京银行马驹桥支行，位于马驹桥镇245号院12号商业楼105号（兴华嘉园小区底商）；北京银行国际新城支行，位于通州区梨园南大街326号；北京银行车站路支行，位于通州区车站路22号。4家社区支行分别为新华联家园社区支行，位于通州区杨庄南里8号楼-1（新华联家园小区）；怡乐北街社区支行，位于通州区怡乐北街92号1层B-通州区怡乐北街92号；玉桥西里社区支行，位于通州区玉桥西里72号院21号楼商8号（新通国际小区）；梨园西里社区支行，位于通州区梨园西里27号楼1层1单元01。截至2017年年底，北京银行通州支行本外币各项存款时点余额154.96亿元，总贷款规模45.16亿元，本外币资产总额181.34亿元。

【网点建设】 2017年，北京银行通州支行进一步加强网点建设，整合网点资源，加大网点建设。完成北京银行车站路支行的新建和开业工作，另有2家支行处于在建状态，1家支行处于筹建阶段。同时加大支行电子银行、自助设备的推广力度，大力推进网银、手机银行等客户群体拓展。

【支持副中心建设】 2017年，北京银行通州支行抢抓通州区城市副中心建设和“京津冀”一体化建设的历史机遇，全力支持城市副中心建设，创新提供“商行+投行”“债权+股权”“表内+表外”的多元化、一站式综合金融服务解决方案，为通州区重点项目提供金融支持，支持通州区基础设施建设、水环境改造以及文旅区环球影城基础设施建设项目，与北控水务签订全面战略合作协议全面加深合作。同时发挥城市副中心的辐射带动作用，大力营销周边和其他区域项目，拓展业务渠道。

【深化普惠金融服务】 2017年，北京银行通州支行响应总、分行持续打造“普惠金融”特色品牌的号召，加大对涉农企业、小微企业的支持力度。不断加强渠道建设，加强与担保公司的合作，拓宽担保公司合作渠道，与各个渠道逐步形成稳定的专人对接；推进银企对接合作，充分利用小微企业服务平台，建立营销渠道；开展进园区活动，推动园区金融发展，深化北京银行通州支行普惠金融服务，履行社会责任。

（周严妍）

北京农村商业银行通州支行

【概　况】 截至2017年年末，北京农商银行通州支行有营业网点35个；在职员工609人；资产总额达到615.51亿元，各项存款余额613.57亿元，占通州区存款市场份额21.36%；各项贷款余额53.57亿元。

【支持通州区城市副中心建设】 2017年，随着“京津冀”一体化的不断推进和城市副中心建设的加速进行，北京农商银行通州支行加强与政府机关的沟通，提高区域内金融服务力度，全力支持潞城地区拆迁工作，同时介入水务、园林、基础建设等重点项目，为行政办公区项目、城市绿心项目、人大附中通州学校项目等提供全方位的金融服务。

【服务渠道多样】 北京农商银行通州支行不仅拥有区域内数量最多的物理营业网点，还提供包括网上银行、手机银行、微信银行等电子服务渠道，具备全天候、方便、快捷的服务能力和水平，客户可以自助办理账户管理、网上购物、转账支付、自助缴费、投资理财等业务，确保足不出户、完成支付，同时“96198”电话银行客服为客户提供7×24小时365天的咨询服务，及时解决使用中遇到的各种问题。北京农商银行通州支行的400余台ATM机、自助终端、网银体验机、存折补登机等自助设备方便客户办理业务。

【助农惠农】 年内，惠农、便民始终是农商银行的主要工作，通州支行代理发放农村地区各项政策性资金，包括农村地区无保障人员养老金、城乡居民养老保险、民政部门各项低保金、抚恤金等30余项政策性资金，涉及城乡居民达20余万人，每年发放金额超过23亿元。

【“金融服务”村村通工程】 年内，面对农村地区金融服务渠道匮乏的实际现状，结合市政府“金融服务”村村通工程，北京农商银行通州支行创新服务模式，按照农村地区客户特点量身打造全新的“乡村便利店”农村金融服务模式。截至年底，开通运行65家乡村便利店，覆盖辖区内各乡镇。

（岳俊磊）

中国人民财产保险股份有限公司北京市通州支公司

【概　况】 中国人民财产保险股份有限公司北京市通州支公司是中国人民财产保险股份有限公司北京市分公司的分支机构，位于通州区玉带河大街4号，是通州区内历史最悠久、业务规模最大、综合实力最强的财产保险公司。公司用诚信、责任、专业、价值塑造了享誉国内外的优势品牌，参与社会风险管理和社会保障体系建设，不断创新保险机制，服务社会管理，充分发挥专业技术和服务优势，利用保险市场化的风险转移机制、社会互助与管理机制，保障经济发展，促进社会和谐，认真履行社会责任。2017年，通州支公司按照公司制定的发展、盈利和服务全面领先的目标，在专业能力、服务能力、创新能力方面进一步提升，为全区人民提供了更加优质的保险服务。2017年，提供风险保障957亿元，实现保费收入3.49亿元，同比增长16.79%。机动车险是通州支公司的龙头险种，2017年实现跨越式的发展，全年保费收入3.29亿元，增长18.43%。在商车费改不断深入的条件下，通州支公司通过强化承保理赔服务、调整展业策略、整合中介机构、提高续保率，保证了机动车险业务的快速增长。

【安全生产责任险】 安全生产责任险是由安监局牵头，保险公司落地推广的险种，安全生产责任险可以有效强化企业主体责任，加强事故预防，化解企业经营风险，保障员工、群众利益。2017年，通州区支公司成立安全生产责任险专业团队，与乡镇安全科对接，开展形式多样的保险宣传活动，为通州区625家企业提供保险服务，风险保障达23.65亿元。

【打造理赔服务品牌】 2017年，通州支公司进一步简化理赔手续，缩短理赔周期，对车险小额案件实行“极速理赔”“拇指理赔”“一站式理赔”全面落地服务。在事故救援方面，通州支公司为客户提供全方位、周到的服务，涵盖送油、搭电、换胎、拖车服务，并首家实施空中救援。

【政策性农业保险业务】 2017年，区财政局、区农委对政策性农业保险进行招投标，通州支公司以绝对优势成功中标永乐店镇、漷县镇标段。在政策性农业保险开展过程中，本着一切为农户服务的宗旨，做好所辖乡镇的政策性农业保险工作，为两个乡镇农户提供风险保障1.8亿元，支付赔款741.7万元。

（董延瑞）

农 业

“三秋”青贮作业　　（农机服务中心提供）

概　述

2017年，全区实现农林牧渔业总产值（现价）40.8亿元，比上年下降3.8%。农民人均可支配收入25632元，同比增长8.9%，“三农”工作取得较好成效。

坚持绿色理念，推进都市型现代农业发展。一是创新惠农政策体制机制，促进农民增收。以稳面积、保安全、提效率、强产业为总目标，制定并实施八项强农惠农政策，通过政策汇编成册，以菜单形式供农户、企业、合作社等经营主体自愿申请政策补贴。二是以品牌农业、休闲农业为抓手，推进产业升级。组织开展2017年“北京农业好品牌”遴选推介工作，区内中农富通、花仙子等4家企业分获“企业好品牌”“产品好品牌”称号；组织开展北京市休闲农业星级园区（企业）评定工作，2017年新评定各星级园区17家，全区星级园区总数量达到25家；推进通州区农业品牌和休闲农业建设工作，有16家企业、园区获得通州区2017年休闲农业精品园区创建奖项，有6家企业、园区获得通州区2017年农业品牌创建奖项，为农业产业提档升级提供政策支撑。三是组织通州区农产品流通工作。组织区内农业企业参加第十五届中国农产品交易会、2017年京郊金秋特色农产品推介会，集中推介通州区优势特色农产品，提高产品知名度。四是打造国际种业园区建设国家种子“硅谷”。支持种业园区建设种业研发中心以及四大高科技平台，将种业园区打造成集种业育种、展示、评价、交易、服务于一体的高端、可持续发展的现代农作物种业产业集聚地；推进科研院校入驻通州项目尽快落地，建设中国农科院通州创新中心和中国水产科学院通州创新中心，不断聚集中国种业的高科技资源和要素；协助种业园区举办2017年第六届种业博览会。五是打好副中心“蓝天保卫战”。开展对影响生态环境的低端种植、养殖业态的调整退出工作，并进行种养殖业煤改清洁能源工作，全年完成29家规模种植园区、60家备案养殖场的清洁能源改造工作；完成2017年农机低速货运汽车淘汰任务指标；确保通州区农作物秸秆零火点，秸秆粉碎还田率达到98%以上。六是开展通州区菜田种植信息调查项目。做到情况清、底数明，进一步对接农业多环节数据信息，建立集分析、应用为一体的数据信息平台。七是围绕农业生产需求，提供优质农业服务。开展农业保险、贷款贴息工作，全区10余个险种签单保费2356.64万元,保险金额4.42亿元，理赔金额593.44万元，参保农户2668户；为4家农业企业申请利息及担保费用324.88万元；开展农业气象服务工作，全年为各类农业生产主体推送服务短信约250万条。八是贯彻落实“通武廊”三地签署的《“通武廊”战略合作发展框架协议》，促进区域内农业资源的合理配置和有效利用，增强区域内农业整体竞争力。与武清区农委、廊坊市农业局签订《战略合作框架协议书》，对“通武廊”统防统治、病虫害信息预警、极端恶劣气象信息互通提供有力支撑。

精准帮扶，持续推进低收入农民增收。2017年，推进农民增收工作，着重对低收入群体进行救助帮扶。一是通过社保、园林、经管等部门的公益岗位、绿色岗位、村级“一事一议”用工岗位政策，促进农民转移就业近万人。二是通过社保、民政、教育、残疾等部门的多项帮扶救助政策，解决农村地区不同群体的救助帮扶工作。三是通过农业、商务系统开展的多项系统工作，加强农超对接、促进本地农产品“走出去”。四是聚焦低收入农户增收，通过社会兜底、促进就业、社会力量、产业帮扶“四个一批”帮扶措施，促进低收入村产业发展及低收入农户增收。截至年底，农民和低收入农户收入增速分别为8.9%和22.1%，均高于全市平均水平，完成各项考核任务。

完成年度农村地区“减煤换煤”工作任务。坚持“四早、四快”原则引领全局，健全完善组织机构，创新“三级调度”、分片管理、“一户一设计、一户一档案”、电取暖管护员等多种工作机制。在106个“煤改电”村的工作基础上，将核心区内3个街道、高压自管户及历年城市改造过程中形成的散村散户“煤改电”工作纳入到年度工作任务。截至供暖季前超额完成任务，全区约6.9万户正常取暖。实施农民“暖心暖居”工程，农宅抗震节能全年完成单项改造约8000户，新翻建农宅约400户；开展全区农村7项基础设施管护工作，街坊路、路灯、公厕、太阳能浴室等公共设施全年运维良好，农村公共服务能力水平有效提升，人居环境得到根本改善。

推动农村改革向纵深发展。基本完成全区农村土地承包经营权确权登记颁证工作。通州区9个乡镇340个村启动农村土地确权登记颁证工作，其中，324个村完成权属公示任务，涉及确权土地面积41.3万亩，占全区确权土地总面积的94%。完善村级公益事业建设，根据情况和资金量，确定34个实施项目，涉及7个乡镇34个村，项目涵盖10个美丽乡村、2个低收入村。引导农民合作社健康发展，保障合作社成员权益。

培养农村实用人才。研究制定并印发《2017年通州区农村实用人才工作要点》，将农村实用人才的开发培养任务分解到各乡镇，并指导各乡镇建立培养对接名册，结合自身产业结构特点制定全年培训计划。全区农村实用人才总量、产业分布、整体素质进一步优化，2017年新增农村实用人才246名，农村实用人才总数达到5350名，其中，种植类人才2204名、养殖类人才1195名、文艺类人才760名、能工巧匠581名、管理类人才265名、服务类人才205名、农村经纪人140名。全区农村实用人才队伍建设呈现出数量与质量稳步提高、结构日趋合理的良好态势。

（刘 静）

农村经济管理

【概　况】 2017年，区经管站以稳定农村基本经营制度为基础，以深化农村各项改革为抓手，以强化农村集体“三资”监管、创新农村集体资产经营方式为切入点，完成全年工作任务。5月，根据区政府工作安排，区经管站办公地址由通州区运河园路4号院迁往中仓路10号院24号楼。6月6日，北京通州农村产权流转交易中心从宋庄镇文化平台迁至通州区中仓路10号院24号楼，并与区经管站合署办公。

【农村土地承包经营权确权登记颁证工作】 年内，坚持土地集体所有权，稳定农户承包权，放活土地经营权，推进农村土地承包经营权确权登记颁证工作。2017年，确权家庭承包地面积41.3万亩，占全区确权面积总数的94%，涉及331个村，超额完成市政府折子工程90%的目标要求。

【农村土地经营权有序流转】 2017年，进一步规范土地流转合同档案管理，拓宽土地流转服务范围，发挥于家务、永乐店、宋庄、漷县等4个乡镇土地流转管理服务中心的职能作用，引导农民以多种形式流转土地。加强区级仲裁机构建设，充分发挥区、镇、村三级调解体系作用，逐步建立起乡村调解、区级仲裁、司法保障的农村土地承包经营纠纷调处工作机制。全年接待农村家庭土地承包类政策咨询及利益诉求82件次，全部调解完成，群众满意度100%。

【新型集体经济组织规范化建设】 年内，进一步提高新型集体经济组织的市场化经营水平，健全法人治理结构，完善民主管理、监督和决策机制。理顺现行农村集体经济组织机构代码管理体制机制，加快推进农村经济组织统一社会信用代码制度建设，做好农村集体经济组织存量登记证换发工作。全年换发证书367份。推进村级产权制度改革未完成村的工作，协同相关部门研究服务保障市级机关搬迁工作，为古月佳园小区村级资产处置提供业务指导。

【农村城市化与城镇化改革】 年内，结合新型城镇化建设的新形式、新要求，研究制定《乡镇土地股份联社设立方案》《乡镇土地股份联社章程》和《乡镇联营公司设立方案》《乡镇联营公司章程》等文件。指导台湖镇政府成立镇级土地股份联营公司。

【农村产权流转交易市场】 年内，建立健全农村产权流转交易服务体系，完善相关管理制度和交易规则。根据工作需要，转型交易中心的体制机制，制定相关工作管理办法，加强市场规范化建设。全年完成交易事项114宗，总预算标底价1.24亿元，合同期内为村集体增收节资576.8万元。

【农村集体“三资”监管信息系统建设】 年内，结合区纪委要求，拟定信息系统升级完善工作方案，优化调整模块内容，增强提升模块功能，推进平台外网开发。廉政法规宣传模块及外网应用模块开发完成，待完成系统等级测评后适时开通新建功能。2017年，系统监管大额资金使用14724笔，金额73.22亿元，否决不合理资金使用605笔，金额4.83亿元。

【完成村级年度账务数据结转工作】 年内，区经管站指导全区各村财务工作正常有序开展，全年各乡镇应年结电子账478套，实际结转476套，年结率达99.8%。

【财务公开检查】 年内，研究制定工作方案，按要求开展乡镇自查、区级检查和市级抽查，检查覆盖面100%。针对发现的各类问题向有关乡镇发送反馈整改意见11份。

【农民专业合作社】 2017年，推进国家和市区级示范社建设，培育产业基础好、带动能力强、示范效应明显的示范社。对11个国家级示范社实施动态监测和运行分析，实现优胜劣汰。截至年底，在工商登记注册并在区经管站备案的合作社279家，核心社员1.5万户，带动社外农户3.5万户。10月25日，北京市农民专业合作社联合会授予通州区北京专平林下农业专业合作社为五星级会员；北京裕群养殖专业合作社、北京绿蜻蜓特色果蔬产销专业合作社为三星级会员。11月10日，北京市农经办公布北京市首批参评的农民专业合作社信用评价结果，通州区北京聚牧源农业合作社被评为四星级；北京专平林下农业专业合作社被评为三星级；北京振龙园种植专业合作社、北京裕群养殖专业合作社、北京聚隆农业农民专业合作社联社被评为二星级。

【社账托管】 年内，完善社账托管合同条款，对年度托管的合作社进行动态调整，并联合托管公司对部分账目组织核查。

【完成“三证合一”登记工作】 年内，组织乡镇、村两级开展经济合作社“三证合一”（税务证、组织机构代码证和营业执照）登记换发工作，涉及473个村合作社、11个乡镇联社。

【农经审计监督指导工作】 年内，处理信访件75件。其中，市信访平台转办网信7件，主要涉及土地承包流转、经济合同、村级财务公开等问题，全部办理结案。其他68件为实地接访，已协调主责科室进行调查核实，在规定时间内对来访人予以答复，群众满意度100%。

【“一事一议财政奖补”项目】 年内，研究制定工作意见，从加强组织领导、强化项目管理、规范资金管理、加大对低收入村和美丽乡村扶持力度、严格验收等六个方面提出标准和要求。经逐级评审，全年实施项目34个，投资总额4830万元，惠及人口2.8万人。项目主要涉及路面硬化、村内雨污排水改造、绿化美化等村级公益事业。

【加强农民负担监督管理】 年内，重点检查村级组织负担、公益事业补助资金拨付使用情况、“一事一议”筹资筹劳情况、农民负担重点领域治理情况等四个方面，涉及农户13.2万户。检查中发现个别村存在报刊订阅费超额的问题，已向有关单位下发整改通知单，涉及1个乡镇、26个村。

【农经统计分析和低收入村、户监测工作】 年内，按要求做好各项统计分析工作，组织454人次开展相关业务培训。全区农民人均所得2.57万元，比上年增长9%。组织乡镇开展低收入农户动态管理，全年新认定低收入农户12户（46人），因去世、迁出等原因减少37户（97人）。截至年底，全区认定低收入农户845户（1939人）、低收入村3个。

（颜丽丽）

种植业

粮食及其他作物种植

【概　况】 2017年，通州区粮食种植面积比上年有较大幅度下降，粮食总产量大幅降低，小麦、玉米亩产较上年有小幅增加。全年粮食种植面积66781亩，比上年减少45153亩；亩产419.49公斤，比上年减少1.56公斤；总产28013.8吨，比上年减少23301.2吨。夏粮种植面积19694亩，比上年减少15555亩；总产量7694.2吨，比上年减少6022.3吨；亩产390.69公斤，比上年增产1.56公斤。秋粮种植面积47087亩，比上年减少29598亩；总产量20319.6吨，比上年减少13093.5吨；亩产431.53公斤，比上年减少4.19公斤。其中，玉米种植面积45396亩，比上年减少29816亩；总产20003.1吨，比上年减少12999.5吨；亩产440.64公斤，比上年增产1.85公斤。经济作物中，大豆种植面积1579亩，亩产154公斤，总产243.3吨；薯类种植面积112亩，亩产653.57公斤，总产73.2吨。

【春季管理及备耕工作】 年内，组织协调各业务站对冬小麦墒情、苗情、生长情况进行调查，下发《关于做好2017年冬小麦春季田间管理技术意见的通知》，以及《通州区小麦春季管理意见》和《通州区小麦春季植保工作意见》，为农户搞好冬小麦春季管理提供技术保障。准确掌握春种和备耕工作情况，对全区春白地面积和各乡镇农资准备情况进行摸底调查，种子、化肥、农药等农资准备充分。

【“三夏三秋”服务工作】 年内，制定“三夏三秋”工作意见，对“三夏三秋”工作进行安排和部署，成立“三夏三秋”工作协调小组，制定并下发冬小麦、夏玉米生产技术规程和植保工作意见。做好收、种、管情况调查及各项技术服务工作，建立“三夏三秋”工作情况通报制度和各种自然灾害调查统计上报工作机制，及时沟通情况，解决“三夏三秋”期间各种技术问题。完成“三夏三秋”各项工作，秋播小麦面积1.3万亩。

【农情信息报送工作】 年内，上报农业部《春播农作物种植意向表》《夏季粮油生产情况调查表》《夏收、夏播情况调查表》《全年农作物种植意向表》等各类农情报表150余套，上报全区农业生产、技术服务等农情信息82条，上报市农业局“三夏三秋”生产进度表15套，完成农业局粮经种植档案网上调查统计汇总5次，为农业部、市农业局全面掌握通州区粮食生产情况提供基础数据。

（白秋梅）

蔬菜种植

【概　况】 通州区蔬菜播种面积9.27万亩，其中，设施蔬菜5.98万亩（普通温室播种面积3.55万亩、塑料大棚播种面积1.92万亩、小拱棚播种面积0.51万亩），露地蔬菜3.29万亩。蔬菜总产量33.9万吨，播种面积较大的品种有生菜1.36万亩，产量2.7万吨；芹菜0.87万亩，产量4.37万吨；大白菜0.79万亩，产量3.56万吨；番茄0.43万亩，产量1.83万吨；黄瓜0.34万亩，产量1.34万吨。

【煤改清洁能源】 年内，在全区设施种植业实施煤改清洁能源工作，以“应改尽改”为原则，开展清洁能源改造。在落实市级部门对农业籽种企业实施煤改清洁能源补贴政策基础上，扩大补贴范围，鼓励规模化种植企业开展煤改清洁能源工作。截至年底，全区29家设施蔬菜生产单位完成改造工作，验收合格，实现种植业“无煤化”目标。

【降低化肥使用量】 年内，实施测土配方施肥技术，测土配方技术落地率达98%；实施耕地质量提升机制建设项目，每亩补贴有机肥1吨，面积1.6万亩；示范、推广生物肥、缓释肥、水溶肥等多种新型肥料，提高肥料利用率；建立示范区，推广覆膜保墒技术和以滴灌、微灌施肥为核心的水肥一体化技术，2017年，完成水肥一体化基地建设959亩。农作物化肥使用量由2016年的30.2公斤/亩下降到27.2公斤/亩，施用强度降低10%，化肥使用量3778吨（折纯）比2014年下降10%以上。

【降低化学农药使用量】 年内，提高农药利用率，推广更新新型节药喷雾器5600台；提高病虫害防控技术覆盖率，技物结合，推动统防统治，全年推动玉米、小麦、蔬菜统防统治防控面积22.6万亩；建立植物诊所12家，推广绿色防控技术，科学用药、精准施药；建立示范区，推广生物、物理等综合防控技术，减少化学农药使用量。全区农作物病虫害统防统治覆盖率为47.5%，比2016年增长10%，化学农药使用量26.93吨（折百量），比2014年下降8%以上。

【农药包装废弃物回收】 年内，全区范围内建立农药废弃包装回收点12家，回收农药包装废弃物200万个、过期农药3.5吨。开展集中无害化处置，有效减少农药包装废弃物。

【强化监管力度】 年内，通过检查、培训等方式，加强蔬菜生产投入品监管，禁止施用列入国家名录的高毒、高残留农药，全年没有因农药事件引发的安全生产事故或次生危害；强化农产品检测工作，对蔬菜、水果等农产品农药残留进行定性和定量检测，完成农药残留快速（定性）检测1386个，农药残留定量检测300个，蔬菜样品重金属检测221个。

（张　迪）

果树和花卉种植

【种苗产业】 年内，新增规模化苗圃2000余亩，全区累计38个、2.74万亩，栽植苗木340万株，吸纳当地农民就业2358人，吸收社会投资16.4亿元。

【花卉产业】 年内，全区花卉生产面积5360.6亩，年产值1.07亿元。

（徐海龙）

养殖业

【概　况】　2017年，农业局以科学发展观为指导，以改革创新为动力，以转变农业发展方式为主线，以提升质量安全为路径，以可持续发展为方向，多措并举保障通州区农业经济平稳发展。2017年，全区养殖业总产值达13.7亿元，其中，畜牧业总产值11.1亿元、渔业总产值2.6亿元。截至年底，全区家畜总存栏32.9万头（只），出栏48.6万头（只），奶牛产奶11.8万吨；家禽总存栏114.7万（只），出栏460.9万只，产蛋10913吨。全区现有渔业水域总面积52116亩，其中，自然生态养护水域面积40732亩，渔业养殖面积11384亩。全区现有渔业养殖户719户，比上年下降8.5%；养殖面积比上年下降16.9%。现有渔业养殖面积中，食用鱼养殖327户、4564亩，观赏鱼养殖339户、6213亩，垂钓场户53户、607亩。全区渔业总产值26255万元，比上年增长3.6%。其中，食用鱼成鱼总产量5701吨，产值6214万元；休闲垂钓量1506.4吨，产值3600万元；鱼种产量4770吨，产值7441万元；观赏鱼商品鱼产量30458万尾，产值9000万元。2017年，全区放养食用鱼水花鱼苗29900万尾，其中，草鱼18200万尾、鲂鱼6000万尾、白鲢3100万尾、花鲢1800万尾、鲤鱼400万尾、鲫鱼400万尾、观赏鱼自孵鱼苗5亿尾。

【低端养殖业及禁养区内规模养殖场退出】　2017年，根据区政府《关于印发通州区低端养殖业及禁养区内规模养殖场退出工作实施方案的通知》要求，完成禁养区内规模养殖场地上物拆除和通州区登记的50家养殖场畜禽清退工作，并全部关闭。11家备案养殖场因发展规划、环保要求以及自身生产等一并关停。清退生猪32485头、奶牛1709头、肉牛50头、羊1355只、鸡69595只、鸭118845只、鹅153只、马（骡）10匹、梅花鹿213只。

2017年12月15日，低端养殖业规模养殖场畜禽清退验收　（农业局提供）

【畜禽规模养殖场相关项目】　2017年，开展畜禽养殖主要污染物减排、畜禽规模养殖场粪污治理、畜禽规模养殖场提升改造、畜禽良种产业建设工程、通州东方种猪场基础设施改造工程等畜牧业重点项目。

【煤改清洁能源工作】　年内，根据养殖企业需求，通过“煤改电”或“煤改气”的方式，对现有燃煤炉进行改造，以清洁能源取代现有燃煤取暖，实现节能、环保、减排的目的。

【观赏鱼良种体系建设】　年内，“鑫淼良种场+苗种繁育基地+养殖户”的观赏鱼三级良种繁育体系得到进一步完善。鑫淼良种场孵化优质锦鲤水花2000万尾。作为观赏鱼苗种繁育基地之一的西集镇马坊村孙高起养殖场孵化观赏鱼鱼苗2.28亿尾，其中，龙睛、红狮、红头、琉金等宫廷金鱼鱼苗1.6亿尾，红草金鱼鱼苗4000万尾，锦鲤鱼苗2800万尾。全区苗种繁育场孵化优质观赏鱼鱼苗4.1亿尾，全区优质观赏鱼苗种覆盖率达80%以上。

【渔业转型升级】　2017年，通州区利用各级财政资金进行渔业基础设施设备提升改造，以改促转。

其中，包括国家级锦鲤良种场（北京鑫淼水产总公司）提升改造项目、2017年国家级锦鲤良种场场区整体提升改造项目、北京云仙居农业发展有限公司实施高密度循环水养殖车间改造提升项目及北京锦成达养殖有限公司2017年渔业现代产业装备推广项目。开展农业部水产健康示范场和休闲渔业示范基地创建工作，新创建农业部水产健康示范场1家，北京市休闲渔业示范基地1家。

【标准化基地建设】 2017年，制定并下发《通州区蔬菜产业标准化基地创建工作方案（试行）》，开展区级标准化基地和蔬菜全程标准化基地创建工作，同时配合市农业局开展优级农业标准化基地复查及评定工作。全区现有农业标准化基地124家，其中，包括建设全程标准化基地16家、市优级标准化基地61家、区级标准化基地22家。正在建设区级农业标准化基地10家；向市农业局推荐北京市优级标准化基地18家；继续创建蔬菜全程标准化基地8家，同时依托市级转移支付资金在畜牧行业创建市全程标准化基地1家。截至年底，全区标准化基地覆盖率达64%。

【“三品一标”认证工作】 截至年底，全区蔬菜无公害认证产量212490.6吨，认证产品371个；畜牧业累计认证产量12.75万吨；渔业累计认证量达到4106.18吨。全年应复查换证40家，实际复查换证31家，有9家不再从事无公害农产品的生产。全区“三品”认证率由上年的36.7%上升至63.8%。

【农产品质量监测工作】 年内，完成常规抽查1026个，合格1023个，合格率99.7%；风险监测53425个，合格53424个，合格率99.99%；专项监测动物产品59个、饲料4个、蔬菜产品10个、养殖用水1个，合格率100%。各乡镇开展农产品快速检测工作，快速检测农产品4300个，合格率100%。

【普法宣教工作】 年内，以“七五”普法为契机，结合“3·15”消费者权益保护日、放心农资下乡进村宣传周、“5·12”防灾减灾日，组织7个执法单位开展多层次、多主题的农业法治宣传教育活动。全年发放各类宣传材料11种8.2万余份，摆放宣传展板95块，悬挂条幅25条，解答群众疑问1700余次。针对新修订的《农药管理条例》和《中华人民共和国种子法》进行重点宣传，提升《农药管理条例》在通州区的认知度。

2017年4月7日，农业局牵头组织7个执法站所开展“放心农资下乡宣传周”活动 （农业局提供）

【梳理权力清单与责任清单】 年内，在市农业局行政处罚职权清理的基础上，参考农业部对权力清单的规范做法，结合公共服务事项的梳理成果，对通州区农业系统原有权力清单做了相应的调整与完善。区农业局承担的行政职权377项，其中，行政处罚265项、行政许可23项、行政强制21项、行政检查23项、行政确认7项、行政奖励4项、其他职权34项。

【官方兽医检疫制度】 年内，全区产地检疫各种动物412.6万头（只），其中，禽类392.8万只、生猪20.87万头、牛8675头；屠宰检疫生猪100万头、禽类415万只、牛6102头；监督检查进京畜禽产品车辆8.2万次、动物978万头（只）、动物产品11.2万吨；开展动物产品兽药残留快速检测7.96万份，定量检测474份，疫病类60份，未发现阳性。

【病死动物无害化处理工作】 年内，深入各养殖散户及社区，发放病死动物无害化处理收集暂存告知书1000余份。通过手机APP，在北青社区通州版上发布通州区各收集暂存点的名录、位置和联系方式，北京市病死动物无害化处理的相关政策规定以及收集、暂存和处理的方式，方便市民就近选择暂存点，提升市民对病死动物无害化处理的自觉意识。在养殖环节，完善监管机制，通过开展病死动物无害化处理专项检查和建立倒查机制，对发现的违法行为进行严厉查处；在屠宰环节，监督企业做好不合格畜禽产品及有害腺体的无害化处理工作，督促并指导其建立完整规范的无害化处理档案；在公共卫生环节，以辖区11家动监局乡镇派出机构和39家动物诊疗机构为依托，针对养殖户和宠物饲养者建立无害化收集暂存体系，防止因随意丢弃病死动物引发公共卫生安全事件。全年，养殖环节无害化处理动物64386头（只），屠宰环节无害化处理不合格动物37871头（只）、病害组织及有害腺体445.96吨，无害化处理犬猫1131只。

【建立“通武廊”重大动物疫病联防联控机制】 2017年，在“京津冀”协同发展的大框架下，区防治重大动物疫病指挥部组织区疫控中心、区动物卫生监督所与天津市武清区、河北省廊坊市先后签订《“通武廊”动物疫病预防控制战略合作框架协议》和《“通武廊”动物卫生监督合作协议》，互通动物疫情防控、监测信息和动物卫生监督执法情况，定期召开联防会议，交流防控经验；定期通报防控动态，实时共享疫情信息；不定期举行联合演练，提升处置跨区域突发事件应急能力和水平，不断强化重大动物疫病防控长效联防机制。

【开展增殖放流活动】 2017年，通州区着力做好水生生物资源养护工作，改善自然水域生态环境，发挥渔业生态功能。4月，利用区级财政资金30万元，在北运河通州段开展春季增殖放流活动，放流鲢鳙鱼种32050公斤。11月，配合北京市农业局开展秋季增殖放流活动，在北运河城市段放流鲢鳙鱼种1.4万公斤。

【落实各项补贴政策】 年内，继续实施能繁母猪及后备母牛补贴项目。能繁母猪补贴10837头，发放补贴资金108.37万元；后备母牛补贴3200头，发放补贴资金160万元。

【村级全科农技员培训、考核工作】 2017年，通州区上岗服务的村级全科农技员226名，分布于8个涉农乡镇，实现涉农乡镇、村全覆盖的目标，有效解决农业科技进村入户“最后一公里”问题。为进一步提升村级全科农技员队伍的综合素质，对全区226名农技员，开展两期技能提升集中培训，并发放蔬菜、植保、水产等书籍和服务手册近1500册。通过填写考核手册、提交个人工作总结等方式，对全体农技员进行半年及全年考核工作，并对服务农户满意度进行电话抽查，及时将考核结果反馈各农业服务中心，方便乡镇农技员管理人员指导工作。

2017年5月23日，举办村级防疫员培训

（农业局提供）

【专业型益农信息社】 截至年底，全区开通农场云服务并纳入专业型益农信息社的用户达100余家。为最早开通的55家农场购买相应增值服务，服务包括：义田帮手系统平台托管服务、绿色履历功能、绿色履历印刷、四季田景功能、四季田景拍摄、农场故事软文营销服务和广告设计、现场培训及服务。其中，49家开通四季田景功能，并拍摄完成；50家开通绿色履历功能，并完成绿色履历标签印刷；28家农场完成农场故事软文营销服务和广告设计；27家正在做资料收集工作，为下一步广告设计打下基础。7月，对其中7家农场的增值服务开通情况进行抽样中期验收，农场反映效果良好。

（宋　玥）

林 业

【概　况】 北京市通州区园林绿化局（简称区园林绿化局），挂北京市通州区园林绿化委员会办公室（简称区绿化办）牌子。负责本区园林绿化工作，设6个内设机构和北京市通州区园林绿化局森林公安处（简称森林公安处），以及18个局属基层单位。

2017年，全面加快园林绿化建设，完成区委区政府和市园林绿化局部署的各项任务，全区森林覆盖率达28.91%，林木绿化率达32.88%。年内，启动北京城市副中心园林绿化重点工程建设，开展首都绿化美化创建工作。完成中央军委植树、通州区劳模植树等大型义务植树活动。结合全国文明城区创建工作，在城区主要道路沿线及重要节点进行园林景观布置。围绕推动果品产业的转型升级，做好高产高效果园现代化管理、低产低效果园改造、果品质量安全追溯系统构建等新技术的应用和推广，全区果品产量5416万公斤，年产值4.6亿元。严格落实森林防火责任制，强化专业森林消防大队软硬件建设，大力开展监测预报、防治检疫和科技推广工作，加强征占用林地绿地的规划审查和审批服务，开展园林绿化资源专项检查和打击破坏野生动物资源犯罪行为专项行动，确保森林资源安全，野生动物疫源疫病监测和救护、古树名木保护管理等工作扎实推进。2017年，被住建部评为全国住房城乡建设系统先进集体称号。

【“京津冀”协同发展林业有害生物防控】 1月19日，2016年“京津冀”协同发展林业有害生物防控总结会暨2017年第一次联席会议在北京首农香山会议中心召开。区绿化办副主任张宝常、区林保站站长王岩森参加会议，代表通州区从河北省三河县手中接过京东片区轮值指挥部会旗，标志着2017年“京津冀”协同发展林业有害生物防控京东片区工作正式展开。

【平原造林】 2017年，平原造林养护移交面积2.67万亩，全区累计18.85万亩。

【规划编制】 年内，完成城市副中心园林绿化重点工程的红线划定工作，组织编制《通州区湿地保护发展规划》《通州区“十三五”期间园林绿化发展规划》《北京城市副中心道路绿化特色研究》《北京城市副中心生态园林建设研究——生态园林动物多样性构建》等专项规划，配合完成《北京城市副中心绿地系统专项规划》《北京城市副中心园林绿化规划设计导则》。

【副中心园林绿化建设管理机制】 年内，依托市园林绿化局进驻副中心工作小组，研究制定《平原生态林资源管理规范》《城镇绿地养护管理工作意见》等文件，针对园林绿化建设拆迁腾退、一地多功能等12项重点难点问题进行专项研究。

【园林绿化环境综合整治】 年内，平整绿地75.6万平方米，补植补造乔灌木6万余株，铺设草坪43.6万平方米，修理各类园林家具和设施设备6350个。

【义务植树】 年内，完成中央军委植树、通州区劳模植树等大型义务植树活动24次，参加义务植树活动15.72万人次，完成（折合）植树64.61万株。

【首都绿化美化创建】 2017年，创建花园式社区2个、花园式单位2个、绿色村庄4个。

【启动国家森林城市创建工作】 9月22日，通州区第24次区长办公会通过《通州区创建国家森林城市实施意见》，通州区全面启动国家森林城市创建工作。

【森林防火】 年内，严格落实森林防火责任制，加强可燃物清理、社会面宣传和巡查防控力度，强化专业森林消防大队软硬件建设，不断提升安全保障能力，全区连续32年实现无森林火警、火险。

【林木有害生物防治】　2017年，实施飞防作业166架次，发放防治器械540余套、各类生物制剂13吨。

【林木绿地资源管理】　2017年，平原造林养护移交面积2.67亩，连同新纳入完善政策范围的5万亩平原生态林，全区累计达18.85万亩。加强城区公园绿地的养护管理，完成1112.79公顷城区绿地的等级评定。

【林业行政执法】　年内，开展园林绿化资源专项检查和打击破坏野生动物资源犯罪行为专项行动，立案查处林业行政案件13件，刑事案件4件，确保森林资源安全。

【国有林场改革】　年内，完成国有林场转制、岗位设置管理、管护范围确权定界等工作，编制《通州区林场森林经营方案（2018—2027）》，推动国有林场实现可持续发展。

【食用林产品安全监管】　年内，开展实用林产品无公害基地认证、果品抽样检测、食用林产品安全宣传等工作，完成11家果园关于无公害基地认证的申请和复查换证工作。

【蜂产业】　年内，全区蜜蜂饲养量1200群，其中，新发展160群，养殖规模和生产技术不断提升。

【北京市园林绿化工程质量监督站通州分站成立】　2月8日，北京市园林绿化工程质量监督站通州分站授牌仪式在区园林绿化局综合楼会议室举行。市园林绿化工程质量监督站站长张增兵、副站长耿晓梅，区园林绿化局副书记董本新、副局长王春喜、副调研员杨文成出席授牌仪式。

【科技创新成果】　年内，启动北京城市副中心园林绿地调查、生态园林动物多样性研究、土壤污染面源调查、北京园林绿化科技创新示范区征集等工作。推进东郊森林公园林业病虫害生物防控试点建设，广泛应用林业植物检疫追溯系统、林业病虫害测报手机APP等新技术，推广绿地微地形、林荫全覆盖、海绵城市等新理念。

【专项行动】　2月24日起至4月30日，区森林公安处在全区范围内组织开展打击破坏森林和野生动植物资源违法犯罪专项打击行动，代号“2017利剑行动”。

【宣传工作】　年内，围绕《中华人民共和国种子法》、绿化条例与常识、古树名木知识、爱鸟护鸟法律法规、食用野生鸟类的危害等相关知识开展多种法制宣传工作。

（徐海龙）

农　机

【概　况】　2017年，区农机服务中心按照区委、区政府的总体要求，围绕全面推进城市副中心建设目标，以农机惠农政策为指引、农机技术推广为先导、农机安全监理为保障、农机技术培训为基础、农机管理服务为手段，进一步提升农机服务现代农业水平，完成各项工作目标。

截至2017年年底，全区拥有农机总动力13万千瓦，农机原值2.19亿元，农机净值1.18亿元；万亩小麦拥有联合收割机47台，万亩玉米拥有收获机29台，万亩耕地拥有总动力0.4万千瓦，拖拉机568台，拖拉机配套农具1132台（件/套），其中，大中型配套农具883台（件）、小型配套农具249台（件）。收获机械172台，植保机械7790台，农副产品加工机械77台，渔业机械5036台，林业机械165台。

【落实国补机具政策】　年内，按照通州区农业产业结构调整和城市副中心建设要求，区农机服务中心贯彻落实国补机具政策，发展都市农业急需的农业机械与设备，推进落实市农业局各项农机补贴工作。2017年，争取国补机具20台（套），其中，动力机械17台、猪饲养设备1套、水处理设备1套、农产品加工机械1套。区农机服务中心编写制定《通州区2017年度农机购置补贴实施指导意见》，并依据该指导意见执行。

发放国补机具　（农机服务中心提供）

【淘汰低速货车】 年内，根据市政府办公厅《关于北京市清洁空气行动计划重点任务分解2017年工作措施》的要求，结合通州区重点任务督察工作第六工作小组专项督察方案，区农委、区农机服务中心承担空气清洁行动计划专项中低速货车淘汰工作。各乡镇农机主管部门根据农机服务中心提供低速货车信息档案把闲置不用的和已经灭失的统计出来，做好劝说工作，让机主主动办理注销手续。对于尚在使用，车况老旧、有危险性的低速货车，劝说机主进行报废更新。2017年，注销低速货车276台。

【安全隐患排查工作】 年内，狠抓农机安全生产，在宣传教育、规范管理、从严整治上下功夫，没有发生一起伤亡事故，确保安全生产形势总体平稳。成立农机安全监督领导小组，全面落实安全生产责任，农机安全和监管得到加强。在春耕、“三夏”“三秋”期间成立巡查组，执法人员384人次，对投入的各类农机具进行安全技术状态检查，保障安全生产。采取送检下乡、服务上门的工作方式，为农民机手提供主动服务，对所有在册的符合年检条件的，特别是国补机具逐台进行预约上门年检，消除农机安全隐患。

检查农机具　（农机服务中心提供）

【农机安全生产联合行动】 年内，按照《通州区农机安全生产联合行动实施方案》部署，通州区安全生产监督管理局、通州区工商分局、通州区质量技术监督局、通州交通支队，根据各自职责，有针对性地对农业机械及农机维修、维修企业开展专项集中整治，并定期通报工作信息，形成农机安全生产管控常态化。

【农机安全与秸秆禁烧工作】 年内，区农机服务中心在区农委、农业局、区环保局和乡镇政府等相关部门的通力协作下，形成多部门统筹协调、齐抓共管的工作格局。建立联合督察机制，成立由专门人员组成的禁烧联合督察队伍，对乡镇禁烧工作开展定期与不定期的巡查检查，并在春耕、“三夏”和“三秋”重要农忙时季节组织开展禁烧督察专项行动。2017年，实现14474.9亩小麦秸秆全面禁烧，真正做到不伤人，不冒烟。

“三夏”工作动员会　（农机服务中心提供）

【土地深松工作】 4月，完成通州区土地深松摸底情况调查工作，形成书面材料报市农机处，并与乡镇及农机服务组织签订深松协议。将6000亩深松任务落实到两个乡镇的3个农机服务组织，并于10月底前完成任务指标。深松项目涉及 县镇和永乐店镇的15个村、40多户农户。手续审验合格后，按照市农业局的要求与7任务指标（6000亩）完成并审验手续合格后，将两年深松补贴资金60万元发放到承担项目的农机服务组织手中。

深松作业　（农机服务中心提供）

【农机培训工作】　2017年，农机服务中心在完成传统培训任务的前提下，探索城市副中心环境下农机培训的新型模式。尝试农机、农艺相结合的培训模式。在全市大樱桃主产区西集镇开展设施农机具培训，同时进行自然农法的宣教，培训学员60余人，让学员在掌握设施农机具安全使用、维护技能的同时，认识到科学合理控制，减少农药、化肥和农机具的使用对提高果品质量的重要作用，增强环保意识、品牌意识。开展定制专项培训。为首农畜牧集团（三元绿荷农场）进行青贮玉米收割前驾驶员和操作人员（40余人）的安全使用技术培训，收到学员、集团领导、市站领导的好评。尝试订单式培训。2017年下半年，宋庄镇某农机合作组织初建成，急需农机驾驶操作人员。农机学校根据对方要求，组织专业理论教师、实操教练员展开培训。经过培训、考试，有24人取得拖拉机驾驶证，5人取得收割机驾驶证。

（董　洁）

气　象

【概　况】　2017年，区气象局以党建工作为引领，把握“京津冀”协同发展重要机遇，聚焦城市副中心，全面推进各项工作开展。

北京通州、天津武清、河北廊坊三地签署《“通武廊”气象战略合作框架协议》，形成“京津冀”协同发展的局面，建立协同发展长效机制、信息共享机制，实现信息共享，使气象服务保障能力同城市战略定位相适应。

服务北京城市副中心。一是汛期气象服务精准有效。围绕城市安全运行发展需求，盯紧每一次过程，做好气象监测预报预警服务工作。2017年入汛以来，准确预报、科学预警“8·12”全区大范围强降雨等43次降雨过程。二是做好城市生命线气象服务。为确保城市副中心基础建设工地的安全，在强降水临近与发生时段，先后10次通过电话与视频系统向区领导汇报天气实况和降水趋势，为通州区暴雨灾害防御工作提供有力保障。

开展防灾减灾工作。区气象局被中国气象局、中国气象协会评为全国气象科普教育基地。通州国家气象观测站气象科普展厅是集业务观测和科普宣教基地为一体的综合型台站，以气象科普宣传教育基地为依托，通过讲解气象知识、参加互动游戏、发放宣传材料等形式，为幼儿园、小学、社区（村）居民普及气象基础知识，传播气象防灾减灾理念。

开展气象为农服务创建工作。年内，区气象局开展标准化气象为农服务区的创建工作。此项工作得到区政府和市气象局的双重重视，区政府召开气象为农服务专题会，组织成立气象为农专家联盟，形成政府主导、部门联动、社会参与、保障有力的气象为农服务大格局。2017年，通州区获评全国标准化现代农业气象服务区，通州区宋庄镇获评全国标准化气象灾害防御镇。

（苏丽爽）

【气候评价】 本年度的气候特点：气温接近常年，降水量偏多，日照时数偏多。

本年度平均气温为13.0℃，接近常年13.4℃。1—2月、7月、9月平均气温与常年同期接近；6月、8月、10—12月平均气温比常年同期均偏低，10—11月平均气温比常年同期明显偏低。3—5月平均气温比常年同期偏高。年极端最高气温为38.1℃，出现2天，为6月8日和6月15日。年极端最低气温为-12.5℃，出现在1月21日。

年降水量为588.6毫米，比常年512.4毫米偏多1成多。年内降水分布不均：2—3月、6月、8月、10月降水量比常年同期偏多，其中，8月、10月比常年同期明显偏多；1月、4—5月、7月降水量比常年同期均偏少，9月、12月仅微量降水，11月无降水。年度最长连续无降水日数74天；日最大降水量90.7毫米，出现在6月23日；最大小时降水量42.2毫米，出现在8月3日。

年日照时数为2581.2小时，比常年2399.7小时偏多181.5小时。其中，3—4月、7月接近常年同期，1—2月、10月较常年同期偏少，其余各月日照时数比常年同期均偏多。

本年度出现雾92天，出现霾147天。

（赵　岩）

【气象宣传】 年内，利用“3·1”国际民防日、“3·23”世界气象日、“5·12”防灾减灾日等纪念日进行一系列气象科普和气象法制进社区、进农村、进学校的宣传活动。通过多种形式围绕第67届世界气象日“观云识天”主题，宣传云对天气现象的预测、气候变化、防灾减灾知识及气象法律法规。开展融入式科普宣传，依托2017年科技活动周暨第七届北京国际都市农业科技节开展现代化气象为农服务及保障工作；以大豆各庄小学为基地，以引进来为宗旨，组织该校师生参观通州区气象科普馆。强化中小学气象科普工作，向区中小学校发送《适应变化的气候——小学生应对气候变化行动》《小学生动物观察》《小学生植物观察》《小学生自然现场观察》及《气象防灾减灾》小册子、《暴雨、雷电、大风等气象灾害防御》宣传页等报纸、刊物。以气象信息服务站和气象安全村（社区）建设推进气象科普进乡镇、街道，进农村、社区，为乡镇、街道更新配备宣传栏、宣传展板。

（李　硕）

【气象服务】 年内，为全国“两会”及中共十九大的召开提供通州地区气象服务。为半程马拉松、七夕文化节、世界文化和自然遗产日等大型活动提供预报预警及短时临近预报等服务工作，为活动的顺利进行提供气象服务保障。

2017年，向区委、区政府、区防汛办、区应急办等部门发送常规天气预报365期，预警信号143期，天气实况61期，天气快报及天气情况31期，重要天气报告8期，气象周报53期，气象旬月报48期。政府网更新发布天气预报730期，区气象局官网更新发布天气预报1095期，向通州区电视台提供天气预报365期，各项手机短信气象服务累计达3664044人次。

（张永楠）

【气象行政】 年内，着力推进简政放权和职能转变，优化建设工程防雷许可，全面落实防雷减灾体制改革，开放防雷减灾服务市场，推进融入式执法检查，坚持企业自查与政府督察相结合、属地负责与部门督导相结合、全面检查与严格执法相结合。全年与新华街道、潞城镇等9个乡镇街道开展气象行业安全联合执法检查，并与朝阳区气象局、大兴区气象局开展3次东南片区联合执法检查。对检查中发现的安全隐患问题，通过限期整改、回头检查等多种方式一追到底，不留死角，形成闭环管理。2017年，办理气象行政许可6件，开展行政执法检查133次；做出行政处罚3次，其中，1件为一般性行政处罚，罚金1万元，实现一般性行政处罚零的突破；完成行政许可、行政处罚信息“双公示”。创新普法方式，坚持法治宣传与气象科普宣传相结合，坚持边执法边宣传，营造良好的气象法治环境。督促、引导防雷服务行业及施放气球服务市场健康、规范发展，推进气象部门社会信用体系建设。

（宋　明）

工业·信息化·建筑业

北京台湖高端总部基地云计算中心　　（台湖高端总部基地提供）

工业

概述

2017年，在区委、区政府坚强领导及市经信委等部门的指导支持下，区经济信息化委认真贯彻落实中央规划建设北京城市副中心和“京津冀”协同发展等有关工作会议精神，攻坚克难，扎实推进工业经济和信息化各项工作。

2017年，区域工业完成总产值711.3亿元，同比下降7.9%；营业收入868.9亿元，同比下降1.7%；增加值183.3亿元，同比下降10.6%；利润总额56.1亿元，同比下降9.1%；上缴税金51.1亿元，同比下降10.4%。其中，全区规模以上工业企业完成总产值629.1亿元，同比下降1.1%，占区域工业总产值的88.4%。

区域工业经济运行主要特点：一是区域工业运行平稳，规模工业增速较快。上半年，规模以上工业延续2016年的良好发展态势，增速呈现较快增长。下半年受汽车制造业等行业产量下降的影响，总产值增速持续回落，11月开始累计增速转为负增长。区域工业受上年停产1937家企业的影响，规模以下工业形成较大减量，2017年开始主要经济指标持续回落，全年产值增速下降7.9%。二是医药制造业拉动作用显著。2017年，医药制造业总体生产形势较好，产值增速持续加快，拉动作用显著，全年完成产值64.6亿元，同比增长45.5%，拉高全区规模企业产值增速3.2个百分点。其中，甘李药业股份有限公司实现产值28.4亿元，同比增长74.6%，拉高全区规模企业产值增速1.9个百分点。三是区域工业质量有所提升，同时形成一定规模减量。通过北京城市副中心建设和工业结构调整，退出一部分低端企业，有效提升了区域工业的质量，但同时也形成一定规模的减量。北京城市副中心功能区建设致使部分企业停产退出，永顺、梨园等乡镇受影响较大，工业总量明显萎缩。通州区域内“小散乱污”工业企业较多，面临结构调整的压力非常大，个别乡镇工业总量仍呈下滑态势。

【工业固定资产投资项目管理】 2017年，围绕北京城市副中心建设需要，大力发展价值高端、技术高新、体量轻型、生产清洁的“高精尖”产业，及时面对新情况、新问题，主动适应，细致服务。依据《北京市新增产业的禁止和限制目录（2015年版）》及《通州区新增产业发展指导目录（2015年版）》的相关规定，按照《关于进一步加强通州区重大固定资产投资项目管理的意见》要求，所有新增项目必须经区政府专题会审定。截至2017年12月底，完成工业项目立项38个，总投资448240.6万元，其中，新建项目31个、改扩建项目4个、技术改造项目3个。

【疏解退出】 2017年，全区累计完成445家一般制造业企业退出任务，超额完成2017年全部疏解任务；完成33家有机溶剂型生产制造业企业退出工作及42家淘汰目录内未退出企业的验收工作；全区“散乱污”挂账企业累计销账1310家，超额完成新增后1240家任务总量，完成数量居全市第二；累计完成97个工业大院污染整治工作，其中，包括市级19个镇村产业小区和市级27个工业大院。

【清理整治】 一是制定工作方案。联合区环保、工商、国土、城管、安监等部门制定《通州区2017年疏解一般制造业企业专项行动工作方案》《通州区“散乱污”企业治理专项行动2017年工作方案》，从《淘汰目录》、环保、证照、安全生产、土地、建设、用水排水、消防等方面，明确各有关单位牵头负责，开展各项清理整治专项行动。二是建立月报制度。每月汇总整理各乡镇街道、各牵头部门工作进展和完成情况，形成月度分析报告，加大各乡镇、街道经验交流和工作进展通报，形成“比学赶超”工作氛围。三是建立工作台账。各乡镇、街道对一般制造业企业和“散乱污”企业进行摸底排查，建立市区两级工作台账。其中，疏解一般制造业台账在年初制定150家市级退出企业计划名单基础上，又制定295家区级退出企业计划台账；“散乱污”企业整治台账在2017年初制定460家“散乱污”企业市级台账基础上，按照环保部和市里的要求，自3月开始，组织各乡镇街道再次深入开展全面摸排，6月底前14个乡镇街道又新上账“散乱污”涉污企业780家，9月，按照市“散乱污”企业动态清零的要求，新排查出70家“散乱污”涉污企业，10月底全部清理整治完成。四是加强督察调度。建立日汇报、周调度的工作机制。区专指办每天汇总各乡镇、街道上报的整治工作信息，并上报区主管领导和区监察委、区委区政府环境督查办；每周召开调度会，研究解决工作推进过程中的问题，协调各成员单位职责履行、工作推进。五是规范验收程序。印发《通州区关于做好“疏解整治促提升”专项行动疏解一般制造业和“散乱污”企业治理验收工作的通知》，明确专项任务的验收标准和工作要求，为2017年度工作验收提供依据。

【产业升级】 年内，鼓励企业开展产业升级换代，吸引“高精尖”人才，促进“高精尖”人才集聚，构建“高精尖”产业结构。一是为“高精尖”企业做好精准服务。围绕构建通州区“高精尖”产业结构，开展“走基层、下企业、强服务”的帮扶工作，做好北京中科信电子装备有限公司、北京四环制药有限公司等重点“高精尖”企业跟踪服务工作，了解企业的运行状况、发展规划、研发投入、技术创新、人才引进、遇到的困难等情况，帮助企业协调解决遇到的困难和问题。二是为企业申报市级企业技术中心提供精心服务。根据《中共北京市委北京市人民政府关于增强自主创新能力建设创新型城市的意见》有关要求，鼓励企业技术中心加强自主创新能力建设，引导和支持企业加大技术创新投入。组织10家“高精尖”企业学习《国家认定企业技术中心管理办法》及《北京市企业技术中心认定评价管理办法》，了解申报国家级、市级技术中心的程序、要求和标准，同时参加市经济信息化委的企业技术中心申报专题培训。2017年推荐北京英惠尔生物技术有限公司、北京比亚迪模具有限公司、北京环境工程技术有限公司、中铁十六局集团北京轨道交通工程建设有限公司4家企业的技术中心申报市级企业技术中心，北京比亚迪模具有限公司、北京环境工程技术有限公司、中铁十六局集团北京轨道交通工程建设有限公司3家企业的技术中心审核通过市级技术中心。

【“两化”融合发展】 年内，推动企业信息化应用程度的提高。一是推动企业对“工业云”的运用。通过集中讲解、分类指导、示范带动、促进加盟等形式推动“工业云”运用；通过政策引导，着力打造企业向“互联网+”的应用势态，使“互联网+”得到广泛深入的推广和应用；借助北京市工业云产业联盟成立的势头，利用走访调研的机会继续加强推进“工业云”在通州区生产制造业的广泛认知与运用，通过推进“工业云”平台的运营，力求通过平台为中小企业信息化提供咨询服务、共性技术、支撑保障、技术交流和高效服务，帮助中小企业解决研发创新以及产品生产中遇到的信息化成本高、研发效率低下、产品设计周期较长等多方面问题，缩小中小企业信息化的“数字鸿沟”，加速中小企业转型升级，推进“北京制造”到“北京创造”的转变。截至2017年底，有8家规模企业加入“工业云”应用行列，基本步入“互联网+制造设计”的轨道。二是着力推动“两化”融合贯标及评估系统在通州区企业的广泛应用。借助北京市经济和信息化委员会搭建的“两化”融合对标和评估平台，在全区规模企业内开展“两化”融合及对标评估工作，企业结合自身信息化建设程度，客观的评估和了解自身信息化建设水平。2017年，有200余家企业开始接受和运用网上平台的对标与评估，同期增长10%；有20家申请贯标试点企业，8家企业被北京市评为“两化”融合试点企业，其中，光机电产业园区北京首量科技股份有限公司通过贯标三方认定，通过贯标审核。三是引导企业智能制造的发展。企业智能制造出现苗头，北京五木服装有限责任公司准备引进服装个性设计生产线。

【社会信用体系建设】 2017年，通州区社会信用体系建设工作依靠区政府办、通州工商分局、区文明办、区委政法委等单位，开展政务诚信、商务诚信、社会诚信和司法公信工作。以“信用通州”网站建设为重点，以建立健全联合奖惩机制，开展实施联合奖惩为抓手，依据“开局抓谋划、活动做牵引、全程抓落实、工作高标准、绩效严考评”的工作思路，重点完成“创城”社会信用体系建设指标达标、建设开通“信用通州”网站、公布通州区第三期、第四期诚信“红黑名单”、制发《北京市通州区人民政府关于建立完善信用联合奖惩制度加快推进诚信建设的实施方案》、开展联合奖惩工作、“质量第一诚信做产品”等诚信主题实践活动；全力打造云景东路、西门金街、车站路3个诚信示范街区；对外公示行政许可和行政处罚双公示信用信息25261件，完成153项净化信用环境任务中相应工作；完成北京市社会信用体系建设联席会议布置的三年重点工作任务有关通州区的8项主要任务，完成19起政府机构失信问题专项整改工作，对68家成员单位进行年度绩效考评。

【工业领域空气重污染应急工作】 一是全力做好工业领域空气重污染应急工作。按照《通州区空气重污染应急预案（2017年修订）》有关要求，结合通州区工业领域的实际情况，研究制定《北京市通州区空气重污染应急工业分预案（2017年修订）》；制定《通州区2017年度制造业保障企业名单》，全区列入保障名单企业为7家。重新对停限产企业名单进行梳理，制定本辖区黄色、橙色和红色预警期间制造业企业停产限产名单，其中，停产企业311家，限产企业3家。2017年，出动督察104人次，督察检查企业289家次。依据《〈“京津冀”及周边地区2017—2018年秋冬季大气污染综合治理攻坚行动方案〉北京市细化落实方案》等文件规定，启动5天内部黄色预警应急措施，对全区工业企业实行黄色预警期间停限产方案。二是重大活动保障。根据《“高峰论坛”通州区空气质量保障重点工业企业生产调度工作方案》，5月8日0时至17日24时，区经济和信息化委员会会同北京市经信委组织北京诺飞新能源科技有限责任公司、北京华腾橡塑乳胶制品有限公司等7家中、市属国有企业采取生产调度措施，减少大气污染物排放，保障高峰论坛活动期间空气质量。其间，每天对上述7家企业生产调度措施的落实情况进行检查或抽查，进行了35家次检查督察；督促中国石化催化剂北京奥达分公司采取升级调度措施，实施全面停产，17日后恢复生产，其他6家企业均按照预案落实相关生产调度措施。

【安全生产】 按照“管行业必须管安全”的要求，组织开展安全生产指导工作，推动安全生产工作的落实。一是开展重点时段安全生产督导工作。为确保春节、“两会”、“一带一路”、国庆及中共十九大等重大节日和会议期间安全生产形势稳定，按照工作方案要求，深入企业开展安全生产指导工作。二是开展安全生产月期间安全生产检查。按照安全生产月工作方案，深入电信企业实地检查、观摩移动通州分公司和歌华有线通州分公司组织开展的应急演练。三是开展安全生产大检查。为做好7月至10月的安全生产大检查，出动检查人员81人次，检查企业50家，发放《安全生产指导工作记录表》50份；大检查期间开展有限空间夜查，分别对电信企业在区主要街道内有限空间作业情况进行巡视，确保安全无事故。

【减轻企业负担】 2017年，认真贯彻落实国家、市、区各级减轻企业负担的相关文件精神，做好企业减负工作。一是组织开展问卷调查工作。组织物流、文化创意、医药制造、农产品加工等不同行业的15家企业参加北京市组织的企业负担问卷调查，为国家和北京市制定降本减负工作提供第一手材料。二是组织减负和惠企政策宣传。通过区经信委网站、区中小企业服务平台、“通州区中小企业服务平台”微信公众号及纸质文件转发等渠道开展对减负和惠企政策的宣传解读，按照分级负责的原则，及时将惠企政策措施传达、落实到企业，帮助企业加深对国家政策的了解，协调解决政策执行中存在的各种问题。三是开展自查工作。对涉企行政事业性收费、政府性基金及行政审批有关的涉及中介服务性收费有无违规问题开展自查工作。区级涉企行政事业性收费及政府性基金执收单位13家，涉及收费项目14项，其中，涉企行政事业性收费项目9项、政府性基金收费5项。通过认真梳理，14个收费项目均符合国家法律、法规以及市财政、市发改委和市经信委相关规定，不存在强制垄断性经营服务性收费以及其他利用行政权力或资源开展的涉企收费项目。

【帮扶企业】 年内，对符合产业目录发展方向的中小企业给予政策扶持和资金支持。一是技术创新方面的资金支持。为推进通州区中小企业技术创新、科技成果转化，提升企业核心竞争力，促进企业发展，资助授权专利1520件、专利实施项目15项，奖励北京市专利试点单位26家、中国专利奖优秀奖3项，资助奖励金额共计785.75万元；立项实施科技计划项目68个，支持资金3500多万元；建有市级重点实验室、科技研发机构等创新创业平台13家，市区级孵化器、众创空间11家，支持资金250万元。二是商务贸易方面的资金支持。促进通州区商务贸易中小企业做大做强，获得总部企业奖励补助资金547.23万元，外贸稳增长奖励金额605万元，网络零售健康发展奖励专项资金924万元。三是促进通州区中小企业服务体系建设。为建立健全通州区中小企业服务体系，按照市经信委关于《2017年第一批北京市中小企业专项资金服务体系建设项目征集通知》的相关要求，推荐通州区电信科学技术仪表研究所进行申报，并通过专家组的评审，获得资金支持390万元。四是加强中小企业公共服务平台网络建设。贯彻落实《北京市促进中小企业发展条例》，按照市经信委“1+16+N”的服务体系建设总体工作部署，投资475.94万元，建立通州区中小企业窗口公共服务平台，为企业提供政策宣传、政策解读、政策培训、融资培训等服务；同时建立“通州区中小企业服务平台”微信公众号，与平台网络组成覆盖固定网络和移动网络的政策宣传窗口。截至2017年底，平台与北京银行通州支行、建设银行通州支行等8家金融机构签订合作协议，为通州区中小企业提供金融服务。

【创业服务体系建设】 一是汇集高端创新创业要素。强化市区联动，推动市科委和区政府签署《推进北京城市副中心科技创新合作协议》，联合举办“科技资源通州行”系列活动暨北京城市副中心创新创业对接会，通过专家座谈、专题对接暨成果发布会、科技政策宣讲等7场活动，发布重大科技成果118项，27家区内“双创”运营机构、30家北京众创空间联盟成员参与对接，4家企业签订合作协议。二是优化创新创业载体。加强重点实验室、工程（技术）研究中心、科技研发机构、科技孵化器、大学科技园等高端人才事业平台建设，建有市级重点实验室、科技研发机构等创新创业平台13家，市区级孵化器、众创空间11家。全区拥有高新技术企业439家，兴起了枢密院、联东U谷、甘李药业等为代表的一批骨干企业，高新技术产业成为拉动区域经济发展的重要力量。三是优化科技服务平台。首都科技条件平台通州工作站新吸纳成员单位25家、科技人才10人，汇集科技需求24项，共建了“百纳威尔无线&清华大学研发基地”、中丽制机与中国纺织科学研究院的对接合作；探索科技金融结合新渠道，与建行通州支行签署科技金融框架合作协议。四是组织创业创新培训。开展知识产权政策培训10次，开办创业培训班17期，培训各类学员452人次，培训合格率为100%。同时对学员进行上门回访等后续跟踪服务，了解到取得合格证后成功申请营业执照开办企业的155人。

（朱宝刚）

【金通公司概况】 北京金通资产经营管理公司（以下简称金通公司）在强化企业管理、提高资产创收能力、推进重点项目建设和妥善解决历史遗留问题等方面，均取得显著成效，完成2017公司年初制定的各项工作目标。

做好老旧小区的服务管理工作。金通公司系统管理非经营性资产45万平方米，分布在42处不同地方，全部为原改制破产企业遗留下来的老旧小区。2017年，金通公司系统投入285万元，对所管的20多个小区点位基础设施进行修缮。完成1.8万多平方米防水工程、更换16处雨水管道、铺设和维修路面1900多平方米、粉刷围墙1100多平方米、修建自行车棚3个、抢修破裂自来水管道4处、抢修和更换大流量电缆3处、更换各类照明设施、翻建垃圾站等。为老旧小区的居民创造了和谐舒适的生活环境。

推进冷冻小区周转楼拆除重建工作。冷冻小区简易楼改造项目自2016年8月1日启动，金通公司和中介机构紧密配合，对两栋简易楼的218名住户采取入户宣传、张贴通告、电话通知、群发短信等各种形式，多次进行政策宣传、方案解答和签约选房工作。截至12月末，签约率为47%。对既不签约也不搬家腾退的社会租赁人员居住的房屋采取断电措施，同时通过法律诉讼程序起诉4户原厂居民，推进该项目工作进程。鉴于两栋周转楼安全综合评定为Deu级的现状，通州区法院于2017年11月3日一审判决4名被告将房屋腾退。4名被告不服，已经上诉。金通公司对两栋危楼保持不间断安全巡查和全天24小时实时监控，同时做好应诉工作，力争加快推进房屋腾退和拆除工作。

做好首都“疏解整治促提升”工作。根据区政府、区国资委对“疏解整治促提升”的具体要求，金通公司完成了如下任务：一是为了消除安全隐患，提升北京城市副中心形象，协调属地政府，将涉及的新华大街、新华北路、健龙森等32处“开墙打洞”建筑物进行封堵。二是为了提升小区的居住环境，消除安全隐患，金通公司配合属地政府，将涉及的潞潮佳苑小区、北方亿立家属院和冷冻小区的近3000平方米违建全部拆除。三是小型工业制造企业有序退出。位于京华院内的京欣伟业电器有限公司，为制作汽车电机的小型制造业，属于被疏解的低端产业范围。金通公司配合属地政府，落实相关文件精神，做好相关职工的稳定工作，确保在规定时间内企业停产和迁出。四是规范京华大院停车管理，整治乱停乱放问题。金通公司对院内停车位进行重新规划,安装电子门卡，对租赁单位收取一定的停车占地费用。按区域划分专用停车场地，彻底整治乱停乱放现象，改善了大院内的停车秩序，减少了安全隐患，提升了院内工作环境。

做好离退休人员服务管理工作。金通公司管理离退休职工5023人，其中，离休干部18人，替国资委代管人员1854人，公司历年接收破产、改制人员2709人。因历史原因，他们的待遇标准不同，经常出现一些矛盾，给日常管理带来很大困难。2017年，金通公司通过改进服务态度、提高服务质量，保证离退休队伍的稳定。准确发放福利待遇。全年发放洗理费、生活补贴、取暖补贴、丧葬费和抚恤金等1222.6万元。其中，为国资委代管人员发放497.2万元，为公司直管人员发放725.4万元，做到及时、合规，无一笔差错。2017年，接待离退休人员达7000余人次，为他们提供帮助，解答相关政策，努力化解各种矛盾。为607名离退休职工申请变更就近的定点医疗机构。看望和慰问公司系统15名退休困难职工，把党的关怀和企业的温暖送到他们的心里。

2017年，按照区创城办、区国资委要求，公司成立“创城”工作领导小组，主抓公司系统内的“创城”具体工作。关键节点时，广大干部和职工放弃公休并投入到“创城”工作当中，按照《全国文明城区测评体系》相关内容及城市社区17类的具体要求，重点围绕公司系统所属的42处老旧小区进行对标检查。查出不达标问题近900处，下发28次整改督办单，全年公司系统投入400余万元用于“创城”工作，其中，包括潞潮拆违及修复、制作宣传标牌、垃圾清运、小区保洁、路面修复、墙体粉刷等各项工程，到8月底，按照“创城”的要求全部完成整改,改善了老旧小区的环境，提升了小区居民的生活品质。在9月13—16日中央文明办对通州区的“创城”检查验收中，金通公司系统管辖的通惠南路29号院（水泵厂家属院）、后南仓1、2号楼（二毛家属院）等7个物业点位被列入检查范围。通过区国资委的工作指导和金通公司系统全体人员以及相关单位共同努力，以上这些物业点位，全部高质量通过检查组验收。

（陈志强）

园区

概述

2017年，通州园以京津冀协同发展和非首都功能疏解为契机，实施创新驱动发展战略，聚集优势产业，调整产业结构，优化产业布局，推动地区经济发展。全年11个园区(商务园，光机电基地，金桥基地，物流基地，开发区东区、西区、南区、北区，永乐开发区，聚富苑，星湖科技园)完成工业总产值415.3亿元，同比下降4.48%；总收入1233.9亿元，同比增长4.35%，工业企业收入537.2亿元，同比增长0.24%；税收合计71.1亿元，同比下降8.30%。

8月15日，中关村科技园区管委会党组成员、副主任侯云（左三）一行到通州调研

（园区管委会提供）

加快产业转型升级。启动编制园区产业转型升级实施方案。委托北京市长城企业战略研究所启动《通州园区促进产业转型升级的实施方案和指导意见》的研究编制工作，在对光机电基地、金桥基地等11个园区走访调研的基础上，结合园区发展面临的内外部环境和机遇、园区发展现状、未来发展思路，完成《通州园区促进产业转型升级实施方案（初稿）》的编写工作。建立拟入驻园区项目区级统筹机制。由通州园管委会牵头，就拟入驻园区项目的立项工作，征求区发改委、经信委、环保局、食药监局、副中心协调办等相关委办局意见，上报区政府。由主管副区长主持召开产业项目入驻园区政府专题会研究，会后按照区政府会议纪要办理。年内，召开5次政府专题会，对73个拟入驻园区项目进行研究，原则上同意其中的54个项目入驻园区。

加快产业调整退出步伐。2017年园区计划退出企业22家，纳入市级一般制造业企业退出计划的园区企业有7家，全部停产。至年底，园区转移企业名单内已迁出在外地选址的企业21家，整体退出117家，环节退出27家。进一步完善《园区调整退出工作方案》，对园区内符合环保要求和产业定位的高新技术企业、上市公司等重点企业，合理制定退出周期和过渡期限；对暂缓退出企业继续做好扶持服务工作，推动园区经济平稳有序发展。全面梳理产业转移承接地资源。陆续接待包括来自河北省、天津市、山东省、内蒙古等县级以上承接地单位140余家，与山东庆云县、河北曹妃甸区、玉田县等8家单位签订战略合作协议，建立产业转移合作园区，进一步探索跨地区产业合作发展模式，在区政府指导下推动退出企业与承接地对接工作有序进行，研究制定产业转移规划、转移次序和税收共享机制等，实现优势互补、互利双赢、共同发展。搭建企业疏解平台。与两家平台公司建立战略合作关系（北京开宝投资管理有限公司、北京中天诚投企业策划有限公司）。平台企业联盟企业数超过2000家，通过平台组织400余家企业代表1000余人赴外埠开发区实地考察110余次，成功举办推介会、恳谈会等活动20余次，间接通过联盟对接、考察、与外地签订合作协议的企业200余家。

加快项目基础设施建设。年内，园区项目建设全面开展，北京邮件综合处理中心三期项目等10个项目开工建设；甘李药业生物中试研究项目及生物信息项目等45个项目复工建设；天圣工业厂房及附属设施项目一期项目等23个项目竣工。园区建设道路、污水处理厂等基础设施项目30个，总投资额33.16亿元，其中，13个项目竣工。2017年，永乐开发区完成生态化建设任务，有建设项目4个，总投入3.05亿元。通州园6家市级以上开发区生态化建设任务全部完成（通州经济开发区东区、西区、南区、光机电基地、金桥基地、永乐开发区）。

提升园区科技创新能力。年内，园区72家企业的104件发明专利获授权。北京卓立汉光仪器有限公司与中国农业大学合作完成的“生鲜肉品质无损高通量实时光学检测关键技术及应用”获得国家技术发明二等奖，北京嘉林药业股份有限公司的“化学药物晶型关键技术体系的建立与应用”项目荣获国家科技进步二等奖，北京韬盛科技发展有限公司的“附着式升降脚手架（TSJPT9.0）项目”荣获北京发明创新大赛金奖，北京德火新媒体技术有限公司的“AR沉浸式全景仿真系统”项目获2017年度中关村首台（套）重大技术装备试验示范项目，北京潞电电气设备有限公司入选首批北京市知识产权运营试点单位，北京传祺泰科医疗信息技术有限公司入选2017年中关村金种子企业，通州园北京壹人壹本信息科技有限公司等3家企业获中关村商标品牌示范试点单位称号，126家企业入选2017年“瞪羚企业”，14家企业入选2017年“展翼计划”，3家企业的3个项目入选2017年北京市高新技术成果转化项目，10家企业的10个项目获通州区科学技术奖。

做好园区及企业服务工作。年内，园区中新认定的中关村高新技术企业61家，累计中关村高新技术企业319家。协助北京首量科技股份有限公司等6家企业在“新三板”挂牌。做好中关村政策宣讲咨询。举办政策培训会3次，邀请市工商局、商标局，中关村管会相关部门组成政策宣讲团，分别就企业登记注册全程电子化操作流程、《中关村国家自主创新示范区一区多园协同发展支持资金管理办法》《中关村国家自主创新示范区优化创业服务促进人才发展支持资金管理办法（试行）》等内容进行详细解读，有8个园区、企业代表220余人培训受益；为园区企业争取政策资金扶持。协助园区企业申报工业企业技术改造重大项目、申报2017年度商业便民服务设施项目投资补助等，2家企业26个“一带一路”项目申报重点国际项目，帮助29家企业98项发明专利、2项中国专利奖，2家企业5项技术标准，7家企业11项商标获得中关村技术创新能力专项支持资金，组织盛泰华业等3家企业成功申报中关村现代服务业中小企业创业孵化试点项目，获得425万元支持资金。建立园区入园企业及在谈签约项目台账。为实时掌握园区企业动态，与区发改委、投促局沟通协调，定期更新园区《入区企业名录库》《通州园区千万元以上签约项目情况表》。

11月9日，通州园关于中关村支持创新环境建设、创新人才发展政策培训会 （园区管委会提供）

加强高端人才引进培育。年内，召开博士后科研工作站2017年工作会，对博士后科研工作站相关政策、如何建设和做好博士后科研工作进行系统的培训；实地走访调研四环制药、中丽制机等博士后科研工作站分站，听取意见和建议；协助企业分站做好博士人员进站及经费资助申报，新引入3人入站，累计引入11人入站，协助甘李药业、通美晶体等企业为在站博士申请市级、区级科研经费和生活经费补助42.3万元；与天津市武清区、河北省廊坊市加强沟通联系，推动“通武廊”人才一体化发展示范区建设。

（郭庆云）

北京通州经济开发区西区

【概　况】 2017年，北京通州经济开发区西区实现总收入55.88亿元，工业总产值47亿元，税收总额7.18亿元。年内，引进15家企业，注册资金总额155亿元，租赁厂房总面积7150平方米。经开智汇园二期和恒基云谷三期工程开工建设，总投资7.85亿元，总建筑面积13.8万平方米。截至年底，退出工业企业16家，腾退土地366亩，含地上厂房65577平方米，腾退租赁厂房面积3.7万平方米，涉及从业人数1395人。协助退出企业申请到奖励资金610万元。

【举办“春风行动”大型现场招聘会】 3月16日，开发区西区联合张家湾镇政府在园区内广源路举办“春风行动”大型现场招聘会，近千名求职者到场寻找合适岗位。开发区西区为招聘企业搭建展位，为求职者提供就业指导资料。开发区内北京万生药业有限责任公司、吉林森林工业股份有限公司北京门业分公司等10家大中型企业参与招聘，提供就业岗位45个，应聘人数达300余人。

【义务献血】 年内，开发区西区协同张家湾镇政府、通州区中心血站组织开发区企业开展义务献血活动。北京万生药业有限责任公司组织企业职工开展义务献血活动。开发区企业高度重视此项工作，义务提供活动场地，企业领导带头参加，员工踊跃报名。北京万生药业有限责任公司130余人参加登记，86人符合条件成功采血，采血总量19800毫升；北京新晨办公设备有限公司160余人参加登记，122人符合条件成功采血，采血总量31400毫升。

【开发区西区劳动争议调解中心被确定为全国示范单位】 根据国家人力资源和社会保障部办公厅《关于开展乡镇（街道）劳动争议调解综合示范工作的通知》，将开发区西区劳动争议调解中心确定为全国首批乡镇（街道）劳动争议调解综合示范单位（北京市共3家）。随着城市副中心建设阔步前进，落后产能企业腾退工作集中完成，开发区内高耗能、高污染企业陆续外迁。在迁出过程中，企业与员工之间的劳资矛盾日益突出。开发区西区劳动争议调解中心本着预防为主、教育疏导、依法调解、防止激化的原则，通过完善矛盾纠纷排查调处、重大矛盾主动介入、疑难案件联合调处、调解回访、持续提升调解员业务能力等五大工作机制，不断加强劳动人事争议调解规范化建设，提升劳动争议预防化解能力，切实发挥示范引领效应。自2015年成立以来，开发区西区劳动争议调解中心调处各类矛盾纠纷130余起，调解成功率超过90%，有效发挥了第一道防线的作用。

【开发区西区被评定为北京市生态工业园区】 根据北京市2013—2017年清洁空气行动计划和关于组织开展北京市生态工业园区评定工作的通知要求，经北京市经信委、环保局评审和公示，开发区西区被评定为北京市生态工业园区。

【韬盛科技产品荣获第11届北京发明创新大赛金奖】 本次大赛自2016年6月20日拉开序幕，至2016年11月30日报名截止，有来自全国28个省、直辖市、自治区的1818个项目参与网上报名。通过大赛组委会形式审查，符合参赛条件的项目达1490项。经过多种形式的专家评审，并通过初赛、复赛、决赛、公示等多个环节，最终评选出发明创新奖230项（其中，特等奖1项、金奖20项、银奖70项、铜奖139项）。韬盛科技附着式升降脚手架（TSJPT9.0）荣获金奖，同时荣获“京津冀”协同创新优秀奖。

【经开智汇园二期和宏泰旸恒基云谷三期工程开工建设】 经开智汇园二期工程由北京经开张湾置业有限公司投资建设，总投资4.32亿元，建设面积7.94万平方米，于2017年8月开工建设，计划2019年竣工。宏泰旸恒基云谷三期工程由北京宏泰旸投资有限公司投资建设，总投资3.53亿元，建设面积5.8万平方米，于2017年9月开工建设，计划2019年竣工。

【产业转型升级】 年内，利用经开智汇园、宏泰旸恒基云谷、方和正圆众创空间等现有资源载体，与企业联合加大项目引进力度，聚焦总部基地、研发中心、结算中心等产业集群，加快储备新项目，持续优化产业结构。利用开发区主导的产业转型升级统筹平台，对企业腾退的土地进行收购，按照城市副中心功能定位重新规划再利用，为引进新兴业态做好准备。

【协助园区企业申报奖励】 年内，协助北京四环制药有限公司申报第三届通州青年英才奖，1人获批，奖金额5万元。协助北京四环制药有限公司申报2017年度博士后工作经费资助，科研活动经费获批6万元，博士后日常经费资助获批8万元。协助北京四环制药有限公司、北京通美晶体技术有限公司各1名在站博士申请2017年度通州区高层次人才创新创业平台资金，每人分别获批科研经费5万元，生活补贴4.5万元。协助园区5家企业申报通州区“两高”人才工程，北京四环制药有限公司与北京万生药业有限责任公司各3人、北京韬盛科技发展有限公司与北京通美晶体技术有限公司各2人、北京医模科技有限公司1人入选，分别获得相应奖励资金。

【安全维稳】 年内，严格目标管理，层层落实责任制，与入区企业签订各类责任书，明确企业主体安全责任。强化防范措施、加大安全检查和督察力度，全力落实重大节日、重大活动期间的安保维稳工作。制定专门工作方案，成立专项隐患排查整治小组，深入排查整治各类安全隐患，在安全隐患大排查大清理大整治专项行动中，严厉打击非法行为，及时消除安全隐患。坚持依法处理劳动纠纷问题，帮助企业妥善安置分流人员，平稳有序完成产业退出。

（邵山珊）

北京通州经济开发区东区

【概　况】 北京通州经济开发区东区成立于2004年，2012年10月，国务院批复同意调整中关村国家自主创新示范区空间规模和布局，开发区确定纳入中关村国家自主创新示范区，规划面积4.38平方公里。2017年，完成工业总产值39.6亿元，总收入125.4亿元，工业企业收入47.4亿元，增加值19亿元，利润3.62亿元，税收5.7亿元。年内，园区获得通州区总工会、通州区安全生产监督管理局举办的2017通州区安康杯知识竞赛三等奖；被北京市通州区西集镇委员会、西集镇人民政府评为2017年度突出贡献先进集体；园区工会被北京市通州区西集镇总工会评为2017年度工会工作先进单位称号。

【项目建设】 年内，园区开复工项目3个，全年完成投资约30967万元，嘉林一期5#固体制剂生产厂房等3项正在申请GMP认证标准；二期1#实验车间等6项正在办理开工证；珅诺基一期主体完工；威特龙项目竣工；诺思兰德一期项目取得GMP认证。

【产业疏解】 年内，按照国家、市、区对“散乱污”治理的工作要求，园区计划上账清退企业33家，含异地经营企业9家。截至2017年年底，23家企业与园区签订《企业退出承诺书》，其中，14家企业完成工商注销与变更手续，15家企业完成污染物评估、能源消耗评估，14家企业完成退出奖励申请。

【引进新兴业态项目】 年内，引入北京便利蜂连锁商业有限公司科技服务项目。该项目是便民服务的“互联网+”项目，2017年2月14日设立运营，截至年底，建立站点45家，项目完成工商注册手续和食品流通许可证审批。

【基础设施建设】 年内，加快手续办理速度，推进镇区主干路杜望路工程。完成污水、雨水、给水、中水等管线施工，完成燃气等市政管线及桥梁、照明、绿化、交通等配套工程施工。道路范围内拆迁工作，完成所涉及的张各庄、杜柳棵、望君疃3个村涉及农田、果园及9家集体企业等进行入户测量、清登工作。园区内望君疃110千伏变电站工程站点完成竣工验收，1月份投产发电。

【成立园区职工之家】 按照《关于印发<通州区2017年度建会建家工作方案>的通知》要求，推动基层工会职工之家成为组织健全、服务到位、职工信赖、工作规范、文明行为常在的单位内部“职工服务站”，园区申报筹备职工之家，并于11月21日通过区总工会验收，开发区工会职工之家成为通州区文明职工之家。

【安全维稳工作】 园区始终保持高度重视安全维稳工作，把确保安全生产、维护社会稳定放在第一位，定期对企业安全和施工工地进行检查，定期组织消防演练，严防重特大安全事故发生。2017年，园区未发生安全生产事故，也未发生越级上访事件，和谐稳定的社会环境得到进一步巩固。

（赵　军）

北京通州经济开发区南区

【概　况】 2017年，经济开发区南区实现税收3.3亿元，工业总产值23亿元，销售收入24亿元，利润10770万元。5月31日由漷县镇党委批准，中国共产党北京通州经济开发区南区委员会正式成立。

【推进产业调整退出】 2016年至2017年，园区涉及调整退出企业20家，2016年调整退出12家，2017年涉及的8家企业完成调整退出工作。

【项目手续办理情况】 年内，维龙物流智汇中心产业园项目取得立项及建设用地规划许可证批复，正在办理规划意见复函；恒亿盛世“一方健康谷”、君禾药业生产一次性使用采样器、蓝天泰润（北京）洗涤服务有限公司“租洗一体化”项目正在办理项目立项；甘李药业生物中试研究项目及生物信息项目主体施工完工。

【优化产业发展环境】 年内，集中供热中心前期完成辅助楼和锅炉房的全部建设内容并验收；中心区西区供热管网工程已完成施工图设计，并取得财政局工程预算评审报告，完成施工、监理招投标工作；觅子店组团路网（鑫隅一街、鑫隅四街和鑫觅西四路）完成施工、监理招标工作，推进拆迁红线范围内地上物拆迁补偿签约工作。

【完善服务体系】 2017年，园区不断完善服务体系。一是完成觅子店组团集中供热中心低氮锅炉检测工作，完成园区内15家企业燃气锅炉低氮改造，其中，更换新燃气锅炉4家，更换燃烧器11家；二是完善园区企业环保“一厂一档”台账工作，完成工业园区污水集中处理设施自动在线监控装置联网工作，完成园区内11家企业污水在线监测设备安装工作；三是建立园区“散乱污”台账，制定“散乱污”企业整治专线工作方案，完成园区内16家环保问题类“散乱污”企业清理整治工作；四是定期对园区内企业开展安全生产检查及隐患整治，全年园区未发生一起安全生产事故。

（初庆蒙）

中关村科技园区通州园光机电一体化产业基地

【概　况】 北京市光机电一体化产业基地于2001年成立，基地位于北京市东部发展带，环渤海经济发展圈的核心位置，紧邻通州新城核心区，与亦庄经济技术开发区一路之隔。光机电基地规划用地面积7.5平方公里，土地使用功能以一类工业用地为主，同时以F3类多功能用地和二类居住用地为辅。园区主要功能定位为高新技术产业研发和高端制造业，配套建设行政办公和商业金融等配套公共设施和公共绿地。

基地在成立之初便大力发展总部经济和创新科技型产业，经过多年发展，形成以李宁、天宇朗通为代表的总部型企业集聚区，以岱摩斯、比亚迪模具等为代表的现代制造业集聚区，以北京经开国际企业大道III、枢密院、北京总部等园中园项目为代表的园中园企业集聚区三大产业格局。

2017年，基地实现税收14.9亿元，较2016年16.7亿元减少1.8亿元，同比下降11%。其中，国税10.9亿元，较上年同期11.6亿元减少0.7亿元，同比下降6.6%；地税4亿元，较上年同期5亿元减少1亿元，同比下降20.8%。

截至2017年年底，园区有入驻企业482家，纳税千万元及以上的企业30家，累计实现税收11.4亿元，占基地整体税收的77%。全年实现工业总产值110亿元，较上年同期127亿元减少17亿元，同比下降13%；完成技工贸总收入280亿元，较上年同期281亿元微降0.1%。

为配合“京津冀”一体化协同发展，光机电基地大力开展园区转型升级工作，推进园区内耗能多、污染大，不符合政策方向的企业停产限产及退出工作，持续带领园区转型升级企业对相关开发区进行实地考察，为园区产能退出企业牵线搭桥。2016年园区完成红狮漆业、液化空气、亚南气体公司的转型退出工作，2017年园区完成金宇通晖、联东模板厂的转型退出工作。

【轨道17号线北神树站进展情况】 年内，北京市轨道交通建设管理有限公司（以下简称“轨道交通公司”）核实完成交通导改、施工临时占地情况，1#风井临时开口及北神树站、1#风井施工临时用电、10千伏高压线杆迁改新建电力管井项目将进行施工。为建设及施工单位与管委会及公司各相关部门搭建良好的沟通交流平台，也为推进地铁17号线北神树站项目开工建设提供了有力的支持和保障。

【园区大市政水接引工作】 年内，53家企业完成大市政水接引工作，置换水量1.19万立方米/日，受益人口4.1万人，园区内报装企业水表结底工作全部完成，园区供水管线改造后续水表置换施工完成审批。

【安置房入住】 北神树村安置房项目于2016年5月底竣工，通过建委整体验收并获得北京市建委结构长城杯，经过验收、公示咨询、看房、选房、结算、确权及入住办理等7个阶段，2017年5月，有609户被拆迁人参加选房，选定房源954套，办理入住2163套。

【通州留创园、人才驿站项目基本完成】 2017年，通州留创园首期投资8500万元，在硬件设施方面，首期物理空间3800平方米完全具备企业入驻条件；在软件服务方面，运营服务团队和智库平台基本完成第一阶段构建工作，通州留创园专家库首批入库专家16名。人才驿站是通州区委组织部为支持通州留创园发展专门设立的配套机构，主要职能是为入驻人才提供政府政策咨询及服务，于2016年启动建设。

【安全场所大排查】 8月，基地严格按照“六个严查”“九个一律”的工作标准，建立6个工作小组，制定工作方案，出动人员350余人次，重点对出租厂房、出租公寓、地下空间、拆迁区域、在施工地等场所进行大排查，本次排查隐患单位190处，清除苫盖拆迁区域杂草20余万平方米，建立出租公寓台账24家，出租厂房台账100家，彩钢板建筑台账30处（其中，拆除11处，整改18处，限期整改1处），出租厂房台账100家，在施工地、加油站台账（5处在施工地、1个加油站）和地下空间台账、园区企业员工租住公寓情况台账等。

【蓝天保卫战工作】 8月，按照“蓝天保卫战”工作部署，出动看护人员2900余人次，出动车辆390余车次，组织拆除奥达石化东侧、武夷公寓院内、世纪鸿南侧、次渠印刷厂东侧、白庄停车场内及园区私搭乱建、开墙打洞等55处违法建设约11500余平方米。推进基地内耗能多、污染大，不符合政策方向的企业在规定时期内停产限产。截至年底，5家企业停产清退。园区内有14家企业在空气污染期间执行限产措施。配合环保部、经信委等单位，处理5项环保问题，督促企业及时整改。

【园区综合治理】 年内，基地街长制制定实施方案，在结合各部门自身工作的基础上，按照巡查、反馈、协调、处置、督察、考核6步进行管理，特别是“创城”、中共十九大期间，发挥了重要作用。此外，基地多次协调镇食药、环境、城管等部门开展联合执法，132家无证无照餐饮企业全部关停，并由看护人员加强监管，同时开展“回头看”专项治理，建立长效机制，发现复开现象立即制止，确保治理效果。同时，完成园区监控系统升级工作，安装探头68个，基本做到重点区域全覆盖、无死角。要求园区企业和在施工地严格落实“门前三包”工作，加大在施工地周边道路遗撒、扬尘现象集中整治力度。清理园区内乱挂条幅120余条；清理非法小广告1000余张；清理非法广告牌110块；清理生活垃圾、建筑垃圾约660余车；治理非法小商贩148起；清理非法炮摊20起；治理露天烧烤行为133起；治理露天焚烧行为26起。加大园区车辆乱停乱放治理工作，开具违法停车告知单1.2万余张，拖走严重影响交通的违法车辆27余辆，并在润枫领尚小区周边道路划线、规划停车位，并设立禁停标志，解决周边住户停车难问题。对园区破损道路和路灯等基础设施进行维修，新增绿化面积2.4万平方米。

（李振凤）

中关村科技园区通州园金桥科技产业基地

【概　况】 金桥科技产业基地成立于2002年，总体规划面积13.06平方公里，其中，一期规划面积7平方公里，二期规划面积6.06平方公里。金桥基地是中关村自主创新示范区的重要组成部分，也是北京城市副中心产业发展的重要支撑，享受中关村和通州区的产业政策支持。2017年，金桥基地落实区委、区政府提出的“一城一河两组团”战略布局，围绕“一个中心”（即落实“京津冀”协同发展和北京城市副中心建设的产业要求）、立足“三个支点”（即努力实现特色发展、错位发展和协同发展）、推进“五项任务”（即稳增长、调结构、优化园区发展环境的五项具体举措）的“十三五”总体工作思路，结合全年各项重点工作计划，全力推进各项工作，取得新突破。基地2017年预计实现总产值99亿元，总收入117亿元，税收12.9亿元，同比分别增长0.3%、0.8%和3%。

【土地一级开发】 一期剩余地块方面。进一步加强与经信委、国土、规划等部门的对接，全力推动4宗地块上市工作，但由于土地入市新政及副中心规划调整，这些地块上市进程较慢。同时，协调解决未征地地块的土地占补平衡指标问题，未征地块面积约1372亩，其中，607亩需要占补平衡指标，准备办理区政府一级开发授权。二期大项目地块方面。结合天安数码城项目，继续加大协调力度，办理基地二期地块土地一级开发工作，取得7个地块的规划条件、区政府授权和用地预审告知单。同时，对地块涉及的复垦用地进行测绘，并确定复垦面积，准备柴务村复垦立项前期材料。

【招商引资工作】 年内，围绕一期现有园中园招商资源，根据北京市、通州区城市副中心及园区产业发展要求，结合通州区《禁止和限制类目录》，全年引入小型研发、生产型和商贸类企业111家，项目总投资约5.4亿元，预计全部达产后年形成税收8400万元以上。同时，全力推动二期招商工作，在区、镇领导的关注和支持下，基地与天安数码城集团就天安世创园项目签订《委托框架协议》，委托项目方办理后续一级开发相关工作，以加快推进项目进展。

【企业服务管理】 一是加强企业走访调研。一方面充分了解企业实际需求，进一步提升企业服务水平；另一方面与相关企业进行约谈，督促部分企业尽快完成工商、税务注册变更手续，涉及限期关停退出企业进行相关整改，进一步提升企业管理力度。二是组织企业开展培训。组织200余家企业开展工商政策、锅炉低氮改造、人才服务、上市座谈相关培训活动16次，为企业充分利用好支持政策打下良好基础。三是全力服务企业科技创新和人才培养。伍强科技、中捷四方等10家企业获得2017年通州区科学技术奖；甘李药业等3家企业获得通州区专利项目奖励。组织企业申报2017年国家自主创新示范区高端领军人才、2017年通州区“两高”人才工程项目、通州区科技创新人才奖励等，涉及各类人才31人。四是为企业争取资金支持。为甘李药业、卓立汉光等13家企业申报专利资助、人才奖励、科技创新等支持资金约124万元。

【配套基础设施】 再生水厂一期工程（2万吨规模）的土建工作、厂内设备安装和配套污水管线建设完成，正在进行退水管线施工，并调试相关设备，待供电设施完工后即可进水运行；环科东二路、景盛北一街等道路施工完成，待施划交通标志标线后即可投入使用；完成公交场站基建和充电桩安装工作，新开通1条微循环公交线路，极大地方便了企业员工和周边居民的出行。

【“创城”工作】 年内，基地“创城”工作主要围绕温馨家园小区和几条主要道路周边存在的问题进行整改，投入人力超过2000人次，清理僵尸车10辆，针对小区楼道、管井房、电泵房及自行车棚堆放的废弃物品及垃圾，各种杂物进行清理，清理杂物900余车。拆除违建及私搭围挡53处，清理地锁50个，清理楼道152个单元，硬化路面2万平方米，新增规划车位56个，安装休闲椅20个，更换破损的消防栓22个，改造绿地超过2.5万平方米，修缮人行步道7000余平方米，修复更换井盖25处。在完成上述问题整改的基础上，继续加大工作力度，严格测评标准，进一步查缺补漏，切实抓好每一项测评指标、每一个测评点的达标落实工作。同时加大宣传力度，通过提高群众素质、加大巡查力度和完善基础设施三方面建立长效机制，确保问题不反弹、不复发。努力完成“创城”迎检工作，提升居民的生活水平和社会文明程度，同时为建设开放创新、绿色宜居、幸福和谐的城市副中心做出更大的贡献。

【党建工作】　2017年，基地党建工作重点围绕基地支部党建和非公企业党建开展。着力加强非公企业党建。进一步完善联席会议、民主议事等制度，建立党建分组、培训计划等工作台账，并加强工作培训；组织企业党员参观北京经济技术开发区党群服务中心党建展厅和北京规划展览馆、观看爱国主义影片等活动；组织企业召开非公党建工作会议，推动非公党建“两个覆盖”工作。

（王　欣）

北京通州物流产业园区

【概　况】　2017年，物流园区围绕城市副中心建设工作大局，以及区委六届四次会议精神，认真落实区委、区政府决策部署，以改革创新精神为引领，加快推进园区建设，各方面工作都取得新进展。全年实现总收入260亿元，同比增长6%；完成固定资产投资11.1亿元；税收10.38亿元，同比增长3%。其中，北京苏宁云商销售有限公司实现税收4.23亿元，同比增长80%；百丽鞋业（北京）有限公司实现税收2.24亿元，同比增长2%。两家企业的税收总和占园区税收总额的60%，总部经济优势明显。12月27日，北京通州物流基地更名为北京通州物流产业园区。

【项目建设】　年内，口岸项目0015地块配套楼及库房工程完工，0019地块一标段配套楼及库房工程主体基本完工，二三标段将于2018年3月份恢复进场施工；0014地块完成上市工作，其余地块手续稳步推进；联东项目完成主体工程施工，宝联项目完成竣工验收。

【基础设施建设】　年内，兴贸南街工程实现竣工通车，保障了口岸项目建设；完成口岸内3条道路的施工招标；兴贸北街项目已取得发改委前期工作函；驸马庄110千伏变电站正在办理项目规划方案和立项手续；完成融商二路排水管线工程；配合水务所将雨水引入六支渠，解决东南部雨季内涝问题；马干渠与五支渠改造、中水规划和污水管线对接、南水北调供水管线前期工作同步进行。

【招商引资工作】　2017年，新引进注册企业28家，涉及新能源、精密仪器、电子商务、文化传媒等领域；以苏宁易购为代表的电商规模进一步扩大。通过多方协调，促成京东项目落地，预计每年上缴税收2亿元，形成新的经济增量；新储备项目十余家，主要有鸿坤集团、瑞康医药、北京明宇科技等意向投资企业；协助宝联项目引入北京万兆浩恒有限公司；帮助联东项目意向签约环球质普技术公司和德西语贸易公司；完成东南高速智慧物流港项目的控规批复工作，疏解整治院内小散乱企业，腾退土地27.67公顷；驰普城项目完成股权转让，正在研究新的产业引入方案。

【环境治理工作】　年内，完善《物流基地空气重污染应急预案》，加大检查力度，确保企业、工地减排措施落实到位；完成供暖中心锅炉低氮改造，安装电动汽车充电桩，鼓励“绿色出行”；推行“街巷长”制，全力做好环境治理与景观提升工作，改善企业和小区周边生态环境；对兴贸三街、融商四路、六路、七路路灯统一维修安装，为融商五路沿线路口加装高杆灯，方便行人、车辆夜间通行。采购道路隔离设施，联合城管、交通等部门对小区周边路段机动车违停问题进行专项整治，优化园区道路交通秩序；完成兴贸二街绿化景观工程，改造原有绿地，移植苗木4279棵，新增绿化面积2万平方米。

【深化“京津冀”战略合作】 1月18日，为落实“京津冀”协同发展，推进产业优化升级，物流产业园区管委会与河北邢台威县经济开发区管委会签订《战略合作框架协议》。双方将本着优势互补、互利共赢原则，建立合作伙伴关系，联手推动产业转移及产业升级，深化“京津冀”战略合作布局，以开放促转型，打造“京津冀”产业合作新平台；4月26日，物流产业园区管委会与江苏省新沂市人民政府签订《合作框架协议》，经协商决定在江苏省新沂市共同建设北京通州物流基地新沂基地，同时组建产业转移工作小组，定期研究转移工作进展，协调解决企业在落户过程中产生的问题，为园区内企业转型升级和疏解提供帮助。

【口岸0014地块完成挂牌出让】 5月12日，通州物流基地口岸项目YZ00-0606-0014地块F3其他类多功能用地完成国有建设用地使用权挂牌出让，出让用地面积为3.52公顷，建筑规模为8.8万平方米，成交价为人民币6.2亿元，竞得人为北京北建通成国际物流有限公司，该宗地将以“七通一平”形式供地。

【被评为2017年度优秀物流园区】 8月18日，在2017（第十五次）全国物流园区工作年会上，北京通州物流基地（更名为北京通州物流产业园区）被评为2017年度优秀物流园区，该评选是由中国物流与采购联合会物流园区专业委员会通过对园区安全、运营制度、公共服务、经营特色等多方面进行考核，此次获得优秀物流园区称号，既提高了物流园区的知名度，也进一步打造了园区品牌，为园区招商、发展提供了助力。

【智能管理信息化平台全面投入使用】 8月28日，物流基地智能管理信息化平台全面投入日常办公使用，该系统包含个人办公、流程审批、企业信息等7个功能板块，采用B/S架构，通过跨区域的分布式统一管理，实现企业经营数据采集，行业数据导入功能，内置财务分析工具，根据采集的数据实现基本企业经济运营财务指标分析功能以及针对物流领域个性化指标分析功能，自动绘制生成图表，便于财务规划和园区经济运营决策。该系统的应用加快了基地“智慧园区”建设进程，同时也进一步推进了园区转型升级的步伐。

【北京京东达锐贸易有限公司入驻物流园区】 10月11日，经多次洽谈协商，北京京东达锐贸易有限公司正式在物流园区注册，主要负责京东集团3C板块（即计算机、通信和消费类电子产品）和高科技板块，京东作为物流、电商的龙头企业，有着强大的产业链优势和影响力，该公司的入驻将连同苏宁易购带动园区电商平台发展，形成电商业态聚集效应，从而吸引更多电商企业入驻。

（孙时宇）

北京市通州新城金融服务园区

【概　况】 北京市通州新城金融服务园区（通州商务园）位于通州新城西北部，温榆河两岸，是通州区调整产业结构，加快现代服务业发展，重点发展的高端商务、企业总部办公集聚区，是北京市9个金融功能区之一和北京市电子商务聚集区，在由商务部授予的34家国家电子商务示范基地单位中综合排名第一。产业定位是金融后台服务基地、电子商务聚集区、效率型国际总部基地、新型服务业孵化基地。园区总规划面积7.3平方公里，一期2.9平方公里，特色为滨水生态、低密度、节能环保“花园式”办公。2017年，园区实现营业收入91亿元，完成税收2亿元，其中，国税0.67亿元，地税1.33亿元。重点企业纳税情况：阳光人寿保险股份有限公司北京分公司、金融街（北京）商务园置业有限公司、中信富通、北京心物不二电子商务有限公司、北京乐友达康商贸有限公司等企业纳税均超千万元。2017年，园区新签约项目37个，总投资5.7亿元。截至年底，园区注册企业达到405家，其中，批发零售业96家、电子商务企业39家、金融企业23家、总部型企业15家。5月，园区成立北京市通州新城金融服务园区安全生产委员会。5月，商务园管委会成立内控工作领导小组，聘请专业机构开展内控管理工作，制定合理完备的内控制度和体系。截至年底，完成《内控手册》初稿。6月，园区获得科技博览会优秀组织奖和最佳展示奖，电子商务博览会最具影响力电子商务产业园奖项。

【园中园一二期售罄实现运营】 2017年，金融街园中园一期二期总建筑面积26万平方米，全部售罄并成功吸引120多家企业进驻，其中，包括知名企业云锐传媒、搜狗营销中心、中国供销电子商务、米尔军事网等，办公人数达5000人。

【公园公厕改造工程竣工】 6月，由园区管委会出资对公园公厕实施改造，工程投资总额92万元，建设标准为三级卫生间，河西一座，河东南北分别两座。11月底工程竣工。

11月30日，商务富锦公园公厕竣工
（新城金融服务园区提供）

【非公党建工作实现全覆盖】 截至10月，商务园内6个有党员的非公企业全部建立企业党支部，配齐了支部班子。由此，商务园达到党建工作在园区全覆盖。

【开展安全隐患大排查】 11月至12月，为吸取顺义区“11·10”和大兴区“11·18”火灾事故深刻教训，园区开展为期40天的安全隐患大排查、大清理、大整治行动。对入园企业进行“拉网式”全面排查，紧盯重点区域、重点企业，有效防范各类事故发生。

【援建消防中队工程竣工】 11月，该项目实现全部竣工。为了支持园区消防中队工作，加强军民共建，管委会出资援建该中队红门影院、队史馆(荣誉室)工程。工程使用面积146平方米，总投资92.35万元。

【代征绿地工程全部竣工】 12月，园区代征绿地一、二标段及阳光保险项目代征绿地的绿化工程全部竣工。该工程绿化总面积7.49万平米，移交区园林局进行养护。

12月，商务园代征绿地景观工程二标段项目完成结算
（新城金融服务园区提供）

3月，商务园代征绿地景观工程一标段项目全面竣工
（新城金融服务园区提供）

【160千伏安箱变迁移工程竣工】 12月，该工程全面竣工。160千伏安箱变迁移工程位于C2-11地块内，项目建设内容为新建箱式变1台，内装变压器(S11-160KVA＊1台)，总投资190万元。

12月12日，商务园160千伏安箱变工程竣工并完成结算
（新城金融服务园区提供）

（姚　娟）

北京宋庄文化创意产业集聚区

【概　况】　北京宋庄文化创意产业集聚区是北京市政府于2006年首批认定的全市十个文化创意产业集聚区之一，规划面积14.6平方公里，其中，通州新城范围内10.3平方公里。2017年，在区委区政府、镇党委政府的正确领导下，集聚区切实履行好征地拆迁、基础设施建设、招商引资、服务企业等职能职责，使各项工作稳步推进，呈现稳步发展、社会和谐稳定的良好局面，为更好地实施“十三五”规划奠定基础。随着产业疏解、缴纳一次性税款等不利因素的影响，年内，集聚区各项经济指标下降明显，注册企业完成税收1.8亿元。比上年同期减少900万元，同比增长-4.76%；其中，国税7300万元，同比增长16.54%；地税10700万元，同比增长-15.32%。年内，集聚区管委会着力狠抓党的建设，集聚区党支部正式升格为党总支，下设3个分支，面向集聚区管委会、集聚区公司和园区非公企业开展党内活动。

涉众型经济案件专项整治宣传
（宋庄文化创意产业集聚区提供）

【重点项目】　年内，中国艺术品交易中心项目纳入《2017年北京城市副中心统筹推进重大工程行动计划》，按“一会三函”（市政府会议集体审议；建设项目前期工作函、建设项目设计方案审查意见、施工登记意见书）办理开工前的相关手续，将原来办理施工许可所需的13项前置要件优化成4个关键环节。同时与北京市文化置业有限公司共同成立中国艺术品交易中心项目推进领导小组，为项目如期开工提供服务。

艺术品交易中心广场绿化项目，是由集聚区和区园林绿化局共同推进的，致力打造张采路艺术创意公园带。管委会配合区园林局完成绿化方案设计、施工、监理的招标等相关工作。项目方案经过市园林局及区政府的审核，前期手续齐备，地块全部场清地平，具备实施高标准绿化的条件。

【中国·宋庄文化艺术节开幕】　9月27日，第十届中国·宋庄文化艺术节在宋庄美术馆开幕。本届宋庄文化艺术节的主题是“中国梦·艺术梦·宋庄梦”，关注宋庄文艺生态和文化业态（文艺事业状态和文创产业状态）成长，主要内容分为4个板块：艺术展览、文旅产业论坛、艺文专题活动、艺术生活体验。通过展览和活动充分展示宋庄文化艺术社群、彰显本土特色基因、链接文旅产业要素。

【棚改前期工作】　年内，梳理基础数据，完成对宋庄镇前夏公庄、后夏公庄、宋庄、邢各庄、丁各庄、大兴庄、喇嘛庄、辛店等各村户数、人口、国有用地、集体用地的基础数据采集工作，并根据区政府要求完成通州区城区155平方公里内棚户区改造项目宋庄镇各村数据统计表格的填报工作。

【基础设施建设】　年内，规划十六路航油管道防护工程完工；潞苑北大街二期道路两侧硬化工程完工；取得规划十六路市政管线行政许可决定；取得规划十六路与京榆旧线相交增设平面交叉道口行政许可决定；完成京榆旧线道路两侧影响规划十六路建设施工的绿化树木移植工作；开展规划十四、十六路道路照明工程招标工作。

【服务和管理】　年内，集聚区管委会协助工商所完成企业的网上申报工作及自有企业申报，并对涉众型案件风险企业及不经营企业进行清理，以保证集聚区企业质量；加强意识形态监督，强化党支部引领，强化微信公众号宣传引导，把控舆论导向；加强文化安全监督，加强社会舆论引导、重点人群盯防、严格展览活动审查；与区文化委和小堡村委会合作，形成文化安全监管三级联动机制；重视新媒体阵地管理，强化对集聚区注册企业交流群等微信群交流内容的监管、引导、身份审核等。

宣传文化安全
（宋庄文化创意产业集聚区提供）

（黄林娜）

北京永乐经济开发区

【概　况】　北京永乐经济开发区总体规划面积4.6平方公里，远景规划10平方公里。截至2017年底，永乐园区有企业1776家，其中，实体经营企业136家，征占用土地面积136.73公顷。2017年，园区从业人员约3000人，其中，联东U谷永乐产业园有入驻企业110家（在产企业75家），从业人员约2100人。园区全年完成工业总产值4.91亿元，工业增加值1.16亿元，分别同比增长3.12%和-2.89%；完成销售收入5.25亿元，实现利润3882万元，分别同比增长9.57%和3.11%；完成综合税收2.53亿元，形成区级财政收入5307万元。

【重点项目】　永乐花园房地产项目全面开工建设。项目总占地面积20公顷，规划建筑面积53.96万平方米，总投资21.34亿元。其中，商品房部分规划建筑面积43.62万平方米、投资17.33亿元，8月正式开工建设，2017年完成固定资产投资8.81亿元；经适房部分规划建筑面积10.34万平方米，计划投资4.01亿元，正在办理建筑工程施工许可证，2018年初开工建设。永乐佳地电子商务中心、珠江公司厂房一期项目主体完工。永乐佳地项目占地5.77公顷，建筑面积5.51万平方米，总投资3.08亿元。项目于2016年开工建设，2017年主体建筑基本完成。珠江公司厂房项目占地25.84公顷，规划建筑面积19.92万平方米，总投资6.27亿元。其中，项目一期规划面积9万平方米，建筑主体基本完成，完成投资2.54亿元。比亚迪项目选址地块一级开发基本完成。取得控规批复、二级规划条件，并完成其中两个地块的权属审查及文物勘探意见。一级开发成本审计编制完成，待上会后确定。

【基础设施】　集中供热热源工程前期手续完成。该项目由北京北燃供热有限公司投资运营建设，占地3.2公顷，建筑面积8958平方米，一期投资2.25亿元。项目完成建设工程规划许可证等手续，正在办理建筑工程施工许可证。项目一期将于2018年初开工建设。园区污水处理厂（一期）项目投入运营。项目一期日处理能力1000立方米，于7月建设完成并投入运营。配套一期污水管线，包括恒业五街、恒业七街及永开东路等，均在年内完工。

【空气重污染防治】　年内，配合市、区政府和经信委、环保局等相关主管部门工作，制订各项空气污染防治等工作方（预）案，建立并动态更新各类台账，切实抓好贯彻落实。推进“散乱污”企业腾退和一般制造业疏解退出工作。截至2017年底，园区疏解、退出企业4家。加大巡查检查力度，园区全年进行各类巡查、检查约500人次，及时发现和处理各类问题20余起，配合镇纪委约谈企业负责人2次。

（张君红）

北京市通州区台湖高端总部基地

【概　况】　台湖高端总部基地位于通州区台湖镇，东北至京津二通道；西至通惠排干渠；西南至规划垡渠路；东南至六环路，南至凉水河，规划用地面积17.21平方公里，规划总建筑面积1720万平方米。南临北京亦庄经济技术开发区，西接中关村科技园光机电一体化产业基地。项目西距天安门20公里、CBD16公里，北距首都机场30公里，南距首都第二机场22公里，乘京津城际铁路到天津滨海新区20分钟。项目用地规模17.21平方公里，规划总建筑面积约1814万平方米，承载人口约20万人，是通州新城建设北京城市副中心“一核五区”重要区域之一。

2017年，台湖高端总部基地大力完善市政基础设施建设，着手建设“设计之都”建筑科技创新示范区，有序推动智慧城市重点项目建设，加快土地上市准备，为产业项目打下坚实基础，圆满完成各项任务。

总部基地2017年全年实现税收36497万元，同比下降5.79%。其中，完成地税约24474万元，同比下降32.5%；完成国税12023万元，同比增长384.41%。形成区级财力9441元，同比下降38.3%。形成镇级财力4698万元，形成园区财力2349万元。

【推动“设计之都”平台建设】 为深入贯彻落实习近平总书记视察北京重要讲话和北京市第十二次党代会精神，建设有国际影响力的科技创新中心，以及2017年8月市委书记蔡奇视察台湖镇建设时的重要指示，突出台湖镇“演艺+科技”的定位，承接中心城区设计和创意资源向台湖疏解，进一步形成北京“设计之都”新平台，总部基地管委会拟先期在“两站一街”项目建立“设计之都”建筑科技创新示范区，未来将大力发展建筑创意、文化、科技产业，聚集有实力的市属及央属龙头设计企业的创意、研发、咨询部门，和以国际顶尖建筑设计师事务所、关联创意产业公司为主的建筑、创意设计产业集群，形成产业集聚，实现以建筑创意设计为主题的产业集聚和发展，以建筑设计作为“设计之都”其中一个切入点，未来以此带动各类优质创新设计产业聚焦总部基地。

9月12日，台湖高端总部基地召开北京市科委等领导调研指导座谈会

（台湖高端总部基地提供）

【智慧城市建设】 2017年，以云计算中心、公共信息平台、视频监管系统以及智慧交通系统为重点，开展智慧城市建设。其中，智慧交通项目完成顶层设计方案初稿。面积500平方米的云计算中心按照A类机房标准完成一期建设，采用先进云计算技术线路、使用主流软硬件设备、预留充分的扩展接口、建设标准管理运营体系，能够高效、安全、灵活地提供信息化服务。此外，初步完成城市公共信息平台项目建设方案，地理资源可视化信息管理系统完成整体搭建，视频监管系统正在深化编制建设方案。

【市政交通建设】 年内，通马路、次渠中路、站前街次石路、太平西二路、高端总部基地路网、国家车联网产业基地等区政府6大工程进展顺利。通马路二标段全部完工，一标段正在进行次渠桥施工。次渠中路、站前街次石路电力和雨水工程全部完成。站前街南延、富民路、太平路、次渠东南路等4条基地路网均已开建，正进行雨污水管线施工。国家车联网产业基地完成现场围挡建设及场地平整，并取得不动产权证书。

地铁17号线开建，基地范围内3个标段建设手续均提前完成任务。亦庄东石东三路、东四路路面施工完成100%。市保障房配套路网4条城市支路取得道路方案批复，正办理道路规划条件。

【规划开发】 年内，取得公园西侧地块控规批复，申报另3宗地块控规指标。申报审批次渠站周边一体化方案，完成车辆段周边一体化方案深化，提前开展中央景观轴线方案研究。整合35项上位规划研究成果，编制紧急道路项目设计任务书，完成1项市政设施单体建筑形象和22条道路设计方案评审。

8月8日，致公党北京市委领导等参观规划展厅

（台湖高端总部基地提供）

道路地名规划取得阶段成果。保护性修缮宝光寺旧址工作正在征集方案。东石组团荣海大街等11条道路命名获市规土委批复。

【环境整治】 为完善总部基地环境治理，提升环境质量，整治环境秩序，2017年，总部基地全力做好“散乱污”和群租房专项整治，继续做好散乱污企业清退、拆除和销账。治理占道经营及无证经营，园区内12条道路全部严格落实台湖镇街巷长制方案，围绕“十有十无”开展主次干道、背街小巷整治提升工作。加强建设工地扬尘抑制，联合综合执法集中治理流动商贩等各种违规违建顽疾，改进冬季雾霾期间工地安全生产和环境管理，抓好空气重污染应急防范工作，实现市容环境面貌迅速改观。

【6条市政道路工程完工】 2月21日，太平西一路、太平西三路、达昌路、亦庄北小营中路、太平西二路、亦庄通惠灌渠东路6条市政道路工程施工结束，进入工程维保期。由北京星湖投资开发公司将以上6条道路交接给北京新兴博悦物业管理有限公司进行后期道路维护工作。

【Ⅳ-7街区多地块取得控制性详细规划批复】 5月31日，北京亦庄新城站前区Ⅳ-7街区YZ00-0407-0002等地块控制性详细规划取得市规划和国土资源管理委员会批复。北京亦庄新城站前区Ⅳ-7街区YZ00-0407-0002等地块位于东石公园西侧，西侧毗邻通惠排干渠，东部衔接总部基地北部城市湿地公园，本次研究范围31.43公顷，规划编制范围27.3公顷，主要包含四宗F3多功能用地13.7公顷，规划建筑面积23.12万平方米，容积率1.7，建筑控高24米，绿地率30%，其他道路、绿地、水域用地面积13.6公顷。此次编规后进一步完善了总部基地西北区域城市空间形态。

【基础设施建设】 7月6日，亦庄东石东三路（站前街南五街—站前街）道路工程项目取得土地权属审查告知书；轻轨L2线通州段“两站一街”新增定向安置房项目取得北京市民防局下发的人防工程建设方案咨询意见书；台湖镇玉江佳园西路（京渠路—次渠大街）取得北京市通州区水务局下发的道路工程水影响评价报告的批复。

【市领导来通调研产业疏解和科技创新工作】 9月3日，市委常委、副市长阴和俊到通州调研产业疏解和科技创新工作。市领导一行先后前往北京环渤海高端总部基地、北京首量科技股份有限公司、经开国际企业大道，详细了解企业基本概况、企业研发、生产经营范围、技术创新等情况。

【“散乱污”整治工作】 9月11日，总部基地“散乱污”专项整治活动拆除20宗非住宅约7.8万平方米，正在拆除17宗约5.03万平方米，交房待拆除65宗约24.71万平方米。

【4项道路工程取得建设工程规划许可证】 9月26日，总部基地4项道路工程取得建设工程规划许可证，其中，次渠中路道路工程，建设位置是由通州区台湖镇站前街次西路到通州区台湖镇站前街，建设规模1008.49米，道路红线宽40米；站前街次石路道路工程，建设位置是由通州区台湖镇通马路到通州区台湖镇次渠中路，建设规模972.64米，道路红线宽45米；次渠南一街道路工程，建设位置是由通州区台湖镇玉江佳园西路经通州区到通州区台湖镇次渠京华园东路，建设规模324.65米，道路红线宽20米；次渠京华园东路道路工程，建设位置是由通州区台湖京渠路经通州区到通州区台湖亦庄北小营路，建设规模1009.889米，道路红线宽25米。

【云计算中心项目验收工作完成】 11月22日，台湖高端总部基地召开云计算中心项目验收会。会上，专家组听取了云计算中心承建单位的汇报，详细查阅相关资料并进行质询。经认真讨论，专家组认为该项目符合高标准云计算中心建设要求与总部基地发展实际，同意通过验收。

云计算中心是集政府公共服务、电子政务、公共计算和信息处理等多种功能于一体的复合型计算中心，是总部基地智慧城市信息化建设工作的重要支撑，能够有效改善区域投资环境，对区域社会经济建设、城市规划及信息化管理等领域起到推动作用；并将有效辐射周边区域，助力台湖镇及北京城市副中心发展建设。

（张　琦）

北京通州文化旅游区

【概　况】 北京通州文化旅游区成立于2011年，功能定位为集合主题游乐、影视、音乐、演出、体验等各种娱乐功能，建设成中国元素与现代时尚文化相融合的高端文化旅游目的地，成为提升首都文化旅游品质的功能区和集聚文化功能、完善消费功能的重要空间载体。按照市委、市政府建设文化旅游区的安排部署，以及区委、区政府对开发工作的具体要求，在有关部门的支持配合下，文化旅游区充分发挥协调职能、强化责任意识和制度力量，全力推进园区开发建设。

【基础设施建设】 2017年，园区地下综合管廊、路网改造提升、输变电工程等基础设施工程建设全面启动。完成全部55条主、次干路和支路的道路定线工作、方案设计工作；正式开工6条道路。取得21条地下综合管廊前期工作函和设计方案规划意见函，开工10条综合管廊。取得大高力变电站和田府变电站前期工作函，签订投资划分协议；确定高压线临时迁改方案。派出所、消防站、医院、学校、垃圾中转站及环卫停车场等市政及公共服务设施建设同步推进。

4月，文化旅游区管委会党组书记、主任赵军检查曹园南大街综合管廊　（文化旅游区提供）

5月8日，颐瑞东路综合管廊施工现场　（文化旅游区提供）

【环球主题公园项目服务】 12月，北京环球主题公园业主公司——北京国际度假区有限公司成立。一期主题公园用地基本完成土方填垫工程，项目桩基工程即将开工；规划一期主题公园完成扩初设计并启动施工图设计；主题公园二级市政的施工和监理启动公开招标程序；规划诺金度假酒店、环球大酒店和城市大道正在加快完成扩初设计；规划一期停车楼方案设计完成，正在进行扩初设计。

5月8日，通州区区长张力兵（居中者）与美国代表在环球项目现场　（文化旅游区提供）

6月14日，环球项目完成土方填垫　（文化旅游区提供）

【现场管理体系】 年内，筑牢绿色发展理念，以“最先进理念、最高标准、最严格施工管理”为指导，按照“112”模式（一个目标：抓管理促建设；一个标准：绿色文明样板工地，一把尺子量到底；两个阶段：进场前把好源头，施工期间抓好管理）构建精细化的建设现场管理体系。编制安全生产、用电、消防应急、临建施工、扬尘治理、雨季施工等6个专项方案；搭建文旅区综合管理平台；设立13座统一展现园区形象的大门，6个大门实现监控系统通联控制；布置高点摄像头5个，有力的保证了文旅区施工现场的安全有序，为各项目平稳建设保驾护航。

【安全生产管理】 年内，提取凝炼《北京市建设工程施工现场管理办法》《施工现场安全生产标准化管理图集》等文件要求，形成文旅区建设现场管理办公室检查表和安全生产专项检查表，做到施工现场的规范化、标准化检查管理。深入开展防汛、安全生产月、消防安全、安全隐患大排查大清理大整治等专项行动，全年出动安全相关检查400余次，发现并消除各类安全隐患1200余项，保障了各项目安全措施落实到位，无相关安全事故发生。

【园区规划工作】 年内，为进一步落实水城共融系统、蓝绿交织系统、文化传承系统、绿色交通系统等要求，结合北京城市总体规划和通州区总体规划的最新成果，对园区用地性质、水域、绿地等进行进一步局部优化和调整。“智慧城市”的顶层规划编制工作初稿完成，园林绿化专项规划工作也多次对接。

【环球项目相关产业研究工作】 年内，结合新形势、新要求组织课题组深入推进环球主题公园全产业链战略规划研究工作，并组织相关委办局和周边乡镇等单位进行研讨，向区政府进行专题汇报。该项产业研究工作已经结题。2017年，管委会会同首寰公司启动环球项目周边产业研究工作。

【招商引资工作】 2017年，依据前期开展的产业研究阶段性成果，提前谋划，先后与中国对外友好协会、凤凰集团、北控集团、新加坡高鸿集团等多个国际、国内具有影响力的文化交流部门和大型文化产业集团对接，储备16个优质的文化旅游项目。并高标准开展宣传册及宣传资料设计工作，形成宣传册初步设计成果。

（张海旭）

北京市通州区国际种业科技园区

【概　况】 2011年7月13日，科技部、北京市正式挂牌建设国家现代农业科技城北京市通州区国际种业科技园区。2012年2月，区编办批复成立北京通州国际种业科技园区管理委员会（科级）。同时，成立北京通州国际种业科技有限公司，形成“政府搭台，企业运营”的发展模式，其中管委会主要负责园区组织、领导和协调工作，有限公司负责园区基地建设、基础设施、项目投资建设。2012年，园区被农业部和北京市确定为现代农作物种业示范区核心基地、全国农村农业信息化示范基地，并正式纳入中关村国家自主创新示范区建设体系，成为中关村唯一的农业特色产业园区。2013年，被科技部正式确定为国家级农业科技园区。2013年8月，市编办正式批准园区成立正处级管委会（属区政府派出机构），2014年，农业部正式批复与北京市共同创建通州区“四化同步”改革试验区，确定种业园区为试验区核心区。2014年2月，成立北京博士后(青年英才）创新实践基地以及四家博士后工作站。同年5月，园区成立院士专家服务中心以及两个院士专家工作站。通过人才服务平台的建设，园区引入种业高端科技人才151名，其中，博士后16人、博士35人、硕士100人，为下一步打造高端科技人才社区奠定了基础。2017年，园区工作人员22人，其中，在编人员11人，聘用人员11人。设立部门4个，包括办公室、投资促进科、规划建设科、综合保障科。2017年，引进园区企业纳税总计为2150万元。

【与科研院所对接】 2017年，园区与中国农业科学院、中国水产科学院以及农业部规划设计院对接。土地利用规划和控制性规划取得初步成果，规划调整方案通过北京国土与规划委员会的计审，计划调整460亩。

【高通量分子育种平台】 2017年，园区高通量分子检测服务平台收到订单500个，接收样品20万个，常规基因型检测数据点约100万个，DNA芯片数据点1.3亿个并完成针对园区企业需求进行番茄指纹图谱构建工作。种质资源交流共享平台完成主体建设，正在完善种质存储设施、干燥系统、质量检测实验室及相关技术体系建设，争取实现种质资源库运行，为园区内外种子企业和科研单位提供种子保藏的专业服务。物联网集成与应用平台二期工程完成施工，可为企业及科研院校进行各项信息化服务。

【推进种子“硅谷”申报工作】 2017年，在市农委、市科委和市农业局的大力支持下，园区完成《国家现代种业创新试验示范区建设总体方案》的编制工作。与农业部、科技部对接，协调国家和市有关部门加快试验示范区的申报工作。

（侯　烨）

部分重点工业企业

电信科学技术仪表研究所有限公司

【概　况】 电信科学技术仪表研究所有限公司位于北京市通州区北苑155号，历史上先后使用过邮电部北京仪表研究所、信息产业部电信科学技术仪表研究所、电信科学技术仪表研究所等名称，2000年10月正式使用现名（简称“仪表所”）。2017年9月27日，通过工商局注册，单位名称正式变更为电信科学技术仪表研究所有限公司。仪表所是专门从事各种通信测试设备研发与生产的高新技术企业，隶属于国务院国有资产监督管理委员会，其直接领导单位是电信科学技术研究院（又称“大唐电信科技产业集团”）。仪表所现地处北京市通州区北苑155号，拥有职工360人左右，年收入规模1亿元，利润总额过千万元。2012年成为北京市高新技术企业，主要业务由原来的通信测试仪表研发、生产、销售，变为现在的主要从事SMT制造、研发与服务业务。

【SMT产业板块】 SMT业务是仪表所的主要产业，从1992年开始就致力于SMT贴装工艺研究、SMT制造及相关服务。现拥有五条高端进口生产线，二十多名行业专家技术人才以及拥有质量、环境、职业健康等五资质，是集团特通产品生产基地。是北京电子学会团体会员、北京电子学会SMT委员会产学研基地。

仪表所SMT产业在高可靠性焊接方面具有较高的自主控制能力，在行业当中保持着较高的工艺技术领先优势，成为环渤海地区具有重要地位和深远影响力的SMT综合性制造服务标杆。SMT业务在面向集团主体产业做好配套服务的基础上，将原有业务延伸至产业的前后端，针对军工、铁路、医疗、广电、通信等多个领域开展PCB装联、器件代采、整机装配、板卡调测、技术开发、可制造性设计、可靠性工艺研究等多项技术服务，为北京市及周边地区300多家高科技企业产品的成果转化及产业化提供了强有力的中试支撑。

【北京大唐高新技术创业园】 北京大唐高新技术创业园是2002年4月26日经通州区政府和大唐电信科技产业集团共同批准创办的，十多年来有近千家企业入驻园区，成为北京市通州区范围内独具特色的办公园区，吸引200多家创新型公司入园兴业，累计上缴税收上亿元，为改善地区经济结构和社会发展做出了重要贡献，先后孕育出国金黄金股份有限公司、北京荣会艺品国际文化传播有限公司、北京东方风光新能源技术有限公司、北大青鸟通州区分部等一大批国内知名企业。2013年与工商行政部门合作，设立工作点为园区内各企业办理工商注册、年检等手续提供便利；2016年成功申请通州科委众创空间项目，拟通过有效整合资源，完善服务模式，培育创新文化，探索新的商业模式，协助申请中心企业服务平台项目，争取更多的政府支持；每年通过修缮、扩大经营范围、做好客户满意度调查等工作，提升服务水平，为入驻客户提供更优质、个性化服务。2017年，完成北京市经信委智能电子新产品导入（NPI）试验检测中小微企业公共服务平台建设项目申报，成功申请通州科委的孵化器项目，争取到更多政府财政支持，坚持“绿色办公”，科技孵化园区建设之路越走越顺。

（艾思文）

北京岱摩斯变速器有限公司

【概　况】 北京岱摩斯变速器有限公司成立于2003年3月21日，是由韩国现代岱摩斯株式会社、韩国现代汽车株式会社、韩国起亚汽车株式会社、现代汽车（中国）投资有限公司共同投资设立的外商独资企业。公司投资总额约3亿美元，注册资金约1亿美元，现有员工约540名，是通州区最大的外商投资企业之一。

公司位于北京市通州区中关村科技园通州园•光机电一体化产业基地嘉创路2号，厂房面积总和约103000平方米，年生产能力98万台变速器。其中，手动变速器工厂3个，年生产能力73万台变速器；DCT双离合变速器工厂1个，年生产能力25万台变速器。

公司主要生产手动档、双离合汽车变速器和汽车零部件，拥有自己的实验场地及变速器实验室，现主要为北京现代、东风悦达起亚汽车提供配套服务，服务的主要车型有北京现代的索纳塔九代、名图、途胜、悦动、瑞纳、朗动、ix35及起亚汽车的赛拉图、智跑、K2、K3、K4、K5以及KX3等车辆。

（张　丽）

【安全生产】 公司成立专门的安全管理部门，建立安全生产工作领导小组，配备专职安全、消防、职业健康管理人员，有完善的安全管理制度，并逐级签订安全生产目标责任书，将安全责任落到实处；公司管理人员每日进行安全巡查，对检查隐患提出整改意见，由责任部门制定计划按时整改，最后安全管理人员按期进行复查，彻底消除各类隐患。

公司严格执行门禁制度，实现区域封闭管理，对进出厂的人员及车辆进行严格检查。对外来施工人员实行作业审批制度，通过资质审查，签订安全协议，对其进行安全教育，进行施工备案登记，张贴施工告示，并配备充足的防护、救援器材，包括安全管理人员不定期安全检查等一系列措施，确保施工期间不发生安全、火灾、环境污染事故。

职业健康管理人员在第三方检测机构的帮助下对公司的职业危害因素进行识别，根据识别结果，定期为员工发放相应劳动防护用品。根据国家相关法律法规要求，每年对公司职业危害因素进行检测，并对涉及职业健康危害的员工进行职业健康体检。

2017年4月，按照现代集团公司的要求，公司安全管理部门承办了第二次中国区法人安全交流会，全国各地区现代旗下各公司安全管理人员参加交流会。在会上大家相互交流安全管理经验，学习先进的安全管理理念。通过此次会议发现自身安全管理的不足，对进一步提升公司安全管理水平提供了很大的帮助。

2017年10月，应本社要求及公司提升安全管理水平的愿景，决定开展OHSAS 18001职业健康安全体系认证工作。在6个月的努力下，通过完善各种制度，加强现场管理，排除各类隐患，切实提高安全管理水平，最终通过OHSAS 18001职业健康安全体系认证。

（张　昭）

【节能减排工作】 2017年，公司采取一系列节能项目及措施，促进节能减排工作。全工厂更换LED照明灯，年节电42.1万千瓦时；动力室高效电机更换，年节电52万千瓦时；全工厂排风机定时控制，年节电26万千瓦时；新增中央空调集中控制系统，年节电4.6万千瓦时；1工厂热处理生产间隙停用冷却水泵，年节电15.6万千瓦时；采取合同能源管理模式，建太阳能发电站，年发电39万千瓦时，减少碳排放约236吨；改造电容柜提高功率因数节俭电费，年节电21万千瓦时；二工厂热处理冷却泵加装变频装置控制，年节电2.3万千瓦时，公司还采取了其他一系列节能措施。2017年万元产值能耗0.024吨标煤/万元，相比2016年0.031吨标煤/万元下降

22.6%。2017年累计节约电能350万千瓦时，节约电费290万元，减少碳排放2100吨。完成节能目标。

（郝俊名）

北京市通州烟草公司

【概　况】 2017年，通州烟草按照市局（公司）党组坚定信心，保持平稳，防止大起大落的工作方针，围绕抓销量、增税利、净市场三大重点任务，一心一意强基础，聚精会神谋发展，各项工作平稳有序推进。经济运行态势持续向好。2017年，通州烟草抓住销量与利税总额两个核心指标，努力适应环境发展新趋势，发挥网络基础作用，不断探索消费环境建设，挺住了近几年市场波动的阵痛，卷烟销售、市场状态、品牌培育均呈现出恢复增长的良好局面。全年实现利税4.34亿元，同比增长6.73%；实现毛利3.92亿元，同比增长7.51%。销售卷烟65920箱，同比下降0.2%；单箱销售额2.95万元，同比增加2118元。

【打造品牌培育升级版】 年内，全面落实尊重市场、引导消费、增强能力的工作要求，按照“一条主线、三个围绕”的品牌培育思路开展工作。在全市自主培育规格基础上，拓展“5+N”培育模式，以玉溪（初心）为代表，采用橄榄型品牌培育方法，在5个月的长周期培育过程中，做到品牌上柜率和再购率两手抓，取得玉溪（初心）上柜率80.96%、再购率76.53%的良好品牌培育效果。及时捕捉消费特点变化，抓住细支卷烟增长态势，逐步提升销售比重。全年辖区细支卷烟销售4771箱，同比增长81.95%，实现单箱4.44万元，同比增加1174元的好成绩。

【严防“天价烟”现象发生】 年内，将大户治理作为规范经营行为、转变经营方式的重要抓手，依法依规清理一批违规大户，经营大户由年初203户、占比7.09%降至年底45户、占比1.6%，实现市场更加稳定、客户更加满意。了解客户真实需求与经营情况，加强经营指导，优化卷烟购进结构，充分利用零售客户预警系统，做好客户经营行为监督，有效防控卷烟外流行为发生。切实落实“天价烟”专项治理工作要求，通过开展专项检查、张贴“天价烟”警示语、加强零售户宣传引导、提升自律经营意识等，严防“天价烟”现象发生。

【打击涉烟违法犯罪】 年内，以“蓝盾二号”“国门利剑2017”专项行动为契机，充分发挥联合执法机制优势，不断借助外力打击涉烟违法犯罪，加强与兄弟单位沟通协调，与公安、邮政等部门召开联席会议，开展深入合作，达成信息共享、专人联系、联合执法等多方面共识。全年查获涉烟违法案件531起，查获违法卷烟884.86万支，同比增长43.72%。其中，查获假、私卷烟293.68万支，同比增长64.64%；查获真烟591.18万支，同比增长35.21%。查获重大案件违法案值5万元（含）以上的案件数量30起，刑拘3人。查获5万元或5万支以上案件49起，同比增长157.89%（“双五”标准20起），查获以通州烟草为主的网络案件1起，联合兄弟单位办理网络案件6起。

随着“互联网+”行业的迅猛发展，利用物流寄递渠道实施涉烟违法犯罪行为呈现高发态势，且多具有数量少、批次多、隐秘性强、溯源难度大等特点。通州烟草通过拓宽办案思路，行重拳出击加大力度实施监管，在物流寄递环节查办的案件较往年有了大幅增长。查获违法案件达62起，案件数量占比11.68%，查获违法卷烟520.1万支，同比提升214.35%，查获假私烟量占比达到83.23%以上。

【加大法律法规宣传】 年内，加强法制宣传教育，组织开展“3·15”法制宣传、法律风险防控、法律大讲堂、新员工入职等各类培训，向零售户发放普法宣传单。规范案卷制作标准，明确评查要求，认真组织开展案件评查工作。审核经济合同56份、标书1份，全年未发生因经济合同产生的法律纠纷。

【加强内部规范经营管理】 年内，对营销策略变化快速反应，及时调整内部监管措施。全年处理内管预警120条，均属正常预警，无内部违法违规经营问题。真烟跨区流出8.16万支，真烟跨省流出16.08万支，合计流出24.24万支。真烟跨区流入2.44万支，跨省流入33.36万支，合计流入35.8万支。非法流通控制率千分之0.07。实地开展市场价格、库存变化、卷烟落户配送情况检查，走访零售户840户，向营销部门出具《建议书》12份，全部事项经核查均落实处理。

【安全管理】 2017年，组织召开安委会议3次，开展各类安全隐患检查139次，制定重大节假日及特殊时段安全管理专项方案9份。认真做好消防、交通、治安、食品、网络安全管理与隐患检查，发现问题及时整改。更新办公楼内全部老化供暖管线、升级办公楼网络线路、对办公楼地下压力管线和食堂电线线路进行改造、拆除办公楼顶标牌，对施工项目进行全过程安全管理监督。注重职工安全教育培训，组织开展全员安全培训10次、部门级培训7次、岗位培训1次、新员工入职培训3次，培训参与人数达1391人次。荣获2016年度北京市“安康杯”竞赛优胜班组奖。2017年，区局（公司）实现“1002”安全管理目标。

（李　婧）

北京中丽制机工程技术有限公司

【概　况】 北京中丽制机工程技术有限公司成立于2005年，是中国纺织科学研究院有限公司法人独资企业，其前身为北京化纤机械厂。现有注册资本1.9亿元人民币，资产规模11.67亿元人民币，员工726人，子公司3家。公司拥有国家发改委颁发的甲级工程咨询资质，属国家高新技术企业，是国家科技部认定的国家合成纤维工程技术研发中心。经过多年改革发展，公司成为国际化纤机械制造和工程技术服务行业的龙头企业之一，是中国化纤装备行业的主要研发和生产基地。

公司引进各类世界先进数控机床和加工中心等自动化、柔性化加工设备，具备了年产4000纺位纺丝机、4000台高速卷绕头的生产能力，主要产品涵盖涤纶、丙纶、锦纶民用长丝、工业用丝、短纤维生产设备和各类差别化产品，以及其他棉纺、化纤成套设备用电气控制柜和多种规格喷丝板等。

公司被中国纺织工程学会评为改革开放三十年推动中国纺织产业升级重大技术进步企业，曾获中央企业先进集体、首都文明单位、工人先锋号等称号，2017年获得全国五一劳动奖状。

年内，实现营业收入3.5亿元，科技投入2955万元，全年实现工业总产值3.91亿元。

【研发创新工作】 年内，公司申请知识产权24项，其中，实用新型专利15项，发明专利8项，国际PCT专利1项；授权知识产权24项，其中，实用新型专利12项，发明专利14项。发明专利“一种锦纶母丝的生产方法”获2017年中国纺织工业联合会发明专利奖金奖。“年产1.5万吨新溶剂法纤维素纤维产业化纺丝机设备”获批中关村国家自主创新示范区首台（套）重大技术装备试验示范项目。“BKV749型锦纶分纤母丝纺牵联合机”获评北京市新技术新产品。“锦纶一步法分纤母丝产业化成套设备及工艺技术”项目获通州区科学技术一等奖。“12(16头)高速i–BWA55II–1500卷绕机”项目列入通州区科技计划项目。“化纤长丝纺丝、卷绕及全自动落筒成套装备产业化”项目被中央企业团工委、中央企业青联评为“航天科工杯”第三届中央企业青年创新优秀奖。主编国家标准《腈纶设备工程安装与质量验收规范》、行业标准《高速卷绕头》（FZ/T96025—2008）。参编国家标准《纺织工业环境保护设施设计规范》。完成行业标准《涤纶长丝高速纺丝机》（FZ/T96003—1992）修订。

【市场开拓】 年内，参加国际、国内重点区域纺织机械展览会，在上海中国国际纺织机械展览会，展出双丝道加弹机、1800毫米锭长自动卷绕头、化纤长丝自动落筒机、打包系统和新型集成式POY卷绕机架等，将公司系列化新产品推向市场。国际市场全方位布局伊朗、乌兹别克斯坦、巴基斯坦、泰国、土耳其等多个国家，开拓萨尔瓦多、印尼及北非等新兴市场，着力构建优质的国际服务体系，提升影响力。

（李奇芸）

【多元化发展】 年内，公司保持强有力的技术创新、业务开拓力度，优势非纺业务表现突出。空气净化器项目实现系列化新品研发；LED灯项目优化经营管理模式，提高效率、提升产品附加值，与国外客户形成良好合作模式。外资客户方面，医疗产品项目深入合作、拓展范围，开辟为美国GE新加坡公司和美国总部零备件直接供货的渠道，提高供货效率；法国西得乐水机灌装项目注重工艺基数优化和质量控制，获得良好经营结果。

（张　瑜）

【质量管理】　年内，强化全面质量管理，从设计、生产到售后全链条加强。通过质量月报，促进质量工作保持持续性整改，有效防范重大质量事故发生。2017年，完成计量证换证，公司继续拥有产品质量检验资质，确保产品检测数据有效。

【人才建设】　年内，优化人力资源结构，发挥国企优势，党管干部，培养复合型人才，技术型工人，培育“工匠精神”，员工政治素质、业务素质同步提升。2017年，1位技术工人获2017年度全国纺织行业技术能手、“通州工匠”称号，1位获“通州工匠提名奖”称号，2位技术人员获评通州区“运河计划”创新领军人才。博士后科研工作站北京中丽制机工程技术有限公司分站、“首席技师工作室”不断发挥带头作用。

【企业信息化建设】　年内，PLM系统整体升级，电子商务平台建设逐步完成，ERP系统业务流程优化，研发体系三维实体设计和三维仿真分析软件实现50%的研发应用覆盖，《中丽报》转为电子报刊。信息化管理有效支撑和促进了公司精细化管理和科学运行。

【节能减排】　年内，推进绿色环保项目研发，促进行业节能减排。“聚酰胺56短纤纺丝成套设备开发”项目采用生物发酵法代替石油化学法生产聚酰胺56，减少对石油依赖。“绿色多功能差别化聚酯纤维制造与应用技术集成创新”项目属于天然纤维项目。“1.5万吨新溶剂法纤维素纤维产业化纺丝机设备”解决长期积累的结构性矛盾和资源、环保约束问题，有利于纺织行业的可持续发展，拥有良好的经济、社会效益。

公司全年获得供电公司减免电费奖励4.1万元。持续深入开展“五小”活动，保持内部基层创新活力，全年奖励项目53项。完成中央空调机组燃烧机改造。原有柴油叉车安装尾气净化器，并且逐步由电瓶叉车取代。

【安全生产工作】　年内，公司贯彻落实“一岗双责”，落实安全生产责任。预防为主、落实责任、消除隐患，有效保证公司全年安全生产、稳定运行，无重大安全事故、无火灾、无刑事案件等。公司整体安全制度建设、意识提升和体系构建逐步健全和提高，安全生产工作扎实推进。年内，完成安全标准化二级达标复审，申报创建北京市职业卫生示范企业和通州区金安企业。

（李奇芸）

北京万生药业有限责任公司

【概　况】　北京万生药业有限责任公司是新和成控投集团有限公司的控股子公司，是一家集新药研发、原料药和制剂生产及销售于一体的新型高新技术制药企业。公司成立于1999年2月，注册资本5000万元，现有员工千余人。

公司位于北京市通州工业开发区，占地40余亩，建有符合GMP要求的原料药、颗粒剂、片剂及胶囊剂生产基地及符合GLP标准的新药研发中心。

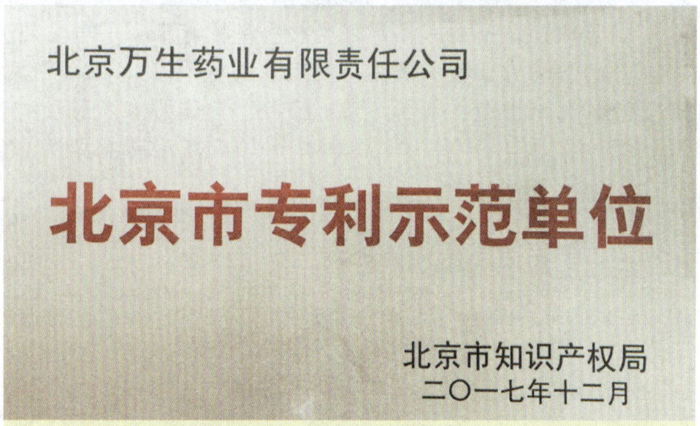

12月，公司被北京市知识产权局评选为北京专利示范单位　（万生药业提供）

公司拥有丰富的产品线，通过“仿创结合”方式实现技术创新，获国家药品生产批件的制剂和原料药49个品种。公司坚持以市场为导向，产品覆盖降脂、降压等心脑血管药物，肾脏、肝脏、神经类药物，以及抗病毒、糖尿病等众多热点治疗领域。

公司秉承创造财富、成就员工、造福社会的企业宗旨和求实、求新、求质、求效的企业精神，以严格的GMP管理、先进的生产工艺、高质量的产品、良好的售后服务赢得广大客户和患者的一致好评。公司产品“复方α－酮酸片”荣获北京市科学技术进步三等奖；公司连续两年荣列中国化药研发实力50强，先后被评为“用北京药放心”首批企业、北京生物医药产业跨越发展工程（G20工程）行业领军企业，公司履行社会责任，荣获首都文明单位称号。

【科研成果】 2017年，公司辛伐他汀、替米沙坦、氯沙坦钾等产品获研发专项；公司副总经理耿玉先获通州区科技人才专项、林国良博士获通州区灯塔计划人才专项；沧州分公司获河北省战略性新兴产业专项，共获基金项目6项。

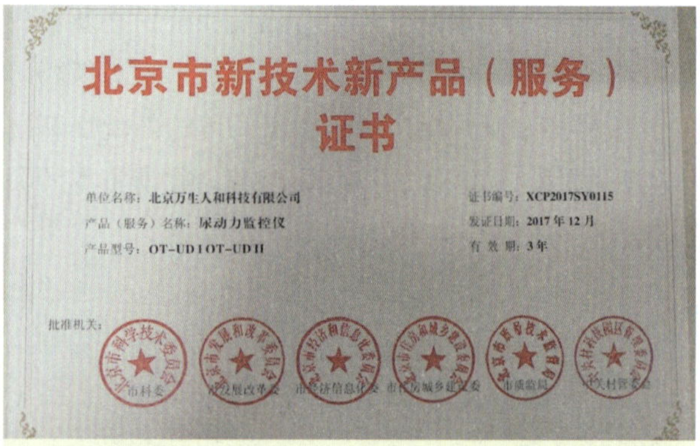

12月13日，子公司北京万生人和科技有限公司自主研发生产的尿动力监控仪产品，荣获市科委等六家单位联合颁发的“北京市新技术新产品（服务）”证书

（万生药业提供）

12月13日，子公司自主研发、生产的“一次性使用吸氧管”“尿动力监控仪”获北京市新技术新产品（服务）奖，其中，零感®尿动力监控仪分获中国和日本发明专利授权，该产品的成功上市，标志着公司在腹内压监测技术领域处于国内领先水平。

【工程建设】 北京万生药业有限责任公司沧州分公司高端原料药项目，占地200亩，总投资2.84亿元，项目自2015年开工建设，历时两年，于2017年6月一期工程全部竣工，9月，通过国家食品药品监督管理局审核，通过GMP认证并投产。该项目的落成可实现年产原料药200吨的生产能力，将成为公司又一个新的经济增长点。

4月13日，北京万生药业有限责任公司沧州分公司举行揭牌仪式

（万生药业提供）

（王海明　郑立伟）

信息化工作

【概　况】 2017年，通州区信息化工作取得较大进展，信息化基础设施水平全面提升，电子政务应用日益深化，政务专网、政府网站、政府办公系统等重要政务系统安全稳定运行，网络安全和应急保障能力不断提高，智慧城市建设稳步推进。

【启动区政府网站集约化平台建设】 2017年下半年，区经信委启动区政府网站集约化平台建设工作。根据《国务院办公厅关于印发政府网站发展指引的通知》和《北京市人民政府办公厅关于贯彻落实〈政府网站发展指引〉的实施意见》等文件精神，为进一步推进通州区政务网站集约化建设，优化网站结构布局，规范政务网站管理，提升运行维护及信息安全保障水平，经领导研究同意建设通州区政府网站集约化平台。11月，项目正式启动，计划2018年7月上线运行。

【启动区政务外网提升项目建设】 2017年下半年，区经信委启动区政务外网提升项目建设工作。

《关于加强区级政务外网建设和管理的通知》等文件，对各区级政务外网的建设、管理和服务提出明确任务和要求，通过本次政务外网提升工作，实现区政务外网网络资源的整合增强、优化升级和精细化管理，在网络技术体制、网络架构和技术路线上与国家电子政务外网和北京市级政务外网实现一致；在功能上满足区级政务外网承载业务系统的发展需求；在网络安全上达到信息系统等级保护三级的评测要求，符合国家相关指导要求。11月，项目正式启动，计划2018年底前完成。

【区政府网站运维管理工作】 2017年，区政府门户网站总体运行良好，全年浏览量为2812061人次，信息更新12464条（首页信息更新8096条），并大量转载《通州时讯》、通州电视台等区内官方媒体信息。政府网站群内各分站运行良好，各政府网站信息更新总量为68616条，发挥了政府网站宣传、服务、互动等作用。

【区政务外网运维管理工作】 2017年，区政务外网和政务数据中心机房全年运行稳定，未发生重大网络与信息安全事件。政务外网完成新接入单位14家，迁移10家；800兆无线政务网新申请入网电台555部。全年解决网络故障962次；数据中心机房用电、空调、消防日常巡检365次；排除隐患15次。保障了区政府网站、区协同办公系统、区应急指挥系统、区网格化管理平台，以及民政、卫生、组工、文化等多部门的政务服务系统正常运行，为全区政务信息化应用提供了重要的网络支撑。

【区政务协同办公系统运维管理情况】 2017年，区政务协同办公系统运行良好，即时高效满足了各单位网上文件下发、公文流转、信息报送、资料传输等办公需要。在保障系统整体稳定运行的同时，针对区政府办、区经信委及相关单位内部OA系统提出的各项新需求认真分析，紧抓落实，不断优化完善系统功能。2017年，新开发区人大机关、区信访办、园区管委会等单位内部OA系统，这些子系统也将逐步上线试运行。

【网络信息安全和应急工作】 5月和9月先后两次组织召开全区范围内的网络安全保障工作会，下发《通州区关于开展2017年电子政务网络与信息系统安全检查工作的通知》。通过了北京市对通州区电子政务网络安全的技术检测和实地检查，完成自建信息系统的网络安全自查工作；聘请第三方网络安全服务公司对机房服务器、网络设备、运行在区政务专网的信息系统和网站进行3次全面的技术检测。按照区应急委的工作要求和区通信保障和信息安全应急指挥部的工作职责，完成应急演练、应急视频会议的保障，应急管理工作绩效考核、风险管理报告等工作。完成全国“两会”、“一带一路”峰会和中共十九大等重要活动期间的网络安全保障工作。

【“MyBeijing”无线Wi-Fi覆盖工作】 2017年，配合市经信委建设通州区无线Wi-Fi覆盖工程。截至12月底，全区陆续在地税、工商、规划、交通等11个办事服务大厅，公共自行车存取点共计493个场所开通“Mybeijing”无线上网服务，共建3285个AP点，每日累计用户4000余个。

（朱宝刚）

建筑·建材业

【深化体验式培训教育】 年内，制定《关于进一步加强通州区建筑施工安全生产体验式培训教育工作的通知》，将体验式培训教育落实情况作为日常执法检查的重要内容。截至年底，全区有2个体验式培训基地，3个体验式培训区，培训5万余人次，覆盖率达93%，培训合格率达100%。

【落实清洁空气行动计划】 2017年，视频监控和现场检查线上、线下双护航清洁空气行动计划。全年开展扬尘治理达标考核1100项次，达标率98%，处理项目37项次，累计计企业及项目责任人73分、转相关部门处理236项次。符合要求的176个在施工地均安装了视频监控系统，充分利用远程视频监控系统开展施工扬尘非现场检查。2017年，6次黄色及以上级别空气重污染预警期间，扬尘检查执法人员全员停休，检查工程952项次，为全区大气污染防治做出了贡献。

建筑工地塔吊喷淋系统

（住房和城乡建设委员会提供）

【“通州建筑工匠”评选】 年内，组织召开“通州建筑工匠”职业技能评选活动，邀请全区在施项目一线建筑工人参与其中，进一步提高劳务工人学技术、比技能、创一流的热情。来自中医医院二期项目施工单位中国建筑第八工程局有限公司的陈浩，荣获首届通州建筑工匠电焊工荣誉。

【小型工程】 年内，以区政府办名义制发《关于推动通州区小型工程施工现场安全网格化管理的实施意见》，填补了小型工程监管空白，明确了小型工程安全监管模式和职责，确立联勤联动机制全力保障实施。

（傅　刚）

【建筑企业情况】 通州区资质有效期内建筑企业636家，其中，总承包企业179家（一级10家、二级35家、三级134家），专业承包企业429家（一级38家、二级223家、三级135家、不分等级33家），劳务分包企业28家（不分等级）。

（刘　光）

【建筑节能】 年内，完成244个单体的新建民用建筑节能验收备案，建筑面积111.35万平方米。其中，公共建筑75个，建筑面积51.72万平方米；居住建筑169个，建筑面积59.63万平方米。太阳能集热器面积5800平方米，可再生能源应用总面积406170平方米。

【绿色建筑】 年内，完成二星绿色建筑节能验收备案项目4个；单体9个；建筑面积239263.05平方米。以上项目均位于核心区建设用地范围内，分别为K2地产05-04-039商业金融用地、富力地产IX-09地块项目、保利地产IV-11地块项目、富华长城地产III-06地块多F3其他类多功能用地项目。

【侨商中心节能情况】 侨商中心即运河核心区III-06地块多F3其他类多功能用地项目，位于北京市通州区运河核心区。本工程为框架剪力墙结构，地上18层，用途为商务型公寓楼，本工程执行建筑节能设计标准代号为DB11/687-2009。建设单位为北京富华长城房地产开发有限公司，勘察单位为北京京岩工程有限公司，设计单位为中国建筑科学研究院，施工单位为中建三局集团有限公司，监理单位为北京中外建工程管理有限公司。该工程于2015年10月9日开工。

【运河壹号节能情况】 运河壹号即运河核心区05-04-039商业金融用地项目，位于北京市通州区运河东岸。本工程为框架核心筒结构，地上18层，用途为商业、办公，地震设防烈度为八级，本工程执行《公共建筑节能设计标准》代号为DB11/687—2015。建设单位为北京丹霞房地产开发有限公司，勘察单位为中化岩土工程股份有限公司，设计单位为北京维拓时代建筑设计股份有限公司，监理单位为北京铁辰工程监理中心，施工单位为江苏南通三建集团股份有限公司。本工程合同开工日期为2016年3月15日。

（李　扬）

商贸·旅游·运输·房地产开发

12月31日，市郊铁路城市副中心线开通　　　（交通局提供）

商业

【概　况】　2017年，通州区商务委员会紧抓“京津冀”协同发展和北京城市副中心建设这一历史机遇，突出调结构、稳增长、惠民生的工作主线，坚持内贸、外贸双轮驱动，以优布局、补短板、疏低端、提品质为抓手，构建“高精尖”商务产业体系，强化商务功能，提升消费品质，优化市场环境，全力惠及民生，完成各项工作任务。

【社会消费品零售额增速位列全市第一】　2017年，通州区社会消费品零售额每月增速连续保持全市第一，全年实现419.1亿元，比上年增长8%，高于全市2.8百分点。

【服务业扩大开放试点政策落地通州】　年内，依托北京城市副中心平台优势，营造服务业扩大开放营商环境，成功争取北京市服务业扩大开放综合试点落地通州。吸引外资，推动服务业在科技信息、金融服务、商务旅游、文化教育、医疗健康等领域开放创新发展，推动高端服务业快速发展，促进通州区经济转型升级，为北京市服务业扩大开放提供经验。

【清理物流企业159家】　年内，按照通州区“蓝天保卫战”总体要求，以严禁新增、全面取缔无证照，规范物流基地内企业为工作目标，调动各部门和属地开展工作。通过反复摸排，多次沟通协调，采取台账式管理方式，完成年度物流企业疏解工作，清理物流企业159家，整改快递企业24家。

【市场调整疏解】　2017年，重点推进通顺明珠建材城、京东北关汽车配件市场、八里桥小商品城、瑞隆生活消费品市场鑫来汇分市场的疏解和梨园李老公庄服装市场的清退转型工作，涉及市场5家、商户953户、从业人员2060人。全年疏解市场11家，疏解商户1821户，完成全年任务的191%；疏解从业人员5265人，完成全年任务的256%。

【规范提升城区18家社区菜市场工作】　年内，起草《关于城区范围内社区菜市场（农贸市场）规范提升工作的方案》，组织相关单位对城区18家菜市场进行集中培训，督促属地推进企业自查工作。组织联合检查2次，对市场经营中的各项问题进行当场处理，并列出问题清单，要求属地负责，督促市场按期处理。

【完成70家生活性服务业网点建设】　2017年，通过分类管理方式，落实生活性服务业品质提升工作。探索招标模式，完成35家蔬菜零售网点建设工作；采取项目征集模式，推进早餐示范工程建设。全年完成70家便民网点的建设和改造提升，覆盖率达60%以上。

【典当和拍卖企业管理工作】　年内，完成2016年度通州区典当企业年审工作，24家典当企业和1家外省市分支机构评定为A类。完成2017年度通州区拍卖企业核查工作，参加核查的10家企业全部通过。

【落实粮食安全区长责任制】　年内，加强粮食行业管理，建立粮食收购资格全流程网上审批系统平台，实现粮食收购资格全流程网上审批。启动粮食收购许可证重新办理工作，组织换证培训。开展粮油仓储单位备案、国有粮油仓储物流设施备案和储粮熏蒸作业备案三大项行政备案工作。

【成品油企业管理】　年内，落实清洁空气行动计划，在通州区全部加油站开展车用尿素供应保障工作。通州区内各销售柴油的加油站均配备车用尿素销售业务。重点加强成品油企业安全生产管理，开展安全生产大检查，落实企业安全生产主体责任。

【商务行业“创城”工作】　2017年，全委动员，以优异成绩接受中央文明组的测评。严格督促整改，最高标准落实“创城”工作。做好材料归档工作，加大社会面宣传力度，要求企业按照“创城”标准张贴、摆放。加强商场、超市、集贸市场“创城”工作督促检查，严格开展现场督促整改活动，确保每个商场、超市和市场达到“创城”测评要求。

【商务执法工作】 2017年，通州区商务执法队除日常执法检查外，对食盐市场开展专项检查，对美容美发、洗染行业逐步摸排，对投诉举报开展现场调查，保持商务行业安全稳定的市场秩序。

【加强商务领域安全工作】 年内，通州区商务委被北京市安委会评为2017年度区级行业部门履行安全生产监管（管理）职责示范单位。坚持在全市率先组织全区全行业安全生产大会，每季度召开一次全委安全生产工作会议。建章立制，齐抓共管，形成浓厚的抓安全、讲安全的氛围。全年召开商务行业安全会议17次；组织联合执法15次；开展专项整治行动21项；开展各类宣传教育培训88场次，其中，大型培训活动28场次；发送对企业安全生产工作进行指导、督促和安全提示的短信、微信5万余条；接受国务院及市委、市政府各类安全生产督察6次。

【“双打”工作】 年内，围绕事关民生安全和创新发展的突出问题，开展专项整治活动，严厉打击侵权假冒行为。建立“两法衔接”机制，法院受理办结侵权假冒案件36件；强化日常监管，9家执法部门查办“双打”处罚案件218件，罚没款524万余元。互联网、成品油、农资、进出口等重点领域治理力度不断加强，“京津冀”跨区域部门联动协作机制建立。

【协助企业用好国家扶持资金】 2017年，开展稳增长奖励资金、网络销售社零额奖励资金、商发资金、总部企业奖励资金的申报和商业便民设施固定资产投资项目征集工作。协助企业获批资金1.05亿元。

【市级专班对接工作】 年内，成立由市商务委主要领导任组长的专班对接工作领导小组，下设商业规划、疏解提升、产业专业转型升级3个专项工作小组，确定3大方面16项具体工作。落实非首都功能疏解新要求，推动商业结构调整和产业升级，研究制定《城市副中心商业体系建设指导意见》。6月、12月，举办2场知名商务企业走进副中心活动，90余家企业参加，实现品牌企业与通州区现有存量资源有效对接。配合做好行政办公区商务配套服务工作，推荐规范化、连锁化、品牌化企业入驻副中心行政办公区。

【建议提案办理工作】 2017年，区商务委承担市政府折子工程2项、疏解整治促提升专项行动2项、绩效任务1项、蔡奇在城市副中心建设专题会上讲话任务1项；区政府重大决策任务6项；北京市非紧急救助服务中心商务举报投诉146件。完成各项任务，146件举报投诉办结率100%，有效反馈率100%（匿名投诉除外），合理诉求解决率97.9%，群众满意度98.6%。

（畅绍丽）

【北京市通州商业资产运营公司概况】 2017年，北京市通州商业资产运营公司以中共十九大精神为统领，以“两学一做”学习教育为主线，牢固树立团结、创新、诚信、敬业的企业精神，加强党风廉政建设、企业文化建设，深化科室职能建设及各组织建设，提升企业和谐度、党组织的凝聚力、干部职工的向心力，展示出健康蓬勃、奋发向上、敢打敢拼的企业精神。年内，实现业务收入1.71亿元，比上年增长19%。上缴税金1072万元，比上年增加248万元。利润总额407万元，比上年增长1.5%。企业总资产14.3亿元，国有资产保值增值率101%。独立法人单位29个，合并报表后单位12个。党总支2个，党支部17个，党员426人（含离退休党员）。在职职工1035人，离退休职工3411人。

自营企业发展步伐加快、各有亮点。小楼饭店将强化品牌文化宣传、提升菜品服务质量作为年度目标。重视老字号品牌价值的挖掘与保护，组织参加行业内部的业务交流与技能评比，开展区内共建互助活动。成功加入世界中餐业联合会清真产业委员会，成为理事单位。受北工大（通州校区）邀请，承担清真食堂运营工作，此次“名校+名店”项目的开展极大提升饭店的社会影响力与品牌价值。年内，被北京市商务委、市餐饮协会认定为北京市优质服务商家、百强门店。烟酒公司多措并举，促经营业绩、社会效益双提升。实行店长协调轮岗，促进一线店铺齐头并进；开展“金九银十”劳动竞赛，激发职工工作热情；配合政府“开墙打洞”、违建拆除、景观提升工程；精准扶贫，签订西藏大昭圣水帮扶协议；品农品质“双轮”驱动，协同发展，开发电子商务。年内，烟酒、品农53家店铺被区商务委指定为粮食应急保障网点，烟酒公司被中国商业联合会评为2016年度全国诚信经商双优示范单位。品农果蔬社会效应扩大。年内，以绝对优势中标通州区2017年35家蔬菜零售网点建设，蔬菜网点数量达78家。作为通州区具有代表性的准公益性经营主体，入选生活性服务业工作交流会便民服务职能典型单位。“通糖”“品农”“品农果蔬”等商标成功注册，拥有自己的品牌价值，为国有企业资产的保值增值增添新的砝码。农机公司以汽车、农机、农资销售三项为支撑扩大业务、提高效益。参与区农委支持的种业园区农机采购项目，销售31台大中型拖拉机、15台三轮农用运输车、2台蔬菜播种机及部分农机具，价值192万元左右。年内，中标通州区农药废弃包装物回收及无害化处理项目第三方监督管理服务项目，截至11月底，回收销毁农业废弃包装物25吨。丽新照相馆完成办公楼地下摄影棚的装修改造，分别在通州万达、通州贵友大厦设置展位承接订单。利用潞河店礼服专柜，与礼慕婚纱礼服高级定制建立战略合作伙伴关系，弥补店面婚纱礼服的欠缺，适时关停并转、减负前进。以“百年丽新 感恩回馈”为主题的拍照优惠活动参加北京市商务委举办的跨年促销活动。

年内，参与通州区“创城”工作，成立“创城”工作领导小组，对标实地考察指标和标准，细致排查。对所辖小区和平房张贴宣传展板166个、创城条幅24个；为无监控标志的小区张贴监控标志36张；铲除小广告5000余处；张贴禁止楼道停放出行工具和堆积杂物的通知800张；张贴灭火器使用说明200张；清理垃圾死角50余处，清除各类垃圾30余吨；为部分小区配备灭火器150个、消防器材18套，更换水轮带116条。

配合区政府开展严厉打击“开墙打洞”违法专项整治行动。及时与租户协调洽谈，与租赁商户洽谈合同终止清退事宜，做好房产整治提升后的后续工作，确保国有资产的保值增值。此项行动涉及公司及下属基层单位房产4处，涉及租赁商户11家、租赁面积2085.12平方米，减少年租金收入148余万元。

（高　岩）

【通州区煤炭公司概况】 2017年，在城市副中心建设和“京津冀”协同发展的大格局下，通州区煤炭公司坚持外拓煤炭业务、做优资产经营、做实新兴产业板块的发展思路，逐步由传统的煤炭企业向多元发展的综合型企业转变。公司下属基层单位由7个调整为6个，即北京万方缘物业管理中心、通县节能技术推广站、北京温馨假日快捷酒店、北京通煤网讯科技有限公司、北京通煤创艺文化传媒有限公司、北京市通州利达运输队。合作单位2个，即北京通煤科信检测技术服务有限公司、北京通煤盛昌燃料有限公司。

2017年，区煤炭公司以深化国企改革为契机，以服务、发展地方经济为切入点，应对市场变化，推进转型发展，强化内部管理，提升员工综合素质，实现持续平稳发展，逐步进入转型发展轨道。年内，煤炭销量27.03万吨，实现营业总收入2.16亿元，上缴税金118万元。

年内，按照城市副中心建设关于加快中低端产业退出的要求，3月15日，洁净型煤生产厂全面停产。根据在服从、服务疏解大局中实现产业腾退和业务外拓的要求，生产设备进行外迁，与北京周边地市企业合作，销售市场以北京远郊区县及河北周边为主。

年内，区煤炭公司全面优化资产经营。盘活有限土地资源，着力推进西果园2号西地块源创科技研发楼项目，完成控规调整、申报立项、规划许可证等前期手续。

年内，区煤炭公司转型发展速度提升。北京通煤创艺文化传媒有限公司在原有平面设计、品牌推广业务的基础上，新增影视制作板块，中标通州电视台文艺频道《园丁梦》《铸梦副中心》两个节目的策划和宣传片制作；在设计制作方面，参与北京潞电电气设备有限公司新建箱式及改造箱式设备外观造型方案设计与优化，公司的区域影响力稳步提升。北京通煤网讯科技有限公司承接“北京西集”微信公众平台开发运营，进行线上宣传工作，利用新媒体，进行“互联网+城市”传播，为政府职能部门转变传统宣传模式提供科技支持；中标光机电产业基地信息化平台的设备采购工程；创建“书香通州”自媒体公众号，推进在线教育与知识付费平台的有机融合。北京通煤科信检测技术服务有限公司取得煤炭检测资质认证、辐射防护检测资质认定证书，组建检测中心专家团队，为通州区在检测方面的技术创新发展提供技术保障。

（郭大龙）

【北京市通州区供销合作总社概况】 2017年，通州区供销合作总社结合城市副中心建设实际，牢固树立抓住机遇、加快发展的战略思想，全年各项工作稳步推进。营业收入总额1001万元，比上年增长14.7%；利润总额800万元，比上年增长14%；上缴税费总额329万元，比上年增长3%。净资产收益率8.18%，比上年增长0.16%。

2017年，发挥农村经营独特优势，推进建设农村综合服务中心项目。原郎府供销合作社大院建设项目，位于西集镇张各庄村西、郎张路北侧，前期手续办理完毕，取得开工许可证；原郎府供销合作社煤厂建设项目，位于西集镇张各庄村西、郎张路南侧，取得土地证，前期手续办理中；宋庄文化产业园项目，经过前期统筹设计、规划，已初具雏形，按前期设想，新建小剧场、导演工作室与原保留小院媒体设计、影视后期制作相互呼应。

2017年，在新兴领域取得突破。运营北京世欣通达小额贷款有限公司，持股比例50%，在全市范围内开展小额贷款业务。截至年底，该公司资产总额1.7亿元，收入1800万元，利润1189万元。

2017年，转变经营理念，变管理资产为经营资产，变低效资产为高效资产，变看摊守本为创新发展，租赁收入增幅14.7%，保证企业经济效益递增，实现资产保值增值。在多变的金融市场中，实现资金效益最大化。全年实现投资收益1770万元，比上年增长3%。一是在规避投资风险前提下，合理选择理财产品，既保证企业资金需求，又使银行存款保息增值。二是在市社的带领下，继续利用资本平台，共同分享产业金融相结合的资本运作收益。

2017年，在履行企业社会责任中促和谐建设。一是牢固树立安全发展理念，成立安全生产保卫部，筑牢安全防线，履行主体责任。二是以提升非紧急救助工作水平为抓手，切实解决公众提出的合理诉求，化解社会矛盾。三是发挥工会职能，营造和谐向上的创新创业氛围。四是提高政治意识，主动作为，切实为群众做实事，完成“煤改电”“煤改气”93户。

（博丽杰）

部分重点商业企业

中国烟草总公司北京市公司物流中心

【概　况】　中国烟草总公司北京市公司物流中心（简称物流中心）成立于2004年7月，隶属于北京市烟草专卖局（公司），是以负责全市卷烟零售户所需卷烟的仓储、分拣和配送工作为特色的国有企业。中心位于首都北京五环、六环之间的通州区梨园镇大稿村，占地面具7.5万平方米，总建筑面积3.1万平方米，总投资1.98亿元。下设1室8部，办公室（企管办）、人力资源部、党建工作办公室（纪检监察部）、财务部、安全保卫部、后勤保障部、工程技术部、配送运营部、仓储分拣部。

2017年，入出库卷烟分别为80.11万箱、80.71万箱；分拣、配送卷烟2.02亿条，128.41万户次；收取现金3.29亿元、支票8.7亿元；配送车辆安全行驶256.77万公里。入库卷烟扫描率、卷烟配送到户率100%，打码到条率达历史最好水平。外埠卷烟到货车辆电子锁开锁率和到货确认率达100%，到货确认率平均值100%。年内，物流中心一体化笼车项目获国家知识产权局三项实用新型专利授权。按照“4和5倍数”订货方式访销卷烟初见成效。

2017年，制定出台2017年度零售户满意度调查方案。调查方以实地走访调查的形式为主，由配送运营部每个月安排一名管理者进行走访调查，走访者根据零售户回答问题的结果，填写纸质调查问卷。直配区按照全部零售户2%比例进行随机抽取实地走访，全年走访400户，走访周期为每月进行一次，每户不重复走访。接力区调查由负责接力配送的调度员进行走访，走访周期为每个区县局一年一次，同时细化调整8项调查项目，并指定专人进行调查问卷的汇总、分类与统计，确保在提高顾客满意度的过程中能对症下药。年内，物流中心处理客户来电2850起，平均每个月接听电话240起。

2017年，完成新型货运车辆等级评定工作，10辆新型货运车辆评定结果全部为一级车，为物流卷烟配送安全工作提供保障。会同第三方技术支撑单位对物流数据报送工作进行全面的梳理和调整，完成数据采集系统与WMS系统和分拣系统的成功对接。

【技术升级改造工作】　2017年，全面启动技术升级改造工作。完成技改项目相关搬迁、移库和改造工作。6月20日，物流中心全自动分拣南线完成技改过渡线迁移工作。7月11日，技改全自动分拣线开工建设。7月12日，完成全自动分拣线拆除工作。11月，启动全自动分拣线技改联调工作和物流信息系统试运行工作。11月15日，进行第一次技改信息与设备的全面联调。此次联调共从立库要货三盘卷烟，共计90件。模拟订单量4500条，拆分成75个小单进行测试。历时一天，信息系统和实物流程都已调通，高架立体库第一次实现从西侧要货并出烟。12月5日，全新的管控一体化平台顺利对接访销订单数据。12月6日，二楼西侧新建的出库区开始出烟，出库卷烟为126托盘卷烟，晚上5时57分第一包卷烟成功下线。

年内，工程技术部完成第二台空压机调试运行工作；完成主楼二楼卷烟备件库网络连通工作；完成分拣线全部设备拆除工作。启动高架立体库安全设施局部改造工作。年内,物流中心正式进入现场施工阶段，各节点分步改造、独立调试，新建过渡线承担全部分拣业务，最大限度减少对生产的影响。仓储分拣部调整业务安排，创造施工窗口，一线职工坚持了100多天“5+2”“白+黑”的超常规作业模式；克服库容不足困难，加强业务沟通衔接，缩短入库等待时间，有效提高库存周转；配送运营部协调各接力区局，与邮政公司协调沟通，制定站台修缮、搭建升降平台实施方案，做好笼车及配套装置的研发对接。

年内，物流中心完成计算机房、UPS间、空压机房等配套设施建设，按期实现过渡线脱壳改造并投产运行，两条全自动分拣线12月正式上线，其余两条完成机械安装，信息化主体架构建设完成并正式运行，实现“保二争四”目标。

年内，为提高立库库存容量，仓储分拣部就整托盘运输卷烟的码放垛型与各托盘联运工业公司积极沟通协调。调整的整托盘卷烟垛型主要是标准烟（84硬包和软包），从8月份开始，湖南中烟和浙江中烟发货的整托盘标准烟（84硬包和软包）码放规则全部由每个托盘28件卷烟更改为每个托盘30件卷烟。

年内，完成一体化笼车验收工作。一体化笼车1500台全部到货，物流中心北站台和西站台已安装登车桥20套，大兴区局5套。128辆配送车辆限位器安装完成，并为所有配送车组配发了裹膜烟包专用搬运工具。配电室增容项目（一期）竣工并通过四方验收。

【安全监管工作】 年内，开展危险源辨识和安全隐患排查，逐步健全隐患排查治理体系。持续推进安全标准化建设，修订应急预案，细化分解安全任务和事故控制指标，安全保卫部牵头组织安全教育培训及应急演练10余次，组织、接受安全检查20余次，下达整改项70余个，全部完成整改，隐患整改率100%，实现“1002”安全管理目标。采用“1+N”的“零距离”监控模式，加强人防技防。建立微型消防站，增配消防器材，完善安全生产管理补充协议，做好安全告知交底。落实“谁主管、谁负责”和“一岗双责”安全生产责任制，逐级签订安全责任书，将责任落实到岗，明确到人。

【多项成果获奖】 3月26日至4月1日，由中国质量协会主办的第十六届全国QC小组成果发表赛在贵州省贵阳市举办，物流中心银狐QC小组发布的创新型课题成果《卷烟配送周转箱自动识别系统的研发》获得优胜奖，并获得全国优秀质量管理小组称号。

5月22至5月28日，由中国质量协会主办的第十七届全国QC小组成果发表赛在山东省烟台市举办，物流中心蓝海QC小组获得三等奖。9月，蓝海QC小组在市局（公司）举办的北京烟草2017年度QC成果发表赛中获得一等奖。QC小组研发新型配送搬运工具，解决运用裹膜包装后卷烟到户交接效率低、送货员徒手作业劳动强度大的问题，降低配送环节卷烟残损率。在决赛中，小组凭借全场最高分，获得北京烟草2017年度 QC成果发表赛一等奖。

6月21日至23日，中国质量协会举办的第五次全国精益管理项目发表赛在西宁召开。物流中心配送运营部《缩短北京烟草送货响应时间》作为北京烟草参赛项目之一参加比赛，获得发表赛一等奖。

10月8日至14日，在中国质量协会主办的第六届全国质量信得过班组选拔赛上，物流中心配送一队从来自全国各行各业的113个班组中脱颖而出，荣获一等奖，并被推荐为全国质量信得过班组。

11月4日至7日，2017年全国现场管理星级评价暨全国质量信得过班组经验交流大会在厦门举办。物流中心配送一队代表北京市质量协会参加经验交流及颁奖仪式，获得全国质量信得过班组荣誉称号。

11月30日至12月1日，北京烟草举办第四届精益项目成果发表赛。配送运营部《缩短北京烟草送货响应时间》项目荣获2017年度北京烟草十佳精益项目。

年内，北京烟草物流中心工程技术部被授予北京市青年文明号集体称号。

（李涵嵋）

通州区粮油贸易公司

【概　况】 截至2017年12月底，公司有职工241人，比上年减少13人；有女职工48人。公司党委下设基层党支部8个，有党员132名，其中，在岗党员106名，离退休党员26名，离岗休养1名。公司包括4家法人单位：北京市京粮潞河粮食收储有限公司、北京市通州区油脂有限公司、北京市永和信诚粮油供应有限公司、北京京粮运河粮油贸易有限公司。北京市京粮潞河粮食收储有限公司下设5个粮库：直属粮库、徐辛庄粮库、漷县粮库、大杜社粮库、永乐店粮库。

2017年，公司全年实现总收入8.15亿元，比上年增长39.84%；完成利润636.54万元，比上年增长8.98%；上缴税金1024.89万元。

【储粮管理】 年内，加强储粮损耗管理。全年出入库储粮9.2万吨，其中，出库储粮4.1万吨，形成损耗154吨，损耗率0.37%，比上年0.45%的损耗率进一步降低。探索储粮新方法。利用内环流控温等科技储粮技术，做好粮食安全储存。根据不同品种、不同仓型、采取相适应的科学保粮方法，提高科学保粮的针对性和实际效果。以双低保管为主，推广应用准低温储粮技术，提高绿色储粮比例，减免熏蒸药剂的使用。加强储粮质量过程检测。完成中央、北京市两级储备粮质量检查工作。经过检测把控，库存储备粮数量真实、质量完好、符合标准，储备粮宜存率100%。

【贸易经营】 年内，公司以基地建设为突破口，沿长江流域节点布局，开展北粮南运业务。全力开展港口业务。利用锦州港、鲅鱼圈港作为粮源集港基地，辐射收购辽宁、吉林地区的优质粮源，为北粮南运提供粮源保障。全年集港粮食22万吨，分别发往江西南昌及其周边饲料加工企业，有效巩固和扩大南方销区市场。打通内河渠道。在加强海运的同时，开辟京杭大运河内河运输新渠道，从上海邬桥码头、江苏南通码头分别发往南昌港并销往周边加工企业，节省海运环节。参与国储拍卖。分别从哈尔滨、虎林、铁岭、双鸭山等国家储备库拍得玉米15万吨，销往南方终端客户。主动参与储备粮轮换。关注北京国家粮食交易中心发布的信息与价格走势，参与竞价粮采购与销售工作，拍得竞价粮1.6万吨，完成补库任务。截至年底，销售各类粮食46万吨，实现销售收入近8亿元。

【附营单位完成年度工作任务】 2017年，军供站完成军粮供应工作，以及本辖区内驻军的军粮供应工作；保质保量完成区储备粮保管工作，得到部队官兵以及上级领导的一致好评。油脂公司深化作风建设，竭诚为823名离退休人员提供热情、快捷、周到的服务，帮助解决生活中的实际困难，维护离退休队伍的稳定。在春节、中秋购买慰问品为老干部送去节日的问候。

【安全生产】 年内，公司始终坚持安全第一、预防为主、综合治理的工作方针，牢固树立安全责任意识，深化安全隐患专项整治，实现公司全年零责任事故的目标。加强安全教育培训。在中共十九大召开前夕，邀请当地街道办事处交通委警官及相关人员，就交通安全以及中共十九大期间安全保卫等事宜进行培训；在“11·9”消防安全日邀请防火中心专家，针对用电安全和防火自救，开展安全知识培训。部署安全生产月活动，协调区安监、城管、消防等职能部门，建立健全相关应急预案，并在施工工地现场进行安全应急演练。开展隐患排查。邀请区安监局、公安局、消防等部门，全年对各单位及外租库点进行13次检查。公司对出租房屋结构、防火、防盗、防触电及防煤气中毒等方面进行重点检查，发现问题及时整改，对不符合安全条件和对隐患问题不及时整改或拒不整改的外租户，一律解除租赁合同。

【重点工程】 永乐店项目于2016年1月正式开工建设，2017年工程全部建设完毕。工程整体结算历经半年时间，经过与施工方的多次沟通磋商，待报区建委质检站最后验收完毕后正式交付使用。

漷县项目年内主体工程及附属配套工程基本完工，从工程施工管理到施工质量均达到预期的工作目标及要求。2017年11月14日，组织施工方、设计方、地勘及监理等参加的五方自验收，各方对验收过程中发现的问题提出整改意见，自验结论为合格。向建委质检站提出工程验收申请，下一步将按照相关程序逐步推进整体工程验收工作。

（杨新星）

对外贸易

【实际利用外资】 2017年，通州区实际利用外资24笔、8.2亿美元，比上年增长127.17%。其中，13家企业入资金额超过1000万美元。

【对外贸易经营者备案情况】 2017年，区商务委为689家企业办理对外贸易经营者备案登记及变更，其中，新备案对外贸易企业243家，变更企业446家；为26家加工贸易企业出具加工生产能力证明。

【外商投资企业登记备案工作】 年内，通州区商务委坚持每日与工商部门沟通联系，关注外商投资企业登记备案联动系统，及时督办情况，提前了解企业变更事项。截至年底，通州外资法人企业工商登记数量320家，均已督办（含无需督办90家），占比100%。实现外资企业设立及变更事项应备尽备，外资应统尽统。

【外商投资企业情况】 2017年，新设立外商投资企业32家，增减资企业29家。投资总额1625304.84万美元，比上年增长1385.98%；注册资金434383.05万美元，比上年增长742.01%；合同利用外资229114.33万美元，比上年增长499.87%。

（畅绍丽）

旅游

【概　况】 2017年，通州区旅游工作在市区两级的正确领导下，深入贯彻习近平总书记到北京调研的一系列重要讲话和市委书记蔡奇到通州调研的指示精神，按照区委、区政府的工作重心和区旅游委2017年产业促进“求突破”、行业监管“求稳固”、民生服务“求满意”、宣传推介“求创新”、自身建设“求过硬”的工作思路，稳步推进旅游产业各项工作落实。

【通州旅游咨询走进社区】 3月8日，通州旅游咨询服务中心借助玉桥社区庆“三八”节活动，携手玉桥街道服务中心在玉桥北里社区中心开展“旅游咨询进社区”宣传活动，面对面向社区百姓推介通州景区景点、艺术文化、生态休闲等丰富的旅游资源，让百姓深入了解通州旅游文化，发放《通州旅游地图》《京郊旅游手册》《京郊旅游导览图》等宣传品500余册，并向社区百姓推荐优质旅游线路，受到社区居民的欢迎与好评。

【开展文明旅游志愿服务活动】 3月12日，通州区旅游委组织旅游志愿者参加区创城办组织的“学雷锋志愿活动暨文明通州·社区宣传日活动”。在活动现场通过发放文明旅游宣传材料及现场讲解文明旅游知识等方式开展文明旅游志愿服务活动。活动现场发放文明出境游手册1000余份、文明旅游环保袋及文明旅游宣传小礼品3000余份。

【文明旅游宣传活动】 3月21日，按照区文明办《关于开展通州区2017年学雷锋志愿服务推动月活动通知》要求，结合文明旅游宣传工作，通州区旅游委在新华大街开展学雷锋文明旅游宣传活动，5

名旅游志愿者参加活动。活动发放文明出行宣传手册1000余册、文明旅游环保袋700余个、文明旅游宣传记事本500余本，文明旅游记事本等纪念品约500余份。

4月22日，为深入推进全国文明城区创建国工作，落实"文明旅游"创建工作指标，不断提升广大市民群众的文明旅游程度，按照区文明办关于开展"文明通州"社区宣传日活动的要求。通州区旅游委联合区公安分局出入境管理大队开展了以"文明旅游"为主题的"文明通州"社区宣传日活动，活动主会场设在在运河公园。发放《文明出境游手册》《旅游安全提示》及文明通州手提袋等宣传品2万余份。

5月12日，是全国第九个防灾减灾日，为努力营造全民参与防灾减灾和应急管理的良好社会氛围，按照区政府的统一安排，区旅游委在新华大街繁华地段开展以"防灾减灾、保障民生"为主题的宣传咨询活动。现场接待群众咨询百余人次，发放防灾减灾书册、旅游安全图册、文明旅游出行指南等各类宣传品3000余份，充分营造防灾减灾和应急管理工作的良好氛围，努力提升群众的防灾减灾意识和自救互救能力。

5月19日上午，由通州区旅游旅游发展委员会、天津市武清区旅游管理服务中心和河北廊坊市旅游发展委员会共同主办的"协同京津冀　共享通武廊　旅游让生活更幸福——2017年'5·19'中国旅游日旅游宣传推介活动"在通州区大运河森林公园柳荫广场举办。通州区人民政府副区长李亚兰，通州区旅游发展委员会主任纪万成，天津市武清区旅游管理服务中心主任陶景艳，河北省廊坊市旅游委副主任万一兵，区内15家、天津市武清区2家、河北省廊坊市3家旅游企业，30家媒体、20位摄影爱好者等90余人参加活动。活动现场，围绕"协同京津冀　共享通武廊　旅游让生活更幸福"为主题开展4项宣传推介活动。一是举办"多彩通州"旅游风光摄影展，现场摆放60余幅通州精美照片，让游客直观了解通州作为北京城市副中心的旅游新风貌；二是进行"通州味儿"旅游摄影扑克的首发式；三是发布"通武廊"特色旅游线路，"5·19"中国旅游日期间惠民旅游活动；四是进行现场"旅游推介"，组织天津市武清区、河北省廊坊市的旅游企业和通州区的大运河森林公园、运河公园、金福艺农番茄联合国、运河苑渡假村、绿色港湾休闲农场、永安旅行社等20多家旅游景区、旅游新业态企业、旅行社开展宣传推介活动，发放宣传材料、宣传品等1.5万余份。北京电视台、北京旅游网、城市旅游网、通州电视台、《通州时讯》等30家媒体进行报道，全力营造全社会关注旅游、参与旅游、支持旅游、推动旅游的良好氛围。

【"通武廊"旅游合作联盟成立】　3月23日上午，由北京市通州区人民政府、天津市武清区人民政府、河北省廊坊市人民政府主办，通州区旅游发展委员会、武清区旅游管理服务中心、廊坊市旅游发展委员会承办通武廊旅游合作联盟成立大会在河北省廊坊市胜利召开。会上签署《通武廊旅游合作联盟框架协议》，宣读了《通武廊旅游合作联盟宣言》，签订了《通武廊'旅游+'战略合作备忘录》，发布"通武廊"精品旅游线路和"通武廊"旅游一卡通项目。

【业务技能培训】　"五一"前夕，区旅游委在北京运河源酒店组织开展消防业务技能培训，100余名酒店员工参加培训。区旅游委对灭火器、消防应急包、消防水带连接、防毒面具等设备设施操作方法进行现场讲解，对消防中控室、客房、后厨等重点部位消防安全知识进行培训，对提高消防安全意识、提高消防安全业务技能、提高自救互救能力提出要求。

6月8日，为认真落实安全生产月各项工作，有效提高全区旅游行业消防应急处置的整体水平，结合2017北京市旅游行业第三届安全技能大赛的开展，通州区旅游委组织星级饭店、A级旅游景区、重点住宿单位的主管安全工作负责人及一线员工50余人，在通州区消防支队新华街中队开展安全生产月消防培训活动，活动邀请教官现场授课。培训结合技能大赛比赛项目，从水带连接、60米灭油槽火、烹饪火灾灭火、消防器材识别、60米负重跑、50米物资疏散、50米两人担架救援、混合模拟消火栓实际出水打靶、手持灭火器接力9项内容进行现场讲解、实战操作。培训多角度的阐述各种火灾、火情的处置方式，通过实际参与的方式，切实提高旅游从业人员的消防安全意识和应对火灾能力。

8月11日上午，为深入贯彻落实《北京市旅游条例》，通州区旅游委组织开展通州区旅游行业《北京市旅游条例》培训会，对区内相关行政管理部门的主要领导和全区旅游企业主要负责人500余人进行培训。会议邀请市人大法制办主任姜俊梅就《北京市旅游条例》的立法背景、设计思想、章节内容的确立进行分析，从强化首都核心功能，提升旅游文化内涵；整顿旅游市场秩序，治理非法一日游；按照旅游法要求，完善民宿经营管理3个条例突出特点，逐章逐节逐条详细的进行解读。通过此次培训使相关行政管理部门及旅游经营者、从业人员更好的了解条例的重点内容和亮点，为条例的贯彻落实起到推进作用。

9月30日，通州区旅游委会同通州区安监局在北京亚太花园酒店召开安全生产风险评估工作培训会，区内星级饭店安保部经理以及安全录入工作人员参加会议。会上对《北京市旅游行业安全风险评估实施方案》《北京市星级饭店安全风险辨识评估标准》进行分析、讲解，对北京市安全风险云服务系统中企业填报不准确、安全风险整改变更填报不及时的问题进行指导、纠正，听取了每家星级饭店安全风险评估工作开展情况的汇报。

10月30日，通州区旅游委开展京郊旅游实地培训工作，区内星级饭店、A级旅游景区及旅游业态单位100余人参加培训。培训聘请旅游业内专家实地就顺义旅游业态典型代表企业尺木无山、欧菲堡酒庄、焦庄户民俗村等企业的经营发展理念、发展中存在问题等方面进行实地讲解和培训。

【应急演练】 6月21日，通州区旅游委联合区水务局、区气象局在漕运码头开展通州区旅游行业2017年安全生产月防汛应急演练活动，区内星级饭店、A级旅游景区、旅游业态单位、社会旅馆等300余名负责人参加观摩。演练活动围绕启动应急预案、景区人员疏散、播放应急广播、救援落水游客、组织医疗救护等环节开展。演练期间，区气象局对汛期天气形势进行讲解，区防汛办对景区防汛物资储备和救援情况进行专业点评。

11月23日，为认真贯彻落实2017年消防宣传月活动工作部署，深刻吸取“11·18”大兴区火灾教训，有效提高通州区旅游行业消防应急响应的整体水平，通州区旅游委会同梨园镇政府，在北京太阳花酒店开展2017年消防宣传月消防演练活动。通州区内星级宾馆及其规模以上社会旅馆的主管安全工作领导、安保部经理80余家企业120余人参加观摩。演习模拟大楼建筑主体发生火灾，按照发现火情、启动手动报警器、启动应急预案、播放应急广播、启动微型消防站、疏散客人、搜救、组织医疗救护等流程完成整个演练的全部过程。

【参加2017广东国际旅游产业博览会】 9月8日至10日，2017广东国际旅游产业博览会在广东省广州市国际会览中心举行。此次博览会由广东省旅游局主办，北京市旅游委组团，通州区旅游委一行4人参加博览会。通州区展位突出北京城市副中心和通州旅游的特色，现场以扫码送通州旅游风光扑克的方式宣传通州。并向游客发放宣传北京城市副中心的宣传材料《田园都市》《古迹寻踪》《多彩通州》《通州旅游图》等1万余份，接受现场观众咨询近万人次。

【参加第十九届北京国际旅游活动】 10月1日上午，由北京市旅游发展委员会主办的第十九届北京国际旅游节在奥林匹克公园庆典广场拉开帷幕。本届旅游节以“丝路连世界　欢乐游北京”为主题，从10月1日持续到10月4日，集中向国内外集中展示北京多样化的旅游资源以及作为世界城市的北京旅游品牌形象。通州区旅游咨询服务中心与北京通州旅游行业协会组织运河苑温泉渡假村、第五季生态农业园、北京花儿朵朵花仙子农业有限公司、北京星湖园度假酒店参加现场咨询及宣传推介活动，向游客发放通州旅游地图、通州旅游资源手册等2000余份。

【参加第六届北京旅游商品及旅游装备博览会】 10月27日至29日，第六届北京旅游商品及旅游装备博览会在北京市中国国际展览中心（老馆）举办。此次博览会由北京市旅游发展委员会主办，区旅游委组织区内唐人坊、向村、格申、东方艺珍、鲁班文化、运河苑、第五季、金福艺农等十余家旅游企业参加本届博览会。通州区旅游委以“情满千年运河，乐游多彩通州”为主题宣传通州，现场以播放宣传片、扫码送通州旅游风光扑克、实物展示、现场咨询等多种形式宣传通州，发放宣传材料1万余份，接受现场观众咨询近万人次。

【京郊旅游市场】 据不完全统计，2017年春节黄金周，通州区纳入旅游统计监测的7家重点住宿单位、3家旅游景区和9个乡镇总体接待情况良好。春节期间接待游客27.07万人次，比上年同期上升5.2%，旅游综合收入1237.73万元，同比下降19.4%，下降原因主要为住宿业收入减少（月亮河温泉酒店停业）。运河文化庙会连续举办了四届，被列为“北京十大庙会”之一。2017年运河文化庙会彰显千年古韵人文情，重点突出“年味”、“通州味”和“文化味”，据不完全统计，截至初六中午，接待游客15.64万人次，庙会门票收入156.4万元（数字来自区文化委），成为春节通州区最聚人气的地方。春节7天，包括第五季龙凤水港生态园的千人饺子宴等在内的民俗旅游项目接待游客9.58万人次，民俗旅游收入694.37万元，与上年同期基本持平。温泉旅游高峰日接待游客量可达3109人，收入60.09万元。据统计，清明假期3天通州区民俗旅游接待人数4.7万人次，民俗旅游收入319.79万元。

【安全检查】 年内，通州区旅游委通过多时间点、多单位联合、多种方式对通州区内的旅游企业进行安全检查。在元旦、春节、“两会”、清明节、“五一”、高考、中考、会考、国庆节、中共十九大期间、圣诞节等时间节点，或由区领导带队、或由区旅游委主要领导带队、或联合安监、质检、区消防支队、区公安分局治安支队、区食药局和乡镇，采取不发通知、不打招呼、不听汇报、不用陪同接待、直奔基层、直插现场的“四不两直”方式进行突击夜查、抽查、夜查和行业联组互查、联合复查，经过检查，总体情况良好。对个别存在安全疏散标识、灭火器数量不足、安保人员业务知识不熟悉等现象，区旅游委执法人员对该单位进行批评教育，责令问题单位进行整改，确保安全。

（李侍卫）

交通运输业

【概　况】 年内，通州区交通局围绕北京城市副中心建设，对接市交通委副中心专班，加强运输行业管理，加快重点交通项目建设，推进交通运输服务保障工作，缓解交通拥堵，推进公共交通一体化，综合治理行业大气污染，运输行业保持安全平稳发展。全区有郊区客运企业1家，运营车辆623部，全部为新能源和清洁能源车辆（LNG153辆、气电混合6辆、纯电动464辆），运营线路56条，总长度1465公里，日客运量27万人次。出租汽车企业12家，运营车辆2587辆，其中，区域电动出租车500辆。旅游客运企业1家，运营车辆1部。备案汽车租赁企业34家，车辆6061辆。水运游船业户1户，游船120艘。货运业户4762家，货运车25810辆，核定载重量127946.3吨，其中，危险化学品运输企业33家，危运车806辆，核定载重量6191吨。货运绿色车队企业达到125家，8949辆车。机动车维修企业一类企业32户，二类企业134户，三类经营业户196户，二类摩托车维修业户6户，各种品牌专修店26家，连锁经营品牌店4家。2017年，区交通局被市执法总队评为2017年度北京市交通执法先进单位。

【可燃物清理专项整治】 1月1日至3月31日，区交通局开展运输行业可燃物清理专项整治。加强对企业的宣传教育，督促开展消防安全自查自纠，做好春节、元宵节期间烟花爆竹等可燃物清理工作，提高消防安全意识。出动检查人员251人次，执法车83辆次，检查出租、郊区客运、旅游客运、货运和危险化学品运输、机动车维修企业118户次，抽检车辆75辆，发现并整改安全隐患30处；检查郊区客运场站9处，站内地面全部硬化，无添加柴油及天然气设备，配备专职安全人员，未发现消防隐患。

【城市副中心专班对接工作组成立】 1月，区交通局成立城市副中心专班对接工作组，与市交通委副中心专班对接交通运输服务保障和综合执法工作。定期参加对接例会和专题会，建立工作台账，分类管理，重点追踪，配合市专班逐项落实任务。设立局副中心对接专刊，年内参加各层面对接协调会议39次，上报信息37篇。

【出租汽车营运证换发完成】 3月20日至5月30日，区交通局完成辖区出租汽车营运件换发工作，涉及出租汽车企业13家、个体出租经营者17户、运营车辆2581辆、驾驶员3865人，核发年度营运证件2581张。

【出租汽车三元催化器更换】 3月28日，区交通局组织辖区出租汽车更换三元催化器，与北京现代、北汽公司等车辆售后单位对接，完成10家出租汽车企业、265辆出租汽车三元催化器更换任务。工作中实现驾驶员知晓率、车辆更换率、反馈问题3个100%。

3月28日，出租汽车三元催化器更换车间现场

（交通局提供）

【水运行业安全监管】 3月，区交通局开展游船开航前安全检查，督促各游船单位维护保养所有待航船只，消除安全隐患。加大对游船安全检查力度，年内出动海事执法人员27人次，检查企业18户次，检查船舶120艘次，开具检查通知书9份。

【5条公交线路新开通】 一季度，区交通局结合区人大代表建议和区政协委员提案，经实地调研，规划开通通微54路、通微56路、通微62路3条郊区客运线路。协调公交集团于2月13日新开通专47路、3月20日新开通快速直达专线47路2条公交线路。通微54路首站同济南路地铁站，末站金桥小学，设4站，用于解决马驹桥地区居民换乘地铁亦庄线出行需求。通微56路首站次渠中学，末站地铁经海路站，设13站，用于解决次渠北里等周边小区居民出行需求。通微62路首站高楼金第，末站刘庄，设25站。快速

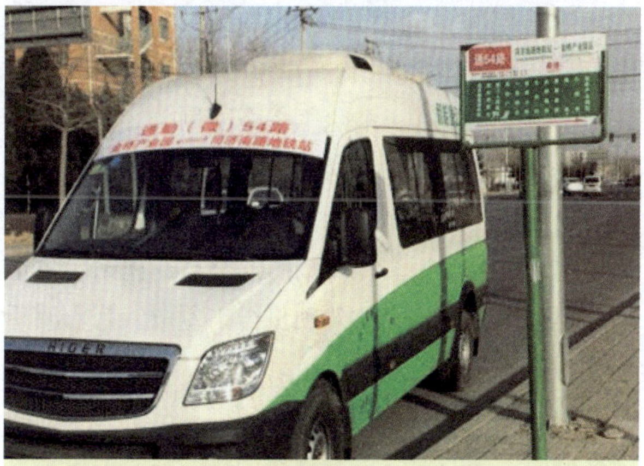

4月，54路郊区客运线路新开通

（交通局提供）

4月，56路郊区客运线路新开通　　（交通局提供）

4月，62路郊区客运线路新开通　　（交通局提供）

直达专线47路为定班线路，首站地铁潞城站，末站大厂陈府，途经大厂新医院、大厂西大街、大厂三村、王必屯村等10个站点，全程票价20元。专47路为环线，首末站为地铁经海路站，设13站，工作日早晚高峰时段运营，用于解决马驹桥地区新小区居民换乘地铁亦庄线出行需求。

【社会面火灾防控】　5月1日至“一带一路”高峰论坛活动期间，区交通局开展社会面火灾防控工作。对公路综合检查站、治超站、公路交通检查站进行消防安全检查，清除不安全隐患，对各站全体人员进行消防安全知识培训；站区悬挂宣传标语，站内建立消防安全制度和消防组织机构；采取站长负责制，每天派一名专职消防安全员巡视站区安全隐患，提醒进站检查的驾驶员行车安全，禁止酒后驾驶、疲劳驾驶。

【夏季消防安全专项检查】　5月2日至中共十九大闭幕期间，区交通局开展夏季消防安全专项检查。召开运输行业工作会，出动执法人员652人次、执法车234辆次，检查企业和场所389户次、车船746辆次，发现部分企业安全生产工作制度不健全、缺少应急预案、安全生产教育记录不规范、缺少设备操作保养记录、烤漆房内有杂物、个别灭火器过期、电线裸露等安全隐患65个，全部整改。

【印发缓解交通拥堵行动计划】　5月4日，区缓解交通拥堵工作推进小组办公室印发《2017年通州区缓解交通拥堵行动计划》及通州区2017年缓解交通拥堵行动计划任务书。确定交通基础设施建设、提高公共交通服务水平、静态交通治理、查处交通违法行为、加强舆论宣传5个方面23项工作任务，包括实施五项疏堵工程、通胡路综合治理、运河东大街和宋梁路灯征地拆迁及园林绿化移伐、新增1万辆公共自行车等。区政府定期调度，区交通局、区市政市容委、区住建委等成员单位合力推进交通综合疏堵工作。

【进站受检货车自燃处置】　5月11日上午10时45分，西集综检站值班人员在站内巡视过程中发现一辆辽宁牌照进站受检货车冒烟自燃，工作人员当即将其拦停，引致安全地带，协助货车司机及时将火扑灭，避免火灾事故发生，未造成人员、车辆和货物损失。区交通局加大对综检站督导检查力度，重点要害、敏感区域火灾隐患做到必倒查、必整改、必验收。

【消防安全专项行动】　4月11日至5月18日，区交通局在全区交通运输行业开展消防安全“大排查、大整治、大宣传、大培训”专项行动。出动执法检查人员167人次、执法车62辆次，检查运输企业109户次、车船166辆次，发现并消除隐患22项。

【危险品运输应急救援演练】　5月26日上午，区交通局联合通州消防支队，组织北京今日阳光燃气公司及全区危险品运输企业，开展危险品运输企业事故应急救援演练。模拟燃气泄漏着火事故，立即报警，配合消防人员设置安全警戒线，控制危险源，组织现场灭火和救援，提高危险品运输企业的应急处置能力。

12月1日上午，区交通局联合通州交通支队组织全区危险品运输企业在富华燃气物流公司开展危险品运输企业应急演练（交通局提供）

【综检站消防安全专项排查整改】 5月，区内8个公路综检站对站内重点用火部位、隐患风险点逐一排查、登记、整改，排查并整改包括厨房用火、宿舍用电、机房、燃气管道、进站受检车辆油料渗漏等12处风险点。

【水上消防救生应急演练】 6月28日，北京新城基业资产运营有限公司在北运河通州段漕运码头开展水上消防救生应急演练。出动工作人员60余人，救生艇6艘。参演船舶和人员完成游船遇大风应急救助、落水游客救生处置、游船失火消防三项科目，使船员掌握应急救援程序、消防器材及应急设备操作使用方法，提高突发事件应急处置能力。

【水上交通安全知识进校园】 6月30日，区交通局开展以“水上平安交通 安全伴我成长”为主题的水上交通安全知识进校园活动，为学生普及水上交通安全知识和船舶航行知识，赠送《小学生水上交通安全教育读本》30册，发送印有水上交通安全标识的笔袋和书签400份。

【人大建议政协提案办结】 6月30日，区交通局办结政协委员提案7件、人大代表建议12件，办结市非紧急救助服务中心、区信访办等信访件1251件。主要涉及优化调整公交线路、提高客运服务质量、微型公交与地铁接驳等城乡客运管理问题。

【安全生产月宣传活动】 6月，区交通局开展以全面落实主体责任，共享生产安全红利为主题的安全生产月宣传活动。在局内播放用电安全宣传片、事故案例，在局内、检查站、铁路道口悬挂安全生产横幅、标语15块，利用电子屏幕播放《北京市生产安全事故隐患排查治理办法》等运输行业安全生产法律法规。组织运输企业召开专题会议，要求做好员工宣传教育，保证运营车辆安全技术性能以及驾驶员安全服务意识。出动执法检查63人次、执法车24辆次，检查运输企业和场所44户次、车船30辆次，发现并整改隐患7项。

【机动车维修企业质量信誉考核】 6月，区交通局结合“双随机”入户检查，核对经营者行政许可登记信息，对212户机动车维修企业经营资质、安全生产、维修质量、服务质量、遵章守纪、环境保护、企业管理等7项内容进行综合评价、考核，评出AAA级企业20家、AA级企业70家、A级企业82家、B级企业40家。

【货物运输量抽样调查】 6月，区交通局开展货运抽样调查，完成424个车辆运营数据样本收集、录入和上报工作。并对34家899辆危险品运输车辆跟进监管，每季度至少入户检查1次。结合年审对12吨以上加装北斗系统重型货车实施动态监管。

【5条公交线路优化调整】 7月，区交通局协调公交集团，优化调整910路、667路、582路、589路、342路5条公交线路。

【中共十九大期间运输行业监管】 8月1日至中共十九大期间，区交通局加大对客运、化危运输、机动车维修、水域游船、轨道交通行业的执法和管理力度。客运行业检查郊区客运、出租汽车运营车辆安全技术状况；旅游客运企业落实动态监控主体责任情况，落实逢包注意、可疑必问、违禁拒载、视情报警安检制度。机动车维修行业检查企业安全责任制及各项安全制度落实情况，烤漆房、举升机维修设备日常维护使用情况。货运行业专项检查危险品运输承运人资质、液体危险货物罐车紧急切断装置的加装及使用、危运车辆接入重点营运车辆联网联控系统情况、应急救援能力建设及货运实名制登记开展情况。轨道交通排查安全保护区安全隐患。

水域游船行业检查船舶检验、船员资质管理情况，船舶救生装备和消防设施配备情况。10月10日至20日，区交通局安排专人每日对重点企业、点位进行检查盯守，出动检查人员300余人次，检查企业130余家。

【进京道口控车】 8月，区交通局与马驹桥镇、永乐店镇等8个乡镇协调配合，依据通州区“蓝天保卫战”工作方案，在进京道口设置重型车辆检查卡口29个，各卡口加装点位限高（杆）装置、限宽墩、爆闪、岗亭、停车警示牌设施和人工辅助等，实施24小时值守，对外埠和尾气不合格货运车辆进行劝返。8月12日至12月1日，劝返车辆175439辆，劝返率93.2%。

【首都外围治安查控防线二期建设完成】 6月至9月，通州区成立首都外围治安查控防线二期建设工作领导小组，建立区委、区政府牵头，区交通局具体落实，区各相关单位分工负责工作机制。对西集、牛牧屯、永乐店、应寺、小甸屯、白庙南6个公路综合检查站进行升级改造，解决武警和公安入驻检查站问题和缓解站内交通拥堵，为中共十九大期间安保工作创造条件。改造内容包括增加武警公安用房，加大安检作业面，部分站点实施供电、污水、匝道改造等。完成建设资金8100余万元，占全市检查站改造总数19%。西集综检站被评为全市标杆示范站。

【7个公路综检站劝返车道改造】 8月15日至9月，区交通局实施7个公路综检站劝返车道改造。设置环保检测区和劝返专用车道，摆放硬隔离设施1230延长米，设置波形防撞护栏1460延长米，安装标志标识牌60块，施划交通标线2167平方米，拓宽改造道路8179平方米，为综检站实施环保检测提供条件。

【社会面巡逻防控】 10月16日早8时至10月27日零时，区交通局落实区综治维稳工作，开展社会面巡逻防控，组织人员在通马路口至通朝大街路口实施24小时震慑巡逻，重点盯守衣着带血迹、行迹鬼祟等危害公共安全情况，助力中共十九大期间社会安全稳定。投入检查人员220人次、执法车60辆次。

【机动车维修行业污染物排放检查】 11月4日零时至7日24时空气重污染期间，区交通局重点检查机动车维修行业安全生产、喷烤漆、机油回收以及非清洁能源使用等情况。出动执法人员24人次，检查企业42户次、烤漆房56台次。严禁企业使用喷烤漆房、喷烤漆作业，禁止干打磨工艺、焚烧废弃物，禁止使用涂料、油漆、溶剂等含挥发性有机物的原材料和产品，督促做好废油、废气回收。

12月15日，区交通局开展机动车维修消防安全隐患集中夜查行动（交通局提供）

【“通武廊”公路交通协同发展框架协议签订】 11月14日，通州区交通局、天津市武清区交通局、廊坊市交通运输局签署三方公路交通协同发展框架协议。加强在公路工程建设、联合执法行动、公交一体化等工作的信息互通、业务交流、资源共享、互促互补。三方在进一步完善高效便捷通畅的公路交通网建设、提升区域一体化交通运输服务水平、优化城市公共交通管理、大力发展安全绿色可持续交通等方面达成共识。

11月14日，通州区交通局、天津市武清区交通局、廊坊市交通运输局签署三方公路交通协同发展框架协议（交通局提供）

【危险品运输企业应急演练】 12月1日，区交通局联合通州交通支队组织全区危险品运输企业在富华燃气物流公司开展危险品运输企业应急演练。模拟厂区内火灾事故，启动应急预案，组织现场灭火和抢险救援，规范安全生产事故控制和突发事件处理程序。

【市郊铁路城市副中心线开通】 12月31日，市郊铁路城市副中心线北京西至通州站开通，线路利用既有铁路开行，全长29.6公里，停靠北京西、北京、北京东、通州4座车站，是中心城与城市副中心轨道交通通勤线路。运营车型为CRH6A型城际动车组，命名“京通号”，8辆编组，坐席477人，最大载客量1471人，最高运营速度200公里每小时，北京站至通州站运行时间约25分钟，北京西站至通州站运行时间约42分钟。运行时刻临时方案为早高峰期间北京西至通州站开行2列，北京站至通州站开行1列，通州站至北京西站开行1列；晚高峰期间北京西站至通州站开行1列，通州站至北京西开行2列，通州站至北京站开行1列。票价采用与城市轨道交通相同计程票价，单线计价，市民可持实名制市郊铁路一卡通卡、中铁银通卡或铁路磁质车票、电子票乘车。“京通号”车内加装车载Wi-Fi系统，乘客在旅途中可以随时高速上网。

12月31日，市郊铁路城市副中心线开通

（交通局提供）

【行政办公区联系中心城公交线路开通】 年内，区交通局与市交通委副中心专班对接交通运输服务保障工作，完成行政办公区联系中心城地面公交快速通勤线路方案、行政办公区微循环公交线路及站点方案、行政办公区与轨道交通接驳线路方案、市郊铁路公交接驳方案。12月30日，新开通公交线路专203、专205路。专203路为地铁临河里站至通州三中，一站直达，工作日高峰时段运营，地铁临河里站发车时间为6：30—9：30，16：00—19：00，通州三中发车时间为7：10—10：15，16：45—19：45，发车间隔30分钟。专205路为通州火车站至通州三中，一站直达，定班线路，通州火车站发车时间为7：50，8：15，8：45，19：05，通州三中发车时间为6：30，17：45，18：15，18：45。

【郊区客运柴油车辆全部更新】 12月，区恒基客运公司完成郊区客运车辆更新工作，淘汰213辆老旧柴油车，更新和新增新能源纯电动客车350辆，车型为比亚迪K7（车型尺寸8060毫米×2400毫米×3220毫米，座位数23个，核载人数58人）、K8（车型尺寸10490毫米×2500毫米×3150毫米，座位数31个，核载人数76人）。郊区客运车辆实现100%新能源和清洁能源。

12月，郊区客运柴油车辆全部更新

（交通局提供）

【公交场站充电桩建设推进】 12月，公交集团完成7座公交场站充电设施建设，新增42个充电桩，能够支撑420辆电动公交车充电运营。

【郊区客运“京津冀”交通一卡通升级改造】 年内，区交通局与市政公交一卡通公司、恒基客运公司开展专题研究，实现郊区客运“京津冀”交通一卡通互联互通，完成设备安装、软件开发、系统升级等项目在内的一卡通设备升级改造，推进交通一卡通跨区域、跨交通方式互联互通。

【共享电动车分时租赁业务拓展】 年内，北京出行公司在通州区84家单位投放202辆电动分时租赁车辆。运营网点114个，充电设施752个，其中，快充251个、慢充501个。

【机动车维修行业入户检查】 年内，区交通局做好机动车维修行业“双随机”入户检查工作。由市交通委运输管理局每月随机选派检查人员，对随机抽取的机动车维修企业进行入户检查，现场将检查结果录入《北京市机动车维修管理服务系统》。全年完成“双随机”入户检查任务130家。

【机动车维修企业经营资质核查清理】 年内，区交通局对长期不经营、道路运输经营许可证届满未换证、异地经营机动车维修的企业及业户进行核查清理，依法注销机动车维修经营许可27户。

【营运车辆综合性能检测专项补贴落实】 年内，区交通局采取公开招标，确定道路运输营运车辆综合性能检测服务机构，检测费用纳入区财政预算。审核补贴车辆13317辆次，补贴金额177.1161万元。

【更新货运新能源车】 年内，区交通局引导货运及物流企业更新车辆，新能源电动货车达70辆，进入物流园区和货物流转集散地车辆排放达标率100%。城市货运绿色车队企业达到125家、8949辆车。

【自卸货运车辆整治】 年内，区交通局约谈、入户调查脱离市政系统监管的自卸车运输企业，整治包括完善运输企业、运输车辆及从业人员信誉档案，实现一企一档、一车一档、一人一档。核实323辆车，其中，道路运输证未办理、转出、注销车辆100辆，注册资金不足车辆16辆，督促备案车辆161辆。

【21项堵点改造工程完成】 年内，区交通局牵头组织缓堵工作，沟通协调成员单位，完成潞河医院周边、运河明珠区域、土桥路口、果园环岛等21处堵点改造工程。采取渠化路口、调整信号灯配时、增加转弯车道、设置行人过街天桥、优化标志标线等措施。

【开展打非治违专项整治】 年内，区交通局启动“六打六治”打非治违专项行动，重点检查运输企业、公路检查站、铁路监护道口的违法违规行为。采取行业监管执法和企业自检自查方式。出动督察检查组121个、执法人员2282人次、执法车760辆次，检查企业701户次，打击非法违法、治理纠正违规违章行为104起，发出警告159户，责令限期整改36起。

【运输行业安全教育培训】 年内，区交通局开展运输行业安全生产教育培训，采取集中上大课、以会代训、以查代训、一线上课等形式,培训企业负责人、安全生产管理人员、从业人员488人次。组织宣传活动2次，展出宣传展板9块，悬挂横幅4条，发放新《中华人民共和国安全生产法》《交通运输行业安全知识宣传手册》及印有安全标识的宣传袋等宣传品1400余份。

【铁路道口清洁能源改造】 年内，区交通局对张采路、京津公路、内环路、运河大街4个铁路监护道口的燃煤锅炉进行清洁能源改造，改造为分体式低温空气源热泵、蓄电能电暖气8台、1蒸吨。

【铁路道口监管安全无事故】 年内，区交通局负责监管的4个铁路监护道口实现全年零伤亡、零事故。安装视频监控系统，不定期开展隐患排查，对道口安装的电动栏门、报警器、警示灯、警示牌进行检查和维修，对监护员值班岗情况进行考核，培训道口安全管理干部、监护员48人次。

【公路超限超载运输治理】 年内，区交通局加大治超力度。组织多部门联合流动治超24次，全年检查货运车108.9万辆次，查获超限车2346辆次，卸载超限车1512辆次，超限处罚91起，超载计分处罚985起，环保处罚970起，处理非法改装货运车36辆次。治超综治考核全市排名第二。

【加大运政执法力度】 年内，区交通局加大执法力度，维护运输市场秩序，规范企业经营行为。办结行政处罚案件81起，其中，查处机动车维修企业违法行为16个、货运违法行为54起、省际客运违法运营11

起。行政执法保持无投诉、无上访、无行政复议。

12月11日，区交通局开展省际客运执法检查

（交通局提供）

【行政许可事项万件无超时】 年内，区交通局接待各种咨询近3万人次，发放宣传材料1万余份，梳理行政许可备案事项130项，受理行政许可、备案事项20455件，实现2万件许可事项无超时、无差错、无投诉。

【小客车指标申请业务受理】 年内，区交通局受理小客车申请12226件。其中，个人申请2216件、个人更新2296件、单位申请1288件、单位更新1211件、个人变更5203件、外籍人员申请12件，接受咨询2万余人次。

【道路运输从业人员资质培训】 年内，区交通局举办货运驾驶员从业资格培训班9期，1110人考核合格领取从业资格证。举办电动出租汽车驾驶员培训班2期，培训驾驶员90人，受理客、货从业资格申请1365人次。

（陈　颖）

房地产开发

【概　况】 截至2017年12月底，通州区商品房在途项目120个，开复工面积1072万平米，同比增长3.7%，连续第5年超过千万平方米。其中，新开工面积273万平方米，同比增长26.9%，“促开工”专项工作取得一定成效；复工面积799万平方米，同比降低2.3%；竣工面积121万平方米，同比降低49.5%。

【房地产开发企业资质情况】 通州区资质有效期范围内房地产企业205家，其中，一级企业4家、二级企业7家、三级企业11家、四级企业134家、暂定级企业49家。

【房地产交易情况】 2017年，通州区新建商品住宅整体保持“量降价稳”的总体趋势。新建商品住宅累计成交2800套，同比下降53.8%，占全市成交量的9.42%；成交均价为3.4万元/平方米（全市均价4.3万元/平方米），同比增长6.4%。二手住宅累计成交6693套，同比下降66.9%。

【房地产交易结构】 年内，新建商品住宅成交以50～90平方米户型为主，其次为90～120平方米户型。具体为50～90平方米户型成交1324套，占比47%；90～120平方米户型成交712套，占比25%；120～150平方米户型成交434套，占比16%；150～200平方米户型成交104套，占比4%；200平方米以上的户型成交226套，占比8%。50～90平方米户型占比为47%，充分体现了“房子是用来住的，不是用来炒的”的定位。

【制定《通州区新建商品住宅小区配套设施管理暂行办法》】 年内，制定《通州区新建商品住宅小区配套设施管理暂行办法》，弥补了近十年住宅小区配套设施管理地区制度性文件的空白。通过提前约定、协议前置、聚焦移交和使用、解决共性问题、节点管控、加码处罚等系列举措，出真招、出实招，从根本上提出解决配套设施“三不”问题的最佳方案，让民生设施切切实实为民服务。

（罗慧敏）

【建立“通武廊”房地产市场联动监管工作机制】 年内，创建“京津冀”跨三省房地产市场数据共享机制，定期交换土地供应、商品房交易等数据，形成三地房地产市场简报，为“通武廊”房地产市场调控提供数据参考。成立“通武廊”房地产治理工作组，联手打击房地产市场违规及投机炒房、炒地行为，对违法违规企业实行三地通报，提高协同监管效力。每季度召开一次协调座谈会，交流房地产市场监管工作经验，协调涉及三地的重大问题，促进区域房地产市场稳定、健康发展。

（罗慧敏　邹孟禹）

【房地产市场调控】 年内，严格落实“317”系列新政，对35个开发项目、406家经纪机构开展持续“双严打”，重点检查捂盘惜售、商改住和哄抬房价等违规行为，立案处罚22起，处罚金额62万元，清理房地产经纪机构136家。

（邹孟禹）

城乡建设

路苑中路铺油　　（市政市容委提供）

概　述

2017年，按照区委、区政府整体工作部署，住房城乡建设委以城市副中心建设为己任，主动向前站一步，适应社会发展新常态，准确把握城市建设新定位，突出重点、深化创新、攻坚克难、锐意进取，完成全年各项工作任务。

监管建设项目全年保持在200项左右，2017年年底数量为215项，其中，在施工量114项，房建总面积1274万平方米，管廊总长度2万多米；道路2.1万米；地铁10公里；涉及危险性较大的分部分项工程120项，包括深基坑工程59处，塔式起重机、外用升降机等1915台。

针对监管面积逐年递增、工程体量越来越大、技术工艺越来越复杂等一系列新的行业特点和副中心建设标准、生态水平要求越来越高等新形势，通州区建设工程管理坚持“三化”。一是专业化。购买专业技术服务，检查危险性较大的分部分项工程88项，抽检大型起重机械设备552台，综合合格率81.3%，开展专业业务培训8次，免费培训安全管理人员1200余人次，确保重大隐患“零失控”，大型机械“零事故”；为打赢“蓝天保卫战”，聘请专业第三方机构辅助扬尘治理，检查2787项次。二是系统化。出台《通州区施工现场标准化管理规定》《通州区建筑工程劳务用工标准化管理规定》“双标准化”，打破部门间职能壁垒，实现全区各类施工现场管理的协同管理；出台《关于进一步加强通州区建设工程施工现场非道路移动机械使用管理的通知》，确立非道路移动机械进场核查验收制度；出台《关于进一步强化提升建筑工程扬尘治理工作实施细则》史上最严“双十条”（关于降尘设施使用管理的“十项标准”和关于扬尘治理考核的“十项机制”），顺应人民群众对消除“心肺之患”的关切。三是规范化。编制《通州区建设工程安全监督执法手册》，细化《通州区建筑工程施工安全监督档案》，明确安全生产执法检查组织实施、文书制作、检查标准等内容，成为全市唯一具备岗前培训教材的单位。共同构建起以施工现场综合监管机制为核心，以标准化为支撑，兼顾行业发展和民生效应的制度体系。

为实现城市副中心功能定位，市政府决定对东方厂周边棚户区实施改造，建设一个绿化和水域面积超过占地70%的市民中心，即“城市绿心”。该项目是通州区2017年的重点工作任务，项目总占地1028公顷，总成本509亿元，总户数2966户，总人口12205人。棚改范围主要涉及永顺镇小圣庙村域、张家湾镇张辛庄和上马头村域、玉桥街道办事处部分区域。在各方努力下，棚改拆迁工作充分发挥党建引领作用，坚持以人为本，赢得广大群众的支持。12月6日，小圣庙村签约工作先行启动，截至12月16日凌晨1时51分631户全部签约，在不足十天的签约奖励期内签约率达100%，为副中心棚改第三大战役打响胜利的第一枪。张辛庄和上马头于12月21日同时启动签约，截至12月31日0时01分两村共计990户完成签约，同样在不足十天签约奖励期内实现签约

9月20日，东方厂棚改水泥厂造纸七厂项目评估机构推介会　（住房和城乡建设委员会提供）

率100%。这标志着绿心项目宅基地拆迁签约工作全部完成，共计签约1621户，创造了“通州速度”，刷新了全市棚改拆迁签约的新纪录。

（黎国林　傅　刚　程鸿雁）

规划管理

【概　况】　2017年，是“十三五”建设的关键年，也是我区在新时期历史转折中　力同心、不断推进副中心建设的攻坚年。在市规划国土委、区委、区政府的正确领导下，区规划分局构建团结和谐的领导集体，组织和带领全局干部职工，改进作风建设，以“工匠精神”扎实推进副中心规划管理各项工作。区规划分局受理行政许可及其他审批事项552件（比上年减少150件，降幅21.4%）；校核、制作、核发规划审批决定545件，（比上年减少175件，降幅24.3%）；接待各类信息公开咨询700余人次，接待业务咨询近1000余人次，接待档案查询600余人次；办理人大代表、政协委员建议、提案52件。

【通州区总规修编】　年内，区规划分局配合市级、区级相关单位推进北京城市副中心总体城市设计、控制性详细规划、城市设计导则、通州区总体规划、17项专项规划、15项专题研究等相关规划编制工作；配合区委、区政府、市规划国土委、市规划院，带领中建院等5家专业规划设计团队，汇集40余家国内外高水平技术团队、近百名规划、景观、交通、生态等领域的知名专家，组织开展及参与几十次区级工作对接会、近百场的技术协调会等，加强控规编制团队与通州区相关街道、乡镇、委办局的对接工作，真正做到每一寸土地都研究得清清楚楚再落到规划蓝图上；配合中外设计团队、市级部门及研究单位集中现场踏勘100余次，接待调研人数700余人；从全区52家单位收集数据资料800余份，约30万字。截至年底，15项专题研究结题，17项专项规划部分正在进行深化研究，北京城市副中心控制性详细规划、通州区总体规划均形成阶段性成果。

【推进市、区重点项目建设】　年内，区规划分局坚持依法合规，严格高效审批，协助区政府开展重大项目选址以及规划调整，围绕几大功能区规划编制及土地一级开发、上市工作，做好相关规划前期服务。完成运河核心区上市地块包括富华水乡南区、绿地葛洲坝、保利、富力、通房开、实地、绿地集团、富华侨商总部、教委贡院小学、华业、河畔家园、丹霞地块等12个项目的方案复函及工程审批工作；华业新北京中心核发方案复函，并核发部分工程证。同时，加快通州区台湖镇4-1-014、4-1-015、4-1-019地块项目、万国家园项目、“两站一街”E5、E6地块东城区旧城保护定向安置房项目、首都师范大学附属中学（通州校区）、景山学校通州校区项目、北神树村B-30地块R2二类居住用地项目、联东U谷·环科2号及永乐产业园三期项目、马驹桥物流公租房项目、马驹桥通州口岸等项目的复函及工程证的审批工作，其他规划手续亦将有序推进落实。

【落实各项民生实事工程】　年内，区规划分局进一步坚持落实保民生，促和谐理念，加紧规划研究，办理规划手续。一是高效落实保障性住房建设工作。截至年底，高效办理潞城镇棚户区改造BCD区召里安置房项目、丁各庄公租房项目等规划审批，并全力推进台湖公租房项目及永顺临空保障房项目前期相关手续的梳理。二是进一步完善教育、医疗及公共服务。完成人大附中通州校区、北京二中通州校区改扩建项目、于家务卫生院项目等审批，确保项目如期开工。

【无障碍设施管理】 年内，区规划分局作为通州区无障碍工作牵头单位，建立以主要领导牵头，主管领导负责，具体责任科室落实的工作机制。切实做到领导重视，工作计划制定到位，工作职责明确到位，具体工作落实到位，有序推进无障碍环境建设各项工作。2017年，区规划分局组织区属相关委、办、局、街道办事处及乡镇政府对无障碍设施实地考察工作做了详细部署，不断排查问题，对通州区无障碍设施管理工作进行详尽总结，并将梳理情况上报市无障碍设施建设和改造工作联席会议办公室。

【推进市政交通基础设施审批】 年内，区规划分局主动服务，重心前移，着力整合部门资源，打破沟通瓶颈，缩短审批周期。一是重点功能区市政建设稳步推进。截至年底，区规划分局加快完成行政办公区3座变电站（辛安屯、东夏园、新胡各庄）、“煤改电”配套1座变电站（梁各庄）和沟道工程、再生能源送出工程规划及项目规划意见书，完成文化旅游区2座变电站（田府、大高力）、市政配套2座变电站（驸马庄、东关）规划手续；完成文化旅游区曹园南大街、九棵树中路等7条道路选址意见书，完成日新路、九棵树中路等6条综合管廊规划条件、直埋管线规划条件3件，完成环球用地内35千伏、110千伏高压线迁改规划条件4件。二是配合市规划国土委就M7东延、M17、城际铁路联络线、平谷线、八通线南延等轨道交通和京唐城际铁路方案与区政府及各部门密切对接沟通，并做到及时向区政府汇报，做好信息传递。三是加强市政专项工程审查力度。为解决好区域发展过程中能源与环境之间的矛盾，结合全市清洁空气行动，区规划分局完成2017年新农村“煤改气”外线工程的44件规划意见书，审批管线全长约136.5公里；完成村内“煤改气”工程规划审查意见函5件，7镇105个村村内“煤改气”工程，审批管线全长约823.3公里，大力推进全区“煤改电”“煤改气”工作。

【通州区国家新型城镇化综合试点工作】 年内，区规划分局全力推进通州区国家新型城镇化综合试点工作。为强化副中心的外围控制区规划建设，推进副中心城镇化进程，以台湖镇为试点，全力推进通州区国家新型城镇化综合试点工作。在已完成的相关专项规划研究的基础上，依托试点工作大力支持继续推进完善相关配套设施，力求打造交通便捷、生态良好、功能完备、职住合一的富有北京城市副中心特色的新型城镇化试点建设。

【规划监督】 年内，区规划分局办理规划验线29件，建筑面积129万平方米。办理规划验收77件，验收面积213.4万平方米。在市规划委督察督导工作中，规划监督件未出现不合格卷，合格率100%。

【规划执法】 年内，区规划分局加大巡查、协查工作力度，出动执法调查、巡查50余次，向区城管执法局出具协查认定函93余份，向各乡镇人民政府出具协查认定函111份；累计向各相关责任单位发送违法建设案件移送函29件。

【测绘工作】 年内，区规划分局围绕北京城市副中心建设这个大局，科学谋划，精密部署，主动配合，确保重点项目建设的顺利推进，主要包括潞城棚户区改造、绿心项目、八里桥棚改、西集棚改、中国人民大学东校区、北京城市副中心行政办公区配套的副中心周转房及自住房、杨坨与后北营安置房、运河核心区的绿地集团、富华房地产、K2房地产、合景房地产、保利房地产等建设项目，文化旅游区的九德路等道路工程、环球影城环境提升等重点项目。

【信息化建设】 年内，区规划分局联合委科技信息处与市测绘院，完成通州城市副中心（155平方公里）三维模型数据、影像数据等数据的更新工作；以“数字通州”各项数据成果为依托，并将城市副中心155平方公里三维模型数据提交委总体处，以保障智慧规划国土资源决策监管平台建设顺利开展，截至年底，市规划国土委基本完成平台建设以及布设服务器，并率先在区规划分局设置平台应用终端；为深入推广“数字通州”建设成果应用范围，服务于社会管理各个领域，区规划分局协调市勘办、市测绘院，配合通州区“商务中心区外立面广告设计导则和夜景灯光设计导则”编制工作。

【地名工作】 年内，区规划分局开展道路命名40件、居住区命名1件，建筑物名称核准13件，办理标准地名使用手续40余件。

【城建档案管理】 年内，区规划分局完成工程竣工档案登记123件（其中，建安工程59件、市政工程64件）；工程竣工档案预验收55项、475栋，开具预验收合格意见83件（其中，建安工程78件、市政工程5件）；工程竣工档案接收28项、299栋，编制案卷1537卷；接收分局规划审批档案1476件、2216卷；各类档案利用809人次、4876卷，出据证明182件；其中，配合市规划国土委调阅通州区工程地质勘察资料586卷；统一安装市城建档案管理系统，组织开展规划管理档案数字化专项整理工作，截至年底，完成约3500卷审批档案的数字化整理；继续做好声像档案的拍摄入库工作，整理充实电子文件数据，推进电子档案建设。

（高新竹）

重点工程

【概　况】 2017年，负责34项市区级重点工程的建设和协调拆迁任务，道路总长约200公里，完成投资约35亿元。其中，区级项目中推前期项目8项，续建项目5项，拆迁协调项目11项。市级拆迁协调项目10项。截至年底，完成地铁7号线东延、地铁6号线二期、顺通一线二线500千伏高压架空线迁改、首都环线高速公路、地铁17号线等5项市属项目的拆迁工作。

（杨云琪）

【地铁6号线二期】 属于市级项目。6号线二期线路起点为一期工程终点（草房站东端K30+690处），终点为东小营站，全线长12.4千米，全部为地下线。设车站8座（物资学院站、北关站、新华大街站、玉带河大街站、会展中心站、郝家府站、东部新城站、东小营站），其中，北关站与R1线换乘，新华大街站与S6线换乘，在线路东端设立东小营车辆段1座。该工程于2014年12月28日通车运营，正在进行车辆段的建设，截至2017年底完成全部拆迁工作。

【京秦高速公路】 属于市级项目。京秦高速公路是北京市政府重点工程，全长76.29千米，通州段长6.3千米，涉及宋庄镇。建设单位为北京市首都公路发展集团有限公司。

【地铁7号线东延】 属于市级项目。北京地铁7号线东延工程线路从焦化厂站站后折返线至终点全长17.2千米，其中，通州段长8.7千米，高架线约3.0千米，全线设置车站7座，全部为地下车站，其中，在万盛南街西口站与2020规划线网中的S6线换乘，在环球影城站与八通线南延线换乘。在设计线路终点附近六环内群芳南街南侧设置张家湾停车场一座。建设单位为北京市轨道交通建设管理有限公司。预计2019年12月底通车运营。截至2017年底完成全部搬迁工作。

【京唐城际铁路–城市副中心站】 属于市级项目。京唐城际铁路是市政府折子工程。线路起自北京市，终至河北省唐山市，途经北京市通州区、河北省廊坊市（三河市燕郊、大厂、香河）、天津市宝坻区、河北省唐山市（玉田县、丰润区、高新区、路北区）。线路全长148.1千米，其中，通州段长9.22千米，沿线涉及潞城镇、宋庄镇、西集镇、中仓街道办事处。全线设置车站8座，分别为北京城市副中心站（地下）、燕郊站、大厂站、香河站、宝坻南站、鸦鸿桥站、机场南站、唐山站。建设单位为京唐城际铁路有限公司。预计2020年底通车。截至2017年底完成潞城镇城市副中心站搬迁及施工围挡工作。

【地铁17号线】 属于市级项目。地铁17号线是市政府确定的2015年开工项目之一。线路全长49.7千米，设21座车站，全部为地下线，途经通州、东城、朝阳、昌平4个行政区。其中，通州区8.7千米，4座车站1座停车场（北神树站、次渠北站、次渠站、亦庄站前区南站、次渠南停车场）。建设单位为北京市轨道交通建设管理有限公司。预计2020年底通车运营。截至2017年底完成全部搬迁工作。

【首都环线高速公路】 属于市级项目。首都地区环线高速公路（通州—大兴段）工程是规划首都地区高速公路中的重要组成部分，是“京津冀”协同发展交通一体化2016年重点实施项目，是北京市2016年重点建设工程。项目南起大兴区采育镇韩营村，北至西集镇赵庄村，全长38千米，其中，通州段长27.66千米，沿线涉及于家务回族乡、永乐店镇、 县镇、西集镇。建设单位为北京首都环线高速公路有限公司。2017年启动拆迁，预计2018年6月底通车运营。截至2017年10月完成全部搬迁工作。

【顺通一线、二线500千伏高压架空线迁改】 属于市级项目。顺通一线、二线500千伏高压线迁改是城市副中心建设中的重要环节。项目通州区段长约14.3千米，沿线涉及潞城镇、宋庄镇。该项目是“一会三函”项目，建设单位为北京新奥集团有限公司，2017年启动迁改工作，截至2017年底完成迁改任务。

【八通线南延】 属于市级项目。为提升环球主题公园的交通服务保障能力，将现有八通线终点站土桥站南延至环球影城站。线路全长约4.2千米。沿线涉及张家湾镇。建设单位为北京市轨道交通建设管理有限公司。预计2019年12月底通车运营。截至2017年底完成征占地拆迁工作委托协议的签订。

【轨道交通22号线（平谷线）】 属于市级项目。轨道交通22号线（平谷线）为“京津冀”首条区域快线，是市政府折子工程。线路全长54.3千米，通州区段长13.5千米，沿线主要涉及宋庄镇及永顺镇，预计2020年12月底通车运营。建设单位为北京城市快轨建设管理有限公司。截至2017年底完成征占地拆迁工作委托协议的签订。

【广渠路东延】 属于市级项目。该项目为“一会三函”项目，建设单位为北京市公联公路联络线有限责任公司。项目通州段全长约7.6千米，沿线涉及梨园镇、永顺镇、潞城镇、北苑街道办事处、玉桥街道办事处。2017年12月28日节点开工，按照区政府折子工程要求，该项目2018年12月31日前完成拆迁。

（王学勤　李雪敏）

【朝阳北路东延二期】 属于区级项目。工程西起通顺路，东至东六环西侧路，全长3.6千米，设计标准为城市主干路。由北京新城基业投资发展有限公司负责建设实施，区住建委负责前期手续的办理、管线施工及协调征地拆迁工作。截至2017年底拆迁完成80%，施工完成70%。

【潞苑北大街二期】 属于区级项目。工程西起东六环路，东至任李路，全长4.167千米，设计标准为城市主干路。该项目于2013年12月启动，由北京新城基业投资发展有限公司负责建设实施，区住建委负责前期手续办理、管线施工及协调征地拆迁工作。截至2017年底拆迁完成98%，施工完成98%。

【北运河东滨河路】 属于区级项目。该项目工程北起通胡路，南至东六环西侧路，全长3.1千米，红线宽度40米，设计标准为城市次干路。该项目于2014年3月启动，由北京新城基业投资发展有限公司负责建设实施，区住建委负责前期手续的办理、管线施工及协调征地拆迁工作。截至年底，拆迁工作完成，施工完成95%。

【潞苑三街】 属于区级项目。工程西起潞通新路，东至东六环西侧路，全长约1.83千米，设计标准为城市次干路。该项目于2016年1月启动，由北京新城基业投资发展有限公司负责建设实施，区住建委负责前期手续的办理及协调征地拆迁工作。预计2018年竣工。截至2017年底拆迁完成24%，施工完成20%。

【漷小路一期】 属于区级项目。项目分为4段，即漷县镇区、永乐店镇区、德仁务片区、永乐经济技术开发区段，道路全长5.74千米，设计标准为城市主干路。该项目于2016年5月启动，由北京新城基业投资发展有限公司负责建设实施，区住建委负责前期手续办理、管线施工及征地拆迁的协调工作，预计2018年8月竣工。截至2017年底 县段完成拆迁，永乐店段拆迁完成86%，施工完成70%。

【孔兴路北延】 属于区级项目。工程南起京津公路，北至孔庄北，全长4.86千米，设计标准为一级公路。该项目于2016年12月启动，由区公路分局负责前期手续办理及建造实施，区住建委负责拆迁征地的协调工作，预计2018年12月竣工通车。截至2017年底漷县镇搬迁方案完成，永乐店镇正在办理林木伐移手续和入户清登工作。

【朝阳北路东延三期】 属于区级项目。该项目西起东六环西侧路，东至任李路，全长约4.3千米，红线宽度60米，设计标准为城市主干路。由北京新城基业投资发展有限公司负责建设实施，区住建委负责前期手续办理、管线施工及协调征地拆迁工作。截至2017年底完成规划方案批复、设计方案批复、环评批复、水保批复、土地预审批复、立项批复、初步设计批复、规划意见书、建设用地规划许可证和招投标工作等前期手续的办理，截至年底，正在办理土地权属审查工作。拆迁工作启动，正在进行入户签约。

【张采路北延（宋庄段）】 属于区级项目。工程南起通胡大街，北至潞苑北大街，全长4.2千米，设计标准为城市主干路。该项目由区公路分局负责建造实施，区住建委负责前期手续办理、管线施工及拆迁征地的协调工作，预计2020年6月竣工通车。截至2017年底该工程完成规划方案批复、设计方案批复、环评批复、水保批复、土地预审批复、立项批复、管线项目综合批复、管线设计综合批复、初步设计批复、规划意见书、建设用地规划许可证和招投标工作，截至年底，正在办理土地权属审查工作。拆迁工作启动，正在进行签约工作，部分路段进场施工。

【九德路二期】 属于区级项目。从潞西路至九漷路，全长7.9千米，设计标准为二级公路。该项目于2017年1月启动，由通州区公路分局负责建造实施，通州区住建委负责前期手续办理及拆迁征地的协调工作，预计2018年12月竣工通车。截至2017年底拆迁工作启动，张家湾镇、马驹桥镇搬迁预分方案完成，正在办理林木伐移手续，部分路段进场施工。

【北京五中通州分校周边道路】 属于区级项目。该项目包括三条道路，一是潞邑二路（南起潞苑南一街，北至潞苑南大街，全长258米，红线宽度40米），设计标准为城市主干路；二是潞苑南一街（西起潞邑二路，东至东六环西侧路，全长557米，红线宽度40米）设计标准为城市主干路；三是潞邑东路（南起潞苑南一街，北至潞苑南大街，全长446米，红线宽度25米）设计标准为城市支路。全长1.4千米。该项目于2017年3月启动，由北京新城基业投资发展有限公司负责建设实施，区住建委负责前期手续的办理及协调征地拆迁工作，预计2018年9月竣工通车。截至2017年底，该工程完成规划方案批复、设计方案批复、环评批复、水保批复、土地预审批复、管线项目综合批复、管线设计综合批复、前期工作函和道路、中水、交通、雨污水、给水、照明、电力财政评审工作。拆迁工作启动，宋庄镇完成拆迁，正在去发改委办理立项。

【宋梁路提级改造】 属于区级项目。工程南起北运河，北至通燕高速，全长4千米，设计标准为城市主干路。该项目2017年4月启动，由区公路分局负责建造实施，区住建委负责前期手续办理及拆迁征地的协调工作，预计2018年6月竣工通车。截至2017年底涉及移动、联通、歌华等线杆的迁移完成。

【西潞苑二街】 属于区级项目。该项目南起潞苑东路，北至东六环西侧路，全长约1.6千米，红线宽度30米，设计标准为城市次干路。该项目于2017年7月启动，由北京新城基业投资发展有限公司负责建设实施，区住建委负责前期手续办理及协调征地拆迁工作，预计2019年竣工通车。截至2017年底，该工程完成规划方案批复、设计方案批复、环评批复、水保批复、土地预审批复、管线项目综合批复、管线设计综合批复、前期工作函和道路、中水、交通、雨污水、给水、照明、电力财政评审工作，正在办理土地权属审查工作。拆迁工作启动，宋庄镇拆迁完成签约6%，永顺镇完成部分线路迁改。

【漷台路】 属于区级项目。工程西起张采路，东至G103国道，全长约8.12千米，设计标准为二级公路。该项目于2017年12月启动，由区公路分局负责前期手续的办理及建造实施，区住建委负责拆迁征地的协调工作及管线施工，预计2019年12月竣工通车。截至2017年底完成规划方案批复、设计方案批复、环评批复、水保批复、管线项目综合批复、管线设计综合批复、前期工作函等手续的办理。拆迁工作启动，张家湾镇拆迁完成签约95%， 县镇完成签约30%。

【宋梁路北延】 属于区级项目。从潞苑北大街至京平高速，全长8.7千米，其中，有1.7千米设计标准为城市主干路，其余7千米设计标准为一级公路。由区公路分局负责前期手续的办理及建造实施，区住建委负责拆迁征地的协调工作及管线施工，预计2019年12月竣工通车。截至2017年底拆迁工作启动，正在办理林木伐移手续，部分路段进场施工。

【群芳南大街改造】 属于区级项目。该项目西起怡乐西路，东至日新路，全长2.6千米，红线宽度40米，设计标准为城市主干路。该项目于2017年启动，预计2018年6月开工，2019年12月竣工。截至年底，正在办理前期手续，取得设计方案批复。

【后场西路】 属于区级项目。该项目南起万盛南街，北至万盛北街，全长1.1千米，红线宽度40米，设计标准为城市主干路。该项目于2017年启动，截至年底，正在办理前期手续，取得设计方案批复。

【玉桥西路南延】 属于区级项目。北起云景南大街，南至群芳南街，全长1.45千米，设计标准为城市主干路。该项目于2017年启动，预计2018年6月开工，2019年12月竣工。截至年底，正在办理前期手续，取得设计方案批复。

【九棵树中路】 属于区级项目。从云景南大街至万盛南街，全长1.34千米，设计标准为城市主干路。该项目于2017年启动，预计2018年8月开工，2019年6月竣工。截至年底，正在办理前期手续，取得规划方案，道路定线和地形图测绘完成。

【张家湾大街】 属于区级项目。东起东六环西侧路，西至张采路，全长1.3千米，设计标准为城市主干路。该项目于2017年启动，预计2018年11月开工，2019年6月竣工。截至年底，正在办理前期手续，取得规划方案，道路定线和地形图测绘完成。

【施园街】 属于区级项目。东起东六环西侧路，西至光华路，全长3.5千米，设计标准为城市主干路。该项目于2017年启动，预计2018年11月开工，2019年6月竣工。截至年底，正在办理前期手续，取得规划方案，道路定线和地形图测绘完成。

（韩　璐）

【通州区宋庄镇C−06地块居住用地项目部分工程竣工】 属于区级项目。工程位于通州区宋庄镇，建筑面积4.6万平方米，包括37−41、45−47、50、51号住宅楼，52号配套商业楼。剪力墙结构。工程造价11786万元。其中，37、38、40、41、45、46、51号楼地上6层，地下2层，39、47号楼地上8层，地下1层，50号楼地上5层。2013年6月10日开工，2017年4月13日竣工。北京首都开发股份有限公司建设，北京百键开发建设有限公司施工，悉地（地北京）国际建筑设计顾问有限公司设计，北京北辰工程建设监理有限公司监理。

【通州区TZ00−0104−0031地块R2二类居住用地项目部分工程竣工】 属于区级项目。工程位于通州区永顺镇，建筑面积19万平方米，包括Z1−Z5号住宅楼、X1−X7住宅楼、围墙、大门、商业等配套设施。框剪结构，工程造价47373万元。其中，Z1号楼地上21层，地下2层；Z2号楼地上13层，地下1层；Z3号楼地上18层，地下2层；Z4、Z5号楼地上21层，地下2层；X1号楼地上22层，地下2层；X2号楼地上17层，地下2层；X3号楼地上22层，地下2层；

X4号楼地上22层，地下2层；X5号楼地上22层，地下1层；X6号楼地上22层，地下2层；X7号楼地上17层，地下2层。2015年5月25日开工，2017年12月29日竣工。北京房地鑫洋房地产开发有限公司建设，北京房地集团有限公司、中城建第五工程局集团有限公司施工，建设综合勘察研究设计院有限公司设计，北京建宇工程管理有限责任公司监理。

【通州区于家务回族乡乡中心A–05、A–08地块定向安置房项目部分工程竣工】 属于区级项目。工程位于通州区于家务村，面积9万平方米，包括4–13号、14–21号楼和地下车库等配套设施，砖混结构，其中，4号、6号、8号、10号、11号、12号、13号、14–20号楼是地上6层，5号、7号、9号楼地上5层，工程造价20664万元。2013年8月8日开工，2017年9月15日竣工。北京苏江聚富房地产开发有限公司建设，北京住总第一开发建设有限公司施工，中船重工建筑工程设计研究院有限责任公司设计，北京大正建设监理有限公司监理。

【通州区于家务乡乡中心C地块项目C02–1–至15号住宅楼、车库工程竣工】 属于区级项目。工程位于通州区于家务乡，建筑面积8万平方米。其中1–11号楼地上11层，地下1层，12号楼地上5层，地下1层，13号、14号、15号楼地上4层，地下1层。剪力墙结构，工程造价19549万元。2013年11月30日开工，2017的3月14日竣工。北京首都开发股份有限公司建设，北京宝鸿建设项目管理有限公司，北京城市开发设计研究院有限公司设计，北京北辰工程建设监理有限公司监理。

【通州区运河核心区Ⅳ–08号多功能用地项目8BC.8D商业公寓、Ⅳ–09号多功能用地9BC商业公寓工程竣工】 属于区级项目。工程位于通州区运河核心区，建筑面积12万平方米。其中，8BC、9BC号楼地上41层,地下4层,8D号楼地上3层,地下4层。剪力墙结构。工程造价36541万元。2013年9月7日开工，2017年8月24日竣工。北京华恒华兴房地产开发有限公司建设，江苏中南建筑产业集团有限责任公司施工，北京市建筑设计研究院有限公司、北京市工业设计研究院有限公司设计，北京市潞运建设工程监理服务中心、北京双圆工程咨询监理有限公司监理。

【通州区潞城镇通州新城0604街区定向安置房东西区工程竣工】 属于区级项目。工程位于通州区潞城镇胡各庄村，建筑面积28万平方米，包括东区1–7号楼、西区1–9号楼及热力交换站等配套设施，住宅楼全部地上20层，地下2层，框剪结构，工程造价59613万元。2012年4月10日开工，2017年10月17日竣工。北京潞城建设开发有限公司建设，北京潞城建筑有限公司、北京潞城龙兆华建筑有限公司施工，亚瑞建筑设计有限公司设计，北京东方华太建设监理有限公司监理。

【通州区永顺镇商务园C2地块西区及经营性办公用地项目部分工程竣工】 属于区级项目。工程位于通州区永顺镇潞苑北大街，建筑面积10万平方米，包括1号、2号、4–8号住宅楼及服务综合楼等配套设施，框剪结构，1号、2号、7号、8号楼地上20层，地下2层，4号、5号楼地上18层，地下2层，6号楼地上21层，地下2层，框剪结构，工程造价69346万元，2013年8月1日开工，2017年12月21日竣工。北京中鑫源房地产开发集团有限公司建设，北京欣东园建筑工程有限公司施工，北京世纪千府国际工程设计有限公司设计，北京明鉴同建工程管理有限公司监理。

【通州区24–1号住宅楼（经适房）等10项、22–1号住宅楼（自住商品房）等17项、09–1住宅楼（自住商品房）等11项、10–1住宅楼（自住商品房）等8项工程竣工】 属于区级项目。工程位于通州区于家务渠头。建筑面积22万平方米。包括1–7经适房、1–13号自住房、地下09–1至9号、10–1至6号自住房、车库、服务楼，配电室、开闭站等配套设施。框剪结构。经适房1号楼地上14层，地下1层，2号、6号、7号楼地上18层，地下1层，3号、4号、5号楼地上11层，地下1层。自住房1号楼地上15层，地下1层，2号、6号、11号、12号、13号楼地上10层，地下1层，3号、4号楼地上14层，地下1层，5号、7号、8号、9号、10号楼地上11层，地下1层。09–1

至6号楼，地上6层，地下1层，09-7至9号楼，地上4层。10-1至4号楼地上8层，地下1层，10-5号、10-6号楼地上8层。工程造价48352万元。2015年4月30日开工，2017年12月27日竣工。北京紫峰房地产开发有限公司建设，中铁电气化局集团北京建筑工程有限公司、北京建工博海建设有限公司施工，北京中联环建文建筑设计有限公司设计，北京双圆工程咨询监理有限公司监理。

【通州区运河核心区Ⅳ-11地块项目10号商务型公寓及商业楼等5项工程竣工】 属于区级项目。工程位于通州区运河核心区。建筑面积6.7万平方米，包括10号、11号公寓及商业楼，12号、13号商业裙楼及地下车库，框剪结构，其中，10号楼地上18层，地下3层，11号楼地上22层，地下3层，12号、13号楼地上2层，工程造价29904万元。开工时间2015年7月9日，竣工时间2017年12月22日。保利（北京）房地产开发有限公司建设，中天建设集团有限公司、广州富利建筑安装工程有限公司施工，筑博设计股份有限公司设计，北京京建华工程监理有限责任公司监理。

（李云胜）

公　路

【概　况】 2017年是通州发展史上极不平凡的一年。道路交通在城市副中心建设中取得突破性进展。在市交通委、路政局、区委、区政府的坚强领导下，通州公路分局坚持建设和服务保障两大目标任务，围绕城市副中心建设大局，践行总书记视察北京特别是视察通州重要讲话精神，坚定信心、攻坚克难，以勇挑重担的责任担当和不忘初心、奋发有为的使命追求，锐意创新、抢抓机遇、趁势而上，较好完成了公路建设、养护和路政管理等各项工作任务。2017年，通州公路分局实施新改建工程9项，完成大修预养工程8项、旧桥改造2座、中修工程7项、综合治理工程2项，完成投资7.63亿元。

【公路建设】 年内，推进11项副中心配套基础设施项目的前期工作。围绕“京津冀”一体化、城市副中心建设等重大战略任务，持续推进漷小路（一期）、宋梁路北延、九德路二期、孔兴路（孔庄北—京津公路）、宋梁路（北运河—通燕高速）、京塘路改建（北苑立交—翠屏西路）、规划马路（九德路—张采路）、张采路改建（京津公路—京哈高速）、九德路改建（京哈高速—潞西路）、觅西路（京津公路—市界）、采林路东延（张凤路—漷小路）等11项公路建设项目的前期工作，完成年度任务。全力推进重点项目工程，路网通行能力进一步增强。充分利用交通委前指和通州区副中心对接指挥部的平台，加强协调沟通，推动重点工程项目进展。强化项目管理手段，约谈项目从业单位，落实企业责任，实现漷小路等5项市重点工程完成年度建设任务和宋梁路年底通车目标。

宋梁路航拍图　（公路分局提供）

在建设管理过程中，克服拆迁进地困难，副中心重大活动保障和重污染天气停工等诸多不利因素影响，创造条件，重点突破，以非常态管理，促成各项工程进地施工。截至2017年年底，宋梁路主辅路全线通车。5项市重点工程全部开工建设。

【公路养护】 年内，践行提高行车舒适度的养护理念，着力推进路况质量提高，结合全区路网状况，合理使用养护资金，统筹安排项目，完成采林路、马朱路、马大路、胡郎路、京榆旧线5项大修工程及德觅路、壁富路、潞西路3项预防性养护工程等，并对 永路、凤德路、长西路等7条道路进行中修，提升行车舒适性。履行“四个服务”职责，实施海军疾病预防控制中心部队进出口道路工程，服务驻区部队。进一步加强完善养护巡视监督机制，发现路面病害及时处理，全年病害及时处理率达到99%以上。推进路域环境美化，打造副中心公路“畅、安、舒、美”新形象，绿化日常养护借鉴公路养护管理方法，采取有效措施，合理利用资源，以达到节约成本、提高养护效率的作用。全年养护乔、灌木及攀援植物121.9万株，地被植物、色带、草坪65.9万平方米，补植乔木、灌木4826株，花卉及绿篱色带7854平方米，成活率达到98%以上。

【路政管理】 年内，强化路政执法，路产路权得到有效维护。针对副中心各类基础设施集中建设，路政大队加大对涉路违法行为的查处力度，2017年，通州公路分局路政大队办理处罚案件131件，处罚金额44.6万元。其中，处罚超限运输86件，处罚金额14.21万元。参与“蓝天保卫战”行动，超限检测94.3万辆，卸载817辆。行政许可案件受理141件，审结141件，收取补偿费约1843万元，所有许可工作均在法定时限内完成。办理路产赔偿案件51件，收取赔偿金额约19.3万元。对100项工程进行批后监管工作，其中，完成37项，在施63项。靠前服务，提升效率，加强批后监管工作，本年度受理涉路施工行政许可数量大幅增加，主要涉及行政办公区、环球影城、地铁（7号线、17号线）、广渠路东延、公路改造（京塘线、通马路、通胡南路、九周路等）、地下综合管廊建设（通胡南路、宋梁路）、“煤改气”工程、“煤改电”工程、黑臭水体治理工程、道路绿化提升改造工程、首环、京秦高速公路工程等。充分践行“建设副中心向前站一步”的理念，创新工作机制，主动而为，靠前服务，开通绿色审批通道，缩短办理周期。强化批后监管，开展路政大队巡查与监理现场旁站的联动机制的监管，道路质量安全得以有效保障。

丁各庄桥区雨季防汛 （公路分局提供）

【路网综合服务管理】 2017年，外场设施独立建设使用资金计划451万元，建设可变情报板13套。随路建设外场8套视频、1套轴载设备；管理外场设备总数266套，排除设备故障469次，有效地保证了系统的正常运行。开发使用运维管理平台，实现多维层面智能运维管理，提升运维科技化、规范化水平，全年系统外场设备完好率达到99.7%。同时推进智慧交通建设，践行副中心智慧城市理念。配合路网中心完成《城市副中心智慧道路设备设施建设规范》的编制和智慧路网项目的试点申报工作，宋梁路作为承载智慧交通的试点工程，开启了城市副中心智慧路网的建设。

【乡村公路行业管理】 大力提升行业管理效能，推动“四好”农村路高质量发展。2017年初，市交通委领导和通州区领导共同主持全区乡村公路工作会，部署2017工作，提出副中心以开展“四好”农村路为引领的乡村公路管理的新思路，确立目标和任务。全年安排乡村公路大修工程94项，90.72公里，桥梁改造17座，提前两年完成生命防护工程任务；科学决策，全面实现以道路桥梁检测数据为依据，落实节能减排。强化行业管理，加强质量安全监督针对通州区“煤改气”等掘路项目的修复问题，及时出台《乡村公路占掘路施工及道路恢复工程管理指导意见》，并就道路修复存在的质量安全隐患报告区政府，督促乡镇发动自身力量最大限度地保护乡村公路。2017年是通州区乡村公路资金政策调整实施的第一年，乡镇积极性大增。为配合新政策，分局陆续出台《乡村公路财政补助资金使用管理办法》等8项等配套制度，确保养护资金安全高效。分局抓住副中心发展的机遇，全面提升乡村公路综合水平。以创建凤港河南堤路示范路为引领，推动路网结构升级，实现乡村公路转型发展。

乡村公路工作部署会　　　　（公路分局提供）

【安全应急管理】　年内，严格落实安全“一岗双责”，加强责任制考核，高压态势进行监督检查。认真落实责任清单、隐患排查清单、整改清单，层层传导压力，确保责任到人。2017年度认真开展日常安全生产监督检查、专项安全生产监督检查、节前安全生产监督检查，查出一般安全隐患200项，重大安全隐患1项。对检查中发现的安全隐患及时处理，定期复查。为确保市级机关入驻通州道路畅通，应对极端天气对道路低洼积水的排除，通州公路分局多次组织有针对性的防汛演练，增配排水单元，队伍驻场备勤，实现安全度汛；并做好除雪保障工作，在预案、物资、机械方面充分准备，与区域内高速公路的养护单位、通州京环和地方乡镇建立无缝衔接的除雪联动机制，确保道路畅通。同时，开展宋梁路道路工程市级平安工地示范创建活动，年底通过路政局公路工程平安工地考评组的初、中期考核，得分均在90分以上。

【交通服务保障】　年内，强化服务意识，提升工作理念。结合市级机关年底搬迁城市副中心工作安排，分局以保障安全和道路指引为工作目标，对县级以上公路的交通设施——标线、标志、护栏等设施进行更新维护，完成投资640万元，为公众出行提供安全、优质服务。同时，作为城市副中心标志指引完善牵头单位，协调区市政市容委、交通队、新奥等，完成京塘路等4条主要道路标志指引完善工作，计划于2018年5月前完成副中心全部道路标志指引完善工程。对标城区道路养护，采取路面坑槽、一般路面病害24小时处置完毕，错峰作业等措施，最大限度降低养护作业对公众出行造成的影响，充分体现了“精细管理、无痕服务”的工作理念。增强责任意识，完成重大活动保障任务，遵循“三个到位”工作机制，有效提高突发事件应急响应能力及处置水平。2017年，通州公路分局以连续作战的作风完成习总书记到通州视察、“一带一路”峰会、通州区创城、中共十九大期间通州道路保障任务，为做好市级机关入驻的道路保障工作奠定了良好基础。2017年，完成重大活动保障任务18次，出动工人1万人次，工程车1092台班，水车538台班，清扫车430台班。

（霍　冲）

市政建设

【概　况】 2017年，区市政市容委把握城市副中心战略定位，以更高站位、更大气魄、更宽思路抢抓历史机遇，统筹谋划，奋力拼搏，完成文明城区创建迎检、生态环境指标、中共十九大保障、市区重点工程等“大考”，各方面工作取得突破性进展。

【构建畅通的动态交通秩序】 年内，实施玉桥东三路、潞邑三路等5条微循环建设，建设里程约3公里；完成辛疃路、运河园东路、牡丹路等5条街巷改造，建设里程约4公里；完成运河明珠过街天桥等地铁、医院周边8个重点交通堵点改造及果园环岛疏堵改造，提高道路通行能力；实施市郊铁路接驳通州火车站周边道路改造项目，完成车站路道路拓宽改造，推进限定区域降低污染物排放交通综合整治。

【规范静态交通秩序】 年内，对城区重点区域新增路侧违法停车监控202套；完成交通拖车平台系统建设和“四横三纵”[四横三纵：“四横”即新华大街、通胡大街（东关—东六环），云景南大街、梨园南街，玉带河西大街、玉带河东大街（新华南路—宋梁路），京榆旧路（滨河北路—芙蓉东路）；“三纵”即新华南北路、滨河中路（东关—东六环）、翠屏西路]禁停道路交通整治；规范玉桥西路、中路、东路、芙蓉东路等15条道路交通设施；因地制宜，在疃里二期锅炉房、工商局东侧、半壁店、孙王场、日新路、砖厂新建6处停车场，增加1000个停车位；采用视频桩、地磁、高位视频技术，在新街下坡、玉桥西里中街、紫运中路路侧建设225个停车电子收费试点。

【供热保障】 年内，建立“96069”通州区供热服务智慧管理平台，通过一个平台纳入服务、能源、协同办公三大功能，强化供热服务与舆情监测，提升供热服务质量和供热企业管理水平。落实清洁空气行动计划，对备案在册的72家供热企业的381台燃气锅炉合计2949.38蒸吨进行低氮燃烧改造，工作任务量占全区总量的70%。保障供热管网安全运行，完成21个老旧小区约1.4万户供热管网改造，供热面积达108.4万平方米，改造管线长度约13.5万米。河东5号调峰热源厂为副中心配套供热项目，年内开工建设。华电北燃能源中心主设备、热力管网、调峰锅炉全部就位，并为商务中心区供热60万平方米。提前将三河输热主干线接入行政副中心1、2号能源站，保障行政办公区供热。

运河核心区能源中心建设项目　（市政市容委提供）

【停车场备案情况】 年内，通州区新增备案停车场26处、9835个车位。其中，临时占道停车场1处、车位57个；立交桥下停车场1处、车位306个；路外公共停车场6处、车位1061个；公配建停车场3处、车位1632个；单位大院1处、车位105个；居住小区停车场14处、车位6674个。截至2017年年底，通州区备案停车场297处、102624个车位。

【城市基础运行保障工作】 年内，利用职工微信群互联互通，高效开展市政设施巡查工作，全年解决设施丢失、损毁等各类问题6305件。建立道路“病害”台账，高标准完成137条市政道路约284万平方米，19座跨河桥、7座过街天桥和1座跨铁路桥的维护和养护。采取“白+黑”“普遍+重点”的巡查模式，及时更换损坏的照明设施，保障区市政市容委管理的路灯亮灯率达99%，完好率达97%以上。完成地下管线及城市部件数字化管理系统（三期）建设。三期范围覆盖全区906平方公里，涉及城市主干路、次干路的供水、排水、燃气、热力、电力、通信、广播电视、工业、地下管廊及其附属设施等九大类地下管线，约3800公里；对通州区“煤改气”工程燃气管线进行探测对接，涉及“煤改气”工程行政村的燃气管线约140公里。

【无桩共享自行车治理】 年内，国内前三、市内首家依托北斗卫星定位系统对共享单车进行规范治理，施划电子围栏759处，可停放自行车约3.9万辆，入栏准确率达90%。6月18日，北京电视台《直播北京》、7月18日中央电视台《朝闻天下》栏目分别进行新闻报道，得到市民广泛好评。同时，新增绿色公共自行车1.3万辆，截至2017年年底，总租还量达10900万余次，节能减排26192吨标准煤，节约燃油111.6万公升。

【“创城”工作】 年初，制定《通州区市政市容委决战决胜创城工作实施方案》，进一步明确全委创城工作任务和具体工作要求，形成一级抓一级、一级对一级负责的工作机制。6月底，率先在全区组织召开“创城”誓师大会，全委近400余名干部职工立下“创城”誓言，全面掀起“创城”热潮。坚持每月主要领导带队，对“创城”范围内公共设施、环境卫生、市政道路等问题进行拉练检查，及时处理公益广告破损、道路破损、“门前三包”不到位、步行道垃圾桶乱放等各项问题，所有问题均现场督察指导，就地落实责任，逐项明确时限。协调解决区级督办问题，对多交叉、“三不管”领域，主动向前站一步，全年解决督办单400余件，各项问题近3000个，较好地保证了各项“创城”任务落到实处。

【安全生产】 年内，做好长输管线占压隐患治理工作，妥善解决占压隐患问题11起。整治完成城镇燃气占压隐患113起。组建防汛抢险应急队伍，完成汛期工作。及时处置运河大街、艺苑东街、六环东辅路等多起道路塌陷突发事件。防患于未然，对运河西大街、滨河中路、梨园南街、玉桥中路等进行道路隐伏空洞雷达检测。根据季节、行业特点，扎实开展供热、燃气、环卫、市政领域安全隐患大排查、大整治专项行动，清理整治隐患台账200余处，全委基本形成上下齐心、齐抓共管的安全生产高压态势。

（孟晓云）

水务工程

【概　况】 2017年，水务局深入学习贯彻中共十九大精神和习近平新时代中国特色社会主义思想，围绕北京城市副中心建设，统筹兼顾，突出重点，高标准推进城市副中心水环境建设工作。2017年，全区用水总量37275万立方米，再生水利用量1.7亿立方米，万元GDP水耗较上年降低19.51%，全部实现市政府绩效考核要求。一是供水。坚持计划用水、总量控制，实施水资源消耗总量和效率“双控”管理。严格水行政审批，完成机井、水影响评价、水土保持竣工验收审批88件。加强地下水监测，完成68眼北京市地下水监测井的选址和勘察工作。按照全市统一部署，完成10917眼机井排查登记。完成水资源费改税改革调查，改革工作稳步推进。出台《通州区节水型区创建实施方案》和《通州区“十三五”时期节水型社会建设规划》，完成市政府年度考核任务。多渠道开展节水宣传，营造节水氛围。两广路东延供水管线和南水北调通州水厂正式通水，新增供水能力23万立方米/天，城市副中心供水能力达到37万立方米/天，提前实现规划目标，彻底消除城区供水安全隐患。二是治污。经过努力，完成第一个污水治理三年行动方案，启动2017—2019年污水处理三年行动方案，碧水污水处理厂升级改造、张家湾再生水厂、河东污泥处理厂等一批工程完工，全区污水处理能力达到44.7万吨/日，污水处理率达到85%，建成区努力按照污水收集处理设施全覆盖、污水全收集、全处理要求。“两带、六片区”水环境综合治理工程全面展开，53条段黑臭水体和70个村庄生活污水治理加快推进。区、镇、村三级河长制管理体系全面建成，全区河道沟渠实现监管全覆盖。三是水环境。城市副中心水环境治理PPP项目全面启动，雨污合流改造、黑臭水体治理、海绵城市建设、河道综合整治、农村治污、水网工程6类项目开工建设。完成玉带河、萧太后河等河道治理工程规划，完成《通州区河道管理范围和保护范围划定报告（初稿）》。基本完成一至四阶段163公里中小河道治理，全区北运河、通惠河、萧太后河等河道水质明显改善，生态效益凸显。四是安全度汛。主汛期前完成行政办公区丰字沟应急度汛工程，北运河甘棠闸投入运行，第三四阶段中小河道治理工程汛期通水运行平稳，13座下凹式立交桥改造工程持续发挥效益，区域防洪排涝能力进一步增强。加强社会化抗洪抢险机制建设，形成全社会协同防汛的良好氛围。加快推进海绵城市试点建设，统筹推进城北、城南、两河水网建设，高标准实施通惠河等河道综合整治工程，启动凉水河蓄滞洪区等3处防洪工程建设，加强水务基础设施修复工作力度，结合水环境治理PPP项目，对全区现有的老旧水务设施进行升级改造。

8月29日，北京市南水北调配套通州支线、通州水厂投入运行（水务局提供）

（崔建梅）

【水务各个专项规划编制情况】 2017年，在结合水普成果，收集整理通州区各项规划的基础上，组织编制完成通州区供水规划、港沟河（凉水河—凤港减河）治理工程规划、港沟河（凤港减—市界）治理工程规划、玉带河（梨园南街—萧太后河）治理工程规划、萧太后河（通马路—凉水河）河道治理工程规划等5项规划初稿；完成通州区河道管理范围和保护范围划定报告（初稿）；委托北京城市规划设计研究院正在编制副中心排水(雨水)与防洪工程规划、副中心污水排除及处理工程规划、副中心再生水利用工程规划，为城市副中心PPP水环境项目方案编制及申报工作提供科学有效的依据。

【水务项目前期工作推进情况】 2017年，取得前期工作函的工程9项，分别为萧太后河景观提升及生态修复工程、通惠河（通州段）综合治理工程（二期）、玉带河综合治理工程（二期）、港沟河治理工程、凤港减河蓄滞洪区工程、凉水河蓄滞洪区工程、两河水网工程、北京城市副中心污水管线建设工程、城市副中心雨污合流管网改造工程。取得设计方案审查意见函的工程5项，分别为黑臭水体治理工程（漷牛片区、台马片区、于永片区、两河片区）、萧太后河景观提升及生态修复工程、通惠河（通州段）综合治理工程（二期）、城北水网工程及两河水网工程。副中心污水管线工程正在进行勘察、设计招标；此外,协助片区公司完成PPP工程的勘察、设计招标工作。

【固定资产投资完成情况】 截至2017年年底，通州区水务固定资产投资项目26项，完成投资额25.3亿元。

（张占研）

【通州黑臭水体治理工程】 年内，按照《北京市进一步聚焦攻坚加快推进水环境治理工作实施方案》、北京市人民政府与通州区人民政府签订的《通州区人民政府2017年水污染防治及水环境治理目标责任书》《北京市通州区人民政府关于印发通州区进一步加快污水处理和再生水利用设施建设三年行动实施方案（2016年7月—2019年6月）的通知》要求，需完成34条河段和建成区1河段127公里的黑臭水体治理任务，到2017年底前全面消除黑臭水体。建成区18条段黑臭水体治理完成，2017年通州区黑臭水体治理采用PPP模式，以《通州·北京城市副中心水环境治理PPP建设项目》分区组建的项目公司为实施主体开展非建成区34河段和建成区1河段黑臭水体的治理工作，涉及到两河、台马、漷牛和于永4个片区，潞城、西集、台湖、马驹桥、张家湾、漷县、永乐店和于家务8个乡镇，黑臭水体总长度128.07公里（含西和路边沟），总投资约11亿元。截至年底，清淤工程累计完成76.458公里，占清淤总长度136公里的55.9%；截污管线累计敷设38.905公里，占截污管线总长度131公里的29.7%；徐庄污水处理站厂站结构完成，CWT设备安装完成。

【农村生活污水治理工程】 区水务局作为建设主体，引入PPP模式，将142个村庄污水治理纳入北京城市副中心水环境治理PPP建设项目。其余村庄将结合美丽乡村建设，逐步实现本区农村地区污水处理设施全覆盖。截至2017年年底，实施方案经市、区两级联审，完成46座污水处理站选址“村选址、镇审核、区审定”流程，并取得87公里污水管线规划选址批复。

【雨污合流改造管线工程】 按照《北京市进一步聚焦攻坚加快推进水环境治理工作实施方案》，2017年年底，改造雨污合流管线30公里。根据任务分配，由区市政市容委、区住建委等单位随路建设，完成30公里雨污合流管线建设任务。

（王　硕）

【南水北调通州水厂正式并网供水】 南水北调通州水厂以南水北调中线客水为主要水源，地处台湖镇域，京沈高速北侧、通马路东侧，规划占地约30公顷。一期建设供水能力20万立方米/日，规划远期供水能力60万立方米/日，同步建设3.5公里配水管网与城区现有管网连接。经过区水务局和相关单位持续努力，7月24日，南水北调通州水厂与通州城区供水管网并网供水。

8月29日，北京市南水北调配套通州支线、通州水厂投入运行（水务局提供）

【广渠路东延供水管线正式通水】 5月18日上午10时，广渠路东延供水管线正式通水，每日可从北京城区向通州区输水3万立方米。广渠路东延管线输送的自来水，主要来自于以南水北调水为主要水源的第九水厂以及本地地下水源的混合水，可让通州城区东南部的供水管网逐步适应南水水质特点，为城市副中心建设打下坚实基础。

（高　乐）

【通州区污泥无害化处理及资源化利用工程】 工程位于潞城镇，占地约1.5公顷，处理规模为100吨/天，采用污泥好氧发酵工艺，工程总投资约5768万元。工程于2015年12月31日开工建设，到2017年9月完工。

【通州区第三四阶段中小河道治理工程】 通州区第三四阶段中小河道治理包括凤港减河、中坝河、凉水河、萧太后河环球影城段4条河道，长约79公里。凤港减河、中坝河由水务局负责实施，凉水河、萧太后河环球影城段由北控水务负责实施。受拆迁进度影响，截至2017年年底，凤港减河完成75%，中坝河完成70%，凉水河完成60%，萧太后河环球影城段完成85%。

【通州南部城区外环路污水及再生水管线工程】 工程位于通州新城南部，沿万盛南街、群芳南街、张采路及乔庄南路新建污水管线10.2公里，管径400～1600毫米，新建再生水管线2.3公里，管径100～600毫米，总投资14644万元。工程于2017年10月进场。

【北京城市副中心行政办公区丰宇沟应急度汛临时强排泵站工程】 为确保北京城市副中心行政办公区6平方公里建设区，在遇到极端天气导致运潮减河、北运河水位上涨时，能顺利排除雨水，特在丰宇沟南北两端分别设置临时泵站进行应急排水，待行政办公区内排水系统完备后进行拆除。北端临时泵站设计排水能力为1.4万立方米/小时，南端临时泵站设计排水能力为1.82万立方米/小时，工程于2017年6月完工并投入使用。

（肖 羿）

【通州区2016年危桥改造工程】 通州区2016年危桥改造工程涉及通州区西集镇、宋庄镇、马驹桥镇、漷县镇、张家湾镇、台湖镇等6个乡镇9座建筑物，分别为西集镇的尹家沟闸桥、牛牧屯闸桥及冯各庄闸桥；宋庄镇的高各庄闸桥和港北闸桥；马驹桥镇的马干六支边沟闸桥；漷县镇的徐龙沟节制闸桥（徐龙沟中间闸桥合建）；张家湾镇的二支退水闸桥；台湖镇的永隆屯闸桥。工程于2016年12月开工，2017年10月完工，总投资为1528万元。

（冯桂芹）

【北京市通州区张家湾再生水厂配套管网工程】 工程沿张采路、垂柳路、萧太后河、凉水河北侧路新建污水管线11公里，新建再生水管线12公里。项目投资总额为25062万元，资金全部由市政府固定资产投资安排解决。工程于2016年9月15日开工，2017年底完成污水管线7公里，完成再生水管线2公里。

【通州区2015中央财政农田水利项目县工程】 工程实施节水灌溉面积8745亩，其中，喷灌1482亩、滴灌4489亩、小管出流1167亩。更新机井22眼，配套水泵77套，控制设备77套，新建井房58座，铺设输水管道173米，田间管道522公里。同时，建设智能用水管理系统：含安装智能计量设施440套，建设镇级管理平台3处，村级管理平台17处。工程总投资约3300万元。工程已完工，完成单位工程验收工作。

【通州区北运河甘棠橡胶坝改建工程】 工程包括新建甘棠闸1座；位于现状橡胶坝闸室中心线下游75.5米处，采用液压钢坝闸，5孔，每孔净宽30米，水闸总净宽150米，闸孔总宽度181.6米。新建子河闸1座，位于子河桥上游60米处，将现状子河与主河道挖通，顺水流向总长127米，闸室段长度16米，采用液压钢板闸，1孔，净宽30米。主河道护砌工程，对甘棠闸现状下游主河道险段进行疏挖、护砌，护砌高程16.5米。工程总投资15115万元。工程主体完工，完成子河闸单位工程验收工作。经过改造后的甘棠闸成为华北地区最大的单孔液压钢坝闸，行洪标准由20年一遇提高至50年一遇，在保障水环境安全的同时，实现防洪、蓄水、生态景观、旅游多功能一体化，提高防洪调度灵活性，并与周边公园结合，打造北运河水生态景观。

3月21日，甘棠闸建设现场

（水务局提供）

【北京市通州区小城镇污水处理市场化建设配套管网工程】 工程涉及11座（新建7座、升级改造2座、委托运营2座）再生水厂/污水处理厂的配套管网建设。工程涉及8个乡镇，新建污水管网总长度约86公里，再生水管网总长度约16公里，工程总投资66512万元。截至2017年年底，再生管线16公里全部完成，污水管线完成75公里。剩余漷县镇部分管线在施，其他7个乡镇均完工。

【北京市通州区2016年中央财政小型农田水利项目县建设工程】 工程涉及通州区马驹桥、西集、于家务、永乐店4个乡镇的115个村，涉及2462眼农业灌溉机井，全部安装用水智能计量设施，并将采集到的用水记录传输到通州区节水事务中心的区级平台系统。主要建设内容包括：新设立镇级平台1处，位于马驹桥镇，115个村各设立村级平台1处，2462眼农业灌溉机井全部安装用水智能计量设施。工程总投资为3429万元。截至2017年年底，工程完成90%。

【通州区2015年节水与水资源节约保护项目】 项目包括运乔嘉园透水砖铺设项目：铺设9条行车道、6条人行路、2处人行广场及4处车行广场透水砖，铺设总面积6660.73平方米。小堡村坑塘雨洪利用项目：沿蓄水池周围设置雨水篦子、雨水管道，坑塘南岸边坡护砌处理，设置透水砖步道。雨洪利用工程项目：在北京育才中学通州分校、北京史家小学通州分校、北京同仁堂制药厂通州分厂、北京通州贡院小学、北京铁路人民警察训练学校5家单位分别建设集雨池1个，共计5个，设计总容积为1750立方米。工程总投资1200万元。工程已完工，已进行竣工验收及移交工作。

【通州区漷县镇于家务乡机电井智能计量系统工程】 工程对所涉及机井全部安装用水智能计量设施。对农业机井中以前安装水电转换计量设备仍可使用的919套设备进行改造，其余机井全部新建。新建机井计量1090套，改造机井计量919套，建设区县级管理平台1处，乡镇级平台管理4处，村级管理平台61处。雨洪利用建设内容包括：年收集雨水4768立方米，温室膜面雨水集蓄利用（14亩）、雨水渗透（2840平方米路面）、雨水收集、雨水调蓄、绿地雨水灌溉及雨水利用文化广场（800平方米）。此外，再生水灌溉试验区滴灌工程（20亩）。工程总投资约2500万元。工程已完工，完成单位工程验收工作。

【通州区漷县镇农业高效节水灌溉试点工程】 工程涉及通州区漷县镇内后地村、觅子店村、柏庄村、黄厂铺村、西黄垡村、周启营村等6个村及北堤寺基地、小屯基地两个园区。节水灌溉总面积5463亩，其中，粮田2015亩、菜田1896亩、果树1436亩、花卉116亩。工程包括水源工程与田间管网工程两部分，工程总投资为1780万元。工程已完工，正在组织单位工程验收工作。

【甘棠橡胶坝上游围堰及“7·20”水毁修复工程】 工程涉及拉森钢板桩1处，新建防渗墙、更换坝袋、底板脱空区注浆处理、拆除修复两岸护坡及海漫段底板、充泄水系统维修、中墩修缮等。工程计划总投资3288万元。工程已完工，已进行竣工验收及移交工作。

（郭子彪）

【汛期降雨情况】 2017年降雨543.4毫米（2016年全年降雨543.1毫米）较上年略有增加。2017年汛期，全区累计平均降雨量439.1毫米，比上年同期降雨441.6毫米下降0.6%，与近十年同期降雨438.5毫米增长0.14%。汛期全区降雨38次，小雨33次，中雨2次，大雨3次。最强降雨发生在8月2日，全区平均降雨61毫米，达到大雨量级，21个站点降雨量超过50毫米，最大降雨点张家湾79毫米。2017年汛期，分散性降雨多，过程降雨少。自6月份以来，冷空气活动较频繁，发生多次分散性强降雨，局部雨量雨强大。大风、冰雹等强对流天气频发。入汛以来降水过程中伴有雷电33次，短时大风5次，冰雹5次。

（安志彬）

【节水及水法规宣传】 2017年是第二十五届“世界水日”和第三十届“中国水周”，3月22日当天，区水务局同北京市北运河管理处在通州区运河文化广场共同举行以“落实绿色发展理念，全面推行河长制”为主题宣传活动。宣传周期间，通州电视台滚动播放水法宣传公告4条，在全区11个乡镇范围内深入学校、企业、机关、社区等地陆续开展不同形式宣传活动，本届宣传周活动有4000人次参加，印发水法及节水宣传材料8万余份；设立宣传站10个，悬挂宣传横幅165条，展板132块，张贴临时标语2000余条，与此同时，充分利用电视、报纸、社区电子屏幕、自媒体等播放节水宣传口号、节水常识、水法规等内容，使河长制这一理念得到更大范围的普及，全区宣传教育的覆盖面达95%以上，营造了人人参与节水护水工作的良好氛围。

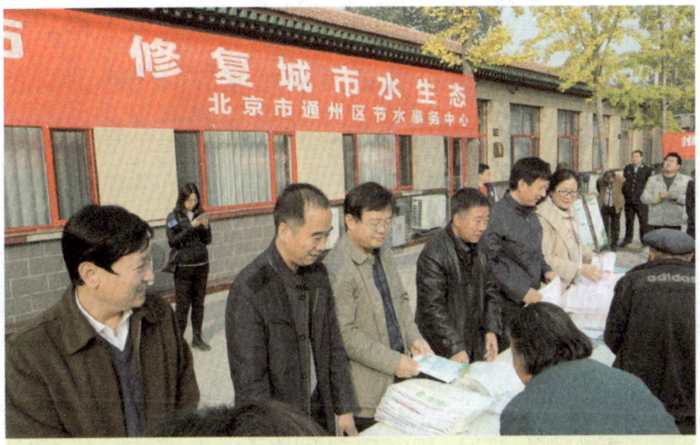

11月2日，于家务乡节水宣传

（水务局提供）

（万凤兰）

【全区水资源利用情况】 2017年，全区总用水37275.91万立方米，其中，用再生水17000万立方米，用地下水20275.91万立方米。农业用地下水8002.24万立方米；工业用地下水2827.48万立方米；家庭居民生活用地下水6395.57万立方米；公共服务用地下水2589.1万立方米；环境和生态用地下水461.52万立方米，用再生水17000万立方米。

【全区地下水监测情况】 2017年，有地下水人工观测井39眼，其中，2眼专用观测井，37眼农灌井，这些人工观测井分布在农业区，使通州区基本形成观测井网；有自动监测井14眼；承压井观测点28眼，据14眼简报井观测资料，全区地下水位呈下降趋势，2017年地下水平均埋深为7.71米，与2016年7.45米比较，地下水位下降0.26米。

（高淑红）

【海绵城市建设试点工程】 2016年北京市成功入选第二批国家海绵城市建设试点城市，试点区域位于北京城市副中心行政办公区及周边区域，范围西、南起北运河，北到运潮减河，东至规划春宜路，总规划面积19.36平方公里，其中，东六环以西为已建区，规划面积8.77平方公里，包含3.18平方公里的水域面积；东六环以东为新建区，规划面积10.59平方公里，包含6平方公里的行政办公区，安排海绵型建筑与小区、海绵型公园和绿地、海绵型道路与广场、水系整治与生态修复等7类，55项工程类建设项目及制订海绵城市建设技术标准和规范等23项非工程项目。自海绵城市建设试点申请成功后，完成海绵城市建设改造工程类项目5项，其中建筑与小区类3项，即通州区文化馆、华联商厦、北京小学通州分校；防洪排涝类2项，即芙蓉路雨水泵站和运潮减河清淤整治工程。编制完成并发布海绵城市建设非工程类项目2项，分别为《通州区海绵城市建设试点建设管理暂行办法》《通州区海绵城市建设试点补助资金使用管理办法》。

（蔡殿卿）

【区级重点河道河长制公示牌正式设立】 10月底前，通州区完成336个区级重点河道河长制公示牌设立工作。在河道岸边显著位置设立，标明河长职责、河道概况、管护目标、监督电话等内容。同时保持监督电话的畅通，以“河长制公示电话举报记录单”的形式确保举报件件有落实，事事有回音，充分接受社会监督。《通州区全面推进河长制工作方案》于8月8日正式印发，确定区委书记、区长共同担任总河长，副总河长由区委副书记和区政府主管水务工作的领导担任。依托区级重点河道，将全区划为16个流域，设立区级河长，由区级领导担任。全区所有河道所在的乡镇（街道）、村均分级分段设立河长，乡镇（街道）级河长由乡镇（街道）党委（工委）和政府主要领导担任，村级河长由村级党组织主要负责人和村主任共同担任。8月31日，全区15个乡镇、街道均印发河长制工作方案。全区落实16名区级河长，镇级河长131名（其中，镇级总河长30名），村级河长549名，实现河长全覆盖。为加强和规范河长制工作，将河长制考评纳入全区2017年度政府绩效考核体系。截至2017年年底，各区级河长分别对所负责河道进行实地巡查，开展督导巡河调研34次，各乡镇、街道级河长分别开展督导巡查346人次。

11月9日，河长制公示牌设立

（水务局提供）

（张立彬）

【工程质量监督管理】 2017年，质量监督站监督的工程项目有18项，均为本年度新开工程。项目涉及总投资为60亿元，涉及施工单位27家，涉及监理单位16家。主要有北京城市副中心水环境治理PPP建设项目（漷牛片区）黑臭水体治理工程、通州区城北水网建设工程（老河湾蓄涝区及湿地）、通州区海绵城市试点工程PPP项目等。本年度内进行分部工程验收的项目有：通州区小城镇污水处理市场化建设配套管网工程进行50个分部工程验收；通州区漷县镇于家务乡机电井智能计量系统工程进行97个分部工程的验收；通州区2015年中央财政农田水利项目县建设工程进行51个分部工程的验收；漷牛片区工程进行8个分部工程的验收。进行单位工程验收的项目有：通州区小城镇污水处理市场化建设配套管网工程进行6个单位工程验收；通州区漷县镇于家务乡机电井智能计量系统工程进行4个单位工程的验收。进行工程竣工验收的项目有：北京市通州区运潮减河清淤整治工程、2016年防汛维护改造工程、通州区潞城镇丰榆沟七级西桥工程、通州区2015年危桥改造工程、通州区玉带河（梨园南街—萧太后河段）清淤整治工程、2015年通州区生态清洁小流域综合治理工程，2016年度区县转移支付水务项目，2015年节水与水资源节约保护项目，通州区2016年危桥改造工程，通州区北运河甘棠橡胶坝“7·20”水毁加固工程。监督管理过程中严格按照规定办理监督注册手续，严查体系建设和工程实体质量，把好工程验收关，全年工程项目质量处于受控状态。

（缪学文）

供 水

【概 况】 2017年，北京潞洲水务有限公司贯彻落实“勠力拓业，增能挖潜，科学管控，创新发展”的工作方针，制定全年计划和折子工程，强化目标管理，进一步明确责任，责任到人，加强督促检查，较好地完成了全年工作任务。全年完成供水总量4738万立方米，完成售水总量3958万立方米，水质综合合格率、修漏及时率100%。

【维护检修供水设备设施】 年内，加大对供水设备设施维护检修力度，开展春、秋季电检工作。大修机泵8台；加泵管5根；更换水井闸门5座；更换配电柜1组；更换高压绝缘瓷瓶2个；线路更换隔离开关和跌落保险各1组；更换次氯酸钠加药机3台；配合厂家安装水表33块；拆卸补压20号井和基岩5号井泵管共51根；抢修线路故障9次；修剪线路下树木100余棵；急活急修200多次，为安全供水奠定了坚实基础。

【维护检查供水管网】 年内，完成供水设备附件维修897处、管线修漏94处、修漏换管350米、故障换表638支、上门服务零活小修392户、修消火栓120座、更换铝盖80个、小区末端冲管放水18次、解决非潞洲水务公司管辖的用户报修36户、安装测压表30处、修漏及时率达到100%。为保障安全供水和服务居民做出贡献。

【水质检测】 2017年，完成对所有水源井、补压井、出厂水、管网水的取水采样理化分析。出厂水、源水每日一次9项指标检测，共计检测6570项次，合格率达到100%；每月一次理化分析，全年检测5580项次，合格率100%；管网水每月两次理化分析、每月9项指标，全年检测4320项次，合格率100%；保障重大会议及节日期间水质安全，在日常检测的基础上增加检测及巡检频率，共检测800多项次，确保水质合格。全面落实“水质是生命”的企业文化精神。

【配合市自来水集团完成广渠路东延向通州城区供水工作】 公司对广渠路东延市区来水方向通朝大街、运河西大街沿线的给水管线及其附属设施进行检查，做好接纳广渠路东延市区来水的准备工作，并编制《广渠路东延供水区域闸门调整实施方案》；5月18日上午10时，在市集团、通州区政府的大力支持下，实现了广渠路东延供水管线正式向通州通水，每天可从北京向通州城区增加供水能力3万立方米。有效缓解了通州城区低压区供水紧张的局面，为通州二水厂的正式通水打下基础。

【完成通州二水厂调试运行和接管工作】 为配合市集团做好通州二水厂调试运行工作，公司成立了与市集团相对应的调试运行工作领导小组及工作组，落实集团相关工作部署，协调推进影响调试运行的关键工序及难题，完成自京通公司转入33人，市集团兄弟单位调入20人，公司从内部调整技术骨干人员组建通州二水厂运行团队工作，与新划转及调入人员签定劳动合同；4月30日，实施完成通州二水厂现有DN1200配水管线与公司现有梨园镇万盛南街DN800配水管线勾头工作；7月24日，通州二水厂试通水运行；8月26日，通州二水厂正式投入运行，有效缓解了通州城区供水紧张的局面，提高了城市副中心供水安全保障度。

【城市副中心行政办公区供水保障工作】 为配合市集团城市副中心供水工程建设及服务保障领导小组工作，公司成立了与市集团职能相对应的副中心前期工作、工程建设及管网运行保障专项工作领导小组及工作组，制定《潞洲公司关于成立城市副中心供水工程建设、服务保障专项领导小组及工作组的工作方案》，参与市集团对城市副中心建设用水报装受理方案的审核；制定城市副中心行政办公区给水管线巡视及水质监测方案，派专人定期巡视、检测，确保城市副中心办公区建设的用水安全。

【自备井置换及老旧小区改造工作】 根据北京市人民政府办公厅《加快推进自备井置换和老旧小区内部供水管网改造工作方案》的通知要求，完成了对城市副中心155平方公里内的224个自备井、257个老旧小区进行逐个详实的实地调查工作，并完成了20个自备井置换及30个老旧小区的供水管线改造工作。

（张小莉）

节　水

【概　况】 2017年，通州区节水事务中心以创新为动力，以服务为根本，加强作风建设，以服务北京城市副中心建设为目标，围绕《中华人民共和国水法》《北京市节约用水办法》等一系列水法规，完成各项节约用水管理工作。

【区域用水总量】 2017年，北京市水务局核定通州区用水计划指标为38195万立方米，全年实际用水量为37272.93万立方米，其中，新水用量20275.93万立方米，再生水用量17000万立方米。2017年，通州区地区生产总值为7581342万元，万元地区生产总值新水耗水量为26.74立方米/万元，较2016年耗水量降低6.48立方米/万元，万元地区生产总值新水耗水量同比下降19.5%，万元地区生产总值水耗下降显著。2017年通州区工业新水用量为2014.91万立方米，万元工业增加值用水量同比下降20.40%。

【计划用水管理】 2017年，通州区按照北京市水务局提出的用水指标要下达到每个村的要求，对全区各村的人口、面积、果林、灌溉等情况进行系统收集和整理，在此基础上结合各乡镇实际情况制定乡镇用水指标分配方案，确保用水指标科学管理分解到每个村委会。3月8日，通州区节水事务中心向11个乡镇和1360户用水单位下达《2017年计划用水指标通知单》，并在《通州时讯》上刊登《关于下达2017年计划用水指标的公告》。通过以上工作，全区计划用水覆盖率稳步提升。全年严格执行单月预警双月考核制度，发出预警640户次，发生超计划164户次,收取超计划金额90.51万元。

【节水型社会建设】 2月6日，区政府正式印发《通州区节水型区创建实施方案》和《通州区"十三五"时期节水型社会建设规划》，4月14日，在区政府会议中心召开节水型区创建工作部署会，副区长、区节水型社会建设领导小组组长王岩石参加会议，对创建工作进行部署，节水型区创建工作全面启动。通州区按照北京市创建节水型区的11条标准，逐一对照检查、补齐短板，投入资金1500万元用于节水型区创建工作，主要涵盖创建节水型单位、社区（村庄），推广高效节水器具，安装远程计量水表，开展节水宣传活动，雨洪利用工程建设等。全年创建节水型单位282家，节水型村庄（社区）60个；安装高效节水器具1.61万套（节水水嘴5000套、节水限流器1万套、节水型坐便器1100套）；安装远程计量水表252套；开展各类节水宣传及表彰活动23场，制作节水宣传短片2部，设计并印制宣传册1万本、宣传彩页6万张、宣传折页6万张、宣传条幅300条、宣传展板100块，评选出节水先进单位20家、节水先进家庭880个、先进工作者470名；完成北京同仁堂股份有限公司同仁堂制药厂通州分厂雨洪利用工程、宋庄镇小堡村雨洪利用工程等6处。

【节水执法检查】 2017年，配合区水政监察大队和乡镇水务所对11个乡镇洗车企业用水情况进行摸底普查，检查洗车企业341家，检查城区洗浴企业7家，7家洗浴企业节水器具符合要求；对全区3家高尔夫球场进行多次重点检查，建立高尔夫球场用水情况台账；指导用水单位开展节水工作1500余次。

（赵　亮）

供　电

【概　况】 通州供电公司（简称通州公司）成立于1958年，2016年1月升格为国网北京市电力公司直属大型重点供电企业，负责通州地区906平方公里范围内的电网规划建设、运行管理、电力销售和64.05万客户的供电服务工作，肩负着为北京城市副中心电网建设、重大政治保电、城市运行、重要用户和居民生活安全供电的任务。公司设有9个职能部门、3个业务支撑机构、1个供电服务中心及10个乡镇供电所。2017年4月，通州公司办公大楼全面竣工。

4月，通州公司办公大楼竣工

（姜姗/摄）

截至年底，通州地区辖内有220千伏变电站6座，容量288万千伏安；110千伏变电站27座，容量290.2万千伏安；35千伏变电站8座，容量20.52万千伏安；110千伏输电线路45条，320.6公里；35千伏输电线路23条，134.5公里。年内最大瞬时负荷在7月13日21时01分，为137.71千瓦。实现全年安全生产无事故目标，累计安全生产周期2634天。

通州公司全年完成售电量60.62亿千瓦时，同比增长6.28%；营业收入38.35亿元，同比增长3.4%；利润总额1797.5万元，超额完成年度计划；固定资产投资18.23亿元，年度计划完成率100%；线损率6.31%；城网供电可靠率99.9669%，农网供电可靠率99.9126%，城市综合电压合格率99.999%，农网综合电压合格率99.989%；当年电费回收率100%。

通州公司公司荣获国网公司文明单位和十九大保电功勋单位，管理创新首次获得国网公司表彰。

截至年底，通州公司有全口径用工1188人，全民职工336人，其中，博士生1人，研究生学历72人，本科学历136人，专科学历116人；高级职称35人，中级职称57人；高级技师167人，技师54人，高级工32人，中级工25人。

【电网规划与建设】 规划前期高效开展。把握副中心发展大势，促成北京公司与区政府签署“十三五”战略合作协议，110千伏及以上电网建设全部纳入“零前期”，节约建设费用22亿元。对接城市副中心新总规，统筹考虑站室廊道、抢修网点布局，在全市率先将电力设施规划纳入地区控制性详规。坚持规划设计标准一以贯之，明确城市副中心配电网架实施方案，推动双环网网格化接线原则延伸落地。2017年，公司取得立项核准批复8项，核准变电容量30万千伏安；取得规划意见批复8项，批复建设用地1.54万平方米，建筑面积0.67万平方米，电缆隧道0.895公里，架空线路7.63公里；取得工程环评批复8项，用地预审函批复3项2.82万平方米。重点工程提质提速。建设任务创历史新高，年度5项核准、7项开工、8项投产全部按计划完成，关键节点匹配率实现100%，年输变电工程优质工程率达到100%。主动服务政府需求，行政办公区配套110千伏市府西、政协西站均超前里程碑计划投运，老胡各庄站与原潞城供电所完成拆除，8座开关站、23座用户配电室全部投运，满足市级机关搬迁入驻需求。在行政办公区集中应用光纤纵差等7类先进技术，建成国内领先的配网综合可视化系统，建成国内首家“一体双核”配电自动化主站通州核心节点，国际一流高端智能配电网示范区初步建成。

8月31日，辛安屯（市府西）变电站投产送电

（李博/摄）

【安全生产】 安全管控措施有力。深化评价结果应用，综合考虑承载力、安全监督和施工队伍能力，科学安排工作计划，源头保障各项工程平稳实施。运用同进同出、驻所蹲守、飞行检查等管理手段，结合4G单兵、安全管控APP、智慧工地等技术手段，全年违章行为大幅下降34.9%。加强对班组必备资料、基础台账及例行会议的监督指导，实施集体企业安全同质化管理，安全基础不断夯实。运维管控有效提升。深化开展配网提升，农村户均容量大幅提升39.6%，达到3.14千伏安，10千伏三分

段三联络实现100%，配网本质安全水平显著提升。优化通道运维队伍，加强巡视过程稽查考核，开展重点区域“网格化”看护，输电外力故障同比减少71.43%。层层分解压降指标，规范故障处置和抢修流程，开展专家会诊巡视47次，配网故障同比减少61.4%。滚动治理异常台区，密切跟踪热点区域，度夏度冬期间专人24小时值守督导，多户报修同比减少11.2%。建成国内首套“一体双核”主站系统，全部218条架空线路实现故障区域判断，漷县地区12条线路开展故障全自愈示范应用，配电自动化实现从无到有、从有到优的跨越发展。政治供电坚强可靠。按照“五个最”（最高的标准、最有效的组织保障、最可靠的技术措施、最饱满的精神状态、最严明的工作纪律）标准开展十九大供电保障，全体干部职工放弃休假，构建全员保障格局，完成252名支援人员后勤保障，实现“四个零”（设备零故障、客户零闪动、工作零差错、服务零投诉）、“五个杜绝”最高目标。推进政治供电常态化，将区委区政府、两个会议中心等重要场所纳入常态化保障范围，主动实施重要场所电源改造，完成习总书记调研、全国“两会”等84项保电任务。

【营销与优质服务】 电能替代全面推进。提前近40天完成年度106个村、3个街道、157路外电源建设任务，历时三年的“煤改电”工程完成，全区电采暖用户达13.8万，用户数量居各区之首。积极服务绿色出行，投运充电桩1895台，占北京公司建设总量的41.7%。完成20项电动公交场站报装接电及9项公交充电站外电源建设，为850台电动公交提供电源支撑。开展科技进步奖和群众性创新成果奖项目征集工作，征集群众性创新成果4项。发明专利申请1项，实用新型专利申请2项。公司管理创新在北京市获奖2项。徐向东创新工作室申报北京市级职工创新工作室。

9月20日，通州公司“煤改电”任务完成
（洪雷/摄）

（苏韵涵）

燃　气

【概　况】 通州区现有具有燃气资质的从业企业13家；市政管道天然气基本实现城乡全覆盖，全区燃气管网铺设总长度1600余公里，建成各类燃气调压站（箱）近千座，管道燃气用户达45万户；7个乡镇101个村实现“煤改气”；全区液化石油气“惠民气”送气工程实现全覆盖，总体运行情况良好。

【全力推进101个村“煤改气”工作】 年初，全面启动7个乡镇101个村“煤改气”工作。为保证“煤改气”项目顺利实施，区市政市容委多次调研和充分论证，组织编制《通州区2017年度农村地区“煤改气”工作实施方案》，明确工作任务和责任分工，为全面开展工作奠定坚实的基础；为完成此项工作，区市政市容委科学组织、周密安排，以问题为导向定期召开调度会，及时解决项目推进过程中的相关问题。截至年底，解决5.6万余户替代燃煤采暖及炊事问题，替代燃煤约16.6万吨，进一步完善了通州区域内燃气管网布局。

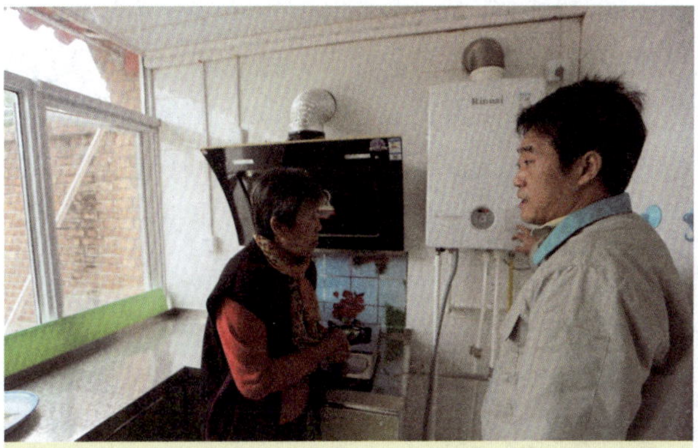
“煤改气”室内设备燃气灶　（市政市容委提供）

【开展3个街道液化石油气“惠民气”送气工作】 根据区政府第十二次区长办公会关于在城区3个街道实施“惠民气”送气工作要求，7月中旬，通州区正式启动开户工作，截至9月20日，中仓、北苑、玉桥3个街道“煤改电”居民液化石油气送气工作全部完成，累计开户2465户。3个街道各设立一个临时换瓶点，市液化气公司每天定时定点用运输车向街道居民提供液化石油气换瓶服务。向居民供应的瓶装液化石油气，每瓶由市、区两级财政补贴55元，居民以50元的价格购买，每年每户可购买8瓶。至此，通州区液化石油气“惠民气”送气工程实现全覆盖，总体运行情况良好。

【燃气行业管理】 年内，不断加大燃气企业日常检查和重大节日、活动期间安全生产检查力度，检查内容主要涉及燃气经营企业安全生产制度以及安全生产责任制的落实情况，燃气安全操作规程的建立和操作人员持证上岗及岗前培训情况，对燃气用户的安全服务情况以及应急预案的编制和演练情况。全年检查燃气经营企业130余次，对检查中发现问题的燃气供应企业，督促限期整改，整改仍不合格的，由城管执法部门依法对其查处。

【燃气安全知识宣传活动】 年内，联合北京市燃气集团三分公司，在广场、街道分别组织宣传活动3次，利用展板和发放宣传材料的方式，向广大市民普及燃气安全使用常识，受到市民一致称赞；加强社区、餐饮企业、供气企业等燃气相关工作人员培训，全年集中开展100人以上培训工作10次；在农村地区“煤改气”工作中，发放《致村民的一封信》和《安全使用燃气手册》等宣传材料约12万份，为每个村培训安全员2～4名。

【燃气气质检测和综合评价工作】 12月11日，成立2个工作小组，抽取11家液化石油气企业40个样本进行气质检测，由第三方气质检测公司出具检测报告。最终气质检测不合格企业1家，为北京欣欣向荣益源燃气有限公司，已移交城管执法部门；12月12日起，委托北京市劳动保护科学研究所对全区28家燃气经营企业进行综合评价，区市政市容委将根据评价结果，对28家企业续发或取消燃气经营许可证。

（孟晓云）

邮　政

【概　况】 中国邮政集团公司北京市通州区分公司（以下简称：通州区分公司）位于通州区运河西大街174号。2017年，全分公司在册职工657人，机构设置为四部一室及五个专业分局（公司），分别为综合办公室、人力资源部、市场经营部、计划财务部、监督检查与安全保障部、商函局、代理金融业务分局、报刊发行分局、电商分销局、集邮公司，下辖8个邮政支局，26个邮政所，两个主题邮局，代理邮政金融业务网点25个。设置区内邮路22条，投递道段107条，其中，汽车投递道段12条，电动三轮车投递道段94条，机要投递道段1条。投递里程4520公里，信筒信箱547处，村邮站479个，担负着全区907平方公里150余万人口的邮政通信服务工作。

2017年，通州区分公司围绕区委、区政府的工作部署，按照集团公司“一体两翼”经营发展战略和市分公司“突出利润导向、加快转型发展”的工作要求，结合通州区域经济特点，根据北京城市副中心发展实际，广大干部职工迎难而上，开拓进取，经营效益逐步提高，各项工作取得新进展。主要经营国内、国际函件；包裹；特快专递；报刊；集邮；邮政储蓄、汇兑、综合理财、代销保险、中邮保险、代收付业务（代收代缴、代发工资）等业务。

年内，通州区分公司荣获首都文明单位标兵称号；新华大街邮政支局荣获登通州区诚信单位红榜。

【推动地方区域文化建设】 年内，通州区分公司与通州区文化委在宋庄国中美术馆联合举办通州民间艺术作品展览暨“一带一路”主题集邮巡展活动。通州区文化委主任王立生、副主任马俊艳，北京市邮票公司经理梁洪涛、通州区分公司局长侯杰、副局长陈建国参加活动，并为当日发行的《“一带一路” 共同发展》个性化专用邮票揭幕。“一带一路”特种邮票以及相关文化题材邮品，吸引众多集邮

6月11日，通州区分公司与通州区文化委在宋庄国中美术馆共同举办通州区民间手工艺展示暨“一带一路”主题集邮巡展活动，通州区文化委主任王立生（左）、北京市邮票公司经理梁洪涛（右）为“一带一路”个性化邮票揭幕

（中国邮政集团公司北京市通州区分公司提供）

爱好者。这次集邮巡展活动促进了集邮文化与区域文化建设有机结合。

【服务“三农”发展】 2017年，通州区分公司与通州区西集聚隆农民农业合作联合社合作“聚隆农业樱桃同城配送”快递配送业务，将通州区特色“通州西集大樱桃”配送进城，取得良好的效果，得到用户肯定。通过开办“邮掌柜”，微信推广“I LOVE 邮”网上缴费功能和“邮乐小店”“优惠购”线上购物平台，丰富了邮政便民服务功能。

【基础设施建设】 2017年，为建设与北京城市副中心相适应的邮政服务设施，通州区分公司加快网点基础设施建设，先后对牛堡屯、西集、胡各庄、后南仓等多个局所进行装修改造，累计装修面积4063.85平方米，投资534.16万元；对投递硬件服务设施进行优化，增加投递手持终端（PDA）设备199部、网状托盘车32个、电动三轮车87辆、滚筒式分拣伸缩线管5组，笼车130个，电动汽车24辆。通过加快网点设施建设，完善基础设施，提升硬件服务水平，逐步改善用邮环境，树立企业良好形象，满足居民对用邮的需求。

【成立校园主题邮局】 2017年，通州区分公司相继开办两个青少年“主题邮局”。分别与北京小学通州分校联合打造“活力少年”主题邮局；与通州张家湾镇民族小学共同建立“少年梦”主题邮局。主题邮局的成立旨在将传统邮政服务与校园文化创意结合，发挥服务社会、加快各项邮政业务融入校园服务，搭建邮政文化向校园市场的传播平台，助推素质教育、全民阅读、书香校园活动的开展，传播邮政文化。

【提升网运投递能力】 2017年，通州区分公司创新邮件投递作业模式，实施网运投递改革。网运模式由原来主要集中在一点集散调整为五点集散。制定快递包裹专投网点投递进口接卸方案及作业计划、营业出口发运方案以及区内趟车邮路运行方案。网运改革后，进口快递包裹由原每日一频次调整为每日两频次，邮件进口时间普遍提前1～3小时，提高了邮件传递时限，提升了投递承载能力，

为城市副中心建设提供了有力保障。

【安全生产管理】 2017年，通州区分公司深入开展“平安邮政”建设，强化安全管理，定期组织各单位开展防抢、防盗、消防等系列应急演练，严防特重大安全事故发生。开展“安全生产月”活动，全面落实企业安全生产主体责任，及时检测更新和维护消防安全设备，更换灭火器623具，消防应急照明灯20个，为17个单位增加、更换“安全出口”标识20个。提高窗口收寄质量，严格执行收寄验视制度，认真落实窗口环节邮件寄递安全。加强车辆管理、强化驾驶员安全意识。2017年，签订各类安全责任书、承诺书9大类、3800余份。完成市分公司、内保处、国安办等多家单位在中共十九大召开期间对通州区分公司的安全保卫工作要求，确保重大活动期间安全工作万无一失。年内，获得北京市交通安全先进单位称号。

【服务创建全国文明城区】 2017年，通州区分公司参与创建全国文明城区工作。严格按照区委、区政府，区精神文明办“创城”工作要求，落实各项服务标准。营业、储蓄大厅张贴各类展板、展架、桌牌826份，发放倡议书1700份，宣传手册850份。

按照通州区“创城”指挥部总体活动部署，深入推进创城系列活动。组织职工在班前、班后及周末休息时间参与区文明办、玉桥街道办事处开展的志愿值勤、“等灯、等灯”交通引导值勤活动。联合通州区地方税务局、人民检察院主办“文明在心 创城在行”通州区青年志愿先锋岗首届骑行活动。有200余名选手参与，通过围绕副中心骑行，感受大运河通州美和城市副中心的快速发展，激发创建美好城区的热情。通过全员积极参与，为通州区获得全国文明城区称号贡献力量。

通州区分公司获得通州区创建全国文明城区突出贡献单位称号；张佳获得通州区创建全国文明城区突出贡献个人；程果、王月、林娟获得通州区创建全国文明城区先进个人的称号。

【推广“爱心包裹”项目】 2017年，通州区分公司联合属地幼儿园开展“爱心包裹”捐赠活动。分别与晟世蓝天双语艺术幼儿园举办“走进校园 爱心公益”捐赠活动；与大方居幼儿园举办“小手拉小手，把爱心邮寄到青海”活动。以邮政“爱心包裹”形式捐赠给贫困山区的小朋友，通过现场邮递体验让小朋友了解捐赠的衣服经过怎样的一个过程，传递给需要的贫困儿童，受到家长和孩子们的欢迎。

3月17日，梨园支局联合属地校园开展爱心包裹捐赠活动，为贫困地区小朋友献爱心，受到家长和孩子们的欢迎

（中国邮政集团公司北京市通州区分公司提供）

【落实“清洁空气行动计划”】 2017年，通州区分公司根据通州区政府关于“清洁空气行动计划”工作要求，投资67.2万元完成4个邮政局所锅炉“煤改电”更新改造工程；推动邮政车辆结构调整，节能减排，更换新能源邮政用车24辆，完成区政府清洁能源改造工作。

（赵玉红）

通　信

【概　况】　中国联合网络通信有限公司北京市通州区分公司（以下简称“通州联通”）隶属于中国联合网络通信有限公司北京市分公司（以下简称“北京联通”），位于北京市通州区云景东路18号，现有全口径员工近600人，员工年龄分布均衡、合理，平均年龄36岁。通州联通内设9个部门，下辖通镇、梨园、疃里、次渠、张家湾、漷县6个营服中心，是通州地区的主导通信运营商。

2017年通州联通公司投身城市副中心建设，提升网络质量，构建创新服务支撑体系，参与智慧通州建设，提升服务质量，强化营业网点布局，参与创城工作，完成共和国部长义务植树、习近平总书记视察副中心、通州区半程马拉松比赛、中共十九大（通州段）、“一带一路”高峰论坛（通州段）、卫计委医疗改革（通州段）等120项重要通信保障任务。全年各项安保指标全面完成，未发生重大安全事故。

2017年，通州联通荣获首都文明单位标兵荣誉称号；荣获通州区创建全国文明城区突出贡献单位荣誉，1名员工荣获通州区创建全国文明城区突出贡献个人荣誉，3名员工荣获通州区创建全国文明城区先进个人荣誉。

【参与通州区“智慧城市”建设】　年内，通州联通围绕“智慧城市”建设持续推进政企客户服务体系变革，打造以政企客户中心为引领，以客户经理为触点，以网络建设维护为支撑的一体化“智慧城市”服务体系。

为支撑通州区产业转型升级，助力通州区落实创新驱动发展战略，为大众创业、万众创新提供优质条件，通州联通聚焦大数据、物联网、云计算、IDC、ICT等5大创新领域，与政企单位携手打造“智慧通州”。支撑通州公安分局移动警务终端联网，为“雪亮工程”提供IDC机架及光纤组网，支持环保局专线组网和全区环保网格员移动环保项目；联合区经信委开展“智慧城市”社区科普宣传，与副中心指挥办公室、公安分局、文旅园区管委会、监察委等单位进行智慧应用调研、探讨；组织召开12场政企客户合作交流会，为政企客户信息化建设保驾护航。

【北京首个千兆社区落户天时名苑小区】　通州联通持续提升网络质量，全面完成光纤改造。5月19日，北京首个千兆社区——天时名苑小区挂牌建成，这是北京联通推出落实提速降费、服务企业民生的6大举措后，展开的第一项实际行动，是落实党中央国务院和中国联通关于“一带一路”建设的重大战略决策部署和提速降费的要求，呼应2017年国际电联“发展大数据，扩大影响力”主题的重点举措，为打造千兆城市拉开序幕。

作为北京联通首个千兆光纤示范小区，天时名苑小区的业主率先感受到超高速带宽带来的全新体验，宽带下行带宽能够达到1000兆比特每秒，理论最大下载速率可达到125兆比特每秒，下载一部4G的高清电影只需要30秒，极大缩短了数据传输时间，提高生产效率；在应用场景方面，千兆宽带可以播放4k高清电视甚至8K超高清视频，百姓在家中就能开视频会议、玩大型体感游戏、通过VR虚拟现实观看足球比赛和演唱会，还能构建智能家居系统实现家庭视频监控、远程控制智能设备。

【建成通州区首个智慧社区】　年内，通州联通与梨园镇政府合作，以靓景明居居委会为试点，共同搭建基层社区信息化通信平台，促进社区服务提升。便民智慧平台融入移动互联网+互动短信+电话服务中心的综合能力，包括企业总机、易信通、手机微站、挂机短信等多功能相互嵌入。将手机微站作为居委会对外服务的移动互联网窗口，公布服务内容、发布便民通知，轻松通过微信及二维码进行分享，为社区居民与居委会提供一个便捷沟通的纽带。智慧平台于5月18日正式投入使用，提升了居委会组织动员居民参与互动活动的时效性，使新的沟通模式成为建设现代化新型和谐社区的助推器。

【推出“智慧到家”延伸服务】 年内，通州联通推出“智慧到家”延伸服务，专业的智慧家庭工程师根据通州百姓家庭的实际情况，设计专属网络覆盖组网方案，通过室内布线、移机打孔、设备安装和调测，完成多种网络设备的搭配组合，提升家庭宽带的便利性和Wi-Fi信号质量，实现固、移网络全覆盖，还可提供夜间网络故障上门维修服务，满足通州百姓日益增长的家庭网络需求。

【提升窗口服务质量】 通州联通各营业厅牢固树立诚信服务意识，热情周到地接待每一位到厅客户，耐心解答问题、详细介绍产品，赢得区域内客户的信赖和好评。通州联通通镇营业厅、梨园营业厅获得通州区消费者协会2017年度诚信服务承诺单位荣誉称号。

为了便于客户就近办理业务、体验新产品，通州联通结合城市副中心建设和现有近300个营业厅网点分布情况，同步新建焦王庄、土桥、乔庄北街3个营业厅，使营业网点充分满足客户需求，为打造优质的15分钟百姓生活圈贡献力量。

（乔　蕾）

新农村建设

【概　况】 2017年，按照应改尽改的工作原则，通州区基本实现平房住户冬季清洁取暖“无煤化”。全区农宅抗震节能新建翻建393户，单项改造7621户。完成农村基础设施管护工作，各项基础设施运维良好。

【农村地区“减煤换煤、清洁空气”行动】 年内，通州区采取超常规的措施，坚持“四早、四快”（早谋划、早部署、早动员、早宣传，快对接、快组织、快设计、快施工）原则引领全局，健全完善组织机构，创新“三级调度”“分片管理”“一户一设计、一户一档案”“电取暖管护员”等多种工作机制。在106个“煤改电”村的工作基础上，将核心区内3个街道、高压自管户及历年城市改造过程中形成的散村散户“煤改电”工作纳入到年度工作任务。截至供暖季前，超额完成任务，6.9万户均正常取暖使用。2017年是“煤改电”三年专项行动的收尾之年。3年累计完成全区约260个村、12万户的“电取暖”工作，折合年压减燃煤30余万吨，为副中心“蓝天保卫战”做出巨大贡献。体制机制、工作制度、工作程序等多方面做法均为全市首创，区、镇、村多项典型举措荣获社会主义新农村创新奖励，受到市领导及有关部门一致好评，北京电视台及《北京日报》《北京晚报》《焦点访谈》《通州时讯》等10家媒体也多次报道通州区先进工作经验。3年来，通过实施“煤改电”工程，农村电力供应户均动力由1.5千瓦提高到9千瓦，实现老旧电网的改造升级，农村的环境、卫生、安全、宜居、生态有较大改观，农民的幸福指数有明显提升，这项“暖心惠民”工程得到全区广大农民的普遍认可。

【农宅抗震节能工程】 全力实施农民“暖心暖居”工程，年内，为贯彻落实市新农办、市住建委、市财政局关于印发《2017年北京市农民住宅抗震节能改造工作实施方案》的通知文件要求，推进通州区农民住宅抗震节能工作及配合2017年北京市农村地区“煤改清洁能源”工作，截至12月底，通州区完成新建翻建393户，单项改造7621户，农村住户居住条件得到极大改善。

【农村基础设施管护工作】 年内，根据《通州区农村基础设施维护和管理实施意见（试行）》和《通州区2017年新农村基础设施管护工作实施方案》文件精神，坚持“解决需求、深化完善、建管并重”的工作原则，服从服务于首都城市副中心建设大局，稳妥做好各项农村基础设施管护工作，继续开展新农村村邮员、农村街坊路、节能路灯、村庄绿化、公厕、太阳能浴室、“两气”（沼气、秸秆气化）等基础设施的管护工作，农村公共服务能力水平有效提升，人居环境得到根本改善。

村邮员方面。2017年，村邮员和村邮站工作基本良好，村邮员能够完成接收邮件、报刊并及时完好送到户。农村街坊路方面。对全区街坊路和节能路灯开展两次巡查工作，总体情况良好。修复破损路面9500余平方米，全区农村街坊路完好率达90%。节能路灯修复损坏灯头8189盏，更换线缆10050延长米，亮灯率达到90%以上。新农村绿化美化方面。结合首都“绿色村庄”项目建设，重点集中打造16个村庄的绿化美化提升工程，创建首都绿色村庄4个。公厕管护方面。采取以乡镇政府为管护的实施主体，组建维护队伍或委托专业公司或各村委会等方式，开展公厕保洁和设施进行维修及更换等维护和管理工作。截至年底，对190座公厕实施修缮及设施维修工作，公厕开放运行数量为603座，开放使用率为100%。

（隗　征）

园林绿化

【重点绿化工程】 年内，推进实施减河公园、六环西辅路等续建工程42个，总面积6.5万亩（新增林地绿地2.5万亩，改造提升4万亩），其中，公园绿地类16个、道路绿化景观提升类20个、景观生态林和湿地恢复类项目6个。截至年底，栽植完成各类苗木205万余株，栽植地被、花卉416万平方米，铺设管线23.8万延长米。启动运河城市段景观提升工程、宋梁路绿化提升工程等新建工程23个。

【大运河森林公园】 2017年，接待国家各大部委、各省市领导班子等集体参观活动477批次，接待各地游客300余万人次。完成月岛闻莺景区观景平台建设，完成中央领导视察等重大活动的服务保障和安全维护工作。

（徐海龙）

运河商务中心区建设推进工作

【概　况】 2017年是城市副中心建设的攻坚之年，也是运河商务中心区全力提速建设的一年。运河商务中心区作为北京城市副中心的先行区、示范区，受到市委、市政府的高度关注，主要领导多次到该区域进行专题调研，并就相关建设工作提出具体要求。区新城中心区管委会认真贯彻、落实市委、市政府以及区委、区政府的各项工作部署，振奋精神，扎实工作，在完善城市功能、提高城市管理水平、加强公共服务配套等方面努力与国际一流标准接轨，全力推进运河商务中心区的各项建设任务。

【编制基础设施建设计划】 年初，着手编制基础设施建设计划，经过计划征集、汇总综合、研究论证，最后确定2017年基础设施建设计划和形象、进度分解。在研究论证期间，反复征求审批管理单位和建设单位意见，将形象进度细化分解到月，倒排工期，明确建设单位和协办单位责任。通过计划编制工作，明确全年建设任务目标，增强计划的权威性，便于管理与监督。

【为基础设施建设单位处理问题】 年内，实行基础设施项目管理责任制，把各项工程的管理分配给责任人，明确责任。由责任人对所负责项目开展定期现场巡查，仔细查找工程推进上存在的困难和问题。同时，主动与项目建设单位、施工总包单位和监理单位，以及项目协助单位联系，征询服务需求，开展全方位服务，对发现的问题和服务需求，及时研究解决方案进行处理。

【扩大基础设施建设协调服务范围】 为了更加全面的做好运河商务中心区市政基础设施建设工作，将协调服务范围由原来的只针对市政基础设施建设企业扩展到所有在运河商务中心区建设的企业，除了市政道路、供电、供热、燃气等建设企业外，增加了地块二级开发企业、园林绿化企业以及河道水务等单位，确保运河商务中心区水、电、气、热、路以及绿化等市政基础设施协调共进、统筹建设。2017年，协调配合函件48件，协调问题30余个，实现运河商务区企业全覆盖。

【基础设施建设相关调度工作】 2017年，召开有关基础公共设施建设协调会议、与新奥通城公司的工作对接例会等会议20余次，协调解决大量问题，有力保障了各项建设的推进。为了做好会议调度工作，在日常工作中注意收集会议议题，提前调查研究，周密论证会议方案，仔细做好会议纪录。2017年印发基础设施建设类会议纪要10期，提高了工程建设综合调度的质量与效率。

【基础设施建设督办落实工作】 按照年初制定的《通州新城核心区2017年基础设施建设项目任务分解及形象进度表》，每月梳理未按时间完成的工作，向项目牵头单位、建设单位和协办单位发函督办，汇总项目未完成的原因及下一步工作的措施和时限，为领导决策提供准确的数据支撑；同时做好区委、政府的每月督察工作。根据督察要求，会同督察机构开展现场检查督办，及时反馈计划完成情况，督促建设单位加快进度。

【新奥通城公司承建的基础设施进展情况】 2017年，涉及工程建设20项，截至年底，完工13项，包括东关大道、新华大街、新华北路、故城东路、安顺路、温榆河西滨河路、玉带河大街、通燕高速辅路、赵登禹大街、北环环隧、综合服务中心以及新华北路跨通惠河桥和北关大道跨通惠河桥。有5项在施，包括运河商务区支路工程（共28条）、北关大道跨北运河桥、运河220千伏变电站外电源沟道、南环环隧和北关大道项目。未开工2项，包括北关西路和瓮城博物馆及附属设施项目。

【道路建设情况】 年内，11条道路基本实现通车，包括东关大道、新华大街、安顺路、新华北路、温榆河西滨河路、故城东路、玉带河大街、新华北一路、赵登禹大街、通燕高速辅路和永顺南街。3条道路受拆迁以及地块施工影响，部分完工，包括新华东路南段、东关中街和北关大道。8条道路正在施工，包括北运河西滨河路、新华东路（北段）、永顺北街、北关中路、芦庄南街、北关北街、北关南街、永顺一街。其中，北运河西滨河路管线施工基本完成，路面工程由于规划方案还未确定暂不实施，需结合地块项目内部铺装设计风格同步完成。

【跨河桥梁建设情况】 年内，3座跨河桥梁，新华北路跨通惠河桥和北关大道跨通惠河桥实现竣工通车。北关大道跨北运河桥桥梁主体结构和路面铺装全部完成，桥梁装饰基本完成，初见雏形，灯光方案还需调整。

【环隧工程进展情况】 年内，北环环隧已经完成，具备通车运营条件。南环环隧东段共16个节段，长度431.76米，完成B43、B44、B29等3仓结构，截至年底，正在进行B30、B31、B32、B42仓结构施工。

【市政综合配套服务中心进展情况】 年内，完成验收工作，地下停车场和监控中心开始使用，垃圾处理系统安装完成，具备使用条件。

【29条城市支路推进情况】 年内，完成分区域招投标工作，截至年底，北运河西滨河路、永顺北街、北关中路、芦庄南街、北关北街、北关南街、永顺一街、新华东路北段、上营南街进场施工，其余道路将根据地块开发项目的建设进展同步实施。

【能源保障推进情况】 年内，运河220千伏变电站主体结构完成，正在进行设备安装工程。220千伏外电源隧道3780米（含竖井），其中，暗挖隧道3133米，明开隧道222.8米，暗挖竖井28座，明开三通竖井1座。明开过河段结构全部完成。暗挖隧道完成2130米，竖井完成23座。岳庄110千伏变电站土建部分开始基础施工，电器安装部分立项核准。东关110千伏变电站正在可研批复阶段。上园110千伏变电站因规划地块还未上市暂未启动建设工作。北区高压B燃气调压站建设完成，正在补办相关手续。冷热电三联供项目的能源中心主设备厂房主体结构施工，发电机组正在安装，热力管线全线贯通，由两台调峰锅炉负责供热。

【公共服务配套建设推进情况】 年内，瓮城博物馆及附属设施项目建设方案已经稳定，正在推进前期手续办理工作。公共卫生间和公共标识指示系统还未立项，需等地块开发项目基本上全部完成后再实施建设。运河博物馆和通燕高速下穿项目还未开始实施，还在项目筹划阶段。

【“智慧城市”建设推进情况】 年内，移动、联通、电信和歌华有线的信号均已接入，能够满足需求。“智慧城市”基础架构、实施方案、建设标准相继确定，北环环隧智能交通诱导系统、设备智能管护系统、一体化夜景照明等系统加快建设。集通信、照明、广播、展示为一体的智能灯杆，投入使用后将实现全域Wi-Fi网络覆盖和各种信息发布等功能。

【建立实施运河商务区产业准入制度】 年内，研究制定基于全要素生产率的《总部企业准入评价标准》《金融企业准入评价标准》等四大类准入标准，形成一级指标40项，二级指标138项。2017年，准入标准开始试行，有北京银行城市副中心分行、建设银行通州分行两家区域总部企业通过第三方机构评分+召开产业准入专家评审会的形式完成准入评估，入驻运河商务区。

【研究制定《运河商务区关于促进高端商务产业发展的激励政策》】 年内，在系统调研和充分对标上海陆家嘴、深圳前海、天津滨海新区、朝阳区CBD和西城区金融街等地商务区同类政策的基础上，经过区域财力核算，拟定《关于促进总部经济发展的鼓励措施》《关于促进财富管理（金融）发展的鼓励措施》《关于促进专业服务发展的鼓励措施》《关于促进楼宇经济发展的鼓励措施》等四部针对运河商务区的产业扶持政策草案和《通州运河商务区企业退出机制》草案，涵盖税收、融资、办公配套、商务服务、人才落户等激励条款和项目退出管理措施共计38项。

【运河商务区招商引资工作】 年内，参与协调并配合组织第二十一届北京香港经济合作研讨洽谈会、驻京知名金融企业投资通州行活动、通州区营商环境大会、第九届投资北京洽谈会、台湾企业家通州行、北京四省商会投资领袖峰会、北京陕西企业商会“2017年度论坛”、香港特别行政区驻京办推介会等多项招商推介活动；接洽Facebook、Tesla、香格里拉集团、华融资产等世界500强企业代表，和网信集团、五牛金融、昇和资产、泰康在线、汇添富基金等十余家优质民营金融机构负责人，开展入驻运河商务区意向洽谈。

【产业项目建设情况】 商务中心区开发项目16个，先后有13个项目实现开工，其中，2个项目竣工，3个项目未开工。累计完成建筑面积202万平方米，2017年，完成建筑面积50万平方米。京杭广场、绿地项目竣工，新光大中心IV－08、09地块，保利IV－10地块，富力IX－09、10地块，侨商III－02、06的部分楼栋竣工验收。3个项目未开工，分别是0504－14地块项目、珠江河畔项目、绿地复地联合体项目。

【产业项目精细化管理情况】 年内，重点解决项目与周边市政、交通工程的技术标准衔接问题，并在广告、灯光、通讯、绿化、地下空间、一体化设计、道路铺装、供能方式、智慧城市等13个专项设计上进一步提升要求，贯彻落实副中心规划的最先进理念和国际一流水准。组织8次对接会（方案阶段），对新光大中心、运河壹号等8个项目共23个地块涉及的相关设计标准进行对接。

【协调推进中间地带手续办理】 年内，运河商务区内开发项目地块红线外，设计有地上连廊、地下通道、地下空间一体化项目，位于地块之间、市政路的上方和下方。与10个项目签订连廊通道协议，总面积12802.52平方米；与3个项目签订地下空间协议，总面积73338.7平方米。

【建筑外立面形象优化提升】 2017年，组织7次专家评审会，为万科、新光大中心等14个项目外立面方案把关，有10个项目通过评审，3个项目方案正在进行优化完善。专家对万科、新光大中心项目的设计方案给予高度评价，8个项目方案获一次性通过。运河壹号、侨商、联合体绿地项目方案仍在进行优化调整中。

【预留产业引入配套空间资源情况】 年内，运河商务区项目中早期开工的部分楼栋达到办理预售许可条件。由于产业引入的各项落地条件还不明确，为预留出商务配套所需的空间资源，制定《关于进一步加强运河商务区商品房销售管理的通知》，截至年底，对万科、合景泰富、复地项目的公寓销售方案完成审核，并将相关资料存档，待后期与入驻企业进行对接。

【在售项目销售情况】 年内，在售项目10个，包括绿地项目、京杭广场、富力项目、合景泰富项目、万科项目、保利项目、新光大中心项目、侨商中心项目、富华水乡（南区）、复地项目。截至年底，签约销售商业、办公、公寓、住宅面积92.13万平方米。其中，公寓面积32.23万平方米（占比31%），办公面积46.1万平方米(占比18%)，商业面积8.60万平方米(占比7%)，住宅5.11万平方米(占比44%)。其中，整栋销售情况：北京银行城市副中心分行购买复地项目IX－02地块A座办公楼整栋约5.23万平方米；中国建设银行通州分行购买复地项目IX－06地块B座办公楼整栋约3.34万平方米；亚洲500强金融集团华夏保险，购买侨商中心项目2号、3号办公楼整栋约7万平方米；天安财产保险公司购买富力中心项目B02办公楼东侧整栋，商务办公面积约3.44万平方米。

【产业项目准入和管理情况】 年内，在市区新增产业禁限目录基础上，联合相关部门研究制定运河商务区新增产业禁限目录，针对该区域制定《运河商务区产业项目准入制度管理办法》，对已散售和未销售的资源项目依照项目入驻业态、环保标准、经济贡献率等准入制度实施管控，并全面加强入驻项目监管。

【优化提升区域营商环境】 一是大力度吸引符合产业发展方向的人才。研究通过人才租赁住房、人才公寓和公共租赁住房等住房优惠政策，以及保障随迁子女入学等优惠条件，努力在副中心形成人才聚集的高地；二是优化公共服务环境。在持续深入实施“一站式”服务、“绿卡”制度等基础上，探索为企业提供人事代理服务、政府服务绿色通道、指导培训等多种服务，方便企业办事；三是加强运河商务区现有公寓、住宅类项目的管控。部分公寓、住宅配售给入驻企业，用于入驻企业住宅配套，确保职住平衡。

【引进金融和总部项目】 年内，聘请波士顿咨询公司（整体产业研究、侧重金融）、清华大学国家文化产业研究中心（主要是文化相关产业研究）、清控科创控股股份有限公司（主要是高科技产业研究）、罗兰贝格管理（上海）有限公司（主要是行政办公领域的研究）、AECOM公司（主要是文化旅游产业研究），围绕高精尖产业构建三个方向开展研究咨询和国际招标工作。同时，市金融局成立专班具体对接副中心未来金融业发展的各项工作，开展副中心金融业招商引资和规划定位的专题研究，重点推进运河商务区金融机构的布局和引进，并对全市4007家总部企业进行摸底。

【区域建设管理工作】 一是制定《通州商务中心区建设项目标准化管理常用手册》手册共12章，149条，涵盖施工准备阶段、施工现场、料具管理、施工现场人员管理、生活区管理、施工用电、施工安全、消防安全、食品安全、环境保护、奖惩办法等内容，为运河商务区建设管理提供管理标准依据，也是参建人员的实用管理指导手册；二是制定《通州商务中心区建设管理工作应急预案汇编》，包括空气重污染、大风天气、大雪恶劣天气、雨季施工、安全生产事故、食品安全事故6项应急预案，健全安全风险预报预警和应急协调联动，切实提高应急响应和处置能力。三是制定《通州商务中心区开发项目小市政工程管理办法（试行）》，便于满足未来运河商务区的整体建设形象和高端定位，使整个区域建设整体性更加协调统一，质量达标，形象美观。

【安全文明施工建设】 年内，通过检查情况通报会、微信工作平台及时发布各类安全事故及安全文明施工管理规范，先后制定印发《开展标本兼治防范遏制重特大事故工作实施方案》《开展安全隐患大排查大清理大整治专项活动方案》等文件，要求各参建单位建立长效机制，扎实开展安全生产管理组织管控工作，做到动员部署到位、督导检查到位、整改落实到位，从严从细从实抓好各项安全防控责任和措施落实。同时，联合区住建委、城管执法局、安监局、消防支队等常驻核心区现场管理办公室等执法人员对运河商务区内参建单位“安全生产责任制、人员教育培训、作业人员持证上岗”等各项安全生产工作制度建立及落实情况进行全方面排查，对通州运河商务区施工现场安全(办公、临建、宿舍)，商务型公寓非法经营、出租公寓安全进行检查，对宿舍内违规使用大功率电器、卫生脏乱、非法经营问题的严肃处理。

【施工现场标准化创建工作】 年内，加强工地标准化管理，督察各施工单位按要求落实环境治理措施，所有在施项目安装塔吊喷淋降尘系统30个、4G远程视频监控系统35个、扬尘噪声污染在线监测设备34个、地面式喷水除尘降尘系统124个、工业吸尘器26个、吸尘式扫地车13台、洒水车22台、拖车式除尘喷雾机20台，严格按照“工地裸土100%覆盖、工地路面100%硬化、出场车辆100%清洗、垃圾运储100%密闭”标准施工，全面控制扬尘污染。严格文明施工全过程管理，开工前现场文明施工勘验、施工中跟踪监督，确保工地创建标准落到实处。

【施工现场精细化管理工作】 年内，组织协调运河商务区建设现场办公室各成员单位开展日常工作，通过每两周定期召开工作例会、检查情况通报会的形式，全年发现问题隐患544个，实施行政处罚98起，罚款86.4万元，行政扣分91分，共同研究议定运河商务区开发建设管理各类事项186个。

【施工现场共建情况】 一是举办“不忘初心 勇担使命暨商务中心区安全生产表彰大会”，对安全生产先进单位和个人进行表彰，获得表彰单位的代表交流先进管理理念和工作方法，进而激励一批兢兢业业、辛勤工作、具有“工匠”精神的建设者为运河商务区建设再立新功；二是召开安全生产培训大会，邀请区住建委、区安监局和公安消防支队的领导和专家以建筑施工安全管理为主要内容的讲解授课。所有项目建设单位相关人员130余人参加学习培训。通过培训进一步提高从业人员消防安全生产管理意识，有效避免和防范各类消防安全事故发生；三是为丰富通州运河商务区现场办公室各成员单位和参建单位业余文化生活，增进企业与政府之间沟通理解互信，开展了运河商务区第三届篮球友谊赛，通过赛事活动，各单位人员以更加昂扬的斗志和拼搏奋进的精神面貌投身北京城市副中心建设；四是联合区红十字会在复地项目建设现场，组织召开“区红十字会慰问副中心建设者”活动，为副中心建设者们发放急救物品，介绍急救箱及外伤急救包用法。

【建立建设现场管理办公室微信群】 年内，为各成员单位之间交流、讨论，快捷、高效地解决建设现场存在的问题开辟新阵地。要求各项目建设、施工、监理单位相关人员依据自身职责，每天分别将对应工作情况实时以照片配以简要文字说明形式发送至工作群，“有事报情况，无事报平安”。现场办公室相关成员单位及时发布最新政策法规、近期重点工作提示以及执法检查和日常巡查中发现的问题等内容，并督促责任单位整改落实。

【巩固建设现场封闭管理制度】 年内，监督新奥通城公司落实封闭管理各项目工作，不断完善车辆人员出入、保安队伍、场地设施、源头岛基地等管理。一是为不断增强封闭管理保安队伍的服务水平、业务能力和凝聚力、战斗力，结合区财政绩效考核专家意见，督促新奥公司协调保障部加强保安管理工作，完善监督机制，制定督察表每月定期督察，发现问题通过现场管理办公室例会方式通报新奥通城公司限期完成整改。二是为加强源头岛基地管理，建立微型消防站，组建消防应急小组，并悬挂、张贴消防安全宣传条幅及标语，各入驻单位签订卫生区域责任书以及消防安全自查报告书；三是根据区相关部门要求，督察新奥通城公司对源头岛基地雨污水管线进行升级改造，建设污水治理站，确保所有污水处理达标后方可排放。

【产业项目建设管理】 一是督察新奥通城公司专职人员对各参建项目建设现场施工情况进行日常巡查工作，及时对道路塌陷、基坑预警等问题组织岩土专家研究、制定解决方案；委托第四方监测检测单位对区域内重点部位进行抽样监测检测和风险把控，第四方监测单位完成39期监测报告共完成监测点监测14659点次，确保各参建项目建设，深基坑及毗邻建筑物、构筑物、道路、地下设施管线的安全，防止安全事故的发生。二是协调推进项目高标准建设，全年完成5个产业项目（涉及3个开发地块，7个楼宇）规划验收及竣工备案前的“十三项”元素审查，提出26项修改完善要求，提高了运河商务区标准化、规范化、科学化管理水平。

【基础设施运营服务保障】 年内，配合区财政完成基础设施运营管理绩效考核评价工作，通过梳理资金支出情况及运营维护内容，针对问题研究制定具体整改方案及考核管理办法；日常工作中，督察新奥通城公司基础设施运营管理工作，保障北环环隧、东关隧道、综合服务中心等设备设施的安全、节能、高效运行，坚持道路养护巡查，制止未经审批违规占路施工，确保区域路网建设统一管理。

（朱秀莲）

运河商务区基础设施建设

【概　况】 北京新奥通城房地产开发有限公司负责北京城市副中心运河商务区市政基础设施建设，涉及地下环隧、市政管网、场站设施、轨道交通、交通枢纽、河道治理、跨河桥梁等，总投资约65亿元。截至年底，商务中心区基础设施项目开工建设28项，其中，环隧工程2项，道路工程21项，市政综合配套服务中心1座，桥梁3座，外电源沟道1条。2017年，运河商务区基础设施建设进入全面收尾阶段，主要市政道路实现竣工验收，市政综合配套服务中心全部完工，跨河桥梁具备使用条件，运河商务区基础设施建设呈现快速、有力、有序推进势头。

【重点工程项目建设】 2017年，南环环隧、北关大道跨北运河桥等项目建设取得突破性进展，220千伏变电站外电源沟道工程稳步推进，市政综合配套服务中心、北关大道跨通惠河桥、通燕高速辅路南侧源头岛绿化工程等一批重点工程全线完工，成为北京城市副中心的精品工程。

北关大道跨通惠河桥，位于北关大道跨通惠河桥处，桥梁长90米，宽45～51米。截至年底，桥梁全线竣工，呈现出“青叶伏波”的唯美造型。

北关大道跨北运河桥，位于北关大道跨北运河处，桥梁长约365米，主桥桥宽42.6～68米。截至年底，桥梁结构工程全部完成，建成后将呈现“千荷泻露”的唯美造型。

北关大道跨北运河桥（“千荷泻露”造型）
（北京新奥通城房地产开发有限公司提供）

南环环隧工程，是地下车行隧道，位于运河商务区南区，主隧道长1.16公里，布置在东关北街、吉祥路、东关中街、东关中路地下，设计时速为30公里/小时。隧道设置3对进出口与地面道路相连，设置11对进出口与地下车库相连。

市政道路21项，其中，主干路7条、城市快速辅路1条、次干路4条、支路9条。主次干路全线贯通，其中，通燕高速辅路、温榆河西滨河路、故城东路、新华大街、新华南北路、安顺路等8条道路完成竣工验收，永顺南街、新华北一路、北关大道、北关北街（东段）等4条支路新建开通，永顺北街、上园南街、北关南街、北关中路、新华东路、永顺东街、永顺东一路地下管线完成，部分支路具备通车条件，满足周边开发商市政和通行需求。

北关大道工程，东起北运河西滨河路，终点至通燕路，道路全长约1.49公里，规划为城市次干路，设计时速为40公里/小时。截至年底，北关大道（通燕高速辅路—北关大道跨通惠河桥段）全部建成并通车运行。

永顺南街工程，西起新华南北路，东至北关大道，道路全长654.24米，规划为城市支路，设计时速为30公里/小时。截至年底，道路全线竣工并通车运行。

外电源沟道1条。220千伏变电站外电源沟道，是周边道路配套的电力隧道工程，位于温榆河西滨河路与通顺路东南角，北起通顺路与潞苑北大街路口，南至运河220千伏变电站，建设长度3713.5米。截至年底，先后完成污水导改、树木伐移、外电源接入等协调工作，陆续完成跨铁路、温榆河、地铁等关键节点的施工工作。

（霍　然）

房屋管理

【物业服务企业管理】 2017年，全区有物业管理项目（已备案）302个，规模3805.61万平方米，在区内实施物业服务管理的企业281家。年内，完成物业项目备案5件，项目变更13件。2017年，针对通州区创建全国文明城市（简称“创城”）、高层建筑消防安全、地下有限空间作业等工作任务，加大执法检查力度。开展“创城”类检查322次，一般类专项检查167次；与区消防支队、区卫计委等开展联合检查36次。检查涉及157个项目，提出责令整改项目117个，约谈项目负责人120余人次。实施物业类、房屋管理及普通地下室类行政处罚21件。

【安全生产培训】 2017年，开展全区安全生产和法律法规培训，联合区消防支队开展高层建筑消防安全培训，对区内271家物业企业进行培训5次，培训人数达2200人次，下发材料、指南、手册、文件2500余份；通过QQ群、微信群、公共邮箱下发《关于开展物业管理区域大排查大清理大整治的通知》《关于开展物业管理区域电气火灾治理的通知》等安全生产类通知30余次，督促物业企业加大安全生产工作；通过现场检查、专项检查、联合检查等方式，对36个项目进行生产检查220人次，所发现隐患均整改完毕。

【城镇房屋安全检查工作】 2017年，开展城镇房屋安全检查工作，要求各管房单位认真按照北京市住房和城乡建设委员会《关于开展2017年度北京市城镇房屋安全检查工作的通知》的要求，做好查房工作，力求房屋数据统计全面、准确。直管公房查房39.5万平方米，其中，大修面积为1878.68平方米，自管房单位查房246.20万平方米，物业管理单位查房3054.18万平方米。

【城镇房屋安全信访工作】 2017年，处理房屋安全类信访95件，其中，书面投诉33件，电话投诉62件，约谈相关单位及人员48人次。现场查看90余次，其中，涉及房屋安全类65件，涉及拆改承重结构30件，城管转件3件；出具检查结果的30件、设计方案2件、加固说明10件，张贴告知书4件，城镇房屋涉及危房4处，解危1处，准备解危1处，法院起诉1处。

【普通地下室安全检查】 2017年，检查普通地下室安全使用情况190余次，备案25处。多次组织各乡镇、办事处，普通地下室产权人、使用人召开普通地下室综合整治工作会，清理8处散租住人地下室。3月底提前完成“疏整促”市区两级挂账清理任务，清理整治运河湾、大汉写字楼2处散租住人地下室，清理整治2300平方米，220人。年内，收到普通地下室投诉30余件、电话投诉40余次，处理业主上访10余次。全年专项检查190余次、现场整改65处、限期整改66处、约谈52处，处罚9处、处罚金额7000元人民币。

（姚嘉斌）

【棚户区改造】 年内，实施5个棚改项目。潞城A区项目、潞城BCD区项目均于2015年启动，拆迁工作基本完成，正在进行征地和安置房建设工作。八里桥项目一期、二期项目启动。张家湾六小村项目正在办理规划手续，稳步推进后续工作。东方厂周边棚户区改造项目（即绿心项目），是2017年市区两级协力推进的一项重点民生工程，宅基地拆迁签约工作全部完成，国有土地征收正在有序推进中。

8月，东方厂周边棚户区改造项目集体土地上住宅拆迁补偿与安置方案在现场公示张贴

（住房和城乡建设委员会提供）

（刘 霜）

城镇住房制度改革

【保障房相关情况】 年内，开工建设筹集棚户区改造安置房项目3个，房源6972套，完成年度任务指标139%。其中，潞城棚改安置房项目2个，提供房源6284套；西集棚改安置房项目1个，提供房源688套。竣工各类保障性住房项目13个，房源17244套，完成年度任务指标100%。其中，公租房项目8个，提供房源7716套；限价房房源2个，提供房源2558套；定向安置房项目1个，提供房源2156套；自住型商品房2个，提供房源4814套。完成3600套自住型商品住房供地任务。潞城棚改安置房A区后北营安置房项目和杨坨北区安置房项目完成主体施工；杨坨中南区安置房项目和BCD区后北营安置房项目，完成地下一层施工；孙各庄安置房项目取得通州区发改委批复的前期工作函；召里安置房项目取得规划条件及立项批复。

北京市通州区潞城镇棚户区改造土地开发项目A区后北营西南角及东侧地块安置房建设项目，位于通州区潞城镇，东至规划建设用地、西至宋梁路、南至玉带河大街、北至胡各庄街、通胡路。于2016年11月开工

（住房和城乡建设委员会提供）

（曹红兵）

环境保护

【概　况】 2017年，通州区空气质量较上年均得到进一步改善，细颗粒物（$PM_{2.5}$）累计均值为67微克/立方米，位居全市第17位；改善率为16.3%。可吸入颗粒物（PM_{10}）、二氧化硫、二氧化氮3项污染物持续好转。二氧化硫、氮氧化物、化学需氧量、氨氮等4项主要污染物实际消减量分别为4067.05吨、2500吨、985吨、490吨，实际消减率分别为91.87%、30.79%、4.65%、16.29%。

【水污染防治】 2017年，完成《通州区水体达标方案》编制并备案，完成模型模拟情形分析，推进25项重点任务进展；完成20家加油站埋地油罐防渗漏改造任务，全区有加油站95家，完成改造任务82家，8家停业施工，5家未经营；完成意大利合作项目3次技术研讨、26处实地考察，1次出访交流学习、17处实地调研，5份项目成果报告；实施市级工业园区污染物在线监控精细化管控项目，建设3套管控平台、49套在线监控设施，实现光机电开发区、漷县镇开发区在线监控全覆盖；实施2项河道水质提升项目，铺设36公里光催化生物治理网状设施，实现国控出境断面达到相应考核标准；处罚涉水违法企业36家373.24255万元、移送公安违法案件3起，关停“散乱污”企业1310家。

与区水务、农业等部门共同完成19条黑臭水体治理，新建污水处理设施59座，污水收集管线87公里，再生水管线24公里，河道清淤71公里；完成低端养殖业58家清退；完成河东污泥无害化处置厂、通州区有机质资源生态处理站建设总进度98%，城区近6.9万吨/天生活垃圾统一清运消纳，区属垃圾填埋场、中转站渗沥液处理全部实现在线监控。

【土壤环境调查与监测】 年内，编制通州区土壤污染治理修复规划；配合完成通州区土壤环境调查项目区域土壤环境调查评估报告；建立通州区土壤环境管理平台1套；完成农用地土壤污染状况详查点位核实，确定土壤污染重点行业企业41家、土壤污染问题突出区域3块，划定详查单元15个，核实农用地详查点位62个。

【空气重污染应急】 2017年，通州区环保局经修订完善，以区政府名义印发《通州区空气重污染应急预案（2017年修订）》。重污染应急启动具体流程为：一是接收市级指令，及时传达预警，提示工作要点，督导各成员单位进入应急状态；二是区级空气重污染应急指挥部办公室会同区政府督察室对各成员单位应急措施落实情况进行督察检查；三是区级领导根据预警级别进行指挥调度、现场检查，区级空气重污染应急指挥部办公室通报各成员单位应急措施落实情况，分析空气质量，做出工作建议；四是收集各成员单位应急措施开展情况，形成工作总结，及时报送市空气重污染应急指挥部办公室及区级部门。2017年，

空气重污染期间，区领导带队检查落实情况
（通州区环境保护局提供）

启动空气重污染应急10次，其中，蓝色预警4次、黄色预警4次、橙色预警2次（另有1次黄色预警转橙色预警）。

【饮用水源保护】 2017年，通州区环保局对区级10眼和乡镇水源地40眼水源井进行按月水质监测，包括溶解氧、高锰酸盐等常规23项指标和全项39项指标监测，两次全年监测10个月；对乡镇级以下3厂4村的集中式水源地完成两次监测；累计获得水质监测数据1.5万余个，全面掌握通州区各水源地水质状况。对区级集中式饮用水水源地进行2016年度水源地环境保护状况评估，评估得分为95.97，评估结果为优秀。

监察队执法人员取水　　（环境保护局提供）

【环境执法监管】 2017年，围绕“散乱污”清理整治工作、重点行业监管、“一月一河”，环保督察等工作为抓手，坚持突出重点，全面推进的原则，认真履行环境监察职能，严厉打击各类环境违法行为，加强联合执法及案件移送，强化企业自觉守法意识，加快推动环境质量持续改善。2017年，监察企业近6000家，立案处罚791起，罚款金额2621.44万元，同比分别增长94.83%和66.27%。人均执法量181件、人均处罚量23件、职权履行率16.25%，同比增长6.25%。

【机动车污染防治】 2017年，通州区淘汰老旧车27689辆（含转出），完成全年任务的175%。检查各类机动车492.7万辆，完成全年任务的492%，其中，进京路口检查重型柴油车6.6万辆；核发环保凭证273万份，劝返不符合标准车辆8859辆；遥感检测车辆210.7万辆，其中，移动遥感23万辆，固定遥感

187.7万辆，筛查超标746辆，处罚21辆；入户检查车辆2.15万辆，处罚车辆231辆，检查各类施工机械442台，处罚施工机械94台；路检夜查1.65万辆，处罚1064辆；检查加油站2340家次，抽测241家次，处罚加油站18家；巡查检测场225场次，抽查机动车1.4万辆。办理处罚案件1570件，移交交警处罚8022件，处罚金额183.52万元，分别为2016年的1.39倍和1.18倍。

【环评审批】 2017年，通州区环保局严格执行新《环境影响评价法》《建设项目环境保护管理条例》及《建设项目环境影响评价分类管理名录》，制定《建设项目环评审批验收工作规范》《关于优化公共服务类建设项目环保审批流程的意见》《关于公共服务类建设项目投资审批改革试点工作的实施意见》及《关于建设单位自主开展环境保护设施验收工作指引》，优化流程，明确工作责任，切实提高服务质量。实施备案制管理，规范备案工作程序，强化项目单位主体责任。2017年，完成登记表备案2807项。实行阳光审批、验收项目同步公示。利用网上审批方便、快捷、透明的优势，实现审批事项咨询、受理、申报、审批等环节网络化服务，依托区电子监察系统对审批流程进行动态监督。严格执行"一会三函"制度，压缩审批时限，承诺报告书（表）审批时限为25（15）个工作日，从简从快办理公共服务类建设项目。2017年，完成建设项目审批97项，建设项目审批总数同比2016年下降78.1%；完成重点项目审批54项；完成建设项目验收99项，同比2016年验收项目总数减少49.2%。

【环境监测】 2017年，通州区监测降尘点3个，报出数据36个。2017年年平均降尘量为7.0吨/平方公里。监测大气降水25次，监测12项，报出数据约300个。监测地表水12次，监测项目26项，报出数据约2000个。13条河流水质类别均为劣V类。通州区声环境质量监测，区域环境噪声监测范围为36.4平方公里，划分监测网格135个，覆盖面积33.75平方公里；道路交通噪声监测27条路段，总长为29.71公里。噪声监测报出数据约1800个。2017年，通州区建成区区域环境噪声平均值为55.0分贝(A)，2017年通州区昼间道路交通噪声公里计权等效声级为68.9分贝(A)。地下饮用水源地监测，监测一眼水井，报出数据约131个，所有指标均符合国家《地下水质量标准》中Ⅲ类水质标准。农村地下水和土壤水质监测，监测3个村庄，报出数据约276个，地下水环境质量符合国家《地下水质量标准》中Ⅲ类水质标准，土壤环境质量均符合三级标准。

【清煤降氮】 2017年，完成煤改清洁能源209个平房村、3个街道约11万余户。完成371家次，627台，1609.23蒸吨燃煤锅炉，拨付拆改补助奖励资金1.58亿元。开展燃气锅炉低氮改造，完成1021台，4900余蒸吨燃气锅炉低氮改造工作，并大力推进30毫克/立方米的改造目标，确保改造工作取得较好成效，实现全区"无煤化"目标。

【危险废物监管】 2017年，深入开展环境保护大检查、环境安全隐患大排查等各类执法检查活动，严厉打击重大环境违法行为，强化环境执法威慑力。加强危险废物和辐射环境的执法监管，规范收集、运输和安全处置危险废物，推进危险废物规范管理，全年立案处罚177起，处罚金额252.5万元。

【法治信访】 2017年，接到群众投诉举报7787件，其中，接到"12345"北京市非紧急救助中心1894件，"12369"环保举报投诉2922件，局来电投诉举报2660件，网格化系统186件，北京市网上信访信息系统38件，区长信箱21件，来访23件，来信7件，政务政民平台22件，转办件14件。所有案件均按期办结并回复，群众满意率也逐步提升到平均65%。

【辐射环境安全监管】 通州区有涉源单位9家，放射源一类532枚，二类3枚，三类2枚，四类18枚，五类20枚，以科研机构及固定式源为主，没有放射源野外作业的风险，二类射线单位17家，二类探伤装置35台、医用及科研二类设备6台，三类射线单位63家，二类射线单位以工业固定式探伤为主，三类以医院为主。2017年，通州区颁发辐射安全许可证7家，基站备案97家。按照市局统一规定检查频次对各辐射单位开展日常监督检查，从第四季度开始，按照北京市环保局要求统一使用《环境保护部辐射安全与防护监督检查技术程序》对辐射单位进行检查，检查企业11家。

【“放管服”改革】 2017年，通州区环保局多措施落实“放管服”。一是优化流程，坚决落实“放管服”要求，狠抓环境保护领域审批制度改革，取消2项行政许可事项、2项非行政许可事项、清理规范6项审批中介服务。压缩审批时限。严格执行“一会三函”制度，将环评报告书和报告表审批时限由法定60和30个工作日分别压缩至25和15个工作日，完成重点工程环评审批54项。二是明确环境准入，推动产业转型升级。严格执行市、区两级《禁限目录》，对不符合区域产业政策和城市总体规划要求、环境基础设施不完善的建设项目，坚决不予审批，拒批建设项目50余项。三是强化监管，确保事中事后监管成效。制定《建设项目环境保护事中事后监管工作专项检查方案》，定期召开联席会议，形成执法合力。建立“双随机”抽查事项清单和“双随机”工作机制，加大对列入“黑名单”企业增加抽查比例和频次，2017年，处罚违法企业214家，处罚金额754万元。

【排污费征收】 2017年，征收排污费529家，5365.92万元。其中，工地扬尘排污费175家，4562.3万元，其他为企业排污费，其中，燃气锅炉排污费797.46万元，污水排污费6.16万元。与2017年对账户数571户，对账单数1332单，对账金额5994.16万元，装订一般收费企业档案41册，施工工地收费档案29册。

监察队执法人员宣传排污申报知识

（通州区环境保护局提供）

【环保督察迎检】 2017年，完成中央环保督察迎检材料准备40余册，办理督察件23批155件，立案处罚148起，处罚金额442.9319万元，均在规定期限内办结并在通州区环保局网站进行公示。市委市政府环保督察工作，2017年11月1日北京市第三环保督察组对通州区开展督察工作。督察期间接到督察组转办督察件184件，执法队员在第一时间到现场调查核实。经调查举报部分属实158件，立案7起，处罚金额33.9万元，清理取缔27家，移送公安部门1家。所有办理报告均在规定时间内高质量提交。

【信息化建设】 2017年，通州区环保局环保综合信息化系统正式开始建设，同年11月，系统一期建设完毕，正式投入试运行。系统的建设实现了业务工作与办公等领域的全面整合及覆盖，提高了工作时效性与便捷性，有效落实无纸化办公并全面实现工作留痕。一期建设内容包括一企一档信息管理数据库、监察一体化监管平台、移动源监管平台、主体责任落实管理、绩效考核管理系统。并完成机房改造。

与区信息中心建立联动机制，每日进行信息更新，同时根据相关部门要求，定期在网站进行监测、处罚数据公开。“双公示”工作有序推进，每月定期在通州区环保局官网进行公示，并将公示数据传送至区信息中心。

对大气450台微观站设备及全项站颗粒物监测仪器进行升级换代。其中，包括新购置一台1405F,并且更换全部450台微观站，由之前的单一的$PM_{2.5}$监测升级为4参数（$PM_{2.5}$、PM_{10}、温度、湿度）监测。

【依法行政】 2017年，通州区环保局审核行政处罚案件714件，均按照规定时限完成审核并移送执法科室进行下一步程序。组织行政处罚听证会76次，涉及98个案件，形成听证笔录、听证报告、集体讨论记录各98份。所有案件均按照法定程序提请局务会进行研究讨论，得出最终处理结果反馈至执法部门进行下一步程序。审核合同86份，其中，由科内工作人员进行审核的57份，其余29份合同委托环保局法律顾问进行审核。所有接收的合同均按照工作要求出具合同审查意见，反馈申请审核部门。办理行政复议案件11件，行政诉讼案件3件。全年未出现败诉或因行政复议、诉讼被撤销或变更行政行为的情况。所有案件均按照规定时限向相关部门提交证据材料，接受调查谈话，圆满办理完成。以通州区环保局名义向通州区法院移送申请强制执行案件35起，涉及当事企业24家，涉及处罚金额人民币153万元整。参与北京市环保局及通州区政府法制办案卷评查工作，并在案卷评查工作中获得优秀成绩。

【基础数据管理】 年内，完成2016年度环统综合年报，涉及151家工业源、96家农业源、18家城镇污水处理厂、3家生活垃圾集中处置场及3家危废废物（医疗废物）集中处理厂，2016年与2015年相比，工业废气、二氧化硫、氮氧化物及烟粉尘排放量，废水、化学需氧量、氨氮排放量均呈大幅下降趋势。完成辖区内24家国、市控企业2017年度四个季度数据网上直报工作。

【网格化管理体系】 2017年，在原有工作基础上不断完善环境保护网格化三级管理体制建设，严格按照“六定”原则以及环境保护网格化工作目标开展工作。不断扩大队伍建设，完成350人队伍建设，不断加强人员业务能力培训以及各部门的协调联动。完成全区“一网一端一平台”环保网格信息化建设，构建覆盖全域的立体环境监管网络。通过环保网格化综合监管平台，实现对人、污染源的精细化监管。梳理环境问题高发地点及类型并加强监管，统计各属地政府工作量督促工作落实，对处置信息全程留痕，对案件办理进行层层督办，全年上报案件24847件，结案24628件，结案率99.0%。

【环保宣传】 2017年，通州区环保局策划主题，聚焦核心业务，不断加大媒体宣传力度。在区级（含区级）以上主流报纸、电视台、网站刊登或报道新闻，全年合计60余条，其中，“首发排污许可证”被中央电视台、北京电视台等主要媒体报道。每季度集中开展环境违法行为曝光，长期进行典型案例曝光，有效震慑污染行为，争取公众监督。推出“通州环保”公众微信号，截至12月31日，推送微信86期88条，阅读量8.9万余次。制作环境日主题网页，开通“北京市通州区环境保护局”微博，打造市民绿色分享互动平台。

开展群众性环保公益活动50余次，发放各类宣传品4万余种，参与群众逾5万人，完成创建全国文明城区任务目标。其中，“人与自然相联相生”活动，邀请联合国驻华机构代表、友邻大使30余人走进通州。举办以“践行绿色生活方式，培育环境友好新风尚”为主题的中小学生环保主题演讲比赛，运河小学范佳凝获得北京市优秀奖。开办生态文明讲堂17场，开展拒绝烟花清新过年、践行绿色低碳生活、“文明随手拍”等环保主题宣传。在全区118个点位组织“文明加油站”活动，推广“环保小兵”卡通形象，在线扩招环保志愿者。

3月17日，环保局工作人员给小学生讲解环保知识
（通州区环境保护局提供）

（丁　媛）

市政管理

6月7日，通州城管执法局在运河中学高中部开展高考服务保障工作

（通州城管执法局提供）

防震减灾

【概　况】　2017年，区地震局扎实推进监测预报、震害防御和应急救援三大工作体系建设，完成全年各项工作任务。2017年，区地震局被北京市地震局评为2017年度北京市区县防震减灾工作综合评比先进单位，被中国地震局评为2017年度全国地市级防震减灾工作综合考核先进单位。

【地震测报体系建设】　2017年，推进地震宏观测报网、灾情速报网、知识宣传网和指挥部防震减灾助理员的“三网一员”建设，充分发挥群测群防在地震短临预报、灾情信息报告和普及地震知识中的重要作用。依法加强对地震监测设施和观测环境的保护；逐步完善通州区防震减灾信息网络系统建设，为应急管理、灾害防御、监测预报等提供信息服务；进一步完善地震预测信息会商机制，做好各类会商所用数据和背景资料的收集、整理；扎实做好震情跟踪和分析研究，严格贯彻异常落实和上报制度；加强震情趋势研判，做好重要时段的地震安全保障。在2017年参加北京市地震局前兆资料评比中，通州地震局获得县中学台压磁应力测向第一名，徐辛庄台、马驹桥台、大东台、地震局压磁应力测向以及徐辛庄台水位、水温测向优秀奖等奖项。

【地震灾害预防体系建设】　年内，推进首都地震防灾教育博物馆项目的前期工作，完善城市防灾功能要素布置；加速开展地震安全社区建设和防灾减灾示范学校的创建工作，着力推进西集镇郎东村地震安全示范社区创建达到地震安全社区标准，打造通州区冠以市级防震减灾科普示范学校的潞城镇大东各庄小学为精品工程，组织全校师生开展演习、赴唐山地震遗址公园观摩学习等活动，赋予其科普宣教功能，发挥其在通州区教育系统的示范引领效应。

【宣教活动】　年内，选择“3·1”“5·12”等重大纪念日作为宣教节点，深入开展防灾减灾知识讲座、主题宣传教育活动。3月1日，通州区民防局、地震局、气象局、红十字会、消防支队、梨园镇等多家单位在通州区梨园主题公园开展以“与民防一同抗灾”为主题的防灾减灾宣传活动；5月12日，区地震局会同区应急办、区民防局、区安监局、区气象局、区红十字会、区消防支队、区教委、街道乡镇和市属观测站，深入开展“减少社区灾害风险，提升基层减灾能力”主题宣传活动，联络通州电视台、《通州时讯》等媒体扩大宣传影响力，提高防震减灾宣传的覆盖面和知晓率。

【开展防灾减灾系列活动】　年内，在宣教工作“六进”（进学校、进家庭、进社区、进机关、进企业、进乡村）的基础上拓展宣教途径。5月12日，区地震局会同区教委突出对拟建为防震减灾示范学校的潞城镇大东各庄小学进行演练指导，培育师生防灾意识，提高防灾技能，营造宣传氛围；5月19日，区地震局指导通州新城金融服务园区管理委员会开展“进机关、进企业”为主题的防灾减灾宣传活动；10月13日，区地震局邀请中国地震局所属的防灾科技学院大学生志愿者和地震灾害紧急救援队到通州区宋庄镇疃里村开展以防灾减灾为主题的社区应急实操培训活动；10月19日，区地震局机关内部开展一次模拟在本行政区域内发生地震的应急桌面演练，演习围绕着震情处理、预案启动、应急实施、应急结束等内容展开；12月22日，在区地震局的组织下，北京市防灾减灾示范学校通州区潞城镇大东各庄小学“防灾避险”社团走进专业的地震监测场所——北京市地震局通州地震台参观学习。

【地震应急避难场所建设】　年内，开展巡查监管，对投入运行的10处避难场所场地进行阶段性功能维护，完善疏散安置预案，开展实践演练应用，提升避难场所知晓率；完成西海子公园、永顺刘庄公园、宋庄公园的实地施工踏勘，综合《防灾避难场所设计规范》《地震应急避难场所 场址及配套设施》《城市社区避难场所建设标准》《公园设计规范》《中小学校设计规范》等多个国标技术标准，制订《通州区地震应急避难场所建设标准（Ⅰ类/Ⅱ类/Ⅲ类》，对接园林规划等部门，做好避难场所规划、建设和管理等工作。

【落实小区划成果应用】 年内，深化小区划成果应用，标绘地质网格，完善制度保障建设，在应用中突出地震信息化系统和三维地质数据平台作用，全方位服务城市规划和建设。

【开展《通州防灾空间布局专题研究》成果应用】 年内，落实北京城市副中心综合防灾规划，重点针对通州新城规划建设所面临的重大风险防灾问题，努力为建设安全健康的城市防灾体系，全面提高本地区抵御巨灾能力，提供科学依据，为开启韧性城市建设模式提供支撑，在周边区域对推动防震减灾工作具有一定的开创性和示范性作用，合拍城市功能目标定位。

（蔡　轶）

城管监察

【概　况】 2017年，在区委、区政府的正确领导下，在市城管执法局的精心指导下，全局围绕保障北京城市副中心建设这一中心，把握“强班子、带队伍，上标准、严执法，重服务、保中心”三个关键点，始终坚持工作高标准，较好地履行城管执法监察职责，得到各级领导与市民群众的认可和肯定。全年，出动执法人员14万余人次，执法车辆4.2万余台次；查处、纠正违法行为29万余起次；立案处罚23507起，同比增长57.85%；罚款1230.9万元，同比增长53.06%。全面履职率达到51.62%。在全市城管系统综合考核及社会满意度测评中均排名第二。被中央文明办评为第五届全国文明单位。

【市容市貌专项整治】 2017年，落实宣传教育、日常巡查、执法处罚“三到位”。开展交通秩序大整治、夏季攻势等专项执法行动。利用服务外包队伍和属地看护队，做到及早发现问题，及时有效处置。街面环境秩序基本达到“六无”标准，市容市貌得到持续改善。全年，处罚非法运营958起，罚款71.38万元；拆除地桩地锁330余个；处罚违规停车场117起，罚款12.7万元；处罚餐厨垃圾类违法行为268起，罚款21.54万元；处罚“门前三包”类问题313起，罚款15.66万元；拆除各类广告牌匾10474块，处罚194起，罚款13.41万元。

【大气污染防治工作】 年内，根据季节特点加强日常巡查和处罚，对违法行为持续高压打击。落实24小时值班制。抽调人员派驻交通队、住建委和经信委，对运输车、工地、“散乱污”企业进行联合整治。对“三烧”问题“零容忍”，按照“动态清零”要求，加强日常巡查和重点督办，确保发现一起，整治一起。完成“蓝天保卫战”各项工作任务。特别是在北京市第三环保督察组在通州督察期间，以最高工作标准，最大查处力度完成145起信访

2月13日，通州城管执法局执法人员开展施工工地专项执法检查　　（城管执法局提供）

件办理工作，受到督察组及区委、区政府的充分肯定。全年，处罚扬尘和遗撒问题406起，罚款509.6万元；处罚夜施扰民117起，罚款153万元；处罚违规渣土车1643起，罚款185.9万元；处罚“三烧”问题291起，罚款18.16万元。

【占道经营专项治理】 年内，围绕市区两级重点点位，建立工作责任制台账，实行动态挂销账管理。组建联合执法组，推进联合执法常态化，形成整治合力。全年，处罚占道经营问题1.94万起，完成市级任务的190%，涉及人口6467人，完成市级任务的274%，市、区两级重点点位持续良好占比100%，占道、无照经营举报持续降低。

【拆除违法建设】 年内，确保新生违法建设动态清零，全年拆除存量违法建设1151处，面积1101.67万平方米，完成600万平方米市级任务的183.61%，疏解人口118964人，拆除面积全市排名第二。其中，重点挂账村整治拆违40万平方米，棚改项目拆违150万平方米，大棚房整治拆违33万平方米，“开墙打洞”拆违0.4万平方米，工业大院、“散乱污”企业拆违490万平方米，完成81条街巷胡同、7个社区的整治，实现近800万平方米的拆后“留白增绿”，为行政办公区、城市副中心建设奠定了坚实基础。

12月4日，通州城管执法局执法人员在玉桥中路拆除违法建设 （城管执法局提供）

（于　鹏）

交通管理

【概　况】 2017年，通州交通支队认真贯彻区委、区政府工作部署，围绕中共十九大安保和副中心建设两条主线，强化机制建设，深入开展缓堵工程，持续加强路面执法，深入落实各项重大安保措施，完成全年工作任务。

【警务建设工作】 年内，支队着眼副中心建设及发展需要，牵头落实区域限行方案，在副中心75平方公里范围内禁限货车通行，建设监控设备65套，增加各类标志248面。推进区政府出资，建立违法车辆清拖平台，2017年，处罚违法停车208993笔，同比上升46.6%，拖车2999辆，同比上升1529.9%。落实副中心战训队和交通专职协警扩招工作，专职负责副中心核心区交通管理，收到良好效果。

【秩序整治工作】 年内，支队处罚各类违法行为718075起，同比上升57.6%，民警现场执法216162起，同比上升45.5%。醉驾246起，酒驾665起，闯红灯919起，涉牌7820起，货车违法74718起，尾气超标7458起，扣车6150辆，拘留336人。充分发挥牵头作用，组织环保、交通等部门执法力量，深入开展

交通警察正在执勤 (通州交通支队提供)

"蓝天保卫战"执法行动，2017年处罚尾气不合格车辆7458起，数量居全市第一。

【路面管理工作】 年内，结合全区"创城"工作，深入开展"一口两线"路口秩序整顿，充分发挥协同共治机制作用，组织志愿力量1万人次开展路口秩序劝导，纠正各类违法行为5000余起，全区路口秩序得到明显改善。争取区委、区政府支持，推进全区缓堵工作，排查拥堵点段20处，周密制定工作计划，明确主责单位和工作时限，共同完成工程改造项目3个，增加车道9条、增设交通信号灯5个、增设违法停车监控43套、完善增设禁停标志33面、增设停车泊位900个、增设中心隔离护栏、机非护栏约3800米、增设便道桩468个、调整公交站点及线路6条，辖区拥堵报警同比下降14.3%，取得初步成效。果园环岛、土桥路口、万达广场周边等一批拥堵点段得到有效治理。

【源头监管工作】 年内，深入推进"四个不发生"交通秩序整顿工作，以源头监管为重点，多策并举，加强管理，取得良好成效。经过持续努力，实现重点车报废率、检验率，重点驾驶人审验率、换证率实现100%。曝光各类严重违法企业40余家，约谈150余家，向相关管理单位通报重点违法单位30余家，利用媒体宣传40余条，牵动属地政府部门治理各类交通安全隐患96处。

【特勤警卫工作】 年内，支队坚持从源头抓起，明确常规勤务路线，制定常备勤务方案，坚持一勤一部署，一勤一总结，完成习近平总书记视察通州等一系列重大特勤警卫任务。全年完成特勤警卫任务331起。其中，一级2起，二级13起，三级316起，均做到万无一失，绝对安全。

（杨　浩）

环境卫生

【概　况】 2017年，全区城乡环境建设工作，坚持以科学发展观为指导，抓住北京城市副中心建设和文明城区创建的关键和重要时机，抓建设、强监管、重长效、求突破，突出区域环境提升、群众身边环境整治等工作重点，不断提升副中心环境建设和管理水平。

【推进环境重点工程】 年内，完成中心商务区区域的永顺镇、新华街道和环球影城周边区域的梨园镇、张家湾镇4个片区约4.4平方公里及张采路道路两侧环境综合提升整治工程前期手续办理工作，开展私搭乱建和违规广告牌匾拆除等工作。基本完成长安街延长线重点道路两侧的一期环境综合提升整治工作，拆除违建2500平方米，违建拆除后留白增绿600平方米，拆除违规广告牌匾191块，拆除电子显示屏7块，规范牌匾648平方米，更换果皮箱220个、交通护栏14210延米、阻车桩760个、交通标志牌309套，完成外立面改造提升10.08万平方米。

【重点区域整治专项行动】 年内，"疏解整治促提升"重点区域整治专项行动涉及北苑、新华、中仓、永顺、宋庄、梨园6个街乡镇，土地面积38万平方米，建筑面积18万平方米，涉及5563户17292人，通过对问题区域进行路面铺装、墙体粉刷、排水改造、拆除违建、清理垃圾、架空线入地等工作，改善居民的生活居住环境。整治工作于9月20日全部完成。

【背街小巷环境治理】 年内，按照市政府的工作部署，通州区制定《通州区背街小巷环境整治提升和深化文明创建三年（2017—2019）行动方案》，按照"十无一创建"标准，计划3年内完成155平方公里范围80条背街小巷整治提升。其中，2017年启动17条，年内拆除违建446平方米，整修开墙打洞28处，整饰立面6380平方米，拆除违规牌匾标识159

个，整修破损路面6200平方米，清理垃圾渣土及堆物堆料274.9吨，规范公共服务设施73处，补建绿化植被123平方米，治理乱停车24处、占道经营54处，清理私装地锁12个。

【街巷长工作制】 4月，台湖镇、玉桥街道率先实行街巷长制。5月，台湖镇现场推进会后，街巷长制工作在通州区全面展开。年内，全区在1339条街、1636条巷设置街巷长3081名，总街长280名，安装街巷长公示牌5659块。街巷长制由原来群众为“看客”转化为参与者，使每条街巷都有义务市容市貌监督员，真正做到有人看、有人干、有人管。街巷长制改变了城市管理方式，使社区民警、城管分队、保洁队、食药监、工商所等相关站、队、所工作人员下沉到各街巷理事会参与工作，对街面秩序和市容环境起到助推作用。

【提升环境卫生标准】 年内，与市城管委专班组对接，委托中国城市建设研究院制定《城市副中心城乡环境卫生标准体系》。标准服务通州区906平方公里，其中，155平方公里执行核心区标准（部分指标略高于北京市现有标准），其余751平方公里执行北京市现有标准，使城市副中心环境管理水平达到国际领先；启动实施《北京城市副中心环卫一体化实施方案》，通过提高专业服务、市场化运作，为副中心155平方公里提供综合清扫保洁分类分级环卫服务，逐步构建与城市副中心定位相适应的，多种废物齐收共管、全口径处理的国际一流环卫体系。同时，为加强对城市副中心环境建设工作的研究和指导，聘请城市设计、市政工程、环境规划、园林景观等各个领域专家49名，成立北京城市副中心城市管理专家顾问团，为副中心城市管理提供理论研究、决策参考、专业咨询等科技支撑，更快更好地提升全区城乡环境和城市管理水平。

新型清洁能源环卫作业车辆　　（市政市容委提供）

【创新“门前三包”管理】 年内，更新“门前三包”工作内容。将原来的“包卫生、包绿化、包秩序”更新为“包市容环境、包设施环境、包秩序环境”，并将“外立面是否整洁，橱窗是否张贴小广告，广告牌匾、夜景灯光等设施是否设置规范，责任区内公共座椅、公租自行车站点、指示牌等是否整洁完好，责任区内是否有私搭乱建”等内容纳入工作范畴，使“门前三包”工作内容更全面，更切合实际。

【广告牌匾整治工作】 年内，重点对长安街延长线、广渠路东延、行政办公区周边及放射线，进行整治提质工作。拆除违规广告牌匾5000余块、修复破损牌匾500余块、灯杆广告2300余块、大型单立柱30余座、拆除“山寨路牌”200余块。同时，开展清理建筑物天际线专项行动，累计拆除779块，市级下达违规户外广告牌匾标识台账任务39块全部拆除完毕，城市空间日趋清朗。

【垃圾分类及试点工作】 年内，下发《北京市通州区人民政府关于印发通州区垃圾减量工作实施方案的通知》，采取强制与引导相结合的方式推进生活垃圾“干湿”分类。实现玉桥街道、新华街道如意园社区、中仓街道运河湾社区、北苑街道后南仓社区垃圾分类示范片区建设，打造160个“两网融合”试点小区，推进农村地区31个小区（村）垃圾分类试点建设。全年分类收集、处理厨余垃圾11272.34吨，较上年同期增长33.28%；建立覆盖全区注册取证的餐饮服务台账，共计2513家，实现台账内餐厨垃圾规范收运覆盖率100%，清运、处理餐厨垃圾14880.08吨，日处理量达90吨，较上年同期增加85吨/日，增长17倍；推进再生资源市场整治工作，建立再生资源经营企业台账406家。通过多部门联合行动，自然消亡35家，清理腾退317家，规范经营54家，整治率达100%,同时在居住小区新设再生资源回收点345个，回收再生资源42吨，日均0.28吨。

【生活垃圾产生量】 2017年，通州区产生生活垃圾886956吨，其中，城区236596吨，农村650360吨，日均2430吨。

（孟晓云）

科技教育文化卫生体育

路县故城遗址考古现场　　（文化委员会提供）

科 技

【概 况】 2017年,区科委围绕全国科技创新中心和北京城市副中心建设工作任务,聚焦实施创新驱动发展战略和京津冀协同发展战略,全面深化科技体制改革,完善“1+6”创新驱动发展系列配套政策,出台《通州区引进高层次人才创新团队实施细则》,加大创新团队引进支持力度;出台《首都科技条件平台通州工作站管理办法》,提升通州工作站建设水平与运营能力;实施《通武廊科技创新合作行动计划(2017—2020)》,开展科技资源共享开放等五大专项行动。强化科技综合管理,立项实施区级科技创新项目72项,评出区级科学技术奖40项,高新技术企业增至824家,认定登记技术合同成交总额达到65.1亿元,科技条件平台成员单位增至138家,市级科技研发机构增至17家,国家及市、区级众创空间增至13家,资助与奖励区级科技创新人才项目104项,建成3个市级科普体验厅,建成3个区级科普体验厅,建成53个科普楼门,科技服务质量明显提高,技术创新能力显著提升,科普惠民力度明显提升,科技对经济社会发展的支撑引领作用持续增强。

(邬奇洋)

【“通武廊”协同创新创业大赛】 年内,区科委组织协办2017“通武廊”协同创新创业大赛,参赛

8月31日,2017“通武廊”协同创新创业大赛启动仪式 (科委提供)

项目771个,经过初审、初赛、复赛、决赛、创客大集等活动评选出获奖项目20个,促成项目融资总额4442万元。

(燕 艳)

【高新技术企业服务】 年内,组织全区569家国家高新技术企业进行年检统计、企业自查和年度信息备案,组织406家企业参加高新技术企业认定。全区高新技术企业达到824家。

(耿大乐)

【首都科技条件平台通州工作站建设】 年内,首都科技条件平台通州工作站新增成员单位77家,新增科技人才24名,聚集本区域内的科技需求44条、吸引条件平台内的科技成果落在本区域2个、服务合同额1040万元。

【创新创业平台建设】 年内,加强对众创空间的服务指导,经市级认定的科技研发机构等创新平台增至17家;国家及市、区级众创空间增至13家;实施科技服务业促进专项,立项支持重点实验室、科技研发机构、科技孵化器、众创空间等创新创业平台建设项目9项,支持资金200万元。

(燕 艳)

【技术合同认定登记】 年内,深入企业开展技术合同认定登记方面的需求和存在问题的调研,对区内未登记技术合同的部分企业进行统计调查,挖掘未登记技术合同企业技术性收入存量,开展面对面、有针对性的辅导服务。全区认定登记技术合同成交总额达到65.1亿元。

(耿大乐)

【科技政策法规宣传培训】 年内,深入街道、企业、园区广泛开展科技政策法规宣传、培训,组织科技政策培训10次,参训人员500余人次。参加2017

年区在梨园举办的“12·4”法制宣传主题活动，利用展板展示、发放宣传资料等形式宣传科技政策。

【科技创新人才队伍建设】 年内，出台《通州区引进高层次人才创新团队实施细则》，引导和鼓励用人单位加大高层次人才创新团队引进力度或与创新团队开展项目合作。组织开展科技创新人才资助奖励工作，资助与奖励科技创新人才项目104项。建立 “运河计划”科技领军人才初选平台，科技领域入选通州区首批“两高”人才50名。

（康连元）

【立项实施区级科技创新项目72项】 2017年，区级科技创新项目重点围绕北京城市副中心建设及全区经济社会发展科技需求，组织凝练项目，为北京城市副中心的城市建设与管理、生态环境改善、重点产业发展、城乡一体化发展、社会事业发展提供科技支撑。

立项实施“通州环保大数据交换支撑平台研究与应用示范”“通州区住建委建设工程一体化监管平台”等项目，开展节能环保技术等在城市建设中的创新与应用研究，推动云计算、大数据等先进信息技术与社会治理深度融合，提升城市运行效率、保障重点行业运行安全、提升风险防范与应对能力。

立项实施“微纳米增氧曝气协同生物净化河道治理系统”“建筑垃圾再生资源在高品质装配式建筑板材中的应用”等项目，在污水处理、污物处理、大气治理、海绵城市建设等方面开展关键技术研究及先进适用技术示范应用，为改善北京城市副中心生态环境提供科技支撑。

立项实施“面向广播影视领域 AR沉浸式全景演播室的研发及应用”“辛伐他汀片(基本药物)的质量一致性评价研究”等项目，强化文化领域具有自主知识产权的关键技术研发和集成创新，培育新兴文化产业，提升通州生物医药特色产业技术水平，为构建“高精尖”经济结构提供科技支撑。

立项实施“骨髓间充质干细胞治疗糖尿病血管病变和改善beta细胞功能的研究”“空气污染与社会心理因素对器官系统疾病影响及预防治疗措施的研究”等项目，在疾病预防、诊断、精准医疗等领域开展科研攻关，形成一批创新性成果并转化应用，提升区域医疗整体水平。

立项实施“食用菌安全优质生产优新关键技术集成配套示范与应用”“立体绿化技术的集成展示与创新应用开发”等项目，开展食品生产加工质量安全保障、食品物流质量安全保障和食品质量安全检测监控等方面的新产品、新技术研发与应用，支持现有农业科技园区发挥龙头作用，搭建农业高科技示范展示平台，提升特色农产品品质。

【通州区科学技术奖】 年内，北京市通州区人民政府颁布《关于2017年度通州区科学技术奖励的决定》，授予“自膨式支架联合远端血栓保护装置治疗症状性椎动脉起始段狭窄的研究及应用”等8项成果通州区科学技术奖一等奖，授予“基于仿生学表面湿化原理的氧疗产品的研发与应用”等12项成果通州区科学技术奖二等奖，授予“超声引导隐匿切口微创切除乳腺病变的研究”等20项成果通州区科学技术奖三等奖。

（张凤军 崔伟侠）

【科普基地能力持续提升】 年内，区科委与区财政局共同组织开展科普基地能力建设工作，为通州国际金鹿家园、绿源永乐（北京）农业科技发展有限公司、宋庄农业生态园（蓝湖庄园）和通州运河怡水文化园4个基地进行科普能力提升，建设科普互动展教设施、科普画廊、全媒体科普视窗、知识展示牌等科普设施，进一步提高科普基地资源利用率，增加科普教育的互动性，提升科普基地展教能力。

9月23日，通州区科委在市级科普基地神舟绿鹏组织开展“科技嘉年华”活动，走进航天育种新品种的世界，观赏瓜果区、花卉区、蔬菜区和热带植物区种植的上百种植物 （科委提供）

【基层科普服务能力稳步提升】 年内，区科委大力推进基层科普服务能力建设，融合高科技人机互动、情景体验和艺术化展示等多种形式，建成 县镇 县村、宋庄镇辛店村、北苑街道果园西社区3个市级科普体验厅；建成潞城镇兴各庄村、后疃村、中仓街道四元厅社区3个区级科普体验厅；建成通州区疾病防控科普馆、永乐科普惠民主题公园公共场所科普设施2处，配置科普展教具近百件，科普画廊10余组，完善基层科普设施，提高基层科普服务能力，为公众的科学素质提高发挥作用，推进区域化科普事业的创新发展。

【通州区科技周活动】 5月23日，以“科技强国 创新圆梦”为主题的2017年通州区科技周活动在通州区宋庄镇上上美术馆拉开帷幕，主会场展示涵盖科技益民展区、科学嘉年华展区、2017北京市通州区学生科技节展区3大主题展区，采用多元化、信息化表现形式，围绕健康医疗、节能环保、现代农业、互联网信息产业、先进制造业及物流业5大主题以科技研发成果展、高新技术企业成果展、知识产权成果展、科普基地成果展等为主要内容，向公众展示介绍通州区科技创新成果，80余家科技企业集中展示前沿技术和高端产品，5000余居民参与活动。

（张凤军　李　牧）

知识产权工作

【概　况】 2017年，通州区围绕国家知识产权试点城区建设主要考核任务指标要求，坚持健全机制、完善政策、搭建平台、营造环境、深化服务、加强保护6项措施，推进国家知识产权试点城区建设，大力提升通州区知识产权创造、运用、管理、保护与服务的综合实力，知识产权对区域经济社会发展的支撑作用日益显现。

【专利申请与授权】 2017年，全区全年累计申请国内专利5743件，其中，发明专利1215件、实用新型专利3514件、外观设计专利1014件。PCT专利申请16件。累计国内专利授权3453件，其中，发明专利335件、实用新型专利2307件、外观设计专利811件。有效发明专利1551件，万人有效发明专利拥有量超过10件。荣获第十九届中国专利金奖1项、优秀奖3项。

【优化知识产权政策环境】 年内，修订出台《通州区知识产权（专利）促进暂行办法》及“实施细则”。“暂行办法”提高了国外授权专利、北京市发明专利奖、专利技术成果转化资助奖励标准，增加了中国外观设计奖、专利质押贷款、专利保险、知识产权联盟建设、专利导航及战略研究、国家知识产权示范优势企业、知识产权贯标、知识产权服务机构、知识产权维权援助、中小学知识产权教育试点示范学校等资助奖励。

【专项资金落实到位】 2017年度，通州区知识产权工作专项资金950万元，较上年增加150万元。经受理、审核、审批，对246家单位和40名个人的2212件专利授权资助申请进行资助，资助金额736.2万元。奖励北京市专利试点单位33家、北京市专利示范单位2家、第十八届中国专利优秀奖2项，奖励金额103万元。完成34家单位申报的35项专利实施项目的申请受理、专家评审和立项工作，支持专利实施转化项目8项，支持金额85.4万元。

【专利项目实施转化】 完成2016年度的15项专利实施项目结题验收工作，项目实施转化取得良好的成效，带动企业投入2097万元，项目实施创造销售收入3.08亿元、利润2277万元、税收1127万元，项目承担单位2016年授权专利49件。

【举办“4·26”宣传周活动】 4月19—26日，以“创新创造改变生活，知识产权竞争未来”为主题，采取不同形式，开展连接紧密、层层递进的宣传活动。包括知识产权宣传进企业、进校园、进商场、进乡村、进社区和版权保护宣传等活动。通过悬挂宣传横幅、摆放宣传展板、发放宣传材料、现场咨询解答等方式，向社会公众普及知识产权相关知识。现场发放各种宣传资料1万余份。在《通州时讯》开辟“知识产权宣传周”专版、利用电视台和网站等新闻媒体扩大知识产权宣传范围。

【推进中小学知识产权教育】 5月22—26日，区知识产权局与区教委联合组织潞河中学、运河中学、通州二中3所知识产权教育试点学校开展中学生知识产权知识竞赛活动。9月5日，在北京小学通州分校举行通州区中小学知识产权教育工作会议暨知识产权教师业务培训会。来自市区两级领导和通州区试点学校校长、各中小学主管校长、主管教学主任及北京小学通州分校的师生300余人参加会议。12月8日，在通州会议中心举办通州区知识产权教育试点示范学校座谈会。区科委、区知识产权局、区教委的领导及全区18所知识产权教育试点示范学校的分管领导参加会议。通过试点示范学校的带动将整体推进全区中小学知识产权教育工作。

【新增4所中小学北京市知识产权教育示范试点学校】 11月1日，北京市知识产权局和北京市教育委员会联合召开2017年北京市中小学知识产权教育工作会。通州区运河中学被认定为2017年北京市知识产权教育示范学校；后南仓小学、永顺镇中心小学、通州二中被认定为2017年北京市知识产权教育试点学校。

【开展知识产权系列宣传活动】 年内，利用“3·15”、骑游周、艺术节等有利时机，组织多种形式、内容丰富的宣传活动。在“3·15”消费者权益日之际，与通州区消费者协会、通州工商分局等单位在北苑万达广场开展宣传活动；5月20日，参加由区政府主办的以“迎冬奥，建设城市副中心；促环保，骑游通州大运河”为主题的2017通州运河绿道骑游周万人骑游宣传活动；9月27日，参加第10届中国·宋庄文化艺术节。现场设立宣传台，开展知识产权系列宣传活动。12月4日，参加由区法治宣传教育领导小组办公室举办、梨园镇承办的以“学习贯彻党的十九大精神，维护宪法权威”为主题的“12·4”普法宣传活动。

【开展优势企业培育工程】 年内，培育国家知识产权优势企业1家，北京市专利示范单位1家、试点单位35家，截至2017年年底，通州区国家知识产权优势企业4家，北京市专利示范单位9家、试点单位218家。

【开展“贯标”企业培育工程】 年内，举办“贯标”培训5次，宣传国家标准和“贯标”流程，对有意愿的企业，邀请专业机构人员深入企业进行培训辅导。截至2017年年底，通州区1家企业通过“贯标”，18家企业有“贯标”意向、正在开展“贯标”工作。

【推进专利质押贷款】 年内，举办3次专利质押融资对接会、研讨会，围绕科技型中小企业银行融资、知识产权质押金融推动产品创新、专利价值实现、知识产权运营管理业务等方面，与企业进行专题对接和培训。携手北京知识产权运营管理有限公司专业人员深入11家企业进行专利质押贷款对接。

【举办企业知识产权培训】 年内，针对企业管理人员、技术人员加大企业知识产权战略运用、“贯标”、专利信息利用、企业知识产权保护、企业海外专利布局与维权等培训，分别在光机电、联东U谷、东区、西区、永乐开发区等举办试点示范企业、高新技术企业专题培训讲座11次，培训人员500余人次。

【举办领导干部知识产权专题讲座】 5月25日，在通州区委党校举办的2017年优秀中青年干部培训班上，来自中国科学院科技战略咨询研究院的刘海波研究员进行了“保护知识产权、促进创新发展”专题讲座。

【开展专利执法检查活动】 年内，累计出动执法人员70余人次，检查药店、超市、商场、电子卖场等50余家次，检查专利商品近200余件，立案查处假冒专利行为50件。

【紧密型“12330”体系建设】 年内，加强沟通协调，召开分中心、工作站季度工作会3次。加强队伍建设，及时调整分中心、工作站人员并组织参加市“12330”培训班3次。加强工作协同与指导，市、区和工作站协同开展“12330”服务日活动1次，举办企业专题培训3次，举办现场宣传活动2次，深入企业提供“一对一”咨询服务60余家次，提供企业维权援助服务2次。

（宋　薇）

教　育

概　述

2017年是全面落实“十三五”规划的重要一年，是学习贯彻中共十九大精神、迎接市级机关搬迁的关键年。年内，通州区教育系统立足北京城市副中心建设发展大局，围绕提升教育服务能力，扎实推进教育改革、质量提升、教育保障等方面工作。

一、高起点建设，专班工作成果丰硕

两大专项计划先后落地。在市教委专班的统筹下，先后实施《关于促进通州区教师素质提升支持计划（2017—2020年）》《通州区基础教育质量提升支持计划（2017—2020年）》。启动18项重点项目，完成7000余人次培训，6600名城乡教师受益。实施名校长、名园长、名教师培养工程，成立78个工作室。31所学校与北京四中、北京八中等市级名校手拉手结对，在课程资源、学科教研等方面开展深入对接。

教育综合改革稳步推进。获批北京市基础教育综合改革试验区，在人才培养、教育保障等体制机制上先试先行。潞河中学、人大附中通州校区率先试点“1+3”贯通培养模式，“互联网+”助力通州区教育综合改革项目落地见效，31所中学、近2万名学生、5000余位老师从中受益。率先试点双师在线，7300名市区骨干教师一对一帮教通州区学生，在线辅导近3万余次，4000多名学生线上学习。

优质资源得到有效扩充。引进北师大附属未来实验学校、黄城根小学、育民小学、北京一幼海晟实验园、北京五幼、北海幼儿园等城区名校入驻行政办公区办学。北京五中通州校区即将完成主体工程，首师大附中、景山学校通州校区等优质学校工程相继开工建设。

区域教育协同发展切实。通州区与武清、廊坊签订教育协同发展协议，建立学前教育、中小学校发展共同体、职业教育覆盖全学段的教育联盟，三地在学校管理、教育教学、学生活动等方面深入交流，通州优质教育资源进一步向周边辐射。

二、高质量发展，各类教育成绩显著

学前教育量质齐升。新建、改扩建快乐时光等15所幼儿园，3所公办园、6所委托办园实现开园，新审批民办幼儿园2所，全年新增4020个学位。大方居等3所幼儿园升级为市级示范园，花石匠等6所幼儿园通过市一级二类园验收，优质园所总量达35所。开展无证园治理专项行动，幼儿园办园行为进一步规范。

文化建设引领内涵发展。学校文化建设、传统文化教育等重点特色工程扎实推进，27所学校获北京市文明校园。32所学校参与“中国好老师”公益行动计划。成立区级家庭教育讲堂，组织“家庭教育大讲堂校园行”活动34次，培训家长1.5万人次。

教育教学质量明显提升。承办“你好暑假”全国课程建设研讨会，启动校园阅读促进项目，聘请10余名外籍教师参与中小学英语教学改革。开展“翱翔计划”“雏鹰建言行动”，引进斯坦福大学生物实验室，探索选课走班，构建开放型教与学模式。中高考取得优异成绩，中考总分570分以上人数达60人，居全市前列。高考本科上线率89.7%，继续保持高位。

职成教育实现综合发展。新城职业学校与澳大利亚职业教育联盟签约，启动职业教育国际合作。建成国家级农村职业教育和成人教育示范区展示与交流平台。开通通州区第一个“通学网”。

国际交流与合作深入推进。开展外籍大学生进

校园、中学生暑期夏令营、中华文化小使者交流、京港两地校长交流等活动。潞河中学与香港景嶺书院、香港福建中学等学校缔结为京港姊妹校。8所学校10个项目入选京港澳姊妹校交流项目。

文体特色教育广泛开展。组织中小学生18万人次走进社会大课堂。新获批4所市级冰雪特色校、7所全国校园篮球特色校、18所全国校园足球特色校，举办通州区首届冰雪运动会。建成24个科技探究实验室，成立各类课外兴趣小组和学生社团1100多个。为全区四年级小学生每人配备一支高音竖笛，建立35支竖笛乐队。年内，学生参加市级以上体艺竞赛活动获奖599项，其中，国家级及市级一等奖149项。

三、高标准提升，教师素质整体提升

干部队伍建设得到有效加强。集中培训138名党政正职干部，组织轮训231名副校级领导干部，76名幼儿园园长在园长岗位资格培训班中结业。评选表彰20名通州区优秀校长。新选拔任用副科级以上干部43人，各单位领导班子结构逐步优化，干部队伍活力明显增强。

教师专业化水平显著提升。择优选聘毕业生446名，调入优秀教师63人，研究生以上学历教师人数逐年提高。109名骨干教师参加开放型教学实践活动，面向全市开放课堂204节。开展“春华杯”“启慧杯”“京教杯”等评优展示活动，课堂教学水平进一步提高。15名教师获评北京市特级教师，22名教师获评北京市优秀教师。制定《乡村教师支持计划实施细则》，落实乡村教师岗位生活补助。

招聘制度改革加快推进。制定《通州区教师招聘制度改革三年行动计划（2018—2020年）》，拟定《通州区教育系统社会化人才聘用管理暂行办法》《通州区教育系统高层次人才引进暂行办法》等6项配套管理办法，涵盖创新体制机制、统筹招聘渠道、扩大选聘视野、提升招聘门槛等七大方面。2018年正式实施。

四、高水平保障，各领域工作稳步推进

教育布局进一步优化。协助市规划院编制副中心专项规划，截至年底，教育专项规划基本稳定。155平方公里规划教育用地386公顷，规划新建学校、园所133所，包括幼儿园69所、小学35所、中学29所。其中，行政办公区及周边规划建设中学3所、小学5所、幼儿园12所。潞苑小学成立并投入使用，运河小学、梨园中学扩建、西马各庄小学实现竣工，扩充学位2080个。北师大附属未来实验学校、北京五幼、北京一幼等6项工程加快建设，新建建筑面积30.4万平方米，可提供学位10890个。北京二中、人大附中通州校区改扩建、杨庄小学新建工程等6项工程前期手续有序推进。另外，调整二中、四中办学层次，新增小一学位320个。

招生入学工作顺利完成。完善入学服务系统，实现“五证”全线联网审核，增设“五证”审核预约、审核不通过群体标记功能，初中入学增加网上办理功能。新开通15部入学咨询电话，新开设20个网络服务端口，多渠道、高密度宣传入学政策。招生入学工作效率显著提升，现场咨询量、信访量大幅下降。

安全法制工作持续增强。制定印发《通州区教育系统安全生产“党政同责、一岗双责”实施办法》。开展安全隐患大排查大清理大整治及无证园治理专项行动，发现一般隐患2227项，重大隐患76项。建立详细隐患台账，督察整改进度，停业整改49家，关闭取缔23家。完成81所学校、幼儿园的技防设施更新，校园及周边环境不断优化，家长满意度大幅提升。开展“双百”培训、法治教育进课堂等活动，师生法治观念进一步增强。

五、高层次推动，督导作用充分发挥

成立通州区人民政府教育督导委员会。完成全国中小学校责任督学挂牌督导创新（市、区）实地核查。在全市率先实现幼儿园责任督学挂牌全覆盖。开展2017年教育法律法规执行情况督导检查，完成对乡镇、街道、有关委办局及其领导干部落实素质教育责任目标情况考核工作。对部分中、小学，幼儿园开展全面实施素质教育综合督导评价，推动学校、园所办学水平提升。组织完成2017年国家义务教育质量监测工作。

（白文会）

学 前 教 育

【概　况】　2017年，通州区幼儿园126所，入园幼儿10604人，离园幼儿6259人，在园幼儿26576人。其中，教育部门办园42所，在园幼儿13090人。民办幼儿园40所，在园幼儿9055人。其他部门办园（含村办）44所，在园幼儿4431人。全区幼教职工3774人。其中，园长182人，专任教师2165人，保育员（含保健医）774人，其他653人。专任教师中，本科学历586人，专科1295人。教师中，高级教师职称7人。全区北京市市级示范园4个、北京市一级一类园13所、北京市早期教育基地8个、北京市学前儿童特殊教育基地4个。

（白文会）

【新增5所一级一类园】　3月23日，通州区教委召开幼儿园2016年级类验收工作总结表彰大会。会议全面总结2016年级类验收工作，新城嘉园幼儿园、次渠家园幼儿园、永顺中心幼儿园、金桥幼儿园、哈弗摇篮幼儿园等5所幼儿园晋升为北京市一级一类园，于家务幼儿园、徐辛庄幼儿园等9所升为北京市一级二类园。至此，通州区一级一类幼儿园达到20所。

3月28日，5所幼儿园晋升一级一类园　（教委提供）

（王恩承）

【组织幼儿种植活动】　4月1日，台湖中心幼儿园开展“播撒希望的种子”种植活动，300余名幼儿及教职工参与此次活动。活动中，按照活动方案，各班幼儿在老师的带领下，分别在种植园内翻土、施肥、撒种，种下一粒粒充满孩子们希望的种子。孩子们不仅认识到种植对身边环境的益处，更激发孩子们爱护花草树木的情感，让孩子们在体会种植辛劳的同时，也收获劳动带来的快乐！

4月1日，组织幼儿种植活动　（教委提供）

（李华蔚）

【接管安置房配套学前教育设施】　4月11日，通州区教委接管潞城镇胡各庄村安置房小区配套学前教育设施。该配套设施占地面积4200平方米，建筑面积3360平方米，设计规模为12个教学班，可容纳360名幼儿入园。

（李　健）

【英才幼儿园正式开园】　6月30日，通州区英才幼儿园正式开园。该园位于通州区宋庄镇千章墅小区内，是一所政府委托普惠性民办幼儿园，是优质教育资源引入的重点学前教育项目，占地面积4200平方米，建筑面积3360平方米，设置12个教学班，360个学位。由北京市海淀区英才幼儿园承办。

6月30日，英才幼儿园正式开园　（教委提供）

（王恩承）

【接管台湖镇两所配套幼儿园】　7月5至8月1日，通州区教委相继接管台湖镇润枫领尚小区和泰禾拾景园小区配套学前教育设施。润枫领尚小区配套幼儿园占地面积3060平方米，建筑面积2100平方米，设计规模为8个教学班，预计增加学位240个；泰禾拾景园小区配套幼儿园，占地面积5000平方米，建筑面积4000平方米，设计规模为12个教学班，增加360个学位。

（李　健）

【协调解决教工幼儿园学位扩充问题】　7月17日，召开协商解决通州区教工幼儿园扩大学前教育资源，借用社区服务站增班，解决学位不足问题的区长办公会。会上，副区长对幼儿园此举表示认可，并支持幼儿园利用闲置社会资源进行学位扩充，实现“三年百园”计划，推进城市副中心学前教育。

（李　瑶）

【新增3所示范园】　7月28日，通州区大方居幼儿园、通州区张家湾幼儿园、通州区七零九零幼儿园等成为北京市市级示范幼儿园。3所幼儿园4月申报，5月经过市级示范园专家组对园所进行评审、验收。截至年底，通州区35所优质公办幼儿园中，市级示范幼儿园4所，一级一类幼儿园13所，一级二类幼儿园18所，北京市早期教育示范基地8个，北京市学前儿童特殊教育示范基地4个。

（王恩承）

【芙蓉幼儿园正式开园】　10月31日，芙蓉幼儿园正式开园。该园是教委直属公办幼儿园，占地面积0.3万平方米，建筑面积0.24万平方米，现有教职工53名，9个教学班，预计提供优质学前学位270个。截至年底，新开快乐时光幼儿园等公办园3所，英才幼儿园等小区配套园3所，年内，将有北苑红黄蓝幼儿园、尚悦居红黄蓝幼儿园、北京大学附属实验幼儿园等3所幼儿园正式投入使用。新增112个教学班，提供3360个优质学位。

（李　瑶）

【举行首届幼儿园教师集体教学活动设计大赛】　11月30日，通州区教委举行幼儿园教师第一届集体教学活动设计大赛。比赛经过前期整体计划、方案制定、研制标准、专家培训、园所初赛五阶段准备的基础上，以中心组研训和园所实践为依托，以提高教师教学设计和学科素养为目标，围绕5大领域以活动设计和说课比赛形式呈现。参赛教师通过现场抽签、现场无网络设计活动、说课展示三部分完成比赛。最终，评选出一等奖34名，二等奖35名，三等奖45名。全区31所幼儿园的114名青年教师参加此次比赛。

（王恩承）

基　础　教　育

【概　况】　2017年，通州区小学83所（公办校76所、民办校7所），教学班1763个。招生12113人，毕业8751人，在校生64453人，在校生中北京市户籍学生35232人。教职工4343人，其中，专任教师3947人。中学38所（完中9所、高级中学1所、初中15所、九年一贯制学校、十二年一贯制学校13所）。教学班788个（初中543个、高中245个），招生9147人（初中6312人、高中2835人），毕业6862人（初中4807人、高中2055人），在校生24875人（初中16344人、高中8531人），在校生中北京市户籍学生18953人（初中11163人，高中7790人）。教职工4745人，其中，专任教师3603人。特殊教育学校1所，在校生144人。校外教育单位1个，教职工74人。教育部门办中小学专任教师学历合格率99.97%，教职工中高级教师职称681人。中小学占地总面积3284775.61平方米，总建筑面积1507491.23平方米，固定资产总值281852.085311万元，图书3009952册，小学数字资源量，数据库105个，电子图书83621册，音视频14578小时；中学数字资源量，数据库85个，电子图书1175567册，音视频10224小时。全年教育投入347636.45万元，其中，国家拨款331746.73万元，自筹经费15889.72万元。

（白文会）

【4所学校开工】　2月13日，市教委相关负责人表示，城市副中心教育领域重点建设项目包括1所高校和3所中小学，全部开工。其中，人民大学通州新校

区建设总体规划完成，计划分两期建设，一期工程计划下半年开工，预计2020年完成，二期工程预计2025年完成；首师大附中通州校区列入2017年市政府重点工程，该项目于通州区中山大街50号，三季度开工建设；景山学校通州分校位于通州区台湖镇，将办成十二年一贯制学校，7月开工，2019年竣工；北京二中通州分校四季度开工建设。

【“京津冀”三地签署教育协同合作协议】 2月17日，“京津冀”教育协同发展工作推进会在河北廊坊召开。该会议由北京市教育委员会、天津市教育委员会、河北省教育厅联合主办，河北省教育厅、廊坊市政府联合承办。会上，三地教育部门负责人和教育部发展规划司领导先后讲话，发布“十三五”时期“京津冀”教育协同发展专项工作计划十大项目，其中，特别提出北京城市副中心与津冀毗邻地区教育统筹发展项目：合理规划区域教育发展，高品质配置北京城市副中心教育资源，支持北京市教育资源在河北廊坊北三县创新机制建设优质学校。重点推进北京市通州区、天津市武清区、河北省廊坊市三地基础教育协同发展。会上通州区与天津市武清区、河北省廊坊市签署《关于开展教育协同发展的合作协议》。三区市主动融入京津冀教育协同发展工作体系，促进学校共建、资源共享、研训协同、师生交流，助推三区市在推进教育改革和发展方面研究解决共性问题、相互学习借鉴、共同发展提高。合作的主要内容包括建立10个基础教育协同发展共同体，建立中等职业学校联盟和幼儿园联盟，加强职业教育合作，联合培养校长教师，共享网络教育资源，组织学生交流联谊活动等。

（李壬戌）

【“互联网+”助力全面深化教育综合改革】 3月4日，通州区教委召开“互联网+”助力通州区全面深化教育综合改革项目阶段总结会。会上，北京师范大学未来教育高精尖中心专家分别作《大数据助力区域教育质量提升实践经验——通州整体视角》《“互联网+”促进通州学科评学教一体化的实践路径——学科教学改进视角》的报告，北京市中学教师开放型在线辅导计划通州试点阶段总结。会上宣读区教委、教师研修中心与北师大专家共同研究决定实施包含语文、地理、历史等9大学科在内的通州学科名师培养计划，成立学科研究专家工作坊，旨在利用教育名师辐射作用，以实效性、专家化为培养方向，打造通州区教育名师，精确诊断通州学生，了解学生的学科能力和学科素养，发挥学科优势，提高命题素养，更好地适应中、高考改革。会上为9个名师工作坊进行授牌。区教委、北京师范大学未来教育项目团队、初中校干部、教师代表500余人参加会议。

（王　蕾）

【成立家庭教育研究中心】 3月10日，通州区家庭教育研究中心成立及首次研讨会在通州区教师研修中心召开。会上，知名家庭教育专家闵乐夫等与会领导为家庭教育研究中心揭牌。中心通过研究、探

2月17日，“京津冀”三地签署教育协同合作协议
（李壬戌/摄）

3月10日，成立家庭教育研究中心　　（教委提供）

索有效机制、总结提升等3个路径开展家庭教育工作。潞河中学附属学校等19所中小学校成为该中心实验校。

【成立城市副中心研究专业委员会】 3月31日，成立北京学习科学学学会北京城市副中心研究专业委员会及通州区学生学习研究中心。由市教委主办，市学习科学学会与区教委承办，区教师研修中心与潞河中学协办的北京市科学学习友善“教”“学”项目2016年总结暨2017年启动会及揭牌仪式在潞河中学召开。与会市区领导共同为新成立的2个机构揭牌。在深化教育领域综合改革改和北京城市副中心建设的背景下，从2016年开始，对研修运行机制进行改革，在实行学部制、学术中心制和成立十个学部及十大中心的基础上，将从学情分析、学法指导、学风建设3个维度开展工作。每年分别召开初中学风建设实施策略与方法论坛和小学学法与思维训练研究现场会。市教育委员会相关领导以及会员校干部教师代表近200人参加大会。

（高伯武）

【举办未来工程师竞赛】 4月7至8日，通州区教委举行2017年通州区青少年未来工程师竞赛活动。有50所中、小学校参加，525名同学获奖。选出24支队伍代表通州区参加2017年北京市青少年未来工程师博览与竞赛，通州区第六中学、第二中学、龙旺庄小学的飞行项目和木梁承重项目代表北京市参加全国青少年未来工程师博览与竞赛活动。饶标飞机项目获全国一、二、三等奖；飞越银谷获二、三等奖；创意乐队获一等奖银奖；微拍获一等奖金奖；

4月7至8日，举办未来工程师竞赛　（教委提供）

工业流水线获一等奖。该项竞赛活动自2006年开始，区教委每年举办一届。

（吴秀玉）

【中山街小学接待英国客人】 4月7日，中山街小学接待英国东伦敦科技学校师生20余人的交流访问。学校领导陪同来宾观看学校专题片，介绍学校的百年历史文化、办学理念、课程建设、学生社团等情况。英国的三位老师分别为六年级的孩子们上3节生动有趣的英语课。东伦敦科技学校学生参与剪纸、手工实践、水墨国画课等特色课程，孩子们在剪纸和国画课上感受到中国传统文化的魅力，参观学校管乐团、跳皮筋、篮球、排球等多项活动，中英的孩子们一起动起来，亲身体验学校丰富多彩的课余生活。

（张　蛀）

【走进抗日战争纪念馆】 4月7至14日，通州区教委组织潞河中学等32所中学5000余名初二学生参观抗日战争纪念馆活动。旨在进一步培养和弘扬以爱国主义为核心的民族精神，践行社会主义核心价值观，引导学生树立正确的理想、信念。

4月7至14日，走进抗日战争纪念馆　（郭书彤/摄）

（郭书彤）

【举办“京津冀”初中生国学经典诵读展演表彰】 4月8日，在北京市通州区永乐店中学举办2016—2017学年度“京津冀”初中生经典诵读节目展演决赛。活动由北京语言文化建设促进会和北京市通州区教育委员会联合主办，来自“京津冀”三地的13所中学的14个节目进入现场决赛。经过专家评审，北京市通州区永乐店中学、北京理工大学附属中学、河北省宁晋县第六中学等8个节目获得一等奖，北京市通州区玉桥中学等6个节目获得二等奖。来自天津市、河北省廊坊市、河北省望都县等地的学校领导和教师代表500人参加大会。

（刘秀东）

【举办田径运动会】 4月21日至23日，通州区教委在张家湾中学和宋庄中学举行举办“阳光体育”2017年通州区中小学生田径运动会。全区有67所学校1117名运动员参加比赛。经过3天紧张激烈的争夺，20人次打破13项区运会纪录。

（刘启航　刘焕珠）

【举办首届梅西耶马拉松竞赛】 4月22至23日，通州区教委、通州区科协与北京市星空联盟天文特色校联合体共同举办第一届北京市中小学生梅西耶马拉松竞赛活动。有10个区县25支精英队伍参与。经过现场观测、理论知识测试两个环节的比赛，评选出2支第一名队伍，通州区运河中学、梨园学校、台湖学校、石景山区苹果园中学等8支队伍获得一等奖。活动名称合并著名天文学家梅西耶与用时最长的马拉松竞赛之意而来。

（吴秀玉）

【开展中小学青少年志愿服务活动】 5月19日，通州区教委结合“创城”指标开展中小学青少年志愿服务活动。小学、幼儿园师生及家长参与“等灯，等灯”交通文明引导、走进社区铲除小广告、走入公园植绿护绿等志愿服务活动；中学组织学生到松堂关怀医院、人工耳蜗学校、关爱留守老人、走进敬老院帮老助老等长期帮扶志愿活动。截至年底，通州区教育系统在“志愿北京”官方注册志愿团队162支、志愿者34146人次，运行项目370项。

【举办学生科技节】 5月23日，通州区教委举办以“科技强国，创新圆梦”为主题的第三十五届学生科技节。活动中，与会领导为通州区后南仓小学、首师大附中通州校区等12所科技教育示范学校授牌。来自通州区的60余所中小学的科技社团参观青少年科技成果展区。青少年科技成果展由“学校参展项目”和“科学竞技体验活动项目”组成。学校参展项目由区域内13所北京市科技教育示范学校分别进行科技创新大赛工程类成果、机器人、航空、航天、航海、车辆模型、天文、生命科学、植物探索等多方面的课题研究及成果展示。科学竞技体验活动项目强调团队合作与竞技挑战，内容包括VR、机器人、趣味物理冲关、生活化学体验区、生物模型体验区、食品安全检测、物联网、机床、创客工坊等。

（白文会）

【成立永乐店中学教育联盟】 5月25日，通州区永乐店中学教育联盟成立大会在永乐店中学召开。教育联盟成员校有永乐店中学、天津市武清区城关中学、河北省三河一中、内蒙古翁牛特旗乌丹六中及通州区柴厂屯中学、觅子店中学、　县中学、牛堡屯学校、于家务中学、陆辛庄学校、永乐店镇中心小学等11所学校，通州区小务中学为特邀友好校。通州区永乐店中学教育联盟是在通州区教育委员会的领导和指导下，充分发挥北京市示范性普通高中校的示范辐射作用，促进区域教育优质、均衡、可持续发展、提升教育质量，形成互相促进、互惠互利、互通有无、优势互补的校级关系，促进联盟学校的协调发展，推动区域教育整体发展，助力城市副中心建设。

5月25日，成立永乐店中学教育联盟学教育联盟
（郭书彤/摄）

（郭书彤　李　娟）

【完成中、高考】 6月7至8日，通州区3359名考生完成全国统一高考，其中，被高职自主招生院校录取1040人，实际参加统考2319人，其中“统考”文科671人、“统考”理科1363人、“单考”285人。设置

潞河中学、运河中学（高中部）、通州二中3个考点80个考场，其中，文科考场24个，理科考场46个，单考单招考场10个，所有“单考”考点集中在通州二中；中考和会考时间是6月24—26日，中考报名4662人，共设潞河中学、通州二中、通州六中等13个考点161个考场；夏季高中会考考生2545人，设4个考点。

（王洪建）

【16所学校加入书友汇】 6月12日，通州区教委、教师研修中心、中国少年儿童新闻出版总社阅读推广中心联合组织图书捐赠仪式。与会领导为通州南关小学、玉桥中学、通州四中、永乐店镇中心小学等16所会员校颁发“中少 通州书友汇阅读角”铜牌，通州区中小学校长、教师书友汇向每校赠送图书500册。各级领导及师生代表500余人参加活动。

（张凤仙）

【8名学生获首都最美少年】 6月13日，通州区韩宇辰、胡天翊、姜沅昊、孟宪龙、田兆华、王荐钞、张瑾阳、赵浩然等8名学生获2017年首都百名“最美少年”称号。自3月开始，首都文明办、市教委、团市委、市妇联、市关工委联合在全市开展“最美少年在身边——学习和争做美德少年”活动，依托北京少年报等平台推荐“最美少年”候选人，全市选树助人为乐、孝老爱亲、热心公益、自强自立、科技创新、拾金不昧、勤俭节约等不同类别“最美少年”候选人400余名，经过自下而上广泛参与、层层推荐、严格审核，全市推出100名首都“最美少年”。

（胡玉强）

【11所学校成为全国青少年校园足球特色校】 6月16日，通州区运河中学、北京市史家小学通州分校、张家湾镇中心小学、临河里小学、北京小学通州分校、张家湾中学、于家务中学、玉桥小学、第三中学、潞州中学、永乐店中学等11所学校被认定并命名为“全国青少年校园足球特色学校”。教育部此次认定6832所中小学校，北京市有100所学校入选。

（白文会）

【完成“三免两补”工作】 6月20日，完成“三免两补”工作，涉及79926人，投入808.5万元。其中，资助义务教育阶段培智学校免住宿费学生82人，补助23万元；本市城乡低保家庭、残疾、随班就读学生388人，发放助学补助5.8万元；普通高中享受国家助学金61人，发放助学金及免学费、住宿费11.6万元；公办中小学免教科书74270人次，计697.2万元。民办学校免教科书5125人，免教科书费25.9万元，免杂费45万元。

（邢　军）

【召开市区两级教委专班对接推进会】 6月28日，市教委专班对接工作推进会在通州区会议中心召开。市教委张永凯委员带领专班对接的8个处室与通州区副区长雷晓宁及区教委相关领导就前一阶段的工作进行全面总结，区教委汇报通州教育面临的形势和具体需求，针对加快推进中小学校工程建设、落实优质资源引进等工作进行深入研讨。自从2月10日，市教委进驻城市副中心专班对接以来，特别是2月25日市教委刘宇辉主任带队调研，形成支持副中心教育发展的整体思路，以优质教育资源引进、教师素质全面提升、学校质量整体提升为重点开展专班对接工作。市教委各处室多次专题调研、召开师生座谈会，项目调度会、推进会等，在基础教育、职业教育、教师培训和学校规划建设等方面制定相关措施，形成推进城市副中心教育提升的合力。

（李　瑶）

【举办第一届冰上运动会】 7月19日，通州区教委举办中小学第一届冰上运动会。来自梨园镇中心小学、梨园学校、第二实验小学通州分校、北京小学通州分校等8所学校的14支队伍，共100多名运动员，分别参与了冰上拼图和冰上射门项目的比赛。梨园中心小学、第二实验小学通州分校、北京小学通州分校、梨园学校、甘棠中学、人大附中通州校区分别在各组别获得冠军，此次参赛的学子，最长经过一年多时间的训练。为带动更多通州区青少年积极参与冰雪运动，逐步推进校园冰雪运动的普及，区教委多措并举推进冰雪运动进校园：①建设潞河中学、马驹桥中心小学等多所仿真冰场。②开展冰上项目教师培训。③挂牌冰雪项目基地校，成立冰雪社团，开发冰雪运动特色课程。④以市区级冰雪运动特色校评选为契机，加快冰雪项目基地校建设。截至年底，北京小学通州分校、北京第二实验小学通州分校、梨园镇中心小学、梨园学校等4所学校被认定为北京市第一批冰雪运动特色学校。

7月19日，举办第一届冰上运动会
（王艳霞/摄）

（王艳霞）

【开展进藏送教活动】 8月14至19日，通州区教委组织开展进藏送教活动。活动涵盖小学、初中和高中三个学段，选派北京市特级教师、学科带头人、骨干教师等12人，通过12次座谈交流、听评课36节、14场专题讲座、现场授课12节、6次课题研讨等形式，让拉萨的堆龙德庆区、尼木县等8个区县1000名师生参与研讨交流活动，有效促进京藏两地教育均衡发展。

（肖　月）

【招聘新教师529人】 截至8月底，通州区教委招聘新教师529人。其中，择优录用应届毕业生460人，外区调入优秀教师69人。新招聘教师中本科学历266人，占50.3%，研究生学历176人，占33.3%。进一步补充了通州区优秀教师资源，缓解因增班带来的师资不足压力。

（杨　洋）

【优质教育资源建设工程】 截至8月28日，通州区教委对于引进优质资源校的建设工程按照市区折子工程计划有序推进。北京五中通州校区：10、12号楼斜屋面施工，1～9号楼内外施工，食堂楼结构施工完成、开始装修。完成总体工程的73%。人大附中改扩建取得土地预审复函，地勘部门正在编制地勘报告。北京二中通州校区：规划选址意见正在审批，准备申报规划方案复函、立项代可研，施工图正在深化。首师大附中通州校区获得规划设计方案审查意见函，完成施工、监理的资格预审。景山学校通州校区项目取得设计方案规划意见复函。地上遗留建筑物拆迁及地下军缆迁改移工作完成，9月开工建设。

（任峻瑶）

【完成乡村教师补助补发工作】 截至8月底，通州区教委完成乡村教师补助补发工作。根据北京市文件精神，通州区教委制定《通州区乡村教师岗位生活补助发放工作实施方案》。通州区乡村补助政策自2016年9月起实施，79所乡村中小学、幼儿园4146名教师纳入发放范围，年补发资金7161万元。自9月1日起，月补助资金随工资下发。

（张　鹏）

【聘任区委书记、区长为名誉校长】 8月31日，通州区委书记杨斌、区长张力兵分别参加潞河中学、运河中学的开学典礼，分别被聘为潞河中学、运河中学名誉校长，由现任校长赠与名誉校长聘书。活动中分别为优秀新生、优秀毕业生代表颁奖并送上诚挚的祝福。国家一级美术师、清华大学美术学院教授、潞河中学韩美林艺术奖学金发起人韩美林先生为潞河中学送上“群龙家门”牌匾。

（李继龙）

【潞苑小学投入使用】 9月1日，通州区潞苑小学投入使用，一年级招生232人。该小学为富力惠兰美居小区配套教育设施，占地面积19947平方米，建筑面积15958平方米，办学规模为36个教学班，预计提供学位1440个，进一步缓解永顺相关地区优质学位紧张压力。区教委自2016年8月接管。

（李　健）

【新增8所知识产权教育试点校】 9月5日，通州区教委举行2017年通州区中小学知识产权教育工作会议暨知识产权教师业务培训会活动。会上，确定通州区第六中学、梨园学校、芙蓉小学、潞河中学附属学校、马驹桥镇中心小学、北京第二实验小学通州分校、东方小学、临河里小学等8所学校为区级中小学知识产权教育试点学校。截至年底，通州区有潞河中学、北京小学通州分校、运河中学、后南仓小学、永顺镇中心小学、通州区第二中学等4所北京市中小学知识产权教育示范学校，18所学校荣获通州区中小学知识产权教育试点学校称号。2016年10月，通州区曾获北京市中小学知识产权教育示范区称号。会上，中国科学院大学知识产权学院宋河发教授向与会的领导和老师进行知识产权教师业务培训会。副区长雷晓宁出席会议并发表讲话。

（王艳霞）

【完成中高考录取工作】 截至9月5日，通州区2017年中高考录取工作结束。中招报名人数4760人，其中，京籍3748人，非京籍有报考资格220人，借考792人。参加中考考试4662人，有资格升学考生3968人。提招录取770人(含“贯通”357人)，特招录取135人，名额分配录取1098人，其中，名额分配897人；市级统筹98人；校额到校103人，统招录取1767人；补录79人。录取3849人，未录取113人，录取率97%。经市高招办批准，3003名考生（不含潞河中学新疆班考生）被录取，其中，统考考生录取1835人，高职单考单招考生录取128人，高职自主招生录取1040人（不参加高考）。在被录取的统考生中（高职自主招生录取考生除外）文科601人，理科1234人；本科1645人，专科190人；零批次14人，本科艺术提前批181人，本科普通提前批127人，本科提前批B段（双培外培）97人，本科提前批C段（农村专项）26人，特殊类型8人，本科一批426人，本科二批766人，专科艺术提前批14人，专科普通提前批10人，专科普通批166人。

（王洪建）

【举行签约仪式】 9月12日，通州区教委举行潞河中学、运河中学、第二中学、第四中学、第六中学、玉桥中学、梨园中学、育才学校通州分校、中山街小学、贡院小学等10所项目学校与曼普洛（北京）教育文化交流有限公司和中智财务咨询有限公司三方签订协议仪式，合作意向主要包括招聘外教、外教管理、教师培训、业务考核等。这是市教委《关于促进通州区教师素质提升支持计划》，推进区政府折子工程的举措。

9月12日，举行签约仪式 （孙亚桂/摄）

（孙亚桂）

【中国人民大学新校区奠基】 10月2日，中国人民大学新校区奠基仪式在通州区潞城镇举行。参与活动的领导嘉宾为“校训石”揭幕，并为新校区奠基培土。新校区东至春宜路、南至运河东大街、西至规划城市支路、北至玉带河大街。总用地面积约为111.37公顷，总建筑面积约为145.2万平方米，其中，地上建设面积约为99.81万平方米、地下建筑面积约为45.39万平方米。一期建筑面积约为46.7万平方米；二期建筑面积约为98.5万平方米；预计2025年建设完成，学生入住规模约为2.2万人。该项目被列入北京市2017年重点工程项目，校园总体规划已完成。按照“一核、两轴、多中心”的框架，全面落实绿色生态、人本人文、兼容开放、智慧科技、持续生长的规划理念，立足城市副中心，辐射“京津冀”地区，力争建设成为世界一流、北京最美、独具风格的现代化示范校园。国家发改委社会发展司、教育部发展规划司及市委、市教委、通州区委以及大厂县领导出席仪式。

【确定31所“手拉手”对接学校】 10月11日，在北京市学区制管理和集团化办学工作推进会上，北京市东城、西城、朝阳、丰台区的黑芝麻胡同小学、北京实验二小、北京四中等31所城区优质学校分别与通州区民族小学、实验二小通州分校、梨园学校等31所中小学签约，结成“手拉手”合作的助学对子。按照《通州区基础教育质量提升支持计划（2017年—2020年）》，31所城区优质学校率先与31所通州中小学签约，通过课堂观摩、论坛沙龙、主题研讨等形式，对课程资源、学科教研、教学管理、校本教研、德育工作等8个方面进行“一对一”助力通州学校办学，全面提升通州基础教育质量。

【启动通州区基础教育质量提升支持计划】 10月11日，《通州区基础教育质量提升支持计划（2017—2020年）》启动。市教委统筹在京高校、科研机构、社会力量和城区优质教育等各种资源，依托北京基础教育研究基地，建立支持通州基础教育改革发展的智库，大力支持通州区推进教育体制机制创新，提升基础教育学校整体办学水平。主要采取推动市级扩优改革项目进一步向通州倾斜；支持通州区开展集团化办学实践；引进区外名校规划建设一批优质学校；推动城区优质学校与通州区学校建立“手拉手”关系；帮助提升通州区农村学校教学质量；支持完善实践育人体系；提升中小学和幼儿园教育信息化水平；支持开展人才培养模式创新；规划建设国际一流高标准的特殊教育中心；支持通州区运河文化带的挖掘和开发等措施，加快推进城市副中心建设，整体提升城市副中心基础教育水平，整体提高学校教育教学质量，包含办学模式、管理机制、人才培养、育人体系等。与已实施的教师素质提升计划构成教育整体发展架构。

【获批北京市基础教育综合改革实验区】 10月12日，通州区教育委员会获批北京市基础教育综合改革实验区。统筹在京高校、科研机构、社会力量和城区优质教育等各种资源，依托北京基础教育研究基地，建立支持通州基础教育改革发展的智囊团、专家库，大力支持通州区在育人方式、办学模式、管理机制和保障机制等方面先行先试，推进教育体制机制创新，提升基础教育学校办学水平。

【北京二中通州校区改扩建工程方案获批复】 10月19日，北京二中通州校区改扩建工程设计方案获批复。该项目位于通州新城0505街区（TZ00-0505-6001，TZ00-0505-6002地块），具体四至为东至现状紫运西里住宅小区，西至武夷花园东路东红线，南至二中分校南街北红线，北至二中分校北街南红线，建筑使用性质为中学教学用房及附属设施用房等。总用地面积8.4586942万平方米，建设用地面积6.840417万平方米，新建总建筑面积3.4万平方米。

（李　瑶）

【成立学术学部】 10月23日，通州区教师研修中心（分院）召开学术学部成立大会。会上，研修中心领导解读成立学部的历史意义与作用，宣读九大学部名单。其中，语文学部21人，数学学部13人，英语学部13人，人文与社会学部19人，自然科学学部13人，技术与综合学部41人，体育与艺术学部11人，终身教育学部16人，中华传统文化与德育学部24人。随后由院务会为首任9位部长颁发聘书。学部的成立为“十三五”深化教育改革、深化研学共振、全面转型升级提供有力保障，开启为建设首都副中心教育的新征程。

（高晓玲）

【人大附中通州校区扩建工程设计方案审查意见获批复】 11月2日，人大附中通州校区扩建工程设计方案审查意见获批复。该项目位于通州新城0604街区，四至为东至政通东路，西至勤政东路，南至政通北街，北至规划绿地。建筑使用性质为中学教学用房及附属设施用房等。工程总用地面积6.44万平方米，建设用地面积6.41万平方米，新建总建筑面积4.27万平方米，其中，新建地上建筑面积1.5万平方米，新建地下建筑面积2.77万平方米。

（李　瑶）

【举行京剧进校园培训】 11月3日，通州区教委举行首师大区域项目合作“小学音乐教师京剧演唱及教学实施方法培训”。活动中，聘请中国戏曲学校京剧表演专业的教师闫京京从京剧知识、唱腔到身段进行相关培训，随后以《卖水》《霸王别姬》等京剧选段为例进行实践教学，以字正腔圆以及唇、舌、齿、牙、喉的示范引导学员认真感受并练唱，对每位学员的练唱过程中及时纠正，加以指导。学员们感受到京剧文化的魅力，为京剧艺术教育发扬光大奠定理论基础。全区30名教师参加活动。

（潘玉红）

【举办科技竞赛活动】 11月11至12日，通州区教育委员会开展中小学科技竞赛活动。活动分为首届机器人竞赛和天文知识观测竞赛等内容，其中，机器人智能竞赛包括FLL、VEX和机器人工程挑战赛等项目。活动聘请天文馆、兴隆观测站、东城区科技馆、通州区科学协会等专家担任裁判工作。全区有71支代表队近380名师生参加竞赛活动。

【启动“人工智能+VR人文创客”项目】 11月17日，通州区教委举办“人工智能+VR人文创客”项目实施启动会。会上，通州区教委、北京师范大学课程与教学研究院等领导和专家分别发表重要讲话及学术报告，举行通州实验区挂牌成立仪式及对潞河中学、北京育才学校通州分校、通州区马驹桥中心小学等13所首批实验校授牌仪式。采取通州区教委直接领导、通州教师研修中心总体承接、北京师范大学提供包括专家和教师在内的全方位教育资源及教学解决方案、各中小学联盟校具体实施的一站式落地方式，打造出全国领先的“人工智能+中小学跨学科创客教育”优质示范项目。30多所中小学领导及教师代表参加活动。

（刘士东）

【荣获全国未成年人思想道德建设工作先进区称号】 11月18日，中国文明网发布《第五届全国未成年人思想道德建设工作先进城市（区）和第四届先进单位、先进工作者名单》。通州区获全国未成年人思想道德建设工作先进区称号，宋庄镇中心小学获全国未成年人思想道德建设工作先进单位称号。

（白文会）

【中国篮协小篮球发展计划暨小篮球联赛在通州区启动】 11月20日，中国篮协小篮球发展计划暨小篮球联赛在通州区启动。该计划以小篮球联赛为引领，以《小篮球规则》和《中国小篮球运动员等级制度》为驱动，以各级篮球协会、社会青少年篮球培训机构培训基地、全国各小学为支柱，搭建教练员培训、技术标准、周末假期训练营、大数据四个系统，通过政府主导、社会支持、市场助力的共同推动，促进体教结合、体社结合、体企结合、内外结合，在少年儿童中推广篮球运动。小篮球项目是中国篮协重点推广的少年儿童社会体育项目，中国篮协在发展小篮球的过程中将和教育部门密切合作，通州区教育委员会就是合作单位之一。国家体育总局、中国篮协、通州区教委等领导及全国各省的篮协代表、篮球推广大使、学校代表150多人与会。

11月20日，中国篮协小篮球发展计划暨小篮球联赛在通州区启动　（张海涛/摄）

（张海涛）

【7所学校获得首批全国篮球特色学校】 11月22日，通州区潞河中学、通州区第二中学、通州区运河中学、中国人民大学附属中学通州校区、北京小学通州分校、北京市史家小学通州分校、通州区张家湾镇中心小学等7所学校获得首批全国青少年校园篮球特色学校称号。此次教育部认定并命名北京市东城区和平里第一小学等1976所中小学校为第一批全国青少年校园篮球特色学校，北京市有130所。

（白文会）

【成立班主任工作研究室】 11月24日，召开通州区班主任工作研究室成立大会。北京教科院班主任研究中心主任、班主任杂志社社长赵福江和高伯武共同为“班主任工作研究室”揭牌。首批28名青年班主任成为研究室成员，研究室围绕班级文化建设、班级管理、特殊学生教育、主题教育活动、主题班会、家校合作、班主任专业成长等热点、难点问题，以专家引领、同伴互助、自主成长为路径，提升成员教育理论素养以及对实践问题的理性反思和智慧解决能力。北京教科院班主任研究中心、班主任杂志社、兰州市第82中学、第49中学、通州区教委等领导和干部教师代表120余人参加活动。

11月24日，成立班主任工作研究室。北京教科院班主任研究中心主任、班主任杂志社社长赵福江和高伯武共同为"班主任工作研究室"揭牌

（杨继环/摄）

（杨继环）

【景山学校通州校区建设项目用地预审意见获批复】 11月30日，景山学校通州校区建设项目用地预审意见获批复。该项目为新建项目，位于台湖镇亦庄新城站前街Ⅳ-5街区，用地总规模9.94公顷，拟用地用途为公共管理与公共服务用地。总建筑面积9.7万平方米，正进行正在进行施工合同备案及消防设计审查，12月中旬开工。学校为十二年一贯制学校，规划设置108个教学班，其中，小学50个教学班，初中40个教学班，高中18个教学班，预计可提供学位4410个。

（任俊瑶）

【召开"名校长、名园长、名教师"工作室启动会】 12月3日，通州区教委、北京市教委、北京教育学院、北京教科院等单位，联合召开"名校长、名园长、名教师"工作室启动大会。通州区在"名师培养工程"和"教育高端引领工程"两个品牌工程的基础上，成立名校长工作室12个、名园长工作室6个、名教师工作室60个，由北京教育学院和北京教科院做理论与实践的支持指导，于2017年至2020年期间开展研修活动。会上，北京教育学院领导对《名校长、名园长、名教师工作室实施方案》从总体目标、人员构成、课程安排、绩效考核四个方面进行详细解读。市区领导分别为10名理论导师代表、11名实践导师代表以及8名主持人代表颁发了聘书并提出殷切希望。78个工作室研训活动主要体现以学为重点、以用为载体的培养理念，实现"夯实理论、实践活用"的教研特色培养举措。体现以带为核心、以引为途径的培养理念，实现"研究引领、学术涵养"的研修体成长培养理念。通过理论学习、课题研究、个性指导、团队交流、集体访学等方式，提升通州区骨干教师的教育教学能力和水平。北京市教委、北京教育学院、北京教科院基教研中心、通州区政府、通州区委教工委等领导参加会议。

【新增15名北京市特级教师】 12月4日，通州区15名教师被评为北京市特级教师。涉及到基础教育语文、数学、英语、物理等学科教师14人及学前教育1人。此次全市评选222人，通州区教委上报22人，批准率为68.2%。截至年底，通州区有特级教师38人。

（冯　洋）

职业与成人教育

【概　况】 2017年，通州区职业高中2所，其中，教育部门办1所、民办1所，开设专业5类。招生119人，毕业102人，在校生357人。教职工168人，其中，专任教师146人。职业高中学校（学校产权）占地总面积201799平方米，建筑总面积49636平方米，图书室藏书115469册，固定资产总值11093.52万元。成人教育单位12个，其中，成人教育中心1个、区教委辖管乡镇成人学校11个。开设外语、计算机、农业技术、驾驶、文明素质等培训科目。教职工42人（不含外聘教师），其中，专任教师22人。区教委辖属乡镇成校占地总面积59071平方米，建筑总面积24302平方米，图书馆藏书40442册，计算机614台，固定资产总值967.439665万元。

（白文会）

【签订教育合作办学7项意向】 3月17日，中澳职业教育合作办学签约仪式在北京新城职业学校举行。澳大利亚职业教育联盟秘书长Barry Guan与北京新城职业学校校长张玉华进行签字。澳大利亚职业教育联盟与新城职业学校签订合作办学意向：①澳大利亚职业教育联盟推进北京新城职业学校与在澳洲的本联盟会员学校之间开展合作交流。②澳大利亚职业教育联盟根据北京新城职业学校需求，推荐澳大利亚教师或培训师。③澳大利亚职业教育联盟帮助北京新城职业学校完成其在澳大利亚的考察访问活动，并推荐访问学校及协调工作日程。④由澳大利亚职业教育联盟组织开展的学术会议、教师培训、教师进修和学生培训访学、研修项目将优先在北京新城职业学校推广。⑤有关澳大利亚职业教育学术或工作信息与北京新城职业学校分享。⑥北京新城职业学校作为澳大利亚职业教育联盟的友好合作学校，积极参加联盟组织的澳中职业教育交流活动，分享办学经验。⑦北京新城职业学校根据需要接待澳大利亚学校在中国的学习访问活动等7项合作意向。

3月17日，中澳职业教育合作办学签订7项合作意向
（杨海涛/摄）

（杨海涛）

【成立“通武廊”职业学校联盟】 6月13日，“京津冀”职业教育联盟工作会在廊坊市电子信息工程学校召开。经三地市政府审核同意，成立通州·武清·廊坊中等职业学校联盟，确定《通州、武清、廊坊中等职业学校联盟章程》。联盟主要工作内容包含：①交流管理经验。成员校互派管理人员挂职交流，融入对方学校，参与管理工作。互相学习管理理念、运行机制、校园文化建设等。②构建协同平台。互派专业教师跟岗学习，组织联盟教学研究，开展“同课异构”，开放网络信息资源共享平台。③共享优势资源。基于“京津冀”一体化对专业技能人才需求情况，依托区域经济产业，共建共享专业资源，努力建设“京津冀”三地技能型人才培养基地。开展区域校际联合办学、校企深度合作等，通过“1+2”联合办学、企业定制、校内建厂、实训共享、分层就业等模式，拓展合作方式与范围，实现协同育人。④组织交流活动。开展对口项目交流、特色成果推广、校园文化宣展等活动，研讨学校发展策略，组织学生社团联谊活动，搭建专业展示平台，提升区域办学整体水平。通州区教委职成科、北京新城职业学校、廊坊市教育局、天津市武清区教育局相关负责人等15人参加会议。

（刘　琼）

【梨园学堂揭牌】 6月28日，梨园镇举办梨园学堂揭牌暨讲座活动。会上，成人学校刘校长介绍梨园学堂建设情况和梨园学堂今后的工作内容、目标，与会领导分别为梨园学堂揭牌、向学堂兼职教师颁发聘书。梨园学堂学员表演舞蹈、自创诗朗诵、陶笛演奏等5个节目，邀请北京教育学院通州分院副院长进行“礼之用，和为贵”《梨园学堂·第一课》讲座。梨园镇政府、区教委、区教师研修中心领导及梨园镇22个社区、26个村队的社工、学堂学员130余人参加活动。

6月28日，举行梨园学堂揭牌活动
（高春英/摄）

（高春英）

【3所成人学校获得市优秀教育培训机构称号】 9月6日，北京新城职业学校、张家湾成人文化技术学校被评为2017年北京市优秀教育培训

机构，马驹桥成人文化技术学校的“文化育人行动”培训项目被评为2017年北京市终身学习品牌项目。3所获奖学校围绕北京城市副中心经济社会发展、百姓学习需求，积极开展社区教育、老年教育、企业职工教育、进城农民工教育、农村成人教育、成人学历教育等各类成人继续教育。

（侯　洋）

【完成成人高考网上报名工作】　9月8日至12日，全国成人高等学校招生考试通州区考生现场确认工作完成。8月31日至9月6日，成人高考网上报名通州区考生5244人，其中，高中起点2865人；专升本考生2379人。到现场确认的考生5010人，其中，高中起点确认2728人；专升本确认2822人。10月28和29日两天进行考试。

（王洪建）

【开通市民终身学习平台“通学网”】　11月29日，通州区市民终身学习平台“通学网”正式开通。该网向全区市民提供开放式在线学习服务，汇聚全区各类教育的精品课程，以及社区教育、农村远程教育等优质教育资源，开发特色微课程，建设终身学习课程超市。通过移动终端提供智能化、基于位置的学习服务，形成具备信息检索、资源推荐、查询、评价等功能的学习信息综合服务地图。支撑50万级用户服务。初期运行开通职成教育、精品课程、学习型组织、大运河文化、通学党建5个版块。采取公共服务与市场运营相结合的运行模式。“通学网”依托北京市终身学习平台（“京学网”）的资源和服务优势，与各区学习网互通互联、资源共享。教育部职业教育与成人教育司副司长谢俐、市教委、区政府等五位领导共同开通“通学网”。

11月29日，开通市民终身学习平台“通学网”

（侯洋/摄）

【3所学校认定为北京市首批新型职业农民培训基地】　12月27日，北京新城职业学校、张家湾成人文化技术学校、　县成人文化技术学校被认定为北京市首批新型职业农民培训基地，同时，北京新城职业学校还被认定为首批北京市职工继续教育基地。基地主要推进新型职业农民培育课程改革，加强新型职业农民培育的教材建设与课件开发。筹建新型职业农民终身学习讲师团，指导新型职业农民开展学习与培训。增强新型职业农民增收致富的能力及自主创新能力，为都市型现代农业持续健康发展提供人力资源和保障。此次全市有25所学校被认定为北京市首批新型职业农民培训基地，18所院校被认定为首批北京市职工继续教育基地。

（侯　洋）

教育督导

【完成义务教育质量监测工作】　5月25日，通州区教委、通州区教育督导室完成2017年国家义务教育质量监测工作。为做好此项工作，采取4点措施：成立区监测领导小组，统筹领导全区监测工作；制定《通州区2017年国家义务教育质量监测工作实施方案》《通州区2017年国家义务教育质量监测组考实施方案》，印发《测试程序与要求》，为样本校及每位参加测试的师生提供测试文具；召开区级协调会，做好相关工作；召开责任督学、样本校主管校长及信息员培训会，落实教育部及市政府教育督导室工作要求。区教委、区政府教育督导室负责人多次深入样本校，了解学校监测工作落实情况，帮助学校解决实际问题。通州区20所样本学校、600名学生、200余名干部教师参与此次质量监测。

【成立北京市通州区人民政府教育督导委员会】　10月20日，召开北京市通州区人民政府教育督导委员会成立大会。会上，通州区政府办公室领导宣读《关于同意设立北京市通州区人民政府教育督导委员会的通知》，区政府教育督导室领导向大会做教育督导工作报告，整体回顾1988年以来，通州区政府教育督导室在加强教育督导创新发展，建立完善督政、督学、监测并重的教育督导制度和专兼职督学结合的教育督导队伍以及认真履行监督职能等方面取得的成效与成绩。区人力资源和社会保障局、张家湾镇、兼职督学代表进行交流，区政府副区长雷晓宁、市政府教育督导室主任唐立军分别讲话。委员会为区政府议事协调机构，委员会主任由主管教育副区长担任，成员单位由16个相关委办局及11个乡镇政府、4个街道办事处组成。主要职责是贯彻落实市、区关于教育督导的各项方针和政策；研究拟订本区教育督导的工作计划、方案和措施；协调、解决本区教育督导工作中的重要事项和重大问题。在区政府教育督导室设立办公室，具体承担督导委员会的日常工作。市、区政府，委员会成员单位，各乡镇（街道）教委办领导及中小学、幼儿园、全体专（兼职）督学等200人参加会议。2016年，通州区获得北京市中小学校责任督学挂牌督导创新区称号。

【幼儿园实现责任督学挂牌督导全覆盖】 12月1日，通州区幼儿园实现责任督学挂牌督导全覆盖。完成11个乡镇和4个街道办事处辖区内527所幼儿园加挂责任督学公示牌工作，124位责任督学同步到位，责任督学挂牌督导工作全面启动。责任督学从依法办园、师德师风、安全管理、内部管理、卫生保健、园务公开、保育教育等方面对全区各园所开展教育督导工作，通过监督、诊断、指导和服务，推动园所发展，提升全区幼儿园整体教育水平。

（刘　森）

潞河中学

【承办内地新疆班专业委员会2017年年会】 4月21日，中国少数民族教育学会内地新疆班专业委员会2017年年会在潞河中学召开。来自全国18个省市的94所内地新疆班办班学校的150余名校长、主任参会。22日，来自北京市的52所办班学校及民族团结示范校齐聚昌平农业嘉年华会场，一同开展“中华民族一家亲 同心共筑中国梦”北京市中小学民族团结教育嘉年华展示活动。

【开展游学活动】 5月23—27日，潞河中学高一年级开展“访千年古都，寻长安遗韵”大型游学活动，参观明城墙、壶口瀑布、延安、兵马俑等历史名胜古迹。高二年级开展“一生痴绝处，无梦到徽州”游学活动，参观黄山市城市展示馆、探访陶行知纪念馆、胡开文墨厂、徽雕艺术博物馆，攀登黄山，深入了解徽州文化。

【开展“1+3”培养实验项目】 9月，潞河中学首次开展“1+3”培养实验项目，面向本区初中校初二年级招收79名学生进入此项目学习。学生在潞河中学连续完成初三及高中共四年的学习。学校将为这些学生制定专门培养计划，开发“1+3”特色课程，实现初高课程贯通，变革学习方式。

【举办建校150周年庆典】 10月28日，潞河中学举办建校150周年庆典。当日近万名校友返回母校，共襄盛典。在纪念建校150周年的文化建设中，学校组织了潞河中学教育教学改革十年成果展，徐华校长教育实践研讨会，世界非物质文化遗产——花丝镶嵌大师进校园，方田古校长铜像揭幕仪式，中国校园文学馆开幕揭牌仪式，北京高占祥文化艺术基金会向潞河中学师生赠书仪式，师生校友书画、摄影作品展及笔会等一系列活动。

【校长被授予第三届"通州杰出人才奖”】 年内，潞河中学校长徐华被通州区区委、区政府授予第三届“通州杰出人才奖”。此奖项是通州区为了实施“人才强区”战略，设置人才奖励最高奖项，每三年评选一次。徐华校长还是通州区名校长、中国可持续发展教育项目教育管理专家、全国民族教育专家委员会委员、北京市人民政府督学、北京教育学会副会长、中国民族教育学会新疆班工作委员会理事长、教育部首批“中小学校长国家级培训计划——卓越校长领航工程名校长领航班”成员。

（梁　娟）

北京物资学院

【概　况】 北京物资学院是一所以物流和流通为特色，以经济学科为基础，以管理学科为主干，经、管、理、工、文、法等多学科协调发展的公办普通高等院校。1980年建校，先后隶属于国家物资总局、物资部、国内贸易部，1998年10月划归北京市管理。

2017年，北京物资学院占地面积39.7万平方米，建筑面积24.26万平方米，固定资产总值67026.86万元，其中，教学、科研仪器设备资产值23798.79万元。全年教育经费投入46841万元，其中，国家拨款39201万元，事业收入6554万元，经营收入181万元，其他收入905万元。图书馆建筑面积12578平方米，馆藏图书116.06万册，馆藏电子图书177.68万册。学校设有经济学院、物流学院、信息学院、商学院、法学院、外国语言与文化学院、马克思主义学院、国际学院、继续教育学院等9个学院，设有26个本科专业及方向；拥有5个一级学科硕士学位授权，3个专业学位硕士培养类别；拥有2个北京市重点建设学科、2个国家级特色专业、3个北京市特色专业。建有国家级人才培养模式创新实验区、国家级高等学校实验教学示范中心、国家级及市级校外人才培养基地（6个）、北京市重点实验室、北京市哲学社会科学研究基地、北京市高校工程研究中心等教学科研机构。定期出版专业刊物1个。教职工总数657人，其中，专任教师442人（教授61人、副教授170人）；硕士研究生导师140人；外籍教师1人。本年度在国内外学术期刊发表论文550篇，其中，核心期刊论文142篇，《科学引文索引》（SCI）、《工程引文索引》（EI）收录28篇。获国家专利授权43项。学校信息化建设网络信息点数1万个，无线接入1000个，上网课程数255门，电子邮件系统用户数6000个，管理信息系统数据总量3500GB，数据库53个，音视频32490小时，信息化培训550人次，信息化工作人员9人。毕业生2110人，其中，学历教育学生中全日制研究生156人，普通本科生1318人，成人教育本专科生636人（本科生304人、专科生332人）。招生2453人，其中，学历教育学生中全日制研究生267人，普通本科生1521人，成人教育本专科生665人（本科生265人、专科生400人）。北京地区高考录取线一本理科544分、文科550分，二本理科512分、文科530分。在校生7966人，其中，学历教育学生中全日制研究生705人，普通本科生5992人，成人教育本专科生1269人（本科生505人、专科生764人）。留学生毕（结）业39人。网址：www.bwu.edu.cn。

专业建设与人才培养。健全专业动态调整机制，暂停劳动关系、劳动与社会保障两个专业招生，新增商务英语专业，物流管理专业入选北京市属高校一流专业建设。建立健全双学位制度、大类招生制度、转专业制度，开办暑期国际学校，开设国际化班、辅修专业和双学位班。完成17门课程MOOC制作，3门MOOC课程上线运行。成立实验教学中心，国家级物流系统与技术实验教学示范中心建设稳步推进。实现在京一本招生，新增四川、重庆一批次招生省份，一批次招生省市9个；录取分数超过当地一批线的省市18个，多个省市录取最低分超过当地一批线50分以上。本科生就业率98.41%，硕士生就业率100%。学校获批北京市教学成果奖5项，获批北京地区高校示范性创业中心。大型原创舞剧《运》在京首演，获广泛好评。

学科建设与科研水平。获批理论经济学一级学科学术型硕士点和金融专业硕士培养类别。管理科学与工程、工商管理两个一级学科参加全国第四轮评估，获评C+等级。获批国家自然科学基金项目3项，国家社科项目2项，教育部人文社科研究项目2项，北京市社科基金项目13项。北京市社科基金重点项目、国家社科基金重点项目实现新突破。全年科研项目经费2849.13万元，比2016年增加918万元。获北京市哲学社会科学优秀成果二等奖1项。召开北京运河文化带建设研讨会，推动运河研究智库建设，推进大运河文化与经济带研究。北京现代物流研究基地通过第四建设周期验收，获评优秀。

成立智慧供应链协同创新实验中心，智能物流系统北京市重点实验室获批中关村开放实验室；《中国流通经济》杂志复合影响因子2.635，比2016年增长57%，被《中国学术期刊国际引证年报》评为2017中国国际影响力优秀学术期刊。

对外合作与国际交流。学校进一步拓展对外合作布局，新增曹妃甸、青岛市莱西区、北京市平谷区等合作机构。和北京市贸促会合作继续举办京津冀物流协同发展论坛；与南方物流研究院合作，开展专业化培训。与北京新奥通城房地产开发有限公司、国家电网通信集团等开展校企专项合作。助力城市副中心建设等北京市重大战略实施，组织通州产业园区发展战略课题研究座谈会、通州区政协产业转型升级专题对接会，承担通州园产业园区的特色产业规划任务。打造物流特色型智库，为中国商务部、国家发改委和中物联提供咨询服务。强化大学科技园建设，获批中关村科技型企业创业孵化集聚区。学校与美国加州大学河滨分校、英国金斯顿大学、英国朴茨茅斯大学、马来西亚博特拉大学签署合作协议书或备忘录。全年有98名学生赴海外学习交流。中美物流高级人才联合培养项目完成第一批本科生培养，有18名学生赴海外高校深造。招收外国留学生80名，其中，学历生38名。获批北京市“一带一路”来华留学奖学金专项——东盟物流人才国际班项目。

【中国盐业研究中心在物资学院成立】 1月14日，物资学院与中国盐业总公司共建的中国盐业研究中心成立。校党委书记李石柱和中国盐业总公司董事长李耀强共同为中国盐业研究中心揭牌。研究中心主要任务是聚焦盐业发展需求，在盐产品开发与检测、盐业信息化、盐产品市场营销及发展政策等方面开展深入研究，最终建设成为盐业发展的新型智库。

【智能物流系统北京市重点实验室获批开放实验室】 2月23日，智能物流系统北京市重点实验室获批成为中关村开放实验室。中关村开放实验室是中关村科技园区管委会为提升示范区企业自主创新能力，以市场为导向，以服务企业为目标，鼓励高等院校、科研机构等单位开展各类科技资源开放、共享及技术创新合作而建立的开放实验室。智能物流系统北京市重点实验室依托在智能物流系统研究方面的优势，基于智能物流系统理论与方法、物联网技术、智能物流装备及系统等方面的研究成果，经过网上申报，现场评审，专家评议等环节，成功获批成为第十批中关村开放实验室。全国有28家实验室入选。

【拉萨市人才培养基地揭牌】 3月28日，拉萨市人才培养基地揭牌仪式暨拉萨市北京专家服务团成立大会在物资学院举行。北京市委组织部部务委员张强，拉萨市委副书记肖志刚，北京物资学院、北京林业大学、北京市委党校二分校相关领导和专家服务团成员出席仪式。拉萨市委副书记肖志刚，拉萨市委组织部常务副部长达瓦为北京专家服务团8名成员颁发聘书。

3月28日，拉萨市人才培养基地揭牌仪式暨北京专家服务团成立大会在物资学院举行　　(北京物资学院提供)

【运河文化带建设研讨会】 5月6日，物资学院组织召开北京运河文化带建设研讨会。通州区委、市委教育工委领导，运河沿线地区开展运河文化研究的相关高校、科研院所专家、民俗文化艺术家30余人出席会议。与会领导、专家和嘉宾围绕运河文化带建设、文化价值、文化宣传、文化保护以及就运河文化资源共享问题进行讨论。会议认为：运河文化带建设是保护和弘扬传统文化的重要手段，加强通州运河文化带建设是打造生态城市的重要支撑，是实现文化创意产业繁荣发展的重要基础。研讨会上，北京物资学院运河文化研究所正式成立。

【第二届全国人力资源管理知识技能大赛选拔赛】 5月27日，第二届全国人力资源管理知识技能大赛第一赛区选拔赛在物资学院举行。本次大赛由中国人力资源开发研究会主办，由北京物资学院承办。来自北京、天津、河北、山东、山西、内蒙古等6地高校的42支精英代表队参加竞赛。

【首都高校首届瑜伽表演赛】 6月4日，首都高校首届瑜伽体式展示表演赛在物资学院文体馆举办。赛事由北京市大体协主办，大体协瑜伽分会和物资学院承办。比赛设女单、男单、女双、男双、混双、学生组团体以及教工组团体等六个项目，来自清华大学、中华女子学院、中国农业大学、中国石油大学等15所高校的230余名师生展开激烈竞争。物资学院“物韵”瑜伽队获得女单一等奖、男单一等奖、学生团体一等奖，物院女教工队获得教工组一等奖；物资学院获得最佳组织奖、特殊贡献奖以及优秀裁判员奖等。

【中国商品学会第17届学术年会】 7月22日，由中国商品学会主办，物资学院承办的中国商品学会第17届学术年会召开。来自全国从事商品学相关专业教学科研的18所院校、科研院所以及消费者协会的60余名专家学者和企业家出席会议。本次大会以“绿色、创新、发展”为主题，围绕商品质量、质量评价、质量管理以及流通安全等开展交流讨论。中国商品学会于1995年7月成立，主要围绕商品质量安全开展动态研究、搭建交流平台，在国民经济发展中发挥着重要作用。本次大会确定，成立供应链质量管理研究会，落户物资学院，开展供应链管理等方面研究，推动中国供应链质量有序发展。

【全国高校采购管理专业联盟成立】 11月13日，全国高校采购管理专业联盟在物资学院成立。来自中国物流与采购联合会、北京物资学院、燕京理工学院、西南财经大学、云南财经大学、河北地质大学的相关领导、专家学者及企业代表出席成立仪式，并就采购专业发展进行深入交流。会议通过《全国高校采购管理专业联盟章程》，物资学院沈小静副书记当选第一届理事会理事长。

11月13日，全国高校采购管理专业联盟在物资学院成立　　(北京物资学院提供)

（胡瑞旺）

北京工业大学实验学院（通州区职业教育中心）

【北京工业大学实验学院建制撤销】 北京工业大学实验学院于2007年1月迁入通州，位于通州区潞苑南大街89号，占地15.3万平方米，总建筑面积6.2万平方米，是北京市通州区人民政府（以下简称甲方）与北京工业大学（以下简称乙方）合作举办的一所工、经管、法多学科综合学院。面向区域经济社会发展需求培养专科和本科人才。2017年，为更好地适应京津冀协同发展和北京市城市副中心建设以及北京市高等教育改革发展的新要求，5月，甲、乙双方签订新的战略合作协议，甲方支持乙方在实验学院现址上主办北京工业大学（通州校区）。8月，乙方公布撤销北京工业大学实验学院建制。2017年北京工业大学通州分校停止招收专科学生，2017级本科新生在通州校区入学；原北京工业大学实验学院未毕业本科学生转入北京工业大学校本部学习，专科学生留在原址，教学管理工作由乙方负责，直至专科学生全部毕业。截至2017年年底，原通州区职业教育中心213名在职教职工201人转入北京工业大学编制，12人保留通州编制（其中，4人转入普教，8人留在职业教育中心）。甲方保留通州区职业教育中心机构，负责通州编制已退休教师和无意愿到乙方工作的人员管理与服务，办理原实验学院（职教中心）固定资产统计以及其他未尽事宜。

乙方成立北京工业大学（通州校区）管委会，负责通州校区建设的综合治理、组织协调等工作。乙方依托学科和技术人才优势，将通州校区建设成为符合副中心定位发展的高精尖科技创新中心、高层次人才培养基地和高水平的国际合作交流窗口，甲方支持乙方的科研成果优先在通州地区转化、科技人才优先在通州地区创业发展。

（郭丽琴）

成人教育中心

【概　况】　2017年，成人教育中心围绕北京城市副中心建设、区委区政府中心工作和市民教育需求开展业务，按照区编办《关于北京市通州区成人教育中心调整部分内设机构和所属事业单位的批复》的文件要求，成教中心各科室名称、职责作相应调整，抓住发展机遇，以喜迎和学习宣传贯彻十九大精神为强大动力，以北京城市副中心的标准定位，以服务区域经济社会发展和促进市民综合素质提升为办学宗旨，为建好城市副中心努力提供优质教育资源和人才支撑。截至年底，成人教育中心设11个科室，编制数116人，实际在岗人数102人。其中，退休2人，新增3人。

【加大市民教育服务力度】　年内，充分发挥“运河讲堂”的首都市民学习品牌和载体作用，深化市民教育活动，举办《家庭教育与中华齐家文化传承》、消防安全知识科普《社区安全之消防安全》和“让生命之树常青”心脑健康知识普及等5场公益讲座，参与市民达1300余人；配合区文明办完成公共文明宣讲团巡讲活动2场，参与市民人数520人。

【农民教育】　年内，加强农广校乡镇工作站建设，提升农广校影响力，发挥农业广播电视学校的示范引领作用，促进通州区农村职业教育和成人教育的融合与发展。农广校乡镇工作站发挥自身优势，组织开展金丝彩釉画制作、国画素描、书法课程和舞蹈等培训活动；推进“文化驻乡”工程，为农村培养乡村职业文化艺术人才，在3个乡镇新开设3个文艺中专班，现有在籍学生351人。

【成人学历教育】　年内，探索城市副中心建设大背景下成人学历教育办学模式，推进内涵式发展，搭建满足市民学习需求服务平台，开放大学专科、本科招生386人，毕业475人，4人申请学士学位，在籍生达到1456人。奥鹏远程教育中心专、本科招生27人，在校生179人，毕业51人。与中国政法大学合作的MPA班第四期有20名新生入学，第三期毕业22人，在籍生70人。

【成人培训和青少年校外教育】　年内，加强与各委办局合作，为台湖镇村级干部开办为期两年的政治理论水平和工作能力培训班，35人参加培训；与区工会合作的首都职工素质建设工程，为国资委、中仓街道、新华街道、光机电产业基地等单位开设6门课程，授课11次，培训学院564人；与区旅游局合作，对全区旅游系统负责人及安全员进行安全知识培训，100名学员参加培训；与区社工委合作开展为期五周的社会工作专业人才培训，参培人员36人；与中仓街道、社工委、东里幼儿园、老年大学、潞河医院、教师退休活动中心等多家单位合作开展系列活动，培训3936人；深入社区，开展消防安全知识下基层免费培训活动，先后走进永顺成人文化学校、通州区实验二小、梨花园、东里等多个学校社区，培训居民1000余人；与中小学合作开展“绿色行动”系列公益环保课，全年为东方小学20个班级的785名学生，授课15次、21个学时；组织初中开放性科学实践活动，开设化学类、物理类、刑侦类3门课程，培训274班次，参与学生7740人；剑桥少儿英语培训班和新概念英语培训班全年培训105人。

【组考工作】　年内，北京地区全国专业技术人员计算机应用能力考试组考2次，656个模块，201人参考；北京市会计专业技术资格考试累计组考28场，1400名考生参考；协助区人保局考试培训中心组织各类考试10余次，受到合作单位和考生的好评。

（郑琛颖）

文 化

文化　文物

【概　况】 2017年，是通州区文化文物工作极不平凡的一年。2月24日，习近平总书记视察北京城市副中心建设时指出，通州有不少历史文化遗产，要古为今用，深入挖掘以大运河为核心的历史文化资源。7月1日，蔡奇、陈吉宁调研大运河文化带保护利用工作，蔡奇强调，要深刻学习领会习近平总书记重要指示，以高度的历史使命感推进大运河文化带建设，进一步擦亮世界认可的国家文化符号。2017年，通州区文化工作在文化遗产保护、公共文化服务、文化创意产业发展等方面投入2.1亿元。依法推进文化遗产保护工作，开展为期2个多月的通州区文物安全巡查工作，对通州区236处不可移动文物的安全情况进行全面细致检查，推动文物安全巡查员制度的建设。完成通州区重要文物燃灯佛舍利塔修缮、防直击雷、结构性安全监测三大工程，佑胜教寺抢险修缮工程取得阶段性成果。推进大运河文化带文化遗产保护工作，制定通州区文物保护修缮计划。再版了非遗保护图书《不能隔断的记忆》。配合副中心建设做好考古发掘工作，协助市文物局做好路县故城遗址公园建设前期工作。对北城垣遗址考古勘探，完成通州区“三庙一塔”景区及周边区域规划方案初稿。出版《通州文化遗产精粹》《通州历史文化舆图》《漕帮秘笈》《路城考古录》等一批书籍。有效拓展文物保护宣传途径，在《这里是北京》栏目中对大运河文化带建设情况进行专题展示。充分发挥博物馆文物保护宣传作用，年接待观众3.5万人次，在运河瓷画馆设立大运河文化专题展厅，接待区内外中小学生1.5万人次。大力推动首都公共文化服务示范区创建工作。打造运河艺术节、书香通州等一系列满足群众文化需要的品牌文化活动。推进星火工程、周末场演出、农村数字电影放映等文化惠民项目。2017年，举办农村文艺演出“星火工程”1664场，举办周末场演出74场，放映公益电影1.7万场，服务人民群众50余万人次。举办公共文化类脱产辅导培训23天，培训文艺骨干400人次。优化通州区文化创意产业政策环境，印发《通州区关于加强文化创意产业人才队伍实施意见》《通州区文化创意产业发展专项资金管理办法》以及3个实施细则文件。稳步推进文创产业人才队伍建设，推荐评选30名“运河计划”文化创意领军人才。举办文化创意产业培训班5期，培训近300名文创企业人员。发挥区级文创专项资金引导作用，扶持5家文化创意企业，拉动税收近5000万元。通州区承办第二届文化创意创业创新大赛初赛分赛场，推荐46个项目进入初赛，北京图文天地科技发展有限公司以第三名的成绩晋级总决赛。创建“通州文创”微信公众号，推送文章197篇。配合区安监部门迎接国务院安全生产督察组和市委市政府安全生产督察组对通州区文化行业安全生产工作检查。加强春节、“两会”、“一带一路”峰会、国庆、中共十九大等重要时点，对重要单位、重点部位的安全生产大检查，发现安全隐患215件，排除安全隐患213件，整改率99%。开展以“人人牢记安全，家庭幸福快乐”为主题安全生产月宣传咨询日活动，发放宣传材料1000余份。

【春节期间文化活动】 1月28日至2月2日，区电影管理中心组织春节期间“周末场演出计划”公益惠民演出和公益电影放映活动。其间，放映公益电影405场，开展惠民演出8场，吸收观众1.5万余人次。

【科技创新成就梦想——科普宣传日活动】 3月4日、5日，“科技创新成就梦想——科普宣传日活动”在通州区图书馆少儿活动室启动。活动中，为读者介绍了本次科普活动项目，宣布了聘请专家名单，重点介绍了创意机器人课程内容。2017年举办52期，吸引观众3000余人。

【文物安全保护宣传志愿服务活动】 4月18日，北京市慈善义工协会与区博物馆联合开展文物安全保护宣传志愿服务活动。悬挂宣传条幅，举行市民签名活动，向参与群众发放宣传手册、环保购物袋，举办以文物保护为主题文艺演出，增强百姓文物安全保护意识。当日，参与活动志愿者100余人，到场群众1000余人。

【“炫彩通州”运河文化广场大屏幕经典电影展映季活动】 4月29日至10月10日，开展2017年“炫彩通州”运河文化广场大屏幕经典电影展映季电影放映活动。结合通州区创建首都公共文化服务示范区、纪念全面抗战爆发80周年、纪念建军90周年以及迎接中共十九大胜利召开等内容，组织开展系列放映活动，放映150场次，吸引观众2万多人。

【北京通州汉代路县故城遗址入选“2016年度全国十大考古新发现”】 4月12日下午，经过终评评委的评审和投票，北京通州汉代路县故城遗址成功入选2016年度全国十大考古新发现。路县故城位于北京通州潞城镇古城村，该城址平面呈近似方形，总面积约35万平方米。在城址内北部清理出明清、辽金和汉代的道路，城墙基址外有城壕遗存，南城壕遗存外发现一处大面积汉代文化遗存。路县故城是目前所知通州区唯一的秦汉城址。它在北京作为早期中国北方地区的政治中心、军事中心和交通中心的过程中具有重要的文化、交通、经济、军事意义。3月，通州区人民政府将该路县遗址公布为通州区第五批文物保护单位。

路县故城遗址考古现场 （通州区文化委员会提供）

【2017年文化和自然遗产日北京市主会场活动】 6月10日，2017年文化和自然遗产日北京市主会场活动在大运河森林公园举行。主会场活动以“擦亮北京金名片”为主题，旨在展示北京地区的优秀文化遗产和近年来文化遗产保护工作取得的成果，宣传文化遗产在促进经济社会发展中的重要作用，进一步彰显文化遗产的无限魅力。北京市政府副市长王宁、市文物局局长舒小峰，通州区政府区长张力兵、副区长李亚兰与广大文保志愿者、徒步爱好者、学生等社会各界人士参加主会场活动。

【“红心向党歌唱祖国”歌唱比赛】 7月26日，以“红心向党歌唱祖国”为主题的歌唱比赛在通州区图书馆举办。活动面向全区小学生，旨在弘扬爱国主义和民族团结精神、构建和谐校园、丰富暑假文化生活，此次活动有74名选手参加。比赛评出一等奖5名，二等奖10名，三等奖15名。

【参加第五届北京惠民文化消费季】 7月至9月，通州区参加第五届北京惠民文化消费季，本届惠民文化消费季主题为“文荟北京，质惠生活”。通州区推荐金福艺农传统文化游园会、宋庄古玩城艺术品博览交易会、台湖2017年“好书”联展、第五季龙水凤港恐龙彩灯艺术展等6项区内惠民文化消费活动。3个月的时间，通州区参与消费季人员794万人次,带动文化消费1.58亿元。

【“情系七夕情人节·光影聚焦数字厅”爱情主题电影放映活动】 8月25日至28日，区电影管理中心配合通州区“情定运河·圆梦七夕”第五届七夕文化节活动，在全区数字影厅组织开展“情系七夕情人节·光影聚焦数字厅”爱情主题电影放映活动，放映220场次，吸引观众1.5万人。

【参加第十二届北京市文博会】 9月11日至13日，区文化委组织通州区文创企业参加第十二届中国北京国际文化创意产业博览会。通州展区的布展、参展以大运河文化带为主基调，运用多种高科技手段呈现现场效果。据统计，通州展区23家参展企业参展，4家企业参演，3天实现交易量86.35万元，意向交易量达到6193.7万元。人民网、光明网等60余家媒体争相报道，总浏览量达7万余次。通州区获得最佳展示奖和优秀组织奖。

【文化创意产业人才培训班】 9月11日至11月17日，区文化委组织了2017年通州区文化创意产业人才培训班，培训班分为五期，13天，参培企业近300家。第一期主要针对文创企业董事长和总经理等决策层面的，课程设置主要为宏观政策和发展方向等方面。第二期主要针对文创企业总经理、经理和董事长助理等执行层面的，课程设置主要为政策加执行力等方面。第三期主要针对文创企业财务、人力资源和法务等后台层面的，课程设置主要为财务、法务、人力资源等方面。第四期为拓展交流与路演相结合的形式。第五期为外地考察学习交流。

【“咱身边的优秀党员”展播活动】 9—11月，区委组织部和区文化委组织开展“咱身边的优秀党员”展播活动，展播作品20部。通过运河文化广场大屏幕、区电影院党员放映专场、全区各乡镇街道和社区数字影院，展播通州区优秀党员教育电视作品，大力弘扬本地区优秀共产党员和先进基层党组织的先进事迹，发扬通州区党建宣传工作和电教制片工作的优势和成果，引导广大基层党员群众学习先进、比学赶超，助力北京城市副中心建设。

【红领巾读书活动】 2017年通州区红领巾读书活动覆盖全区51所中小学校，受众5.5万余人。11月，在参与北京市红领巾读书活动中，通州区图书馆荣获优秀组织奖，王静宇、胡玉强、魏红帅3人荣获市级优秀辅导员称号，王秀艳、张敏等7名教师荣获优秀指导教师。在参与的5项读书比赛活动中，通州区获得市级奖项24个，其中，一等奖3个，二等奖5个，三等奖8个，最佳表演奖1个，读书小状元7个。

（邢振华）

广播电视

【概　况】 2017年，通州区广播电视中心围绕北京城市副中心建设和全国文明城区创建，加强管理，狠抓提升，各项工作有序推进，取得突出成绩。全年通州电台播出6370小时，电视综合频道共播出3075小时，公共频道播出1638小时，文艺频道播出3276小时。

【新闻宣传】 2017年，《通州新闻》栏目围绕全区重点工作，加强新闻报道力度，严格新闻头条、排条制度，新闻更加丰富，报道更加翔实。按照十九大召开前后不同阶段的宣传重点要求，《通州新闻》栏目先后开设《喜迎十九大》《砥砺奋进的五年》《十九大时光》《以习近平新时代中国特色社会主义思想为指引，进一步在京华大地形成生动实践，更加奋发有为推动首都发展》四个专栏，播出系列报道125篇。围绕习近平总书记视察北京城市副中心讲话精神和区委区政府中心工作，《通州新闻》持续关注不同阶段的全市重点工作，开辟《撸起袖子加油干》《疏解整治促提升》专栏，从通州区重点工程建设、医疗教育资源建设、生态环境建设、道路交通建设、文化示范区创建等方面进行42期连续报道。围绕全国文明城区创建、通州“两会”、环境保护督察、中高考、安全隐患大清理大排查等社会热点问题，广播电台、电视台、大运通州网深入采访，新闻宣传效果凸显。2017年，《通州新闻》加强与中央市级媒体协调沟通，中央电视台、北京电视台采纳通州新闻报送稿件百余条，对外宣传效果显著。

【挖掘运河文化工作】 2017年，通州电台、电视台、大运通州网关注社会文化热点，关注运河非物质文化遗传和工匠精神的传承与发扬，开设《我们身边的非物质文化遗产》《匠心汇聚　筑梦启航》《通州记忆》等系列报道。《通州记忆》系列选题围绕通州历史文化、非物质文化遗产开展报道，讲通州故事，着重突出通州味儿，播出了《小楼不小》《花丝情缘》《宋庄映像》《红楼张湾》《蒲柳人家》《喊声运河》《咯吱声声》等12期节目，打造出通州广电文艺栏目的精品力作。《小强听·说》栏目还广邀各方嘉宾走进演播室更系统完整地呈现对通州历史、文化以及副中心建设及“创城”的深度见解。2017年，启动文艺频道改版工作，专题部经过深入调研，制定与第三方公司合作开办文艺栏目方案。

【专题栏目】 2017年，专题部着力在专题深度报道、创新节目形式上下功夫，在出精品、树品牌上花力气，全年播出《情暖2017》《文明通州》《安全》《百姓大秀场》等17档、312期专题节目，其中，优秀栏目30期。同时，专题部还完成《农村帮扶工作汇报片》《市政城乡环境整治系列汇报片》《安监战线优秀党员》《蔡奇书记通州视察汇报片》《人大全年工作汇报片》《政协全年工作汇报片》《机关工委系统优秀党支部》《股市的赌徒》等临时专题节目等，共计20部，累计262分钟。

【大型活动宣传】 2017年，区广电中心参与策划录制了《2017年新春团拜会》《2017玉桥网络春晚》《“京津冀”票友大联欢》《元宵节戏曲晚会》《通州榜样评选颁奖》《志愿者启动仪式》《清明诗会》《诵读经典通州书香启动活动》《通州百姓宣讲比赛》《感动永乐》《工会创城知识竞赛》《德耀通州百姓宣讲比赛》《创城百姓宣讲》《工会创城演讲》《区领导老干部局十九大精神宣讲》《曾书记讲党课》《我们的节日　北京市第五届七夕文化节开幕式》《追寻与呼唤——通州区于家务乡家风家训主题表彰活动》等大型活动17场。为组织部、宣传部、政法委、文委、政府外事办等录制学习培训和考察活动。2017年，累计完成约150小时的视频录制。视频成品为35.5小时。一线编辑记者、主持人、技术人员在大型活动策划举办中锻炼了能力，提升了素质。

【电台改版】 2017年，通州广播电台正式以“北京城市副中心广播”对外广播。突破性的增加了话题类直播节目，并建立直播交流微信公众号，培育听众群。按照副中心建设的要求，中心与北京人民广播电台对接，启动共同合办北京城市副中心广播工作并完成前期调研、方案制定、协议拟定、技术改造等工作，合作方案经区长办公会研究通过。

【公益广告宣传】 年内，由总编室牵头，坚持高度自觉、原创为主、多出精品的工作思路，与各单位联合策划拍摄完成公益广告片12部，内容包括中共十九大主题系列公益广告《喜迎十九大》《学习十九大》《你好！新时代》三部曲，《守护通州蓝》《节约用电》《酒驾的方向盘》《宝贝，我们一直在你身边》《不辱使命　主动作为》《大昭圣泉　饮水思源》等，在电台、电视台和大运通州网设置专栏播出。以市局扶持资金项目评比为要求，面向中心全体人员，组织第三届“讲文明　树新风”公益广告征集评比活动，评选出优秀公益广告文案15部，优秀公益广告入围奖32部，科室7部作品获得优秀文案奖。连续第三年被北京市新闻出版广电局授予北京市广播电视公益广告专项扶持项目一类传播机构。

【播音员主持人能力提升计划】 2017年，实施播音员主持人能力提升计划。逐步完善播音员主持人岗位准入制度，鼓励播音员主持人进行专业业务进修，安排在岗播音员主持人分期分批参加专业培训，提高综合业务水平，重视引进和培养复合型播音主持人才。配备专业的主持人化妆师、灯光师、音响师、专业服装，全面提高了播音主持水平。

【网络宣传】 2017年，大运通州网配合区委宣传部开展践行和培育社会主义核心价值观教育的宣传与推广工作。配合区文明办，继续开展通州区创建全国文明城区的各项工作。配合区环保局、区体育局等单位开展各类主题宣传活动。大运通州微信公众号推广合作增强，先后与团区委、司法局、玉桥街道、永乐店镇达成微信运营合作、帮助其进行微信公众号内容的采集、编辑、发布，及公众号的日常运营，帮助各单位在移动端的宣传效果不断提升。策划推出“大运通州”移动客户端并进入系统测试阶段。截至年底，大运通州网微信粉丝突破12

万人，“最通州”等公众号超过8万粉丝，公众号群参与2600余次的新闻报道，累计浏览量突破300万次，成为众多网友关注副中心发展，了解城市副中心建设进程、政策动态的主要媒体平台。

【安全播出零事故】 年内，落实好市新闻出版广电局安全播出工作的指示精神。集中精力做好中共十九大和各大节日等重要播出保障期的安全播出工作，在梳理隐患上不留死角。办公室牵头会同技术科、播出部，共同制定《十九大安全生产应急预案》，以安全播出为重点，强化各项安全生产工作的制度保障，完成安全生产各项工作。保障两座发射台及9个调频站点的正常工作。实现全年安全播出零事故。

【技术保障】 年内，向专业公司购买服务，加强值班、巡检，提高了技术保障水平。加强广播电视非法插播信号查找演练，使非法信号实战搜寻能力得到有力提升。在重要机房加装气体灭火装置。配合北京电台，做好广播节目共享、存储、电台信号的传输等基础性保障工作。针对中心信息安全系统等安保不达标的问题，技术科按照广电总局等级保护定级指南和市局文件要求，将中心电视播出系统、广播播出系统、大运通州网站拟定为保护等级三级，制作系统和媒资系统拟定为保护等级二级，并按照相关国家与行业标准进行等级保护方案整体设计和预算申请。

【高清化改造二期项目】 年内，通州电视台高清化改造二期项目是中心重点工程，涉及演播室建设、前期设备采购、备用制作系统建设、播出系统升级。项目建成后，将有力提升电视台高清电视节目采编播水平。2017年，该项目由区长办公会研究通过，评审立项、预算评审通过审核。

（李　静）

报　纸

【概　况】 《通州时讯》的前身是《通县经济报》，由区委宣传部创办，于1995年2月创刊，4开4版，黑白版面，10天出一期，试刊发行，至1996年1月22日，试刊31期。1996年2月8日，改名为《北京通州报》，当日出版创刊号，正式发行，每周一期，内部发行，发行量2000份，至1998年12月21日出版145期。1999年1月更名为《通州时讯》，每周一期，四开四版。2003年7月，与《北京娱乐信报》开展合作办报，在市区联合办报上，是北京市区级媒体的第一家。2004年5月，由每周三期改为日报，每周一至周五出版，8个版，四彩四黑，在北京市区级媒体是首家改日报的。截至2017年底，是区级媒体唯一一份日报。

《通州时讯》从创刊到2017年，出版4500多期。2017年的发行量是3.5万份，覆盖全区乡镇、办事处和各委办局、企事业单位，赠阅范围包括通州区的老干部、人大代表、政协委员，城区的报刊亭有零售。

《通州时讯》作为区委机关报，是联系政府与民众的桥梁，也是外界和通州人了解通州的重要窗口。随着副中心建设的推进，北京市委对通州区的新闻宣传工作关注度和要求也在提高，现在每天有70份《通州时讯》送到市委、市政府领导的办公桌上。

2015年5月，在改版日报十年之际，推出报纸的微信公众号平台。2017年，报社成立新媒体部，承担起北京通州发布微信公众号的筹划、运营等工作。2017年6月底，北京通州发布微信公众号平台试运行。内容是副中心及“京津冀”地区发展建设的最新资讯和政策指南，服务百姓的政策类信息和生活资讯。

【报纸改版】 2017年，在通州区委宣传部的领导下，北京通州报社落实市委领导提出的新要求，报纸全面实现改版提升——站位更高视野更广、内容更深更精。通过改版进一步明确了办报思路和办报方向。推出一系列围绕区委、区政府重点工作，推进副中心建设的好经验好作法，并两次获得蔡奇书记批示表扬。一篇报道是《市政曝光专刊》系列报道，另一篇是《通州打造一镇一园》的报道。

【围绕重点工作宣传】 年内，报社围绕“创城”工作、“砥砺奋进的五年”“疏解整治促提升”“学习宣传贯彻党的十九大精神”等全区重点工作进行宣传；特别是在2017年5月27日中央政治局会议召开一周年之际，推出9个版特刊，从生态环境、教育医疗等多个方面展现副中心一年来的变化。体现了本报的政治站位和专业素养。报道得到市委宣传部高度赞扬。

【舆论引导】 年内，报社在提高舆论引导工作上，增强政治意识、大局意识。比如在看到北京禁放烟花爆竹规定出台后，主动联系区里相关部门了解通州是否禁放。在得知通州尚未确定政策的消息后，一同分析研判副中心禁放的可能性比较大。于是果断策划推出相关策划报道，通过市民调查、网友发言、采访环卫工人、环保人员等等，营造市民呼吁禁放烟花爆竹、保卫蓝天的舆论环境。系列报道推出几期后，通州推出禁放政策。这次舆情引导研判准确、发布及时，获得区委宣传部和市委宣传部新闻阅评组的好评，并作为报道典型，刊发在市委宣传部区属媒体新闻阅评刊物上。

【真人图书馆】 在围绕大运河文化带、副中心建设这一重点工作上，报社的品牌活动“真人图书馆”，邀请王梓夫畅谈运河文化、摄影师黑客作为嘉宾讲述记者眼中的通州变迁。通过持续举办这样的公益活动，不断提升《通州时讯》的品牌影响力。

【改革创新】 年内，报社与《法制晚报》携手合作，建立起定期开总编和编辑碰头会的长期新闻采访出版合作机制。并在这一机制推动下，合作出版了交通、教育等一系列重点报道特刊，取得全新的宣传效果。

【人才培养】 向组织部推荐通州运河领军人才，摄影部主任常鸣经过评选获得这一荣誉。

【新媒体品牌】 年内，“通州发布”新媒体品牌集群优势进一步凸显。

“通州发布”新媒体品牌矩阵，经过一年的运营，实现包括微信、微博和各头条号在内9个平台的集群发布，平台总粉丝量192万人。2016年七夕节期间，策划的话题宣传活动，总阅读量达到1亿人次，成为当日全国微博社会热点榜第一。是报社借传统节日作通州城市形象宣传打的一场非常漂亮的仗，超越当日央视和澎湃的新闻热点话题。

2017年，“通州发布”多次在全市乃至全国的政务新媒体月度排名中名列前茅，甚至登上全国榜首，获得北京政务新媒体卓越运营奖、全国最具区域影响力政务头条号等多个年度大奖。

大胆探索新媒体平台视频发布。

设置《通州电视台》版块，让读者通过微信第一时间看到通州新闻直播。尝试视频直播。在北京电视台主持人体验大运河活动以及七夕相亲会中，进行网络直播。

举办活动扩大影响力。读者与作家见面会；七夕请市民看电影、新春给粉丝拍全家福、送春联、母亲节送鲜花、元宵节赢大礼和各种抢票、送书等一系列线下活动。

（张海燕）

北京歌华有线电视网络股份有限公司通州分公司

【概　况】 2017年，分公司在全年工作中抓住主营根基业务不断推进发展的同时，进一步激发企业活力、创造力和市场竞争力。全体职工弘扬塞罕坝精神，坚持艰苦创业，以“功成不必在我”的品格艰苦奋斗、攻坚克难，大力发展集团客户业务和智慧城市建设项目，参与“智慧通州”建设，将智慧城市业务新的发展战略融入北京城市副中心建设中。

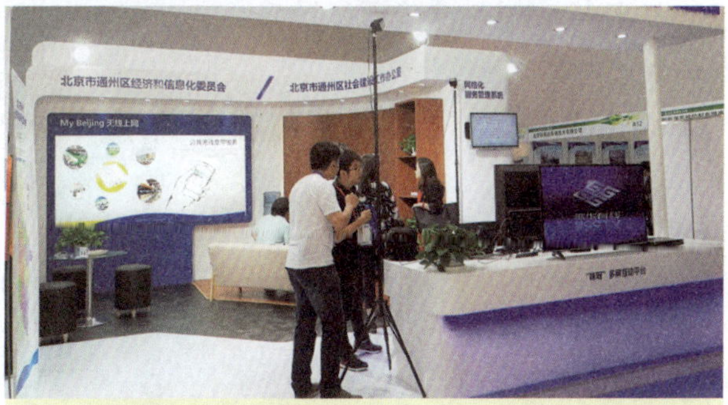

参加科技周展示活动现场
（北京歌华有线电视网络股份有限公司通州分公司提供）

【加快高清交互覆盖的推广进度】 年内，加快农村地区有线电视高清交互的推广进程，着力加快有线电视网络改造的进度，农村地区双向网络实现基本覆盖。

参加“美丽乡村 筑梦有我”机顶盒现场发放活动
（北京歌华有线电视网络股份有限公司通州分公司提供）

【提升服务质量】 2017年，分公司以助力北京城市副中心建设和市委市政府的搬迁工程为契机，加大维护及服务的培训力度，通过培训活动使维护队伍的服务质量得到有效提升。同时，为进一步优化农村维护管理工作，缩短维护时限，将农村地区纳入网格化管理范围，实现通州区网格化管理全覆盖。

【安全传输保障】 为确保春节、“两会”、“一带一路”国际合作高峰论坛、中共十九大期间安全传输保障工作，分公司认真准备、周密部署，做到“六个确保”。同时，开展内容丰富的交通安全及电器防火安全宣教工作及有限空间作业演练等活动。为全年安全工作“零事故”夯实了基础，保障了网络畅通、有线电视信号传输正常和满足用户服务需求。

【配合区政府开展“创城”工作】 2017年，歌华有线通州分公司配合落实通州区“创城”的各项工作要求，尤其在各营业厅窗口部门着力加强宣传和服务的力度，为“创城”工作做出了积极的贡献。

【社区服务工作】 2017年，分公司与社区居委会和物业沟通协调，采用多种形式开展服务进社区活动，全年开设社区专场587场。

参加通州区团员青年志愿服务岗宣传活动
（北京歌华有线电视网络股份有限公司通州分公司提供）

（刘　丹）

卫　生

医疗卫生

【概　况】 辖区内医疗卫生机构609个，其中，营利性医疗机构60个、非营利性医疗机构543个，其他卫生机构6个。社会办医111个。全区育龄妇女（户籍195860人、流动159803人），其中，已婚育龄妇女（户籍134911人、流动96132人）。年内登记《北京市生育服务证》11095个，其中，二孩5218个。

全区户籍人口出生率16.52‰，死亡率6.83‰，自然增长率9.69‰。死亡5181人，因病死亡4988人，占死亡总人数的96.27%，死因顺位前十位依次为脑血管病，恶性肿瘤，心脏病，呼吸系统疾病，损伤和中毒，内分泌、营养和代谢疾病，消化系统疾病，神经系统疾病，泌尿、生殖系统疾病，传染病。户籍人口期望寿命80.77岁，其中男性78.69

岁、女性82.93岁。

【改革与管理】 年内，引进优质医疗资源，与不同层级医疗机构开展多种形式的合作。友谊医院正式托管新华医院，成立首都医科大学附属友谊新华医院，采取“区办市管”模式全面提升友谊新华医院的管理水平和服务能力；与北京大学人民医院正式合作，采取“区建部管”模式，将漷县镇正在建设的医院项目使用权交由人民医院，成立人民医院通州院区，为通州区东南部地区居民提供高水平的医疗服务，服务半径辐射副中心及周边津冀地区。深化与东直门医院的合作，推进东直门医院东、西两区“两院合一、主体东迁”进程。

4月8日，正式实行医药分开综合改革，涉及医疗机构148家。全面取消药品加成、挂号费及诊疗费，设立医事服务费，落实药品阳光采购及435种医疗服务价格调整，改善医疗服务，实现改革与改善同行。

【医联体建设】 年初，区卫计委撰写《推进医疗联合体，落实分级诊疗实施方案（草案）》，确定20个医学专业、36个临床及医技科室累计结成89个帮扶对子。区卫计委加大投入，通过建立区域二、三级医院与18家卫生院“科室对机构、教学带队伍”的精准紧密型医联体，搭建基层人才培养平台，促进优质医疗资源下沉，提升基层医务人员诊疗、护理服务水平，提高常见病、多发病的社区首诊比例。截至年底，提供支援服务的6家医疗机构支援医疗机构18家，支援科室37个，派遣支援人员1071人次，完成诊疗1.87万余人次，免费接收进修101人次，通过医联体绿色通道6家支援单位下转患者156人次，受援单位接收下转患者81人次，18家受援机构完成上转患者 2098人次，医联体内检查互认项目69项，医联体内远程会诊20例。

全区有100人在68家医疗机构开展医师多点执业。

人才队伍建设。参加市卫生计生委全科医师转岗培训12人，儿科转岗培训3人，申报二级以上医疗机构骨干医师培养12人，参加住院医师规范化培训61人。启动“通州区运河中医药薪火传承工程基层中医传承工作室建设”项目，在8家社区卫生服务机构建立中医传承工作室，培养16名基层中医药学术继承人；举办中医名家学术思想传承与实践培训班，培养基层中医药人才33人；举办首都医科大学中医药学院第二届西学中（通州）班，培养60余名西医高层次人才。40人入选2017年“运河计划”（卫生领域）领军人才，区卫生计生委“运河杏林”人才培养工程入选第五届“通州区人才工作创新项目奖”立项项目，1人获第五届通州区青年英才奖。协助办理高层次人才配偶、子女户口进京等事项，为52名紧缺适用人才发放特殊津贴89.45万元；向区政府申请集体租赁住房134套，人才公寓配租5人，为6人解决夫妻两地分居，组织35人参加通州区高层次人才体检疗养活动。

公开招聘毕业生、引进高级人才、外区调入、军转干部安置、随军家属安置、医学定向生分配等236人，其中，硕士研究生106人、博士研究生15人，中级职称3人、副高级职称5人、正高级职称2人。

【社区卫生】 全区规划设置社区卫生服务中心19所、服务站137个；建成并规范运行社区卫生服务中心18所，新华中心为无实体中心，服务站71个（其中，政府办58个、社会办13个）。社区卫生服务机构总诊疗367.6万人次，出诊服务2829人次。社区卫生服务机构有在岗卫技人员2015人，其中，医生873人（含全科医生363人）、护士503人、防保人员209人。（以上各类人员数均为18所社区中心及其下属站和新华下属15个社区站人数）。家庭医生累计签约54.13万人，占常住人口的37.9%；其中，重点人群签约21.7万人，签约率92.6%。二、三级医疗机构派出医务人员667人支援19个社区卫生服务中心，累计支援3701天。上转患者10917人次，其中，执单转诊9098人次；下转患者61人次，其中，执单转诊40人次。建立个人电子健康档案1137799份，电子健康档案率79.68%，健康档案使用率50.02%。

【农村卫生】 村卫生室349个，均为村办，覆盖率70.8%，全年诊疗631143人次。乡村医生470人，全员参加岗位培训。

【疾病控制】 无甲类传染病发病，乙类传染病2396例，死亡7例，发病率前三位的疾病是肺结核、梅毒和乙肝。结核病、性病、艾滋病患病3635人，其中，新发病2058人，死亡4人。人畜共患疾病中，狂犬病发病1例，死亡1例；布病发病25例，无死亡；人感染H7N9禽流感发病1例，无死亡。手足口发病2003例，无死亡。

慢病防治。成人慢病危险因素监测调查3720人。全区报告伤害监测卡片87842张，较上年上升44.39%。完成北京市农村早诊早治项目3869例结直肠癌初筛，913例肠癌镜检。完成2498名通州区户籍肿瘤患者的随访。完成2017—2018年度通州区脑卒中高危人群随访干预研究4892人的信息摸底，确定参加后期队列随访1497人，加入率30.6%。在全区523个村（居）委会中成立高血压自我管理小组232个，覆盖率61.4%，参加小组活动6次以上3645人；成立糖尿病自我管理小组181个，覆盖率34.51%，参加小组活动6次以上2173人。

精神卫生。全区精神障碍患者3456人，发病率2.29‰，其中，6类重性精神病3168人。2615人接受治疗，2943人接受管理，免费服药2056人，免费服药惠及率64.9%。

【学校卫生】 全区中小学生85663人，体检77966人，检出视力不良44511人、营养不良13139人、肥胖18255人、贫血726人、龋齿6933人。未发生重大传染病疫情及集体食物中毒事件。

计划免疫。计划内疫苗接种13类687371人次，不良反应报告82例；计划外疫苗接种16类171708人次，不良反应报告13例。学校查验接种证实种4415人次。强化查漏补种2815人次。应急接种1410人次。流动人员接种麻疹疫苗18667人次、流脑疫苗15960人次。免费流感疫苗接种87223人次。

职业卫生。全区接触毒害物质单位478家，职工47451人。全年确诊职业病32例，其中，布鲁氏菌病2例、石棉所致肺癌和间皮瘤2例、新发尘肺病27例、累积尘肺病1例。

食品卫生及生活饮用水监测。食品微生物及其致病因子监测4类230件样品。婴幼儿罐装辅助食品25件样品检测商业无菌及霉菌，未检出致病菌；60件熟制米面制品样品中2件金黄色葡萄球菌监测结果异常，4件大肠埃希氏菌监测结果异常；60件熟肉制品样品中，3件检出单增李斯特氏菌，3件大肠菌群计数监测结果异常。60件冰激淋样品检测结果未出现异常。全年监测水样354件，每件水样监测常规指标34项，共监测12036项次，水样合格率83.90%。其中，监测城市末梢水120件、二次供水80件，水样合格率均为100%；监测农村集中式供水154件，水样合格率56.50%，主要超标项目及超标率分别为砷29.20%、氟化物9.70%、菌落总数3.20%、锰3.20%、浑浊度3.20%。

健康促进。马驹桥镇政府、张家湾镇中心小学、西集镇中心小学、梨园卫生服务中心、北京宋庄小城镇投资开发有限公司、绿源永乐（北京）农业科技发展有限公司6家单位成为北京市健康示范单位。区卫生计生监督所完成控烟监督执法5005户次，处罚319户次（单位54户次、个人265户次），罚金19.325万元。

【卫生计生监督】 公共卫生监督检查。区内公共场所1528户，量化分级1510户，其中，A级79户、B级1423户、C级8户，暂未评级18户。应监督1757户，实际监督1739户，覆盖率98.98%，合格率97.47%。处罚156起，罚款25.91万元。

医疗卫生监督检查。医疗机构575家。医疗卫生监督5682户次，覆盖率99.48%，合格率99.70%；传染病消毒4336户次，覆盖率99.35%，合格率98.32%；血液安全18户次，覆盖率100%，合格率100%；放射卫生152户次，覆盖率100%，合格率99.19%；母婴保健78户次，覆盖率100%，合格率100%；职业卫生6户次，覆盖率100%，合格率100%；计划生育55户次，覆盖率100%，合格率100%。查处医疗机构89起，罚没款9.8万元。取缔非法行医67户次，行政处罚67起，罚款215.5万元，没收违法所得432960元。召开打击非法行医联席会议3

次，开展多部门联合执法20次，非法行医移送案件7起。办理医师多点执业34人。

计划生育行政执法督察。建立并完善计划生育监督本底，完成北京市抽检任务2家，未发现超出业务范围和服务项目执业等违法行为，机构及人员落实禁止"两非"相关制度情况良好。对全区34家开展计划生育技术服务的机构进行监督检查，检查内容包括执业资质合法性情况、人员执业资格情况、服务项目及业务范围依法开展情况等。对各机构存在"两非"标识不明显的行为，下达监督意见书，要求立即整改。

【妇幼保健】 妇女保健。剖宫产率45.65%，无孕产妇死亡。婚前检查2601人，检出疾病154人，婚检率14.51%。

儿童保健。新生儿死亡28人（户籍17人，非户籍11人），死亡率1.36‰。户籍婴儿死亡28人，死亡率2.24‰；户籍5岁以下儿童死亡30人，死亡率2.40‰。新生儿出生缺陷发生率13.13‰，主要出生缺陷为先天性心脏病、多（并）指、外耳畸形、肾脏异常、总唇裂。户籍0～6岁儿童管理53198人，系统管理率96.88%，集体体检24620人次，散居体检110307人次。

【计生服务】 流动人口计划生育管理。办理生育服务登记（二孩以内）8953人。完成2017年全国流动人口卫生计生动态监测调查，抽取9个乡（镇、街）22个村居样本点，完成440户流动人口的入户调查。推进服务均等化药具服务全覆盖，通过村（居）发放、自取、公共场所自助发放、宣传活动现场发放等方式，为流动人口获取避孕药具提供方便。组织健康讲座12场。开展"两节"期间流动人口困难家庭走访慰问活动，出资3万元慰问60户。

计生药具免费发放点706个，发放药具8种，其中，男用避孕套780箱、左炔诺孕酮炔雌醇(三相)片5440板、复方左炔诺孕酮片11500板、左炔诺孕酮片1470盒、宫内节育器2130支、壬苯醇醚凝胶1590支、壬苯醇醚栓2830粒、壬苯醇醚膜7800张，总金额39万元，未新增发放点（机）。

生殖健康。为农村采取长效避孕措施育龄群众免费健康体检2.1万人，发放婚育健康服务包4480个。在区妇幼保健院和梨园卫生院开设孕前优生健康检查，建立家庭档案1393个，检查2544人，风险筛查1336人，风险比率为52.52%。

计生关怀。符合计划生育奖励扶助政策12419人，总金额17883360元；特别扶助1186人，总金额6434400元；享受独生子女父母奖励20653人，总金额1229275元；独生子女父母一次性奖励2249人，总金额224.9万元；独生子女意外伤亡扶助43人，金额40万元。全年发放失独家庭慰问金156万元，对特殊计生家庭节日慰问投入52.9万元，对失独家庭体检投入54万余元。

【医疗工作】 全年医疗机构总诊疗10225114人次，出院109326人次，病床使用率74.48 %，平均住院日8.47天，病死率1.20%，住院手术39835人次。医护比1：1.004。

对口支援。全区承担支援的三级医院2家，接受支援的医院21家。"城四区"19个优质社区卫生服务中心分别与通州区19个社区卫生服务中心签署"一对一"帮扶协议，19个基层中心主任、170余名业务骨干共26次到合作中心交流学习和进修培训，联合举办义诊和业务知识培训10余场。潞城、甘棠社区卫生服务中心与安贞医院建立医联体。安贞医院2名责任主任赴潞城、甘棠社区进修带教指导20余次，组织培训3场，惠及医务人员150余人次。通过举办大型义诊活动，惠及百姓700余人。潞河医院与朝阳医院保持对口支援关系。区妇幼保健院继续与市妇产医院、首都儿科研究所保持对口支援关系，区精神病院继续与回龙观医院保持对口支援关系。老年病医院和同仁医院、中关村医院、大栅栏社区卫生服务中心建立对口支援服务。全年受援医院派出学习463人次；支援医院派出人员84人次，诊疗患者88946人次，开展住院手术65例，培训受援医院医务人员95人次。

潞河医院与内蒙古喀喇沁旗人民医院、东直门医院东区与通辽市开鲁县中医院分别建立对口支援帮扶关系，疾控中心慢病科对口支援内蒙古自治区赤峰市翁牛特旗疾病预防控制中心，撰写辖区社区诊断工作报告1份，开展社区诊断年工作，接收青海玉树疾病预防控制中心专业人员进修，指导慢病示范区建设、慢病自我管理小组、大肠癌筛查等工作。

【血液管理】 区属医院全年红细胞类用血量12556单位，机采血小板用血量2454单位，血浆9018.5单位。自体采血量162单位，自体血回输量416单位。通州区街头采血点4个、采血车2辆、采血方舱2台，固定采血点1个（通州区中心血站）。通州中心血站全年100%来自无偿献血。全年采血84881人次137987单位，其中，全血116016单位、机采血小板21971单位。供应红细胞类血液112543单位、新鲜冰冻血浆111607.5单位、机采血小板21829单位。

【信息化建设】 区属医疗卫生单位信息化建设总投入2342.8万元，其中，区级资金2130万元、市级资金212.8万元。区数据中心实现所有社区卫生服务中心、精神病医院、结核病防治所、妇幼保健院的数据实时对接；友谊新华医院、东直门东区上传历史数据，待实时对接；潞河医院上传5张测试表；中西医结合、老年病待系统完善后对接。完成安全等级保护三级建设，建设区域卫生服务平台，居民可通过网站、微信、医院内自助设备等多种渠道进行就诊预约挂号。部署北京市新社区医疗卫生系统，采集并整合以居民电子健康档案为核心的全民健康数据信息，开展基于平台的互联互通建设，搭建符合国家标准规范的区域卫生信息平台基础框架，实现新社区医疗卫生管理系统与区域平台的数据对接。区域远程医疗会诊平台实现区域影像和报告共享、跨院报告协助（上级医院为下级医院进行远程诊断、审核）、区域PACS交互式会诊、区域PACS和远程的无缝衔接、在线三维、区域病例上传监控等功能。通过区域远程会诊系统，实现上级医院与永乐店卫生院、牛堡屯卫生院、潞城卫生院的音视频交互，并可通过通州区域平台实现单点登录。完成永乐店卫生院、牛堡屯卫生院、潞城卫生院、县卫生院、通州区第二医院5家试点的全院PACS建设，完成次渠卫生院、于家务卫生院的虚拟化服务器建设。开展分级诊疗系统建设，完成整体需求调研与演示环境部署，形成基层首诊、双向转诊、急慢分治、上下联动的分级诊疗模式。

【卫生计生经费管理】 全年总收入623561.13万元，其中财政拨款200255.87万元、事业收入396969.12万元、其他收入26336.14万元。计划生育财政总投入5146.57万元，其中流动人口计生经费15万元。全年卫生计生总支出581377.68万元，其中基本支出479821万元、项目支出101556.68万元。期末事业基金71565.37万元，专用基金17768.52万元，非流动资产基金200122.36万元，期末资产基金123407.79万元。

【基本建设】 全年基建总投资40511万元，全部为财政投入。新建医疗用房40.89万平方米。潞河医院病房医技楼及地下车库工程完成主体结构封顶施工。区中医医院二期工程完成主体结构封顶，进行精装修施工。新华医院建设工程完成精装修施工，设备试运行。潞河医院分院（含郎府卫生院）完成主体结构封顶施工。中西医结合医院工程完成主体结构封顶、二次结构施工。接收新建小区配套社区卫生服务站8个，对所属社区卫生服务站装修改造项目9项，投入资金470.89万元。

（李　珺）

食品药品监督管理

【概　况】 2017年，通州区食药局坚持高起点高质量，全面提升城市副中心食品药品管理水平。完成市区全面对接、全面部署、对口磋商，健全对接协调机制，制定标准及实施方案。市、区分别成立副中心对接工作领导小组，签订市区《北京城市副中心食品药品监管体系建设管理责任书》，市、区研究制定《关于强化北京城市副中心食品药品监管 提升管理服务水平的实施方案》及实施细则，细化16项工作任务，并对环球主题公园餐饮项目进行提前把关和全程指导。超额完成全年提升任务。

2017年，通州区6处食药局基层联络站挂牌
（通州区食品药品监督管理局提供）

【行政许可办理情况】 年内，实施连锁超市、便利店许可审批“绿色通道”工作制度，将审批时限压缩至10个工作日。落实《通州区新增产业的禁止和限制目录（2015年版）》，协同产业发展。全年受理各类许可审批7708件，完成区公共服务事项及中心窗口受理许可的梳理工作。

【企业规范化管理】 年内，餐饮量化评级3154家，良好率67.3%。190家商超、289家便利店和954家食品贸易商B级及以上的分别占86.84%、92.73%和73.06%；151家食品生产企业和426家药店全部完成分级分类工作。38家食品生产企业达到良好生产规范要求，28家取得HACCP认证。9家建立电子追溯系统，15家的电子追溯系统完成试运行，2家投保食品安全责任险。

【打造“阳光餐饮”】 年内，结合通州区实际，区食药局决定全面推广“网络阳光餐饮”。区政府给予每年300万元的财政支持，并从城市副中心起逐渐向全区覆盖。城市副中心范围内有1569家达标，完成率71.8%，实现全年任务数（1400家）的112.1%；全区有2287家餐饮单位达到“阳光餐饮”要求。万达广场等五条街区成为“阳光餐饮”示范街区。

【案件办理】 2017年，办理行政处罚案件774件，一般程序案件631件。执行罚款案件208件，罚款8826941.26元，没收473248.01元，罚没款合计9300189.27元；实施吊销许可证、“资格罚”案件1件。与区公安部门联合办理食药涉刑案件44件，抓获嫌疑人47人。

【“四品一械”抽验抽检情况】 年内，强化“四品一械”（食品、药品、保健品、化妆品、医疗器械）风险隐患排查，特别是加大风险监测力度，全年完成食品监督抽验4901件、风险监测913件、专项抽验1254件、快速检测4462件；药品、器械、药包材监督抽检281批次，风险监测300批次，快速检测200批次，全区食品药品安全形势总体稳定向好。

1月17日，食药检查人员夜查八里桥市场牛羊肉厅
（通州区食品药品监督管理局提供）

【专项整治】 2017年，开展校园整治和畜产品、水产品、调味料、酒类、医疗器械、化妆品等30余次专项整治；开展“五毛”食品专项整治，下架“五毛”食品26类1000余公斤，清除无证餐饮547家，治理率100%。

5月16日，检查“五毛”食品和校园周边食品
（通州区食品药品监督管理局提供）

【完成重大保障和应急处置任务】 完成“两节”“两会”“一带一路”、杭州峰会、厦门论坛、党代会、中高考、中共十九大等一系列重大活动及节日期间的食品药品保障工作。与区创城办对接，坚持“为民、惠民、靠民”的创城宗旨，针

对无证餐饮、信用记录、查处“三无”、过期、变质、伪劣食品、应急处置等内容，尽职尽责，为赢得全国文明城区荣誉称号打好攻坚战。

【强化食品药品检测能力建设】 年内，落实市政府实事项目，为市民提供食品药品检测服务，在辖区内建立100个食品药品社区监测点，发放速检试剂盒2862个，确保监测点工作正常有序开展。

【处置投诉举报创新工作机制】 年内，试点建立投诉举报中心专职负责9个地区食品类职业举报处置并重新制定投诉举报流转查处意见。加强食品流通领域违法行为特性的研判，进行分类处置并建立职业举报人信息库。全年接收投诉举报4780件，其中，职业举报1512件，占31.63%。

【投诉举报信息总体情况】 年内，收到投诉举报案件4780件，咨询92件，意见建议2件，表扬1件；投诉举报案件来源中，市局“12331”转办3900件，区投诉举报中心受理754件，各街道（乡镇）食品药品监督管理所受理126件；投诉举报案件分类中，食品类举报4551件，药品类举报104件，保健食品类举报41件，医疗器械类举报38件，化妆品类举报46件。

【创建食品安全示范区】 年内，区政府专题研究并印发《通州区创建食品安全示范区工作方案》，召开动员大会，并连续播发创区宣传片、设立宣传展板、食品安全公示牌、桌牌，推广网上阳光餐饮APP，对9000余家企业进行创建培训，聘请第三方调查机构开展社会摸底调查，调查显示公众对食品安全总体满意度为81.67%，创区知晓率为88.9%，支持率为98.5%。

【“通武廊”食品药品战略合作情况】 年内，围绕北京市《深化京津冀食品药品安全区域联动协作机制建设协议》，与天津市武清区、河北省廊坊市签署协作协议，建立食药安全合作机制。廊坊市食安办会同相关企业就优质食用农产品供应与通州区进行对接；大力引进产地直供的便利店、果蔬连锁超市门店30家。同时，与玉田县对接，组织企业就疏解外迁工作进行实地磋商。

【社会宣传】 年内，与媒体深度合作。邀请媒体现场深度报道；在《通州时讯》制作宣传专版，开展消费警示，解析热点现象。在“3·15”、安全用药月、食品安全宣传周等节点组织系列宣传活动，开展“五进”活动，提高群众知晓率和满意度。利用各大广场大屏进行滚动宣传；利用新媒体工具“美篇”，实现由内向外信息写作能力的转变，通过“通州食讯药政”公众号普及食药相关法规政策。

6月29日，在北苑万达广场举行食品安全宣传周启动仪式　　（通州区食品药品监督管理局提供）

（王　科）

首都医科大学附属北京潞河医院

【概　况】 潞河医院始建于1878年，是一家有着130余年历史的医院，承担着周边百万人口的医疗服务工作，现为首都医科大学附属北京潞河医院、潞河临床医学院，是北京东部最大的综合性三级医院。

2017年，医院业务收入18.85亿元，总成本19.12亿元。全年总门诊量223.26万人次，日均门诊量7789人次，总出院人数4.55万人次。医保病人占47.19%，农保病人占23.19%，外埠病人占28.90%，平均住院日8.49天。北京市仅有7家三级综合医院CMI≥1，潞河医院总体排名第3位。2017年是医院推进北京模式医药卫生体制改革及医院“十三五”发展规划的关键之年。医院四期工程封顶并进入内部施工，体检中心搬入新址、医院技能培训中心基本建设完成，“一个中心两个园区”的建设初步完成。医院完成本年度北京市医药分开综合改革工作。“以器官系统为基础，以疾病为核心”的学科建设内涵持续提升，临床医疗能力和影响力提高；教学工作蓬勃发展，成为国家级住院医师培训基地；科研工作迈出重要步伐，医院成为国家级药物临床实验机构；防病体系全面发展；管理进一步提升，启动“内控”为主线的全过程、全方位治疗控制体系建设。“家文化”内涵更加丰富并成为员工源动力。诸多国字牌项目在潞河医院落地生根，中国医师协会首批基层医生培训中心、国家代谢性疾病标准化管理中心、国家卫生计生委医政医管局县域内分泌学科发展助力工程交流基地、国家卫计委脑卒中防治工程卒中中心、国家变性病防治基地、国家骨病防治基地及全国书屋示范单位陆续挂牌。2017年，潞河医院被评为全国卫生计生系统先进集体，软实力和影响力明显提升。2017年，医院整体科研能力进一步提升，国家自然科学基金立项3项，北京市自然科学基金2项，首都临床特色项目2项，北京市中医管理局项目1项，北京市科委成果推广项目1项，北京市卫计委成果推广项目1项，北京市教委项目1项，首都医科大学校自然5项，区级课题111项，共计127项。现医院总在研项目285项，其中，国家级项目12项、省部级以下项目19项、校局级项目18项、区级项目165项、院级项目51项、合作项目20项。全年发表医学论文242篇，其中，中文核心期刊194篇；SCI文章48篇，SCI累计影响因子数值达143。全院获通州区级科技进步奖12项，其中，一等奖4项、二等奖5项、三等奖3项。潞河医院院长纪智礼在2015年至2017年的“进一步改善医疗服务行动计划”活动中获得“改善住院流程”示范个人荣誉称号。

【举办首届京东口腔医学论坛】 1月14日，潞河医院举办首届京东口腔医学论坛，北京同仁医院口腔科主任刘静明教授主持会议。北京大学口腔医院、北京口腔医院、北医三院专家参加会议。

【引进高能量冲击波治疗技术】 1月19日，潞河医院医学影像科正式引进多功能电磁冲击波治疗系统并安装调试成功，成为全市第二家通过开展冲击波治疗骨肌疾病的医院。

【完成京东地区首例联合肝脏离断和门静脉结扎的两步肝切除术】 3月16日，潞河医院普外科团队完成京东首例联合肝脏离断和门静脉结扎的两步肝切除术，患者术后恢复良好，标志着潞河医院肝肿瘤切除技术达到国内、国际先进水平。

【心内科心律失常诊疗中心正式挂牌成立】 5月9日，潞河医院心内科心律失常诊疗中心正式挂牌成立，哈特瑞姆心脏医生集团联合创始人、北京大学第一医院心内科教授周菁，集团核心专家、首都医科大学附属北京天坛医院心内科教授林涛出席并主持会议。

【神经中心正式挂牌国家卒中中心】 6月9日，2017年中国脑卒中大会暨第七届全国脑血管论坛在国家会议中心召开。国家卫计委脑卒中防治工程委员会为潞河医院神经中心颁发“国家卒中中心”证书并授牌，这标志着潞河医院神经中心在卒中急诊绿色通道、卒中单元的建立、脑卒中急性期多学科联合规范诊疗技术和科研水平等方面均达到全国先进水平。

【专家党员送健康到基层】 6月16日上午，医院党委组织10余个科室、30余名专家赴永乐店镇开展党员大型义诊活动，以实际行动践行“两学一做”学习教育精神。

【开展首例经食道心脏超声检查】 6月16日，京东首例经食道心脏超声检查在潞河医院开展，将为患者带来更为便利的检查方法，并为潞河医院开展房颤、房扑等房性快速心律失常的射频消融手术提供保障。

【北京城市副中心医疗卫生体系能力建设协议启动活动举行】 6月17日下午，支持北京城市副中心医疗卫生体系能力建设协议启动活动在潞河医院举行。北京市副市长卢彦、北京大学医学部主任詹启敏院士、北京市卫计委主任雷海潮、通州区区长张力兵及各有关方面代表200余人参加活动。

【医疗队赴西藏参加大型公益活动】 7月7日，在党委副书记杜会山的带领下，由潞河医院呼吸与危重症学科副主任张淑明、妇产科副主任马红梅、心内科副主任张立新、普外科副主任医师刘勇组成的医疗队奔赴西藏自治区波密县参加“同心·共铸中国心”大型公益活动。

【内分泌中心参加《生活面对面》栏目】 7月14日上午9点，潞河医院内分泌中心赵冬主任走进BTV《生活面对面·全民学院》栏目，为现场百余位观众以及上万名网络观众通过网络直播形式进行科普讲座。此次科普讲座是潞河医院优势学科参加《生活面对面》栏目的首秀，陆续还将会有科室主任走进课堂为大家传授健康科普知识。

【内分泌中心成为首批国家卫计委糖尿病预防与控制相关卫生政策研究工程试点项目基地】 8月20日，国家卫生计生委医改医管局、基层司、体改司、疾控局领导以及项目交流基地及项目参与单位140余家县域医院的负责人参与糖尿病预防与控制相关卫生政策研究与县域内分泌学科发展助力工程试点项目全国启动会，潞河医院凭借自身实力通过项目组专家委员会严格筛选，被评选为首批全国7家项目交流基地之一。

【开展首例小切口动脉导管未闭封堵术】 8月21日，潞河医院胸心外科成功为一位患有动脉导管未闭的患者实施全麻下小切口动脉导管未闭封堵术，标志着潞河医院胸心外科与安贞医院心外科成立联合心脏病诊疗中心以来，医疗技术不断提高，达到国内心外科领域的先进水平。

【完成首例全胸腔镜肺癌根治术】 8月23日，潞河医院成功为一位右肺下叶腺癌患者实施全胸腔镜下右肺中叶切除及纵膈淋巴结清扫手术。这是潞河医院独立自主完成的首例全胸腔镜肺癌根治术，这项手术的独立开展，标志着潞河医院胸外科在肺外科领域拥有全部微创化手术技术。

【开展首例机器人辅助手术】 10月12日，潞河医院完成首例由机器人辅助的外科手术，神经外科医生使用机器人来为脑出血患者进行精准病灶定位并穿刺引流，患者术后快速康复。

【肾病中心成功进行首例血浆置换】 10月12日，潞河医院肾病中心成功完成首例血浆置换治疗，该项治疗的开展，标志着潞河医院肾病中心的业务水平有了新的进步。

【英国著名专家到潞河医院骨中心进行学术交流】 10月16日，潞河医院骨中心邀请英国诺丁汉医院著名骨科顾问专家彼得·詹姆斯教授到潞河医院进行膝关节外科前沿技术理论的学术交流。骨中心主任张亚奎、骨关节及运动医学科主任张星火及骨中心十余位骨干医师参加活动。

【第一批社区养老服务驿站授牌仪式举行】 10月27日，通州区2017年第一批社区养老服务驿站授牌仪式在通州区潞城镇政府举行。潞河医院院长纪智礼、副院长李晓辉等领导及社工部工作人员受邀参加活动。在授牌仪式大会上，潞河医院代表与北京国资公司下设北京城和敬养老责任有限公司负责人签订医养结合协议。潞河医院将为通州区25家养老驿站提供优质专业的医疗服务，为每家养老驿站的医疗设施及配置提供专业建议并配置至少一名专业医护工作人员。

【2017年中美医院专家交流研讨会】 11月7日，潞河医院召开2017年中美医院专家交流研讨会。会议邀请哈佛医学院附属布列根和妇女医院副院长史蒂文·汤姆森及加州大学戴维斯分校教授尼古拉斯·肯扬就医院管理、危重症病患者管理等方面展开交流和探讨。医院领导班子、中层干部及部分临床科室业务骨干参加交流活动。大厂县医院院长、武清医院副院长、通州区各乡镇卫生院院长应邀参加活动。

（李志敏　赵　娜）

通州区红十字会

【概　况】 2017年，区红十字会秉承人道、博爱、奉献的红十字理念，牢固树立人道助力北京城市副中心建设的工作理念，开拓创新，奋发进取，推动全区红十字事业取得跨越式发展。

【人道救助】 年内，募集善款703.1万元，位居全市第一。在4个街道设立“红十字博爱基金”，实现“红十字博爱基金”在全区的全覆盖。开展“两节”送温暖活动，开展低保家庭大学生助学、大病患儿救助、失独困难家庭救助等日常救助，及时开展突发事件救助，发放救助款物价值260.1万元，救助各类困难群体3841户。通过低保大学生走进清华园活动，“四美助学”等人道品牌项目影响力进一步增强。

“四美助学”项目走进清华园
（通州区红十字会提供）

【应急救护培训】 年内，深入机关、学校、工地、企业等重点单位，举办应急救护技能培训班21期，培训907人；举办各类讲座23场，累计参与人数2726人。为全区中小学校2275个教学班全部配备班用急救箱。围绕城市副中心建设、全国文明城区创建，开展应急救护知识进工地、进志愿服务站点工作，为城市副中心建设者、创城志愿者送去常用药品和救护知识。

慰问北京城市副中心建设者（通州区红十字会提供）

【应急救援】 年内，为区红十字会供水及大众卫生救援志愿服务队购置专业装备，参加中国红十字总会在云南组织的应急演练及京津冀供水及大众卫生实战演练，锻炼了队伍。建立紧急救援服务站2个，安装红十字急救亭100个，形成较为完备的应急救援网络。加大备灾库建设，配备办公用房，采购高位货架及打包机等专业设备，设计、采购家庭应急救助箱500个，救灾能力得到进一步增强。

【宣传活动】 在世界红十字日、防灾减灾日等时间节点开展大型宣传活动，进行心肺复苏、创伤包扎等现场教学，宣传应急救护、健康知识和器官、遗体、造血干细胞捐献。同时，充分利用宣传栏、区红十字会网站、微信公众号，将区红十字会各项工作动态及时、准确地向社会发布，提高群众对红十字工作的知晓率。与区电影放映中心合作，在运河文化广场、农村数字影厅播放造血干细胞、器官、遗体宣传影片444场，观看群众2.67万人次。在北苑街道建立生命永恒工作室，开展器官捐献宣传动员。2017年，有1位居民签署器官捐献登记表，3位居民签署遗体捐献登记表。

“5·8”世界红十字日宣传活动
（通州区红十字会提供）

（李朝飞）

体　育

【概　况】 2017年，区体育局立足北京城市副中心建设发展大局，推进全区体育工作取得新进展，一是搭建全民健身服务平台，完善公共体育服务体系。引进精品赛事，开展全民健身活动。坚持开展品牌性、传统性、日常性的群众健身活动，满足群众健身需求。举办北京通州半程马拉松赛、运河绿道骑游周活动、万人徒步大会，各单项协会还先后举办乒乓球、轮滑、自行车、武术、空竹等51次常规赛事。大力推进区体育场升级改造工程，完成为民办实事工程，不断加大城乡公共体育设施建设；加强科学健身指导，健全各类体育组织，落实《北京市全民健身条例》宣贯工作，提高全民健身意识；健全体质测试网络，逐步提高常态化监测服务质量和水平，不断推动城乡体育均等化水平，促进农村体育工作发展。二是竞技体育水平成绩斐然，后备人才培养开创新局面。参加各类体育比赛并取得优异成绩，完善青少年竞赛、运动员注册等方面的服务指导，探索通州区业余训练新发展模式。不断提高青少年“三大球”发展水平，加大冰雪运动后备人才培养，推动冰雪运动发展水平。三是体育产业工作安全有序，体彩销售量实现历史性突破，加强安全生产宣传力度，加大执法检查力度，严厉打击违规违法经营行为。推动体育产业协会健康发展，成立区体育产业协会，充分发挥政府与行业间的桥梁作用。

【游泳健儿创佳绩】 2月7—10日，由国家体育总局游泳运动管理中心主办的2017年全国少儿游泳冠军赛，在山东烟台市游泳跳水馆举行。通州区有11名运动员代表北京队参赛，取得8金、9银、3铜优异成绩。此次北京代表团取得20枚金牌，通州区是全市区县获得金牌最多的区县。

【召开区篮球运动协会成立大会】 2月14日，在区体育局召开区篮球协会实体化启动大会，会上由篮球协会发起人提交篮球协会申请书，讨论协会总体章程，明确未来的工作方向，会议由区体育局副局长王栋等相关负责人和篮球协会发起人曹国虎等人参加。

【举办“二月二”龙串风筝放飞赛】 2月27日，区风筝协会举办龙串风筝放飞赛。侯永章、王永革、郭桂生获得前三名；张玉明、李春增、路中立、裴艳霞、荣加林获得优胜奖。

【召开区空竹运动协会成立大会】 3月4日，区空竹运动协会成立大会在区体育局会议室召开，本次大会依照《社会团体管理条例》各项法定议程召开。

【召开区足球运动协会成立大会】 3月12日，区足球运动协会成立大会在区体育局会议室召开，会议围绕区足协成立大会议程展开，会上通过了足协筹备工作报告、会费收缴办法和协会章程草案，选举产生协会理事会、监事会成员，并召开足协一届一次理事会、监事会会议，选出足协主席、副主席、秘书长、监事长等协会负责人。

【召开北京市全民健身条例培训会】 4月6日，北京市体育局法宣处处长李华君为区各乡镇街道、各委办局分管体育工作的负责人、区各体育健身协会负责人和区体育局机关干部讲解《北京市全民健身条例》，200余人参加培训。

【开展健身气功展示活动培训班】 4月17日，区体育局、区委防范和处理邪教问题领导小组办公室、区北苑街道办事处在科印舞厅联合举办2017年通州区全国百城千村健身气功展示活动培训班。来自全区的34个健身气功站点的120名精英骨干参加易筋经功法培训。

【参加全国健身气功站点联赛预赛】 5月5日，由国家体育总局健身气功管理中心、北京市体育局主办，北京市社会体育管理中心、北京市健身气功协会承办的“我要上全运”健身气功北京选拔赛暨全国健身气功站点联赛预赛在京体健身中心举行，通州区代表队在全市28支参赛代表队中获得团体总分第7名的好成绩。

【举办2017年运河绿道骑游周活动】 5月20日，由通州区人民政府主办，区体育局承办的2017通州运河绿道骑游周活动正式拉开帷幕。此项活动作为“一区一品”群众性体育活动品牌，通州区已连续举办六届。本次骑游周以“迎冬奥，建设城市副中心；促环保，骑游通州大运河”为口号，活动范围是围绕万亩运河森林公园及运河绿道骑行。此次骑游活动较往年来讲，将项目内容进行了丰富，不断创新系列活动，针对不同年龄、不同技术，设置骑行项目，包括运河绿道万人骑游、环北京公路自行车赛、powerkids活动、powermen起跑两项北京站、骑游周运河广场亲子嘉年华项目，参与人数达到1万人。

5月20日，2017年运河绿道骑游 （体育局提供）

【参加北京市业余体校游泳比赛】 6月3—4日，由北京市体育局、北京市教育委员会主办的北京市业余体校游泳冠军赛暨全国少儿游泳比赛选拔赛在国家奥林匹克体育中心英东游泳馆举行。通州区游泳运动员取得9金、6银、4铜的成绩。

【开展2017年体质测试日活动】 6月10日，区体育局在所属20个站点组织居民及辖区单位开展体质测试日活动，全区2196名居民参与测试。

【举办2017北京通州半程马拉松赛】 6月11日，2017北京通州半程马拉松赛在玉带河桥鸣枪开赛。本次比赛有6000余名选手参赛，聂登宇获得男子组冠军；牛丽华获得女子组冠军。本次赛事由中国田径协会、北京市通州区人民政府和北京市国有资产经营有限责任公司共同主办，通州区体育局和北京北奥集团下属北京时博国际体育赛事有限公司共同承办，北京市体育竞赛管理中心给予专业指导。

6月11日，举办首届北京通州半程马拉松赛 （体育局提供）

【参加北京市业余体校田径冠军赛】 6月17—18日，2017年北京市业余体校田径冠军赛在北京市先农坛体育场举行。通州区有26名运动员参加比赛。赵春雨获得女子乙组400米金牌，通州区运动员另获得4枚银牌、3枚铜牌。

【举办2017中小学首届冰上运动会】 6月17日，举办中小学第一届冰上运动会，比赛在东奥冰尚俱乐部举行。来自梨园镇中心小学、梨园学校、第二实验小学通州分校、北京小学通州分校等8个学校的14支队伍，100多名运动员，参加冰上拼图和冰上射门的比赛。

【参加全国广场舞（分站赛）比赛】 6月22—25日，由国家体育总局社会体育指导中心、中国社会体育指导员协会主办，中国广场舞推广委员会、内蒙古乌兰察布市体育局承办的“2017年全民共舞、健康中国全国广场舞大赛”（乌兰察布分站赛）在乌兰察布市体育馆举行。来自全国20多支代表队近500人参加比赛，通州区选派丽人之梦健身舞蹈队参加比赛，获得一等奖，同时获得优秀编排奖、优秀教练员奖。

【举办全民健身乒乓球团体对抗赛】 6月24日，由北京市体育局、北京市体育总会主办，北京市社会体育管理中心、北京市体育基金会、通州区体育局、通州体育总会承办的“2017通州区全民健身乒乓球团体对抗赛暨第十一届‘和谐杯’乒乓球比赛”在区时代体育乔庄新馆举办。此次比赛作为区第十一届全民健身体育节的启动仪式，48支球队、350余人参与。北京卫生职业学院一队取得第一名，北京买易送电子商务有限公司取得第二名，大运河一队取得第三名。

【举办通州区第四届轮滑展示活动】 7月1日，由区体育总会主办、区轮滑协会承办的第四届轮滑展示活动在区篮球场举办。本次活动有来自全区的200余名轮滑爱好者参加，进行竞速、花式及轮滑舞等项目的展示表演。

【参加京津冀中国象棋比赛】 7月11—13日，在顺义区体育局内举办2017年京津冀三地中国象棋交流邀请赛，来自通州区、顺义区、平谷区、大兴区，河北省廊坊市、三河市、大厂县、香河县，天津市武清区的10支代表队40名选手参赛。通州区代表队的么毅、黄建辉分别获得个人比赛第一和第二名、郑野获得个人第五名、田振忠获得个人第二十七名。通州区获得团体总分第二名。

【举办中小学生篮球比赛】 7月12—17日，区中小学生篮球比赛在北京育才学校通州分校举行。有62支代表队736名学生参加。比赛最终决出各组别前六名，运河中学、潞河中学、第二中学、第四中学、台湖学校、张家湾镇中心小学分别获得高中男子组、高中女子组、初中男子组、初中女子组、小学男子组、小学女子组的冠军。

【举办中小学生足球比赛】 7月12—19日，区中小学生足球比赛在区张家湾中学、北京育才通州分校举行。全区有53支代表队827名学生参加。潞河国际教育学园、运河中学、玉桥小学、胡各庄小学分别获得高中男子组、初中男子组、小学男子组、小学女子组的冠军。

【参加北京市青少年柔道锦标赛】 7月19—20日，在顺义区体校柔道馆举行的北京市青少年柔道锦标赛中，通州区运动员获得3金、1银、3铜的成绩。

【参加北京市青少年篮球锦标赛】 7月19日至8月4日，北京市青少年篮球锦标赛在北京市地坛体育中心篮球馆、北京市燕山体育馆和北京朝阳体育中心气膜馆举行。本次比赛有来自14个区县60余支队伍900人参赛。最终，潞河中学、通州二中、张家湾中心小学分别获得女子甲组第八名、女子乙组第七名和女子丙组第七名的成绩。

【参加北京市青少年跆拳道锦标赛】 7月20—21日，由北京市体育局主办，北京市体育竞赛管理中心、昌平区体育局、北京市少林武术学校联合承办的2017年北京市青少年锦标赛跆拳道比赛在北京少林武术学校举行。来自14个区县的404名运动员参加344场比赛。通州区代表队获得7金、10银、16铜的成绩，并获得团体总分第二名。

【举办网球裁判员培训班】 7月22—23日，举办区网球裁判员培训班，有20名学员参加。理论考试和实践考核分别在区图书馆和奥体公园网球场进行，此次培训聘请了国家知名裁判长耿世荣老师（国家级）授课。

【参加北京市青少年体操锦标赛】 7月24日，由北京市体育局主办，北京市竞赛管理中心、东城区体育局、北京地坛体育中心联合承办的2017年北京市青少年锦标赛体操比赛在东城区体育运动学校体操馆闭幕。本次比赛设男子、女子组甲、乙、丙、丁8个竞赛组别，有来自7个区83名运动员参加。通州区运动员张静汐获得女子乙组平衡木、自由操两项冠军，同时获得该组全能、跳马第二名；高低杠第三名。

【参加北京市青少年摔跤锦标赛】 7月26日，由北京市体育局主办，北京市体育竞赛管理中心、东城区体育局承办的2017年北京市青少年锦标赛摔跤比赛在地坛体育馆举行，通州区运动员刘转获得男子甲组55公斤级金牌。

【参加北京市青少年游泳锦标赛】 7月29—30日，北京市青少年锦标赛游泳比赛在奥体中心英东游泳馆举行。全市14个区县724名运动员参加比赛。通州区取得11金、11银、8铜的成绩。

【参加北京市第六届拔河比赛】 7月29日，通州区组队参加在地坛体育馆举办的2017年全国拔河新星系列赛（北京站）暨北京市第六届拔河比赛总决赛，此次比赛有来自全市各区的39支队伍500名选手参赛。通州代表队女队获得亚军，男队和混合队分别获得该项目并列第五名。

【举办铁人两项赛】 7月29日，区自行车运动协会在自行车训练基地举办铁人两项赛，比赛有200名选手参加。

【参加北京市青少年高尔夫锦标赛】 8月2—3日，由北京市体育局主办，北京市竞赛管理中心、通州区体育局、北京市高尔夫球运动协会承办的2017年北京市青少年锦标赛高尔夫比赛在北京市大运河高尔夫球俱乐部举办，本次比赛设男子、女子团体、男子甲组、男子乙组、女子甲组、女子乙组6个竞赛项目，有来自7个区县55名运动员参加。通州区运动员夺得3金、1银的成绩。

【参加迎全运2017年京津冀中国象棋比赛】 8月4—6日，由天津市武清区体育局主办的迎全运2017年京津冀中国象棋邀请赛在武清体育中心体育馆举行，有来自京津冀13个地区的14支代表队56名队员参赛。通州区代表队获得团体第三名，个人比赛名次为：黄建辉获得第八名、么毅获得第十二名、郑野获得第十三名、李晓刚获得第三十七名。

【举办健身气功比赛】 8月6日，在科印礼堂举办2017年通州区健身气功比赛暨全国百城千村健身气功展示活动。来自全区32个健身气功站点360人参加活动。11个站点获得最佳奖、11个站点获得优胜奖、10个站点获得优秀奖。

【举办第六届武术比赛】 8月6日，区第六届武术比赛在北京科刷礼堂举办，177人参加82个项目的角逐，145人次取得前三名的好成绩。

【举办第七届空竹比赛】 8月6日，通州区第七届空竹比赛在区体育场举办，全区15个乡镇、街道办事处的280余人参加。比赛设单轮、双轮、中长杆、大龙、小龙、投靶6个单项及集体表演赛，6个单项前六名及集体前六名计入团体总分，最终永乐店镇、中仓街道、新华街道、梨园镇、张家湾镇、潞城镇获得团体前六名。

【举办健身操舞展示暨通州区全民健身日活动】 8月8日，由体育总会和体育舞蹈协会共同举办的通州区第四届健身操舞展示在时代篮球馆举行，比赛有26个队400余人参赛。丽人之梦舞蹈队获得一等奖；老干部大学北苑分校舞蹈队和运河印象舞蹈队分别获得二等奖；秋枫舞蹈队、旗舰凯旋舞蹈队、金色晚霞舞蹈队获得三等奖。

【举办羽毛球、乒乓球裁判员培训班】 8月12—13日，在梨园中学举办羽毛球、乒乓球裁判员培训班，有47人参加培训，此次培训班由国际级裁判员梁国林、赵晖讲授。

【举办全民健身羽毛球团体对抗赛】 8月13日，北京市体育竞技管理中心、北京市通州区体育局举办“2017年北京市业余羽毛球公开赛暨通州区全民健身羽毛球团体对抗赛”，来自全区30支队伍300名运动员参赛。腾逸B队、腾逸A队、风雨同舟队、体育局一队分别获得一至四名。

【参加全国少年游泳锦标赛】 8月13—16日，由国家体育总局游泳运动管理中心、安徽省体育局、黄山市人民政府主办的2017全国少儿游泳锦标赛(小年龄组)在黄山市游泳馆闭幕。本次赛事有来自各省、市42支代表队的586名运动员参加，设2005年组、2006年组及2007年组3个年龄组别，比赛分为单项和全能2个大项17个小项。通州区游泳队获得5块银牌、7枚铜牌的成绩。

【参加北京市社会体育指导员交流展示大赛】 8月17—18日，由北京市体育局、北京市体育总会主办的“快乐动起来 健康北京人”2017年北京市社会体育指导员交流展示大赛在北京国际温泉酒店举行，来自全市各区体育局及各行业协会代表队470人参加比赛，通州区派出19人参加太极拳、健身操舞两个团体项目和5人的三大项比赛，通州区武术协会代表队获得二等奖、通州区吉特巴队获得优秀奖；在个人项目比赛中，王琨的轮滑（器械类）获得二等奖，戴杨杨获得三等奖；于丽英在太极拳和健身气功类组比赛中获得二等奖、杨建杰获得三等奖；张建凤在健身操舞类比赛中获得优秀奖。王琨和于丽英在演讲比赛中双双获得优秀奖。通州区获得团体二等奖，并获得精神文明奖、优秀组织奖，戴杨杨获得个人道德风尚奖。

8月17—18日，2017年北京市社会体育指导员交流展示大赛　　（体育局提供）

【参加北京市青少年田径锦标赛】　8月18—20日，由北京市体育局主办，北京市体育竞赛管理中心、丰台体育局、丰台体育服务公司联合承办的2017年北京市青少年锦标赛田径比赛在丰台体育中心体育场举行。本次比赛设男、女6个竞赛组别，21个项目，有来自全市16个区1069名青少年运动员参加。通州区代表队取得4金、5银、7铜的成绩，并取得团体总分第五名。

【举办区第六届风筝比赛】　9月8日，区第六届风筝比赛在风筝协会广场开幕，有120多名运动员参加，刘景香获得板子类第一名；路中立获得软翅类第一名；郭桂生获得硬翅类第一名；王永革获得串类第一名；杨兆虎获得龙串类第一名。荣获团体一至六名的代表队是北苑街道、西集镇、永顺镇、台湖镇、张家湾镇、漷县镇。

【参加北京市青少年武术散打锦标赛】　9月9日，由北京市体育局主办，北京市体育竞赛管理中心、朝阳区体育局承办的2017年北京市青少年锦标赛武术散打比赛在朝阳体育馆落幕。本次比赛设男子甲、乙两个竞赛组别，通州区运动员李政宸获得男子乙组48公斤级金牌。

【参加北京市民体质促进项目挑战赛】　9月16—17日，2017年北京市民体质促进项目挑战赛南区和北区先后在房山和顺义举行，有1600余名市民参加。9月17日，来自通州、顺义、昌平等6个区的95支队伍900多人在顺义区体育中心，参加吹踩气球、平衡前进、手卷辘轳等8个趣味项目比赛，通州区获得优秀组织奖。

【参加北京市青少年排球锦标赛】　9月16日、17日、23日、24日，北京市青少年锦标赛排球比赛在朝阳体育馆举行。有14个区县50余支队伍500人参赛。通州区分别获得男子甲组第五名、乙组第四名、丙组第二名、女子甲组第六名、女子乙组第四名和女子丙组第三名的成绩。

【参加北京市游泳救生员职业技能大赛】　9月20日，2017年全国体育行业职业技能大赛游泳救生项目预赛暨2017年北京市游泳救生员职业技能大赛在国家奥林匹克体育中心英东游泳馆举行。有86名游泳救生员参加，通州区选派4名队员参赛。比赛包括理论知识竞赛、50米救生全能赛和心肺复苏比赛3个项目。通州区代表队获得优秀组织奖。

【参加北京市青少年短道速滑锦标赛】　9月22—24日，由北京市体育局主办，北京市体育竞赛管理中心、北京市冬季运动管理中心、北京市冰上轮滑协会、昌平区体育局联合承办，昌平华星沙河冰球训练基地协办的2017年北京市青少年锦标赛短道速滑比赛在昌平华星沙河冰球训练基地举办。通州区有18名运动员参赛，王伽一获得男丁500米第七、超级1000米第七的成绩，邱丹路获得女丁500米第八的成绩。

【举办鞭友交流展示赛】　9月24日，鞭友交流展示赛在区体育场开幕，本次交流大会有来自京、津、冀、内蒙、山西、陕西、江苏、湖北、安徽、山东、河南、辽宁、吉林、黑龙江等14个省市选派的39支代表队的600余人参加，大会设置集体鞭展示、个人鞭法组合套路、麒麟健身鞭、皮鞭、杆鞭、重鞭等竞演项目。

【全民健身“北京纪录”挑战赛走进通州】　9月24日，全民健身“北京纪录”挑战赛在通州北苑万达广场举行。本站比赛由北京市第十一届全民健身体育节组委会、北京青年报主办，北京市社会体育管理中心、北京市体育总会秘书处、通州区体育局、北青社区传媒以及北京通州万达广场共同承办。本站比赛所设项目包括集体跳长绳、踢毽（四人传踢）、立定跳远、连续投篮和5米折返跑等五个项目，体验项目新增足球颠球。

【参加中老年优秀健身项目表演赛】 9月26日，由北京市社会体育管理中心、北京市体育总会秘书处、北京市老年人体育协会主办的北京2017年第二十届中老年优秀健身项目表演赛在石景山体育馆举行，通州区派出丽人之梦健身舞蹈队和区武术协会代表队参加表演赛，通州区获得优秀组织奖。

【区体育产业协会召开成立大会】 9月27日，在区东方宾馆召开北京市通州区体育产业协会成立大会，区体育局领导以及54家体育经营单位参会，大会通过协会《章程》和《会费管理办法》，选举产生社团组织机构及以李宁公司廖斌副总裁为会长的社团负责人。

【参加香港马会助力全民健身公益系列活动】 9月27—29日，2017香港马会助力全民健身公益系列活动——全国社会体育指导员健身技能培训（北京站）在北京国际温泉体育健身中心举行，通州区选派30人的（广场舞）社会体育指导参加培训，本次活动由国家体育总局社会体育指导中心、中国社会体育指导员协会、北京市体育局主办，北京市社会体育管理中心、北京市社会体育指导员协会承办，培训以国家体育总局社体中心和中国社会体育指导员协会2017年推出的12套广场舞备选套路为培训内容。

【参加北京市体育公益活动社区行比赛】 9月30日，由北京市体育局、北京市体育总会主办，北京市社会体育管理中心、北京市健身气功协会等承办的2017年全国百城千村健身气功暨北京市第九届体育大会及体育公益活动社区行比赛在北京国际温泉体育健身中心举行，通州区派出武术协会气功代表队参赛。太极养生杖获得第一名，气舞获得第五名。

【成立区体育舞蹈运动协会】 10月10日，召开区体育舞蹈运动协会成立大会，180名注册会员参会，王大华被选为区体育舞蹈运动协会主席。

【举办区篮球联赛】 10月28日，通州区篮球联赛在宋庄镇大宋球堂开幕，北京市篮球协会领导田士合以及大兴区、平谷区、怀柔区、天津市宝坻区、河北省三河市、香河县6个区县篮球协会主席出席开幕式活动。通州篮球联赛是由区体育局、区体育总会主办，参赛队伍36支，分为村镇社区、机关企事业部队高校组、社会公开组3个组别，100场比赛，赛程12天。

【参加2017年全国广场舞大赛总决赛】 11月17—20日，2017年全国广场舞大赛总决赛（海南·陵水）在陵水县雅居乐体育馆盛大开幕。赛事吸引全国各地41支参赛队近800余名广场舞爱好者参加。通州区代表队代表北京市参加比赛，获得三等奖及体育道德风尚奖。

【举办通州区万人徒步大会】 11月26日，由区人民政府、北京市徒步运动协会主办，区体育局、区体育总会单位承办，通州公安分局、通州交通支队、区卫计委、区园林绿化局、北京新城基业投资发展有限公司等单位协办，在通州奥体公园、大运河森林公园及沿河绿道以“辉煌十九大 共赴新征程”为主题，举办2017（第四届）北京徒友嘉年华暨通州区万人徒步大会，有徒步爱好者1万名参加。本次活动线路分为12公里和16公里两条线路。

11月26日，2017（第四届）北京徒友嘉年华暨通州区万人徒步大会（体育局提供）

【开展国家体育锻炼标准测试】 11月4—26日，开展国家体育锻炼标准测试。此次测试包含绕杆跑、仰卧举起腿、实心球、体前屈伸和俯卧撑等近20个国家体育锻炼标准测试项目，按速度、耐力、力量、灵敏、柔韧分为五类，测试6039人。

【举办“助力冬奥”冰上体验课】 11月28—29日，在东奥冰尚俱乐部举办区冰雪启动仪式暨“助力冬奥”冰上体验课活动。由240名“零基础”居民报名参加。安排教练进行“一对一”授课，进行冰上入门教学。

11月28—29日，冰雪体验活动　（体育局提供）

【全国青少年科学健身普及活动】 11月30日，以“普及科学健身知识，积极参加体育运动”为主题的2017年全国青少年科学健身普及活动北京通州站活动启动仪式在区芙蓉小学举行。本次活动由国家体育总局青少司、教育部体卫艺司主办，国家体育总局体育科学研究所、北京市体育局承办，区体育局、区教委、芙蓉小学协办。与会领导为通州区10所学校赠送科学锻炼指导手册。

【举行区五人制男子足球杯赛】 12月3日，由区体育局、区体育总会主办，区足球运动协会承办的五人制男子足球杯赛在区健龙森青鸟盛地足球公园举行，16支代表队200余人参加。

【举办“助力冬奥”青少年冰上乐趣体验活动】 12月5—8日，在东奥冰尚俱乐部举办“助力冬奥”青少年冰上乐趣体验活动，通州区冰雪项目重点校的400名学生参加，安排教练进行“一对多”授课，进行冰上入门教学，指导参加活动的学生学会滑冰的基础动作。

【举办社会体育指导员培训班】 12月7—8日，在东方宾馆举办社会体育指导员培训班（冰雪项目），300名学员参加培训。首都体育学院教授赵立、北京体育大学教授梁晓杰、首都体育学院副教授刘平江指导员讲师团成员为学员进行授课。

【通州区运动员在北京市业余体校比赛中取得优异成绩】 12月16—17日，由北京市体育局主办的北京市业余体校游泳锦标赛暨京津冀青少年游泳比赛在国家奥林匹克体育中心英东游泳馆举行。通州区游泳运动员取得14块金牌、11块银牌、6块铜牌的成绩；12月17日，2017年北京市业余体校羽毛球冠军赛在海淀体育馆落幕。通州区代表队取得3枚银牌、1枚铜牌；同日，2017年北京市业余体校武术套路冠军赛在朝阳区体育馆落幕，通州区代表队获得1枚银牌、4枚铜牌。

（冯晶晶）

社会生活

“诗意通州——我们爱诗词”活动　（关心下一代工作委员会提供）

民　政

民 政 工 作

【概　况】 2017年，通州区民政工作在区委、区政府坚强领导下，在市民政局和市局工作专班的大力指导下，围绕服务北京城市副中心建设大局，立足强化基本民生保障和创新基层社会治理，统筹谋划，大胆创新，按照强基础、保基本、增活力的基本思路，高效完成1项市政府折子工程、1项市级为民办实事项目，完成10项区政府绩效考核重点任务、4项区政府四大工程，按时办理完结21项人大建议政协提案，区委A类重点改革行政区划调整和街道社区管理体制改革成效显著，农村社区治理工作得到民政部和北京市肯定，获得全市首家“全国农村社区建设示范区”荣誉称号，民政事业发展整体实现稳中有进，呈现转型发展的良好态势。

（李　超）

【民政信息】 年内，为扩大民政信息的宣传面和影响力，及时传递各项民政政策法规，使群众第一时间了解最新民政工作动态，区民政局以通州民政信息网、通州区政务门户网站、通州区政府信息公开网、北京民政信息网及《民政信息》内部刊物为载体，打造民政信息平台，通过民政局局域网向北京市民政局报送信息412篇，在其他网站发布民政工作成果信息948篇。

（达　强）

【民政宣传】 为进一步加大民政宣传工作的力度，年内，通过电视、广播、报刊、网络等多种形式进行广泛宣传，通州电视台、通州广播电台等宣传媒体播出反映民政工作的新闻81条；《中国社会报》《北京社区报》《通州时讯》等报刊媒体刊发民政专版26期、其他各类稿件305篇，扩大了民政工作的社会影响。

（周　冰）

【民政信访】 年内，认真贯彻落实《北京市信访条例》和区委、区政府的部署要求，建立健全信访工作长效机制，坚持局长信访接待日制度，每件信访件党政一把手都亲自阅批，并进行督察督办，及时化解社会矛盾，用实际行动践行民政为民的工作理念。年内，受理各级（部门）转办群众来信54件，其中，纸信32件，网信11件，来访5件，复查复核6件。主要涉及优抚安置、最低生活保障、征地超转等工作，所有信访件全部经一把手阅批，所有信访件全部按期完成；信访件办结率为100%。未出现因信访答复不准确、未答复和未按期受理而引发的投诉，未出现因信访办理不到位而引起的群众到区委、区政府及市级以上重点地区的集体访情况，未出现非正常集体访、重信、重访和信转访情况。

（乔　涛）

【征地超转管理】 全区征地超转工作坚持维护和保障征地超转人员的基本生活权益为出发点和立足点，不断改善征地超转人员的就医条件，依法依规为征地超转人员排忧解难。年内，新接收征地超转人员2647人。全区超转人员全年发放生活补助费51493万元，接待来信来访239余人（件）次，群众满意率100%。

（李　雪）

优 抚 安 置

【概　况】 2017年，全面贯彻落实国家各项优抚政策，不断提高优抚对象定期抚恤补助标准；建立义务兵优待金自然增长机制，义务兵优待标准由每人每年2.81万元提高到3.06万元。年内，为重点优抚对象发放定期抚恤补助资金达2992.35万元；元旦、春节期间市、区领导广泛开展走访慰问各类优抚对象活动，慰问金总额762.08万元。为各类优抚对象发放民政一卡通普通卡和优待卡。

【义务兵优待工作】 “八一”前夕，为2015—2016年度义务兵发放优待金1493.28万元。共收到部队或安置办转来的通州籍义务兵优秀士兵受奖通知书133份，优秀士兵每人奖励1000元，发放奖励金12.34万元。

【优抚对象医保政策落实】 按照优抚对象医疗保障办法和相关文件精神，年内，为1032人次优抚对象减免医药费282.67万元；为734名农村及城镇优抚对象缴纳城乡居民医疗保险；为43名享受原公费医疗待遇的一至六级伤残军人缴纳城镇职工医疗保险。

【优抚对象集中供暖补助】 12月中旬，向1044名优抚对象按照2400元/人的标准发放2017—2018年采暖季补助费226.9万元。

【优抚对象数据核查】 为提高优抚对象数据精细化管理水平，确保各项优抚政策有效落实，保障优抚对象权益的迫切需要，根据民政部办公厅关于印发《全国优抚信息管理系统优抚对象数据核查规范》的通知要求，2017年，采取政府购买服务的方式，对全区4355名优抚对象进行入户核查，上传核查照片及扫描身份证，核查率达534.36%，超额完成市民政局下达的核查任务。

【“9·30”烈士公祭活动】 制定《通州区烈士公祭活动方案》《通州区烈士公祭活动应急预案》和《烈士公祭活动民政局内部人员分工方案》等材料；提前对活动现场进行专业设计布置，制做展板、场地站位图、现场引导标识等，摆放菊花、凤尾等多种绿植。把活动现场布置得肃穆、庄严、隆重。9月30日当天，通州区党政军及社会各界200余人在大运河森林公园周文彬雕像广场举行纪念活动。

【见义勇为权益保护工作】 为弘扬见义勇为精神，对荣获见义勇为好市民的储俊喜、模范群体王飞、马春林和见义勇为权益保护先进单位交通局上门进行表彰；对荣获京华见义勇为奖的杨朝霞和田振洋进行表彰，颁发证书和奖励每人5000元奖金；对张家湾镇何各庄村托举哥刘云、582公交车上勇斗持刀歹徒的杨帆和赵小伟的见义勇为行为进行确认，发放见义勇为行为确认奖励金171825元；“两节”期间，为58名见义勇为人员发放慰问金每户1600元，共计9.28万元；对11户生活困难见义勇为家庭进行救助，发放困难补助每户3000元。组织58名见义勇为人员到263医院进行身体健康检查。组织10名见义勇为人员参加基金会组织的疗养活动；民政局组织26名见义勇为人员到门头沟进行为期5天疗养、参观和座谈。为见义勇为人员发放民政一卡通优待卡。

（张芙琼）

【复退军人政策资金发放】 按照政策，严把资金发放关。2017年，累计发放退役士兵、士官各项补助资金2168.92万元。其中，为退役士官、士兵发放一次性自主就业金2137.1万元，为转业士官发放待安置期间生活费7.56万元，为2家企业发放企业接收转业士官奖励金11.5万元，为参加短期技能培训和再教育学习的退役士兵发放培训补助10.62万元，为2016年冬季退役士官发放“两节”慰问金1万元，为1名转业士官发放医疗补助1.14万元。

（何　昕）

【“双拥”工作】 2017年，通州区各级、各单位以及驻通州各部队结合建军90周年有利时机，广泛开展以爱军、爱国为主题的双拥宣传活动，并在电台、电视台、《通州时讯》《首都双拥》《中国双拥》以及相关媒体、网站设立“双拥”专题、专版。在“两节”期间和建军90周年之际，各级各单位为驻通州部队送去慰问品、慰问金达700余万元。攻坚克难解决三后问题，认真落实军人子女入学政策，招收军人子女142人；推荐安置随军家属就业27人，并相继举办3场随军家属专场招聘会，为130余名随军家属提供岗位。实打实开展拥军活动，20余家双拥工作成员单位充分利用资源优势，走进军营开展文化拥军、科技拥军、法律拥军、智力拥军等活动，在“送医药下乡”“军地青年交流”“好军嫂评比”“慈心汇大爱，温暖子弟兵”等品牌“双拥”活动中，累计派出医务人员300余人次、义诊群众4000余人，累计为驻通部队捐建军营青年图书室30个，全年评出好军嫂

20名，累计救助困难官兵109名，发放救助款88.5万元，得到官兵好评。同时，驻通州部队大力支援地方重点工作建设，累计出动官兵2000余人次，投入车辆、机械1000余台次，种植树木1万余株，清理垃圾1000余吨。出动带兵骨干600余名，军训学生3万余人次，举办国防讲座60余场。为了解决贫困学生和困难群众学习、生产和生活上遇到的实际困难，100余名部队干部与贫困学生结成“一助一”帮扶对子，用实际行动赢得群众的信任和赞誉。

（张　军）

救灾救济

【概　况】　2017年，社会救灾救济工作以维护困难群众的基本生活权益为出发点和落脚点，建立健全各项保障制度，开展“精准救助”工作，为困难群众提供系统、全面、规范的基本生活保障。社会福利社会化步伐加快，各项救灾救济政策得到落实，“五保”供养水平、城乡低保标准实现统筹。年内，全区有城市低保对象1103户1515人，年保障资金1802.85万元；农村低保对象2675户4049人，年保障资金3928.6万元；为127户因病、因灾等特殊原因造成生活暂时困难的家庭发放临时救助金65.5万元；为2710名城乡特困群众发放医疗救助金877.9万元；2017—2018采暖季，为3160户燃煤自采暖城乡低保家庭发放补助金316万元；为94名困难大学生发放助学金42万元；为43户、96人符合条件的家庭做了低收入家庭认定；“两节”期间，向全体城乡低保对象发放走访慰问金285万元。

【精准救助】　推进通州区精准救助工作，2017年，8个社工机构160名工作人员参与此项工作。完成全区4269户的调查走访工作，制定帮扶方案1652户，提供资源链接115户，回访979户，个案服务419户。

【动态管理】　区民政局和街道（乡镇）民政部门认真做好低保入户调查、公示上墙、受理审批等环节的工作，确保实现动态管理下的应保尽保。2017年，新审批228户390人享受城乡低保待遇，并对城乡低保对象采取半年复审、不定期抽查和社会监督等方式，进一步加大动态管理力度。全年因城乡低保对象去世或收入超标，停发享受676户1182人；因城乡低保对象收入或家庭成员发生变化，调整429户。

【特困供养】　2017年，有197人享受特困供养待遇，其中集中供养130人、分散供养67人，全年发放救助金及照料费448.95万元。

【困境儿童救助】　进一步落实《关于发放困境儿童生活费的通知》文件精神。2017年，全区有困境儿童28人，其中事实无人抚养儿童15人，困境家庭中重病、重残儿童13人。全年支出补助金47万元。

【社会福利机构】　2017年，全区登记注册的社会福利机构17所。其中，乡镇政府办福利机构2所、采取“公办民营”模式8所、光荣院1所、企业办盈利性养老机构1所、社会办福利机构5所。全区养老机构总床位数9550张。

【残疾人补贴】　年内，落实残疾人生活补贴及护理补贴工作，完成18279人申请材料审核审批，全年发放“两项”补贴5410.5万元。全市首个实现系统点对点资金发放。

【救灾应急预案管理】　2017年，为完善应急体系建设，召开《北京市通州区突发事件应急救助指挥部相关成员单位联席会议》布置全年主要任务目标，并出台工作方案及预案；加强通州区应急救助统筹协调能力，整合相关部门的资源，做好各阶段的灾害救助工作；实现应急救助上下联动机制；完善通州区应急救助指挥体系，全力保障受灾群众基本生活。为确保民政对象安全度汛，区民政局及时制定并下发《关于做好2017年安全迎汛工作的通知》，并与15个街乡签订《安全度汛责任书》，做到机构、人员、职责三落实。为妥善应对自然灾害，切实增强灾害救助快速反应能力，有效保障受灾群众基本生活，维护区级救灾物资专用储备库及物资安全，做好灾害救助前准备工作。为加强防灾减灾示范社区创建工作：截至年底，通州区创建全国示范街道1个，全国示范社区19个，市级示范社区17个，筹备建设示范社区5个。

（李宝辉）

【救助流浪乞讨人员】　年内，规范开展流浪乞讨人员的救助管理工作，维护其基本生活权益。在重要节日、重大活动及严寒天气期间，协调区公安分局、区城管执法局、区卫计委等部门开展街面集中巡视救助行动。引入专业社工组织，参与救助工作。全年救助生活无着流浪乞讨人员254人次。

（刘宝凤）

社 区 建 设

【概　况】 年内，社区建设工作围绕城市副中心建设定位和社区治理实际，科学统筹城乡社区协调发展，以社区居民服务需求为导向，不断加强和充分发挥社会工作在城乡社区治理中的专业作用，全面提升城乡社区治理水平和社区服务能力。

【农村社区建设】 2017年，以德治理等创新模式全面铺开，重点推进农村社区实行“一窗式”服务和规范化建设，社区卫生、安全、文教、体育、环境等政府社会管理与公共服务职能在农村社区得到较好落实。以项目建设为抓手，以满足居民群众各方面多层次需求为导向，以提升社区多元化、多样化服务能力为方向，不断提升社区服务水平。组织引导各乡镇、农村社区围绕与农村居民生活密切相关的领域开展建设项目107个，重点保障老年人、未成年人、残疾人、优抚对象、困难群体等的特殊服务需求。

【获评全国农村社区建设示范区】 2017年，在区委、区政府统筹下，紧扣“创新农村基层社会治理，提升农村公共服务水平”主题，印发《创建全国农村社区示范区工作实施方案》，抓重点、攻难点、创亮点，形成“政府主导、民政牵头、多部门协同”的创建工作格局。“637”通州区农村社区建设模式全面展示通州特色，“11125”工程、“仇庄经验”等品牌工作受到评估专家组高度认可，成为全市首个获此殊荣的区。

【城市社区建设】 年内，区委组织部、区民政局联合印发《关于进一步开展社区减负工作的意见》，进一步明确社区工作职责，实行社区服务事项工作清单。各街道结合区域实际，探索创新社区减负工作，形成北苑街道的“三化”治理模式、新华街道的“社区双协商”、中仓街道的“四有四服务”、玉桥街道的“楼门文化”等一批有特色的先进经验和工作亮点。

【推动社会工作发展】 年内，加大培训和继续教育力度，举办540人参加的社工师考前免费辅导班，261人参加的为期十天的社工师继续教育脱产培训班，完成304名持证社工登记，全区持证总数达1085人。举办国际社工日、“北京社工宣传周”主题系列宣传活动，制作“社会风采十年图片展”活动展板90块，征集“最暖心社工故事”活动34个。制定《通州区民政局关于加快“三社联动”推动基层社会治理创新的意见》，开展14个“三社联动”服务项目，实现“三社联动”服务项目街乡全覆盖。

【志愿者服务】 年内，以“学习雷锋精神，展示民政风采”为主题开展学雷锋志愿服务推动月系列活动。累计注册社区志愿者达89137人，志愿服务队伍1431支。全年开展614个志愿服务项目。

【社区服务信息网络】 年内，全区录入信息总量达6166条，更新办事指南17条。全年开展形式多样的社区大课堂515节，32960居民参与活动。各级社区中心开展“两节”服务活动惠及社区居民2万余人次。

（田　芳）

基层自治组织建设

【概　况】 深入开展通州区街道社区管理体制改革调研工作，研究提出街道社区管理体制改革总体思路及操作思路。按照全市统一部署，完成京冀线通州段联合检查。开展2017年先进村（居）委会和村（居）委会主任评比表彰活动，评出市级先进村（居）委会19个，市级先进村（居）委会主任7名；区级先进村（居）委会12个，区级先进村（居）委会主任13名。2017年，围绕北京城市副中心的定位要求，深化全区行政区划管理调研工作，研究确定城市副中心行政区划优化设置的总体思路以及2017年行政区划调整方案。

【街道社区管理体制改革】 年内，按照区委要求，街道社区管理体制改革与行政区划调整工作同步研究、同步推进。经过多层次调研、多角度论证，结合通州实际，梳理街道社区管理体制改革动因，系统分析国内外改革模式，提出通州区街道社区管理体制改革总体要求、主要任务、操作建议，并于2017年8月经区委深化改革领导小组初步讨论通过。按照会议要求，修改完善《深化通州区街道社区管理体制改革工作方案》，并细化分解重点任务分工方案，明确责任单位、完成时限。

【城乡基层自治组织建设】 2017年，在全区范围内于1月、7月组织两次村级“民主日”活动、召开两次社区居民会议，调动居民群众参政议政积极性，提高城乡基层干部的决策水平和解决实际问题的能力，进一步密切党群干群关系。会同区委宣传部、区文明办等相关单位组织召开通州区“推进移风易俗 树立文明乡风”工作现场推进会，部署通州区修订村规民约、居民公约工作。

【行政区划管理】 在区委、区政府的领导下，建立健全行政区划管理长效工作机制，统筹推进全区行政区划管理工作。围绕“适应城市功能空间布局、合理确定街道管理幅度、统筹城乡二元管理体制”三大主要任务，统筹街道管理体制改革、农村产权制度改革、集体资产处置、撤村建居等城市管理重点工作，经过深入调研、反复论证，研究提出了城市副中心行政区划调整的总体方案与操作步骤，并积极推动了2017年区划调整相关工作。

（范 晔）

综合执法

【殡葬执法】 2017年清明节前夕，区民政局会同公安、工商、城管等部门，对区内殡葬用品经营网点进行联合执法检查，重点检查各销售网点是否合法营业，是否存在销售冥票、纸人纸马等迷信殡葬用品行为。通过实地联合检查，进一步规范全区的殡葬销售市场，保护合法经营的殡葬销售网点。坚决制止乱埋乱葬和非法销售墓地行为，对公益性墓地进行不定期的执法检查，对非法销售的继续采取高压态势进行打击。全年制作15个殡葬领域简易行政处罚案卷。

【普法宣传】 2017年，区民政局坚持学法、用法法制宣传，加强法制文化、法制阵地建设。坚持在“通州民政信息网”及“民政信息简报”宣传板块上进行民政法制宣传。把握好重点节日期间的法治宣传工作。在清明节扫墓接待日、村（居）委会换届选举、民政局开放日、“5·12”防震减灾日开展多种形式的法制宣传教育活动，进行民政法律法规、规章及民政相关政策的宣传，尤其是在宪法日，通州区民政局联合其他委办局一起在于家务乡进行法律知识宣传，区民政局对民政法律法规进行重点宣传，发放大量的民政法律宣传材料，接受政策咨询并耐心解答群众询问，使乡村群众从中受到法治教育，增强了广大群众的法制观念和守法意识。

【安全生产】 在区委、区政府的正确领导和市民政局的帮助指导下，围绕北京城市副中心建设，坚持民政安全发展理念，完善各项制度，强化安全生产管理。建立健全“党政同责、一岗双责、齐抓共管”责任体系。下发《通州区民政局关于做好安全生产管理工作的意见》，对全区社会组织、福利彩票点和墓地陵园等行业单位的消防安全检查。对全区15处宗教场所，在重大的宗教活动召开前夕组织人员进行安全检查。在元旦、春节、“两会”、清明节、“五一”等重大节日或者国家重大活动前夕，对加强防火、防盗、水电安全、行车安全及应急值守工作的部署安排，有效预防各类安全事故的发生。建立安全台账，与行业单位签订年度安全责任书，督促行业单位落实主体责任。

（王瑞荣）

殡葬管理

【殡葬惠民】 2017年，区民政局认真贯彻落实各项殡葬惠民政策。按照《通州区城乡无丧葬补助居民丧葬补贴办法》，严格丧葬补贴操作手续，防控风险，避免重复申领、避免政策规定的十类人员申领（该类人员在其他渠道享受丧葬补助）。年内，核准丧葬补贴申请755件，区、镇（乡）两级财政拨付丧葬补贴资金377.5万元。

深入推进“零百千万”工程，即零元骨灰撒海、百元骨灰盒、千元殡仪服务、万元墓地，全区销售百元骨灰盒248个，提供千元殡仪服务2580次。

推进落实《北京市通州区节地生态安葬补贴实施细则》。本区户籍重点优抚对象和享受本区城乡居民最低生活保障待遇的对象免费使用骨灰格位。

【清明祭扫】 做好清明节群众扫墓接待服务工作，在全社会大力倡导移风易俗新风。为确保清明节期间群众扫墓服务安全、有序进行，成立了由区政府办公室、区民政局、区公安分局、区应急办等部门组成的通州区群众扫墓服务工作指挥部，召开了有39个指挥部成员单位领导参加的清明节群众扫墓接待工作协调会。清明节前夕，联合指挥部成员单位对辖区内公墓（陵园）、骨灰堂、公益性集体埋葬点进行安全检查，对在检查中发现的问题责令限期整改。清明节期间，通州区殡仪馆、永安公墓、通惠陵园、京运陵园、惠灵山陵园等几处重点扫墓接待点，累计接待扫墓群众315215人次，机动车辆63663辆次，此次活动期间未发生一起安全责任事故。

（王瑞荣）

社会组织管理

【概　况】 年内，通州区民政局在严格依法行政的同时，创新管理手段，规范管理方式，依法依规完成社会组织成立登记、变更登记、注销登记、换证等重点工作。2017年，注册登记社会组织350家，其中，民办非企业单位242家，社会团体108家。

【社会组织年检评估脱钩】 2017年，通州区需脱钩的行业协会商会15家，完成脱钩10家。应参加年检的社会组织276家，已年检的社会组织268家，年检率97%。截至2017年年底，累计评估社会组织207家，应参加评估社会组织为246家，评估率为84%。

【社会组织信用管理工作】 年内，组织全区社会组织开展诚信服务承诺活动，签订《北京市通州区社会组织诚信自律承诺书》，建立诚信服务承诺制度，开展诚信宣传培训3次，诚信承诺率75%。制定下发《通州区社会组织换证赋码工作通知》，全面完成社会组织统一社会信用代码赋码工作，完成率100%。

【社会组织培育孵化建设】 年内，区级培育孵化基地——通州区社会组织“双创”发展服务中心运行良好，制定《通州区社会组织“双创”发展服务中心运营管理办法》，完善孵化培育等6项制度。街乡级层面建立玉桥、北苑等5家社会组织培育孵化机构，社区层面建立2个社区社会组织孵化中心，基本形成三级培育孵化体系。截至年底，培育孵化社会组织12家，开展合作交流、培训指导等活动21场次。

【购买社会组织服务】 2017年，通州区民政局以百姓服务需求为导向，购买社会组织服务项目18个，通过竞争性的招投标方式，从43家社会组织的122分投标书中择优选定15家承接单位。购买后，采取项目执行第三方全程绩效监督，项目资金第三方专业审计，执行中期评估、结项验收。做到政府购买服务运作规范、公开透明、落实到位。

【社会组织党建】 2017年，区民政局认真落实社会组织党建“三同时”，通过“五同步”工作法、成立区民政局社会组织党支部、建立“两新”组织联络制度等指导推动社会组织党建。截至年底，建立党组织157个，覆盖社会组织235家，覆盖率66.8%。其中，建立党支部84个，单独建立功能型党组织16个，联合建立功能型党组织57个。

【服务副中心重点工作】 22017年，主办“志愿在创城，服务你我他”——通州区社会组织助力“创城”活动，引导社会组织开展志愿服务、助力“创城”，营造良好的志愿服务氛围，带动社会组织工作人员和家庭成为注册志愿者，投身志愿服务。通过实施10个重点公益服务项目，开展了500余场次志愿服务活动。此外，组织相关社会组织，环行政办公区的村书记、主任23人到山东淄博学习先进地区的工作经验，草拟了《通州区民政局关于倡导成立“红白理事会”推进移风易俗工作的通知》，聘请指导专家，对潞城镇的移风易俗工作予以指导，草拟了《潞城镇委、镇人民政府关于成立“红白理事会”推进移风易俗工作的实施方案》。

【社区社会组织建设】 2017年，出台《通州区民政局关于大力发展城乡社区社会组织的意见》《通州区民政局关于社区社会组织备案管理制度》，明确通州区社区社会组织发展规划和扶持政策，管理体制建设进一步完善。

（徐　颖　马　华）

婚姻收养登记

【概　况】　2017年，婚姻登记管理工作依照《中华人民共和国婚姻法》《婚姻登记条例》和《婚姻登记工作规范》要求，坚持依法行政、热情服务的基本原则，继续巩固、提高等级婚姻登记机关创建成果，各项工作顺利推进，群众认可度持续增长。全年办理结婚登记8755对（较上年下降7.8%），离婚登记3706对（较上年下降20%），补领婚姻登记4632对（较上年下降9.8%），涉外、涉港澳台婚姻登记29对（结婚登记17对，离婚登记8对，补领婚姻登记4对），收养登记16件（含解除收养登记1件），为行动不便的老人、残疾人、病人提供上门登记服务21次，出具婚姻记录证明8份，配合公安、检察院、法院、公证处等部门调查当事人婚姻登记情况516次，接待群众电话咨询及现场解答6万余人次。

【落实便民政策】　4月，根据国家财政部、发改委通知要求，区婚姻登记处取消250元收养登记费和350元寻亲公告费，至此个人办理收养登记实行免费政策。8月，依据市政府《市政府审改办关于取消调整77项市政府部门要求基层开具的涉及群众办事创业各类证明的通知》要求，涉及通州区婚姻登记工作的6项证明一律取消，不再要求当事人提供。

【信息化建设】　2017年，为全面提高通州区婚姻登记信息化建设水平，依据市民政局相关文件要求，区婚姻登记处申请资金5.2万余元，完成婚姻登记档案即时电子化设备购置工作。

【婚姻家庭辅导及颁证服务】　2017年，区婚姻登记处继续与通州区婚庆协会、春晓心理咨询事务所签订政府购买服务合同，并申请资金18万元确保此项工作顺利开展，年内，为6000余对结婚新人提供免费颁证服务，颁证率达90%。有1800余对离婚当事人接受婚姻家庭辅导，接受辅导率达50%。同时，区婚姻登记处开展婚姻家庭辅导进社区活动。深入基层社区组织开展4次“婚姻家庭知识大讲堂”活动，得到群众好评。

【特殊婚姻登记日工作】　2017年2月14日及5月20日是特殊的结婚登记日，为做好特殊婚姻登记日的服务工作，区婚姻登记处借鉴往年高峰日经验做法，预先制定工作方案和各项应急预案，并做好相关引导工作。两个高峰日共办理结婚登记656对（2月14日办理251对，5月20日办理405对），由于准备充分，工作深入，服务周到，未发生一起投诉事件，群众满意率100%。在此过程中，区婚姻登记处联合区婚庆协会、春晓心理事务所为结婚新人举行集体颁证、新婚祝福等主题活动。

【婚姻法律法规宣传】　年内，区婚姻登记处通过多种媒体向全社会宣传婚姻法律法规，并在《通州时讯》《通州新闻》等新闻媒体刊登宣传稿件15篇。同时，不断加大婚姻政策法规宣传，全年向全区群众发放《中华人民共和国婚姻法》《中华人民共和国收养法》《婚姻登记条例》及计划生育相关知识等宣传资料1万余份，并对1.5万余次群众咨询进行解答，取得良好的宣传效果。

（刘广宇）

福利事业

【概　况】　2017年，通州区救灾捐赠工作在市民政局的指导下，在区民政局的正确领导下，开展各项工作，努力提高救灾保障水平。接收捐赠工作有新突破，救灾能力得到全提升。

【接收捐赠】　2017年，累计接收社会捐款93.57516万元，接收物资7.0019万件。根据对口支援地区的要求，将棉衣被等3000件，救灾物资总金额21.2万元送往奈曼旗对口支援地区，用于助学、助教、助困以及帮助该地区群众解决过冬棉衣不足困难。

【应急储备】　2017年，救灾捐赠储备库为救灾与捐赠合用储备库，现有救灾物资：帐篷740顶、折叠床1940张、气垫床1200张、折叠桌椅580套、棉大衣2000件、应急灯600台、救生绳500套、强光手电

200个、救生衣500件、交通指挥棒100个、雨衣200件、雨鞋200双、铁锨300把、对讲机30台、发电机10台。捐赠物资：棉被2000件、棉衣498件、棉大衣500件、毛毯300件，共计3298件。

【慈善超市】 2017年，通州区捐赠中心在主管局长的带领下联手通州区养老驿站，新建2家慈善超市。分别根据服务场所所处地理位置及面积，合理规划功能区域。分别与养老驿站签署连锁运营协议书，明确甲乙双方的责、权、利。全区慈善超市均符合全市统一要求的基本功能。慈善超市具备款物募集功能、困难群众救助功能、应急服务保障功能、慈善理念宣传及义工（志愿者）服务功能。

（穆月鲲）

【光荣院服务管理】 通州区光荣院始终坚持“全心全意为休养人员服务”的办院宗旨，倡导“人性化、亲情化、家庭化”的服务管理理念，用爱心、细心、耐心、真心、热心、责任心努力营造温馨舒适、轻松愉快、健康向上、充满亲情和关爱的良好氛围，为休养人员提供一个颐养天年的场所。2017年，光荣院投入215.8万元，装修改造公寓楼50个养老居室，适老化改造使得老人生活更加便利；投资42万元改造安防、消防系统，进一步提高院内安全管理水平。

为更好地为全区优抚对象服务，10月，光荣院开展2017年度通州区重点优抚对象短期疗养活动，来自马驹桥、北苑等9个乡镇、街道的17名优抚对象参加活动；12月，开展2017年度“送医送药送温暖”活动，深入到西集、玉桥等9个乡镇、街道的52名重点优抚对象家中，为他们送去关怀。

在遵循《北京市光荣院管理办法》的基础上，光荣院制定出不同类别休养对象接收标准，逐步接收各类优抚对象及80岁以上高龄社会老人，有效地利用光荣院养老资源，扩大光荣院的服务范围，推动光荣院社会化工作进程。

（刘艳鸿）

【社会福利院服务管理】 截至2017年12月，通州区社会福利院有孤残儿童28名，其中，院内集中供养27名，家庭寄养1名。全年接收弃婴2名，办理送养4名，其中，国内送养3名，涉外送养1名。

1月22日，全市首个“儿童成长驿站”在通州区张家湾镇碧海圆生态农业观光园内启动；8月，为进一步扩展儿童成长驿站的建设范围和服务网络，让更大范围的困境儿童受益，通州区正式启动区级儿童成长驿站。区级驿站位于通州区社会福利院内，建设面积1200平方米，设有学习室、沙盘室、木工室等14间主题功能教室，另设篮球场、乒乓球馆、羽毛球馆等3大活动场所。针对社会困境儿童开展“明天计划”手术2例，漷县镇1名先天性心脏病患儿和张家湾镇1名耳疾患儿成功完成先心病微创手术和人工耳蜗植入手术。全年举办通州区困境儿童夏、冬令营活动8期。截至2017年12月，福利院组织开展各类帮扶活动30场，汇集社会资金632477.7元(帮扶活动筹款222477.7元；慈善协会25万元；诚栋基金会16万元），受益儿童2385人次。通过个案帮扶、小组帮扶、政策帮扶、志愿帮扶等10大帮扶形式，重点为社会困境儿童提供学习辅导、心理构建、文体活动、能力提升、危机干预等服务内容。

（缪　怡）

老龄工作

【概　况】 2017年，通州区老龄办落实《中华人民共和国老年人权益保障法》和《北京市居家养老服务条例》，以老年人居家和社区养老服务需求为导向，不断建立健全“以居家为基础、社区为依托、机构为补充、医养相结合的多层次养老服务体系”，稳步推进各项老龄基础工作，并以抓好折子工程和为民办实事项目的落实为重点，不断提高老年人社会保障、社会优待和养老服务水平，全面提升居家和社区养老综合服务能力。

【加强老年组织体系建设】 4月，召开通州区首届老龄工作委员会全委会，对老龄工作取得的成绩进行全面总结，对2017年老龄重点工作进行安排和部署，与59家老龄委成员单位签订2017年老龄工作责任书；8月，通州区老年协会成立。

【落实老年人优待政策】 2017年，区老龄办为全区1951名户籍及外埠60周岁及以上老年人办理老年人优待证；为全区20897名80周岁及以上老年人发放居家养老服务补贴金2464万元；为全区1743名90周岁及以上老年人发放高龄津贴218万元；为全区36名95周岁及以上老年人发放医疗补助约5.8万元。春节期间走访慰问高龄特困老人4名，为老人们送去米面油和每人1000元的慰问金；重阳节前，区老龄办走访慰问28名百岁老人、10名高龄特困老人，发放15万元慰问金，此外还向90名高龄特困老人发放7.2万元慰问金。有3个街道、11个乡镇为本辖区不同年龄段的老年人发放补助金，投入慰问资金879万元。为500户经济困难老人家庭进行适老化改造。改造内容包括助行、助浴、康复辅助等，改造范围包括地面、墙体、卫生间等主要功能区，如安装扶手、配置用餐辅助家具、轮椅或者拐杖等，为老人居家养老提供各种便利。

【“敬老月”系列活动】 2017年，“敬老月”活动主题是“敬老爱老，全民行动”。通州区在“敬老月”期间开展以下系列活动：一是开展北京市“孝星”和“孝星”榜样事迹宣传，深入部队、学校、社区开展宣讲4场；二是开展《中华人民共和国老年人权益保障法》及《北京市居家养老服务条例》相关法律知识讲座活动；三是开展区四大家领导慰问百岁老人及高龄特困老人活动；四是与北京雅视眼镜有限公司联合，为全区60岁以上老年人免费赠送4000副老花镜；五是依托各类老年协会组织开展“长寿杯”老年门球赛、“重阳杯”老年台球赛、“炫舞十九大”老年健身舞蹈比赛和老年健康知识讲座等多场大型活动，受到老年朋友的欢迎。

【新增养老设施建设】 2017年，通州区计划建设村居级养老服务驿站20家。并通过公开招标的方式确立10家优秀的服务商，建立通州区社区养老服务驿站服务商库。重阳节前夕，举办通州区首批驿站颁牌仪式。截至2017年年底，通州区建设完成并试运营驿站30家，并由市民政局备案和公示。研究制定《通州区社区养老服务驿站建设补助办法》。

【机构开展居家辐射服务】 2017年，潞城镇养老照料中心、玉桥街道金隅养老照料中心、玉桥街道无忧之家养老照料中心广泛开展短期照料、助餐、助洁、助浴、助医、教育培训、精神关怀、信息管理、志愿服务、拓展服务十项社区和居家养老服务。3家共上报居家辐射项目17个，申报资金367万元。使老年人足不出户就可享受到送餐、家政、医疗、生活照料、精神慰藉等全方位的服务。

【政府购买助老服务项目】 2017年，区老龄办发布2个政府购买服务项目。一是通州区助老服务从业人员专业能力提升项目。对6个街道乡镇的40余名养老助残员、村居老年工作兼职人员及养老照料中心中的部分工作人员进行助老技能培训。二是通州区特殊老年人帮扶与关爱项目。为失独和空巢老人举办心理慰藉沟通交流会、老年健康知识讲座以及老年人互动等活动，丰富老年人的生活内容。

（张连芹）

民族 宗教 侨务

【概　况】 2017年，区民宗侨办坚持以中共十九大会议精神为指导，认真贯彻落实市民委、市宗教局和市侨办关于民族宗教侨务的工作部署，努力维护民族宗教界和谐稳定，完善为侨服务体系建设。

【扶持发展民族经济】 年内，区民宗侨办完成市民委以奖代补考核工作。通州区获得全市区级主体作用发挥优秀三等奖，于家务回族乡政府、张家湾镇政府获乡镇主体作用发挥优秀三等奖，于家务回族乡于家务村获民族村特色发展示范奖，张家湾镇张湾镇村获民族村经济发展达标奖。全年争取市级民族经济发展资金877.58万元，用于扶持10个项目建设。

【清真食品监督管理】 2017年，区民宗侨办认真做好清真食品市场日常检查，对全区清真饮副食网点经营情况、清真食品供应及规范管理情况进行不定期的抽查，办理更换清真标志牌及清真食品生产经营许可证手续14件，及时纠正部分商户擅自悬挂清真标志牌等违法行为。

【民族文化体育事业】 年内，组织中仓、张家湾等乡镇街道开展“民族情　中国梦”民族团结进步系列创建活动。组织白将军民族社区参加北京市第十二届民族健身操舞大赛，并获金奖。接待甘肃省民委到通州区调研少数民族流动人口服务管理工作，并与甘肃省临夏、甘南、平凉、天水四地州民委签订《少数民族流动人口服务与管理协调合作机制协议书》。

【宗教场所维稳工作】　区民宗侨办制定印发2017年通州区宗教领域安全生产管理工作方案，开展宗教场所安全隐患排查和检查工作，确保中共十九大期间区内宗教活动场所安全稳定。与各乡镇及相关单位进行沟通协调，把区内9处宗教场所纳入“煤改电”及“煤改气”的改造工程，并享受相应补贴政策。

【依法行政工作】　年内，按照区审改办下发的文件，完成审批事项、公共服务事项、职权事项的梳理及填报工作；举办新修订的《宗教事务条例》专题培训班；开展整治非法传教活动4起，协调处理露天小佛像一尊，清查两处摆放佛教造像的出租民房；组织玉桥街道在艺苑西里社区开展侨法宣传活动。办理民族成份变更确认2件，设立审批民族幼儿园1所，为10人开具《华侨、港澳同胞和外籍华人学生来京上中小学批准书》。

【走访慰问送温暖工作】　春节前夕，走访慰问生活困难的少数民族群众、宗教界人士和老归侨73人，送去6万元慰问品和慰问金；为区内困侨家庭申请市级困侨资金7500元。在“六一”儿童节期间，对全区3所民族幼儿园、5所民族小学进行走访慰问，送去慰问金8万元。在宗教重要节日期间，走访慰问15处宗教场所，送去慰问金50万元。

（董华文）

福利彩票

【概　况】　年内，全区销售福利彩票37624.2726万元。其中，电脑票销售32988.2676万元，较上年增长0.82%，即开票销售4636.005万元，较上年下降6.05%。超额完成北京市福利彩票发行中心下达的销售任务。筹集福彩公益金约9000万元。总销量列全市第四名，远郊区县第一名。

【巡视检查】　年内，对全区各网点的安全、防火、防盗、卫生、投注机维护和服务水平等方面进行巡视检查。特别是在中共十九大及“全市安全隐患大排查大清理大整治专项行动”期间，着重从彩钢板、“三合一”“多合一”的排查；安全用电；禁烟；灭火器的使用四个主要方面对销售站提出明确要求，保证通州区彩票销售安全运行，健康发展

【促销活动】　年内，开展福彩各项游戏营销活动。电脑票方面，分别在全区进行“快乐8”“3D”“快3”“双色球”游戏营销活动。在营销活动期间，春季“快3”游戏取得显著成效，日销量更是首次突破百万，创区内历史新高，总销量名列市里前茅，在提高销量的同时，进一步扩大福利彩票品牌影响力。即开票方面，按照市福彩中心要求，大力开展“丁酉鸡”“闪耀钻石”“百万财富”“码上有奖”“十全十美”等即开型福利彩票宣传促销活动，努力开拓福彩即开票新市场。

（陈　蕾）

人口管理

【概　况】　2017年，通州区有常住人口390347户769216人（男性381232人，女性387984人），其中非农业人口503248人，农业户口265968人。全年登记出生13895人（男性7137人，女性6758人），死亡7864人（男性4793人，女性3071人）。迁入19994人（省内迁入15511人，省外迁入4483人），迁出3868人（迁往省内3280人，迁往省外588人）。

（李　娜）

【流动人口和出租房屋管理】 截至2017年年底，通州区登记流动人口658513人，出租房屋76923户249049间，建有出租房屋管理站347个（来京人员和出租房屋服务站），配备专职协管员785人。

（杨　地）

【户口申报审批】 2017年，通州公安分局办理各类审批户口2348份2936人。

（侯振宇）

【证件管理】 2017年，通州公安局分局办理二代居民身份证84796个，办理临时居民身份证5875个。

（臧　蕾）

人民生活

【概　况】 2017年，城乡居民收入平稳增长，消费结构不断优化。抽样数据显示，城镇居民人均可支配收入44607元，同比增长9.2%；城镇居民人均消费性支出31701元，同比增长8.4%；农村居民人均可支配收入25632元，同比增长8.9%；农村居民人均生活消费支出18490元，同比增长8.1%。初步统计，个人存款余额1309.3亿元，较年初增加103.2亿元。

（董可静）

【城镇居民家庭人均可支配收入增长9.2%】 2017年，城镇居民家庭人均可支配收入44607元，同比增长9.2%。其中，城镇居民人均工资性收入达到31328元，同比增长9.9%；人均经营净收入1268元，同比增长6.1%；人均财产净收入5435元，同比增长6%；人均转移净收入6576元，同比增长9.4%。从结构看，工资性收入、经营净收入、财产净收入、转移净收入占可支配收入的比重分别为70.2%、2.8%、12.2%和14.8%，工资依然是居民家庭最重要的收入来源。

【城镇居民人均消费性支出同比增长8.4%】 通州区城镇居民人均消费支出31701元，同比增长8.4%，八大类消费支出“六升二降”。其中，增幅靠前的有其他用品及服务、生活用品及服务、教育文化和娱乐，同比分别增长32.2%、27.9%和22.4%。

（薛如玉）

【农村居民人均可支配收入同比增长8.9%】 2017年，通州区农村居民人均可支配收入25632元，同比增长8.9%。按收入构成看，财产净收入增长最快，增速达到17.6%；其次是转移净收入，增速为9.6%；工资性收入和经营净收入增速分别为8%和8.4%。

【农村居民人均消费性支出同比增长8.1%】 2017年，通州区农村居民人均消费性支出18490元，同比增长8.1%，八大类消费支出均呈增长态势。其中，增幅靠前的是其他用品及服务、生活用品及服务和交通通信类支出，同比分别增长22.4%、14.4%和12.3%。

（卢思秀）

社会组织活动

【安全检查行动】 “两会”前夕，通州区道路交通安全协会开展安全检查、安全教育培训演练服务项目。对全区359家社会组织、19家养老院、15家民宗侨办、122家福彩中心、191家托老所、9家殡葬机构，共计686家机构开展安全检查行动。

【精准帮扶困境儿童】 年内，通州区汇德社会工作事务所和通州区永通社会工作发展服务中心两家社会组织开展社会困境儿童和散居孤儿社会工作帮扶项目，惠及15个街乡镇的200名社会困境儿童及散居孤儿。活动入户走访500余次，为200名困境儿童及散居孤儿建立帮扶档案、为136名儿童开展个案服务、开展小组活动24次、组织活动34次，同时，成立区级儿童成长驿站，向社会开展困境儿童社会救助、宣传活动。

【社区融合服务项目】 年内，北京市通州区悦心社会工作事务所，在通州区玉桥街道开展以“佳、佳、佳”为主旨的社区融合服务项目。组织开展“家庭和睦佳”活动3次、“邻里和气佳”活动3次、“社区和谐佳”活动13次，并通过社区内宣传栏、宣传展板等宣传阵地，开展了以“佳、佳、佳”为主旨的系列社区融合活动。

【志愿服务】 年内，北京通州爱康志愿服务队，在中仓街道开展“爱心志愿、互助安康”志愿服务活动，服务队的志愿者们走进中仓、四员厅、东里、西营、小园、新华园、星河等13个社区，到特困、残疾、失独老党员家中进行慰问，送去慰问品，与他们亲切交流，为创造和谐社会贡献爱康人的力量。

【送法进军营活动】 7月27日、28日，在“八一”来临之际，通州区司法局联合通州区律师协会到辖区驻军总装备部队、空军第六电子对抗团进行慰问。为部队送去饮料等防暑降温用品，30余名律师、公证员及法律援助工作者为部队官兵提供“一对一”的各类法律问题解答服务，发放各类法治宣传手册及普法宣传品一万余份，方便官兵日常学法、用法。

【第七届空竹比赛】 8月7日，北京市通州区空竹运动协会开展第七届空竹比赛，吸引了来自全区的15支代表队、300余名选手参加比赛，他们齐聚一堂秀绝活，共同较量空竹技巧。比赛分为集体赛和个人赛，成绩取前六名。最终，永乐店镇代表队夺得集体赛第一名。

【文明礼仪培训班】 年内，通州区企业联合会和通州区企业家协会，在碧海圆会议中心举办“争做文明达人 共建文明城区”通州区投资系统礼仪培训班。来自11个乡镇、15个开发区、4个办事处及其入驻企业的110位相关招商和企业服务的负责人参加培训，提高了投资系统员工的道德修养，提升了企业的公众形象。

【社会组织财务管理培训班】 10月26日，北京市通州区社会组织“双创”发展服务中心举办通州区社会组织财务管理培训班，社会组织负责人、业务骨干和财务人员共80余人参加了培训，进一步加强了通州区社会组织财务管理规范化建设。

【社会组织助力移风易俗】 年内，委托通州区启航防灾减灾服务中心在行政办公区周边的古月佳园小区开展以“简俭减”为主题的移风易俗品牌服务项目。其中“简”是指婚庆事宜简单办；“俭”是指丧事节俭办，“减”是指其他喜庆事宜（升学、晋升、生日等喜庆活动）减量办，甚至不办。开展“简俭减”为主题的活动30余次，发放“简俭减”宣传册1200份、挂历2500份，在春节前向每家每户发送一份文明新风尚台历，指导古月佳园社区建立“简俭减”移风易俗志愿服务团队，推动环行政办公区的移风易俗工作。

【社会组织贯彻中共十九大精神培训班】 11月6日，召开社会组织宣传贯彻中共十九大精神专题培训班，深入学习中共十九大报告对社会组织内容的阐述和党中央对社会组织在新时代、新征程中再立新功的殷切希望，找准社会组织新定位，全区359家社会组织负责人、党组织负责人400余人参会。

（徐　颖　马　华）

通州区消防协会

【概　况】 通州区消防协会是北京消防协会第三届、第四届常务理事单位，为AAAAA级社会组织，现有团体会员97家，并有中仓、张家湾、漷县、西集等4个地区基层活动片组，有个人会员35家。年内，全会围绕区政府消防工作中心，抓住全国文明城区和北京城市副中心建设的契机，广泛开展公益性消防安全宣教活动，在全区大规模清退高能耗、高污染企业，全区企业总数下降幅度较大的形势下，消防协会组织的11轮消防安全流动展览和11场次

“安全生产月”中漷县消防宣教活动现场

（通州区消防协会提供）

消防知识培训演练等活动，使全区117402人次的企事业员工、大中专院校及中小学幼儿园师生、医患人员、商市场人员、社区居民、社会群众和农村居民受到了消防安全的宣传教育，社会效果凸显。经区级推荐和全市社会评选，通州区消防协会被评为2015至2017年度市级社会组织先进单位。

【流动展览】 2017年，协会以创建全国文明城区和北京城市副中心建设为着力点，配合区科协科普宣传部署，广泛开展消防宣教活动：一是组展“不断线”，坚持“点”“面”结合的组展方针，以“送展上门”等形式广泛开展消防安全流动展览、消防知识培训和灭火逃生演练等消防宣教活动；二是公益活动“随时搞”，参与全区科学素养提升行动。3月20日、22日和4月6日，协会参与区科协在漷县镇、永乐店镇应寺村和大杜社六郎庄组织的区2017年科学素养提升行动大型安全宣教活动，发放消防宣传购物袋等消防宣传品。协会配合区科技周、科普日等安全宣传活动的开展。年内，消防协会组织11轮消防安全流动展览和11场次消防知识培训演练等活动，使全区117402人次的企事业员工、大中专院校及中小学幼儿园师生、医患人员、商市场人员、社区居民、社会群众和农村居民受到消防安全的宣传教育，取得良好的社会效益。

【实操演练】 年内，为进一步强化流动展览宣教效果，协会在开展消防安全流动展览的同时，组织消防知识培训和灭火实操演练，促进参培人员消防安全知识向技能的即时转换。协会秘书处按照消防安全“五进”的要求、结合参培单位的实际，精心制作不同主题的消防宣传多媒体课件和教案，宣讲消防知识，并组织灭火实操演练。年内，在协会组织的11场次消防知识培训和灭火逃生演练中，有北京工业大学实验学院、北京二中通州校区、梨园中学、马驹桥物流园区、益源出租汽车公司等等11家单位近万人次的单位员工、大中小学师生和社区居民、农村群众参加培训和演练。区消防协会会长张振华、秘书长田瑞宗在培训会上重点宣讲火灾预防和扑救知识，并模拟火情发生，组织参培人员进行紧急疏散演练和灭火实操演练，活动现场组织流动展览，发放消防知识购物袋、消防知识“掌中宝”等消防宣传品，有效促进了参培人员消防安全技能的提高，现场反响强烈，活动受到参培人员的欢迎。

“安全生产月”中漷县消防宣教活动现场

（通州区消防协会提供）

三乐老年公寓消防知识培训

（通州区消防协会提供）

【召开第三届第十一次理事会】 3月15日，通州区消防协会第三届第十一次理事会暨会员代表会议在北京东方宾馆召开。会议以研究部署2017年全会工作为主题，审议并通过《通州区消防协会2017年工作计划要点》及阶段性工作计划等相关文件，并就协会配合全区春季防火工作、6月安全生产月、

"11·9"消防宣传周等重要时段在规模较大的防火重点会员单位以及中仓、张家湾、漷县、西集等4个地区集中组织11轮消防安全流动展览的组展工作进行部署。会议还就协会换届大会的筹备工作进行部署。2016年末，协会三届理事会任期届满，按规定本会现任理事长和第三届秘书长不再连任本会第四届理事会职务，拟任第四届理事会理事长（会长）候选人在任职单位还未到退二线年龄、当选后不能驻会且秘书长人选没有到位的情况，经会长办公会商议提出：为保证协会可持续发展，保证协会作为AAAAA级社会组织在全区消防安全宣教活动中发挥作用不断线，拟定延期一年换届。此意见经协会三届十次理事会、监事会全体会议暨会员代表会议以举手表决的形式全票通过并上报区登记主管机关区民政局同意，延期一年换届，即2018年3月完成换届。

三届十一次理事会暨会员代表会议现场
（通州区消防协会提供）

（郭淑云）

通州区关心下一代工作委员会

【概　况】　2017年，区关心下一代工作委员会（以下简称区关工委）服务于通州区建设副中心和创建全国文明城区的大局，发挥"五老"队伍的政治、威望、经验、时空、亲情五大优势，紧扣时代脉搏，把握青少年成长规律，抓住运河文化的传承，发掘教育资源，创新教育形式，在引导青少年健康成长方面做了大量卓有成效的工作，有力地推动了全区未成年人教育工作的发展。

【开展"青少年思想道德建设大讲堂"活动】　2017年，组织开展区级大讲堂活动9场，邀请教育专家闵乐夫，北京市心理学科带头人、北京市中小学心理健康教育名师发展研究室副主任程忠智，北京闻心斋心理咨询所所长、国家级心理咨询师毕金仪，通州区教师研修中心副主任苏金良等众多专家学者为学校、老师、家长和学生进行精彩讲座，受众达2000余人，内容涵盖道德与法治教育、国学文化、传统文化、运河文化、艺术文化等方面，实现了学校教育、家庭教育和社会教育综合教育功能发挥的良好效果，受到学生、家长、教师和社会广泛欢迎。

青少年思想道德建设大讲堂
（关心下一代工作委员会提供）

【开展"诗意通州——我们爱诗词"活动】　2017年，"诗意通州——我们爱诗词"系列活动在全市范围内推广和普及。12月28日，区关工委在首都图书馆承办北京市"迎新年诗词演唱会"，潞河中学、运河小学和南关小学作为通州区优秀代表与全市各区县的学生一起共同参加演出，既在全市范围展现通州区"我们爱诗词"活动的良好成果，也带

区关工委承办北京市"迎新年诗词演唱会"活动
（关心下一代工作委员会提供）

动和推动了全市该项主题活动的健康发展。

【开展“家德家风我传承”系列活动】 2017年，区关工委充分发挥通州区校外教育基地仇庄孝道馆和漷县曹氏宗祠传统文化内涵和教育资源，在全区范围开展家德家风教育。组织全区基层关工委的专职副主任和秘书长进行专题研讨，向全区各级关工委组织和广大青少年发放“家德家风我传承”主题活动倡议书，开展主题教育和系列征文活动。各基层关工委围绕主题多形式开展活动，收到良好教育效果，推动了各地文明建设，使孝德文化得到广泛传播和深化。活动期间，收到各单位上报优秀征文340篇，区关工委和区教育系统关工委编辑印刷了《我的家德家风故事》上下册2250本，发至全区各所学校，在全区校内外营造健康文明的新风尚。

【开展“向最美劳动者致敬”主题教育活动】 年内，区关工委以倡议、发现、慰问、歌颂为系列，利用寒、暑假和双休日，组织带领学生走街头、入行业、进社区，给最美劳动者送去温暖和敬意。同时，以捕捉文明瞬间为题，开展摄影、征文、手抄报等综合实践活动。以“向新通州建设辛勤付出的最美劳动者致敬”为主题编辑专题摄影集。组织青少年开展“同站交通岗、同乘公交车、同做保洁员、同做家务事”等体验活动，从中体会劳动人民的艰辛和付出。

向最美劳动者致敬 （关心下一代工作委员会提供）

【组织普法教育活动】 2017年，区关工委针对未成年人持续开展法律知识学习活动，聘请通州法院优秀法官走进学校开设法治教育讲堂，联合区法院编印《青少年法制教育读本》，以漫画和案例解说的形式，向青少年普及法律知识，取得很好的效果。同时，在关工委的《传承》报上设立《法官妈妈说法》专栏，法官尚秀云每期以案说法，通过案情简述、法律分析、法官提示等几个环节，用简单易懂的语言为孩子们由浅入深、由表及里的分析案情，教育青少年警惕违法行为，学会用法律的武器保护自己。

2017年，区关工委联合区法院编印《老少运河行 共创文明城系列之青少年法制教育读本》1500本，以漫画和案例解说的形式，向青少年普及法律知识，取得很好的效果。

【青少年校外教育基地】 2017年，经过基层上报，区关工委与区文明办联合考察、审核，评定第六批教育基地20家。至此，通州区青少年校外教育基地达103家，实现各个乡镇街道全覆盖。区关工委将百家教育基地简介、联系方式汇编成册，印刷合订本《教育基地推介》1800册发至学校和基层关工小组，便于学校、社区以此为引领，利用基地教育资源开展青少年校外教育活动。区关工委通过实地走访、基层反馈等形式，对通州区现有的103家青少年校外教育基地管理使用和活动开展情况进行考察调研，对区内未成年人开展活动经常、教育效果突出、家校反馈良好的优秀基地进行评价和奖励，年内完成教育基地考核、奖励工作，下发专项扶植奖励经费8万元，奖励教育基地10家。

考察青少年校外教育基地
（关心下一代工作委员会提供）

（范立华）

街道

10月26日，在街道文体中心承办2017年“通州味”群众文艺之星选拔赛

（北苑街道提供）

中仓街道

【概　况】　中仓街道位于副中心建设核心区域，东起紫运中路，西至新华南街，南起京秦铁路，北至新华大街。总面积约6.5平方公里，总人口约9万余人。街道下辖17个社区，下设19个党总支部、64个党支部，党员3123名。2017年，街道办事处围绕服务保障副中心建设总体目标，以创建全国文明城区工作为抓手，以基层党建创新为驱动，大力提升城市建设管理和环境治理水平，为居民营造宜居宜业的生活环境。

【党建工作】　年内，探索实施“四有四服务”党建创新机制。“四有”即工委有驿站、支部有帮手、党员有责任、居民有榜样，“四服务”即走问式服务、协商式服务、网格式服务、智能式服务。通过46个“民情驿站”，征集群众对创城意见建议107条；建立“支部帮手”350个，其中，京通医院党支部的“红细胞在行动”作为“两新”组织党建工作志愿服务项目的代表，得到市委组织部高度认可；通过“主事”体系的建立抓实“党员有责任”，日巡查发现问题40件次，整改率100%；建立“居民有榜样”宣传常态机制，挖掘居民榜样116人；通过“四服务”探索党组织联系服务群众的新载体，确保居民群众有问必答、有求必应、有事必办、有困必帮。街道以庆祝建党96周年为契机，对10个先进基层党组织、20名优秀党务工作者和70名优秀共产党员进行评选表彰，营造基层党组织争优创先的良好氛围。

【“创城”迎检工作】　年内，设立6个专项工作组，指挥、调度、协调、督导创城工作；组织全覆盖入户宣传，入户率100%，群众满意率95.17%；安装“创城”宣传展板507处、3070平方米，开展“创城”知识竞赛135次，制作入户宣传品、满意度问卷、宣传折页9万份。通过多种途径，加大社会面宣传，稳步提升创城知晓率、支持率、参与率和满意率。

9月6日，区人大常委会副主任薄立军（右二）“创城”检查中仓辖区环境秩序　　（中仓街道提供）

【疏解整治促提升工作】　年内，整合城管、食药、工商、综治等各方执法力量，建立高效联动机制，对辖区“开墙打洞”、无证无照经营、占道经营、“散乱污”企业治理、群租房整治、违法建设拆除以及交通秩序、环境卫生、消防安全等进行排查整治。封堵开墙打洞321户，拆除违法建设12296平方米，整治群租房53户、占道经营190起、无证无照经营78户，清理“散乱污”企业14家，流动人口23065人，同比下降9.7%，各项任务完成情况均在全区名列前茅。

【环境建设】　年内，完成年度各项环保工作任务，使辖区年均$PM_{2.5}$浓度控制在65微克/立方米，全区排名第三位；完成西上园社区首都绿化美化花园式社区创建工作，获得首都绿化委员会及验收专家组的肯定；有效回收燃煤300余吨、燃煤炉具2000余台；完成辖区4553户平房居民“煤改电”工作，为2386户居民办理炊事惠民气；关停、整改“散乱污”企业39家；完成辖区内38台燃气锅炉低氮改造工作；接收反馈中央环保督导组举报件13起，整改率、满意率均为100%。对北小园、皓月苑及香林郡3个小区1644户、36812平方米进行环境整治提升；

结合区域特点，实行作为“街巷长”制延伸及创新的环境建设管理“主事”制，在57条街巷、老旧小区、平房区设立楼门主事、胡同主事487名，并建立相关管理运行机制，构建“主事”工作体系。

10月19日，副区长王岩石（右二）检查中仓辖区工地空气重污染时期关停情况　　（中仓街道提供）

【社会安全稳定】　年内，出动检查人员670余人次，检查辖区单位298家次，整改隐患91处；深入开展“大排查、大清理、大整治”专项行动，对辖区各类安全隐患进行全面细致的清理整治；完成全国“两会”、“一带一路”高峰论坛、“六四”、党代会、中共十九大安保等重点时段的安全保障工作以及“人、地、事、物”摸排管控等系列工作，保证辖区社会面安全稳定。

【社区建设和民生服务】　年内，贯彻落实各项优抚惠民政策，辖区各类困难群体基本生活保障到位，助残、助老、助医、助学、助贫服务有序开展；各社区广泛普及志愿服务理念，140个社区社会组织开展志愿服务和政府购买等服务活动210多场次；开展就业援助活动成效显著，全年力促1100名失业人员实现再就业；中仓小区作为北京市老旧小区综合改造试点工程稳步推进；通过首都公共文化示范区创建工作，完善了一批群众文化活动场所；“中仓居民大舞台”组织开展20项文体赛事，参与群众9000人次，满足群众各类文化活动需求。

12月30日，区委书记曾赞荣（右一）调研中仓街道　　（中仓街道提供）

【群团组织工作】　年内，街道总工会新增会员190人，总数达1900余人；举办“我知晓、我参与、十万职工共创城”系列活动。街道团委在“志愿北京网”登记志愿者人数达14674人，活跃度（86.3%）及人均服务时长（61小时）均全区排名首位。按照区妇联相关文件精神，街道妇联完成第二次妇女代表大会选举工作，选举产生主席和副主席4名、执行委员会委员37名；评选表彰最美家庭、学习型家庭、平安型家庭21户，促进了家庭和谐、社会稳定。

9月10日，副区长张德启（左四）参观中仓党群活动中心　　（中仓街道提供）

（刘　萍）

新华街道

【概 况】 新华街道地处北京城市副中心商务中心区，东北起温榆河、北运河中心线，西至新华北路、通顺路中心线，南至新华大街中心线。2017年，依照通州区新的规划方案，辖区面积由3.25平方公里变为2.36平方公里，下辖如意、天桥湾、司空、贡院、东大街、新建、北关7个社区居委会。自2010年启动核心区拆迁以来，已拆迁征收5个社区，1万余户居民搬离。仅有的如意、天桥湾两个实体社区均为老旧小区，有52栋居民楼，有常住居民3145户、7906人，流动人口1284人。

辖区的主要特点是施工工地多，现有在建施工工地、物业及售楼处41家，占辖区面积约为90%。其中，京杭广场、绿地IV−01、07项目完工，保利、新光大中心、侨商总部基地等3个项目部分楼座完成竣工验收备案，正在进行室内装修。富华水乡南区项目部分楼座主体结构封顶。复地、运河壹号、远洋新光、万科置业、绿地VIII−02、04、07地块项目正在进行主体结构施工。

【党建工作】 年内，打造亮明身份、公开承诺、示范带头、接受监督4个具有辖区特色的主题实践活动。在“双协商”框架下，培育“聚能双协商 党建微创投”特色党建品牌，集聚党员、群众和社会组织的智慧与创意，以创投大赛为载体，培育和孵化优质党建服务项目，逐步推进基层党建工作重点向非公企业、社会组织等新兴领域转移。牵手北京佑安医院启动“手拉手”对接计划，通过党组织对接，实现优质医疗资源下沉，为辖区百姓带来便捷专业的医疗服务。加快创建街道级党群活动中心，使之成为“党建微创投”项目辐射非公企业、社会组织等新兴领域的重要阵地。党风廉政建设持续加强，对34项重点职权事项开展立项监察，纠正和解决工作中存在的6个苗头性问题，以作风建设新成效凝聚起城市副中心建设的强大力量。

【“创城”工作】 年内，健全长效常态的工作机制，建立并严格落实主要领导每月1次、实地考察组每周2次的常态化实地拉练检查制度，深入查找工作短板和难点问题，现场分析研究，及时调度解决，累计排查整改各类问题145项。整合网格工作资源，形成条块结合、多部门协同发力的工作体系，不断推进城市管理重心下移、力量下沉。通过PDA终端上报系统处置问题2325件，处置率99.15%。全面落实环境建设、道路出行、文体设施等民生测评指标，100%开展入户走访调查，为居民群众办实事、解难题，及时解决居民需求29件。加强社会主义核心价值观和“讲文明树新风”公益广告宣传，更新、替换、新增公益广告约4204平方米，宣传栏350块。建立“聚焦新华”微信公众号，推送志愿者招募等信息727条。加强志愿者队伍建设，建立组织协调、注册培训、回馈激励等工作机制，对现有49家社区社会组织实行网上登记备案制度，重点扶持如意弹拨民乐艺术团、五彩袖标志愿服务队等13个社会组织。围绕美化环境、扶贫济困等8个方面，打造38个志愿服务活动项目、163项服务内容。截至年底，开展社会组织公益行、文明交通劝导系列活动186次，招募实名注册志愿者3869人，总服务时长41万小时。

【生态环境建设】 年内，全面完成专项行动各项目标任务，“开墙打洞”“散乱污”企业及占道经营整治等各项任务均提前实现100%销账；拆除销账违法建设4.5万平方米，完成区级任务量的129.3%。对老旧小区内私搭乱建和三教庙内违法建筑开展集中治理行动。分批次拆除私搭乱建203处，整治自行车棚23个，整治面积0.7万平方米，全过程做到零上访、零举报、零投诉。强化腾退空间的后续管理，在原违建区域施划停车位553个，补种绿植400余平方米。试点在如意社区安装自行车棚“门禁+监控”系统。推进街巷长制，建立长效管理、综合考评等工作机制。修整破损路面2.37万平方米，粉刷老旧墙面0.6万平方米，修整破损台阶488平方米。推进清净街区建设，督促辖区3家餐饮企业、23家企事业单位和工地食堂全部安装油烟净化与隔油池装备。街道$PM_{2.5}$平均浓度64微克/立方米，同比改善率达33%，在全区所有街镇中排名第一。在中央环保督察组和市环保督察组驻区督察期间，新华是唯一未接到一件信访件的街镇。落实河长制，对辖区通惠河河段、北运河河段3.2公里河道各设置三级河长，定期带队开展对责任河道的巡查督导。

【社会治理】 年内，检查生产经营单位及工地6217家次，检查覆盖率100%，整改各类隐患3653处。出动各类执法人员6575人次，检查生产经营单位3430家次，清理“三合一”“多合一”场所23家，整治群租房30户，拆除彩钢板房10处、487.8平方米，整改弱势群体家中各类安全隐患690处，清理文物古建、背街小巷等重点场所周边的落叶枯草3.5万平方米，湿化面积达3.6万平方米。完成“一带一路”峰会、全国“两会”、中共十九大等重大维稳安保任务。妥善处理绿地悦公寓小区水质投诉、施工噪音扬尘等信访问题161件，调处率达100%。对如意、天桥湾社区实施智慧无线门禁系统项目建设，投入340万元。

【民生保障】 年内，辖区登记失业人员197人，登记失业率1.17%（四个街道最低），就业率53.69%，其中，就业困难人员就业率达82.93%。动态监测用人单位农民工工资支付情况，对大规模集体争议开辟“绿色通道”，保障农民工合法权益，解决劳务纠纷3起，涉及金额30余万元。科学提升养老服务质量，打造如意社区养老驿站，为辖区老人提供日间照料、呼叫服务、助餐服务、健康指导、文化娱乐和心理慰藉等6个服务项目，同时定期为75户空巢、高龄等特需老人开展送医上门、家政保洁等居家养老菜单式服务。

（张　晴）

北苑街道

【概　况】 北苑街道位于通州新城中心区西部。东起新华南北路，西与朝阳区接壤，南至运河西大街，北临通惠河，是京通快速路进入通州的第一站。辖区面积8.7平方公里，设有19个社区，2017年年底有居民41746户，登记流动人口46126人，总人口近10万人。2017年，北苑街道实现税收10407万元；其中，国税税收为7397万元，地税税收为3010万元。实现区财力3500万元，同比增长14.7%。

【党建工作】 突出品牌，志愿服务重塑“生态圈”。“双向积分”荣获市志联2016年度公益服务大赛金奖。成立非公联盟党委，有效促进“两新”组织“两个覆盖”，党组织覆盖率由90.9%提升至96.96%。优化服务，宣传展示挂上“加速挡”。开通“苑闻其详”“志愿北苑”微信公众平台，创办《新苑》社区报，开设党建专栏，成为基层服务型党组织的展示平台。

【“创城”工作】 强化责任，严格任务分解，确保各项指标保质保量完成，对“创城”档案开展联合督促检查。围绕“创城”指标，明确分工，建立三级审查机制。认真梳理症结难题，全力打好秩序整治、道路交通、楼道堆物、实地督察攻坚战。加大宣传，营造“创城”的良好氛围。实施“六步工作法”进行入户宣传。协调19个社区开展4次入户宣传工作，发放入户宣传脚垫3.7万份，印发宣传材料15万份。在辖区主要道路、公共场所安装板式横幅689条、文化墙353块，制作发放文明餐桌桌牌、贴纸等5万份，公示海报6万张。并发挥媒体宣传作用，利用《新苑》社区报、微信公众号、微博等宣传媒介，向居民普及街道“创城”中的各项工作，提升辖区居民对“创城”的知晓率与支持率。

7月14日，在万达广场举行“等灯等灯”快闪活动（北苑街道提供）

【疏解整治促提升专项行动】 专项治理“开墙打洞”。组织工商、规划、城管、安监等部门成立联合工作组，开展调查摸底，建立工作台账，鼓励商户自行封堵；开展联合执法，完成新华西街、通惠南路、玉带河西街、新华南路“开墙打洞”封堵284家，拆除违法广告牌匾200余块，疏散人口532人，完成整治任务的117.2%。拆除违法建设。组织城管、综治、安监等部门，加大违法建设拆除力度，完成杨庄北街7户平房、通惠南路11号楼北侧商铺、原盛仁堂药房、通惠南路13号楼旁平房等处违法建设违法用地9170平方米的拆除工作，疏解人口1986人。对新生违法建设、违法用地做到“零容忍”。提升重点区域环境。提前3个月完成五里店西路27号至29号重点环境整治工程，改造原有路面1305平方米，新做排水检查井13座，建筑装饰施工1055.6平方米。强化“散乱污”整治。建立各类“散乱污”企业台账52家，其中，违法建设类4家，无证无照类26家，安全隐患类10家，环境污染类12家，已全部销账。加强违法群租房整治。以新华西街社区怡佳家园小区为重点，组织开展出租房屋专项治理工作，发现违法群租房91处，治理91处，完成年度整治任务的227.5%。

【生态环境建设】 加强大气污染防治。建立各项工作台账9个，出动巡查人员4500余人次，检查点位500余处，检查次数1300余次，发现问题400余处，已整改完毕。抓好燃气锅炉低氮燃烧改造工作，完成燃气锅炉低氮改造企业8家，锅炉26台39.6蒸吨，完成比例100%。加强散煤治理，回收平房户存量散煤96.8吨，实现辖区“无煤化”。完成“煤改电”安装及使用，完成户内改造、入户设计、收费、安装1050户，2583台。全面落实13次空气重污染应急处置措施，街道$PM_{2.5}$浓度值66，改善率12.5%，位列全区第五。推进绿化美化工作。坚持“见缝插绿”，开展首都花园式社区、单位创建活动，种植树木176株、绿化9844平方米，及时清除压电线树木、倾斜树木35棵。清除小区垃圾渣土杂物7565立方米，粉刷破损墙面3.5万平方米，解决环境建设问题1818件。协调市政整修路面面积5300平方米，安装万达广场西侧护栏200延长米、钉石桩85处。落实京哈铁路环境综合整治措施，清除31处环境脏乱死角和堆积物出动车辆97台次、469吨，规范管理复兴南里233号院垃圾站，粉刷墙面3890平方米。推进生活垃圾分类，开展大型宣传6次，落实115个小区垃圾分类工作。

【民生保障】 年内，拨付老龄津贴150余万元，及时发放养老助残卡，核发低保金153万余元和特困供养金11万余元；办理医疗救助140人次，救助金60余万，落实残疾人两项补贴政策，核发生活补贴、护理补贴90万余元；救助流浪乞讨人员5人。完成城镇就业困难人员就业578人，完成全年任务指标的145%。灵活就业1831人，新增502人。街道城镇登记失业率控制在1.83%；组织开展技能大课堂、智能楼宇管理、建（构）筑物消防员培训、冬季送温暖招聘会等多种形式的就业创业培训活动，帮助失业人员提高技能，开创新的就业创业之路。做好辖区人口生育服务、规统工作，推进慢病综合防控示范区工作，与万达西贝莜面村联合，创建低盐、少油、少糖的健康餐厅。多渠道开展慢病防治全民健康教育，以义诊、讲座、竞赛等多种形式开展“健康中国行——合理膳食”“心理健康、社会和谐”等健康主题宣传日活动6次。做好辖区流动人口的社会保障、子女教育、居住证办理等服务工作，共办理居住证20798件、居住登记卡12223件。

10月25日，北苑街道工委书记李彦明（左一）慰问辖区百岁老人潞河中学退休教师李永存（右一）
（北苑街道提供）

【社会安全稳定】 年内，与辖区300多家重点单位签订安全生产、消防安全、特种设备安全、交通安全任务书720份。开展“一企业一标准、一岗位一清单”编制工作。挑选4家具有一定隐患排查治理工作基础的企业作为清单编制试点单位，健全安全生产综合管理与服务平台。组织开展3轮全领域安全生产大检查，检查范围覆盖10余个行业领域，检查各类生产经营单位4997家次，排查安全隐患4436项，完成整改4214项。在“散乱污”清理整治专项行动中，对挂账的10家生产经营单位加大监督检查力度，2个月完成挂账隐患消隐，并于9月底通过验收。依托安全生产综合管理与服务平台，采集、核销企业信息1069家，全面掌握、核实辖区生产经营单位基本信息和安全生产状况，并借助全区网格化组织管理体系，推进安全生产综合管理与服务平台在全区安监系统的完善、运行和推广，运用移动终端开展隐患排查治理，检查3697家次，发现安全隐患3385项，人均检查数达177家。组织辖区50家重点单位完成应急演练工作，其中，万达广场、物美大卖场、华联商厦、国泰百货组织开展了大型消防应急疏散综合演练。

10月10日，北苑街道在后南仓小学举行中共十九大安保维稳誓师大会
（北苑街道提供）

【环境秩序治理】 加强治安重点地区清理整治。以后南仓小学周边为重点整治区域，围绕无证无照经营、“黑车”运营、“黑摩的”、散发小广告、拎包扒窃等突出问题开展集中清理专项整治45次，累计出动各类工作人员2500余人次，出动车辆230余辆，拆除违建2563.34平方米，清除违规户外广告牌500余块。开展各类专项治理工作。组建便民服务队15个，发动预防煤气中毒宣传检查专职志愿者114人，按照四个必查、六个规定动作，对辖区488户取暖户进行安全检查和教育，入户检查32次，签订责任书488份，组建专业安装队安装报警器488个，补装风斗60个，发放宣传材料4000余份，张贴安全提示600余张，整改各类安全隐患60余处。加强流动人口调控和出租房屋管理。健全基层流管服务站，按照流动人口数量3‰的比例配齐配强专兼职流管员。加强人口规模调控，共采集登记流动人口45630人，比上年减少下降17.8%。规范出租房屋管理，共登记出租房屋信息7181户，治理违法群租房116户，拆除违法隔断间265间，清退流动人口644人。共代征房屋租赁税款403万元。

【社会治理创新发展】 年内，推进社区社会组织联合会工作。认真做好社区社会组织培育，推进社区公共服务社会化运营，完成北苑街道第二届社区公益项目创投大赛。北苑街道办事处和北京歌华有线数字媒体有限公司基于歌华有线电视云平台，合作建设智慧街道“北苑生活圈”电视云服务平台。规范社区志愿服务站建设，加强志愿服务工作。开展重阳节志愿服务活动。联合辖区“96156”签约服务商，为空巢、失独、贫困、孤寡老人及社区优秀志愿者的居家生活提供理发服务109人次、修脚服务112人次、家政服务66人次。深化“一刻钟社区服务圈”建设。召开北苑街道志愿反哺体系启动暨首批志愿者积分反哺服务站成立揭牌仪式，并在区社工委资金支持下，作为试点街道建立通州区第一批志愿者积分反哺服务站，分别设立在新北苑社区及锦

11月2日，北苑生活圈启动仪式　（北苑街道提供）

园社区，并为188名志愿者办理161张志愿者银行卡和27张志愿者身份卡，发放奖励时长3760小时。一刻公益平台注册志愿者1488人，发放奖励时长19467小时，签约商户36家。

（宗博华）

玉桥街道

【概　况】　玉桥街道位于通州城区东南部，北以京秦铁路为界，西南到果园环岛沿京津公路，东南由大运河接市六环路环绕，辖区面积11.2平方公里，居住小区86个。下设17个社区居委会，社区居委会筹备组1个；社区党总支13个，基层党支部85个，党员2460人；街道办事处下设科室18个，自设科室3个（创城办、网格办、环保办），派驻科室7个（司法所、统计所、食药所、玉桥城管分队、教委办、消防工作站、交通安全委员会）；机关编制人员63人，社工编制人员237人；辖区有人口约10万。2017年，玉桥街道办事处以北京城市副中心建设为要务，开拓工作思路，大胆实践创新，着力将新形势下街道工作向城市副中心建设标准看齐，将各项民生保障服务做实，将街道品牌与创新发展融合，为城市管理及社会治理工作开辟新径，各项民生工作实现较快发展。

【基层党建工作】　年内，履行“第一责任人”职责，亲自抓、层层抓，形成“上下联动、各负其责、齐抓共管”的党建工作格局。落实党风廉政责任制，对照巡察工作反馈，强化整改落实。以党的政治建设为统领，推进“两学一做”学习教育常态化制度化。开展“六个一”系列活动，实行“六法促学”，将贯彻中共十九大精神与党建品牌建设、年度攻坚任务、城市精细化管理创新相结合。成立宣讲团，开展宣讲119场，宣教党员群众8700余人次。巩固基层党组织“领头雁”“强团”和“新羽”三项计划成果，在6个支部以“一规两册一表一网一体系”为载体，实行党支部规范化建设试点。完成辖区35家单位的3000余名在职党员到居住社区报到工作。开展“建设副中心、向前站一步”主题教育实践活动，设立党员固定活动日，实行双向备案和党员积分制管理，加快党员“E先锋”信息化平

台建设。打造党员先锋服务联盟、“等灯等灯”文明引导等“党建+”志愿服务活动。党员先锋服务联盟10类专业党员志愿服务队帮群众解困2万余件。建立党员青年、团员青年人才资源库，搭建“青年e家”线上联系和“青年之家”线下活动的OTO综合服务平台，打造“乐惠玉桥”系列活动品牌，累计服务4200余人。

【宣传文化工作】 年内，通过宣讲、举荐通州榜样等方式，树立身边典型，开展百姓宣讲活动11场、道德讲堂活动8场。组建“副中心里的玉桥人”宣讲团，参加通州区“情系副中心　德耀文明城”宣讲比赛，获一等奖，是乡镇街道荣获此项殊荣的唯一单位。举荐通州榜样30人，荣获月度榜样4人，高淑文、房超被评为年度通州榜样。完成10个市级文明社区创建工作。通过“五个一”（举办一场专题讲座、一场原创诗词大赛、一场文化成果展、一场广场舞大赛、一场居民访谈交流会）的形式，将学习成果转化为行动指南，让中共十九大精神在基层落地生根，形成生动实践。深入挖掘新闻线索，充分利用“掌上玉桥”微信公众号、《通州玉桥报》及市区级媒体，宣传报道街道特色亮点工作。“掌上玉桥”推送62期，《通州玉桥报》出刊51期。中央电视台《新闻30分》栏目对“等灯等灯”进行专题报道，拆墙打洞整治、街巷长、文明交通等工作被北京电视台等市级以上媒体报道20余次。

【社区建设】 年内，对辖区高龄困难群体等开展入户失能情况调查，对17个社区养老服务设施进行摸底调查，申报紧急救援设施124户，为129户低保家庭投保意外伤害保险，发放低保救助、医疗救助、教育救助、供暖补助等民政事业费600余万元。开展“爱在身边”活动，启动“心语驿站”，为15户自闭症青少年开展康复教育。办理“一孩生育登记服务单”343份，“二孩生育登记服务单”287份，“流动人口两孩以内生育登记服务单”617份。融合政府指导、专业机构、社会力量等共建组织，形成“1+2+3+N”养老服务模式。即：搭建1个为老服务平台、融合政府与社会机构两股力量、建立“街道—社区—居家”3级养老服务体系，打造N种精准化居家养老服务项目。开展楼门文化建设总结表彰活动，表彰80名楼门长标兵、860名楼门长、84名小楼门长、34个精品文化楼门和17个精品楼门文化圈。推进孝德文化、传统文化等精品楼门及净水园等精品楼门文化圈建设，重新修订楼门文化建设管理办法，编辑出版《楼门故事》。17个社区因地制宜打造“一社一特”社区社会组织服务品牌。

【城市管理】 年内，以实行“街巷长”制管理及再生资源回收和垃圾分类“两网合一”试点工作为突破口，创新城市环境管理“微模式”。建立日巡、周查、月评机制，定期对辖区背街小巷环境整治提升情况汇总、分析、点评通报，设街长47位。在17个小区安装再生资源回收柜68组，回收物资8000余公斤。在玉桥东路、梨园中街、乔庄南路等区域开展“垃圾不落地”试点建设，服务示范街底商、超市等单位68家。全面摸排辖区违法建设、开墙打洞、违法群租房等违法违规问题点位，开展疏解整治促提升工作。以联动联治为抓手，实现整体、集中、根治效果。采取点对点宣传、面对面解惑、心贴心沟通的工作方式，张贴治理公告600余张，发放宣传品3000余份。拆除违法建设15854.03平方米，查处占道经营案件314起，清理整治无证无照经营13户，封堵“开墙打洞”50户，清理整治违法群租房47套、“散乱污”企业34家。开展“蓝天保卫战”。通过查扬尘、查街面、查散煤等全方位查控辖区污染源，督促整改各类扬尘污染问题，建立玉桥街道污染源台账、玉桥街道汽修台账等动态监管台账5本。

【文明城区创建】 年内，组建和评选“玉桥好人”志愿者队伍，组织和带动广大居民牢固树立首善意识、平安意识、环保意识、和谐意识、互助意识，合力开展城市建设，投身社区治理。发挥创城测评体系“指挥棒”作用和街道“1+1+8+17”机制作用，为创城工作提供组织保证。将177项指标分解到班子成员、职能部门和责任科室，为所属17个社区细化《玉桥街道2016年创城重点工作安排》，逐级分解指标，坚持任务牵引，层层传导责任，严格落实“创城”指挥部的主体责任、8个专项组的具体责任、17个居委会的属地责任，力保玉桥街道的18类80个实地考察点位常态达标。向辖区居民发放《市民文明手册》、创城宣传折页等宣传材料，提高创城工作知晓率。开展“文明通州”社区宣传日活动，组织“爱在通州”学雷锋志愿服务、“守护健康生活”等宣传活动，调动居民参与创城工作积极性。针对辖内交通路口存在的行人横穿马路、车辆抢灯越线的现象，原创“等灯等灯”公益歌曲，试行推广文明交通计划，以公益歌曲MV制作、无声艺术路口文明引导、公益歌曲广场舞大赛、骑行宣传造势等形式，开展10余项内容的宣传引导，连续在公休日组织志愿者和志愿家庭开展“等灯等灯”文明交通引导活动，倡导文明过马路行为。

【安全维稳工作】 年内，以社区及单位安全隐患为基础抓手，加大宣传教育及监督检查力度，与社区及辖区生产经营单位签订《安全生产目标责任书》，明确责任和重点工作任务。开展以减轻社区灾害风险、提升基层减灾能力为主题的防灾减灾应急演练。对社会单位的用火用电、消防设施、消防器材、消防通道等进行全面大检查。全年检查生产经营单位4480家次，发现隐患3186项，整改隐患2735项，安全检查覆盖率100%。完成全市安全生产检查队规范化建设、城市安全风险评估试点及安全社区建设试点工作。推进安全隐患大排查、大清理、大整治“三大行动”。采取“点对点”宣传、“面对面”教育、“一对一”清理的直接切入模式，清理整治高风险隐患场所214处。街道班子成员分头带队集中下沉17个社区，开展社区内车棚、服务用房等安全隐患整治和规范学前教育社区办园点管理等消隐工作，在各小区楼门加入消防安全和燃气安全宣教内容，张贴消防警示公告7000份，在各社区配备消防柜、防护服、灭火器、水枪水带等消防器材。做好全国“两会”、“一带一路”、中共十九大等重点时期的安全保障工作。开展不稳定风险隐患专项排查，重点摸排可能引发重大群体性事件的矛盾纠纷，要求包片领导与社区共同开展协调化解工作。各社区充分发挥群防群治力量，最大限度动员广大群众参与防控工作。采取实名制防控措施，逐人落实防控岗位、防控时间、防控责任和防控要求。开展综治工作中心建设，由街道综治办、信访办、司法所、派出所等相关职能部门各派1名工作人员坐班接待来访居民，为居民解决实际困难。

（柳雯雯）

乡 镇

7月25日，北京市通州区永乐店镇携手天津市武清区大王古庄镇在永乐店经济开发区举行《贯彻落实京津冀协同发展重大国家战略推进区域战略合作发展框架协议》签约仪式（永乐店镇提供）

永顺镇

【概　况】　永顺镇地域面积43平方公里，与通州区4个街道办事处交叉包容，百里长安街自西向东、千年大运河自北向南交织孕育了运河文化广场，地铁八通线、R1（规划）、M6二期、S6（规划），京秦铁路、京承铁路、通燕高速、京通快速、六环路、通顺路、朝阳北路延长线、两广路延长线等多条交通干线穿境而过，京杭大运河、温榆河、通惠河、运潮减河、中坝河、小中河等7条河流流经于此，域内河流长度约24千米，区位交通便捷，多河富水。永顺镇地处副中心商务中心区范围内，未来将承载与商务中心区功能相配套的高端商务、楼宇经济、总部经济等产业。

永顺镇辖区总人口约27.7万人（其中，外来人口13.1万人），常驻人口25.3万人（其中，外来人口12.1万人），户籍人口6.77万人（其中，农业户籍人口数1.08万人）。下辖25个村、22个社区。其中，村级建制中，撤队转居的有竹木厂、杨富店、岳庄3个村，整建制转非的有龙旺庄、北马庄、杨庄、苏坨、范庄等5个村。全镇有67个基层党支部，党员3929人。

2017年，永顺镇税收完成40.3亿元，同比增长17.7%；区级财力完成11.3亿元，全年固定资产投资完成65.3亿元，完成全年任务指标；人均所得达到3.6万元，同比增长10%。

【疏解整治促提升工作】　年内，严格落实产业禁限目录，全年引进并完成工商注册企业231家，注册资金11.4亿元。完成年度疏解整治促提升专项行动目标，拆除违法建设48.2万平方米，销账占地面积110.7万平方米；清理占道经营1439件，整治无证无照经营872户，整治“开墙打洞”152户，疏解一般性制造业18家，完成146家“散乱污”企业清理整治，疏解有形商品交易市场7家，拆除违法群租房106套，实现全镇种养殖地退出，人口、资源、环境的矛盾得到缓解，群众获得感、满意度明显提升。

【重点工程项目】　2017年，北京城市副中心绿心棚改区改造项目永顺片区住宅区域（小圣庙村）创造性实现10日全额奖励期内100%签约。八里桥市场棚改项目二期完成签约876个，签约率达到90%。潞苑三街、朝阳北路东延二期等7项道路工程稳步推进。

【城市治理体系建设】　年内，持续优化“大城管”工作体系，2800余平方米永顺镇综合管理中心投入使用，推行“扁平化调度、协同化作战、智能化支撑”的综合执法机制，规范各类违法行为1万余起次。全面推行街巷长制，配备“街巷长”74名，探索“物资学院路理事会”工作模式。打造精品街巷，统一规范京榆旧路等重点道路的环境秩序，完成20条道路环境整治任务，提升城市公共空间环境品质。以加华印象为试点，平稳有序拆除各小区私搭乱建2万余平方米。清理建筑物天际线，拆除违规及存在安全隐患的广告牌匾 200余块。完成物资学院、通胡大街等10个交通秩序乱点整治工作。完善环境考核评价体系，构建资金投入长效机制，设立2450万元年度村居环境建设奖励基金和老旧小区物业补助基金，有效改善了永顺镇整体面貌。

【“创城”工作】　年内，助力全区成功获得全国文明城区荣誉称号。深入6.8万户家庭走访宣传创建成果。聚焦民生指标，累计排查整改各类问题近2400个，群众关注的一批重点难点问题得到有效解决。有效引导市民文明行为，大力发展志愿服务事业，形成“和谐永顺文明创建活动”“德耀永顺”等具有影响力的活动品牌，第十次获得首都文明乡镇称号，新增5个首都文明村、2个首都文明社区，群众文明素质显著提升。

9月9日，永顺镇运通园社区举办“创城”宣传活动（永顺镇提供）

【大气治理工作】 2017年，$PM_{2.5}$年均浓度下降到70微克/立方米，同比改善率11%。建立环保网格化管理工作机制，新增网格环保监督员14名，环保工作力量进一步加强。压减燃煤力度空前，完成14个村“煤改电”任务，落实燃煤设施动态清零，拆除燃煤小锅炉330余台，全镇范围实现“无煤化”。大幅降低氮氧化物排放，完成燃气锅炉低氮改造138.5蒸吨。严格实施扬尘管控，对域内50家施工工地全覆盖检查130余次，苫盖裸土达100万平方米以上。

【水环境建设】 年内，全面建成镇、村二级河长管理体系，全镇河道沟渠实现监管全覆盖。落实最严格的水资源管理制度，节水型区创建工作稳步推进。加大水污染治理力度，完善污水管网和处理设施，黑臭水体治理工程5座场站和8条管线相继完工，全镇83个污水口全部实施截污，水环境质量明显改善，河流水质断面评价考核居全区首位。小中河右堤刘庄桥强排站竣工并投入使用，区域防洪排涝能力进一步增强。

【园林绿化工作】 年内，完成西马庄等5个村土地流转工作，流转土地面积741.2亩。实施京承铁路、通燕高速、朝阳北路等绿化提升工程。刘庄公园、永顺城市公园基本完工，绿化建设面积732亩，让群众切实享受到绿色福利。

【民生建设和公共服务】 年内，深入开展精准帮扶，年均投入1000余万元，加大对生活困难群体的帮扶力度；一户一策，实现低收入农户全部脱贫。完成杨庄村整建制农转居劳动力人员816人参保安置。拓宽就业渠道，提供就业岗位1603个，推荐就业947人。教育资源配置更加均衡，潞苑小学、永顺镇中心小学世纪星城校区投入使用。深入推进健康永顺建设，加强慢病防控，年均投入500万元推行惠民健康计划，7000余人享受高标准的免费老年健康体检服务。着力提升社区服务能力，新建3个社区居委会，开展智慧化社区建设，完成106个精品楼门文化建设，建成2家社区养老服务驿站。完善网格化体系，充分发挥网格员队伍作用，畅通群众诉求表达渠道，全年累计办理非紧急救助热线及各类网格事件32350件，着力办好了一批惠民实事。

9月29日，永顺镇在龙旺庄社区举办“健康龙旺 中医相伴”社区义诊活动（永顺镇提供）

11月10日，永顺镇邀请新华医院为辖区居民开展义诊服务（永顺镇提供）

【安全维稳工作】 年内，深入开展安全生产大检查，消除各类安全隐患3900余处。集中力量开展安全隐患三大专项行动，核销“三合一”和人员密集场所隐患578处，清理违法出租公寓大院211处。严格落实安全生产责任制，安责险投保工作等指标超额完成任务。强化社会治安防控、城市运行保障、大气污染应急等各项工作，全镇上下全力以赴、履职尽责、日夜巡查，完成中共十九大、“一带一路”国际合作高峰论坛等重大活动服务保障任务，维护和谐稳定的社会局面。

【全面从严治党】 年内，成立永顺镇中共十九大精神宣讲团，深入村、社区宣讲60余场。结合全镇重点工作，探索党建引领发展的新模式，在八里桥、小圣庙棚改项目中打造“三带四到位”“一核双保险、三加四模范”工作法，把工作做到群众家里。推进非公党建全覆盖，新成立3家非公企业党支部、1个联合党总支、1个非公企业二级党委。形成了“功能型党小组”“党建楼门长”“非公党建‘1+3’融合法”等3个党建工作创新品牌。全年投入党建资金1130万元用于基层服务型党组织建设和为民服务工作。

（陈芊芳）

梨园镇

【概　况】 梨园镇位于通州新城核心区南部，镇域面积24.87平方公里，辖26个行政村，24个社区居委会，辖区总人口近30万人，梨园镇户籍人口61373人，其中，非农人口56414人，农业人口4959人，常住人口213126人。全镇有党支部87个，村级党组织29个，社区党组织23个，非公党组织14个，机关、事业等其他党组织16个，有党员2684名；全镇有居住楼房1333栋，城市道路近90公里。2017年，实现税收31.8亿元，固定资产投资19.44亿元，实现区级财力11.9亿元。盘活商业面积22700平方米，为村集体收入提供了保障。万元GDP能耗、大气污染物、水污染物节能减排完成区里下达的任务指标。

【优化产业结构】 2017年，严格执行《新增产业的禁止和限制目录》，充分运用行政、法律和行业标准化等多种手段，关停迁改有形市场、低端种养等落后产能。引进高端金融产业，恒丰银行、珠峰保险开业，乐成养老项目实现稳步推进。

【拓展城市发展空间】 2017年，文化旅游区拆迁任务基本完成。完成怡乐中路、群芳中二街、群芳园小区的百街百巷百社区精品治违示范工程。完成群芳中二街，云景东路(贵友大厦至一汽大众),以及大稿村小区的精品拆违示范街区工作，为全镇实现高标准城市建设提供了发展空间。

【公共基础服务设施建设】 年内，对镇域内交通进行智能规划，建立分时停车机制，开展智能停车管理，以瑞都公园世家小区周边为试点，全面加强院内、院外、道路三维停车管理。修补镇域24条道路，共计48714平方米；完成121户“煤改电”工作，低端养殖顺利清退。做好镇域内9条道路雨污分流改造工程以及外环路污水、再生水管线工程和玉带河综合治理工程；大稿沟（月异路−日新路）排水工程、孙王场村应急排水工程完工，解决了群众的出行问题。

【网格化建设】 年内，网格化建设走在全区前列，全年接报各类事件18944件，结案率96%。依托网格化平台，深入推进“网格化+”党群建设、“网格化+”安全生产、“网格化+”政务服务，提升城市管理精细化水平。

【城市管理】 年内，建立实施街巷长管理新模式，对镇域内36条道路按职责要求进行责任分工，确保责任到人。大力推广垃圾分类管理，采取定期与不定期相结合的方式对镇域42个垃圾分类小区进行检查，防止垃圾二次污染，以实际行动践行城市绿色环保、生态文明的生活理念。

【民生保障】 年内，扎实开展就业服务工作，城镇登记失业率控制在1.9%以内，魏家坟、大马庄、小街三队3个村被评为区级充分就业示范村。高标准推进社区建设，以靓景明居社区智慧平台为试点建设，加快互联网与社区治理和服务体系深度融合。推行“网格化+N”系列工程，搭建起以党建为引领的党务、政务、电子阅读、智能广播、一刻钟商圈的智能服务平台。格瑞雅居、颐瑞东里等7个精品社区建设和2100个楼门文化创建工作完成。推行共商共治试点建设，在格瑞雅居、新城乐居及万盛北里3个社区开展居民议事委员会的试点工作，群众反响良好。

【城市安全监管】 年内，社会治安防控体系建设深入推进，人防、物防、技防力量不断增强，安装治安监控设备设施1230个，社会综合治理成效明显，发案率持续下降，全镇社会面防控平稳有序；狠抓生产、食药、交通、消防等安全监管责任落实，创建“六个一”梨园特色安全网格化治理体系，实现了安全隐患排查治理的链条式管理，人民群众安全感普遍提升。

【大气环境治理】 年内，高标准实施镇2013—2017年清洁空气行动计划，全方位开展大气污染治理。推行绿色工地达标销账制度，持续加强扬尘污染防治，绿色规模工地达标率达到100%，扬尘治理达标率达到95%以上。全力抓好低氮改造工作，完成28台燃气锅炉165.9蒸吨低氮改造工作；严控机动车排放污染，淘汰老旧机动车1.1万辆；应对2017年8次重污染及大风沙尘预警等特殊天气，严格落实空气重污染应急预案的各项措施。空气主要污染物指标大幅下降，梨园镇细颗粒物（$PM_{2.5}$）平均浓度达到66微克/立方米，同比下降18.5%，名列全区第三，全年累计变化率下降19.3%，位于全区第二，空气质量与空气改善率均在全区前列。

【城市环境】 年内，高标准提升改造梨园主题公园、群芳中二街、政府路等6处改造地点，绿化面积1.75万平方米；完成公路绿化2处，1.9万平方米，全镇森林覆盖率达到29.3%。实施一批区域环境综合提升工程，大力治理城市顽疾，梨园环境建设整体水平大幅提升。

（朱　琳）

宋庄镇

【概　况】 宋庄镇地处通州新城北部，京杭大运河的源头、百里长安街的东端，紧邻市级行政办公区，距天安门24公里，距北京中央商务区（CBD）20公里，距首都机场T3航站楼2公里，交通路网便捷，区位优势明显。宋庄镇域面积116平方公里，辖47个行政村，总人口13万。镇域由温榆河、潮白河、运潮减河三河环绕，水网密集，是北京市东部的水源保护地。在规划发展生态型都市旅游观光农业的同时，镇域内还规划多处集中绿地，为创意企业和人才居住提供生态宜居的环境。自20世纪90年代中期，宋庄镇逐渐形成中国乃至世界规模最大的当代艺术大本营。在宋庄生活的艺术家超过5000人。有艺术展馆30多家、画廊200多家、艺术家工作室4500多个，集中展览、经营面积达10多万平方米，艺术工作区从原来的零散发展到现在近20个，餐饮、休憩、时尚空间150个，年均举办各类文化艺术活动过千场次，慕名而来的海内外游客达到年均50万人次。2017年，宋庄镇主要经济指标实现平稳较快增长。全年完成税收18.5871亿元，同比增长7.5%；完成区级财力5.0087亿元，同比增长1.9%；农民人均劳动所得实现2.8336万元。年内，宋庄镇多层次构建“大党建”格局，不断加强党建对各领域工作的引领。成立艺术区党委和新的社会阶层人士联谊会，强化艺术家党支部作用发挥，改组艺术促进会，确保党对艺术区的绝对领导。成立宋庄镇非公党委，强化对现有“两新”组织的管理，党组织和党的工作“双覆盖”不断加强完善。落实中央市区资金补贴政策，加强对民生补贴、受灾补贴等各类专项资金补贴发放的监管，做到专款专用、公开透明，切实保障群众的根本利益。

2017年9月10日，北京市宋庄艺术区新的社会阶层人士联谊会成立　（宋庄镇提供）

【镇域规划】　通州区新版总体规划对于宋庄镇的功能定位为艺术创意小镇。按照区委、区政府统一安排，宋庄镇正在加紧推进镇域总体规划（2017—2035年）编制工作。此次总体规划编制采用“1+4”工作模式，其中“1”是指总体规划编制与文本汇总，“4”是指在镇域总体规划的引领下，采用国际招标的形式开展4个专题研究，即宋庄镇总体功能定位与产业发展研究、城乡景观风貌总体城市设计、小堡艺术小镇和徐辛庄组团规划实施方案与详细设计。截至2017年年底，规划编制工作进程过半，取得中期成果。按照中央、市委市政府赋予通州区的城市定位以及北京城市副中心功能需求，结合实际，进一步明确镇域发展思路：以建设“城市副中心文化发展创新区、城市副中心临空国际交流区、城市副中心生态休闲旅游区”为总体发展定位，着力构建“一横三纵，双心双翼多节点”的总体空间布局，打造“中国宋庄”艺术产业新高地，将艺术资源聚集优势转化为艺术产业发展实力，建设国家级艺术创意小镇。加快村庄控规编制，结合重点工程拆迁工作，编制完成翟里村、小营村以及小堡村等村庄近期建设与环境整治规划。抓好城镇基础信息管理系统建设，完成镇域宅基地、非宅外业调查核实、信息采集。严格划定永久基本农田，完成全镇29个村、322个图斑、9346.38亩永久基本农田划定。全力推进棚户区改造，寨辛庄等5村棚改项目完成项目主体招投标，申报材料上报区政府。尹各庄、富豪棚改项目正在配合副中心规划，进行规划和实施方案的调整。协调南7村棚户区改造项目前期手续办理，力争进入2018年北京市棚户区改造实施库。

2017年9月27日，2017年第10届中国·宋庄文化艺术节开幕　（宋庄镇提供）

【疏解整治促提升】　年内，坚决落实中央、市、区关于以疏解促发展的指示要求，主动加压，积极探索，努力在疏解中谋求更好更大发展。以疏解整治腾挪发展空间，完成25家一般性制造业和42家“散乱污”企业市级台账任务。坚决严厉打击违法用地违法建设。全年拆除销账违法建设210万平方米，强化日常巡查看护力度，镇域新增违法建设由“动态清零”向“绝对清零”转变。大力开展占道经营、无证照经营和“开墙打洞”整治。清理占道经营1200余处，清理整治135家无证无照经营行为，整治完成宋梁路两侧全部43处“开墙打洞”行为。实施城乡结合部挂账村整治工程。完成3个市级挂账村和3个区级挂账村整治任务，双埠头整治工作成效显著，得到区级部门高度认可，为下一步全镇剩余33个行政村整治工作奠定坚实基础。开展重点区域整治提升专项行动。通过重点清除积存垃圾、卫生死角、暴露垃圾和建筑垃圾，完成宋梁路、丛林庄东路、丛林庄大街等11条道路整治提升工作。

【公共基础配套设施建设】 2017年，道路交通路网不断优化。京秦高速地上物签约除1户外，全部完成签约工作。朝阳北路东延、西潞苑二街、张采路北延、宋梁路北延，北京五中（通州分校）项目外部道路等工程均完成搬迁方案编制和入户清登工作。园林绿化水平持续提升。完成2700余亩重点道路绿化提升土地腾退，拆除建筑面积46万余平方米，增加新植绿化景观带；基本完成通燕高速和六环路二期工程、徐尹路、京榆旧路、壁富路景观提升；完成宋庄公园绿化改造提升工程。基础配套设施不断完善。完成京秦高速附属输变电改移工程52座塔基和顺通一线、二线500千伏高压线迁改工程，76座塔基搬迁工作，完成大庞村500千伏变电站及草寺村110千伏变电站入户清登工作。寨辛庄组团供热中心取得土地权属审查告知书。寨辛庄组团污水处理市场化建设配套管网工程完成再生水管线、污水管线施工。寨辛庄再生水厂配套新建污水管线和再生水管线完工，现正进行污水处理厂土建、设备安装扫尾工作。同时，完成全年全部农桥、排水沟、乡村公路大修、小修及维护等工程建设任务。

【生态环境建设】 年内，建章立制，全面落实环境保护工作责任。印制《宋庄镇“蓝天保卫战”工作方案》《宋庄镇2017—2018年秋冬季大气污染综合治理攻坚行动方案》等一系列文件，有力保证了全镇生态环境建设工作的有效推进。铁腕治污，坚决杜绝各类企业污染环境。全镇422家“散乱污”企业和18家工业大院均完成整治，拆除“散乱污”及工业大院企业46家，57.7万平方米。夯实基础，水生态环境建设取得新成效。编制实施《宋庄镇全面推进河长制工作方案》，进一步明确河道治污管护标准和责任。全面完成黑臭水体治理，28座污水处理厂站及截污、管线工程，启动城北水网、温榆河治理、蓄滞洪区二期及农村治污工程，水环境得到阶段性改善。强化管控，集中力量开展燃煤综合整治。完成13个村1万余户村民“煤改电”工程，完成27家36台62.5蒸吨的燃气锅炉低氮改造任务，完成4家种植业和4家养殖业煤改清洁能源改造任务，基本实现煤改清洁能源达标排放，初步建成燃煤锅炉禁燃区。突出重点，确保大气污染防治抓实落细。对全镇16处主要通行路段实施管控限行，安排劝返人员实施24小时不间断巡视，形成拉网式高压控管态势。关停18家无资质混凝土搅拌站、料场，加强4家资质齐全的规范化管理。加大镇域垃圾卫生管控力度，城乡环境建设水平得到有效改善。直面问题，实现督察督办问题立行立改。2017年，环保部先后反馈55件次环保类问题全部完成整改，北京市第三环境保护督察组反馈信访件71件，均及时进行处置，确保百姓反映的问题得到有效解决。2017年，全镇$PM_{2.5}$累计浓度由2016年的85.1微克/立方米下降至72微克/立方米，空气质量逐年提升。

【城市管理】 2017年，“创城”工作成效显著。坚持领导带头率先垂范，形成全民参与、同建共创的强大合力，对镇内重点道路、重点区域进行绿化美化，镇域人居环境及居民素养发生较大变化。创新城市管理模式。在全区率先创新网格运行模式，不断完善镇级综合管控网格员队伍运行机制，进一步丰富工作内容，实现各类城市管理问题处理快速有效，全年网格系统共上报事件约1.54万件，事件解决完成率达99.8%。安全生产坚强有力。按照市、区部署，全力开展安全隐患大排查大清理大整治专项行动，清理整治隐患台账2227处，全镇基本形成上下齐心、齐抓共管、严厉执法的安全生产高压态势。社会秩序稳定和谐。构建“大信访”格局，全年受理各类信访案件96件，办结率97%，全镇社会治理群众满意度逐步提高。高度重视非紧急救助事项办理工作，全年办理8907件次，及时有效解决百姓关心的困难问题。全面启动实施历史积案化解、矛盾隐患排查防控化解、“雪亮工程”建设工程，解决了一批影响社会稳定的突出问题。完成“一带一路”国际合作高峰论坛、中共十九大等重大活动安全服务保障工作，有力维护全镇社会稳定。

10月17日，区长张力兵（右五）慰问两会安保人员（宋庄镇提供）

【社会民生】 年内，民生投入持续加大。全面落实各项惠民医疗保险政策，确保民生实事落到实处。全面落实全民参保登记政策，登记城乡居民基本医疗保险参保人数3.7万人，覆盖率达到100%。全力开发就业岗位，开发就业岗位5000余个。制定《低收入农户增收工作的帮扶方案》和《低收入发展专项资金的补贴办法》，为做好精准扶贫提供保障。社会救助体系进一步完善，制定出台《宋庄镇医疗救助实施方案》，解决因病返贫、因病致贫人员后顾之忧。文教事业稳步推进。文体活动不断丰富，成功举办第十届中国宋庄文化艺术节。启动宋庄成人学校建设，打造一支专业性强、水平高的兼职教师队伍。村办幼儿园及无证幼儿园管理进一步规范，全镇53所自办幼儿园均添置监控探头，并组建责任督学队伍，对全镇自办园、村办园进行督导工作。

5月4日，中国文联、中国美协来到通州宋庄调研艺术家（宋庄镇提供）

【村史馆建设情况】 小堡村史馆，位于宋庄镇小堡村，自2012年建成开放，馆内陈列了漕运文物、农耕文物、“文化大革命”文物及艺术家作品，实物560件。疃里村史馆，位于宋庄镇疃里村，2017年4月底对外开放，馆内展示了农村老物件、回顾过去生活用品、疃里村发展状况以及疃里艺术团发展历程。

（米文萃）

张家湾镇

【概　况】 张家湾镇位于通州新城区东南，镇域面积105.4平方公里，下辖57个行政村。2017年，全镇累计实现税收总额14.66亿元；实现区财力3.69亿元；全镇完成固定资产投资32.9亿元，同比增长41.9%。全镇辖57个村，在城市副中心范围内有24个村，常住人口约13万人，其中，户籍人口65979人，流动人口62890人，有党员3700余名。

【镇域规划】 年内，按照“1+X”的模式，完成镇域总体规划初稿，同步进行张家湾古镇设计方案等6个专项规划编制。多层面广泛召开专题论证会7次，深入研究镇域发展定位、空间结构等内容，初步形成“一带四区”的空间结构。

【经济发展步入新常态】 在全区率先启动低端养殖场（户）清退工作，完成全镇低端养殖数据清登。碧海圆、瑞正园等农业园区发展会展服务、旅游观光、网上销售等营销模式，“互联网+”农业、一产三产融合发展态势良好。

【重点项目】　年内，经开智汇园二期、宏泰旸三期工程进展平稳。搭建平台公司，稳步推进土地整理收储，加快引进优质资源步伐。加强与互爱科技公司合作，筹建中国游戏数码港。加快产业转型升级，充分利用三进精工腾退厂房，建设北京张家湾文化艺术博览苑，得到上级领导充分认可。

【城乡建设】　年内，坚持“党的阳光普照，共创棚改幸福”指导思想，完成张辛庄、上马头两村住宅棚改签约工作，首日签约率达84%，9天16小时即实现签约100%，创造了全区棚改签约新纪录。加快推进六小村、开发区南扩区三五六期项目，预计2018年启动拆迁。委托北规院编制镇域总体规划，分别研究编制产业规划等6个专项规划。漷台路、漷于路改扩建工程进展顺利，投资2876万元对镇域内18条道路进行修缮，进一步方便群众出行。

12月17日，东方化工厂周边棚户区改造签约冲刺动员会　（张家湾镇提供）

【城乡社会治理】　年内，全面推进街巷长制，推动环境整治向精细化管理转变。投资1000余万元购置垃圾车、垃圾桶等设备，逐步取消垃圾池，建立垃圾定点回收制度，强化群众环保意识和习惯养成。推进张采路、张凤路、京津公路、九德路4条主干道的环境整治，道路环境秩序焕然一新。初步建成网格化管理体系，构建网格化服务基础数据库。选取马营村作为试点，启动首家农村社区枢纽型社会组织培育基地。

4月26日，张家湾镇环境整治日启动仪式　（张家湾镇提供）

【“疏整促”工作】　2017年，整治上账“散乱污”企业395家，退出一般性制造业企业25家，取缔无证无照经营单位1255家；封堵“开墙打洞”经营户500余家，整治占道经营2016起，辖区经营秩序进一步规范。保持拆违高压态势，超额完成45万平方米的年初拆违任务，累计拆除违法建设143.9万平方米。

【“创城”工作】　年内，坚持问题导向法、挂账销账法，建立日检查、周通报、周调度制度，有力推动督办问题及时有效整改。开展“倡导新风尚，坚定跟党走”“保护优美环境，我们在行动”等主题活动，设立全镇环境清洁日，大力推进环境整治。在全镇范围内开展创城集中入户宣传教育，发放创城宣传折页、一封信等宣传品，完成“创城”迎检工作。

【空气质量持续改善】　年内，强力整治“散乱污”企业，在镇内4个重点路口设置环保检查站，查处违规大型运输车辆103台次。督促142家餐饮单位食堂安装油烟净化排放设施145套，苫盖施工工地5.5万平方米，道路洒水300余车次。完成29家49台180蒸吨燃气锅炉低氮改造，茶炉大灶动态清零。更新空气重污染期间停产企业台账，坚决杜绝“三烧”行为，确保应急措施落实到位。全年细颗粒物浓度均值为75微克/立方米，同比上年降低17%。在2017—2018年秋冬大气攻坚行动计划中，全镇细颗粒物浓度均值为73微克/立方米，同比降低46%，高于全市下降25%的目标，被评为全区优秀乡镇。补贴2566万元完成19个村7300余户“煤改电”工程和12

个村1万余户“煤改气”工程，基本实现全镇“无煤化”目标。

【水污染防治】 年内，全面推行河长制，建立一系列工作制度，定期开展巡查，全镇河道面貌大幅改善。完成部分村庄7条排水沟清淤整治工程，摸排700余家排污单位，清理整治环境污染隐患，初步解决村级沟渠环境脏、乱、差问题。完成凉水河张家湾段清淤整治拆迁工作，有序推进 牛片区黑臭水体治理、北运河综合治理、河西片区萧太后河景观提升及生态修复工程。

【生态水平不断提升】 年内，完成京哈高速公路、京津公路、六环路西辅路、京津高速及京津城际铁路绿化景观提升工程以及环区界生态过渡带建设工程（一期）及环城生态景观带建设工程（二期）约1900亩土地腾退流转工作，生态面貌有效改善。

【就业社保】 年内，组织现场招聘会8次，参与企业59家，提供岗位1394个，就业安置424人。开展技能培训班7期，培训后就业率达85%以上。发放新农合药费5715人次，金额821.5万元；发放镇级医疗补助款2882人次，金额501.4万元。推进老年协会和养老服务驿站建设，更好满足群众多样化养老服务需求。有效解决农民工拖欠工资问题，为533名工人追回拖欠工资2404万元。

7月28日，张家湾镇党委书记聂玉泉（左二）慰问大辛庄老兵 （张家湾镇提供）

【社会事业】 年内，获评国家卫生镇，成为全区第二个获此殊荣的乡镇。搭建北京潞河医院与村民家庭的“联络直通车”，为百姓提供更加便捷、优质的医疗服务。举办“四季欢乐节”“群众大擂台”等文化活动，丰富群众业余文化生活。加大非遗传承项目推广力度，实施张家湾古城、通惠河故道、琉球国墓等环境提升和文物保护工程。开展控烟讲座，创建无烟单位。牛堡屯幼儿园实现开园，张家湾中心幼儿园被评为北京市市级示范园，是通州区唯一一所农村市级示范园。张家湾中学和牛堡屯学校同时被通州区教委评为中考优秀校。

【安全稳定局面持续巩固】 年内，深入开展安全隐患专项整治“三大行动”，清理公寓91家，检查“三合一”“多合一”场所854家、彩钢板建筑1557家、农业大棚145家4663栋，清理废品回收场所45家，关停整改幼儿园54家，迁出物流企业49家，发现并消除隐患2800处。加强“四品一械”监管，确保人民群众饮食用药、用械安全。不断完善信访接待工作机制和重点人管控机制，完成中共十九大、“一带一路”高峰论坛、十二次党代会等重大时期的安保维稳工作。

10月10日，张家湾镇十九大安保誓师大会 （张家湾镇提供）

【社会领域党建水平稳步提升】 年内，高度重视社会领域党建工作，全面推进组织覆盖，规范制度建设，提升工作实效。新成立北京天誉有限公司党支部，建立流动联合党支部26个，实现“两新”组织党的工作和党组织覆盖率88%，超额完成区委指标任务；派出党建指导员3名，对互益化工厂党支部成员进行调整，组织非公企业党建负责人培训班5次，加强非公企业党组织党建工作能力；鼓励非公企业开展扶危济困公益活动，协调碧海圆等20余家企业对小北关等村进行走访慰问，帮助困难党员、群众进70余名，树立良好社会形象。

（曹靖华）

漷县镇

【概 况】 漷县镇位于北京市通州区东南部京、津、冀交界处，举世文明的京杭大运河畔，是北京连接天津、河北香河的必经之路。镇域面积113.7平方公里，现辖61个行政村，3个居委会，总人口8.65万人，其中，非农人口1.9万人，农业人口4.15万人，暂住人口2.6万人。全年完成税收5.85亿元，同比下降1.6%。其中，国税完成4.5亿元，同比增长14.6%。地税完成1.35亿元，同比下降33.1%。全年实现区财力1.52亿元，同比下降1.4%。农民人均所得21576元，同比增长9.1%。完成固定资产投资3.48亿元。2017年，漷县镇深入推进“第一书记”党建机制，统筹落实全区基层党建工作重点任务，党委领导核心地位不断巩固提升。在深化推进“六比、三评、一处置”、“5+3”等党建创新活动的基础上，深入落实基层党建三年规划，从制度规范、档案规范、活动规范、场所规范四个方面，突出抓好党支部规范化建设。全面开展党组织书记述职评议，实现对基层党组织监督考核全覆盖。

【重点项目工程】 年内，漷县棚户区改造项目、安置楼项目、中心区集中供热中心、医院周边配套市政工程取得阶段性成果。加快推进镇域内道路工程建设，完成首环高速地上物腾退工作，保证首环高速的施工进度。启动觅子店组团路网、漷永路、漷于路、漷小路二期、孔兴路北延等道路工程地上物拆迁工程。

【环保工作】 2017年，全面打响蓝天保卫战，完成煤改清洁能源任务，其中，完成15个村7497户“煤改气”工程，21个村10105户“煤改电”工程，完成45家企业61台97.55蒸吨低氮锅炉改造工作，实现全镇“无煤化”目标，全镇空气质量持续改善，$PM_{2.5}$年均浓度降至70微克/立方米，同比下降18.6%。全面推进黑臭水体治理工程，进行河道摸排、污水站选址、村级雨污收集等工作，清淤河道29千米。镇村生态环境进一步改观，城乡一体化进程不断加快。

【综合治理工作】 年内，制定《漷县镇2017年环境建设综合治理工作方案》，街长制全面落实，细化“门前三包”监管工作，有效控制垃圾随意倾倒现象。城乡环境秩序综合监管有序推进，形成以点带面，以局部带动整体的综合监管网络，完成中共十九大、“一带一路”高峰论坛等重大会议活动的安保维稳任务。完成镇村两级综治中心建设，实施道路交通安全隐患排查，取缔二手车销售市场及散煤销售点。新形势下的群众工作不断创新，镇村群众工作网络初步构建，各类信访问题、社会矛盾纠纷得到有效化解，信访总量明显下降。认真落实领导干部“一岗双责”安全生产责任制，企业主体责任进一步强化，安全生产监管制度不断完善，监管力度进一步加大，安全生产形势得到有效巩固。

【社会各项事业建设】 2017年，推进农村社会保障水平持续提高，城乡居民养老保险续保率达到99%，新型农村合作医疗参合率达到99.6%，完成新型农村合作医疗向城乡居民基本医疗保险制度平稳过渡。全力推进民政优抚工作，为低保户、低收入家庭进行危旧房改造和各类经济救助，实施144户的农宅翻建和752户农宅保温工程，有效改善了农村群众的生活质量。北大人民医院成功签约入驻，区养老院主体竣工，正在进行内部装修。完成7个村的乡村医务室装修改造和医疗设备配备工作，漷县等村为村民组织了医生下乡义诊活动。实施南丁庄、杨堤、东黄垡3个村的养老服务驿站工作。组织开展“学习宣传十九大 我的舞台”“不忘初心 永远跟党走”等文艺汇演活动。民主政治建设不断推进，人大工作进一步发挥作用，工青妇等群团组织更好地服务于科学发展。政府职能进一步转变，党管武装、国防后备力量建设和“双拥”等工作成效明显。

【漷县镇村史馆建设情况】 2013年，漷县村开始挖掘村史资料，收集历史物件，许多村民将珍藏多年的物品无私奉献出来。在区镇各级领导和社会各界人士的支持和协助下，2014年初，漷县村村史馆揭牌。漷县村村史馆位于漷县村村委会院内，面积1000平方米。馆内藏有实物3000余件，资料图片100余件，全方位展示了近代以来特别是党领导下的 县村的历史变迁和发展面貌。展品分为四大部分：一是漷县古城兴衰展示，珍贵的漷县古城复原图、漷县八景图、三潮井照片等，生动展现了漷县古城的面貌；二是 县村村民生活足迹展示，包括各类契约、所有证、印花税、分家单、粮票、购货券，还有通州区唯一的一套“四清”档案，以及村民贡献出来的各式古老的农具等物件，这些凭证和物件记载了100多年来漷县村村民真实的生活状况；三是抗战历史史料，有日本侵占中国东北、华北的侵略图；国家领导人的合影照片；毛主席纪念章；1976年出版的《伟大领袖毛主席永远活在我们心中》全套63张毛主席的照片等；四是发展中的漷县村，有漷县村获得的各种奖励、为漷县村的发展做出突出贡献的人物资料，如石宝源将军、乡镇企业家徐思友和漷县村自解放后的历任村支书等。漷县村村史馆是漷县镇第一座乡情村史陈列室，村史馆的成立引人瞩目，来自市里、区里、镇里和村里的很多党员群众都前往参观学习，接待参观来访的党员群众超过3000人次。

榆林庄村乡情村史陈列室位于榆林庄村，面积约300平方米，2017年9月1日正式对外开放，陈列馆内容包括乾隆御赐榆林庄、运河文化展、榆林庄历史人文、大运河生态文明党建创新。截至年底，榆林庄村乡情村史陈列室接待参观者1000余人次，参观群体包括镇级领导、本村村民、运河文化爱好者及社会团体。

（张丽娟）

马驹桥镇

【概　况】 马驹桥镇历史悠久，曾是北京最大的湿地、是辽、金、元、明、清五朝皇家猎场和明、清两朝皇家园囿。地理位置独特，地处北京东南郊、通州区西南部，背依京城、朝阳区，东瞻通州，西望大兴，镇中心区距通州新城20公里左右，距首都机场40公里，京沪高速公路与北京六环路在镇中心交汇。镇域面积82平方公里，现辖45个行政村，7个社区居委会，实有人口15万人，其中，本镇人口5万余人，流动人口10万余人。现有基层党组织89个，其中，83个党支部，3个党总支，2个非公党委和1个综合党委；党员2700名。2017年，在区委、区政府的正确领导下，马驹桥镇立足“京津冀”协同发展和副中心建设大局，在服务保障副中心的同时，实现了全镇经济社会的平稳较快发展，完成2017年度各项目标任务。全年完成税收26.1亿元，形成区财力6.4亿元，完成固定资产投资28.5亿元。

【经济发展】 2017年，随着“疏解整治促提升”等一系列专项行动的开展，全镇上下先进产能稳步发展，优质供给加快孕育，落后产能陆续退出。落实减量发展要求，疏解一般制造业55家，其中，市级挂账18家，区级挂账37家。摸排“散乱污”企业411家，全部销账，确保“散乱污”企业动态清零。

重点对全镇14个村级工业大院进行整治。本着“整片治理，连片拆除”的原则，先期对郭村、柴务两个村级工业大院进行整体拆除，累计拆除面积28万多平方米，涉及工业企业29家。后期坚持对后银子、周营、杨秀店3个工业大院进行拆除，累计拆除面积约27万平方米，涉及企业19家。两大园区基础设施水平不断跃升，产业发展基础进一步夯实。环保园区围绕一期现有“园中园”招商引资，全年引入小型研发、生产型和商贸类企业110余家，项目总投资约5.4亿元，预计全部达产后年形成税收8400万元以上。全力推动二期招商工作，与天安数码城集团就天安世创园项目签订《委托框架协议》，加快推进新项目进展。物流园区引入新型高端业态，增加园区产业类别。全年新引进注册企业28家，主要涉及新能源、精密仪器、电子商务、文化传媒等领域。促成京东项目落地，形成新的经济增量；以发展口岸经济为契机，加大对总部结算、电子商务、对外贸易、科技研发类企业的引入力度，新储备项目10余家。

区委书记杨斌（左三）调研郭村柴务拆除现场
（马驹桥镇提供）

【社会建设】 年内，持续增强基础设施保障能力。继续推动中心镇棚户区改造。推进黄马路新改建工程，缓解3号桥交通拥堵问题。着力改善教育硬件设施水平，投资6800余万元完成西马各庄小学工程，总建筑面积1.1万余平方米，拟建设18个班；积极推进西马各庄幼儿园建设项目，总投资1600余万元，总建筑面积3700余平方米，拟建设12个班。投资2000余万元，高标准推进4G无线专网系统二期工程，扩大4G专网覆盖面积，重点提升专网人脸识别、火警、突发事件自动报警应用功能，进一步提高城镇服务和管理的智慧化水平。完成年度“疏解整治促提升”专项行动各项目标任务，城镇秩序有效改善、管理水平稳步提升。坚决拆除违法建设，提前完成120万平方米“两违”台账任务。开展“开墙打洞”“黑开”场所等多个专项治理行动。扎实推进社会治理创新，镇政务服务中心投入运行，对内整合网格、流管等部门职能，打造出集应急指挥、平安创建、城市管理等多项功能为一体的综合服务平台，进一步提高便民服务的效率和水平。以网格化管理为基础，充分借助4G无线专网平台，结合网格化平台流转、“12345”热线反馈等工作，全面构建起与副中心功能定位相适应的网格化治理模式，及时解决环境、交通等社会秩序问题，有效降低镇域案件发生率。

志愿服务文明引导 （马驹桥镇提供）

【生态建设】 年内，围绕大气污染防治年度任务，先后制定《马驹桥镇2017年清洁空气行动计划实施方案》等一系列工作方案，确保各项措施落实到位。加强散煤综合治理，完成全镇27个村1.3万余户“煤改气”工作。完成113家180台476.93蒸吨燃气锅炉拆改任务，确保经营性燃煤设施“动态清零”。坚定不移打好碧水攻坚战，充分利用市、区相关政策和社会资本，全面加快污水处理站、截污管网建设工程。采取BOT模式建设9座村级污水处理站，设备安装全部完成，日处理污水能力达2.5万吨。推进环保园区再生水厂一期工程，建成后日处理污水能力可达2万吨。八支沟等3条沟渠清淤长度为1万余米，新建截污管线近9千米。持之以恒开展环境大会战。结合市级、区级台账及自查情况，加大日常环境检查巡视力度。清理马大路、六环路、京沪沿线等脏乱点190余处，清运垃圾渣土2000余立方米，平整沟坡、土地1300多平方米。针对房辛店、杨秀店、小张湾等3个区级挂账村进行全面整治，深入开展治安巡检、取缔无照经营、拆除违法建设、美化环境卫生等综合整治工作，带动相关地区和全镇治安、环境、交通等管理水平的整体提升。

人大代表参与“创城”工作　（马驹桥镇提供）

【惠民举措】　年内，新农村建设提质发展，严格落实粮食、蔬菜、养殖等各项惠民政策，发放补贴款690余万元。完善“煤改电”后期工作，为422户村民安装空气源设备232台、储能式设备461台。完成21个村813户农宅节能保温改造。发放大中型水库移民后期扶持资金约37万元。做好转非安置村养老保险遗留人员清算工作。加大民生投入，为每村拨付50万元，每个社区拨付20万元发展建设扶持资金，为村集体（社区）注入经济发展新动力和新活力。文教卫事业蓬勃发展，围绕学习宣传贯彻十九大精神，创作、推出一系列群众喜闻乐见、参与性强的文艺精品。成功举办“唱响马驹桥　喜迎十九大”等大型系列群众文艺演出活动。合理调整学校布局，切实改善办学条件，加强校园管理和师资队伍建设。推进医改工作的实施，加强疾病防控、妇幼保健、应急医疗救治等体系建设。通州二院获得“全国百强卫生服务中心”荣誉称号。精神文明建设深入发展，精心策划“创城”、中共十九大、安全生产大检查、“疏解整治促提升”等系列新闻报道。组建镇级中共十九大精神宣讲团，下沉各企业、学校、村和社区宣讲64场，切实把中共十九大精神讲全、讲准、讲透。以举办道德讲堂、组织百姓宣讲等活动为载体，加强正面宣传引导，塑造见贤思齐、崇德向善的民风镇风。

马驹桥镇公益广告建设　（马驹桥镇提供）

【村史馆建设情况】　马驹桥镇共有两处乡情村史陈列室，分别位于小周易村和小杜社村。小周易村乡情村史陈列室展室占地面积为200平方米，其中，村级投入资金25万元，乡镇补贴5万元。陈列室内容分为前言、村庄简介、媒体宣传、经济和社会发展、荣誉展示、精神文明建设和发展蓝图等，直观地展现了小周易村在政治、经济和文化等方面的发展历程，记录了小周易村民精诚团结、积极向上、淳朴善良的乡情民风，呈现出富裕、美丽、和谐的今日小周易。陈列室长期免费对外开放，生动地展现出小周易村的发展历程，2016年被评为通州区青少年校外教育基地。小杜社村乡情村史陈列室展室占地面积为180平方米，其中，村级投入资金20万元，乡镇补贴5万元。陈列室于2013年12月正式建成，2014年1月投入使用。陈列室展示了小杜社的历史由来、便利的交通位置、农具使用的文明历史和整齐完善的区划图。2015年被评为地方历史教育基地。

（李　沫）

西集镇

【概　况】 西集镇位于通州区东南部，距通州城21公里，镇域面积90.65平方公里（9065万平方米）。耕地面积4.1万亩，辖57个行政村。截至2017年底，全镇户籍总数27303户，户籍人口47258人。其中，农户15794户，农业人口30552人；非农11509户，非农人口16706人。全年新出生426人。户籍人口以汉族为主，兼有满族、回族、蒙古族等民族。全年有外来人口9136人，出租房屋695户。2017年，全年实现税收11.33亿元，完成区级财政收入3.06亿元，完成固定资产投资63亿元，同比增长99.49%，农民人均劳动所得20133元，同比增长9%。

【园区工作】 年内，嘉林药业一期、珅诺基一期、威特龙项目加紧建设。开展中关村科技型企业创业孵化集聚区申报工作，为3家企业办理中关村高新申请，累计有12家高新技术企业享受中关村政策扶持，建立重点企业人才工作联系站、高端人才信息库、高新技术企业科技人才信息采集站，培养高端人才。

【开展产业疏解】 年内，全面完成产业调整退出任务，市级16家，区级85家的验收工作，完成98家“散乱污”企业治理工作，94家企业实现“两断三清”（断水断电，清设备清产品清原料），4家企业通过升级改造实现复产。清理无证无照企业73家，完成4个工业大院的销账工作。

【现代农业规模发展】 年内，推进农业现代化园区建设，建造镇农产品快速检测实验室，开发樱桃酒等特色衍生农产品，提升农业附加值。发布“北京向东是西集”生态休闲小镇战略品牌，打造“西集家宴”“樱桃小玩子”音乐节等文化旅游产业品牌。编制镇域旅游产业规划，完善特色产业顶层设计，完成环城生态景观带（一期）、环区界生态过渡带（一期）、西集镇中心公园3项重点林业绿化工程。

2月11日，举办西集家宴活动　　（西集镇提供）

【城镇开发建设】 国家重点工程有序建设。完成首都地区环线高速公路（西集段）拆迁工作，9月，实现西集段全线进场施工。首环西集段长11公里，占地总面积超过1400亩，完成产值超15亿元，春节前高架段具备主体竣工条件。基础配套设施全速建设。陕京四线河道修复和10千伏老庄路部分入地、望君疃110千伏变电站、中心区供水设施及其附属项目等工程竣工。西觅路、北环路东段、规划二路正在建设。镇综合配套区沙尹沟观景平台工程完成基础施工。潞河医院分院（含郎府卫生院）项目实现封顶。养老照料中心完成前期手续办理。镇第一幼儿园、配套区文体活动中心设计方案取得初步成果。镇域开发建设扎实推进。西集村棚户区改造项目实施方案取得市重大办、区政府批复，待区政府进行实施主体授权。综合配套区12万平方米两限房（C地块）完成主体工程施工，9.8万平方米政策性住房（D地块）入市交易，13.92万平方米的村民安置房项目（E地块）、5.3万平方米的经济适用房项目（F地块）开工建设。

【生态环境建设】 清洁空气成效显著。完成26个村13689户的“煤改气”，31个村中剩余的2111户

“煤改电”工作，全镇实现冬季采暖“无煤化”。累计动态清零燃煤茶浴炉158台，完成15家20台燃气锅炉低氮技术改造。强化扬尘防治，严厉打击“三烧”，全镇空气质量改善率达19.2%。遇极端天气提前做好停产停工准备，从源头控制空气污染，打赢“蓝天保卫战”。环境品质持续提升。投资474万元购置设备，提高环境治理硬件水平。生活垃圾压缩站建成、具备运营能力，日处理垃圾能力达400吨。实施生活垃圾分类处理。完成西觅路边沟黑臭水体治理，新建16个村级污水处理站，有效实现水清路净。

【生态文明建设】 年内，依法依规使用、管理土地，落实全镇规划依法查处、村级属地管理、专业队伍动态巡查三级联动机制，全年累计拆除违法建设21.3万平方米，始终保持“两违”动态清零。全年整治“开墙打洞”19家，拆除大棚房752栋，清理多处占道经营、私搭乱建，建立良好的生态文明秩序。

【社会治理】 创城任务圆满完成。将创建全国文明城区作为推进西集提质发展的的契机，针对交通秩序、社会治安、环境质量等方面的突出问题对症下药，综合施策。一些制约镇域经济社会发展、影响人民生活质量的重点难点问题得到有效解决。社会管理科学规范。加大对109个网格的管理力度，网格案件结案率99.71%。做好安全生产大排查、大清理、大整治专项行动，实现安全生产“零”事故。完善信访工作会商制度，加强社会面防控，完成全国“两会”、“一带一路”高峰论坛、中共十九大等重点时段的安保维稳任务。

10月10日，在镇文化广场召开“迎接十九大，忠诚保平安”誓师大会 （西集镇提供）

【民生建设】 社会保障继续完善。新型农村合作医疗参合2.5万余人，参合率99.9%。城乡居民养老保险参保1.35万人，续保率94%。全年实现城乡劳动力转移就业803人，组织召开12场不同形式的招聘会，登记失业率控制在2.26%以内。全年调解劳动纠纷案件33起，追缴工资131.6万元，保障了农民工的切身利益。民生福祉切实增强。全年发放低保、特困资金和优抚抚恤金1084.4万元。投资150.9万元，为26户低保户翻建危房。投资169.7万元，完善郎府敬老院取暖设施。开展产业帮扶、就业帮扶、社会力量帮扶，对430户低收入家庭建立精准帮扶台账，“一户一策”制定扶贫措施。

【党建工作】 年内，深化“比强树”机关党建模式，开展先进科室创建和机关干部争当服务标兵活动，健全机关干部考核评价体系，促进机关干部转变服务方式和手段，提高工作效率和服务质量。以村级“五星”考核为载体，推动基层党组织深入开展党支部规范化建设，提升基层组织服务能力。结合“五单一体”工作，强化量化考核、动态管理等，各村支部对“五星考核”重视程度普遍有所增强。2017年，郎东等26个村党支部被评为“五星级”，西集等19个村党支部被评为“四星级”。

【召开四届二次人代会】 8月25日，来自全镇66名人大代表参加，代表们听取并审议《创建全国文明城区西集镇工作报告》，并严格按照程序依法通过无记名投票方式补选产生镇长。

【精神文明建设】 年内，打造以“美丽乡愁·品味西集”为主题的系列品牌文化活动，开展“最美西集人”评选表彰。在区政协指导下，深挖西集历史文化资源，编辑出版文史资料《颐和西集》。与中国评剧院签订《文化协作共建活动协议》，市“深入生活，扎根西集”主题实践活动创作采风基地在西集挂牌。继2013年尹家河村史陈列室建成后，2017年陈桁村开始筹建乡情村史陈列室，面积200多平方米。截至年底，广泛发动群众，从多种渠道征集劳动工具、生活用品等老物件50余件。投资863.2万元为5个村进行文化室改扩建，提升基层公共文化服务能力，丰富百姓精神文化生活。

12月20日，市文艺院团“深入生活、扎根人民”主题实践活动创作采风基地挂牌仪式在镇文体中心举行。右为市文化局党组成员、副局长关宇；左为区文化委党委书记、主任王立生　　（西集镇提供）

【群团工作】　工会：制定《镇开展“我知晓、我参与、十万职工共创城”活动方案》，召开动员会。 组建“创城有我，志愿先行”绿色骑行小分队。开展创城学习，进行相关答卷。开展征文、演讲比赛，均取得好成绩。做好中共十九大期间信访维稳工作。结合实际制定《信访维稳工作方案》，成立领导机构，建立联席会等制度，实行动态管理。在镇工会系统掀起学习、宣传、贯彻中共十九大精神热潮，并开展多种活动。

共青团：立足岗位，志愿服务。在“假如我是人大代表”征文、演讲活动中，分别取得好成绩。创新活动广泛参与。在团中央“青年之友”频道，开展“不忘初心跟党走”主题活动。推动“网上共青团”工程，传递正能量。志愿添彩文明城，青春建功副中心。

妇联：聘请律师为各村妇代主任举行“维权、送法”讲座。组织志愿服务，通过发放创城材料、开展捡拾垃圾、交通引导等，让创城工作常态化。组织70余人，到仇庄参观，召开座谈会，深化家庭创建。开展最美家庭评比，评出18家，市级4家，区级7家。完成妇联换届选举。

（张保林）

潞城镇

【概　况】　潞城镇位于北京市正东，长安街东延长线上，处于京杭大运河、运潮减河、潮白河三河环绕之中，呈西北—东南斜向狭长型，西北端与现通州主城区接壤，北临宋庄镇以及河北省三河市，南接张家湾镇，东南端与西集镇相连，距首都机场20公里，距首都CBD商务区22公里，北京六环路、京哈高速公路贯穿境域。镇域面积71.25平方公里，下辖56个自然村、54个行政村、3个居委会，户籍人口54320人，常住人口74678人。全镇有94个基层党支部，党员3280人。

2017年，全年实现税收27.2亿元，同比增长65%。工业总产值、销售收入、工业增加值、利润分别实现98.19亿元、191.21亿元、33.14亿元和8.33亿元，同比增长4.9%、6.7%、7.7%和31%。2017年全年固定资产投资实现356.7亿元，较上年同期增长71.3%。

【行政办公区服务保障工作】　年内，以拆违促拆迁，拆除违法建设13万平方米，带动140万平方米非宅全部在奖励期内完成签约，保障行政办公区职工周转房南区、警务中心等重点项目如期开工。开展东堡、西堡、七级、前榆4个挂账村综合整治，大力整治卫生，拆除私搭乱建，依法取缔违法群租房51户，清理无证照经营，疏解流动人口1511人，全面改善村庄环境面貌。完善治安防范基础设施，全面建成“三站两室”，提升村内维稳能力，有效保障行政办公区周边安全稳定。确保顺通一线、二线500千伏高压线迁改重点工程如期推进，高标准完成东堡、七级、西堡3个村225户非宅搬迁工作。

【党建工作】 年内，开展“严肃查处农村党员干部不正之风和腐败问题，净化政治生态”专项行动，针对农村“三资”管理使用中的腐败问题等八类重点问题进行专项整治，集中查处一批发生在群众身边、损害群众切身利益的不正之风和腐败问题，进一步净化全镇政治生态。狠抓干部队伍作风建设，出台“十项禁令”，特别是严禁工作日午餐饮酒、严禁违反请销假制度等，进一步强化纪律约束。不定期开展督察，从严查处顶风违规行为，使党员干部切实做到讲政治、守规矩。在全区创新成立镇级巡察机构，抽调骨干力量，成立4个巡察组，对4家单位开展巡察工作，突出问题导向，聚焦党委政府中心工作推进。严格执行从严治党各项规定，深入落实“一岗双责”，向务实、廉洁、高效目标迈进。自觉接受人大法律监督和工作监督，全面提升政府公信力。

【精神文明建设】 年内，推出“我是潞城人”政务微博和“e潞同行”微信公共账号，形成全方位联动，扩大正面思想舆论引导范围，打造具有传播影响力的“潞城好声音”舆论宣传品牌。以“聚美潞城”品牌为核心，全年开展特色群众文化活动6次，惠及群众5000余人。组织书法、绘画、舞蹈、声乐等培训讲座5次，营造浓厚文化氛围。深入推行移风易俗工作，大力提倡喜事新办、丧事简办、小事不办的新风尚。健全工作体制，建立奖惩机制，有效树立文明新风正气。

“聚美潞城”文化季社区文化节文艺演出
（潞城镇提供）

【“创城”工作】 年内，组建170多个志愿服务队伍，吸引创城志愿者1.2万人。组建环境卫生、交通秩序、社会面宣传等11个镇级“创城”专项小组，全面推进“创城”工作开展。累计组织2.5万人次对“创城”区域进行综合治理，开展各类专项整治联合执法行动100余次，发放各类执法文书4500余份，解决道路遗撒、夜间施工扰民等各类问题3115个，劝阻无照经营、私自摆摊等行为2300余次，清理小广告3.76万处。累计入户宣传近3万户次，发放入户宣传品近3万份、宣传折页3.5万份。完成324家商户“门前三包”责任书的签订及公示牌的张贴悬挂。

【社会建设】 年内，加强网格化治理体系建设，进一步规范网格员的配备与管理，各网格累积上报案件1.9万件，结案率约96%。崔楼、南刘、卜落垡、东前营、大甘棠5个村的新农村建设项目通过市级验收。拆除600余块不符合要求牌匾，打造视觉清朗的城市天际线。紧盯安全生产不放松，通过国务院安委会安全生产督察，全面完成安全生产月、“三大行动”、全面禁放等任务，全年累计检查各类生产经营单位6804家次，出动检查人员7600人次，发现存在安全隐患的单位6199家次，下达各类执法文书、隐患处理通知书3996份，消除各类安全隐患1.2万处。完成“一带一路”国际高峰论坛、中共十九大等重大会议活动的安保维稳任务。

潞城镇召开中共十九大维稳安保誓师大会
（潞城镇提供）

【社会治理】 年内，投入132万元引进4家社会组织，开展具有差别化的项目活动220余次，近万人参与。创新工作载体，出台全区首个社区微协商制度，引进社会力量，全程指导社区开展社区微协商活动，提高居民参与社区建设能力，有效协商不文明养犬、施工扰民等居民关注问题。组织开展近1.2万人次的公益服务活动，初步形成太极志愿服务队等13支品牌志愿服务队，积累了456个志愿家庭，本土公益队伍不断壮大。以三社联动方式开展近3000人次的公益服务活动。

路城镇“法治·诚信”社区宣传周 （路城镇提供）

通州区法治文艺作品 （路城镇提供）

【民生工作】 年内，加大对全镇残疾人、低保人员及家庭、困难职工、计生家庭、优抚对象的扶持帮助，累积发放慰问金、慰问品、补贴补助等326万元。持续关注残障人士，为35名肢体残疾人进行家庭无障碍设施安装，开展370人次的残疾人康复训练。在全镇平房村高标准推进煤改清洁能源工程，完成10个村“煤改气”、18个村“煤改电”工作。为确保保温效果，全面实施33个村397户农宅墙体保温、门窗改造等项目，彻底改变农村地区冬季取暖脏乱差问题，实现全镇域无煤化。高标准建设完成全区首批9家养老驿站，成为全区先进典型，建立健全敬老院、养老照料中心、养老驿站三级养老服务体系，对老年群体提供日间照料、助餐、助浴等一系列特色服务，确保老有所依、老有所养。为有效改善村庄面貌，显著提升村庄环境质量，严格按照“十有十无”建设标准落实街巷长制，投入2725万元大力整治环境卫生，实现群众居住环境的极大提升。开展以预防慢病为主题的健康知识讲座4场，发放慢病宣传手册3万份，投资1000余万元，免费为全镇老年人体检，建立档案，跟踪服务。

【社会保障】 年内，完成棚改二期5358名村民转非安置工作，全镇城乡居民养老保险实际参保登记人数近1.9万人。加强对弱势群体的政府兜底，开展就业培训、创造就业机会，城镇登记失业率持续控制在3.25%以内的较低水平，全年实现城乡劳动力就业4400人，城乡困难劳动力就业人数2100人。全镇农民人均可支配收入实现2.2万元，同比增长8.5%，百姓生活持续向好。进一步规范和拓展职工互助保障体系，为全镇1万名工会会员、8738名职工、4329名女职工投保，并为900余名出险职工赔付近20万元。

【大气治理工作】 年内，加大对属地施工工地现场检查力度，出动检查人员2603人次，检查车辆1000余车次，检查属地施工工地现场900余处次，发现并督促整改土堆未苫盖等问题200余处。强化对“三烧”问题治理力度，发现并整治餐饮油烟直排问题1500余起，解决“三尘三烧”（“三尘”指施工扬尘、道路扬尘、堆场扬尘；“三烧”指秸秆焚烧、垃圾焚烧、露天烧烤）问题360余起，整改露天喷漆、工业粉尘直排问题420余起。完成8台共计12.7蒸吨燃气锅炉低氮改造，取缔经营性燃煤锅炉、茶浴炉、大灶273台，确保燃煤锅炉及茶炉大灶动态清零。挥发性有机物减排13.17吨。

【林水环境】 年内，完成玉带河大街、三元村公园等一批园林绿化景观工程项目前期土地腾退工作，为景观打造奠定基础。完成太子府村污水处理站建设及验收，完成运潮减河1738米截污管线及减运沟1163米截污管线铺设，完成减运沟、武兴沟、榆武沟黑臭水体清淤及进水口改造工程，累计清理淤泥12.5万吨，垃圾1434吨；改造出水口43座，消除河道污染，恢复河道生态系统。落实“河长制”相关部署，对潮白河、北运河、运潮减河实施“一月一河”整治行动，建立并动态更新《水污染源》等9个相关台账，研究渗坑、渗井专项治理工作方案，开展沟渠、排污口专项排查，镇域林水环境持续向好。

（郑婉怡）

台湖镇

【概 况】 台湖镇位于北京市东南部，通州区西南部，五环路和六环路之间，镇域西侧与朝阳区、大兴区接壤。全镇辖41个行政村，两个居委会。镇域面积81.5平方公里，京哈高速、京津高速、京沪高速和六环路在镇内交汇贯通。2017年，在区委、区政府的正确领导下，台湖镇把握城市副中心和演艺小镇建设的重大历史机遇，深入学习宣传贯彻中共十九大精神，务实进取、奋力拼搏，实现了经济社会的平稳发展。全镇2017年完成税收25.02亿元，实现区级财力6.77亿元，完成固定资产投资82.3亿元。年内，加大软弱涣散村整治工作力度，一村一策、集中整顿，区级选派6名优秀年轻科级干部任“第一书记”，5个软弱涣散村均实现整顿转化，其中，玉甫上营村成为市城乡环境综合整治标杆村、首都文明村。在镇属园区设立3个非公企业党委，总结推广联东集团“园中园”党建模式。

【重点工程建设】 年内，落实市委书记蔡奇调研台湖指示精神，密切对接副中心建设，进一步明确在台湖东部地区打造演艺小镇，西部地区打造设计之都示范区的发展定位。启动镇域总体规划编制工作，组建城市设计国际团队工作营。出台并组织实施《台湖镇关于促进产业发展的扶持办法（试行）》，扶持重点企业发展，2017年，扶持项目43个，扶持金额1959.5万元。设计之都示范区建设取得新成效。一是引进优质项目。光机电基地引进雄博科技等8家优质项目，通州留创园首期3800平方米具备入驻条件，专家库首批入库专家16名。启动通州区人才驿站建设，作为留创园发展配套机构。举办2017“通武廊”协同创新创业大赛，吸引10个获奖项目入驻通州留创园。二是推动转型升级。成立通州第一支产业基金（北京智慧大运河产业基金），重点投资管委会扶持企业。与江苏新沂等地对接，为园区企业转型外迁打好基础。红狮漆业、联东模板厂、亚南气体等7家企业完成退出工作。三是对接优质设计资源。总部基地参加“北京设计周主题论坛——创意2030高峰论坛”活动，协办2017北京国际设计周之设计师走进台湖研讨会，对接优质设计资源，住总集团启动“创意设计谷”前期规划设计各项工作，推动设计之都示范区建设。光机电基地B-30地块完成入市交易，北神树组团地块一级开发成本调整工作完成。北神树村定向安置楼建设项目和二期选房工作完成。总部基地开发主体变更成为住总集团。全力推进地铁17号线建设工作。“两站一街”项目的两条主干路工程进展顺利，两条次干路具备通车条件。完成重点3户住宅、10户非宅签约，10项市政设施迁改。东城安置房主体施工完成，台湖公租房项目施工进展顺利。

【生态环境建设】 年内，全面落实城市副中心园林绿化重点工程建设任务。利用市区投资的5亿元对六环路、京津二通道的绿化进行提升。同时，镇内投资3000万元用于京台路绿化景观提升、公益性绿化和新农村绿化项目。台湖万亩游憩公园一期工程项目完成树木移植等工作。推进水环境综合治理，完成15宗厂站建设并实现达标排放。编制农村治污方案，杜绝生活污水直排，处理后污水符合国家排放标准的目标。落实“京津冀”协同发展战略，推进疏解整治促提升专项行动。西下营、江场、碱厂等6个挂账村，综合整治成效显著，村容村貌焕然一新。全市百村书记和各大媒体记者到玉甫上营村参观学习。唐大庄村、北火垡等村下大力气开展无证无照经营清理整治工作，徐庄村全面治理占道经营、开墙打洞、群租房等，促进了全镇疏整促任务的完成。全年拆除并完成销账的违法建设面积达305万平方米，超额完成区里制定的210万平方米工作任务，为演艺小镇规划建设打下坚实基础。在此项工作中，全镇广大机关干部和各村“两委”敢于担当、敢于负责、顶住压力，迎难而上，展现了台湖干部担当作为、务实高效的良好形象。西下营、江场、胡家垡、北火垡等村不等不靠，先行推进腾退工作，配合镇整治组进行强化整治，为全镇工作开展做出表率。

1月1日，台湖镇开展植树节活动 （台湖镇提供）

【社会保障】 年内，社会救助人员138人，发放救助款53.6万元。为镇内低保户家庭发放“爱心券”9.97万元。重阳节为70岁以上老人发放慰问金600万元。“两节”期间，广泛慰问镇内低保户、大病困难户、困难残疾人家庭、困难党员、村级老干部等各类人员。建立次渠南里和次渠北里两所老年驿站，丰富老年人生活。新华联集团捐助台湖镇慈善协会200万元，用于慈善事业发展。为全镇50岁以上户籍农民免费体检，开展两癌筛查以及妇女病普查工作。为镇内低保、优抚对象等实行医疗费全额报销政策。投资168万元，为16个水库移民安置村村民办理新型农村合作医疗，完成全年工作任务。

1月23日，台湖镇班子成员慰问困难群众

（台湖镇提供）

【精神文明建设】 年内，完成创建全国文明城区各项任务，台湖镇荣获全国文明村镇称号。在“创城”工作中，玉甫上营、台湖村为确保迎检对标达标，做出突出贡献，兴武林村、尖垡村、窑上、口子等村做好环境整治各项工作，确保九德路、通马路延线整洁有序。胡家垡村、次二村、定海园一里、定海园二里等为志愿服务作出贡献。北姚园、周坡庄等9个村荣获首都文明村称号。举办第七届文化艺术节、第十届全民运动会、五一劳动节慰问演出、中共十九大系列文艺演出等各项活动，丰富群众的业余生活。台湖镇被评为北京市第十一届全民健身体育节优秀组织奖和北京市体育特色乡镇。

台湖镇第十届全民运动会 （台湖镇提供）

【新农村建设】 年内，加大软弱涣散村整治工作力度，一村一策、集中整顿，区级选派6名优秀年轻科级干部任“第一书记”，截至年底，5个软弱涣散村均实现整顿转化，其中，玉甫上营村成为市城乡环境综合整治标杆村、首都文明村。年内，台湖镇东下营村成立乡情村史陈列室，位于通州区台湖镇东下营村文旺阁木作博物馆内。东下营村乡情村史陈列室作为记录当地生产力发展和生活变迁，承载村民认知共鸣和情感共鸣的重要平台，以村民口述史材料为特色历史资料来源，配合老照片和旧时生产生活用具等老物件，采用自叙的方式，展示东下营村的村容村貌、历史沿革、生产生活变迁。陈列室以当地村民为主要参观对象，兼有领导、普通游客，以全新的陈列讲述方式，使其成为集记录、保护、传承村史文化于一体的展厅。

【网格化管理】 年内，全面建立并深入落实街巷长制度。建立镇级、村级、社区三级责任体系，设立409名街巷长，充分发挥街巷长在“创城”迎检、中共十九大维稳安保、安全隐患排查等重大工作中的作用。同时，配备970余名专兼职的网格员，并在社区设立楼长和楼门长，实现街道、村内有街巷长，社区有楼门长，其他地区有网格员，确保了镇域范围全覆盖。

（崔淑艳）

永乐店镇

【概　况】 永乐店镇位于通州区东南部，处京、津、冀三省市的交界处，距通州城区23公里，京津塘高速公路穿境而过，京、津第二条高速公路和京、津城际铁路途径镇域腹地，并在镇域内分别设有出入口和预留站口。镇域面积10468万平方米（104.68平方公里），下辖38个行政村，全镇常住户数15735户，常住人口45390人，其中，户籍人口数42919人，农业人口数29682人，是国家重点小城镇。全镇工业总产值实现21.8亿元，营业收入实现24.48亿元，税收实现7.38亿元，区级财力实现1.69亿元，全社会固定资产投资额实现10.99亿元，农村居民人均劳动所得实现2.13万元。全镇经济保持稳中向好的总体态势。

【经济建设转型升级】 年内，坚持高标准严要求，加快落后产能淘汰步伐，完成27家一般制造业企业退出工作，剩余4家正在进行设备拆除工作。推动产业优化升级。依托永乐经济开发区，引进大项目，培育新领域，打造经济发展的强劲引擎。2017年，引进工业项目28家，引进投资6.52亿元。7月25日，永乐店镇与武清区大王古庄镇签订区域战略合作协议，11月7日，与漷县镇、武清区高村镇、河西务镇、京津高村科技创新园签订的“四镇一园”区域合作框架协议，打造协同发展示范区。发展都市型现代农业，加大政府补贴工作力度，巩固提升永乐店镇食用菌、特色蔬菜、水产养殖三大特色主导产业。

11月7日，北京市通州区永乐店镇、漷县镇，天津市武清区高村镇、河西务镇、京津高村科技创新园关于推进京津冀协调发展，北京市通州区、天津市武清区“四镇一园”区域合作框架协议签订仪式在永乐店镇举行

（永乐店镇提供）

【规划和基础设施建设】 年内，中心镇路网规划进一步完善，基本形成“四横三纵两贯穿一循环”

的道路格局。永乐店中学周边路网、浦洋东路、永德路、供水厂二期、通州可再生能源发电厂、永乐大街污水管线等项目完工。漷小路、首环高速、采林路、孔兴路北延、中水管线工程、消防站等项目正在抓紧建设。供热中心及管网、永乐大街、北内环路、学府路、东内环路、东外环路、北外环路等启动项目前期手续办理。加快推进镇中心区G地块一级开发工作，取得市发改委立项批准，正在开展各分地块控规和征地前手续办理工作。

【疏解整治促提升工作】 年内，坚持在“疏”上持续用力、在“舍”上保持定力、在“优”上集中发力，完成年度疏解整治促提升专项行动目标。强力推进违法建设拆除工作，2017年，永乐店镇“两违”专项台账任务全部销账完毕，拆除占地面积1240亩、建设面积22.52万平方米，实现区级销账比率113%。完成“大棚房”清理整治8处，拆除违法建设30.53万平方米，清理占道经营517起，整治无证无照经营183户，整治“开墙打洞”4处，完成25家“散乱污”企业清理整治。人口、资源和环境的矛盾得到有效缓解。

8月8日，永乐店镇组织力量对辖区内违建“大棚房”项目进行拆除整治，两天内拆除5万余平方米

（永乐店镇提供）

【创建全国文明城区工作】 年内，持续深入推进全国文明城区和全国文明村镇创建，群众关注的一批重点难点问题得到有效解决。加强公民思想道德建设，树立一批道德模范典型。有效引导群众文明行为，广泛开展诚信教育活动，大力发展志愿服务事业，群众文明素质和文明程度显著提高。11月，通州区正式被授予全国文明城区称号，同时经复查合格，永乐店镇蝉联全国文明村镇称号。这是永乐店镇全国文明村镇创建成果的巩固深化，也为通州区创建全国文明城区做出了突出贡献。

“北京最美乡村”候选村——西河村

（永乐店镇提供）

【精神文明建设】 年内，加强全镇意识形态工作，明确镇党委书记为意识形态工作第一责任人，成立意识形态工作领导小组，层层签订《意识形态责任书》，将意识形态工作纳入领导干部目标管理。举办第四届“感动永乐好村民”评选活动，成立永乐店镇学习贯彻党的十九大精神宣讲团，组建“和谐永乐”农民宣讲团，深入开展宣传活动。举行2017年北京通州“永乐杯”空竹艺术节暨第一届京津冀空竹文化交流比赛、五月鲜花文艺汇演暨创建首都公共文化服务示范区专场演出、“金秋颂国庆·喜迎十九大”群众广场舞大赛、“永乐少年放飞梦想”夏令营等活动，丰富人民群众精神文化生活。

11月16日，永乐店镇举行2017年北京通州“永乐杯”空竹艺术节暨第一届“京津冀”空竹文化交流比赛活动

（永乐店镇提供）

【生态环境建设】 年内，完成全镇17个村7239户“煤改电”和10个村7003户“煤改气”清洁能源工作，全镇域实现“无煤化”。大幅降低氮氧化物排放，完成低氮改造单位16家，拆改燃气锅炉22台、

32.5蒸吨。实施镇域通行大货车导行管制措施，在辖区内进京路口设立7处进京卡口和3处交通疏导卡口，安排人员24小时执勤看守。加大黑臭水体治理力度，完善《永乐店水污染防治工作方案》，确保无工业废水直接排放。制定并实施《永乐店镇“河长制”实施方案》，成立“河长制”办公机构，加强沟渠巡查力度，发现问题及时处理。全年整改环境卫生和社会秩序点位近万个，清理枯枝杂草近百吨，清除非法小广告3万余条。大力推进垃圾减量分类工作，发放分类垃圾桶3076套。集中开展工地扬尘、渣土运输车和露天烧烤等10余项专项整治工作，一批环境卫生和社会秩序的顽疾得到集中治理，群众对此反响良好。坚决贯彻落实街巷长制，推动镇域13条大街和38个行政村落实街巷长管理工作制度，营造“十有十无一创建”的良好氛围。着力做好3.3万亩平原造林和1200亩“五河十路”绿化带养护工作。完成环保生态景观林、环区界生态过渡带一期、京津公路和京津城际铁路绿化景观提升工程及京沪高速绿化景观提升工程2100余亩的新增绿化任务，镇域园林绿化率进一步提升。大力推进“散乱污”企业和村级工业大院清理整治工作，完善大气污染治理网格化工作机制，落实大气重污染期间各项应急措施。永乐店镇$PM_{2.5}$平均浓度同比下降17.4%，在全区排第七名。

【社会事业】 年内，文化教育设施不断完善。永乐店镇5个村办幼儿园建成并投入使用，在园儿童近400名。小务小学、柴厂屯幼儿园项目正在加紧手续办理。永乐店文化活动中心正式启用。社会救助和社会保障建设稳步提升，落实镇党委政府关心关爱老年人政策，发放老年人生活补贴792万元。为全镇261名困难群众申请各类救助款项86万元。完成18户民政对象、优抚对象家庭危旧房翻建工作。为1399名残疾人发放补贴535万元。完成农村合作医疗和城镇居民基本医疗保险合并工作，参保率100%。培训农村劳动力341人，开发就业岗位2004个，实现城乡劳动力和困难失业人员就业911人。永乐店社区卫生服务中心改造工程基本完成，与东直门医院东区成立以“中医精准化服务”为核心的中医医疗联合体。

【党的建设】 年内，持续深化“四评”工作机制，不断推进基层党建工作。创新开展“做合格党员，建和谐永乐”主题教育实践活动，推动“两学一做”学习教育与全镇重点工作相结合，建立承诺践诺台账，引导全镇基层党支部和全体党员履职尽责、服务群众。组织开展基层党支部书记党建工作专题述职，将意识形态和党风廉洁建设纳入党建述职内容。组建党建工作助理队伍下村，进一步加强基层党建力量和村级后备干部培养。深化“党员责任区”制度，探索实施“街长制”并在全镇推开。加强基层党员干部队伍建设。采取“走进高校”方式在北京大学举办两期永乐店镇干部综合能力提升培训班。抓好非公企业党建，采取单独建支、村企联建和建立联合流动党支部等形式，持续保持全镇非公企业党组织覆盖率和党的工作覆盖率均达到100%。以防腐为重点，确保全面从严治党常抓不懈。

（杨存田　王　爽　宋德厚）

于家务回族乡

【概　况】 于家务回族乡位于通州区南部，距通州城区21公里，是北京市五个少数民族乡之一，同时也是通州区唯一的少数民族乡。全乡下辖23个行政村，总面积65.7平方公里。2017年，实现税收9亿元，其中，国税5.6亿元，地税3.4亿元，形成区财力2亿元，全乡人均所得2.5万元。

【顶层规划设计】 2017年，结合新型城镇化和特色小城镇建设，以规划为龙头，大力推进规划编制和“多规合一”工作。乡域总规修编取得阶段性成果。编制完成产业总体开发规划和集体建设用地整治方案。确定科技农业小镇总体发展定位，为全乡发展提供规划保障。

【产业经济结构】 年内，聚富苑产业园区完成2万平方米标准厂房的盘活工作；灵克思（北京）动漫文化发展有限公司项目、北京北元电力有限公司新增项目、北京天裕盛丰电子商务科技有限公司生产车间建设项目及北京圣永制药有限公司二期扩建项目进展顺利。

【科技农业】 年内，种业综合服务区建设取得突破性进展，研发中心开始基础结构施工；三院入驻进入实质共建阶段，土地利用规划和控制性规划取得初步成果，规划调整方案通过市规土委技审会；科技服务体系进一步完善，种子资源交流共享平台完成主体建设；物联网集成与应用平台二期工程完成施工；种子“硅谷”申报完成《国家现代种业创新试验示范区建设总体方案》的编制工作；举办第六届北京现代种业博览会，种业园区的影响力进一步增强。

西藏代表团到种业园区调研 （于家务回族乡提供）

【城乡开发建设】 2017年，乡中心区棚改方案编制完成并上报；首开一期商住楼18.3万平方米交付使用，二期约20万平方米施工建设顺利，同时成立于家务西里社区，为社区建设与管理提供组织保障；次中心区国有土地收储项目基本完成，紫峰九院城市政配套设施进一步完善。两个中心的开发建设加快了全乡的城镇化进程，城镇组团发展的带动作用日益明显。

【基础配套设施】 年内，完成首都外环、采林路东延、北京新能源发电厂上下水及送变电工程的拆迁工作；完成聚富苑供水厂扩建工程、污水管网一期工程、中心区再生水厂配电工程；完成乡中心区等道路大修工程；张采路、通房路城市段以及滨河路的改造工程2018年陆续开工。

【空气质量改善效果显著】 全面打响“蓝天保卫战”。加大道路清扫保洁和洒水降尘力度，加强对施工工地、道路扬尘及大型货车的管控；深入推进煤改清洁能源工作，全乡冬季取暖实现无煤化；拆除燃煤锅炉和经营性茶炉、大灶32台。2017年，$PM_{2.5}$年均浓度达到71微克每立方米，改善率达到17.6%，日均浓度和改善率均完成区政府考核任务。

【“疏整促”专项工作】 年内，完成一般制造业退出30家，241家“散乱污”企业全部实现“两断三清”，盘活4.4万平方米闲置土地及厂房资源，拆除违法建设面积达16.7万平方米，为区域发展腾出空间。

【园林景观】 2017年，乡中心公园（880.4亩）、环保生态景观林（569.6亩）项目建设顺利，实施张采路迎宾段景观设计工程；落实全市新一轮百万亩造林工作，全乡新增绿化地块面积约1万亩。

【水环境治理】 年内，全区首发“河长APP”，创新GPS举报功能，全乡水生态环境建设和管理水平全面提升；推进水环境治理PPP项目，完成四条沟渠清淤整治前期拆迁准备工作；再生能源发电厂给水、再生水管线建设项目竣工并交付使用；种业园区创建节水型示范园区及节水教育基地工作有效推进；中心区湿地公园污水减排能力进一步提升。

【新农村建设】 年内，12个村“煤改电”、果村“煤改气”和11家规模种养殖企业煤改清洁能源工程全部完成，农村抗震节能改造工程进一步落实；完成7个美丽乡村申报工作，仇庄村荣获全国美丽乡村示范村称号。

【医疗品质进一步提升】 年内，完成13743名新型农村合作医疗参保人员向城乡基本医疗保险的平稳转移；乡卫生院扩建前期手续办理顺利。

【就业社保工作】 年内，开办家政、特种技能等培训班5期，举办招聘会5次，达成就业意向500余人，最终实现就业232人，培训就业率达到75%。发放小额担保贷款35万元，通过多种方式，保障全乡劳动力充分就业，城镇登记失业率控制在1.36%；社会保障工作亮点突出，低保家庭、困难群众实现科学动态管理，合作医疗参合率100%，养老保险续保率达到99%；养老服务体系进一步完善，为全乡60岁以上老人发放生活补助金600余万元。北辛店、大耕垡村级养老服务驿站申报成功，人民群众获得感不断增强。

【康体文化事业】 年内，完成村级篮球灯光场建设及健身器材安装更新工作，为群众休闲健身提供了便利的环境；深化“家风家训挂厅堂”、提炼优秀家风故事活动，完成全乡所有家庭家规家训提炼整理；举办“家风文化节”系列活动，深挖传统节日文化内涵。

孝暖重阳 德美金婚　（于家务回族乡提供）

【创建全国文明城区工作】 年内，领导带头率先垂范，形成全民参与，共建共创的加大合力，完成创建全国文明城区各项任务。

（王　鑫）

组织机构及负责人

区委序列

中国共产党北京市通州区委员会

书　记　杨　斌(12月免)
　　　　曾赞荣(12月任)
副书记　张力兵
　　　　付晓辉(8月免)
　　　　赵　磊(9月任)
常　委　洪　波
　　　　韦　江(女)
　　　　洪家志(土家族)
　　　　查显友
　　　　崔松光
　　　　郑　宇
　　　　刘贵明

组织部

部　　长　韦　江(女)
常务副部长　赵志刚
副 部 长　杨连元(兼)
　　　　陈广强(兼,9月免)
　　　　王增哲(兼,9月任)
　　　　汪　维(女、满族)
　　　　王　鑫

政法委员会

书　　记　刘贵明
常务副书记　张志军(2月任)
　　　　石宝玉(2月免)
副 书 记　李耀光(兼,6月免)
　　　　石宝玉(2016年12月免)
　　　　朱军辉
　　　　朱益军(6月任)
　　　　安行健(9月免)
　　　　丁立涛(9月任)
　　　　任存高(10月任)

宣传部

部　　长　查显友
常务副部长　陈立军
副 部 长　张卫东(兼)
　　　　刘　磊
　　　　吴亚西

区委办公室

主　　任　张若冰
常务副主任　申　键(2月免)
　　　　张　华(5月任)
副 主 任　路长程(兼,9月免)
　　　　赵振华(兼,9月任)
　　　　魏　欣(女)
　　　　杨家毅
　　　　张　硕(5月任)

区委督察室

主　　任　李长风

区委机要局(区密码管理局)

局　　长　田　莉(女,满族)

精神文明建设委员会办公室

主　　任　张卫东
副 主 任　禹晓峰

杜妍杰(女)

统一战线工作部

部　　长　洪　波
常务副部长　王振成
副 部 长　王瑞丰
　　　　　曹恒永(兼)

台湾工作办公室(台湾事务办公室)

主　　任　洪　波
副 主 任　孔庆媛(女,9月免)

社会管理综合治理委员会办公室

主　　任　张志军(10月免)
　　　　　任存高(10月任)
副 主 任　石国庆
　　　　　汪立宏

维护稳定工作领导小组办公室

副 主 任　杨利民

流动人口和出租房屋管理委员会办公室

主　　任　张志军(10月免)
　　　　　任存高(10月任)
副 主 任　付彩霞(女)

区委研究室（区委全面深化改革领导小组办公室）

主　　任　曾祥正
副 主 任　童　露
　　　　　王建伟
　　　　　张奉君
改革办专职副主任　谢京文

机构编制委员会办公室

主　　任　陈　宇
副 主 任　郭　莉(女,6月免)
　　　　　郑旭东(9月任)

直属机关工作委员会

书　　记　付晓辉(10月任)
　　　　　赵　磊(10月任)
常务副书记　陆德启
副 书 记　谢建生
　　　　　马洪利
纪工委书记　刘宏伟(女)
工会主席　曹艳清(女)

区委党校

校　　长　付晓辉(10月免)
　　　　　赵　磊(10月任)
党委副书记　安志江
纪委书记　赵桂芳(女,6月免)
常务副校长　安志江
副 校 长　惠学刚
　　　　　朱　蕾(女)

老干部局

党组书记　王增哲(12月免)
党组副书记　陈广强(9月免)
局　　长　陈广强(9月免)
　　　　　王增哲(9月任)
副 局 长　赵德启
　　　　　刘冬梅(女)

保密委员会办公室(区国家保密局)

主任(局长)　路长程(9月免)
　　　　　赵振华(9月任)
副主任(副局长)　马　伟(女)

社会建设工作委员会

书　　记　刘青松(9月免)
　　　　　何海龙(回族,9月任)
副 书 记　曹锡钧

社会建设工作办公室

主　　任　何海龙
副 主 任　王章兴
　　　　　周庭桂(女)

中国共产党北京市通州区纪律检查委员会 北京市通州区监察委员会(3月30日成立)

纪委书记(监委主任)　郑　宇(3月任区监委主任)
纪委副书记(监委副主任)　孟繁虎(3月免纪委副书记)
　　　　　石建华(3月任区监委副主任)
　　　　　苏礼华(3月任区监委副主任)
　　　　　吴　涛(3月任区纪委副书记 区监委副主任)

纪委常委　王岩军
刘　宁(女)
西宝生
王洪波(女)
刘江姝(女)

监委委员　王岩军(3月任)
西宝生(3月任)
王洪波(女,3月任)
梁德春(3月任)
甄国清(3月任)

办公室

主　　任　张瑞平(女,9月免)

组织部

部　　长　刘　宁(女)

宣传部

部　　长　郝　洁(女,12月任)

研究室

主　　任　仇春旺

信访室:

主　　任　王岩军

案件监督管理室

主　　任　王洪波(女)

党风政风监督室

主　　任　西宝生

第一纪检监察室

主　　任　毛家宏

第二纪检监察室

主　　任　陈　钊

第三纪检监察室

主　　任　刘建兵(12月免)

第四纪检监察室

主持工作　刘立民

第五纪检监察室

主持工作　陈　红(女)

第六纪检监察室

主持工作　张艳霞(女)

第七纪检监察室

主持工作　叶秀川

案件审理室

主　　任　刘伶艳(女)

人大序列

通州区人民代表大会常务委员会

主　　任　李玉君

副 主 任　刘　卉(女)
尚祖国
薄立军
张绍武
金文岭(不驻会)

委　　员　王文兵(女)
王书信
王玉英(女)
王婀娜(女)
王　巍(女)
刘志刚
刘国利(回族)
刘振东
杜俊红(女)
李　翔
李智敏(女)
杨东莲(女)
张东凤(女)
张旭凤(女)
张春兰(女)
张俊胜(回族)
张梅菊(女)
郎丽丽(女)
赵　冬(女)
姚华峰
徐佩松
徐　波

徐淑兰(女)
郭宝圣
曹歧连
韩　丽(女)
韩克非(女)
傅　刚
蔡力凯

办公室

主　　任　姚华峰
副 主 任　李凤云(女)
曾智豪

财政经济办公室

主　　任　张东凤(女,7月任)
副 主 任　王文兵(女,7月任)

法制办公室

主　　任　曹歧连(7月任)
副 主 任　李　翔(7月任)

教科文卫体办公室

主　　任　郭宝圣(7月任)
副 主 任　蔡立凯(7月任)

城建环保办公室

主　　任　徐　波(7月任)
副 主 任　李智敏(女,7月任)

农村办公室

主　　任　徐佩松(7月任)
副 主 任　王　巍(女,7月任)

代表联络室

主　　任　杨东莲(女)
副 主 任　欧阳君(女,3月任)

研究室

主　　任　刘志刚
副 主 任　武顺金(女,2月任)

信访办公室

主　　任　王立艳(女)

政府序列

通州区人民政府

区　　长　张力兵
常务副区长　崔松光
副 区 长　洪家志(土家族)
李亚兰(女)
朱益军(7月任)
王岩石
张德启
雷晓宁(女)
李耀光(7月免)
阳　波

办公室

主　　任　朱志高
副 主 任　毕小京
陈世忠
张　阳
王春华

政策研究中心

主　　任　王建英(女)

督查室

主　　任　王　强

突发事件应急委员会办公室

主　　任　胡成平

监察局（3月机构撤销）

局　　长　孟繁虎(4月免)
副 局 长　王岩军(4月免)
西宝生(4月免)

预防腐败局

局　　长　孟繁虎(4月免)
副 局 长　王岩军(4月免)

行政投诉中心

主　任　孟繁虎(4月免)
副主任　王岩军(4月免)

信访办公室

党组书记　高　华(9月免)
　　　　　靳国旺(9月任)
主　任　高　华(10月免)
　　　　靳国旺(10月任)
副主任　王　丽(女)
　　　　王忠义
　　　　姜海龙

民防局

党组书记　张玉和(9月免)
　　　　　杜　彤(9月任)
纪检组组长　黄文健(女,6月免)
局　长　杜　彤
副局长　刘文平
　　　　冯振华

经济和信息化委员会

党组书记　赵振华(9月免)
　　　　　杜　伟(9月任)
纪检组组长　巩如意(女,9月免)
主　任　杜　伟
副主任　李实杰
　　　　官　宏
　　　　侯康超(3月免)
　　　　关　森(9月任)
信息中心主任　侯康超(3月免)
　　　　　　　石　强(6月任)

中关村科技园区通州园管理委员会(北京市通州区人民政府园区管理委员会)

主　任　洪家志
党组书记　张洪亮(7月任)
党组副书记　姚华松
常务副主任　张洪亮(8月任)
副主任　姚华松
　　　　赵正胜
　　　　杨建路
产业促进处处长　林广连
综合管理处处长　冯顺利
发展规划处处长　裴志强
办公室主任　何　维

农村工作委员会

书　记　杨泽军(9月免)
　　　　刘青松(9月任)
副书记　张东旭
　　　　刘庆生
纪工委书记　李光忠(9月免)
主　任　刘庆生
副主任　刘瑞芳(女)
　　　　王子江
　　　　钱玉东(回族)
　　　　杨跃方

住房和城乡建设委员会

党委书记　王介民(9月免)
　　　　　孙奎亮(9月任)
党委副书记　孙奎亮(9月免)
　　　　　　刘文鹏
纪委书记　刘士军(6月免)
主　任　孙奎亮
副主任　杜少勋
　　　　王练雄
　　　　刘长志
　　　　吴殿东
　　　　任瑞启

通州区房屋征收事务中心

主　任　赵　明
副主任　潘金华
　　　　张　剑

通州区住房保障事务中心

主　任　张　跃(9月任)

教育工作委员会

书　记　张立芳(女)
副书记　张绍武(2月免)

申　键(2月任)
周　颖(女)
主　　任　张绍武(2月免)
申　键(2月任)
副 主 任　袁静华(女)
刘德杰
王秀东
李跃松

教育督导室

主　　任　李少杰

商务委员会

党组书记　韩向群(9月免)
陈国增(9月任)
党组副书记　陈国增(9月免)
纪检组组长　胥德增(6月免)
主　　任　陈国增
副 主 任　刘月刚
詹海霞(女)
相洪河

科学技术委员会(知识产权局)

党组书记　李　霞(女)
主任(局长)　李　霞(女)
副 主 任　潘自欣
张凤军
李　群(女)
纪检组组长　杨玉稳(女,6月免)

知识产权服务中心

主　　任　宋长福

发展和改革委员会

党组书记　甄　宇
纪检组组长　张友刚(6月免)
主　　任　甄　宇
副 主 任　林旭平
刘秀杰(女)
何志达
余　龙
物价所所长　董春山

金融服务办公室

主　　任　乔立群

国有资产监督管理委员会

党委书记　吴长利
党委副书记　董维毅(3月免)
孟繁虎(3月任)
牛春刚
主　　任　董维毅(5月免)
孟繁虎(5月任)
副 主 任　刘庆海
李旻杰(女)
李立新
徐　衡(5月任)
工会主席　毛永承

市政市容管理委员会

党委书记　薄立军(3月免)
程卫民(5月任)
党委副书记　张文宽
主　　任　程卫民
副 主 任　张卫东
张跃宗
刘学军
工会主席　刘秀燕(女)

城乡环境建设委员会办公室

主　　任　程卫民
专职副主任　李　琴(女)

燃气管理办公室

主　　任　杨艳芬(女)
副 主 任　牛文波
张金龙

环境卫生服务中心

主　　任　马劲松
副 主 任　卢子山
张　磊
工会主席　韩凤源

新城中心区建设管理委员会

党组书记　胡克诚

纪检组组长　苪双林(6月免)
主　　任　胡克诚
副 主 任　李士龙
　　安聪颖
　　石　宇(6月免)
　　卫　欣(9月任)

文化委员会

党委书记　王立生
主　　任　王立生
副 主 任　杨根萌
　　林长春
　　马俊艳(女)

文化执法队

队　　长　彭绍常

人力资源和社会保障局

党委书记　王士杰
党委副书记　杨连元
　　张立华
纪委书记　刘　江(6月免)
局　　长　杨连元
副 局 长　李　军
　　张立华
　　曹奇权
　　吴绍伟
　　杨玉洁(女)
工会主席　周凤良

社会保险事业管理中心

主　　任　王文全(6月任)

劳动人事争议仲裁院

院　　长　李祥辉

人力资源公共服务中心(7月成立)

主　　任　赵海和(9月任)

财政局

党委书记　张春良
党委副书记　何连贺
纪委书记　杨德春(6月免)
局　　长　张春良
副 局 长　李宝清
　　武燕伶(女)
　　张　敏(女,蒙古族)

审计局

党组书记　石国辉(9月免)
　　周东振(9月任)
党组副书记　盛亚荣(女,5月免)
　　周东振(6月任)
纪检组组长　王文选(9月免)
局　　长　周东振(7月任)
副 局 长　赵　静(女,2月免)
　　周　丰(6月免)
　　黄海青
　　梁红梅(女)
　　梁　萍(女,2月任)
　　彭凯泉(6月任)

环境保护局

党组书记　裴志刚
纪检组组长　常有伶(女,6月免)
局　　长　裴志刚
副 局 长　李彦军
　　张旭辉
　　徐晓云(女)

统计局

党组书记　李柏松
党组副书记　潘月东
　　张大朋(5月免)
　　刘宗刚(5月任)
局　　长　潘月东
副 局 长　李振海
　　刘德龙
　　陈凤香(女)
总统计师　张春妹(女)

国家统计局通州区调查队

队　　长　张大朋
副 队 长　黄金辉(7月任)
纪 检 员　黄小芳(女,7月任)

北京市通州区经济社会调查队

队　　长　刘宗刚(4月任)
副 队 长　韩秀玲(女)

体育局

党组书记　靳国旺(9月免)
　　　　　苏亚文(女,9月任)
纪检组组长　翟海英(女,6月免)
局　　长　苏亚文(女)
副 局 长　吴小末(女)
　　　　　王　栋
　　　　　张春明
工会主席　于德海

卫生和计划生育委员会

党工委书记　白玉光(蒙古族)
党工委副书记　刘亚兰(女)
纪工委书记　张秀明(女,6月免)
　　　　　雷雨雯(女,6月任)
主　　任　田春华(女)
副 主 任　李凤苹(女)
　　　　　陈长春
　　　　　谭　丽(女)
　　　　　李文龙
　　　　　徐　娜(女)
工会主席　高宝东

疾病预防控制中心

主　　任　刘晓峰(12月免)

卫生和计划生育监督所（原卫生局卫生监督所，2016年12月更名）

所　　长　朱立新(女,2月任)

交通局

党委书记　董建忠
党委副书记　姜富龙
　　　　　刘福国
纪委书记　郭宝堂(6月免)
局　　长　姜富龙
副 局 长　胡　蓝(女)
　　　　　何万顺

铁路道口安全管理办公室

主　　任　周　晋

园林绿化局

党委书记　张军领
党委副书记　禹学河
　　　　　董本新
纪委书记　陈永梅(女,6月免)
局　　长　禹学河
副 局 长　李书勇
　　　　　王春喜
工会主席　刘玉梅(女)

绿化委员会办公室

主　　任　禹学河
副 主 任　张宝常

森林公安处

处　　长　高秉权

水务局

党委书记　李永锋(9月免)
　　　　　房亚军(9月任)
局　　长　房亚军
副 局 长　郭庆福
　　　　　李克强
　　　　　刘振锋
　　　　　程　群
总工程师　金建华(10月免)

农业局

党委书记　田恩生(9月免)
　　　　　刘庆生(9月任)
党委副书记　陈长春
纪委书记　康淑静(女,6月免)
局　　长　刘庆生
副 局 长　倪寿文
　　　　　张春良
　　　　　王永利
工会主席　王广龙

旅游发展委员会

党组书记　张小艳(女,9月免)

纪万成(9月任)
纪检组组长 张书利(6月免)
主　　任 纪万成
副 主 任 王凤荣(女)
安文昆
张连福

民政局
党委书记 储怀森
党委副书记 于立东
李宗秀
纪委书记 宋明凯(6月免)
局　　长 于立东
副 局 长 王　彤
陈晓丽(女)
工会主席 吴立华(女)

民族宗教侨务办公室
主　　任 于立东
副 主 任 马玉春(回族)

老龄工作领导委员会办公室
主　　任 何凤红(女,回族)

双拥办
主　　任 储怀森
副 主 任 郝玉平

司法局
党组书记 甄　朋
党组副书记 郭玉明
纪检组组长 张　银(女,6月免)
局　　长 甄　朋
副 局 长 郭玉明
张改朝
李立文
高　飞

安全生产监督管理局
党组书记 曹树常
纪检组组长 雷雨雯(女,6月免)
局　　长 曹树常
副 局 长 杨文庆
吴宝祥
谭先进
工会主席 邹秉志

法制办公室
党组书记 陈宏毅
主　　任 张琴琴(女)
副 主 任 张康林
朱战芳(6月任)

城市管理综合行政执法监察局
党委书记 刘　升
党委副书记 赵瑞恒
纪委书记 刘　丰(6月免)
局　　长 赵瑞恒
副 局 长 姜军平
夏庆元
张向忠
周建刚
工会主席 蔡　春

政务服务管理办公室（原通州区行政服务中心，11月更名）
党组书记 宋俱乐(9月免)
张弘力(9月任)
纪检组组长 田晓棠(女,9月免)
主　　任 张弘力
副 主 任 马伟哲(女,回族)
王　超
刘淑清(女)

区机关事务服务中心
党组书记 陈均芝
纪检组组长 翟　琦(6月免)
主　　任 陈均芝
副 主 任 辛　卫
史永刚
纪宇一(女)

档案局（档案馆）
党组书记 张丽华(女,5月免)
刘海涛(5月任)

局（馆）长　刘海涛
副局(馆)长　王振和
张钰丛(女)

党史工作办公室(区地方志办公室)

主　任　王葆刚
副主任　翟荣华
禹万新(11月免)

地震局

党组书记　王金成(5月任)
局　长　王金成
副局长　刘瑞华
韩　冰(女)

投资促进局

局　长　杨东风
副局长　陈　勇
吴　涛

种植业服务中心

党委书记　刘福生
党委副书记　李春民
纪委书记　张　莹(女,5月免)
主　任　杜德强
副主任　王宝东
工会主席　闫庆利

农机服务中心

党委书记　梁　民
纪委书记　李洪芳(女,6月免)
主　任　梁　民
副主任　董　钢
王泽宇
工会主席　苏　同

农村合作经济经营管理站

党组书记　王立成(9月免)
张玉和(9月任)
纪检组组长　李笠江(女,6月免)
站　长　张玉和(9月任)
副站长　王书生
黄怀远(6月任)

广播电视中心

党组书记　王志刚
党组副书记　刘　磊
主　任　刘　磊
副主任　王雪征
王小利
高玉强

北京物资学院

党委书记　李石柱
党委副书记　王文举(3月任)
沈小静
宋晓欣
纪委书记　刘　录
院　长　王文举
副院长　翁心刚
王志鸣(7月免)
何明珂
刘永胜

北京工业大学实验学院（2017年8月建制撤销）

党委书记　胡晓东
院　长　王　普
党委副书记　王明生
郭　颖(女)
副院长　石秀丽(女)
贾红军

北京工业大学通州分校

校　长　胡晓东
副校长　王明生

通州区职业教育中心

党委书记（主任）　胡晓东
党委副书记　王明生
副主任　胡亚军(12月免)
纪委书记　塔文田
工会主席　吴寿兴

成人教育中心

党委书记　高孝锋(5月免)
肖建辉(5月任)

纪委书记　翟　琦(6月任)
主　　任　肖建辉
副 主 任　李保国
　　　　　张成法
　　　　　李卫红(女)

潞河中学

校　　长　徐　华

行政学院

院　　长　崔松光
常务副院长　安志江
副 院 长　惠学刚
　　　　　朱　蕾(女)

首都医科大学附属北京潞河医院

党委书记　纪福民
党委副书记　纪智礼
　　　　　杜会山
纪委书记　全俊亚(女)
院　　长　纪智礼
副 院 长　李晓辉
　　　　　陈学明
　　　　　王喜红
　　　　　赵京红

区红十字会

会　　长　李亚兰(女)
常务副会长　贾立军(女)
秘 书 长　郑国峰

北京通州报社

总 编 辑　安继连

政协机关

中国人民政治协商会议北京市通州区委员会

主　　席　赵玉影
副 主 席　季志会(女)
　　　　　贾君刚
　　　　　石宝玉
　　　　　王子江(不驻会)
　　　　　田春华(女,不驻会)
　　　　　吴　涛(不驻会)
秘 书 长　杜德耕
副秘书长　刘宝明
常务委员　王立生
　　　　　王红菊(女)
　　　　　王连队
　　　　　王秀东
　　　　　王振成
　　　　　史长清
　　　　　吕　东
　　　　　吕庆申
　　　　　伊　婵(女)
　　　　　刘秀杰(女)
　　　　　刘宝平
　　　　　刘宝明
　　　　　刘崇尧(女)
　　　　　池雪斌
　　　　　孙大公
　　　　　杜德强
　　　　　李　丽(女)
　　　　　李光伟(女)
　　　　　杨玉桥
　　　　　杨朝辉(女)
　　　　　邹晓美(女)
　　　　　张　松
　　　　　张　硕
　　　　　张兴顺
　　　　　张琴琴(女)
　　　　　贯会学
　　　　　岳凤山
　　　　　庞　玉
　　　　　赵　静(女)
　　　　　郝　玥(女)

胡玉玲(女)
胥振阳
倪晓燕(女)
唐　军
曹一楠
曹恒永
程　群
鲁新龙
然　教

办公室

主　　任　刘宝明
副 主 任　王金瑞
　　　　　李瑞红(女)

研究室

主　　任　皮联仿

专委会一室

主　　任　李北江

专委会二室

主　　任　程行利
副 主 任　卢雪静(女)

专委会三室

主　　任　丁振宇

专委会四室

主　　任　杨广文
副 主 任　毛瑞霞(女)

专委会五室

主　　任　李雅静(女)

专委会六室

主　　任　李汝刚(10月免)
　　　　　孔庆媛(女,10月任)
副 主 任　刘　飏(女,回族)

法院 检察院

人民法院

党组书记　陈立如
院　　长　陈立如
副 院 长　王成喜
　　　　　徐瑞成
　　　　　张朝阳
　　　　　朱长军
政治处主任　张永增
政治处副主任　管亚新(女,回族)
纪检组组长　连增平(女)
纪检组副组长　徐古月
执行局局长　樊守林
执行局副局长　马　辉
　　　　　王旭东
执行一庭庭长　杨　宇(11月免)
　　　　　徐寒军(11月任)
执行二庭庭长　马　辉
执行三庭庭长　石彦孝(回族)
执行指挥办公室主任　徐寒军(11月免)
　　　　　张　涛(11月任)
审判委员会专职委员　蔡俊清(女)
　　　　　徐伟东
　　　　　杨少青
刑事审判第一庭庭长　李中华(3月任)
刑事审判第二庭庭长　孙晓东(7月免)
　　　　　卫　丹(女,7月任)
民事审判第一庭庭长　李迎新(女,满族)
民事审判第二庭庭长　刘　梅(女)
民事审判第三庭庭长　朱　璟(女,3月免)
　　　　　赵连峰(3月任)
民事审判第四庭庭长　张　静(女,3月免)
　　　　　朱　璟(女,3月任)

行政审判庭庭长　孙天舒(女,11月免)
　　邱春阳(11月任)
劳动争议审判庭庭长　邱春阳(3月免)
　　原海涛(3月任)
审判监督庭庭长　刘广强(3月免)
　　陈汉东(3月任)
研究室主任　张　萍(女,10月免)
　　孙之智(10月任)
宋庄人民法庭庭长　李士刚
张家湾人民法庭庭长　刘秉浩
潞县人民法庭庭长　张　涛(11月免)
　　孙天舒(女,11月任)
马驹桥人民法庭庭长　曹　越
台湖人民法庭庭长　邱春阳(11月免)
　　杨　宇(11月任)
法警大队队长　刘志航(满族)
工会主席　王连勇

人民检察院

党组书记　祁治国
党组副书记　郭晓红(12月免)
政治处主任　向令涛(9月免)
　　张爱华(女,10月任)
政治处副主任　张爱华(女,10月免)
纪检组组长　张守刚(10月免)
检察委员会专职委员　李希强
　　向令涛(9月任)
检察长　祁治国(2016年12月任)
副检察长　郭晓红(12月免)
　　甘　露(女)
　　田长江
　　张树昌
监察室　杨　臬(女,11月免)
　　杨　刚(11月任)
办公室　王向玲(女)
检察管理监督部　李洪欣(女)
行政事务管理局　高学全
审查逮捕部　李　峥(女)
公诉部　刘　岩(女)
刑事审判监督部　杨文悦
未成年人案件检察部　赵丽佳(女)
刑事执行检察部　高建泉
反渎职侵权局　梁德春(9月免)
反贪污贿赂局　吴　涛(9月免)
民事检察部　马良民
行政检察部　黄笔镜(女)
法警大队　陈　威
职务犯罪检察部　万进良
侦查监督部　王沛濡
检察技术部　李永红

社会团体

区总工会

主席　尚祖国
党组书记　尚祖国(7月免)
　　关　平(7月任)
常务副主席　吕庆申(12月免)
　　关　平(12月任)
副主席　徐淑兰(女)
　　朱京萍(女,9月免)

共青团北京市通州区委员会

书记　刘　鑫
副书记　石　韧(回族)
　　张　硕(5月免)
　　林正航(7月任)

区妇女联合会

主席　刘美俊(女)
副主席　边学锋(女)
　　倪晓燕(女)
　　张　君(女)

区工商业联合会

党组书记　曹恒永
主　　席　赵　静(女,1月任)
副 主 席　林　鹏
秘 书 长　林　鹏

区文学艺术界联合会

主　　席　樊淑玲(女)
副 主 席　王桂新

区科学技术协会

党组书记　岳凤山
主　　席　金文岭
副 主 席　谭　轶

区残疾人联合会

党组书记　张健姝(女)
党组副书记　张玉震
理 事 长　张玉震
副理事长　何全盛

区属商贸服务企业

通州商业资产运营公司

党委书记　孙士臣
党委副书记　温大海
纪委书记　温大海
经　　理　孙士臣
副 经 理　何桂霞(女)
　　　　　高文峰
　　　　　郭小莲(女)
　　　　　冯秀军
　　　　　李立军
工会主席　温大海

北京金通资产经营管理公司

党委书记　陈满全
党委副书记　关　雪
纪委书记　关　雪
经　　理　陈满全
副 经 理　刘义亭
工会主席　关　雪

通州区煤炭公司

党委书记　潘国利
党委副书记　李宝全
纪委书记　李宝全
经　　理　潘国利
副 经 理　孟庆江
　　　　　张福全
　　　　　董维臣

通州区供销合作总社

党委书记　王　强
党委副书记　吴　卫
　　　　　牛伟伟(女)
　　　　　米广清
纪委书记　牛伟伟(女)
主　　任　吴　卫
副 主 任　米广清
　　　　　曹立波

园　区

光机电一体化产业基地管委会

主　　任　郭　枫
副 主 任　关　淼(9月免)
　　　　　董建雍

金桥基地管委会(北京国家环保产业园区管理委员会)

主　　任　李墨军
副 主 任　潘洪跃
　　　　　陈书泉(10月免)
　　　　　王宝季(4月免)

北京通州物流产业园区管理委员会（原物流基地管委会）

主　　任	张留树
副 主 任	彭凯泉(6月免)
	董　彦(女,蒙古族)

通州新城金融服务园区管委会

主　　任	李宝增
副 主 任	黄之元
	雷　霆

北京市通州区台湖高端总部基地管委会

主　　任	石　宇(6月任)
副 主 任	王建中
	马淑慧(女)
	余　洋

北京通州文化旅游区管委会

党组书记	赵　军
主　　任	赵　军
副 主 任	张宝国
	李　朋
	王冬生

北京通州宋庄文化创意产业集聚区管理委员会

主　　任	刘永忠(6月免)
副 主 任	孙广平(主持工作)
	黄友庆
	李　润(女)

北京通州国际医疗服务区建设管理委员会

主　　任	陈洪波(7月免)
副 主 任	杨跃凯
	尹凤忠

北京市通州区国际种业科技园区管理委员会

主　　任	张洪亮(8月免)
副 主 任	郭　磊
	肖婷婷(女)

街道 乡镇

中仓街道

工委书记	宗　飞
工委副书记	陈新全
	张　军
	刘晓波
纪工委书记	刘晓波
组织部部长	闫荣萍(女)
宣传部部长	张建竹(女)
武装部部长	张连宝
总工会主席	张玉平
人大街工委主任	宗　飞(2月任)
人大街工委副主任	米福清(女,回族,2月任)
办事处主任	陈新全
办事处副主任	李　明
	崔淑敏(女)
	刘宗永(3月免)
	王秀民(6月任)
	于洪流

新华街道

工委书记	滕永新
工委副书记	张民平
	杨万军
	王庆新
纪工委书记	王庆新
组织部部长	吕　征(女)
宣传部部长	王东艳(女)
武装部部长	陈　平
总工会主席	薛　玲(女)
人大街工委主任	滕永新(2月任)
人大街工委副主任	张梅菊(女,2月免)
	羿永强(2月任)

办事处主任	张民平
办事处副主任	万松梅(女)
	方向东
	王　刚
	李永金

北苑街道

工委书记	李彦明
工委副书记	华　飞(女)
	李永刚
	尹长伟
纪工委书记	尹长伟
组织部部长	高新凤(女)
宣传部部长	西雪莲(女)
武装部部长	杜永贵
总工会主席	叶国良
人大街工委主任	李彦明
人大街工委副主任	张宝贵
办事处主任	华　飞(女)
办事处副主任	沈延忠
	曾令发
	刘彦平

玉桥街道

工委书记	徐景发
工委副书记	孙雪松(女)
	李　青
	罗占先
纪工委书记	罗占先
组织部部长	张艳萍(女)
宣传部部长	王春玲(女)
武装部部长	孟轩昂
总工会主席	徐桂兰(女)
人大街工委主任	徐景发(2月任)
人大街工委副主任	羿永强(2月免)
	张梅菊(2月任)
办事处主任	孙雪松(女)
办事处副主任	薛美丽(女)
	王立夫(6月免)
	刘明晨(6月任)
	董　金
	朱志刚(2月免)
	张　斌(2月任)

永顺镇

党委书记	邓忠义
党委副书记	邓小民
	于　军
组织委员	姜宝军
宣传委员	戴迎春(女)
纪委书记	张宝利
武装部部长	王履安(回族)
总工会主席	李德英(女)
人大主席	朱秀慧(女)
镇　　长	邓小民
副镇长	赵程红(女)
	王　东
	郑永忠
	蔡德刚
	宋坤一
	刘　刚
	陈虎男(7月任)

梨园镇

党委书记	冯利英(女)
党委副书记	周东振(6月免)
	王元霞(女)
	刘永忠(6月任)
组织委员	张全书
宣传委员	辛　新(女)
纪委书记	刘国兴
武装部部长	田洪民
总工会主席	崔丽君(女)
人大主席	许华芳
镇　　长	周东振(6月免)
	刘永忠(7月任)
副镇长	金海河
	巩少峰

王　刚
张远月
高志强
李　煦(11月免)
崔丽君(女,11月任)
娜布其玛(7月任)
办事处副主任 李文意(8月免)
张志才(9月任)

宋庄镇

党委书记 柳德利
党委副书记 李树东
王　艳(女)
组织委员 李　翔
宣传委员 李晓英(女)
纪委书记 洪壮志
武装部部长 康福星
总工会主席 张殿东
人大主席 王玉英(女)
镇　　长 王　艳(女)
副镇长 裴剑峰
马宝民
张春波
贾春风
张艳明(女)
徐　俊

张家湾镇

党委书记 阳　波(3月免)
聂玉泉(3月任)
党委副书记 聂玉泉(3月免)
范亮亮(3月任)
李　丹(回族)
组织委员 齐莉丽(女)
宣传委员 陈瑞昆
纪委书记 张新刚
武装部部长 于　良
总工会主席 付永军
人大主席 张国瑞
镇　　长 聂玉泉(4月免)
范亮亮(4月任)
副镇长 杨文新
郝红芬(女)
李小军
张凤国
杨　彬
张　弘

漷县镇

党委书记 孝　军
党委副书记 邹海涛
朱春彬
组织委员 张亚忠
宣传委员 张雪莲
纪委书记 杜振强
武装部部长 邢　君
总工会主席 郝洪达
人大主席 曹庆明
镇　　长 朱春彬
副镇长 李宝华
李佳佳(女)
刘树才
杨　佐
曾凡博

马驹桥镇

党委书记 鲁新红
党委副书记 孙　伟
王雪艳(女)
组织委员 王小东
宣传委员 周　媛(女)
纪委书记 朱新亮
武装部部长 李宝华
总工会主席 陈学庆
人大主席 徐德义
镇　　长 孙　伟
副镇长 张凤华
于长阳

高国庆
米学忠
王　珍(女)
刘光毅(9月免)

西集镇

党委书记	杨　利(回族,5月免)
	张全启(7月任)
党委副书记	张全启(7月免)
	陈洪波(7月任)
	马清文
组织委员	张洪政
宣传委员	冯　宁(女)
纪委书记	康　健(女)
武装部部长	李成军
总工会主席	王昊健(女)
人大主席	果松海
镇长	张全启(8月免)
	陈洪波(8月任)
副镇长	赵海燕(女)
	唐荣光
	曲春丞
	杨继君(女)
	宋　扬

潞城镇

党委书记	关　平(7月免)
	刘贵明(11月任)
党委副书记	吴孔安
	林广星
组织委员	马　骎(女)
宣传委员	潘玉霞(女)
纪委书记	陈　镇
武装部部长	李文周
总工会主席	殷文平(女)
人大主席	蔡瑞彬
镇长	吴孔安
副镇长	梁红英
	韩　鹏

刘　颖(女)
程丹棣(女)
高　翔
邓长荣(女)

台湖镇

党委书记	倪德才
党委副书记	曹东波
	初庆宝
组织委员	朱晓鑫
宣传委员	徐敬福
纪委书记	刘小明
武装部部长	韩廷春
总工会主席	李　勇
人大主席	郭成礼
镇长	曹东波
副镇长	贾晓玲(女)
	王雪冬
	顾有勤
	肖　丹
	李胜利
	纪　方

永乐店镇

党委书记	魏　国
党委副书记	卢庆雷
	周万武
纪委书记	李　锋
组织委员	王志佳
宣传委员	王绮茜(女)
武装部部长	杨得志
总工会主席	李永生
人大主席	杨志勇
镇长	卢庆雷
副镇长	李立新
	周立军
	焦善鸣
	宋兰艳(女)
	李金松

于家务回族乡

党委书记 王德松
党委副书记 古　剑(回族)
葛　静(女)
组织委员 丛莉芸(女)
宣传委员 张志翔
纪委书记 徐海涛
武装部部长 冉金友
总工会主席 张宝东
人大主席 王志勇
乡　　长 古　剑(回族)
副 乡 长 李亚军(回族)
吕正波
李卫忠
于秀红(女)
孙景宁

双管单位

北京市规划委员会通州分局

党组书记 杨　唯(6月免)
靳　京(6月任)
局　　长 杨　唯(6月免)
靳　京(6月任)
副 局 长 詹懿琳(女)
齐晓庭
李　伟
郭宝峰
张智杰(女)
朱言生

北京市交通委员会路政局通州公路分局

党委书记 王沛才
党委副书记 李金钟
局　　长 李金钟
副 局 长 孔　羽(女)
张淑琴(女)
陈丕东
李金龙
总工程师 阮玉非(2015年11月任)

通州区质量技术监督局

党组书记 刘永利
纪检组组长 董迎旭
局　　长 刘永利
副 局 长 董　武
刘　成
韩　涛

北京市国土资源局通州分局

党组书记 康振宇
党组副书记 靳　京
纪检组组长 张彦茹(女)
局　　长 靳　京
副 局 长 康振宇
张士祥
王满屯
王　玥(女)
张洪兴

通州区气象局

党组书记 李文华
纪检组组长 董鹏捷(女)
局　　长 李文华
副 局 长 董鹏捷(女)

中国邮政集团公司北京市通州区分公司

党委书记 侯　杰
局　　长 侯　杰
副 局 长 陈建国
董宗悦
朱秀起
工会主席 董宗悦

中国人民解放军北京市通州区人民武装部

部　　长 芦　峰(1月免)
王虎东(10月任)

政　　委　张宏韬
副部长兼军事科科长　田卫奇(11月任)
政工科科长　张昌令(5月免)
　任　钧(11月任)
后勤科科长　夏絮飞

通州区国家税务局

党组书记　武建春(3月免)
　张贻民(3月任)
局　　长　武建春(3月免)
　张贻民(3月任)
副 局 长　田京玉
　柯大庆
　何文清
　杨洪新(8月免)
纪检组组长　邱红雷(女)
总经济师　孟建秋
总会计师　张　伟

通州区地方税务局

党组书记　杨玉杰
党组副书记　史利军
纪检组组长　马　岚(女,回族)
局　　长　杨玉杰
副 局 长　史利军
　张孟松
　刘亚慧(女)
　杜云涛
　王　华(7月免)

工商行政管理局通州分局

党组书记　高树田
党组副书记　贾建强(1月免)
　朱亚军(2月任)
纪检组组长　贾建强(1月免)
　单　玉(2月任)
局　　长　高树田
副 局 长　朱亚军
　鲁　嵩
　赵　岩
　王通新
　魏林海(2月任)
稽查大队大队长　魏林海(2月免)
　周　清(2月任)

北京市公安局通州分局

党委书记　李耀光(6月免)
　朱益军(6月任)
党委副书记　吴大征
局　　长　李耀光(6月免)
　朱益军(6月任)
政　　委　吴大征(12月免)

北京市通州区食品药品监督管理局

党组书记　冯德利(1月免)
　冯　源(1月任)
党组副书记　冯　源(1月免)
纪检组组长　姚　晨(女)
局　　长　冯　源
副 局 长　冯德利(1月免)
　王立春
　张　民(女)
　王继文
　李捍华(7月任)
稽查大队大队长　杜伟利

北京市通州区烟草专卖局（公司）

书　　记　夏建瓴
纪检组组长　张年庆(1月免)
　杨　蕾(女,9月任)
局长(经理)　夏建瓴
副 经 理　李　超
副 局 长　张广秀(7月任)
　李　超
　杨　蕾(女,9月任)

部分重点企业

中国烟草总公司北京市公司物流中心

经　　理　王永革
党委书记　朱桂玲(9月任)
党委副书记　王永革
　朱桂玲(8月免)
副 经 理　朱桂玲(8月免)
　孙壮志
　张广秀(7月免)
　赵全利
　许　鹏
　龚　诚(1月任)
　颜其利(7月任)
高级工程师　李　宁(1月任)

通州区粮油贸易公司

党委书记　唐顺荣
党委副书记　张殿荣(女)
纪委书记　张殿荣(女)
总 经 理　唐顺荣
副总经理　张启发
　郭　林
　张立永
工会主席　张殿荣(女)

电信科学技术仪表研究所有限公司

党委书记　吕东风(6月免)
　张志勇(6月任)
党委副书记　曹永增
　董恩辉(6月任)
纪委书记　曹永增(6月任)
所　　长　吕东风(6月免)
总 经 理　董恩辉(6月任)
副 所 长　曹永增(6月免)
　杜俊兴(6月免)
　董恩辉(6月免)
总工程师　申学军

北京岱摩斯变速器有限公司

总 经 理　金成国(2月免)
　金映均(2月任)
副总经理　孟佑永
　朴来贤
　郑豪镛(1月免)
　李赞周
　张世熙(1月免)
　芮宗秀(7月免)
　金柱坤
　张盛润(7月免)
　朴遗腹
　柳羲馨(7月免)
　朴相秀
　金天旻

北京中丽制机工程技术有限公司

总 经 理　仝文奇
党委书记　宋　林
常务副总经理　沈　玮
副总经理　焦春阳
党委副书记　郝洪波
总会计师　曹　曙
总工程师　吴昌木

北京万生药业有限责任公司

董事长(总经理)　黄　河
副总经理　梁云松
　褚爱萍(女)
　耿玉先
　周建明
　刘　珂(女)
财务总监　李　永

其他单位

中国联合网络通信有限公司北京市通州区分公司

党委书记　朱正辉
党委副书记　高　奎(12月免)
纪委书记　高　奎(7月免)
总经理　朱正辉
副总经理　高　奎(12月免)
　张春军(12月免)
　刘　刚
工会主席　高　奎(12月免)
纪检组长　耿海东(7月任)

工商银行北京通州支行

行长　马跃进(满族,2月免)
副行长　史　旭(2月任,主持工作)
　司洪胜
　朱高杰
纪委书记　石秀荣(女)

中国农业银行股份有限公司北京通州支行

党委书记　王荣熙
纪委书记　贺　军(女,10月免)
　张晋婷(女,12月任)
行长　王荣熙
副行长　贺　军(女,10月免)
　王小芬(女)
行长助理　张晋婷(女,11月免)
　季　南
　刘和年
　冀　芳(12月任)

中国银行股份有限公司北京通州支行

行长　侯艳军(7月免)
　牛　军(9月任)
副行长　牛　军(9月免)
　孙　岚(女,9月任)
　吴　戈(9月任)
　李　进(9月任)
　刘　云(女,10月任)
纪委书记　郭　薇(10月任)

中国建设银行股份有限公司北京通州分行（11月更名）

党委书记　周　敏
纪委书记　刘　洪
行长　周　敏
副行长　刘　洪(11月免)
　闫玉国(9月任)
　冯　涛
　刘　筱
　刘福合(1月任)

中国农业发展银行北京市通州区支行

行长　郝红生(2016年7月免)
　陈书文(12月免)
　闫占龙(12月任)
副行长　陈亚健(女)
　史朝晖(2月任)

北京银行股份有限公司通州支行

行长　王　玉(女,2016年12月任)
副行长　臧建国
　郑立新
　朱　玥
　李　丹(女)
　李文杰
　魏　莹
　张　欣(女)

北京农村商业银行通州支行

行长　马晓东(7月免)
　吕国清(7月任)
副行长　郑爱华(女,8月免)
　马俊华(女)
　贾　佳
　谭　慎(女)

刘旭东

中国人民财产保险股份有限公司北京市通州支公司

党支部书记	赵雄心
总经理	赵雄心
总经理助理	龚　健(6月免)
副总经理	龚　健(6月任)

国网北京市电力公司通州供电公司

总经理	赖祥生
党委书记	刘德坤
党委副书记	柳　军
纪委书记	柳　军
副总经理	张　松
	刘　磊(9月免)
	尚　博
工会主席	周　欣(女)
总工程师	赵长青

北京市通州区国有资本运营有限公司

党委书记	张增然
党委副书记	张艳青(女,7月免)
	杨　利(回族,11月任)
	张冬梅(女)
	孙艳红(女)
纪委书记	代艳东
董事长	张增然
副董事长	张艳青(女,7月免)
	杨　利(回族,11月任)
总经理	张艳青(女,7月免)
	杨　利(回族,11月任)
监事会主席	张冬梅(女)

北京新奥通城房地产开发有限公司

董事长	唐力钢(3月免)
	刘春生(4月任,10月免)
总经理	唐力钢(3月免)
支部书记	刘春生(10月免)
支部副书记	耿　强(3月任)
常务副总经理	耿　强
副总经理	魏　越
	张国迎(女)
	吴　炜

北京歌华有线电视网络股份有限公司通州分公司

党支部书记	石江明
党支部副书记	李星梅(女)
总经理	石江明
常务副总经理	宋宝贵
总经理助理	张　恒(女)
	李星梅(女)

先进单位、先进个人

全国先进单位、先进个人

全国文明城区

北京市通州区

全国未成年人思想道德建设工作先进城区

北京市通州区

全国第三批“志愿之城”

北京市通州区

2013年—2016年度全国平安建设先进区

北京市通州区

全国农村社区建设示范区

北京市通州区

全国标准化现代农业气象服务区

北京市通州区

全国市域最具影响力头条号

“通州发布”头条号

全国政能量指数十大北京新闻机构

“通州发布”网易客户端

国家卫生镇

北京市通州区张家湾镇

全国文明乡镇

北京市通州区永乐店镇

北京市通州区台湖镇

全国文明村

北京市通州区梨园镇大稿村

北京市通州区于家务回族乡仇庄村

北京市通州区张家湾镇皇木厂村

全国文明单位

北京市通州区住房和城乡建设委员会

北京市通州区市政市容管理委员会

国网北京市电力公司通州供电公司西集供电所

北京市通州区人力资源和社会保障局

北京市通州区城市管理综合行政执法监察局

北京市通州区北苑街道办事处

中国建设银行股份有限公司北京通州分行

全国未成年人思想道德建设工作先进单位

北京市通州区精神文明建设委员会办公室

北京市通州区妇联家庭教育协会

北京市通州区宋庄镇中心小学

全国关心下一代工作先进集体

北京市通州区关心下一代工作委员会

全国最美志愿服务社区

北京市通州区玉桥街道玉桥东里社区

全国“社区学雷锋志愿服务联络工作示范站”

北京市通州区玉桥街道玉桥北里社区

北京市通州区北苑街道滨惠南三街社区

北京市通州区玉桥街道玉桥东里社区

北京市通州区新华街道天桥湾社区

第三届中国青年志愿服务项目大赛北京赛区金奖

北京市通州区北苑街道“双向积分”志愿服务项目

北京市通州区"互联网+志愿家庭"项目

全国"守合同重信用"企业

北京华天幕墙工程有限公司

北京龙天建筑装饰工程有限公司

北京国艺家具有限责任公司

全国诚信示范市场

北京市首都图书批发市场中心

第二届全国文化（群艺）馆期刊、群众文学期刊评选优秀期刊

《运河》杂志

全国优秀公安局

北京市通州区公安分局

2017年度全国"巾帼文明岗"

北京市通州区检察院未成年人检察部

2017年度全国检察新闻宣传先进单位

北京市通州区检察院

全国维护妇女儿童权益先进集体

北京市通州区人民法院刑事审判第二庭

全国百佳国税地税合作县级示范区

北京市通州区地方税务局

农业部"亮剑2017"系列渔政专项执法行动工作成绩突出集体

北京市通州区渔政监督管理站

全国住房城乡建设系统先进集体

北京市通州区园林绿化局

全国气象科普教育基地

北京市通州区气象局

全国五一劳动奖状

北京中丽制机工程技术有限公司

全国纺织行业品牌文化建设创新企业

北京中丽制机工程技术有限公司

郝建秀小组式全国纺织先进班组

北京中丽制机电气有限公司光电产品部

引领中国纺织服装企业报

《中丽报》

2015—2016年度全国青年文明号

北京市通州区住房和城乡建设委员会

2017年中国土木工程詹天佑奖优秀住宅小区及小区金奖

北京市潞运建设工程监理服务中心监理的通州区马驹桥物流B东（C-02、C-03、C-05地块）公租房项目

2017年度全国地市级防震减灾工作综合考核先进单位

北京市通州区地震局

全国卫生计生系统先进集体

首都医科大学附属北京潞河医院

全国标准化气象灾害防御镇

北京市通州区宋庄镇

2013年—2016年度全国群众体育先进单位

北京市通州区西集镇

全国"安全生产月"先进单位

北京市通州区于家务回族乡

全国三八红旗手

于文静

全国体育事业突出贡献奖

张荻秋

全国道德模范提名奖

段玉仙

"中国好人榜"名单

吴月英　周　丽　刘　云

全国信访系统先进工作者

赵　波

国家安全监管总局安全监察先进个人

汪　岩　吴宝祥

全国法院办案标兵

晋　怡

最高人民法院嘉奖

张朝阳

2016年全国法院网络宣传优秀作品奖

郭明伟

全国卫生计生系统先进工作者

张桂云

北京市先进单位、先进个人

首都文明乡镇

通州区台湖镇
通州区梨园镇
通州区永乐店镇
通州区永顺镇
通州区马驹桥镇
通州区张家湾镇
通州区潞城镇
通州区于家务回族乡
通州区漷县镇

首都文明村

通州区永顺镇乔庄村
通州区永顺镇耿庄村
通州区永顺镇北马庄村
通州区永顺镇范庄村
通州区永顺镇上营村
通州区梨园镇大稿村
通州区梨园镇西总屯村
通州区梨园镇刘老公庄村
通州区梨园镇魏家坟村
通州区梨园镇车里坟村
通州区梨园镇孙王场村
通州区梨园镇公庄村
通州区梨园镇三间房村
通州区梨园镇小街三队
通州区宋庄镇宋庄村
通州区宋庄镇疃里村
通州区宋庄镇大兴庄村
通州区宋庄镇双埠头村
通州区潞城镇康各庄村
通州区潞城镇肖庄村
通州区西集镇大沙务村
通州区西集镇史东仪村
通州区西集镇陈桁村
通州区西集镇老庄户村
通州区西集镇郎东村
通州区西集镇吕家湾村
通州区西集镇小辛庄村
通州区漷县镇漷县村
通州区漷县镇西定安村
通州区漷县镇边槐庄村
通州区漷县镇黄厂铺村
通州区漷县镇西黄垡村
通州区漷县镇许各庄村
通州区漷县镇曹庄村
通州区漷县镇北堤寺村
通州区漷县镇苏庄村
通州区台湖镇胡家垡村
通州区台湖镇周坡庄村
通州区台湖镇尖垡村
通州区台湖镇外郎营村
通州区台湖镇东下营村
通州区台湖镇西下营村
通州区台湖镇玉甫上营村
通州区台湖镇前营村
通州区台湖镇北姚园村
通州区张家湾镇皇木厂村
通州区张家湾镇西定福庄村
通州区张家湾镇苍头村
通州区张家湾镇张湾村
通州区张家湾镇南姚园村
通州区张家湾镇贾各庄村

通州区张家湾镇后南关村
通州区张家湾镇里二泗村
通州区张家湾镇后坨村
通州区张家湾镇后青山村
通州区马驹桥镇小周易村
通州区马驹桥镇房辛店村
通州区马驹桥镇南小营村
通州区马驹桥镇小松垡村
通州区马驹桥镇六郎庄村
通州区马驹桥镇西马各庄村
通州区永乐店镇西河村
通州区永乐店镇老槐庄村
通州区永乐店镇西槐庄村
通州区永乐店镇应寺村
通州区永乐店镇永乐店三村
通州区永乐店镇马合店村
通州区永乐店镇永乐店二村
通州区永乐店镇大务村
通州区永乐店镇临沟屯村
通州区于家务回族乡仇庄村
通州区于家务回族乡东垡村
通州区于家务回族乡西垡村
通州区于家务回族乡前伏村
通州区于家务回族乡后伏村
通州区于家务回族乡富各庄村
通州区于家务回族乡南三间房村

首都文明社区

通州区新华街道如意社区
通州区中仓街道运河园社区
通州区中仓街道莲花寺社区
通州区中仓街道白将军社区
通州区中仓街道西营社区
通州区中仓街道西上园社区
通州区玉桥街道玉桥东里社区
通州区玉桥街道南里南社区
通州区玉桥街道新通国际社区
通州区玉桥街道柳岸方园社区
通州区玉桥街道梨花园社区
通州区玉桥街道潞阳桥社区
通州区玉桥街道净水园社区
通州区玉桥街道土桥社区
通州区玉桥街道玉桥东里南社区
通州区玉桥街道葛布店南里社区
通州区北苑街道天时名苑社区
通州区北苑街道长桥园社区
通州区北苑街道新华联家园北区社区
通州区北苑街道中山街社区
通州区北苑街道后南仓社区
通州区北苑街道锦园社区
通州区北苑街道新华西街社区
通州区永顺镇运通园社区
通州区永顺镇世纪星城兴业园社区
通州区梨园镇格瑞雅居社区
通州区梨园镇云景里社区
通州区梨园镇颐瑞东里社区
通州区梨园镇新城乐居社区
通州区梨园镇翠屏南里社区

首都文明单位标兵

北京市通州区人力资源和社会保障局
北京市通州区卫生和计划生育监督所
北京市通州区北苑街道办事处
北京市通州区城市管理综合行政执法监察局
中国建设银行股份有限公司北京通州分行
中国联合网络通信有限公司北京市通州区分公司
北京市通州区国家税务局
北京市通州区玉桥街道办事处
北京市通州区地方税务局
国网北京市电力公司通州供电公司西集供电所
北京市通州区住房和城乡建设委员会
北京市公安局通州分局
北京市通州区交通局
中国邮政集团公司北京市通州区分公司
北京市通州区市政市容管理委员会
国网北京市电力公司通州供电公司

北京市通州区教育委员会

首都文明单位

北京市通州区气象局
北京市通州区图书馆
首都医科大学附属北京潞河医院
北京市通州区中仓街道办事处
北京市通州区文化委员会
北京市通州区司法局
北京京通医院
北京市通州区文化馆
北京市通州区新华街道办事处
北京市通州区中心血站
北京市通州区食品药品监督管理局
北京市公安局通州分局出入境管理大队
北京市通州区科学技术委员会
北京市交通委员会路政局通州公路分局
北京市工商行政管理局通州分局
中国民生银行股份有限公司北京通州支行
中国邮政储蓄银行股份有限公司北京通州区支行
北京武夷物业管理有限公司
北京万生药业有限责任公司
北京银行股份有限公司国际新城支行
北京碧海圆生态农业观光有限公司
大连一方物业管理有限公司北京分公司
北京市通州区人民检察院
蒙牛乳业（北京）有限责任公司
北京潞洲水务有限公司
新华联控股有限公司
北京市通州区市政管理所
北京市通州区环境卫生服务中心
北京市通州区春晓心理社会工作事务所
北京年年培训中心
北京市通州小楼饭店
华夏银行股份有限公司北京通州支行

首都文明风景旅游区

北京韩美林艺术馆
通州区大运河森林公园
通州运河公园

首都文明校园

北京市通州区潞河中学
北京市通州区运河中学
北京市育才学校通州分校
北京市通州区马驹桥学校
北京理工大学附属中学通州校区
北京市通州区第六中学
北京市通州区芙蓉小学
北京市通州区中山街小学
北京市通州区培智学校
北京市通州区宋庄镇中心小学
北京市通州区东方小学
北京市通州区漷县镇中心小学
北京教科院通州区第一实验小学

首都文明家庭

段玉仙家庭
李天君家庭
陆超家庭
聂兰英家庭
刘颐萱家庭
田恩广家庭

北京市《公共文明引导岗位服务规范》比赛冠军

通州区公共文明引导大队

北京最美志愿服务社区

通州区玉桥街道玉桥北里社区

首都学雷锋志愿服务示范站（岗）

北京工业大学阳光志愿服务团实验分团示范站
通州区玉桥街道玉桥东里社区“六小”道德实践志愿服务岗
北京物资学院法制宣传队志愿服务示范岗
建行北京通州支行志愿服务站
通州区潞河中学学雷锋志愿服务站
通州区中仓街道小园社区志愿服务岗
安利通州分公司志愿服务岗
北京工业大学阳光志愿服务团实验分团服务站

北京市诚信示范市场

北京华源发苗木花卉交易市场有限公司

北京五色土艺术品市场有限公司

北京市首都图书批发市场中心

首都未成年人思想道德建设创新案例奖

通州区图书馆《“家风·学行合一”系列家庭教育活动》

首都未成年人思想道德建设创新案例提名奖

通州区北苑街道《“宝贝计划”》

北京市史家小学通州分校《“将微善传递下去”》

北京市中小学文明校园

北京市通州区第二中学

北京市通州区玉桥中学

北京市通州区北关中学

北京市通州区永乐店中学

北京市第二中学通州校区

北京市通州区于家务中学

北京市通州区台湖学校

北京市通州区次渠中学

北京市通州区张家湾中学

北京市通州区梨园学校

北京市通州区贡院小学

北京小学通州分校

北京市东城区史家小学通州分校

北京市通州区官园小学

北京市通州区永顺小学

北京市通州区玉桥小学

北京第二实验小学通州分校

北京市通州区北苑小学

北京市通州区临河里小学

北京市通州区运河小学

北京市通州区台湖中心小学

北京市通州区于家务乡中心小学

北京市通州区马驹桥镇中心小学

北京市通州区梨园镇中心小学

北京市通州区西集镇中心小学

北京市通州区潞城镇中心小学

北京市通州区永乐店镇中心小学

童心向党歌咏活动网上展播节目

通州区永顺镇中心小学《卢沟谣》

通州区宋庄镇中心小学《歌声与微笑》

通州区临河里小学《让我们荡起双桨》

通州区北苑小学《校园的早晨》

通州区梨园学校《鼓浪屿之波》《红星歌》

北京市最美童谣唱初心二等奖

通州区永顺镇中心幼儿园曹恩锌《美丽的通州，是我家》

北京小学通州分校田佳博《孝敬老人》

通州区梨园镇中心小学魏博瑞《通州新风貌》

北京育才学校通州分校郭筱航《小雨滴》

北京育才学校通州分校刘昱彤《买菜歌》

北京育才学校通州分校贾睿思《跳绳歌》

北京育才学校通州分校解齐心《小草小草你别哭》

通州区张家湾镇张辛庄小学葛庆骏《我爱门前的小河》

北京市最美童谣唱初心三等奖

通州区红杉溪谷幼儿园何晴《小拖鞋》

通州区潞城镇中心小学郝燃燃《两只萤火虫》

北京育才学校通州分校唐妙熙《诚实花》

通州区潞河中学附属学校蔺子轩《传统节日歌》

通州区官园小学程鹏举《要与闹钟赛跑哇》

通州区官园小学张凌睿《一点儿》

通州区永顺镇中心小学袁诚阳《我是小树苗》

通州区东方小学张芮瑄《小纸片》

通州区贡院小学杨均淋《环保要从我做起》

通州区官园小学李梓源《敬姥姥》

北京市最美童谣唱初心优秀奖

通州区潞城镇甘棠中心幼儿园宋轶彤《好习惯》

通州区马驹桥镇马驹桥中心幼儿园翟滨《节水小能手》

通州区漷县镇觅子店幼儿园武倩《爱护小蜡笔》

通州区红杉溪谷幼儿园陈莹《小水滴》

通州区梨园学校宋月影《我爱奶奶》

通州区梨园学校高文杰《美德之歌》

北京育才学校通州分校郭子涵《小米粒》
通州区官园小学赵海祺《小小易拉罐》
通州区官园小学辛卓璐《我的小小马》
通州区张家湾镇中心小学付奥情《我知道》
北京育才学校通州分校王泽《小朋友》
通州区官园小学臧子超《小时钟》
北京小学通州分校郭士宁《壮志歌》
通州区后南仓小学刘祎曈《我学核心价值观》
北京第二实验小学通州分校隋明熇《我是文明小使者》
通州区南关小学王梓钊《小水滴》
北京育才学校通州分校贾玉菲《小小》
北京育才学校通州分校薛东昊《懂礼貌的小标兵》
通州区第四中学何家乐《安全行》
通州区乔庄小学高惠桐《数字歌》
通州区马驹桥学校栗闯《美丽校园我的家》
通州区甘棠中学朱泉垚《拒绝香烟》
通州区官园小学郝婧瑄《百善孝为先》
通州区官园小学曹俊峰《电动汽车》
通州区乔庄小学胡城瑞《绿色暑假》
通州区中山街小学李金泽《爱花草》

平原地区造林工程建设优秀集体

通州区舆情与网络管理服务中心

2014—2015年度北京市舆情信息工作先进集体

通州区舆情与网络管理服务中心

2017年度十佳政务服务案例和“金纽带”节庆传播创新奖

“北京通州发布”微博

2017年度“京津冀”政务新媒体卓越运营奖和“京津冀”民生飞跃奖

“北京通州发布”微信

2017年度信息宣传工作三等奖

通州区委党校

北京市2013—2017年办理人大代表建议、政协提案工作先进单位

通州区人民政府

2017年北京市项目促进工作（投资人网络建设）考核优秀单位

通州区投资促进局

2017年安全生产先进单位

北京市通州区市政市容管理委员会
北京市通州区商务委员会
北京市通州区旅游发展委员会
北京市通州区安全生产监督管理局
北京市通州区梨园镇人民政府
北京市通州区漷县镇人民政府
北京市通州区马驹桥镇人民政府
北京市通州区玉桥街道办事处
北京市通州区于家务乡安全生产检查队

规范化建设示范检查队

通州区于家务回族乡安全生产检查队
通州区漷县镇安全生产检查队
通州区永顺镇安全生产检查队
通州区玉桥街道安全生产检查队

规范化建设突出贡献奖

通州区梨园镇人民政府
通州区西集镇人民政府
通州区马驹桥镇人民政府
通州区北苑街道办事处

乡镇、街道（园区）安全生产检查队“最具影响力”微信公众号

Yjwaqk(安全于家务)
通州区潞城镇安监
玉桥掌上安监
平安梨园

北京市“职工技协杯”职业技能竞赛安全生产领域团体优秀奖

北京新城禹潞环保科技有限责任公司
北京市通州区供排水事务中心

北京市“安全生产月”活动最佳实践活动奖

通州区安全监管局“通州区第十二届安全文化节”活动

北京市安全生产检查队规范化建设优秀示范区

通州区安全监管局

北京市安全生产政务信息工作先进单位

通州区安全监管局

2017年北京市“职工技协杯”职业技能竞赛安全生产领域优秀组织奖

通州区安全监管局

北京市安全生产工作先进单位

通州区安全监管局

北京市安全生产工作重大进步单位

通州区安全监管局

北京地区2016—2017年度“银团合作”优秀组织单位

共青团通州区委员会

2017北京市区（局）、产（行）业文联原创优秀文艺节目展演一等奖

歌曲《大通州有三宝》

2017北京市区（局）、产（行）业文联原创优秀文艺节目展演优秀奖

舞蹈《不忘初心》

首都社会治安综合治理2013—2016年度先进集体

通州公安分局治安支队

第十届北京市“人民满意的政法单位”争创奖

通州区检察院行政检察部

行政审判工作先进单位

通州区人民法院行政审判庭

北京市法院基层党建创新规范化项目

通州区人民法院诉前调解办

2016年度北京市法院新闻宣传优秀组织单位

通州区人民法院

2016年度北京法院信息工作先进单位

通州区人民法院

第二十八届北京市法院学术讨论会优秀组织奖

通州区人民法院

2016·智慧法院建设先进单位

通州区人民法院

2016年度立案登记先进单位

通州区人民法院立案庭

北京市司法行政系统先进集体

通州区司法局

通州区永乐店司法所

通州区于家务司法所

通州区法律援助中心

北京市司法行政系统十九大维稳安保工作集体三等功

通州区永顺司法所

北京市司法行政系统十九大维稳安保工作先进集体

通州区于家务司法所

通州区张家湾司法所

通州区马驹桥司法所

2017年北京市法治文艺作品剧本创作优秀组织奖

通州区司法局法制宣传科

法律援助工作最佳突破奖

通州区法律援助中心

北京市工人先锋号

通州区国税局第一税务所

北京市青年文明号

通州区国税局第十税务所

通州区于家务回族乡

北京烟草物流中心工程技术部

首都绿化美化先进集体

通州区国税局

北京市工会职工书屋示范点

通州区国税局

2016年度北京市五四红旗团支部

通州区地税局永乐店税务所团支部

北京市模范职工小家

通州区地税局永乐店税务所

北京市农村经管系统信息工作先进单位

通州区农村合作经济经营管理站

北京市市级休闲渔业示范基地

通州区张家湾镇北京锦成达养殖有限公司

2014—2016年度北京市统计系统先进集体

通州区统计局

2017年北京市住建系统安全生产管理先进监督单位

通州区住房和城乡建设委员会

2017年度区级行业部门履行安全生产监管（管理）职责单位（试点）

通州区住房和城乡建设委员会

季度优秀外围保障单位

通州公路分局

北京市安全生产先进单位

通州区市政市容委

通州区漷县镇人民政府

通州区马驹桥镇安全生产监督管理科

通州区西集镇

2017年度通联工作优秀组织奖

通州区市政市容委

2017年度积极参与无偿献血公益事业组织工作奖

通州区市政市容委

北京市人民政府表彰奖励先进集体

通州区市政市容委应急办

2017年度北京市街头踩点设置维护工作突出贡献奖

通州区市政市容委市政科

北京城市管理委员会城市管理与科技杂志社优秀组织单位

通州区环境卫生服务中心

2017年度北京市区县防震减灾工作综合评比先进单位

通州区地震局

北京市专利工作先进集体

通州区知识产权局

北京农民培养及就业安置工作先进单位

通州区农广校

2016年度北京市广播电视公益广告专项扶持项目一类传播机构

通州区广播电视中心

2017年度北京市“安全生产月”活动优秀新闻报道奖

通州区广播电视中心

北京市第十一届“和谐杯”乒乓球比赛优秀组织奖

通州区体育局

通州区西集镇

北京市第十一届全民健身体育节精神文明奖

通州区体育局

后备人才贡献单位

通州区体育局

北京市人民调解工作先进集体

通州区中仓司法所

首都绿化美化花园式社区

通州区中仓街道西上园社区

2016年度无偿献血先进集体

通州区北苑街道办事处

第一届北京“人道奖”先进集体

通州区永顺镇

通州区北苑街道红十字会

北京市2017年度市级交通安全先进单位

通州区北苑街道办事处

首都全民义务植树先进单位

通州区永顺镇

2017年度乡镇街道（园区）安全生产检查队规范化建设示范检查队

通州区永顺镇安全生产检查队

北京市第十一届全民健身体育节优秀组织奖

通州区宋庄镇人民政府

通州区西集镇

通州区台湖镇

北京市保密工作系统先进集体

通州区宋庄镇办公室

首都环境建设样板单位

通州区马驹桥镇环境卫生服务中心

“寻找最美等灯人”主题微视频作品大赛最佳剧情片

通州区马驹桥镇交通安全委员会

乡镇街道（园区）安全生产检查队规范化建设突出贡献奖

通州区西集镇

通州区北苑街道办事处

2017年北京市健康示范单位

通州区西集镇

2016—2017年度群众满意的乡镇卫生院

通州区西集社区卫生院

优质服务示范社区卫生服务中心候选单位

通州区西集社区卫生院

北京市体育特色乡镇

通州区台湖镇

首都道德模范提名奖

杨　帆　赵小伟

“北京榜样”年榜

杨　帆　赵小伟

“北京榜样”提名奖

李天君　田恩广　石　嫣　韩双喜

北京市“五星级”志愿者

李明悦　梁　瑾　李　莉　陆　超　常福林

范俊花　杨富涛　李文阳　刘　辰　张　婷

张　萌　张宝兰　闫淑荣　邱　阳

首都图书馆“优秀文化志愿者”

何砚珍　潘凤云　张宏威

首都“最美少年”称号学生

胡天翊　王荐钞　孟宪龙　姜浣昊　张瑾阳

赵浩然　韩宇辰　田兆华

北京市三八红旗奖章

张嘉康

首都劳动奖章

赵长利　吴小强　纪　达

北京市人民教师

祁京生

北京市特级教师

龚春玲　王书敏　李万峰　张慧林　张如意

王　新　李龙强　杨旭升　孟祥雯　张秀梅

李　静　李得武　孙月芬　魏　敬　张金玲

北京市2017年度“宣讲家杯”优秀报告（党课）基层组优秀作品

惠学刚（《准确把握全面从严治党战略思想》辅导报告）

市委党校优秀协作课题

涂清华（《京津冀协同发展背景下北京城市副中心职住平衡研究》）

北京市委党校、行政学院系统第三届精品课评选一等奖

陈　峰（《论共产党员的修养》及其当代价值）

北京思政研究会基层立项课题优秀成果

林学达　陈　锋　陈　琳（《北京城市副中心建设中的意识形态研究》）

2017年安全生产先进个人

曹树常　杨文庆　袁文旭　孙　伟　刘亚军

赵冬梅　汪　岩　周　莹　张杏涛　傅　刚

荆春花　杨镜坡　耿文胜　郭乃喜　孟令国

孙　通　刘武华　李长涛　刘玉龙　赵万奎

李俊波　张海涛

北京市安全生产专职安全员领军人才

王云龙　武　强　李　阳

李晓光　周　林　贾晓伟

安全生产（督察）检查队队长标兵

李耀祖　王永刚　张海涛　李　岩

张　猛　王　祎　刘爱新

乡镇、街道（园区）安全生产检查队“最具影响力”微信公众号优秀编辑

韩玉良　吕婷婷　宋媛媛　乐　怡

安全生产政务信息先进个人

荆春花　常帅男

北京市职业高级职业技术能手

刘正通　高　楠

北京市安全生产技术标兵

刘正通　高　楠　田　恺

北京市安全生产技术能手

高　达

北京市2013—2017年办理人大代表建议、政协提案工作先进单位

胡良雨

第十届北京市人民满意政法干警暨首都政法先锋

纪　达

北京榜样·最美警察

张　旗

2016年度"立案工作先进个人"

何　琳

北京法院少年法庭工作先进个人

王欢欢

2016年度北京市法院信息工作先进个人

李　璠

2016年度北京市法院新闻宣传工作先进个人三等奖

王　俊

北京市法院2016年"年底六十天执行会战"先进个人

窦　娟

2016年度北京市法院新闻宣传工作先进个人二等奖

窦　娟

第四届全市法院司法警察业务标兵

豆　鹏

北京市"孝星"

王舰杰

2016年度首都政法综治网群信息报送优秀通讯员

窦　娟

北京市法院联络工作优秀个人

张　静

2017年天平奖章

徐瑞城　王旭东　张建国　王连勇　郑文杰
管亚新　刘广强

2017年北京市司法行政系统十九大维稳安保工作个人二等功

郭玉明

2017年北京市司法行政系统十九大维稳安保工作个人三等功

张　营　卢　龙　张　杨　陈吉超

2017年北京市司法行政系统十九大维稳安保工作先进个人

郑玉成　王　图　刘　岩　蔺再辉　王　晨
宋春光　赵　扬　邱晓晨　王　岳　马波涛

2017年北京市司法行政系统先进个人

程凤玲　刘　艳

打击非法发票违法犯罪活动工作成绩突出个人

赵　珍

国土资源行政复议行政应诉工作成绩突出个人

王庆娇

2017年度积极参加首都无偿献血宣传组织动员工作奖

郭安安

北京市"安康杯"竞赛优秀组织个人

郑虎山

2017年北京市安全生产先进个人

傅　刚　李长涛　孙　伟

2016年度北京市农村经管系统信息工作优秀信息员

吕明玉

2017年度"城市管理与科技"优秀通讯员

付文辉

北京市专利工作先进个人

宋立杰

2015—2016年度首都精神文明建设奖

吴小强

2015—2016年度北京市"扫黄打非"暨文化市场管理工作先进个人

李树东

2015—2016年度北京市未成年人保护工作先进个人

邓寿峰

市级交通安全优秀管理干部

王建国

2017年度北京市民政工作先进个人

何梦靖

人物简介

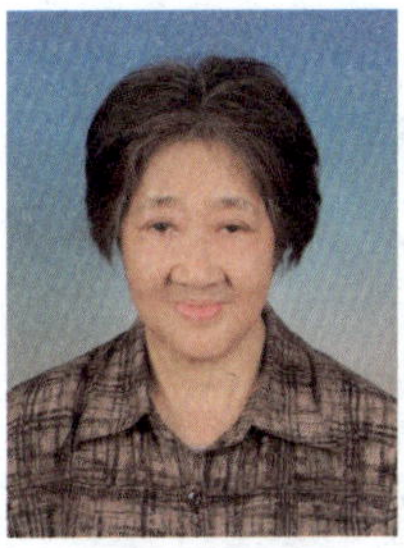

段玉仙 女，获得第六届全国道德模范提名奖。1946年12月27日出生，通州区永顺镇富河园社区居民。曾被评选为“通州榜样”和通州“最美夫妻”，并获得2016年“北京榜样”提名奖。

丈夫雄鹰折翼，妻子用爱照亮植物人的生命之路。段玉仙是北京胸科医院附属幼儿园的一名幼教老师，丈夫孟大佐在石家庄工作，是一名航空飞行教练。1974年6月，孟大佐在执行任务时头部受重伤，成为植物人。当时，段玉仙才27岁，女儿只有四个月大。面对突然降临的厄运，段玉仙坦然面对，顽强地同命运抗争，为丈夫撑起命运的晴空。从年轻貌美的少妇到满头银丝的七旬老人，42年如一日，悉心照顾，直到丈夫去世，她坚韧不屈，乐观豁达，承受着常人难以想象的压力和辛劳。

吴月英 女，获得助人为乐中国好人。1958年9月13日出生，通州区中仓小区居民。

儿童玩耍受重伤，热心奶奶施援手。2015年8月，中仓小区开始对热力管道进行改造，小区里竖起不少围挡。在施工地带常有小朋友三三两两聚在一块玩，吴月英看见了总会叮嘱孩子们远离施工区，到安全的地方去玩。

2017年8月的一天，通州区中仓小区的刘天旭小朋友在玩耍中颈部受伤，出血严重，正在小公园里散步的吴月英立刻跑了过去，她看见小天旭的脖子后面赫然出现一条大口子，鲜血汩汩地冒出来，她急忙按住汩汩冒血的伤口带孩子去医务室治疗，又陪同孩子转院治疗，紧紧按住伤口几个小时。经过抢救，孩子转危为安，吴月英终于松了一口气。爱管“闲事”的吴月英用一颗火炭似的心温暖着身边的人。

周　丽 女，获得助人为乐中国好人。1984年12月21日出生，首都医科大学附属北京潞河医院儿科医生。

女医生千里捐献干细胞，让生命重放光芒。身为悬壶济世的医生，周丽更懂得健康的重要，生命的可贵。在读大学期间，周丽就坚持每半年献血一次。2010年，在读研究生的周丽成为中华骨髓库的一名志愿者，随时准备着用自己的医术和热血治病救人。2015年7月，周丽为一位远在上海、素不相识的2岁白血病患儿捐献造血干细胞，为凋零的小生命送去一线生机。

刘　云 男，获得见义勇为中国好人。生于1982年5月，群众，北京公交集团员工，居住于通州区张家湾镇月亮湾晓镇。2016年，被北京公交集团评为先进个人；2017年5月，在“阿里巴巴天天正能量”评选活动中，荣获第190期特别奖。

护栏卡脖男童命悬一线，男子高空托举半小时赢生机。刘云是北京公交集团647路公交车的一名司机。他曾当过两年兵，退伍后依然有着浓浓的军营情结，坚持锻炼身体，练就一副好身板；古道热肠，危难之处显身手。2017年5月的一天晚上，刘云去父母家时，发现一个四五岁的小男孩身体悬在3层，头部卡在防护窗上，仅靠双手抓住护栏，随时可能发生意外。他迅速徒手攀上2楼托起男童，命悬一线的孩子得以顺畅呼吸。半小时后，在另一名男子的协助下，孩子平安脱险。一名退伍老兵的英勇与大爱在危难之际熠熠生辉。

于文静，女，2017年获得全国三八红旗手称号。1978年3月出生，汉族，中共党员，硕士研究生，1996年9月参加工作，三级警督，在北京市公安局通州分局巡警支队白庙北检查站任职。自参加工作以来，于文静先后多次荣获嘉奖和优秀复转军人称号，两次荣立个人三等功；2012年获中国孝老爱亲好人、通州区第二届道德模范，北京市公安局优秀复转军人、北京市十大慈善义工等荣誉称号；2013年获北京市第四届道德模范和首都精神文明建设奖等荣誉称号；2014年当选通州区第四界妇女代表和北京市第十三届妇女代表，同年荣获北京市三八红旗手、北京市公安局优秀复转军人等荣誉称号；2015年被授予北京市先进工作者荣誉称号；2016年被授予北京青年五四青年奖章。于文静所在团队2014年被授予首都精神文明建设先进单位和首都学雷锋志愿服务站；被北京市公安局授予于文静学雷锋志愿服务队，于文静先锋示范岗等；被北京市公安局通州分局授予巾帼文明岗，集体二等功、优秀辅警集体等。2015年于文静学雷锋志愿服务团队的服务项目被北京市公安局评为优秀学雷锋志愿服务项目，2016年被通州区评为2015年通州区志愿服务优秀队伍，2016年5月被北京市授予首都学雷锋志愿服务示范站，2016年7月被通州区授予通州职工志愿文明礼仪服务队，2016年7月被北京市公安局授予于文静杰出民警工作室，2017年2月被评为通州区志愿服务优秀组织。

于文静有一个让她深以为豪的姥姥，古稀之年，收入微薄，收养弃婴，15年风雨不离不弃。姥姥离世，她义无反顾地担起照顾孤儿的重任，将姥姥的爱心接力传承。为了支付妹妹们的生活费和学费，于文静干过很多兼职，最多的时候同时打三份工。妹妹们中专毕业后，于文静把她们从老家接到北京，拿出所有的积蓄，帮他们撑起一个鞋摊和一个水吧。工作之余，帮她们奔波操持，身体生病，生意失败，她都咬牙坚持，用自己的辛苦换来妹妹们的成长和进步。

于文静爱岗敬业，率先垂范，用真诚和行动展现公安民警独有风采。在出入境管理大队工作期间，内抓管理，外强服务，持续提升窗口服务水平。在出入境接待大厅先后新增自动发证机、自助网上预约等设备，创立“绿色通道”、延时服务等20余项便民措施。接待大厅先后获得赞扬锦旗14面、收到表扬信20余封。创新举措，推出“三二三”工作法和“五争五创”工作法，先进经验在全市推广。2014年出入境接待大厅被授予首都精神文明单位称号，并荣立集体二等功。在巡警支队工作期间，狠抓党建队建工作，盘查核录冲锋在前，带领民警守好首都东大门，完成各项安保任务。

在分局党委的支持下，成立于文静学雷锋志愿服务团队，坚持以关爱他人、关爱社会、关爱自然为目标，用行动诠释奉献、友爱、互助、进步的志愿精神。向空巢老人、孤残儿童、困难群众等特殊群体开展扶老助残、帮困解难等志愿活动，积极投身到倡导文明礼仪、保护城市环境的志愿服务活动之中，并和越来越多的志愿团体携手开展公益，实现众木成林，聚沙成塔的良性示范。团队利用业余时间长期帮扶孤寡老人20余人，孤残儿童30余名，困难群众30余人，筹买慰问品300余件，解决群众实际困难70余件。于文静学雷锋志愿服务团队先后受到北京市公安局、通州区表彰奖励，用实际行动让雷锋精神薪火相传。

吴宝祥　男，2017年获得国家安全监管总局表彰的安全监管监察先进个人。1962年2月出生，汉族，中共党员。现任通州区安全生产监督管理局党组成员、副局长。

2015年以来，该同志在区委、区政府和局党组的领导下，认真按照自身分管工作职责，完成上级部门和区安监局既定的各项工作任务，3年来全区未发生任何重、特大危险化学品和烟花爆竹安全生产事故，有效保障了全区安全生产形式的稳定。

汪　岩　男，2017年获得国家安全监管总局表彰的安全监管监察先进个人。1979年4月出生，满族，中共党员，研究生。现任北京市通州区安全生产监督管理局办公室主任。

2013年以来，通州区安全生产监督管理局作为综治委成员单位之一，认真履行安全生产监管职责，完成全国“两会”、亚太经合组织会议、世界田径锦标赛和庆祝中国人民抗日战争胜利70周年纪念活动、“一带一路”国际合作高峰论坛等一系列重大安保工作。汪岩作为局办公室主任，也是全局最年轻的正科级干部，他义无反顾地承担起综治工作的重担，在综合协调、会议组织、督察督办、应急值守等方面做出了卓越的贡献。他始终坚持把综治工作摆在重要位置，不仅靠前指挥，还维持了综治工作队伍的相对稳定，高标准完成上级领导交办的综治工作任务。

张桂云　女，2017年获得全国卫生计生系统先进工作者。1966年8月6日出生，汉族，中共党员，本科学历，妇产科主任医师。1990年7月1日毕业于首都医科大学临床医学专业，同年7月分配至北京市通州区潞河医院妇产科工作，先后担任该医院医疗部副主任、门诊办公室主任。现任北京市通州区张家湾卫生院党支部书记、院长。

熟悉和了解张桂云的人，都称赞她是一位女性同胞中的佼佼者，而在医院的领导岗位上，她更是一位为了卫生事业舍得一切、竭尽全力为之奋斗的强者。

坚定理想，立足岗位

随着北京市通州区新城规划的落实，张家湾镇建设的进程加快，人口膨胀导致农村缺医少药、百姓看病难的矛盾进一步凸显。2010年2月，北京市通州区卫生局党委对医疗布局和卫生资源进行调整，经研究决定，调任张桂云到张家湾卫生院工作，任副院长，主管医疗业务。对农村有着一份特殊感情的她，毅然放弃在通州区潞河医院舒适的工作环境和自己有利的发展空间，克服重重困难，作出到基层农村服务的选择，并由此坚定了奉献农村卫生事业的信念。

在新的环境，她时刻以一名共产党员的标准严格要求自己，处处发挥党员先锋模范带头作用，带头维护班子团结，用心关爱职工，增强凝聚力，以昂扬的精神状态带领全体职工奋发进取，为医院的快速发展奠定了基础。

刻苦钻研业务，成就精湛医术

多年来，她刻苦钻研业务理论和新技术，注重实践与经验相结合，经过多年的钻研和实践，在妇产科诊治领域有了独到的见解。为了发展医院，她严格带教，把自己的知识毫无保留地传授给年轻的医师。在她的技术支持下，妇产科迅速发展，开展多项业务，许多患者都慕名前来就医。她精湛的医疗技术与高尚的医德医风得到职工和患者的普遍赞誉。

爱岗敬业，医德高尚

身为院长、妇产科的学科带头人，她长期坚持在临床一线，门诊、急诊、病房常常都能见到她忙碌的身影，只要是医院的需要，只要是病人的需要，无论是白天黑夜，她都会及时出现在医院里，出现在病人的身边，从不计较个人得失。产科的每一台剖宫产手术，她从未缺席，夜间急诊手术随叫随到，有时连台一站就是五六个小时，因劳累过度，甚至出现中度贫血症状，她都咬牙坚持。她常说“时间就是生命，为了减轻病人的痛苦，为了产妇和新生儿的安康，再累也值”。她对病人高度负责的态度感染着身边的每一位职工。

加强业务建设，推进医院发展

她将先进的管理理念和新技术、新知识引进基层，规范各项规章制度，狠抓医疗质量，加强医疗护理队伍建设，注重人才培养，逐步完善科室建设，不断开展新技术、新业务，实现医院的持续稳定发展。同时，在她的多方努力下，加强基层卫生院与上级医院的密切联系，促进了消化内科、外科、妇产科、麻醉科以及医技等科室的发展，使得周边百姓不用到大医院就能够享受到优质的医疗服务资源。

2013年至2015年，她带领全体职工创建学习型医院，确立共同愿景——情系百姓，为健康护航，增强医院职工凝聚力；创建学习型医疗团队，提升医疗技术水平；搭建知识共享平台，提高整体素质。2015年11月，荣获北京市通州区创建学习型医院先进单位。2017年4月，荣获北京市基本医疗卫生制度建设先进集体。

敢于突破创新，提供优质卫生资源

2014年6月，张家湾卫生院成为潞河医院医联体共建单位之一，成立潞河医院生理产科部，开放生理产科床位40张。为应对生育高峰，缓解通州区助产工作压力，2016年2月，她发挥专业所长，进一步加强产科服务及接诊能力，创建二级助产机构，每月可收治管理孕产妇100名，为缓解通州区助产压力贡献了一份力量。加强产科建设的同时，进一步加强儿科建设，规范新生儿窒息抢救技术。助产医护人员均取得新生儿窒息复苏合格证书，多次对窒息新生儿进行及时抢救且预后良好，有效降低了新生儿死亡率。

随着基层公共卫生服务工作的发展，为了提高免疫规划及儿童保健的服务管理水平和服务质量，她与属地政府积极沟通，得到辖区政府领导的大力支持，对预防保健科实施改造扩建，成功验收AAA免疫门诊及AA妇女保健和儿童保健规范化门诊。

临危受命，不辱使命

2012年7月21日，暴雨突袭，北京市遭受61年以来最大的暴雨。通州区张家湾镇，在暴雨的侵袭下，竟刮起罕见的龙卷风，使7个村庄不同程度地受灾。她立即组织医院骨干力量组成医疗救援小组，携带急救药品，在第一时间冒着大雨赶往受灾的村庄，救灾工作持续7天7夜。在她的带领下，全体医护人员争分夺秒，出动近百余车次、三百余人次，连续奋战，出色地完成上级交给的各项任务，灾区伤员及时得到有效救治，灾区严防死守未发生疫情，为灾区居民贡献了最大的力量。

张桂云多次荣获优秀管理者、优秀共产党员及巾帼志愿标兵等称号。荣誉的背后，是她对农村卫生事业的一腔赤诚，是她一如既往的无私奉献。无论在工作、学习还是生活中，张桂云真正起到了共产党员的先锋模范作用，为张家湾镇的卫生事业做出了自己的贡献。

张荻秋　女，2017年获得全国体育事业突出贡献奖。

1963年1月出生，汉族，中国民主同盟盟员，游泳高级教练，北京市通州区政协委员。退役前先后是辽宁省游泳队、中国国家游泳队的专业运动员、一名优秀的游泳健将，两次获得全国游泳比赛铜牌。退役后，她成功完成从游泳健将到全能型优秀游泳教练的转型，先后在辽宁省抚顺市、大连市、北京市任游泳教练。在33年的执教生涯中，她从未停止过创新和学习的脚步，潜心钻研游泳技术，翻阅大量国内外专业书籍，反复观看和分析优秀运动员的游泳视频，通过对优秀运动员的成长过程和游泳技术进行分析与研究，总结技术要点，不断整理、更新、改进、创新适合少年儿童的游泳教学技术和方法，培养出一批批游泳新人，曾带领大连市游泳队在辽宁省运会中为获奖牌总数第一名做出贡献，并获得突出贡献奖。

2002年，她作为高级人才被引进北京，凭着对事业的热爱和责任心，爱岗敬业，怀着感恩之心回报着社会，在平凡的工作岗位上默默的工作，无私的奉献，牺牲陪伴和照顾家里老人和孩子的时间，不分节假日和酷暑寒冬，把所有时间和精力都放在教学和培养小运动员上，在通州执教的十余年间里，培养出的队员在国内和北京市比赛上战绩显赫，截至2017年年底，囊括15个全国少年儿童游泳比赛赛事第一名和86个北京市业余体校游泳比赛赛事第一名。

2016年，她带着自己的小队员，参加两次全国比赛和4次北京市比赛，获得全国第一名6个，北京市第一名27个；全国第二名4个，北京市第二名5个；全国第三名6个，北京市第三名7个；全国第四名4个，北京市第四名13个；全国第五名4个，北京市第五名5个；全国第六名2个，北京市第六名2个；北京市第七名2个；北京市第八名4个。凭着丰富的教练经验和与时俱进的理念，狠抓基本功的训练，技术第一，精益求精，因人施教，因材施教，不断为北京队输出优秀的游泳人才：阚浩雨——达到国家健将水平，成为专业游泳运动员；曹新懿、王晓睿——达到国家一级运动员水平。王晓睿在2017年全国少儿游泳冠军赛中囊括自己参赛的2006女子组50米蝶泳、100米蝶泳、蝶泳全能、200米混合泳、400米自由泳、4X50米混合泳接力6个项目的第一名，是所有参赛选手中唯一一个获得所有参赛项目冠军的选手。队员刘依璐离国家一级运动员水平只差0.5秒，在历年的比赛中还有30多个孩子达到国家二级运动员水平。

在做好本职教学工作的同时她还积极做好政协

委员的履职工作，积极参政议政，2015年和2016年连续两年提交的议案都被政府采纳并评为当年度优秀提案。为通州区的竞技体育做出了卓越的贡献，也推动了通州区的全民游泳健身运动，为北京城市副中心建设贡献自己的力量。

杨立军 男，获得“营改增”试点工作嘉奖。1969年6月出生，中共党员，1989年大学本科毕业，同年至北京市通州区国家税务局工作，从事税收事业近30年，现任通州区国家税务局第十税务所所长。2016年5月1日总局全面推开“营改增”试点，6月1日第十税务所正式成立，8月8日“金税三期”单轨上线，国地税合作一步步向纵深推进，多重压力下，杨立军在一线岗位上，讲奉献，顾大局，不畏艰难，迎头赶上，面对新任务他苦练内功，钻研业务，面对新团队他率先垂范，打造铁军，面对新压力他大胆创新，科学应对，艰难困苦，玉汝于成，带领全市“最年轻”办税服务大厅完成“营改增”试点工作各项任务，实现营改增以来服务大厅平稳高效运行，获评税务总局全国百佳国地税合作县级示范区、市级青年文明号等荣誉，他本人也获得国家税务总局“营改增”嘉奖奖励。

高点站位，大局意识，做好政治上“指导员”。在全面推进“营改增”试点、国地税合作、建设北京城市副中心等重大任务前，杨立军始终坚持高点站位，顾大局、讲政治，带头学习，不断加强对第十税务所全体干部的思想教育，提升思想认识。每次开会，他总是将所里的具体工作和当前的形势结合起来，分析工作的重要性和紧迫性，有理有据，让所里的年轻人感受到自己从事的是一份意义深远的事业，马虎不得。全所上下凝心聚力，斗志昂扬，以“小窗口，大作为”的坚定信念投入到“营改增”这一加快财税体制改革、推进经济结构调整和产业转型的“重头戏”中，出色的完成了“营改增”各项具体工作，得到纳税人的高度认可，以实际行动助力北京城市副中心建设。

精益求精，刻苦钻研，做好业务上“战斗员”。“营改增”和国地税合作的相关文件不断发布，几十万字的政策材料对税务干部的政策领悟能力、文件学习能力提出较高的挑战，身为第十税务所所长的杨立军深知要想干好，必须学透学精。为了更加系统深刻的掌握“营改增”业务知识，在“营改增”相关工作中做到有问必答、有疑必解，这位有近30年税龄的“老兵”以一种年轻人的战斗精神和学生时代的求知态度投入到业务学习中，刻苦钻研，精益求精，从“营改增”的第一份文件开始，翻文件学习、做笔记梳理、打电话咨询、结合工作经验延展领悟，直到成为一名“专家级”所长。那天窗口税务干部在受理“营改增”申报业务时，碰到一个疑难问题，不知如何处理，站在的一旁的所长不仅做了解答，还近乎完整的把政策条文背了下来，惊呆了附近的“小伙伴”，纷纷对他投以敬佩的眼光。杨立军的这种学习态度也感染了所里的年轻人，大家常常讨论业务、互相请教，形成了积极向上的学习氛围。

科学谋划，创新手段，做好工作上“指挥员”。十所成立伊始就要承接“营改增”“金三”单轨上线等重大任务，大厅服务负荷加重，但眼前却困难重重——办税大厅从开始装修到营业仅用29天，空气质量差、没有餐厅、没有休息室，人员是刚组成的团队，没有配合互不熟悉，相关硬件设备、网络系统也存在一定困难……杨立军不畏艰难，带领大家一一克服。空气不好就全员带口罩，没有餐厅就从局机关食堂运午餐，业务时间加强骨干培训，科学调度分配窗口……逐步实现大厅正常运转，同时他积极谋求现有资源和人力条件下的技术创新，革新呼号系统，实现“一窗两人两机”同时叫号同时办理业务，大大提高办税效率，窗口业务受理量显著增加，单户平均等候时长由39分34秒下降至24分39秒，降幅达38%，全年平均办理时间8分32秒，在全市统计中多次名列前茅，在办税服务厅实名办税人脸识别、导办分离等专项工作中走在全区乃至全市的前列。

凝聚团队，铸造铁军，做好管理上“领航员”。第十税务所是全市最新成立的办税大厅，也是全市平均年龄较低的办税大厅，全所干部平均年龄32岁，是真正的年轻的队伍。为了打好“营改增”的硬仗，必须加强干部管理，杨立军着力于打造一支思想积极、业务过硬、服务一流的税务新力量。一是加强理论学习，掌握国家大政方针，坚决反腐倡廉，做政治坚定、廉洁自律的税务干部；二是坚持业务培训，通过长期坚持晨课，打造学习型团队，做到培训常态化，考核制度化；三是注重团队建设，组织有益身心、适合年轻人的文体活动，多互动多了解，增强集体凝聚力和向心力。在他的倡议组织下，第十税务所成立了诸多兴趣小组，既有法律、会计、英语的学习小组，也有文娱、体育的休闲小组，大家学在一起，玩在一起，既释放了压力，又增进了感情。这种团结带给第十税务所的不仅是业务上有突破，顺利推进“营改增”试点工作，成功入选全国百佳国地税合作县级示范区，还打造了一支卓越的税收队伍，第十税务所成功获评团市委组织的2016年度青年文明号先进集体。

去世人物

周庆良，2017年获通州区年度榜样特别奖。笔名周良，本名周庆良，1943年9月在通州出生。2017年5月14日凌晨两点，北京运河研究专家、文物专家，通州十大文化名人之一，原通州区文物管理所所长周庆良，因病医治无效，在通州去世。他一生爱好诗词、楹联、书法、篆刻、散文、史地论文等，有许多作品刊诸报刊，著有《通州漕运》《潞阳杂叙》《潞水吟》《通州文物志》《通州文物古迹》《古代张家湾》等12部专著，还有十余篇碑记勒石。1985年，获文化部文物系统先进工作者称号。1989年，荣获公安部、文物局文物安全先进工作者称号。2002年，荣获国家文物局郑振铎-王冶秋基金会奖励。

作为一名文化工作者，他把一生都献给了钟爱的文化事业。周庆良深知加强文物保护工作，对于培育和践行社会主义核心价值观、传承历史文化遗产、弘扬民族优秀文化传统的深远意义。他为保护文物舍己忘我，不惜以生命为代价保留下历史的遗迹。1998年春，年近花甲的周庆良为保护张家湾地区文物地块，跳进挖掘机翻斗，逼停挖掘，一人“舌战”7个壮汉司机，宣传文物管理法，耐心讲道理，直到他们配合保护历史文物。1982年至2003年，他独自一人踏遍通州区所有自然村落与城内174条街巷，完成全市第二次文物普查任务。30多年来，周庆良的脚步遍布通州的483个村，他对每个村庄的文物古迹和历史变迁如数家珍，被人们亲切地称为“通州通”“通州地下文物活地图”。

2005年，周庆良仅用一年时间独自一人完成50万字的《通州文物志》的编撰工作，弥补了通州地区在这一领域里的空白。在通州被定位为北京城市副中心后，周庆良凭借多年来对相关文献的研读并结合在通州地区发现的一些汉墓遗址，认为文献中所记载的西汉路县古城一定就在通州区内，并通过大量的工作，大致确定路县古城的地理范围。此后，他一再呼吁要用科学的手段进行发掘，为路县古城遗址2016年7月得以重见天日做出突出贡献。

在身患不治之症的一年中，他还在为博物馆新的展陈慷慨陈词，为政协文史委几部书稿修改校订，以满腔赤诚，为通州的振兴、为运河文化的传承光大尽心尽力。

统 计 表

2017年通州区社会经济主要指标统计表

项 目	单 位	2017年	2016年	增长率（%）
区域概况				
全区土地面积	平方公里	905.95	905.95	持平
乡镇数	个	11	11	持平
#镇	个	10	10	持平
街道办事处	个	4	4	持平
村民委员会	个	470	470	持平
平均气温	度	13.0	12.6	3.2
常住人口				
年末常住人口	万人	150.8	142.8	5.6
#常住外来人口	万人	60.3	57.0	5.8
按性别分				
男 性	万人	78.0	73.8	5.7
女 性	万人	72.8	69.0	5.5
按城乡分				
城镇人口	万人	100.2	93.0	7.7
乡村人口	万人	50.6	49.8	1.6
按年龄分组情况				
#0~14岁人口	万人	14.4	14.0	2.9
15~64岁人口	万人	123.2	116.4	5.8
60岁及以上人口	万人	21.8	20.3	7.4
65岁及以上人口	万人	13.2	12.4	6.5

续 表

项 目	单 位	2017年	2016年	增长率（%）
户籍人口情况				
总户数	户	390346	376043	3.8
农业户	户	132668	130405	1.7
非农业户	户	257678	245638	4.9
户籍人口	人	769216	746841	3.0
按性别分				
男 性	人	381232	370814	2.8
女 性	人	387984	376027	3.2
按城乡分				
农业人口	人	265968	271376	-2.0
非农业人口	人	503248	475465	5.8
劳动力情况				
乡镇及行政村从业人员	人	400710	435430	-8.0
国民经济核算				
地区生产总值	万元	7580112	6748060	8.1
按产业分				
第一产业	万元	160772	164847	-2.0
第二产业	万元	3597292	3033956	13.6
第三产业	万元	3822048	3549257	3.8
财政税收金融				
地方财政收入	万元	1567507	1220716	28.4
#公共财政预算收入	万元	792307	765069	3.6
地方财政支出	万元	4232320	4108416	3.0
#公共财政预算支出	万元	3206749	3323469	-3.5
税收总额	万元	2761612	2507601	10.1
#地 税	万元	1341378	1240968	8.1
年末各项存款余额	万元	29661775	26194290	13.2
年末各项贷款余额	万元	6379040	5957654	7.1
对外贸易				
实际利用外资	万美元	81861	36036	127.2

续 表

项 目	单 位	2017年	2016年	增长率（%）
新增三资企业个数	个	32	21	52.4
进出口贸易总额	万美元	234179	244723	-4.3
#出口创汇总额	万美元	91879	90752	1.2
固定资产投资				
全社会固定资产投资	万元	10544523	9398771	12.2
#基础设施投资	万元	3837590	2014056	90.5
按构成分				
房地产开发投资	万元	2958659	3490030	-15.2
非房地产开发投资	万元	7585864	5908741	-28.4
按产业划分				
第一产业	万元	526981	345899	52.4
第二产业	万元	989144	698321	41.6
#工业	万元	989144	698321	41.6
第三产业	万元	9028398	8354551	8.1
农村经济				
现价农业总产值	万元	408018	424141	-3.8
#农　业	万元	184546	219284	-15.8
林　业	万元	75726	57409	31.9
牧　业	万元	111046	119946	-7.4
渔　业	万元	26809	17554	52.7
农林牧渔服务业	万元	9891	9948	-0.6
粮食总产量	吨	28014	47130	-40.6
夏　粮	吨	7694	13717	-43.9
秋　粮	吨	20320	33413	-39.2
农作物总播种面积	公顷	13266	17686	-25.0
粮食作物	公顷	4452	7462	-40.3
经济作物	公顷	10	14	-31.9
其他作物	公顷	8804	10210	-13.8
农副产品产量				
蔬菜产量	吨	352525	402989	-12.5

续 表

项 目	单 位	2017年	2016年	增长率（%）
出栏生猪	头	253176	261240	-3.1
出栏羊	只	64733	78513	-17.6
出栏牛	头	7814	10096	-22.6
水产品	吨	5702	6809	-16.3
鲜奶产量	吨	91083	88269	3.2
鲜蛋产量	吨	5008	6775	-26.1
园林水果产量	吨	38541	43337	-11.1
瓜果类产量	吨	5978	8081	-26.0
鲜切花产量	万枝	1128	1035	9.0
盆栽花产量	万盆	902	1102	-18.1
都市型现代农业				
观光农业				
农业观光园	个	62.0	56.0	10.7
从业人员	人	2792.0	2836.0	-1.6
接待人次	人次	1110975.0	1346770.0	-17.5
观光园总收入	万元	29653.5	25073.4	18.3
#采摘收入	万元	5705.4	5369.4	6.3
设施农业				
设施农业销售收入	万元	133226.9	138210.5	-3.6
设施农业实际利用面积	公顷	2186.8	2296.9	-4.8
温室占地面积	公顷	1484.1	1638.5	-9.4
大棚占地面积	公顷	627.6	601.4	4.4
中小棚占地面积	公顷	75.1	57.0	31.8
籽种农业				
总收入	万元	2422.8	1813.0	33.6
农 业	万元	1109.0	496.9	123.2
林 业	万元	53.0		
牧 业	万元	1260.8	1316.1	-4.2
渔 业	万元			

续 表

项 目	单 位	2017年	2016年	增长率（%）
工 业				
规模以上工业总产值（现价）	万元	6411844	6439694	-0.4
#高技术制造业	万元	1059250	1031691	2.7
规模以上工业主营业务收入	万元	7954861	7977901	-0.3
#高技术制造业	万元	988986	1036514	-4.6
规模以上工业利润总额	万元	686618	619190	10.9
#高技术制造业	万元	428668	324426	32.1
建筑业				
建筑业企业个数	个	203	216	-6.0
建筑业总产值	万元	11755364	10646071	10.4
按行业类别				
房屋工程建筑业	万元	7417543	7353866	0.9
土木工程建筑业	万元	3863428	2803270	37.8
建筑安装业	万元	83336	82402	1.1
建筑装饰和其他建筑业	万元	390005	405190	-3.7
施工面积	万平方米	10842	10423	4.0
#本年新开工面积	万平方米	2842	2562	11.0
竣工面积	万平方米	1688	2161	-21.9
竣工产值	万元	4869733	6147807	-20.8
签订合同额	万元	42147969	37891759	11.2
#本年新签订合同额	万元	15591353	16182769	-3.7
消 费				
社会消费品零售额	万元	4191261	3881289	8.0
按规模分				
限额以上	万元	3085392	2857086	8.0
限额以下	万元	1105869	1024203	8.0
各类商品交易市场成交额	万元	1076853	1127398	-4.5
人民生活				
全区居民人均可支配收入	元	37209	34097	9.1

续 表

项 目	单 位	2017年	2016年	增长率（%）
全区居民人均消费支出	元	26550	24505	8.3
农村居民人均可支配收入	元	25632	23538	8.9
农村居民人均消费支出	元	18490	17098	8.1
城镇居民人均可支配收入	元	44607	40845	9.2
城镇居民人均消费支出	元	31701	29238	8.4
个人存款余额	万元	13092805	12061317	8.6
社会保障				
参加基本养老保险单位数	家	31710	26780	18.4
参加基本养老保险人数	人	508359	474104	7.2
参加基本医疗保险单位数	家	30295	25617	18.3
参加基本医疗保险人数	人	527884	502647	5.0
参加城镇居民基本医疗保险人数	家	122339	111886	9.3
参加城乡居民养老保险人数	人	224403	222775	0.7
城乡居民养老保险续保率（%）		99.1	99.2	
城镇五项社会保险收缴预算完成率（%）		106	101	
参加失业保险单位数	家	31545	26902	17.3
参加失业保险人数	人	399170	365695	9.2
参加工伤保险人数	人	393434	349010	12.7
劳动就业				
城镇登记失业率（%）		2.5	2.29	
城镇登记失业人员就业率（%）		73.83	80.72	
城镇登记失业人员就业人数	人	15033	20725	-27.5
职业介绍服务机构	家	51	45	13.3
失业人员参加培训人数	人	697	686	1.6
职业技能鉴定人数	人	18222	2368	669.5
参加职业技能培训人数	人	9338	14609	-36.1
职工最低工资	元/月	2000	1890	5.8
企业退休人员基本养老金最低标准	元/月	1714	1714	0.0
企业退职人员基本养老金最低标准	元/月	1609	1559	3.2

续 表

项 目	单 位	2017年	2016年	增长率（%）
企业退养人员基本养老金最低标准	元/月	1463	1418	3.2
失业保险金最低标准	元/月	1292	1212	6.6
基本养老金平均增加水平	元/月	-9.4	261.0	
文 化				
公共图书馆	个	1	1	持平
公共图书馆藏书	万册	69.0	60.0	15.0
区级以上非物质文化遗产项目	项	33	33	持平
教 育				
幼儿园	所	126	141	-10.6
#在园人数	人	26721	30371	-12.0
小 学	所	83	82	1.2
毕业生数	人	8751	8021	9.1
招生数	人	12113	11064	9.5
在校生数	人	64453	63568	1.4
中 学	所	38	41	-7.3
毕业生数	人	6862	6994	-1.9
招生数	人	9147	8840	3.5
在校生数	人	24875	25016	-0.6
卫 生				
卫生机构	个	609	609	0.0
#医 院	个	24	22	9.1
社区卫生服务中心(站)	个	100	98	2.0
卫生机构病床数	张	3737	3651	2.4
#医 院	张	2999	2860	4.9
社区卫生服务中心（站）	张	438	503	-12.9
卫生技术人员	人	9902	9436	4.9
#执业（助理）医师	人	3787	3593	5.4
注册护士	人	3771	3609	4.5
卫生防疫人员数	人	200	190	5.3

续 表

项 目	单 位	2017年	2016年	增长率（%）
5岁以下儿童死亡率（‰）		2.40	2.56	
婴儿死亡率（‰）		2.24	2.05	
公共设施				
公 园	个	24	23	4.3
体育场地	个	950	950	持平
道路长度	公里	2403	2370	1.4

注：1.2017年常住人口数据为人口抽样调查推算数据。

2.部门数据来源于通州区国土局、民政局、气象局、环保局、公安分局、财政局、国税局、地税局、商务委、人力资源和社会保障局、文化委、教委、卫计委、园林绿化局、公路分局。

3.存贷款数据、个人存款余额数据来源于北京区域统计年鉴。

4.全社会固定资产投资为项目建设地口径；地区生产总值产业划分依据国家统计局2012年制定的《三次产业划分规定》，行业划分依据《国民经济行业分类》（GB/ T 4754—2011），为现价增速。

5.规模以上工业为年主营业务收入2000万元及以上的工业法人单位。

6.社会消费品零售额按“产业在地”原则核算。

7.体育场馆数据为第六次全国体育场地普查数据。

8.土地面积数据为2009年全国第二次土地调查数据。

9.2017年基本养老金平均增加水平下降9.4元/月，原因是通州区城市副中心建设加快，辖区大量农转非人员参保，拉低了全区基本养老金水平。

附　录

中共北京市通州区委主要文件目录

中共北京市通州区委文件

京通发〔2017〕1号	中共北京市通州区委关于成立通州区深化监察体制改革试点工作小组的通知（2017-01-23）
京通发〔2017〕3号	中共北京市通州区委关于选举出席中共北京市第十二次代表大会代表工作的通知（2017-02-08）
京通发〔2017〕4号	中共北京市通州区委关于加强和改进新形势下党校工作的实施意见（2017-03-02）
京通发〔2017〕5号	中共北京市通州区委关于批转《中共北京市通州区人大常委会党组关于召开北京市通州区第六届人民代表大会第二次会议的请示》的通知（2017-03-06）
京通发〔2017〕8号	中共北京市通州区委　北京市通州区人民政府关于进一步推进低收入农户增收及低收入村发展的指导意见（2017-03-27）
京通发〔2017〕9号	中共北京市通州区委　北京市通州区人民政府关于对2016年度考评优秀单位进行表彰的决定（2017-04-27）
京通发〔2017〕10号	中共北京市通州区委　北京市通州区人民政府印发《关于做好中央环境保护督察反馈意见整改落实的工作方案》的通知（2017-05-04）
京通发〔2017〕11号	中共北京市通州区委关于中共北京市行政副中心通州区建设协调办公室党组更名的通知（2017-05-27）
京通发〔2017〕12号	中共北京市通州区委关于认真学习宣传贯彻北京市第十二次党代会精神的通知（2017-06-26）
京通发〔2017〕13号	中共北京市通州区委印发《关于进一步深入学习贯彻习近平总书记系列重要讲话精神和治国理政新理念新思想新战略的实施方案》的通知（2017-06-28）
京通发〔2017〕14号	中共北京市通州区委关于调整六届区委常委分工的通知（2017-09-20）
京通发〔2017〕15号	中共北京市通州区委关于成立中共北京市国家安全局通州分局党组的通知（2017-09-25）

京通发〔2017〕16号　中共北京市通州区委关于批转《中共北京市通州区人大常委会党组关于召开北京市通州区第六届人民代表大会第三次会议的请示》的通知（2017-10-17）

京通发〔2017〕17号　中共北京市通州区委关于批转《中共政协北京市通州区委员会党组关于召开政协北京市通州区第六届委员会第二次会议的请示》的通知（2017-10-17）

京通发〔2017〕18号　中共北京市通州区委关于撤销中共北京市通州区委老干部局党组的通知（2017-11-06）

京通发〔2017〕19号　中共北京市通州区委关于印发《中国共产党北京市通州区委员会工作规则》的通知（2017-11-15）

京通发〔2017〕20号　中共北京市通州区委印发《关于认真学习宣传贯彻党的十九大精神的工作方案》的通知（2017-11-16）

京通发〔2017〕21号　中共北京市通州区委关于加强对区级部门及乡镇街道党的建设工作绩效考核的实施意见（2017-12-25）

京通发〔2017〕22号　中共北京市通州区委北京市通州区人民政府关于授予王旭昀等同志第三届“通州青年英才奖”的决定（2017-12-26）

中共北京市通州区委办公室文件

京通办发〔2017〕1号　中共北京市通州区委办公室转发《中共北京市通州区委统战部关于区工商联（商会）换届工作实施方案》的通知（2017-01-04）

京通办发〔2017〕2号　中共北京市通州区委办公室 北京市通州区人民政府办公室关于印发《“通州区海外高层次人才引进计划”和“通州区高层次人才发展支持计划”实施细则》的通知（2017-01-13）

京通办发〔2017〕3号　中共北京市通州区委办公室 北京市通州区人民政府办公室印发《关于提高北京城市副中心管理水平全面对接市级进驻工作小组的实施意见》的通知（2017-02-11）

京通办发〔2017〕4号　中共北京市通州区委办公室 北京市通州区人民政府办公室关于印发《2017年通州区党风廉政建设和反腐败工作任务分工方案》的通知（2017-03-07）

京通办发〔2017〕5号　中共北京市通州区委办公室 北京市通州区人民政府办公室关于印发《北京市通州区行业协会商会与行政机关脱钩实施方案》的通知（2017-03-20）

京通办发〔2017〕6号　中共北京市通州区委办公室关于印发《2017年度区委重点督察事项》的通知（2017-04-06）

京通办发〔2017〕7号　中共北京市通州区委办公室关于印发《通州区政协2017年专题协商议题计划》的通知（2017-05-08）

京通办发〔2017〕8号　中共北京市通州区委办公室 北京市通州区人民政府办公室关于印发《落实蔡奇市长在城市副中心建设专题会上讲话任务分解》的通知（2017-05-09）

京通办发〔2017〕9号　中共北京市通州区委办公室 北京市通州区人民政府办公室关于对北京市公安局通州分局进行表彰的通报（2017-06-06）

京通办发〔2017〕10号　中共北京市通州区委办公室关于印发《通州区党委（党工委、党组）意识形态工作责任制督察考核办法（试行）》的通知（2017-07-06）

京通办发〔2017〕11号	中共北京市通州区委办公室印发《通州区关于推进"两学一做"学习教育常态化制度化的实施方案》的通知（2017-07-12）
京通办发〔2017〕12号	中共北京市通州区委办公室印发《中共北京市通州区委关于开展巡察工作的实施意见》的通知（2017-07-28）
京通办发〔2017〕13号	中共北京市通州区委办公室 北京市通州区人民政府办公室关于印发《通州区全面推进河长制工作方案》的通知（2017-08-08）
京通办发〔2017〕14号	中共北京市通州区委办公室 北京市通州区人民政府办公室关于印发《通州区"蓝天保卫战"工作方案》的通知（2017-08-18）
京通办发〔2017〕15号	中共北京市通州区委办公室 北京市通州区人民政府办公室印发《关于建立公共政策舆情风险评估的指导意见》的通知（2017-09-04）
京通办发〔2017〕16号	中共北京市通州区委办公室民北京市通州区人民政府办公室印发《关于建立舆情分级预警与应急处置工作制度的实施意见》的通知（2017-09-04）
京通办发〔2017〕17号	中共北京市通州区委办公室关于转发区委政法委《北京市通州区党的十九大维稳安保工作方案》的通知（2017-09-21）
京通办发〔2017〕18号	中共北京市通州区委办公室北京市通州区人民政府办公室关于印发《北京市通州区信访维稳工作责任制（试行）》的通知（2017-09-28）
京通办发〔2017〕19号	中共北京市通州区委办公室关于设立北京市通州区推进全国文化中心建设领导小组的通知（2017-09-28）
京通办发〔2017〕20号	中共北京市通州区委办公室北京市通州区人民政府办公室关于印发《〈《京津冀及周边地区2017—2018年秋冬季大气污染综合治理攻坚行动方案》北京市细化落实方案〉通州区实施方案》的通知（2017-10-11）
京通办发〔2017〕21号	中共北京市通州区委办公室北京市通州区人民政府办公室关于印发《通州区做好北京市环境保护督察工作方案》的通知（2017-10-27）
京通办发〔2017〕22号	中共北京市通州区委办公室印发《关于加强和改进政协民主监督工作的实施意见》的通知（2017-11-14）
京通办发〔2017〕23号	中共北京市通州区委办公室关于印发《2017年通州区党风廉政建设责任制党委主体责任和纪委监督责任落实情况检查考核工作方案》的通知（2017-11-15）
京通办发〔2017〕24号	中共北京市通州区委办公室关于印发《通州区总工会改革方案》的通知（2017-11-23）
京通办发〔2017〕25号	中共北京市通州区委办公室关于印发《共青团通州区委改革方案》的通知（2017-11-23）
京通办发〔2017〕26号	中共北京市通州区委办公室关于印发《通州区妇联改革方案》的通知（2017-11-23）
京通办发〔2017〕27号	中共北京市通州区委办公室北京市通州区人民政府办公室印发《关于进一步加强通州区公共安全视频监控建设联网应用工作的实施意见》的通知（2017-12-08）
京通办发〔2017〕28号	中共北京市通州区委办公室北京市通州区人民政府办公室印发《北京市通州区关于加快推进公共文化服务体系示范区建设的意见》的通知（2017-12-28）

北京市通州区人民政府主要文件目录

北京市通州区人民政府文件

通政发〔2017〕1号	北京市通州区人民政府关于印发通州区2016—2017年度农村地区"煤改气"工作实施方案的通知（2017-01-06）
通政发〔2017〕2号	北京市通州区人民政府关于印发通州区垃圾减量工作实施方案的通知（2017-01-26）
通政发〔2017〕3号	北京市通州区人民政府关于印发通州区节水型区创建实施方案的通知（2017-02-06）
通政发〔2017〕4号	北京市通州区人民政府关于印发通州区"十三五"时期节水型社会建设规划的通知（2017-02-06）
通政发〔2017〕5号	北京市通州区人民政府关于印发张力兵同志在区六届人大一次会议上作的《政府工作报告》的通知（2017-02-20）
通政发〔2017〕6号	北京市通州区人民政府关于印发通州区2017年水污染防治重点工作方案的通知（2017-02-20）
通政发〔2017〕7号	北京市通州区人民政府关于印发通州区2017年清洁空气行动计划的通知（2017-02-20）
通政发〔2017〕8号	北京市通州区人民政府关于印发通州区2017年在直接关系群众生活方面拟办重要实事的通知（2017-03-07）
通政发〔2017〕9号	北京市通州区人民政府关于印发2017年通州区政府折子工程的通知（2017-03-07）
通政发〔2017〕10号	北京市通州区人民政府关于印发通州区2017年主要污染物减排工作方案的通知（2017-03-09）
通政发〔2017〕11号	北京市通州区人民政府关于印发2017年通州区重点工程项目计划表的通知（2017-03-29）
通政发〔2017〕12号	北京市通州区人民政府关于印发通州区落实北京市医药分开综合改革工作方案的通知（2017-03-29）
通政发〔2017〕13号	北京市通州区人民政府关于印发通州区土壤污染防治工作方案的通知（2017-04-01）
通政发〔2017〕14号	北京市通州区人民政府关于印发《通州区土壤污染防治工作方案2017年重点任务分解表》的通知（2017-04-28）
通政发〔2017〕15号	北京市通州区人民政府关于公布通州区第五批区级文物保护单位的通知（2017-05-18）
通政发〔2017〕16号	北京市通州区人民政府关于深入推进网格化治理体系建设的实施意见（2017-06-29）
通政发〔2017〕17号	北京市通州区人民政府关于印发通州区全民健身实施计划（2016-2020年）的通知（2017-07-05）

通政发〔2017〕18号	北京市通州区人民政府关于印发通州区政府2017年度绩效管理工作实施方案的通知（2017–08–09）
通政发〔2017〕19号	北京市通州区人民政府印发关于建立完善信用联合奖惩制度加快推进诚信建设实施方案的通知（2017–08–24）
通政发〔2017〕20号	北京市通州区人民政府关于调整朱益军、张德启同志区政府分管工作的通知（2017–08–28）
通政发〔2017〕21号	北京市通州区人民政府关于评选认定通州区优秀校长的决定（2017–09–05）
通政发〔2017〕22号	北京市通州区人民政府关于2017年度通州区科学技术奖励的决定（2017–09–14）
通政发〔2017〕23号	北京市通州区人民政府关于撤销区监察局、预防腐败局的通知（2017–09–21）
通政发〔2017〕24号	北京市通州区人民政府关于印发通州区知识产权（专利）促进暂行办法的通知（2017–09–29）
通政发〔2017〕25号	北京市通州区人民政府关于加强法制机构建设落实法律顾问工作的实施方案（2017–09–30）
通政发〔2017〕26号	北京市通州区人民政府关于印发通州区空气重污染应急预案（2017年修订）的通知（2017–09–29）
通政发〔2017〕27号	北京市通州区人民政府关于印发通州区突发事件总体应急预案的通知（2017–10–11）
通政发〔2017〕28号	北京市通州区人民政府印发关于整治通州区城镇燃气管线隐患工作方案的通知（2017–10–30）
通政发〔2017〕29号	北京市通州区人民政府关于印发通州区创建国家森林城市实施意见的通知（2017–11–13）
通政发〔2017〕30号	北京市通州区人民政府关于印发通州区行政规范性文件清埋结果的通知（2017–11–24）
通政发〔2017〕31号	北京市通州区人民政府关于印发通州区2017—2018年采暖季工业企业错峰停限产实施方案的通知（2017–11–30）
通政发〔2017〕32号	北京市通州区人民政府关于印发通州区2017—2018年秋冬季重点工业企业错峰运输实施方案的通知（2017–11–30）
通政发〔2017〕33号	北京市通州区人民政府关于印发通州区加强政务服务体系建设实施方案的通知（2017–12–20）
通政发〔2017〕34号	北京市通州区人民政府关于印发通州区政府部门权力清单（2017版）的通知（2017–12–27）
通政发〔2017〕35号	北京市通州区人民政府关于印发通州区加强非道路移动机械低排区和非道路移动机械管理工作方案的通知（2018–01–02）

北京市通州区人民政府办公室文件

通政发〔2017〕1号	北京市通州区人民政府办公室关于进一步加强基层公共文化建设、创建首都公共文化服务示范区的实施意见（2017–01–18）
通政发〔2017〕2号	北京市通州区人民政府办公室关于进一步加强通州区重大固定资产投资项目管理的意见（2017–02–14）
通政发〔2017〕3号	北京市通州区人民政府办公室关于印发通州区2017年六大工程绩效任务书的通知（2017–02–17）
通政发〔2017〕4号	北京市通州区人民政府办公室关于印发通州区人才公寓管理办法的通知（2017–02–24）
通政发〔2017〕5号	关于印发通州区创建“北京市食品安全示范区”工作实施方案的通知（2017–02–27）
通政发〔2017〕6号	北京市通州区人民政府办公室关于印发首都科技条件平台通州工作站管理办法（试行）的通知（2017–03–07）
通政发〔2017〕7号	北京市通州区人民政府办公室关于印发2017年通州区“疏解整治促提升”专项行动方案的通知（2017–03–13）
通政发〔2017〕8号	北京市通州区人民政府办公室关于印发2017年通州区平房住户“煤改电”及规模种养殖业无煤化工作实施方案的通知（2017–03–23）
通政发〔2017〕9号	北京市通州区人民政府办公室关于印发通州区无证无照经营和“开墙打洞”专项整治行动方案的通知（2017–03–28）
通政发〔2017〕10号	北京市通州区人民政府办公室关于印发通州区政府2016年度绩效考评整改方案的通知（2017–04–13）
通政发〔2017〕11号	北京市通州区人民政府办公室印发关于进一步加强政府投资项目资金管理暂行办法的通知（2017–04–24）
通政发〔2017〕12号	北京市通州区人民政府办公室关于印发2017年通州区非本市户籍适龄儿童少年接受义务教育证明证件材料审核实施细则的通知（2017–05–11）
通政发〔2017〕13号	北京市通州区人民政府办公室关于印发通州区2017年食品药品重点工作安排的通知（2017–05–31）
通政发〔2017〕14号	北京市通州区人民政府办公室关于印发通州区低端养殖业及禁养区内规模养殖场退出工作实施方案的通知（2017–05–31）
通政发〔2017〕15号	北京市通州区人民政府办公室关于印发《落实市领导同志调研北京城市副中心讲话要点任务分解》的通知（2017–06–21）
通政发〔2017〕16号	北京市通州区人民政府办公室关于印发通州区2017年打击侵犯知识产权和制售假冒伪劣商品工作要点的通知（2017–07–18）
通政发〔2017〕17号	北京市通州区人民政府办公室关于印发整合建立通州区公共资源交易平台实施方案的通知（2017–07–25）
通政发〔2017〕18号	北京市通州区人民政府办公室关于印发2017年通州区渣土车专项整治工作方案的通知（2017–07–25）

通政发〔2017〕19号	北京市通州区人民政府办公室关于印发通州区扶持高层次人才创新创业平台建设实施细则的通知（2017–07–25）
通政发〔2017〕20号	北京市通州区人民政府办公室关于印发通州区海绵城市建设试点建设管理暂行办法的通知（2017–07–27）
通政发〔2017〕21号	北京市通州区人民政府办公室关于印发通州区海绵城市建设试点补助资金使用管理暂行办法的通知（2017–07–27）
通政发〔2017〕22号	北京市通州区人民政府办公室关于印发通州区2017年打击非法集资专项整治行动工作方案的通知（2017–08–01）
通政发〔2017〕23号	北京市通州区人民政府办公室关于印发通州区施工现场标准化管理规定的通知（2017–08–03）
通政发〔2017〕24号	北京市通州区人民政府办公室关于印发通州区建筑工程劳务用工标准化管理规定的通知（2017–08–03）
通政发〔2017〕25号	北京市通州区人民政府办公室印发关于进一步强化提升建筑工程扬尘治理工作实施细则的通知（2017–08–03）
通政发〔2017〕26号	北京市通州区人民政府办公室关于印发通州区引进高层次人才创新团队实施细则的通知（2017–08–09）
通政发〔2017〕27号	北京市通州区人民政府办公室关于印发通州区燃煤锅炉清洁能源改造区级补助、奖励工作方案的通知（2017–08–14）
通政发〔2017〕28号	北京市通州区人民政府办公室关于加强政府网站建设和信息内容保障的通知（2017–08–15）
通政发〔2017〕29号	北京市通州区人民政府办公室关于印发通州区农业水价综合改革及管水员队伍建设实施方案的通知（2017–08–22）
通政发〔2017〕30号	北京市通州区人民政府办公室关于印发通州区标准化气象为农服务区创建工作方案的通知（2017–08–24）
通政发〔2017〕31号	北京市通州区人民政府办公室关于印发通州区高层建筑消防安全综合治理实施方案的通知（2017–08–30）
通政发〔2017〕32号	北京市通州区人民政府办公室关于印发通州区2017年节能减碳目标分解方案的通知（2017–09–04）
通政发〔2017〕33号	北京市通州区人民政府办公室关于印发通州区2017年度政府绩效管理考评体系和实施细则(乡镇政府类)的通知（2017–09–12）
通政发〔2017〕34号	北京市通州区人民政府办公室关于印发通州区2017年度政府绩效管理考评体系和实施细则（街道办事处类）的通知（2017–09–12）
通政发〔2017〕35号	北京市通州区人民政府办公室关于印发通州区2017年度政府绩效管理考评体系和实施细则(区级部门类)的通知（2017–09–12）
通政发〔2017〕36号	北京市通州区人民政府办公室印发关于落实蔡奇书记在通州区台湖镇调研讲话任务分解的通知（2017–09–15）
通政发〔2017〕37号	北京市通州区人民政府办公室印发关于落实陈吉宁市长调研北京城市副中心运河商

	务区规划建设工作任务分解的通知（2017–09–25）
通政发〔2017〕38号	北京市通州区人民政府办公室关于印发通州区2017年政务公开工作要点的通知（2017–09–25）
通政发〔2017〕39号	北京市通州区人民政府办公室关于印发通州区区级部门2017年度政府绩效管理重点工作任务书（2017–09–30）
通政发〔2017〕40号	北京市通州区人民政府办公室关于印发通州区行政应诉规则的通知（2017–09–30）
通政发〔2017〕41号	北京市通州区人民政府办公室关于印发通州区危险化学品安全综合治理三年行动计划(2017年6月–2020年5月)的通知（2017–09–30）
通政发〔2017〕42号	北京市通州区人民政府办公室关于印发通州区推进“阳光餐饮”工程工作方案的通知（2017–10–09）
通政发〔2017〕43号	北京市通州区人民政府办公室关于印发通州区食品药品安全工作评议考核办法的通知（2017–10–09）
通政发〔2017〕44号	北京市通州区人民政府办公室关于印发通州区国资委监管企业负责人履职待遇、业务支出管理暂行办法的通知（2017–10–13）
通政发〔2017〕45号	北京市通州区人民政府办公室关于印发河长制配套制度（试行）的通知（2017–11–01）
通政发〔2017〕46号	北京市通州区人民政府办公室关于通州区高压自管户及直管公房等“煤改电”工作相关问题的通知（2017–11–08）
通政发〔2017〕47号	北京市通州区人民政府办公室关于印发通州区2017年土地督察整改工作实施方案的通知（2017–11–08）
通政发〔2017〕48号	北京市通州区人民政府办公室关于编制《通州区2018年在直接关系群众生活方面拟办的重要实事》的通知（2017–11–09）
通政发〔2017〕49号	北京市通州区人民政府办公室关于印发通州区集中清理建筑物天际线专项行动工作方案的通知（2017–11–22）
通政发〔2017〕50号	北京市通州区人民政府办公室关于认真做好2017年区域性（重大）火灾隐患挂牌督办工作的通知（2017–11–22）
通政发〔2017〕51号	北京市通州区人民政府办公室关于印发通州区迎接市委、市政府安全生产督察工作方案的通知（2017–11–30）
通政发〔2017〕52号	北京市通州区人民政府办公室关于印发通州区进一步深化简政放权放管结合优化服务改革重点任务分工落实方案的通知（2017–12–14）
通政发〔2017〕53号	北京市通州区人民政府办公室关于开展消防安全隐患集中夜查行动的通知（2017–12–15）
通政发〔2017〕54号	北京市通州区人民政府办公室印发关于2017年促进农民增收及低收入农户增收工作实施方案的通知（2017–12–28）
通政发〔2017〕55号	北京市通州区人民政府办公室关于印发通州区国有企业违规经营投资责任追究暂行办法的通知（2018–01–03）

（备注：圆括号内数字为印发日期）

通州区社区居委会名录（共计129个）

新华街道办事处(7个)

名 称	地 址	电 话
天桥湾	天桥湾13号楼前平房	69551634
东大街	如意园小区12号楼—7（此为临时租赁办公场所）	69551624
新 建	北大街17号（此为临时租赁办公场所）	69551274
贡 院	如意园小区12号楼—7（此为临时租赁办公场所）	69551604
司 空	北大街59号（此为临时租赁办公场所）	69551430
如 意	吉祥园甲18—1	69551294
北 关	北大街17号（此为临时租赁办公场所）	69551284

北苑街道办事处(19个)

名 称	地 址	电 话
果园西	北苑南路48号院内平房	81531314
新北苑	杨庄南街1号	60534924
后南仓	后南仓12楼北侧	69553562
新城南街	后南仓32号楼金禧花园小区内1层	69519160
新华西街	新华西街15号院北门外	69531046
长桥园	八里桥南街87号院8号楼104、105室 89503063	
五里店	杨庄路5号	60533861
玉带路	潞河中学北街13号	80886601
帅府	帅府小区40楼北侧	69516593
西关	万方家园锦园1号楼1-21	80880548
复兴南里	北苑南路38号院底商2号楼2—6号	80814056
北苑桥	八里桥南街1号院E座105室	60530243
锦园	五里店西路6号院6号楼底商101	60536578
中山街	中山大街52号6单元102号	80880623
京贸国际	八里桥南街68号院1号楼107室	89506243

滨惠南三街	万方家园锦园1号楼1单元301室	80888362
新华联家园北区	新华联家园北区东北门旁	80812378
天时名苑	天时名苑小区10号楼1单元 102室	80574061
广通	广通小区1号楼2单元102室	60534924

中仓街道办事处(17个)

名　称	地　址	电　话
中　仓	中仓小区10号楼东侧平房	69513099
四员厅	新街下坡9号	69536342
东　里	新城东里17号楼后平房	69536431
西　营	玉带河大街50号楼院内	69548171
悟仙观	南大街47号	69555872
莲花寺	南大街莲花寺5号	69554865
白将军	南大街东顺城街甲8号	69551915
小　园	东营前街3号楼底商一号	69513149
西上园	西上园一区甲13号楼	60562853
上　营	西上园二区6号楼东侧墙外上园路底商211-1	60561778
东　关	西上园二区6号楼东侧墙外上园路底商211-1	60561467
新华园	故城东路51号院北侧平房	69536809
星　河	水仙西路89号（运河湾北区底商）	80855652
中上园	玉带河东大街145号	60563020
运河园	通州区兽医站南侧	80852774
滨　河	运河明珠小区2号楼3单元4层	52113080
运河湾	水仙西路83号	80858505

玉桥街道办事处(17个)

名　称	地　址	电　话
乔庄北街	乔庄东区91号院南侧灰楼一层	81598082
土　　桥	临河里106号楼首、二层	56405153
玉桥东里	玉桥东里6号楼底商6-1,6-2	81546160
艺　　苑	艺苑西里7号楼111室	81534001
运河东大街	葛布店东里12楼南平房	81525744
玉桥南里	玉桥南里22号楼北平房	81586364
玉桥北里	玉桥北里47号楼	81586392

葛布店南里	葛布店东里100-8当代名筑底商	81512199
葛布店北里	蓝山国际小区2号楼102室	81524780
梨　花　园	梨园北街18号院5号楼南侧	60526533
柳岸方园	玉桥西里中街底商28、30号	52101079
柳　馨　园	乔庄东区91号院南侧灰楼一层	60549175
玉桥南里南	玉桥南里50院2号楼底商（景馨家园）	81598088
净水园	净水园12号楼	59757433
玉桥东里南	玉桥东里南115号楼二层、三层	81575317
新通国际	梨园西里21号楼南侧	89542940
潞阳桥	砖厂北里101号楼1单元101室	56530064

永　顺　镇(28 个)

名　称	地　址	电　话
富河园	通州区永顺镇富河园小区门口	69556193/89500119
天赐良园	西富河园二号院门口	80544295/80508774
盛业家园	通胡大街23号院206号楼北侧平房	51070549
运乔嘉园	运河西大街乔庄东区2号院23号楼地下室	81588242
龙旺庄	龙旺庄煤气站东院停车场院内平房	89517535/89591736
世纪星城兴业园	世纪星城77号楼6单元101、102室	52998951/52998952
潞苑南里	拉维小镇31号楼首二层	57907159/57907158
东潞苑西区	东潞苑五区甲12号楼底商	89596690/89557332
潞邑	新潮家园小区三区三单元201室	89597806/89557652
运通园	潞苑南大街614号澜花语岸院内西花园南侧平房	89557072/89557280
杨庄南里西区	杨庄小区1号楼平房院内	60533302/60539200
西马庄	西马庄34号楼东侧平房	60512196
苏荷雅居	苏荷雅居14号楼地下室	58014723
永顺西里	永顺西里甲38号院东门	60511094/60510545
永顺南里	永顺南街234号	60514252/60510483
艺苑东里	艺苑东里小区物业公司右侧	81538215
杨庄南里南区	通州区杨庄路22号院内	60531051
潞苑嘉园	永顺镇社会服务管理中心西楼二层	89588600/89588670
竹木场	永顺镇竹木场村	60514342
岳庄	永顺镇岳庄村	69551671
杨富店	永顺镇杨富店村	81564891
杨庄通广嘉园	杨庄通广嘉园小区	81562541/81562624

西潞苑北区	西潞苑80号	69531218/69531219
京贸国际	京贸国际城A14号楼	89587323
潞苑北里	珠江国际家园3号地31号楼、32号楼首、二层	57907159/57907157
珠江家园		
西潞苑南区		
京贸家园		

梨　园　镇(24个)

名　称	地　址	电　话
新华联家园南区	新华联家园南区10号楼5单元502号（地下室）	81557495
格瑞雅居	格瑞雅居小区北平房	81539489
靓景明居	梨园镇怡乐园三区靓景明居西会所三层居委会办公室	58013927
万盛北里	梨园镇万盛北里380号楼	81573410
龙　鼎　园	翠景南里西区6号楼104号	81551872
金侨时代家园	花涧溪28号楼2层	60550769
梨园东里	梨园东里南区物业楼一层	81573402
京洲园	京洲园413号楼底层（京洲馨园院内）	60545691
翠景北里	梨园镇瑞都国际小区（南区9号楼）	81518043
葛布店东里	北杨洼小区28号楼前平房	81541462
群芳园	云景东路66号院群芳园小区老年活动中心二楼	81524368
云景东里	梨园镇园景阁东区南门平房5-7号	81577966
云景里	云景里社区10#楼前社区服务站一楼。	60529914
颐瑞西里	梨园镇群芳中二街152号瑞都公园世家小区5号楼	60529747
颐瑞东里	梨园镇颐瑞东里C区147号2层	81578395
欣达园	群芳四园桃花岛小区商AA座998—5号	81526302
曼城家园	梨园镇万盛北里甲420号楼地下室	81532973
云景北里	新城阳光小区36楼1单元114号	60529512
翠屏北里	翠屏北里小区1号楼北侧平房	81517532
大方居	大方居小区331号楼1层	57055500
翠屏南里	通景园194号楼2层	56852916
新城乐居	颐瑞东里207号楼2层	57553900
铭悦园	砖厂南里17号楼	
砖厂南里	砖厂南里43号楼、45号楼	

潞 城 镇（4个）

名 称	地 址	电 话
荔景园	通胡大街3—15号	89587331
紫荆雅园	通胡大街3—15号	89587331
水 仙 园	通胡大街68号	89587639
古月佳园		

台 湖 镇（2个）

名 称	地 址	电 话
定海园一里	通州区台湖镇定海园小区一里	80822476
定海园二里	通州区台湖镇定海园小区二里	69508386

马驹桥镇（7个）

名 称	地 址	电 话
新海南里	新海南里39号楼一单元101室	60509328
新海北里	新海南里39号楼3单元102室	60509590
新海祥和	新海北里8号楼 ·单元101室	60509527
宏仁	马桥路228号院1号楼2单元102室	56650187/8
瑞晶苑	马驹桥镇景盛北二街15号院东亚瑞晶苑小区9号楼2层202房间	59397075/6
国风美仑	马驹桥经贸二街国风美仑7号院6号楼一层	80595810
香雪兰溪	马驹桥香雪兰溪14号楼2单元一层	61587510

漷 县 镇（3个）

名 称	地 址	电 话
绿茵小区	绿茵小区南门西侧	80586010
绿茵西区	绿茵西区二期院内	80520295
金三角	金三角商贸城内	80566298

于家务乡（1个）

名 称	地 址	电 话
于家务西里		80532976

通州区村民委员会名录（共计470个）

永　顺　镇（21个）

上　　营	60560765	乔　　庄	81582577
小 圣 庙	69572219	范　　庄	69555513
南　　关	52353387	焦 王 庄	58011003
果　　元	81517118	王 家 场	89590826
杨　　庄	81566266	刘　　庄	89597779
永　　顺	89532535	李　　庄	89594266
前 上 坡	80887261	耿　　庄	89593772
西 马 庄	60512253	龙 旺 庄	89590733
邓 家 窑	80541089	小 潞 邑	89597311
新　　建	69543380	苏　　坨	89597682
北 马 庄	89576102		

梨　园　镇（26个）

半 壁 店	60558867	孙　　庄	60521755
李老公庄	81561744	车 里 坟	60521574
刘老公庄	81542917	孙 王 场	81533342
小　　稿	60522734	九 棵 树	60522782
东 总 屯	81525795	东小马庄	60528361
西 总 屯	60529897	魏 家 坟	60557573
小街一队	60525633	将 军 坟	60524095
小街二队	60525822	高 楼 金	61568873
小街三队	60525079	三 间 房	60520967
西小马庄	81521609	梨　　园	60524999
大 稿 村	81563977	北 杨 洼	81514505
曹　　园	58019983	公　　庄	81530435
大 马 庄	81533853	砖　　厂	69573088

宋　庄　镇（47个）

关辛庄	89571580	辛　店	69591318
郝各庄	89572596	大兴庄	69596764
西　赵	89572556	宋　庄	52100642
港　北	89572534	小　堡	80856711
南马庄	89572537	疃　里	89599012
高各庄	89571189	六　合	69591432
翟　里	89572180	后夏公庄	69591012
北寺庄	89571591	前夏公庄	69591015
小杨各庄	89572939	邢各庄	52112046
白　庙	69596618	丁各庄	52107606
任　庄	52337325	高辛庄	52103301
喇嘛庄	69596776	菜　园	52103588
小邓各庄	52105295	富　豪	89551542
大邓各庄	69598092	尹各庄	89551774
师姑庄	89513098	草　寺	89567384
北刘各庄	69593069	岗　子	80857681
摇不动	69597529	北窑上	80857071
平家疃	80859335	干辛庄	80857764
大　庞	89567534	寨　里	89559724
小　营	89567347	寨辛庄	80519389
内军庄	89567704	葛　渠	89559541
徐辛庄	89567414	吴各庄	52330970
沟渠庄	89567694	管　头	89559388
双埠头	52115902		

潞　城　镇（54个）

东杨庄	89526240	七　级	89581804
魏　庄	89521688	堡　辛	69594175
霍　屯	89521653	常　屯	69594280
古　城	89582750	东　堡	89581927
杨　坨	89515336	西　堡	89592060
郝家府	52110100	召　里	69594138
辛安屯	89515031	后　屯	69594387

胡各庄	89582070	孙各庄	89598871
大台	89583154	兴各庄	61521186
留庄	89580738	燕山营	61525258
东夏园	89582453	凌家庙	61522002
庙上	89582475	李疃	61520575
大营	89582543	武疃	61529663
东小营	89582652	前疃	61525848
前北营	89582674	东前营	61529355
后北营	89582760	贾后疃	61521244
黎辛庄	89581373	前榆林庄	61523101
南刘各庄	89581206	后榆	61522290
八各庄	89583992	卜落垡	61529885
东刘庄	61529815	夏店	61522700
岔道	61520832	崔家楼	61521364
侉店	52339226	肖庄	61521090
大甘棠	61522818	大东各庄	61521324
小甘棠	61521214	小东各庄	61521046
大豆各庄	52119752	谢楼	61559044
小豆各庄	52119772	康各庄	61552047
武窑	61521505	太子府	61551656

西集镇（57个）

曹刘各庄	61576083	东辛庄	61576095
南小庄	61576061	大灰店	61576109
上坡	61576063	大沙务	61576046
和合站	61576065	小灰店	61576113
安辛庄	61578189	小沙务	61576119
吕家湾	61576014	牛牧屯	61576584
杨家洼	61579713	桥上	61576107
辛集	61576238	杜店	61576105
肖家林	61576040	前东仪	61576121
前寨府	61577119	史东仪	61576004
后寨府	61576093	侯东仪	61576005
黄东仪	61576009	耿楼	61558230
尹家河	61576124	陈桁	61558203
赵庄	61513442	王庄	61558204

侯各庄	61576013	金 坨	61558993
于辛庄	61576015	何各庄	61558213
车 屯	61571336	金各庄	61558240
武辛庄	61576371	张各庄	61558132
胡 庄	61579436	望君疃	61558243
协各庄	61576043	杜柳棵	61558259
西 集	61576041	马 坊	61558126
石 上	61516914	任辛庄	61558047
王 上	61576115	太平庄	61558008
林 屯	61576059	小 屯	61558186
岳 上	61576081	小辛庄	61558148
郎 东	61558071	供给店	61558618
郎 西	61558003	儒 林	61558184
老庄户	61558374	沙古堆	61558610
冯各庄	61558147		

漷县镇（61个）

马 头	80586102	周起营	69568414
马 堤	80599103	北堤寺	69568405
三黄庄	80586945	黄厂铺	69568457
石 槽	80586105	小 屯	80566043
毛 庄	80586107	曹 庄	80561183
高 庄	80587899	纪各庄	80569674
沈 庄	80599660	侯黄庄	80566515
后 地	80599770	马 庄	13801052382
小香仪	80580180	张 庄	80563274
大香仪	80580723	东寺庄	80566123
东黄垡	80586034	凌 庄	80566350
西黄垡	80586024	前尖平	13911183839
漷 县	80586302	后尖平	80566149
杨 堤	80586109	徐官屯	80562346
长凌营	80581411	东定安	80561195
榆林庄	80582877	西定安	80562348
苏 庄	80586097	军 屯	80564522
马 务	80586007	柏 庄	80560069
翟各庄	80585242	龙 庄	80566131

许各庄	80583480	李辛庄	80566059
南阳	80586090	尚武集	80566145
靛庄	80599700	觅子店	80566221
吴营	13701140525 80525890	南屯	80567245
王楼	80581902	穆家坟	80590341
郭庄	13699108950	军庄	80590724
中辛庄	80586091	边槐庄	80566038
南丁庄	69568406	梁家务	80565218
东鲁	69569754	罗庄	80566045
西鲁	69569348	前元化	80561003
草厂	69568404	后元化	80567268
大柳树	80563774		

张家湾镇（57个）

张湾村	61506019	南姚园	61569450
张湾镇	61568516	齐善庄	61502914
施园	69573004	牌楼营	69573014
宽街	69572972	马营	69573714
唐小庄	69573703	前街	69581366
立禅庵	69573724	中街	69581403-8003
大高力庄	69573432	后街	69581407
南许场	69571033	后坨	69580496
北许场	69571866	小耕垡	13716464092
土桥	69572122	前南关	69587401
皇木厂	69573040	后南关	69586221
上马头	69573247	北仪阁	69571435
张辛庄	69571661	前青山	69580028
梁各庄	69572274	后青山	69589049
东定福庄	69573431	苍上	69588665
西定福庄	69573749	王各庄	69581457
贾各庄	69573743	东永和屯	13716464318
姚辛庄	69573493	西永和屯	69581459
里二泗	61563348	小北关	13716464633
烧酒巷	69573451	大北关	69581417
上店	69571300	垡头	69581420
大辛庄	69571097	三间房	69588620

枣林庄	69575208	北大化	69584315
何各庄	69573746	陆辛庄	69581126
瓜 厂	69573747	苍 头	69581153
南火垡	69585262	坨 堤	69583433
十里庄	69586164	高 营	13716464635
南大化	69581415	样 田	60570147
柳 营	69582151		

台湖镇（41个）

董 村	81501225	垛 子	69509532
北神树	81502473	徐 庄	69500545
丁 庄	69501648	台 湖	61531983
白 庄	69501282	玉甫上营	61532683
马 庄	69501280	西下营	61535015
东下营	61531705	北姚园	61531732
唐大庄	61574707	碱 厂	61531737
尖 垡	61531742	朱家垡	61531895
水 南	69503089	兴武林	61531754
北小营	80823591	窑 上	61531763
西太平庄	69502474	北火垡	61534143
次 一	69501725	蒋辛庄	61531903
次 二	69501029	外郎营	52105926
东 石	69502248	周坡庄	61538152
桂家坟	81509719	胡家垡	61531936
麦 庄	69502417	江 场	61531950
永隆屯	69503727	口 子	61531952
大 地	69509494	铺 头	61531962
新 河	69500545	前 营	61532014
高古庄	69500416	田家府	61531335
桑 元	69501548		

马驹桥镇（45个）

北门口	60509484	大周易	60509219
二 街	60509416	史 村	60507775

三　街	60599947	前银子	60509338
一　街	60508866	后银子	60500244
西后街	60502930	驸马庄	60591198
辛　屯	60509516	南　堤	60591108
大葛庄	60500272	大杜社	61585729
东　店	60509861	小杜社	61585740
西　店	60509403	西马各庄	61582737
马　村	60509581	六郎庄	61583915
小　白	60509327	大松垡	61584561
姚　村	60505858	小松垡	61585747
张各庄	60509774	神　驹	61585753
大　白	60509745	柏　福	61585752
张　村	60509227	东田阳	61583398
古　庄	60509490	南小营	61582571
房辛店	60509517	团瓢庄	61582666
小张湾	60505058	姚辛庄	61585996
周　营	60509228	前堰上	61585951
杨秀店	60594082	后堰上	61585935
郭　村	60501226	陈各庄	61582958
柴　务	60509519	西田阳	61585950
小周易	60505899		

永乐店镇（38个）

永乐店一村	69569024	新西庄	69568493
永乐店二村	69568744	南堤寺东村	69568489
永乐店三村	69568632	南堤寺西村	69568487
小南地	69569656	马合店	80553586
大　羊	69569314	后　营	80551315
孔　庄	69569684	西槐庄	80551454
老槐庄	69564047	坚　村	80598008
陈辛庄	69564646	小　安	80551312
邓　庄	69567975	临沟屯	80511342
后　甫	69568355	应　寺	80511306
东张各庄	69564024	胡家村	80512105
德仁务前街	69569990	柴厂屯	80511241
德仁务中街	69568153	熬硝营	80515506

德仁务后街	69568308	小甸屯	80511475
西　河	80551310	三　垡	80511407
东　河	80551978	半截河	80514388
小　务	80551012	兴隆庄	80511424
大　务	80551192	前马坊	80511397
鲁　城	80552715	后马坊	80511492

于家务回族乡（23个）

于家务	80531963	小海字	80522196
东马各庄	80531950	渠　头	80521362
西马坊	80534891	南三间房	80529409
果　村	80531962	富各庄	80523575
神　仙	80534596	王各庄	80523898
北辛店	80532820	满　庄	80523633
大耕垡	80533588	崔各庄	80810466
南仪阁	80531946	东　垡	80521474
仇　庄	80521158	西　垡	80521359
南刘庄	80521997	前　伏	80521379
吴　寺	80529028	后　伏	80529268
枣　林	80521014		

通州区中小学校、幼儿园名录

幼儿园

通州区马驹桥镇大松垡幼儿园	通州区马驹桥镇大松垡村	69503058
通州区马驹桥镇六郎庄幼儿园	通州区马驹桥镇六郎庄村	69503020
通州区永乐店镇小务幼儿园	通州区永乐店镇小务村	80520811
通州区漷县镇觅子店幼儿园	通州区漷县镇觅子店村	80535875-8007
通州区宋庄镇徐辛庄中心幼儿园北刘分园	通州区宋庄镇北刘各庄村	89541052

通州区梨园镇新城嘉园中心幼儿园	通州区梨园镇新城嘉园小区108号	80598926
通州区永乐店镇熬硝营幼儿园	通州区永乐店镇熬硝营村	80525839
通州区马驹桥镇小周易幼儿园	通州区马驹桥镇小周易村	69508191
通州区潞城镇贾后疃幼儿园	通州区潞城镇贾后疃村	60574028
通州区马驹桥镇神驹幼儿园	通州区马驹桥镇神驹村	69501259
通州区宋庄镇红杉溪谷幼儿园	通州区宋庄镇疃里南区55号	61519096-8001
通州区马驹桥镇金桥幼儿园	通州区中关村科技园区通州园金桥科技产业基地景盛北一街29号	80898819
通州区漷县镇漷县中心幼儿园黄厂铺分园	通州区漷县镇黄厂铺村	80596770
通州区马驹桥镇史村幼儿园	通州区马驹桥镇史村	60593120
通州区西集镇西集中心幼儿园肖林分园	通州区西集镇肖家林村	61518066
通州区马驹桥镇杨秀店幼儿园	通州区马驹桥镇杨秀店村	60593572
通州区马驹桥镇小松垡幼儿园	通州区马驹桥镇小松垡村	69503729
通州区台湖镇东下营幼儿园	通州区台湖镇东下营村	61528180
通州区漷县镇漷县中心幼儿园大香仪分园	通州区漷县镇大香仪村	80520913
通州区台湖镇台湖中心幼儿园胡家垡分园	通州区台湖镇胡家垡村	61528368
通州区台湖镇次渠家园幼儿园	通州区台湖镇次渠北里105号	80821732-8007
通州区梨园镇西总屯幼儿园	通州区梨园镇翠屏北里27号楼	60526990
通州区西集镇西集中心幼儿园大灰店分园	通州区西集镇大灰店村	61517366
通州区马驹桥镇团瓢庄幼儿园	通州区马驹桥镇团瓢庄村	60593512
通州区台湖镇外郎营幼儿园	通州区台湖镇外郎营村	61527730
通州区马驹桥镇后堰上幼儿园	通州区马驹桥镇后堰上村	61585935
通州区张家湾镇南大化幼儿园	通州区张家湾镇南大化村	80526258
通州区马驹桥镇前堰上幼儿园	通州区马驹桥镇前堰上村	69506558
通州区马驹桥镇后银子幼儿园	通州区马驹桥镇后银子村	69500317
通州区台湖镇定海园幼儿园	通州区台湖镇定海园二里16号楼	60577589-8321
通州区于家务乡北辛店幼儿园	通州区于家务乡北辛店村	80532820
通州区宋庄镇平家疃幼儿园	通州区宋庄镇平家疃村	57235005
通州区宋庄镇六合幼儿园	通州区宋庄镇六合村	57178892
通州区马驹桥镇南小营幼儿园	通州区马驹桥镇南小营村	69509161
通州区永乐店镇永一幼儿园	通州区永乐店镇永乐店一村	69569339
通州区马驹桥镇小张湾幼儿园	通州区马驹桥镇小张湾村	60593160
通州区金宝幼儿园	通州区河滨路1号芙蓉园519，520号	89537350
通州区马驹桥镇东田阳幼儿园	通州区马驹桥镇东田阳村	69507019
通州区马驹桥镇柏福幼儿园	通州区马驹桥镇柏福村	69503138
通州区花石匠幼儿园	通州区砖厂北里39号楼	56542238
通州区台湖镇台湖中心幼儿园	通州区台湖镇台湖村临36号	60578155-8032
通州区马驹桥镇西马各庄幼儿园	通州区马驹桥镇西马各庄村	69506002

通州区马驹桥镇姚辛庄幼儿园	通州区马驹桥镇姚辛庄村	69506082
通州区幼儿园	通州区中山大街36号	69544030
通州区新城东里幼儿园	通州区西营前街25号	69545284
通州区教工幼儿园	通州区潞通大街196号	69544818
通州区如意中心幼儿园	通州区如意园甲12号	69541360
通州区利登双语幼儿园	通州区通惠南路1号院	60519296
双鹿艺术幼儿园	通州区玉桥西路1号	69545541
中国人民解放军总参谋部陆航部幼儿园	通州区张家湾镇三间房村806号院	66858361
通州区玉桥街道运河幼儿园	通州区葛布店北里8号楼北侧	81528111
通州区科印幼儿园	通州区北苑南路63号院	60536388
运乔蓝天幼儿园	通州区乔庄东区运乔嘉园	81591155
通州区玉桥幼儿园	通州区玉桥北里47号	81587114
通州区新苗幼儿园	通州区永顺镇潞苑嘉园小区27号楼	89558599
通州区童乐幼儿园	通州区通惠南路29号院内	69545714
通州区瀚林华馨幼儿园	通州区台湖镇次渠大街19号	69505829
通州区东方幼儿园	通州区玉带河大街141号	69545558
通州区龙旺庄双语艺术幼儿园	通州区龙旺庄华龙小区	58460351
北京通州哈佛摇篮幼儿园	通州区潞城镇武夷花园牡丹园19号楼	89527785
北京武夷大地幼儿园	通州区潞城镇武夷花园水仙园68号	89524396
通州区芬芳幼儿园	通州区梨园镇砖厂村北	69572943
通州区星河幼儿园	通州区玉桥西里70号院	81537959
通州区启智贝尔幼儿园	通州区玉桥东路58号	81598268
通州区小海豚双语艺术幼儿园	通州区潞苑南大街1093号	89512389
通州区童心幼儿园	通州区永顺镇西马庄小区	60516183
通州区淘乐思艺术幼儿园	通州区果园路果园北区226号	81516110
通州区永顺镇中心幼儿园	通州区八里桥南街68号院	89588520
通州区永顺镇小潞邑幼儿园	通州区永顺镇小潞邑村	89598120
通州区梨园地区中心幼儿园	通州区梨园镇群芳园小区东侧	81529807
通州区梨园地区杨洼幼儿园	通州区梨园镇北杨洼村	80579158
通州区永乐店镇老槐庄幼儿园	通州区永乐店镇老槐庄村	15811507798
通州区张家湾镇张家湾中心幼儿园	通州区张家湾镇西定福庄丙51号	69573184
通州区张家湾镇牛堡屯中心幼儿园	通州区张家湾镇中街村442号	69582371
通州区马驹桥镇马驹桥中心幼儿园	通州区马驹桥镇中心小学校内	60599598
通州区马驹桥镇大杜社中心幼儿园	通州区马驹桥镇大杜社村	61582396
通州区潞城镇中心幼儿园	通州区潞城镇胡各庄村	89585206
通州区民族幼儿园	通州区芙蓉园312号	69542233
通州区西集镇西集中心幼儿园	通州区西集镇西集村临4号	61579280

通州区东旭英华双语艺术幼儿园	通州区梨园北街256号	69539200
通州区新通幼儿园	通州区梨园西里21号楼	89542745
通州区漷县镇漷县中心幼儿园	通州区漷县镇漷县村	80588440
通州区漷县镇觅子店幼儿园曹庄分园	通州区漷县镇曹庄村	80535875－8007
通州区大方居幼儿园	通州区半壁店大街25号	57056484
通州区七零九零幼儿园	通州区梨园南街净水园小区14号楼	59757315
通州区宋庄镇徐辛庄中心幼儿园	通州区宋庄镇徐辛庄村临74号	89541050－8005
通州区世纪之星艺术幼儿园	通州区梨园地区九棵树万盛北里甲355号	81519281
通州区北星幼儿园	通州区梨园路122号	52101961
通州区蓝馨双语幼儿园	通州区宋庄镇吴各庄村82号	52330707
通州区于家务回族乡中心幼儿园	通州区于家务回族乡于家务西里新月路1号	80533695
通州区漷县镇觅子店幼儿园边槐庄分园	通州区漷县镇边槐庄村	80535875－8007
通州区于家务乡东马各庄幼儿园	通州区于家务乡东马各庄村	80531950
通州区台湖镇兴武林幼儿园	通州区台湖镇兴武林村	61527720
通州区临河里幼儿园	通州区临河里62号	81515239
通州区西集镇西集中心幼儿园杜柳棵分园	通州区西集镇杜柳棵村	80577017
通州区潞城镇大豆各庄幼儿园	通州区潞城镇大豆各庄	60550260
通州区漷县镇觅子店幼儿园张庄分园	通州区漷县镇张庄村	80535875－8007
通州区幼师实验幼儿园	通州区玉桥东里106号楼	81575934
通州区龙鼎幼儿园	通州区翠景南里西区18号楼	81551886
通州区迪帆幼儿园	通州区安顺路17号	69533790
通州区永乐店镇中心幼儿园	通州区永乐店镇东张各庄村西口	80596902－8007
通州区东旭英才双语艺术幼儿园	通州区物院路正南A1－8号	80544002
通州区华远铭悦幼儿园	通州区砖厂南里27号楼	56863834
通州区快乐时光幼儿园	通州区半壁店大街北口1号	60558812
通州区斯宾赛尔幼儿园	通州区枫露皇苑一区甲一号	61528188
通州区潞城镇甘棠中心幼儿园	通州区潞城镇侉子店村村南	60550067
通州区西集镇郎府幼儿园	通州区西集镇郎东村	61518205
通州区尚慧幼儿园	通州区梨园镇大稿村	60522067
通州区海蓓宁幼儿园	通州区梨园镇大稿村怡乐南街	81568818
通州区晟世蓝天双语艺术幼儿园	通州区梨园镇晟世嘉园2号	57246555
通州区芙蓉幼儿园	通州区水仙西路1号	89591189
通州区圣克弗斯幼儿园	通州区河滨路1号月亮河城堡公寓6、7号楼	80852856
通州区年年幼儿园	通州区新华北路117号	57498249
通州区金一桥艺术幼儿园	通州区果园北街227号	56217130
通州区于家务乡王各庄村幼儿园	通州区于家务回族乡王各庄村	18612485906
通州区北方之星艺术幼儿园	通州区梨园南街326号	81594098

通州区于家务乡东垡村幼儿园	通州区于家务回族乡东垡村	80521474
通州区马驹桥镇小杜社幼儿园	通州区马驹桥镇小杜社村	69506022
通州区马驹桥镇前银子幼儿园	通州区马驹桥镇前银子村	69509653
通州区马驹桥镇大杜社幼儿园	通州区马驹桥镇大杜社村	69503281
通州区英才幼儿园	通州区宋庄镇寨辛庄前街甲2号院1号楼	13051536170
通州区永乐店镇半截河幼儿园	通州区永乐店镇半截河村文化站	17301062580
通州区童之梦双语幼儿园	通州区北苑南路38号	60554348
通州区缘贝幼儿园	通州区梨园镇大稿新村京洲园383号	81594897
通州区玉博睿金地幼儿园	通州区榆东一街6号院	50862919
通州区金色摇篮印象台湖幼儿园	通州区台湖镇台湖北里45号楼	51077869

小　学

通州区马驹桥实验小学	通州区马驹桥镇二街村15号	80829550
通州区嘉英小学	通州区宋庄镇辛店村临361号	69592892
通州区教师研修中心实验学校	通州区顾城东路北口顾家坡1号	60562767
通州区马驹桥镇金桥小学	通州区马驹桥镇小白村	61530882
通州区潞苑小学	通州区永顺镇富力惠兰美居小区B区1号	89553920
通州区富豪小学	通州区宋庄镇富豪村	89551130
北京第二实验小学通州分校	通州区土桥中街砖厂北里39号	56542838
通州区芙蓉小学	通州区通胡人街70号	89535016
通州区胡各庄小学	通州区潞城镇胡各庄村	89582099
通州区次渠家园小学	通州区台湖镇次二村	81507073
通州区北苑小学	通州区北苑南路22号	69542948
通州区南关小学	通州区东营后街9号	69544219
通州区中山街小学	通州区新华西街16号	69544116
通州区后南仓小学	通州区新仓路53号	69539230
通州区东方小学	通州区西顺城街甲32号	69542593
通州区运河小学	通州区运河西大街246号	81513227-8033
通州区官园小学	通州区新仓路29号	69544034
通州区贡院小学	通州区西海子西路	69544015
通州区玉桥小学	通州区玉桥东路1号	81587322
通州区永顺小学	通州区永顺南街75号	69544474-622
北京教育科学研究院通州区第一实验小学	通州区梨园地区办事处刘老公庄村	81526570
通州区私立博羽小学	通州区台湖镇麦庄村	69508984
通州区艺才小学	通州区马驹桥镇大葛庄村124号	60500839
通州区红星小学	通州区马驹桥镇北门口村225号	80595768

通州区兴顺实验小学	通州区永顺镇刘庄村陈列馆路西	60511476
通州区明星小学	通州区宋庄镇尹各庄村	89576788
通州区台湖镇培彦学校	通州区台湖镇东石村	81509183
史家小学通州分校	通州区玉桥东小区A1区	81590956
北京小学通州分校	通州区芙蓉园313号	80853103
通州区永顺镇中心小学	通州区永顺镇杨庄村	81564281–222
通州区西马庄小学	通州区永顺地区办事处西马庄村	60513380
通州区乔庄小学	通州区永顺镇乔庄村	81585845
通州区发电厂小学	通州区永顺镇小圣庙村	61563183
通州区龙旺庄小学	通州区永顺地区办事处小潞邑村	89519604
通州区焦王庄小学	通州区永顺镇焦王庄村	89597737
通州区范庄小学	通州区永顺地区办事处范庄村	69553172
通州区梨园镇中心小学	通州区梨园镇云景东路	60523455
通州区大稿新村小学	通州区梨园镇大稿新村	81566724
通州区宋庄镇中心小学	通州区宋庄镇宋庄村	69594882
通州区北寺庄小学	通州区宋庄镇北寺庄村	89571799
通州区师姑庄小学	通州区宋庄镇师姑庄村	89513799
通州区翟里小学	通州区宋庄镇翟里村	89573246
通州区徐辛庄小学	通州区宋庄镇徐辛庄村	89563232
通州区葛渠小学	通州区宋庄镇葛渠村	89559876
通州区张家湾镇中心小学	通州区张家湾镇开发区广聚街12号	69572781
通州区上店小学	通州区上店村423号	69571442
通州区张辛庄小学	通州区张家湾镇张辛庄村	69573197
通州区漷县镇中心小学	通州区漷县镇漷兴一街	80587623
通州区靛庄小学	通州区漷县镇靛庄村	80586567
通州区草厂小学	通州区漷县镇草厂村	69569035
通州区马头小学	通州区漷县镇马堤村	80599336
通州区觅子店小学	通州区漷县镇觅子店村	80566040
通州区东定安小学	通州区漷县镇东定安村	80566385
通州区马驹桥镇中心小学	通州区马驹桥镇兴华大街9号	80595177
通州区小张湾小学	通州区马驹桥镇小张湾村	60500604
通州区大杜社小学	通州区马驹桥镇小杜社村西	61586608
通州区西集镇中心小学	通州区西集镇政府街25号	61576249
通州区肖林小学	通州区西集镇肖家林村	61577012
通州区大灰店小学	通州区西集镇大灰店村	61576408
通州区新东仪小学	通州区西集镇黄东仪村	61576064
通州区郎府小学	通州区西集镇郎东村	61558074

通州区杜柳棵小学	通州区西集镇杜柳棵村	61558108
通州区沙古堆小学	通州区西集镇沙古堆村	61558162
通州区台湖镇中心小学	通州区台湖镇次渠大街	69507134
通州区永乐店镇中心小学	通州区永乐店镇永乐店一村	80572541—8003
通州区德仁务小学	通州区永乐店镇德仁务村	69569364
通州区小务小学	通州区永乐店镇小务村	80551547
通州区柴厂屯小学	通州区永乐店镇柴厂屯村	80511545
通州区潞城镇中心小学	通州区潞城镇七级村	89590540
通州区后屯小学	通州区潞城镇后屯村	69595020
通州区大东各庄小学	通州区潞城镇大东各庄村	61521136
通州区大豆各庄小学	通州区潞城镇大豆各庄村	61521334
通州区卜落垡小学	通州区潞城镇卜落垡村	61521714
通州区于家务乡中心小学	通州区于家务乡于家务村一街66号	80531942
通州区于家务乡渠头小学	通州区于家务乡渠头村68号	80521541
通州区西垡小学	通州区于家务乡西垡村	80531942
通州区民族小学	通州区回民胡同47号	69553754
通州区张家湾镇张湾村民族小学	通州区张家湾镇张湾村	61561781
通州区张湾镇民族小学	通州区张家湾镇张湾镇村	69571173
通州区枣林庄民族小学	通州区张家湾镇枣林庄村	69573469
通州区临河里小学	通州区梨园镇东方玫瑰家园B8号楼	81594962
通州区侯黄庄小学	通州区漷县镇侯黄庄村	80563268
通州区潞河中学附属学校	通州区梨园地区办事处半壁店村	81511961

中　学

北京通州华仁学校	通州区丛林庄园	89598885
通州区梨园学校	通州区梨园镇云景东路399号	60523022
通州区马驹桥学校	通州区马驹桥镇新海西路88号	60504922
通州区新华学校	通州区新华大街77号	80886064
通州区月河学校	通州区台湖镇次一村	81509419
通州区新未来实验学校	通州区宋庄镇宋庄村	89578346
育才学校通州分校	通州区梨园镇群芳中二街3号	81576606
通州区牛堡屯学校	通州区张家湾镇中街村462号	69581391
通州区陆辛庄学校	通州区张家湾镇陆辛庄村573号	69585189
通州区台湖学校	通州区台湖镇台湖村	61536208
通州区第二中学	通州区玉带河西街28号	69544963
通州区第四中学	通州区新华西街45号	69522231

私立树人·瑞贝学校	通州区宋庄镇小堡南区甲一号	80856788
通州区玉桥中学	通州区梨园北街23号	81588780
通州区第六中学	通州区西顺城街32号	69521072
通州区北关中学	通州区永顺南街190号	69555728
通州区龙旺庄中学	通州区潞邑西路小潞邑村北	89594808-8018
通州区宋庄中学	通州区宋庄镇政府大街	69595470
通州区漷县中学	通州区漷县镇漷兴一街	80585485
通州区觅子店中学	通州区漷县镇觅子店村440号	80563161
通州区大杜社中学	通州区马驹桥镇大杜社村	61582577
通州区西集中学	通州区西集镇国防路25号	61576277
通州区郎府中学	通州区西集镇郎东村366号	61558070
通州区次渠中学	通州区台湖镇次一村	69502312
通州区小务中学	通州区永乐店镇小务村555号	80552859
通州区柴厂屯中学	通州区永乐店镇柴厂屯村	80511402
通州区甘棠中学	通州区潞城镇武兴路临33号	61529328
通州区于家务中学	通州区于家务回族乡于家务村	80531922-8106
首都师范大学附属中学（通州校区）	通州区中山大街50号	69559659
通州区第三中学	通州区潞城镇胡各庄村南1号	89537370
通州区运河中学	通州区运河东大街79号	81523528
通州区潞河中学	通州区新华南路135号	69542115
通州区永乐店中学	通州区永乐店镇永三村1号	69568463
北京潞河国际教育学园	通州区玉带河西街10号	69553535
通州区潞州中学	通州区宋庄镇徐辛庄村北	60573788
通州区张家湾中学	通州区张家湾镇工业开发区广源路西街8号	69571821
第二中学通州分校	通州区潞城镇三元村东	89521723
北京中加学校	通州区疃里丛林庄园	89588880

通州区卫生机构名录

北京市通州区社区卫生服务管理中心
北京市通州区卫生和计划生育委员会驻北京市通州区看守所社区卫生服务中心
北京市通州区农村改水领导小组办公室
北京市通州区中心血站
北京市通州区卫生和计划生育信息中心
北京市通州区人口生育药具管理站
北京市通州区流动人口生育服务管理站
首都医科大学附属北京潞河医院
北京市通州区120紧急救援中心
北京市通州区中医医院
北京市通州区妇幼保健计划生育服务中心（北京市通州区妇幼保健院）
北京市通州区中西医结合医院
北京市通州区老年病医院
首都医科大学附属北京友谊医院新华医院（北京市通州区新华社区卫生服务中心、北京市通州区新华医院）
北京市通州区疾病预防控制中心（北京市通州区结核病防治所）
北京市通州区精神病医院
北京市通州区宋庄镇徐辛庄社区卫生服务中心（北京市通州区徐辛庄卫生院）
北京市通州区马驹桥镇大杜社社区卫生服务中心（北京市通州区大杜社卫生院）
北京市通州区潞城镇甘棠社区卫生服务中心（北京市通州区甘棠卫生院）
北京市通州区永乐店镇永乐店社区卫生服务中心（北京市通州区永乐店卫生院）
北京市通州区潞城镇潞城社区卫生服务中心（北京市通州区潞城卫生院）
北京市通州区宋庄镇宋庄社区卫生服务中心（北京市通州区宋庄卫生院）
北京市通州区漷县镇漷县社区卫生服务中心（北京市通州区漷县卫生院）
北京市通州区台湖镇次渠社区卫生服务中心（北京市通州区次渠卫生院）
北京市通州区马驹桥镇马驹桥社区卫生服务中心（北京市通州区第二医院）
北京市通州区张家湾镇牛堡屯社区卫生服务中心（北京市通州区牛堡屯卫生院）
北京市通州区西集镇西集社区卫生服务中心（北京市通州区西集卫生院）
北京市通州区西集镇郎府社区卫生服务中心（北京市通州区郎府卫生院）
北京市通州区张家湾镇张家湾社区卫生服务中心（通州区张家湾卫生院）
北京市通州区梨园镇梨园社区卫生服务中心（北京市通州区梨园卫生院）
北京市通州区台湖社区卫生服务中心（北京市通州区台湖卫生院）

北京市通州区于家务回族乡于家务社区卫生服务中心（北京市通州区于家务卫生院）
北京市通州区漷县镇觅子店社区卫生服务中心（北京市通州区觅子店卫生院）
北京市通州区永顺镇永顺社区卫生服务中心（北京市通州区永顺卫生院）
北京市通州区卫生和计划生育教育服务中心
北京市通州区卫生和计划生育监督所
北京市通州区卫生和计划生育委员会

通州区法律服务所、公证处及律师事务所名录

机构名称	地　址	电　话
北京市通州区中仓街道法律服务所	北京市通州区南大街周仓庵2号楼北侧平房	69557951
北京市潞洲公证处	北京市通州区车站路48号东方宾馆C座2楼	010－69557977
北京邦文律师事务所	北京市通州区玉桥西里87号楼1至3层1底商52号	52101312
北京宝辰律师事务所	北京市通州区梨园北街186号嘉福临大厦三层301室	010－59011056
北京蔡丽萍律师事务所	北京市通州区玉桥西里70号院12号楼112室	010－81527268
北京策慧律师事务所	北京市通州区玉桥西里71号楼	81533978
北京长智律师事务所	北京市通州区梨园北街18号院10幢1层612室	15801615866
北京超见律师事务所	北京市通州区梨园北街272号1层	13522878079
北京朝通律师事务所	北京市通州区梨园镇刘老公庄东侧（北京英特塑料机械总厂）43幢8360室	13261861516
北京陈晓琼律师事务所	北京市通州区玉桥西里8号楼412室	81534843
北京成越律师事务所	北京市通州区梨园镇砖厂北里133号楼金隅花石苑1单元404	13522558936
北京德兰律师事务所	北京市通州区北京市通州区玉桥西里79号5门509室	52101112
北京东科律师事务所	北京市通州区云景北里53号楼13层1313	13141111138
北京东通律师事务所	北京市通州区宋庄镇疃里村西1000米	13311339161
北京东燕律师事务所	北京市通州区梨园北街186号嘉福临大厦二层203	59011063
北京法盈律师事务所	北京市通州区梨园北街186号嘉福临大厦3层307室	13811740669
北京方谨律师事务所	北京市通州区梨园北街186号二层202室	15311510261
北京和广律师事务所	北京市通州区梨园北街186号二层201室	59011069
北京合亨律师事务所	北京市通州区玉桥西里4号楼C座106	15201071628
北京华欢律师事务所	北京市通州区金隅嘉铂苑1－1#－A－1340	51299916
北京惠超律师事务所	北京市通州区北京市通州区台湖北里27号楼102、207	13810818689

北京济桓律师事务所	北京市通州区玉桥西里1号楼底商	13810363003
北京金旗律师事务所	北京市通州区通胡大街23号中北商厦310C、307C室	13811821960
北京尽致律师事务所	北京市通州区玉桥西里4号楼C座203	13552517887
北京京兰律师事务所	北京市通州区马驹桥镇建材城小区11栋11号	13810008148
北京京庆律师事务所	北京市通州区环景路18号院7号楼1202室	18701461116
北京京尧律师事务所	北京市通州区梨园西里26号楼1层01	80870200
北京君理律师事务所	北京市通州区新华西路60号院4号楼六层614、615室	010-60539596
北京立世律师事务所	北京市通州区临河里1号楼2单元1807	13611077439
北京联袂律师事务所	北京市通州区新华西街58号院3号楼27层2725	13301139332
北京廉峰律师事务所	北京市通州区梨园北街186号三间房综合楼一层101室	010-59011155
北京伦辉律师事务所	北京市通州区新华西街56号1幢1007-2	010-69553346
北京母福奎律师事务所	北京市通州区梨园东里北区五号楼112号	81542547
北京强力律师事务所	北京市通州区台湖镇尖垡村甲3号	13901310961
北京荣罡律师事务所	北京市通州区玉桥西里中街4号	81518121
北京善福律师事务所	北京市通州区怡乐北街商38号	15010585488
北京邵蹟律师事务所	北京市通州区玉桥西里70号12号楼1层412	61581052
北京圣伟律师事务所	北京市通州区梨园路128号	52101849
北京市宝隆律师事务所	北京市通州区玉桥西里70号院8号楼612室	010-81536297
北京市诚汇律师事务所	北京市通州区梨园路126号	52101906
北京市达奥律师事务所	北京市通州区梨园镇北杨洼小区19号楼商C段二层	60527915
北京市德通律师事务所	北京市通州区西上园三区8#321室	81528173
北京市恩洋律师事务所	北京市通州区运河西大街玉桥西里四号楼c座1205室	52353228
北京市隆康律师事务所	北京市通州区玉桥西里4号楼504室	52353145
北京市明非律师事务所	北京市通州区颐瑞东里160号楼2单元302	66019802
北京市荣博律师事务所	北京市通州区梨园北街186号嘉福临大厦二楼225室	010-59011186
北京市盛都律师事务所	北京市通州区梨园北街梨园51号楼1单元111室	18910845515
北京市天安律师事务所	北京市通州区玉桥西里小区79号楼5门307室	010-52101033
北京市天正律师事务所	北京市通州区梨园路	60523545
北京市致宏律师事务所	北京市通州区玉桥西里致宏律师楼	60527953
北京通美律师事务所	北京市通州区玉桥西路72号格兰晴天16号楼1313	13671262259
北京通平律师事务所	北京市通州区梨园北街240号	81515031
北京通特律师事务所	北京市通州区通胡大街甲23号楼401	13910129662
北京通中律师事务所	北京市通州区梨园西里26号楼1层08室	13718009583

北京同展律师事务所	北京市通州区北京市通州区次二村南6号1幢620A	13366552996
北京王鸿飞律师事务所	北京市通州区通州区西潞苑68号楼1至2层甲4	60524955
北京新展律师事务所	北京市通州区玉桥西里31号楼西北角	15699982198
北京星勋律师事务所	北京市通州区玉桥中路111号1层	010-59354936
北京修诚律师事务所	北京市通州区梨园北街186号嘉福临大厦209室	53383778
北京寻真律师事务所	北京市通州区东果园18号楼4层402	010-80850896
北京亚森律师事务所	北京市通州区临河里路2号3-2幢二层3-2-31、3-2-32	010-56866373
北京有实律师事务所	北京市通州区中山大街59号院1号楼26层2607A	010-56218811
北京泽达律师事务所	北京市通州区梨园北街186号嘉福临大厦三层302-2号	010-81593431
北京增承律师事务所	北京市通州区运河西大街玉桥西里4号C座211室	13522823288
北京智云律师事务所	北京市通州区永顺南街新光大中心8BC1316	18610775179
北京中晏律师事务所	北京市通州区梨园北街18号院10号楼	52895285
北京烛龙律师事务所	北京市通州区台湖镇H3-03地块F3其它类多功能用地项目5#办公楼7层707	13436388955
北京钊睿律师事务所	北京市通州区云景北里53号楼熙锦大厦C座1913室	13381100138
河北唤民(北京)律师事务所	北京市通州区梨园北街186号嘉福临大厦二层204	010-59011063
内蒙古大法扬律师事务所北京分所	北京市通州区梨园北街186号302	010-59011098
上海华勤基信(北京)律师事务所	新华南街60号院万达广场A座2号楼2015室	13810956277

2017年通州区新建小区名录

建筑物名称	核准日期	地　点
复地中心	2017-3-6	通州区运河核心区
复地金融中心	2017-3-6	通州区运河核心区
璟秀欣苑小区	2017-4-12	通州区台湖镇
当代嘉园	2017-5-2	通州区玉桥西街
合景万汇中心	2017-5-10	通州区永顺镇
合景领汇中心	2017-5-10	通州区永顺镇
十里春风嘉园	2017-7-11	通州区永乐店镇
惠铭苑	2017-7-31	通州区永顺镇西马庄村
万科滨水中心	2017-8-16	通州区运河核心区

铂悦湾佳苑	2017-10-17	通州区永顺镇
新光大中心	2017-11-14	通州区运河核心区
成大中心	2017-12-7	通州区永顺镇
万创慧谷	2017-12-9	通州区台湖镇

2017年通州区标准地名命名

地名	命名日期	地　点
永济西里	2017-10-11	于家务回族乡于家务乡次中心
永济东里	2017-10-11	于家务回族乡于家务乡次中心
古月佳园	2017-11-21	潞城镇
通运东路	2017-11-30	潞城镇
通济路	2017-11-30	潞城镇
畅和西路	2017-11-30	潞城镇
云帆路	2017-11-30	潞城镇
运潮南路	2017-11-30	潞城镇
兆善大街	2017-11-30	潞城镇
运河东大街（东延段）	2017-11-30	潞城镇
东古城街	2017-11-30	潞城镇
潞源北街	2017-11-30	潞城镇
潞源中街	2017-11-30	潞城镇
潞源南街	2017-11-30	潞城镇
大台巷	2017-11-30	潞城镇
胡各庄路西巷	2017-11-30	潞城镇
辛安屯街	2017-11-30	潞城镇
宏安街	2017-11-30	潞城镇
通源街	2017-11-30	潞城镇
达济街	2017-11-30	潞城镇
崇善北街	2017-11-30	潞城镇
崇善中街	2017-11-30	潞城镇
崇善南街	2017-11-30	潞城镇
尚明北街	2017-11-30	潞城镇
尚明中街	2017-11-30	潞城镇

尚明南街	2017-11-30	潞城镇
镜澄街	2017-11-30	潞城镇
含英东路	2017-11-30	潞城镇
含英西路	2017-11-30	潞城镇
景行路	2017-11-30	潞城镇
览秀西路	2017-11-30	潞城镇
览秀东路	2017-11-30	潞城镇
涌翠东路	2017-11-30	潞城镇
涌翠西路	2017-11-30	潞城镇
清盛路	2017-11-30	潞城镇
承安路	2017-11-30	潞城镇
胡各庄路	2017-11-30	潞城镇
清风路	2017-11-30	潞城镇
临镜路	2017-11-30	潞城镇
留庄路	2017-11-30	潞城镇
郝家府路	2017-11-30	潞城镇
后北营街	2017-11-30	潞城镇
前北营路	2017-11-30	潞城镇

2017年通州区副处级以上机构调整变动情况

1月18日　北京市通州区卫生局卫生监督所更名为北京市通州区卫生和计划生育监督所

3月27日　北京行政副中心通州区建设协调办公室更名为北京城市副中心通州区建设协调办公室

3月　设立北京市通州区监察委员会。将北京市通州区监察局，北京市通州区预防腐败局，北京市通州区人民检察院查处贪污贿赂、失职渎职以及预防职务犯罪等部门的相关职能，整合至北京市通州区监察委员会

4月13日　通州区人大常委会内务司法工作委员会更名为通州区人大常委会法制办公室（加挂备案审查办公室牌子）

通州区人大常委会财政经济工作委员会更名为通州区人大常委会财政经济办公室（加挂预算审查办公室牌子）

通州区人大常委会教科文卫工作委员会更名为通州区人大常委会教科文卫体办公室

通州区人大常委会城乡建设环保工作委员会更名为通州区人大常委会城建环保办公室

通州区人大常委会农村工作委员会更名为通州区人大常委会农村办公室

7月3日　设立北京市通州区人力资源公共服务中心，为区人力资源和社会保障局所属相当副处级财政补助事业单位

9月7日　设立中国共产党北京市通州区委员会巡察工作领导小组办公室，为区委工作机构，设在区纪委，机构规格为正处级

11月1日　北京市通州区行政服务中心更名为北京市通州区政务服务管理办公室

12月15日　北京市通州区人民政府政策研究中心更名为北京市通州区发展研究中心，为区政府直属相当正处级财政补助事业单位

2017年度通州区纳税千万元以上企业名录

北京君合百年房地产开发有限公司
北京天旭运河房地产开发有限责任公司
北京龙湖时代置业有限公司
北京苏宁云商销售有限公司
上海烟草集团北京卷烟厂
诚达实业有限公司
北京富力通达房地产开发有限公司
北京远新房地产开发有限公司
北京融科阳光房地产开发有限公司
北京华恒兴业房地产开发有限公司
北京通瑞兴盛置业有限公司
北京海港房地产开发有限公司
北京硕日新宇投资有限公司
绿地集团北京京尚置业有限公司
神州长城国际工程有限公司
北京麦金利房地产开发有限公司
北京万方置业有限公司
北京东亚信元国际会展中心有限公司
北京中维泰禾置业有限公司
北京祈连房地产开发有限公司
北京亚通房地产开发有限责任公司
北京新奥集团有限公司通州分公司
北京绿地京驰置业有限公司
北京古城房地产开发有限公司
中交路桥建设有限公司
北京东方长安房地产开发有限公司
北京首开万科置业有限公司
中国烟草总公司北京市公司
阳光人寿保险股份有限公司北京分公司
北京万达文化产业集团有限公司
北京东亚信中国际会展中心有限公司
蒙牛高科乳制品（北京）有限责任公司
李宁（中国）体育用品有限公司
内蒙古蒙牛乳业（集团）股份有限公司
北京市鸿诺建筑工程公司
北京中泽嘉盟投资中心（有限合伙）
北京旭辉阳光置业有限公司
内蒙古蒙牛乳业（集团）股份有限公司北京科技分公司
北京太合嘉园房地产开发有限责任公司
北京中泽房地产开发有限公司
北京富华长城房地产开发有限公司
盛唐时代（北京）数码影视制作有限责任公司
北京万科东地房地产开发有限公司
甘李药业股份有限公司
北京农村商业银行股份有限公司通州支行
北京新华联产业投资有限公司
北京润通鸿业房地产开发有限责任公司
北京首开万科房地产开发有限公司

北京智地愿景房地产开发有限公司
北京丹霞房地产开发有限公司
金融街（北京）商务园置业有限公司
北京华信鸿业房地产开发有限公司
北京经开光谷置业有限公司
首都医科大学附属北京潞河医院
北京北亚华欣置业有限公司
北京市通州烟草公司
北京世纪泰丰国际会展中心有限公司
北京金海鸿业房地产开发有限公司
北京汽车动力总成有限公司
北京经开张湾置业有限公司
北京首寰文化旅游投资有限公司
北京珠江投资开发有限公司
北京万生药业有限责任公司
北京通州房地产开发有限责任公司
保利（北京）房地产开发有限公司通州分公司
北京潞电电力建设有限公司
北京鑫博泰来房地产开发有限公司
北京新城投资运营有限公司
北京同仁堂健康药品经营有限公司
国美电器有限公司
北京万达广场置业有限公司
阳光人寿保险股份有限公司
中国建筑第二工程局有限公司
百丽鞋业（北京）有限公司
北京鹏润房地产开发有限责任公司
北京紫峰房地产开发有限公司
北京闼闼同创工贸有限公司
中国建设银行股份有限公司北京通州分行
北京宋庄文化创意产业集聚区投资开发有限公司
北京八里桥农产品中心批发市场有限公司
北京融科卓越房地产开发有限公司
北京市春立正达医疗器械股份有限公司
北京华联鹏瑞商业投资管理有限公司
北京中公高远汽车试验有限公司
北京物资学院
丰顺丽景装饰工程有限公司北京分公司
安泰天龙钨钼科技有限公司
北京四环制药有限公司
首都医科大学附属北京胸科医院
北京亚胜置业有限公司
中国工商银行股份有限公司北京通州支行
北京市通州区中医医院
中交路桥南方工程有限公司
福耀集团北京福通安全玻璃有限公司
北京盛达兴业房地产开发有限公司
北京诚于德房地产开发有限公司
北京潞城龙兆华建筑有限公司
北京光谷创新置业有限公司
北京华兴金谷科技有限公司
尤尼维瑟（北京）咨询有限公司
北京景欣世纪房地产开发有限公司
北京博格华纳汽车传动器有限公司
北京光谷科技园开发建设有限公司
北京岱摩斯变速器有限公司
北京联东永乐投资管理有限公司
北京比亚迪模具有限公司
北京富华东方房地产开发有限公司
北京台湖出版物会展贸易中心有限责任公司
华安鑫创控股（北京）股份有限公司
北京亚腾房地产经营管理有限公司
北京嘉禾远东置业有限公司
北京城建轨道交通建设工程有限公司
北京富华铂荣房地产开发有限公司
天纳克（北京）汽车减振器有限公司
中国建筑技术集团有限公司
北京联东金桥置业有限责任公司
北京瑞通卓信投资服务中心（有限合伙）
北京桑德新环卫投资有限公司
中国农业银行股份有限公司北京通州支行
萌蒂（中国）制药有限公司
北京市通州区妇幼保健院

索　引

说　明

• 索引采取主题索引也称内容分析索引法编纂。主题词（标目）以《北京通州年鉴2018》版正文中出现的专业名词、名词词组、地名、机构名、人名等为主。

• 特载、专文、大事记、统计表、附录等栏目内容不在标引范围内。

• 本索引基本按汉语拼音音序排列，汉字打头的标目按首字的音序音调依次排列，首字相同时，则以第二字排序，依此类推。

• 本索引的文字部分为标目，标目之后的阿拉伯数字表示该标目所在正文中的页码（地址项），其后的小写英文字母（a、b）表示正文中的栏别（从左至右）。

• 部分标目后面有若干个页码或栏别，则表示该标目均在这些地方出现。

数字索引

英文字母索引

汉语拼音索引

A

B

C

D

F

G

H

J

K

L

M

N

P

Q

R

S